Hannes Holey

# JESUS 2000
## das Friedensreich naht

Copyright 1997
AMA DEUS - Verlag
Postfach 63
74576 Fichtenau
Tel: 07962-1300

ISBN 3-9805733-0-3

Titelbild: Das Gemälde des *Barmherzigen Jesus* enstand nach einer Vision der polnischen Ordensfrau *Maria Faustina* am 22.3.1931 in ihrer Klosterzelle von Plock. Heute befindet sich das mannshohe Gemälde in der Wallfahrtskirche von Lagiewnika in Krakau und eine gleichwertige Kopie im Vorraum der Marienkapelle des Gnadenortes Heroldsbach. Der Buchtitel ist ein Portrait-Ausschnitt. Die Veröffentlichung erfolgt mit Genehmigung der Franziskaner-Patres in San Vito al Tagl. vom 17.3.1995.

Das Ergebnis meiner zweijährigen Arbeit an diesem Buche (nach jahrzehntelanger Bewußtwerdung) ist nicht nur mein Dankeschön an den Meister *Jesus* für den geistigen Beistand zu seinem Gelingen, sondern ein (verspätetes) Geburtstagsgeschenk zu seinem zweitausendsten Geburtsjahr [235].

# Inhaltsverzeichnis

Vorwort ..................................................................... 13

## Teil I

1. Standortbestimmung ............................................... 17
   Der Schulungsweg zwischen den Polaritäten *
   Heiliger Geist * Licht/Liebe * Seelensplitter/Gottesfunke
   Alles ist ein Teil des Geistigen oder Göttlichen *
   Die Kraft geistiger Gesetze

2. Zu diesem Buche ..................................................... 28
   Der Faktor *Liebe* * 'Glauben' neu definieren * On-line
   mit der Zentrale * Autor und Leser

3. Stimmt unser Gottesbild noch? ............................... 42
   Was wissen wir vom Paradies? * Was wissen wir vom
   schöpferischen Ursprung? * Was wissen wir vom
   Himmel? * Gibt es die ewige Hölle? * Was wissen wir
   vom sog. Engelsturz? * Reicht das Alte Testament? *
   Wie verstehen wir das Göttliche heute? * Die anderen
   Evangelien

4. *Jesus* und der Zeitgeist ............................................. 64
   One-World oder New-World-Order-Kräfte *
   Der Zinseszins * Die Krise des Modernismus *
   Das Burn-out-Syndrom * Neue Antworten auf
   unsere Sinn-fragen * Der esoterische Weg *
   Das Böse fordert das Gute heraus

5. *Jesus* aus kosmischer Sicht ...................................... 80
   Wir leben in der Wendezeit * Von der Involution zur
   Evolution

6. *Jesus* im 'dualen System' ......................................... 89
   Dualität durch Trennung * Christ und Antichrist *
   Die Macht der Dualität hängt von unserem Standpunkt ab

7. *Jesu* Lehre und die anderen Religionen.......................... 96
   Gemeinsame Erkenntnis-wege * *Jesus* Christ Superstar *
   Die Wendezeit ver-wendet neue Ausdrucksformen

8. *Jesus* historisch................................................. 105
   *Jesus* ist der schönste Mann * *Jesus* heute * Die Gabe
   der Zukunftsschau * Aufgefahren in den Himmel...

9. *Jesus*, der Nazoräer........................................... 116
   Was wissen wir von den Essäern? * Die urchristliche
   Lebensweise war fleischlos

10. *Jesus*, der Befreier............................................ 126
    Das neue ethische Konzept: Gott-ist-in-uns

11. *Jesus*, der 'ins Fleisch gekommene Christus'................. 132
    Ich bin der Weg - nicht das Ziel * Erlösung durch
    Bewußt-werden

12. Die Lehre *Christi* und der Antichrist........................ 138
    Das Dämonenreich * Unser persönliches Ego * Von
    allen guten Geistern verlassen * Der Christusgeist
    und die Kreuzigung * Der Christusgeist und die
    Staatskirche * Der Christusgeist und die geänderte
    Lehre * Korrigierende Zeitgeist-Anpassungen gibt es
    bis heute * Die Wiederverkörperung der Seelen * Der
    Christusgeist und seine Verhöhnung * Das Kreuz wird
    Weltsymbol * Der Christusgeist und die Reformatoren
    Innerer Machtkampf führt zu äußeren Kriegen *
    Die Schrift allein oder die Diktatur des Wortes *
    Das Alte Testament erdrückt das Neue Testament
    Der Glaube allein soll selig machen * Der
    Christusgeist und die Eine-Welt-Regierung *
    Gottloser Materialismus * Das Böse fordert das Gute
    heraus * NOVUS ORDO SECLORUM = die neue
    Weltordnung * Der Vatikan * Päpste in der Wendezeit

# Teil II

| | |
|---|---|
| 13. Die 'Universellen Prinzipien' und die großen Geistesgesetze | 187 |
|     Das Prinzip der Geistigkeit (Liebe) | 189 |
|     Das Prinzip der Freiheit (Freier) | 208 |
|     Das Prinzip des Dienens (Opfer) | 210 |
|     Das Prinzip des Gegensatzes (Polarität) | 216 |
|     Das Prinzip von Ursache und Wirkung (Kausalität) | 220 |
|     Das Prinzip der Entsprechung (Implizite Ordnung) | 222 |
|     Das Prinzip der Schwingung (Rhythmus) | 226 |
|     Das Prinzip der Anziehung der Gleichart (Affinität) | 228 |
|     Das Prinzip der Evolution (Wiederverkörperung) | 232 |
|     Das Prinzip des Ausgleichs (Fülle) | 241 |
|     Das Prinzip der Auslese (Selbstregulierung) | 245 |
|     Das Prinzip der Einheit (Harmonie) | 247 |
| 14. Geist in Materie und Energie | 252 |
|     Spiritismus und Spiritualismus * Ohne Geist kein Leben * Geist ist auch informierte Energie * Geist als göttlicher Geist * Geist als Christusgeist * Das Geist-Körper-System | |
| 15. Der Weg nach Innen | 263 |
|     Der innere Weg * Unser Höheres Selbst * Einheit von Lehre und Leben | |
| 16. Unser Gebet | 271 |
|     Gibt es ein richtiges oder falsches Beten? * Gebet ist das Atemholen der Seele | |
| 17. Der Friede sei mit Euch | 281 |
|     Meinte *Jesus* den inneren Frieden? * Der Friede um uns herum * Der Friede mit uns * Die sieben Ursünden | |
| 18. Der Friede sei mit mir | 301 |

19. Carpe diem - nutze den Tag............................................ 304
   Das Geschenk des Augenblicks * HEUTE: das ist dein
   Leben * Wir sehen: der *Tag* hat es in sich! * Erfolg hat
   drei Buchstaben: TUN * Die Stunde und die Minute

## Teil III

20. Unsere Bewußtseins-stufen............................................ 319
   Das Modewort Bewußtsein * Jeder Mensch hat eine
   andere Bewußtseinsstufe * Bewußtseinsqualität *
   Der drei-stufige Bewußtseinsweg * Hoch und weniger
   hoch * Richten und Rechten * Bewußtseins-zeitalter
   Die Lernzyklen oder die Lebensuhr * Jetzt scheiden
   sich die Geister

21. Lichtwesen - vom Ego zum Licht...................................... 339
   Licht ist Leben * Ich bin das (innere) Licht der Welt
   Christlicher Sonnen-Symbolismus * Wir sind allesamt
   Licht-Sucher * Beginn des Reinigungsprozesses *
   Das Lebenslicht * ...damit ihr Kinder des Lichts
   werdet * Die Erfahrung das inneren Lichts * Je stärker
   die Dunkelheit, umso heller die Sterne * Lasset euer
   Licht leuchten

22. Christus-Universalis...................................................... 360
   Wie Christus wirkt * Ave *Maria* * Christus in *Maria*
   und *Jesus* * Baue meine Kirche neu

## Teil IV

23. Das Friedensreich Jesu.................................................. 373
   Die zweite Wiederkunft Christi * Die Apokatastasis *
   Der gesuchte Frieden * Der Wassermann steht
   über den Fischen * Der Mensch als Lichtwesen *
   Die Frohbotschaft 'Maranatha'! * Gibt es eine
   Galgenfrist? * Eine harmonische Wandlung *
   Der Himmel auf Erden

| | |
|---|---|
| Nachwort.................................................................. | 398 |
| Bibliographie........................................................... | 399 |
| Zeitschriften zur Zeitenwende............................... | 402 |
| Quellenverzeichnis und Anmerkungen.................. | 404 |
| Glossarium.............................................................. | 416 |
| Meditationsbilder.................................................... | |

Grüß Gott, liebe Leserinnen, liebe Leser ,

*Jesus* - Menschensohn, Gottessohn, Hoher Meister, Erlöser, Heiland, Christus - die Reihe von Namen, Bezeichnungen und Anrufungen ließe sich weiter verlängern. Als angeblicher 'Messias der Juden' vor rund zwei Jahrtausenden oder als Erneuerer des Christentums durch ein oft prophezeites zweites Erscheinen im kommenden Jahrtausend - der Name Jesus hält sich seit Jahren auf vielen Hit-Listen moderner Sachbücher. **Er schrieb die größte Geschichte aller Zeiten!** Jesus hat Konjunktur – jetzt um seinem zweitausendsten Geburtstag vermehrt von Jahr zu Jahr. 'Focus' 14/97 schreibt dazu:

*...in der Popmusik wird er besungen, auf dem internationalen Buchmarkt tausendfach ausgedeutet. Weltweit kommen täglich vier neue Jesus-Bücher auf den Markt... Seit 1970 gibt es 25.077 Werke, die seinen Namen im Titel führen. Als Gesamtauflage für <u>das vergangene Jahr</u> nennt Barrett die astronomische Zahl von 1,8 Milliarden Büchern. Zeitschriften und Zeitungsartikel kommen hinzu.*

Mein Buch soll eine Analyse sein eben dieses zweitausend Jahre alten Phönomens - **mit Blick auf das neue Jahrtausend.** Wird der *erste neue Mann* (*Franz Alt*) neuen Zeitgeist in eine immer gefährlicher werdende innere Leere des modernen Menschen mit seinen neuartigen Ängsten bringen? Das Bild Jesu Christi hat unter der Betreuung der Großkirchen furchtbar gelitten. Der moderne, kritische und suchende Mensch kommt damit immer weniger klar. Unsere Zeit voll Veränderungen in allen nur denkbaren Bereichen hat auch hierbei Standpunkte, Blickwinkel und Einsichten gewandelt. **Ein neues Begreifen greift um sich** und immer mehr Süchte zeigen das Suchen an, das Millionen ein neues Lebensziel bringen könnte. Geht eine Epoche zivilisatorischer Geschichte zuende? Könnten endlich Gut und Böse nicht mehr nebeneinander existieren? Falls manche gar von einem sterbenden Zeitalter sprechen, paßte denn dazu nicht mehr denn je die Erkenntnis: *Jesus lebt ?*

Sind wir wieder einmal an einem historisch bedeutenden Augenblick angekommen? Einer Wende, in der alle die selbst erschaffenen Theorien und Ideologien auslöschen, die mit der viel gepriesenen *Aufklärung* verbunden waren und noch sind wie Liberalisierung, Empirismus, Positivismus, Existenzialismus, Strukturalismus und schlichtweg Materialismus?

Man spricht so viel vom *New Age*, dem *Neuen Zeitalter* - erinnert sich im Gegensatz dazu die Menschheit wieder alter Heilswege? Sicher ist, daß sich ein *neues* Verständnis der Dinge abzeichnet.

*Neu* ist die Bereitschaft überraschend vieler Menschen, sich zu wandeln und mit der Schöpfung wieder mehr im Einklang zu leben, indem ganzheitliches Denken in den Vordergrund rückt.

*Neu* ist das Interesse am Zugang zu inneren und kosmischen Kraftquellen - jetzt aber nicht mehr auf breiten Bahnen (da hat es ja doch nicht funktioniert), sondern auf individuellen Wegen, die nicht anders sind, als es Jesus entgegen alttestamentarischer Gesetzestraditionen vorgemacht hat und uns wärmstens empfahl: *Ich bin der Weg*.

*Neu* ist mein Versuch einer Zusammenfassung urchristlicher Lehren und Forderungen mit denen anderer Religionen, Philosophien, Verhaltenslehren und Kulturen, auch außerirdischer, um zu neuem Denken und Handeln zu unserer Zeitenwende und der Geburt eines Neuen Zeitalters, dem angekündigtem Friedensreich, zu kommen.

Bei aller hier betonter *Neu*-heit hat das gleiche aber schon unser Klassiker *von Goethe* am 17.2.1832 zu *Soret* gesagt:

*Sobald man **die reine Lehre** und Liebe Christi, wie sie ist, **begriffen und in sich eingelebt hat**, wird man sich als Mensch groß und frei fühlen und auf ein bißchen so oder so im äußeren Kultus nicht mehr sonderlichen Wert legen. Auch werden wir nach und nach **aus einem Christentum des Wortes und Glaubens** immer mehr **zu einem Christentum der Gesinnung und Tat kommen**.*

**Teil I**

# 1. Kapitel

## Standortbestimmung

Wohl seit es Wesen auf unserem Planeten gibt, die als Menschen zu bezeichnen sind, wird es auch Vorstellungen gegeben haben von einer übernatürlichen Welt, irgendwann von menschenähnlichen Götterfamilien, dazwischen wohl auch immer wieder Vorstellungen über einen noch darüber angesiedelten Gott als Einzelwesen. Wenn der Religionsbeauftragte der UNO, *Robert Muller*, schon von derzeit rund fünftausend auf unserem Planeten existierenden Religionen spricht, können wir uns kaum vorstellen, wozu der menschliche Verstand im Laufe vergangener Kulturentwicklungen im Gestalten seiner Gottesbilder fähig gewesen sein muß. Was haben wir schon alleine in der deutschen Sprache für Verständnismodelle: Gott, Schöpfung, Schöpfer und Urschöpfer, himmlischer Vater, planetarischer Geist, schöpferische Intelligenz, göttliche Allgegenwart, allerhöchste Schöpferkraft, schöpferisches Prinzip, reines Prinzip, der Ewige, der Eine, das Göttliche, der Allmächtige, das Allbewußtsein, Logos, das Numinose (schauervoll und anziehend zugleich), spiritus mundi (Weltgeist), Herrgott und andere mehr. Jesus nannte ihn 'den Vater in mir'.

Den Großteil der aktuellen Religionen auf unserem Planeten können wir in fünf Basismodelle von verschiedenen Gottesverständnissen aufteilen, an welchen die Breite des möglichen geistigen Spektrums (kurz und untheologisch) dargestellt werden soll und mir ist dabei klar, daß ich damit wieder einen der kläglichen Versuche präsentiere, als Irdischer das Göttliche verstehen zu wollen:

<u>Gott als Hardliner</u>: Von den vielen vergangenen Religionen, die mit einem solchen Gottesbild ihre Gläubigen im Zaume halten konnten, haben wir unter den bedeutenden, wie auch den vielen kleinen Naturreligionen, heute noch die große Religion des Christentums mit einem falsch ausgelegten Christen-Gott, die ebenfalls große Weltreligion des Islams und die kleine des Judentums, von dessen strafendem und rächendem *Jehova* oder *Jahwe* leider viel zu viel Gedankengut in das A.T. eingeflossen ist und damit auch im Christentum zu

> Ich glaube, daß Gott uns mit Aids etwas sagt,
> daß er uns Gelegenheit gibt, unsere *Liebe* zu zeigen.
> *Mutter Theresa* in ihrem Buch 'Der einfache Weg'.

einem mittelalterlichen Glauben an einen anthropomorphen oder 'vermenschlichten' Gott geführt hat (der uns angeblich, unter anderem, Krankheiten sendet, wenn wir bestraft werden sollen und so weiter).

Gott als lieber Vater (Abba): So habe Jesus in seiner aramäischen Muttersprache seinen Gott bezeichnet, womit er gleich zweifach, als Reformer oder Revoluzzer (?), gegen die jüdischen Gesetzestraditionen antrat: mit einem *Gott der Liebe* und was ihm genau so wichtig war, mit einem *Gott-in-uns*.

Gott als geistiges oder schöpferisches Prinzip: Schwingend in Milliarden von Milchstraßen, in allen Naturgesetzen der Mutter Erde und allem Lebendigen (Kristallen, Pflanzen, Tier und Mensch) und somit auch *in uns*, wie Jesus bereits lehrte. Die Quantenphysik beschreibt in der Supergravitationstheorie ein *vereinheitlichtes Feld*, ein vollkommen ausgewogenes, nur mit sich selbst in Wechselbeziehung stehendes Feld *reiner Intelligenz*, das alle Kräfte und die ganze Materie des Universums *aus sich selbst* hervorbringt und damit das schöpferische Prinzip bildet, die kybernetische Selbstorganisation mit einbegriffen (Gott *schuf* nicht die Welt, sondern Gott *ist* die Welt).

Gott als mystische Idee: Sie strebt das absolute Eins-Sein oder Ur-Sein von Schöpfer und Geschöpf, also der Schöpfung an sich, an und es spricht dabei der große mystische Vordenker, *Meister Eckhart* [189], vom *Göttlichen* als von einem *nichtseienden Sein* oder von *seiender Nichtheit*. Ein Mystiker wendet sich stets nur seinem Ziele zu, ohne sich mit den Zwischenfällen seiner Lebensreise zu befassen.

Gott als Sinnbegriff: Gott wird zu einem weltlichen Lebensprinzip, Urgesetz höchster Glückseligkeit, größter Schönheit und Vollkommenheit, Voraussetzung pulsierender Lebendigkeit und unpersönlichen Ordnungsprinzips.

In dieser vereinfachten Betrachtungsweise erkennen wir eigentlich ganz leicht, welches Gottesbild in unsere Zeit paßt, von uns mit Überzeugung als zeitgemäß verstanden, angenommen und weiter vertreten werden kann: Das eines Gottes, der als schöpferischer Ursprung in allen seinen Geschöpfen weiterlebt und als geistiges Prinzip von diesen seinen Geschöpfen ge-lebt, das heißt *mit Leben* erfüllt wird - einem bewußten Leben in einer verantwortungsbewußten und ganzheitlichen Körper-Seele-Geist-Ordnung. Vor allem so, wie es ein *Gott-in-uns* anbietet: Frei-willig, bereit-willig, mitdenkend und mitfühlend. Und dieses bei jedem von uns, täglich, speziell auf seine Person und Lebenssituation zugeschnitten - im Prinzip einer freien Partnerschaft mit dem allerhöchsten Schöpfer, wozu die meisten von uns heute keine machtorientierten Bischöfe mit ihren Gesetzen mehr benötigen.

Streifen wir einmal kurz das Gottesbild der christlichen Lehre. In unserer Bibel, der sogenannten *Heiligen Schrift,* finden wir bereits zwei gegensätzliche Bilder - das des A.T. und das Jesu im N.T. Einerseits eine unzweifelhafte Personifizierung des hebräischen Gottes *Jahwe* als strenger, strafender und eifersüchtiger Gott und andernseits einer absolut *unpersönlichen* und transzendenten Gottesvorstellung im N.T. (Gott-ist-in-uns).

Wobei Jesu Worte als Einschränkung anzusehen sind, wenn er Gott als *Abba* anspricht, wohl um sich bewußt von der bisherigen jüdischen Lehre abzuheben. Der bewanderte und weit gewanderte Jesus kannte sicher die Anrufung aus der indischen Veda *Dyaus Pitar*, den griechischen *Zeus Pater* und den römischen *Ju-Piter*, alles menschliche Umsetzungen eines *Himmlischen Vaters* mit dem gleichen Wortstamm..

Wenn wir also in unserer Bibel genau nachlesen, finden wir im N.T. nicht nur das zu *Jahwe* absolut gegensätzliche Bild eines *liebenden Gottvaters*, was Jesus in totalem Gegensatz zur geltenden Lehre und schließlich ans Kreuz brachte, sondern auch die ersten klaren Aussagen, besonders der Apostel in den urchristlichen Anfängen unserer Kirchengeschichte über eine *unpersönliche Gottheit im Inneren* - das Göttliche als Person **und** als informierte Energie. Einzelheiten dazu bringe ich an anderer Stelle ausführlich. Hierbei gilt es nun darzustellen, daß unsere christlichen Kirchenlehren diese frühchristlichen Ansätze eines absolut neuen Gottesverständnisses, vermutlich bewußt, vernachlässigten und in ihren Auslegungen das Niveau alttestamentarischer Gotteszüge weitgehend beibehalten und somit den Auftrag Jesu insgesamt verfehlt haben.

## Der Schulungsweg zwischen den Polaritäten

Die für uns sichtbare Welt ist aber ein Raum-Zeit-Kontinuum und existiert generell nur durch Polaritäten, also sich gegenseitig im Gleichgewicht haltender Gegensatzkräfte. Dies gilt aber nicht außerhalb der *materiellen* oder physischen Welt. Im zeit- und raumlosen, dem meta-physischen (die Polarität zum 'physischen') Bereich der Welt mit ihren höheren Schwingungen, die *bis heute* mit unseren technischen Instrumenten noch kaum meßbar sind, bedarf es keiner

> Man erreicht mehr mit einem Blick voll *Liebe*, mit einem Wort der Ermunterung, das Vertrauen einflößt, als mit vielen Vorwürfen.
> *Hl. Johannes Bosco*

Polaritäten. Und hiermit will ich aufzeigen, daß alle unsere Gottesbilder, das der christlichen und das der meisten anderen Religionen ebenfalls, überholt und möglicherweise grundfalsch sind. Denn etwas Gegensatzfreies und Transzendentes wiederum irdisch bipolar darstellen oder begreifen zu wollen, kann heutigen Maßstäben nicht mehr standhalten.

Zwei elementare 'göttliche' Polaritäten haben wir dem Schöpfer unseres Kulturkreises schon vor Jahrtausenden angedichtet: daß Gott *männlich* sei und daß er, wie wir Menschen, *gut und böse* sein könne. Sehen wir uns letzteren Punkt zuerst an. Im krassen Gegensatz zur urchristlichen Lehre Jesu, daß Gott ein 'Gott der reinen Liebe' sei, hat die römische Staatskirche des *Constantinus Magnus* das alttestamentarische Prinzip von Gottesstrafen und ähnlichem übernommen und teilweise wieder aufleben lassen und ist bis heute in den christlichen Kirchenlehren, der katholischen, evangelischen und anglikanischen beibehalten worden. Die einfache Denke der meisten Menschen - einst wie heute - hat die eigenen Verhaltensprobleme mit *gut* und *böse* prompt auch auf den jeweiligen Gott ihrer Konfession projeziert.

Nicht anders ist es mit der Annahme, unser Gott sei ein *männliches* Wesen. Alle westlichen Religionen nach der keltischen waren und sind patriarchalisch. Heute finden wir nur bei einigen Naturvölkern matriarchalische oder matrizentrische Glaubenssysteme. Und auch das christliche patriarchalische Gottesbild wird gnadenlos bis heute weitervertreten. In der katholischen Amtskirche gilt das manifestierte Patriarchat auch in der gesamten personellen Hierachie und diesbezügliche Querdenker werden weiterhin ausgestoßen. Allerdings wurde hier schon bald in der Kirchengeschichte als weiblicher Pol eine *Mutter Gottes* erkoren - gemeint ist die Mutter Jesu - um damit die einseitige Patrizentrik unseres höchsten Chefs abzumildern. Zwar weist *Kareen J. Torjesen*[100] darauf hin, daß vom ersten bis fast dreizehnten Jahrhundert Kirchenfrauen Ämter von Diakonissen, Priesterinnen, Kirchenältesten und sogar Bischöfinnen inne hatten, doch haben schließlich die späteren Epochen die althergebrachte kirchliche (alttestamentarisch-hebräisch?) Anti-Weiblichkeit (Höhepunkt: Hexenprozesse) bis heute gründlich festgeschrieben.

Aus aramäischen Textquellen der Ostkirche *(Neil Douglas-Klotz)* können wir entnehmen, daß Jesus seinen Gott auch schon *Vater-Mutter des Kosmos* genannt hat. Neue Ansätze gegen das männliche Gottesbild findet man in der esoterischen Literatur. Hierbei versucht man mit dem altgriechischen Wort *androgyn* (zweigeschlechtlich) oder der neuen Wortprägung *Vater/Mutter-Gott* aus der üblichen Polarisierung herauszukommen, wohl ohne zu merken, daß sie damit doch auch weiterhin festgeschrieben und lediglich deren Einseitigkeit vermieden wird. Am 11.9.1995 brachte die Oxford University Press eine Übersetzung auch des N.T., die alle männlichen Bezeichnungen des Göttlichen ersetzt bekommen hat und diesbezüglich *bereinigt* worden ist. Derart trendige Zeitgeist-Korrekturen werden die 'Heilige Schrift' weiter verunstalten und sinnentstellen.

Um dem Gottesverständnis Jesu und der urchristlichen Zeit näher zu kommen, müssen wir *insgesamt* aus dem Physischen ins Metaphysische hinaustreten oder besser gesagt höhersteigen, das Gottesbild entpersonifizieren und damit in das geschlechtslose Neutrum gehen: *Das Göttliche*. Zwar sind wir womöglich mit unserer Vorstellungskraft, um was es sich bei dem *Göttlichen* handeln könne, völlig überfordert oder möglicherweise am Ende - gar wenn wir im N.T. hören, *es sei in uns*. Wir können grundsätzlich davon ausgehen, daß jegliche menschliche Vorstellung von Geistig-Göttlichem stets Stückwerk bleiben muß - neben dem christlichen Mystizismus vermeiden dies mehrere östliche Religionen von vornherein.

Wir vergessen immer wieder, daß auch die mosaischen Gesetze alle bildhaften Vorstellungen untersagt hatten: Im ersten Gebot. Auch wir können überhaupt getrost davon abkommen, weil solche Definiererei uns auf unserem seelischen Entwicklungsweg doch nicht weitergebracht hat. Was wir mit der göttlichen Kraft *in uns* in unserem Alltag anfangen könnten, ist viel, viel wichtiger als der Streit um etwas, was unser menschliches 15-bis-20-Prozent-Gehirn-Nutzungsvolumen wohl noch lange nicht erfassen kann. **Gott ist mit unserem Verstand nicht zu erfassen**. Er ist überräumlich, überzeitlich, transzendent und kein Forschungsobjekt.

Im griechischen Urtext des *Johannes*-Evangeliums heißt die richtige Übersetzung: *...und das Wort war göttlichen Wesens* - nicht aber 'Gott'.[217] Daher könnten wir mit folgender Kurzformel zu einem *zeitgemäßeren* Gottes-Verständnis kommen: *Das Göttliche* dürfte ein kosmisch-gigantisches, schöpferisches, zeit- und raumloses Geistkraftfeld sein, *dessen Schwingungen als Licht/Liebe in unsere materielle Welt hineinwirken und als Seelensplitter in jedem Menschen eingespeichert sind.* Der *Gottesfunke* oder das *innere Licht* in allen von uns ist teilweise der *Christusgeist*, aber sicher die *ICH-BIN*-Präsenz oder wie es in den christlichen Kirchenlehren heißt, der *hl. Geist*, den es durch uns in unserer materiellen Welt *umzusetzen* gilt.

Hierbei sind noch einige Begriffe zu erklären:

> Nur wer den Menschen *liebt,* wird ihn verstehen -
> wer ihn verachtet, nicht einmal sehn.
> Schriftsteller *Christian Morgenstern* (1871-1914)

## Heiliger Geist

Aus unserer kirchenchristlichen Sicht glauben wir, daß zuerst ein Gott-Vater existierte, er dann *Christus* als Erstgeborenen erschuf und mittels des 'Heiligen Geistes' in der Gesamtheit seiner Schöpfung präsent und on-line ist. In meinem Buch übernehme ich dieses Schöpfungsbild, weil es uns prinzipiell weiterführt in unserem *re-ligio*, dem Zurück zu 'Gott', und den damit verbundenen Lebensproblemen. Darüber hinaus gibt es aber ein Denkmodell, das uns aus überirdischer und außerirdischer Sicht offenbart und erläutert wird: *Der All-Geist, der Geist Gottes oder das ICH BIN, ist der Ursprung allen Seins.* Aus dieser 'geistigen Kraft' wurde oder hat (sich) Gott erschaffen und dieser wiederum Christus und so fort. In diese Richtung weisen aber auch solche Erkenntnisse, daß heute manche historische Gottesbilder und Schöpfungsberichte in vielen Glaubensbekenntnissen und Religionen besser als 'Außerirdische' mit ethischem und technischem Vorsprung zu jener Zeit (und heute noch?) verstanden werden können.

## Licht/Liebe

In den Evangelien, mehr in den *apokryphen* als in den *kanonischen*[101], wird auf das *Licht* als göttliche Eigenschaft hingewiesen. *Lasset euer Licht leuchten.* Dieses Licht, das *zuerst in uns* leuchten muß, das uns zu *Lichtwesen* werden lassen könnte, wenn wir fähig und *bereit wären*, unser Bewußtsein allmählich zu erweitern und zu erhöhen - dieses Licht ist das Zeichen des ent-wickelten Menschen, des göttlichen Menschen. Im 1. Johannesbrief lesen wir, daß *Gott Licht ist und in Ihm keine Finsternis...* (1,5) und ich werde später aufzeigen, daß auch wir 'Ebenbilder' Gottes genauso sein könnten.

In der esoterischen Literatur findet man die Erklärung, daß das *Licht* die materielle, physische und sichtbare Seite der *göttlichen Liebe* sei - beides somit zugleich die wichtigste und für ein bewußtes Erdenleben entscheidende Doppelkraft. Dieses für unsere weitere Seelenentwicklung und dem Höheren-Bewußtseins-Weg wichtige Thema habe ich im dritten Teil des Buches in einem eigenen Kapitel sehr eingehend dargestellt.

## Seelensplitter/Gottesfunke

Die US-Wissenschaftlerin und Autorin *Prof. Dr. Joan Borysenko* (Zellbiologie und Psychoneuroimmunologie) bekannte nach der Aufgabe ihrer Karriere an der Harvard-Universität:

*Manchmal denke ich, daß die ganze Menschheit vielleicht nichts anderes ist als ein gigantischer Fall von Persönlichkeitsspaltung, ein einziges Juwel mit zahllosen Facetten, ist zerstückelt in Milliarden Splitter, Milliarden Wege Gottes, sich selbst zu finden.*

Nach einer alten talmud'schen Legende ist die *Schechina*, die Herrlichkeit Gottes, zerbrochen und hat sich, in tausend Splitter und Funken geteilt, über die Welt gelegt. Auch *von Goethe* erkannte mit Blick auf die permanente Verbindung des Menschen mit dem Göttlichen:

*Ich glaube, daß wir einen Funken jenes ewigen Lichtes in uns tragen, das im Grunde des Seins leuchten muß und das unsere schwachen Sinne nur von ferne ahnen können. Diesen Funken in uns zur Flamme wecken zu lassen und das Göttliche in uns zu verwirklichen, ist unsere höchste Pflicht.*

Wo steckt nun dieser Funke des Göttlichen in uns? Rein gefühlsmäßig in unserem Herzen und davon sprechen östliche Religionen seit Jahrtausenden. Die Schweizerin *Ursula Seiler-Spielmann* berichtet in ihrer ZeitenSchrift (6/95):

*Vor wenigen Jahren stießen amerikanische Mediziner auf einen bleistiftgroßen Punkt im linken oberen Teil des Herzens, der sehr viel heißer war als der Rest des Herzens. Es ist jene Stelle, an der der Göttliche Funken im Herzen glimmt, und dieses Glimmen ist physisch feststellbar! Dieser Funke wird beständig genährt durch den Strom der göttlichen Elektronen, - des göttlichen Lichts - das vom Schöpfer ins Herz jedes Menschen fließt. Die Herzspezialisten wissen in der Regel um diesen geheimnisvollen Punkt im Herzen, doch sprechen sie meist nicht darüber, da sie keine Erklärung dafür haben. Uns ist ein Chirurgenteam eines Schweizer Spitals bekannt, das es ablehnt, Herzoperationen sehr nahe an diesem Punkt vorzunehmen. Es weiß, daß, wenn man in der Nähe dieser Stelle operiert, der Patient mit sehr hoher Wahrscheinlichkeit stirbt. Es ist also nicht einfach eine schöne Idee, daß* wir und Gott eins sind, *sondern eine physikalische Tatsache, daß wir - selbst wenn wir Gott leugnen - in jedem Augenblick unseres Lebens mit seiner Lebensenergie versorgt werden, die in den Funken in unserem Herzen einströmt. Dieser Funke stammt ursprünglich auch aus dem Wesen Gottes, und seine Bestimmung ist es, einst eine große, mächtige Flamme zu werden. An diesem Herzpunkt besteht also eine solch hohe Elektronendichte, fließt soviel Energie ein, daß sich ein physisch erkennbarer Funke manifestiert.*

Im Volksmund sagt man: *Mir wird ganz warm ums Herz* und meint damit die Empfindung, die man erleben kann, wenn man jemandem etwas *Liebes* getan hat und erhält die entsprechende Reaktion.

> Man braucht nur mit *Liebe* einer Sache nachzugehen,
> so gesellt sich das Glück hinzu.
> Deutscher Lyriker *Johannes Trojan* (1837-1915)

Diese Herzensregion dürfte es auch sein, von der als *Gewissen* gesprochen wird, aus der bei vielen Menschen ihre *Intuitionen* kommen, sie ihre *innere Stimme* (meist vergebens) hören oder empfinden und durch die sich auch unser *innerer Helfer* meldet. Meinte diesen Herzpunkt auch *Paulus* (Römer 5,5), wenn er schrieb *...die Liebe Gottes ist ausgegossen in unser Herz durch den hl. Geist, welcher uns gegeben ist* ? Und sind womöglich die Sucher des hl. Grals auf ewig falscher Fährte *im Äußeren*?

Ist diese Aussage *Pauli* über das Herz demnach tatsächlich wörtlich zu nehmen? Im N.T. finden wir eine weitere Stelle dazu (Lukas 17,20 und 21), wo es in der Luther-Übersetzung heißt *...denn schaut, das Reich Gottes ist inwendig in euch*, aber im griechischen Originaltext heißt es *....das Reich Gottes ist in eurer Mitte.* Und nun gibt es dazu eine sehr interessante Verbindung zu esoterischen, aber auch vorchristlichen Aussagen östlicher Heilslehren: Sieben Haupt-Chakras verbinden die (mindestens) drei menschlichen Körper (geistig-seelisch-physisch) ineinander und werden als die lebenserhaltenden Energiewirbel bezeichnet und von hellsichtigen Menschen im Bereich der körperlichen Aura gesehen. In der *Mitte* der sieben Chakras, drei darüber und drei darunter, liegt das sogenannte Herz-Chakra und diese Tatsache wäre somit die Bestätigung von weitgehend ähnlichen Aussagen aus drei Kulturkreisen und Epochen: Ein halbes Jahrtausend vor Chr. *buddhistisch*, im Urchristlichen *paulinisch*[102] und in diesem Jahrhundert *esoterisch*. In der chinesischen Akupunkturlehre ist der *Herzmeridian* der erste Meridian.

Das Herzchakra ist das Chakra unserer Zeit, von Jesus global aktiviert als das körperliche Zentrum seines Auftrages *Liebe deinen Nächsten*... Mit und durch das Liebe-<u>Aussenden</u> dieses Chakras harmonisieren wir unsere Körper-Dreiheit (Körper-Seele-Geist) und können damit, außer Gesundheit, unsere 'Mitte' finden, wie die Asiaten sagen. In der New-Age-Literatur sprechen daher viele vom *Herzzentrum* als spirituelle Energie-Konzentration und *St. Germain* schreibt dazu [22]:

> *Das Herz ist euer Meister, nicht der Intellekt. Dieser hat keine schöpferische Kraft; er ist nur ein Kontroll-Organ. Wer die Autorität des Herzens dem Intellekt übergibt, macht aus diesem einen Sklavenmeister. Er füttert den physischen Körper falsch und macht ihn müde und alt, weil er ihn nicht beleben kann. Wer diesen Erfahrensweg gehen will, wird aus der Not lernen. Sie ist ein züchtiger Lehrmeister. Seid loyal zur Liebe und dem Licht in eurem Herzen - dem einzig wahren Meister, Denker und Lenker.*

Der Gottesfunke oder göttliche Seelensplitter ist *in jedem* Menschenherz *eingespeichert*, im Sinne eines göttlichen Standard-Software-Lebenspaketes, aus dem der einzelne Mensch seine Programme zu aktivieren hat. Unterläßt oder vernachlässigt er solches und öffnet er keinerlei Schnittstellen zur kosmisch-göttlichen Zentraleinheit, kommen seine menschlich-göttlichen Qualitäten kaum über die eines komfortablen Taschenrechners hinaus. Oder er pc-t sich als irgend ein mehr oder weniger fanatischer oder engstirniger Spezialist durchs Leben. Ohne daß er je eine ganzheitliche Vernetzung mit der unendlichen Großdatei erlebt hat oder wie der christliche Mystiker sagen würde: *Ohne je in das grenzenlose Meer göttlichen Eins-Seins eingetaucht zu sein.* Die englischen Worte *holeness* (Ganzheit) und *holiness* (Heiligkeit) weisen in die gleiche Richtung.

Das, was unsere heutige Denke mit dem Begriff *eingespeichert* meint, heißt im 23. Psalm: *Denn Du bist bei mir...*, heißt bei Jesus: *Der Vater und ich sind eins...* und bei Paulus: *Das Reich Gottes ist in euch.* Und vor ihnen haben *Buddha, Laotse* und die meisten Lehrer und Meister des Ostens immer schon von dem *Göttlichen-in-uns* gelehrt. Ein Terminus dieser östlichen Erkenntnisreligionen ist dafür *der innere Logos*, heute gerne wieder aufgenommen im weiten Feld esoterischer Wegbeschreibungen.

Ganz klar drückt sich auch *Mutter Maria* in ihrer 'Botschaft an die Welt'[19] aus, in dem sie bezüglich Gott, unserem Schöpfer fordert: *Es gibt nur einen Ort, wo er zu finden ist, und das ist in eurem Herzen und in eurem Geiste. Schließt Frieden mit euch selbst und sucht Gott in eurem Inneren.*

Der menschliche Körper, in dem dieser Gottesfunke oder göttliche Seelensplitter wohnt, wird im Urchristlichen als *Tempel Gottes* bezeichnet, der *rein und heilig* zu halten sei (1.Kor.6,19) und gleichermaßen bei Eph.4,30: *Betrübt nicht den heiligen Geist Gottes in euch.* Für Christen, die sich in den letzten zwei Jahrtausenden immer als getrennt von Gott betrachtet haben, mag dies eine schwer annehmbare Aussage in der Lehre Jesu sein - aber so steht es geschrieben. Dazu aber kommt noch eine unheimlich erschwerende Aussage im N.T.: *Die Sünde wider den Geist.* Wenn wir die Stimme des Gottesfunkens, des inneren Christus, in unserem Herzen vernehmen können und sie *nicht* befolgen, dann - sofern wir uns ihrer wirklich bewußt sind - versündigen wir uns ganz gewaltig. Die *Sünde wider den hl. Geist* sei die einzige Sünde, die von Gott in *einem* Menschenleben nicht verziehen werden könne. Denn hierbei geht es ja um ein bewußtes Sich-Auflehnen unseres Verstandes-Egos gegen das Göttliche in uns - *unser* Wille gegen den *göttlichen* oder universellen Willen.

---

*Liebe* deine Feinde, denn sie sagen dir deine Fehler
US-Präsident *Benjamin Franklin* (1706-1790)

## Alles ist ein Teil des Geistigen oder Göttlichen

Die Physik des zwanzigsten Jahrhunderts lehrt uns, daß es keine tote Materie gibt. *Alles ist ein Teil des Geistigen oder Göttlichen* und daher unserer Achtung würdig. Bereits der schottische Physiker *Bell* (1847-1922) konnte nachweisen, daß jedes Atom im Universum mit dem gesamten All in Verbindung steht. Spätestens hier wird der tiefere Sinn der Jesus-Formulierung deutlich: *Was ihr dem Geringsten meiner Brüder getan habt, das habt ihr mir getan.* Ein göttliches Gesetz perfekt ausgedrückt. *Prof. Anton Schneider* schreibt:
> *Das ganze Universum gilt als dynamisches Gewebe von untrennbaren Energiestrukturen. Jedes Teilchen kann nur in seiner Wechselwirkung mit der Umgebung verstanden werden - nicht als isoliertes Gebilde.*

Hören wir dazu auch noch die beiden deutschen Physiker *Prof. Albert Einstein* und *Prof. Max Planck* [103]:
> *Als Physiker, der sein ganzes Leben der nüchternsten Wissenschaft, nämlich der Erforschung der Materie dient, bin ich sicher frei, für einen Schwarmgeist gehalten zu werden. Und so sage ich Ihnen nach meiner Erforschung des Atomes dieses: Es gibt keine Materie an sich! Alle Materie entsteht und besteht nur durch eine Kraft, welche die Atomteilchen in Schwingung bringt und sie zum winzigsten Sonnensystem des Atoms zusammenhält. Da es aber im ganzen Weltall weder eine intelligente, noch eine ewige Kraft gibt, so müssen wir hinter dieser 'Kraft' einen bewußten, intelligenten Geist annehmen. Dieser Geist ist der Urgrund aller Materie!*
>
> *Nicht die sichtbare, vergängliche Materie ist das Reale, Wahre, Wirkliche, sondern der unsichtbare, unsterbliche Geist! Da es aber Geist an sich alleine ebenfalls nicht geben kann, sondern jeder Geist einem Wesen angehört, müssen wir zwingend Geistwesen annehmen.*
>
> *Da aber Geistwesen nicht aus sich selber sein können, sondern geschaffen worden sein müssen, so scheue ich mich nicht, diesen geheimnisvollen Schöpfer ebenso zu benennen, wie ihn alle Kulturvölker der Erde früherer Jahrtausende genannt haben: Gott.*

Und *Prof. Albert Einstein* bekennt:
> *Das schönste und tiefste Gefühl, das wir empfinden können, ist das mystische. Es ist der Keim jeder wahren Wissenschaft. Jeder, der dieses Gefühl nie kennt, der nicht fähig ist, sich zu wundern oder tiefste Achtung zu empfinden, ist, als ob er tot wäre.*
>
> *Meine Religion besteht in einer demütigen Bewunderung des erhabenen und unbegrenzten Geistes, der sich in den winzigsten Phänomenen, die wir mit unseren schwachen und unvollkommenen Sinnen ermitteln können, offenbart. Meine tiefe Überzeugung eines unbegrenzten und erhabenen Geistes, dessen Vorsehung das unverständliche Universum erzeugt, ist meine Vorstellung von Gott.*

Nun ist der Begriff *mystisch* schon mehrfach aufgetaucht. Die heiligen Schriften aller großen Religionen bezeugen, daß das Göttliche sich den *Mystikern* in **inneren Visionen** offenbart. In dieser inneren Schau wird der Mensch sich seines eigentlichen Wesens und seiner Einheit mit dem Göttlichen bewußt. Im Innern findet er eine solche Be-friedung, daß er inmitten dieser Welt mit ihrer täglichen Anspannung und Ungewißheit zu einer unerschütterlichen Zu-friedenheit findet. Entsprechend 'einfach' ist daher auch die Sprache des Mystikers, wenn es um sein Gottesbild geht: *Das Göttliche ist keine Person, sondern ein unerkennbares Mysterium.* Auf diesem Gebiete haben viele fernöstliche Lehren einen schon größeren Erfahrungsschatz, den *Daisetz T. Suzuki*[182] in folgenden Worten ausdrückt:

*Alle Religionen sind auf der Grundlage mystischer Erfahrung erbaut, ohne die ihr ganzer metaphysischer oder theologischer Überbau zusammenstürzen würde. Eben dies ist es, wodurch Religion sich von Philosophie unterscheidet. Alle philosophischen Systeme mögen eines Tages in Trümmern liegen, doch das religiöse Leben wird für immer fortfahren, seine tiefen Mysterien zu offenbaren.*

## Die Kraft geistiger Gesetze

Ein wichtiger Teil dieses Buches ist der Darstellung universeller und geistiger Gesetzmäßigkeiten gewidmet. Diese sind keine neuen Erfindungen, sondern wir werden sie schnell wiedererkennen als Teile der urchristlichen Lehre - jetzt nicht mehr gleichnishaft einem verarmten Analphabetentum dargebracht, sondern mit Hinweisen auf wissenschaftliche Abhandlungen allgemeinverständlich für LeserInnen mit entsprechendem Wissensdurst. Ich nenne hier nur kurz einige Beispiele geistiger Gesetze: das Gesetz von *Ursache und Wirkung* (im A.T.: Auge um Auge...), das unser sogenanntes Schicksal zum Verursacherprinzip werden läßt; das Gesetz der *Affinität* oder der Anziehung der Gleichart, das erklärt, was wir automatisch heranziehen durch unser Verhalten; die Gesetze der *Liebe*, des *freien Willens*, der *Rhythmen* und viele mehr, insgesamt zwölf an der Zahl.

Ist die *Liebe* voll entfaltet,
dann bringt man seinem Freunde Zuneigung,
seinem Feinde Vergebung,
dem Fremden Wohlwollen entgegen.
*Haznat Inayat Khan*

## 2. Kapitel

## Zu diesem Buche

Keinesfalls handelt es sich um eine Jubiläumsbibel, auch wenn der Titel 'JESUS 2000' heißt und sich die Geburt Jesu zur Zeit jährt. Es sind damit auch rund zweitausend Jahre Christentum vergangen, die alles andere als christlich waren und kaum merkliche ethische Fortschritte der Menschheit gebracht haben. Wir Christen töten uns gegenseitig wie auch Andersgläubige, wir töten Ungeborenes und Tiere, wir sind voller Gier, Neid und Gehässigkeit und streiten und betrügen uns von früh bis spät. **Da muß ich doch dringend nachfragen, was wir jahrhundertelang falsch gemacht haben?** Jesus jedenfalls hat es ganz anders gelehrt.

Ist dies also ein religiöses Buch? Jaein, eigentlich kann ich mich auf keine der vielen Kirchenlehren festlegen. Diese haben ihre eigenen Bücher. Auch könnten wir nach unseren heutigen Erkenntnissen nicht mehr davon ausgehen, daß es *eine* alleinseligmachende Religion gäbe, sondern wir müßten dann den *aufgeklärten* Standpunkt einnehmen, den *Mahatma Gandhi* so treffend formuliert hat:

*Religionen sind verschiedene Wege, die zum gleichen Ziel führen. In Wahrheit gibt es so viele Religionen, wie es Individuen gibt. Ahimsa (Nicht-Gewalt) lehrt uns, dieselbe Achtung vor dem Glauben anderer zu hegen, die wir unserem eigenen entgegenbringen, wobei wir die Unvollkommenheit des letzteren zugeben. Sähen wir alle Religionen mit gerechten Augen an, so würden wir nicht nur ohne Zögern, sondern mit dem Bewußtsein für unsere Pflicht jeden annehmbaren Wesenszug anderer Religionen in den eigenen Glauben aufnehmen.*

Das ist wahnsinnig ideell gedacht und stellt höchste Anforderung an die Menschheit. Es scheint im Großen wohl auch heute noch nicht realisierbar, obwohl wir vor der Geburt eines Neuen Zeitalters stehen. Deshalb denken andere gleich an eine weltweite pantheistische Einheits-Religion, die alle *annehmbaren Wesenszüge der größten Religionen* zur Basis habe, was wiederum aber doch nicht ohne einen alleinseligmachenden Anspruch möglich wäre und sich stets vor individuellen Eigenwegen schützen müßte. Gott bewahre uns davor!

So bleibt noch die Alternative, den *eigenen* individuellen Weg zu gehen, der zwar religiös sein kann, **es aber nicht sein muß**. Und von dem berichten schon die Evangelisten und er wurde 'geübt' in meist kleinen urchristlichen Gemeinschaften. **Nur dieser individuelle Entwicklungs-weg ist für die heutige Übergangszeit noch denkbar** und passend und diesen vertrete ich auch in diesem Buche. Es sei jedem selbst überlassen, diesen dann religiös zu gehen oder nicht, oder mal so und mal so, denn es ist ein *Weg des Herzens* und nicht des selektierenden Verstandes. Und ich finde es faszinierend, daß genau dies *Jesus* vor zweitausend Jahren anbot, genau das wollte er uns sagen, wenn er lehrte: *Gott ist in euch, Himmel und Hölle sind in euch* und so weiter. Nicht eine einzige Empfehlung bezüglich einer Religion gibt es bei ihm, sondern höchstens Kritik an derselben. Seine Lehre ist weder zeremoniell noch formell. Daher will ich diesen Weg (*Jesus: Dies ist mein Weg*) aus den Texten der Evangelisten für unser heutiges kritisches Denken neu herausarbeiten und mit psychologischen, parapsychologischen und philosophischen Erkenntnissen vergleichen und mischen. **So ein Weg ist international, interkonfessionell und interreligiös.**

Unser *Tschieses Kreist Siuperstar* wurde erst auf dem Konzil von Chalkedon (451 n.Chr.) von der römischen Staatskirche zum 'Sohn Gottes' erklärt - erst vierhundert Jahre nach seinem Wirken. Über ihn zu schreiben wäre somit eigentlich nicht Sache profaner Autoren, sondern Sache der Kirche oder gleich besser gesagt: der Kirchen, von denen es ja viele im christlichen Religionsbereich gibt - dreihundert sollen es weltweit sein. Dabei dürfen wir davon ausgehen, daß *die* Christen genügend über Jesus wissen und es nicht immer wieder neue Bucherscheinungen dazu geben müßte, wie dies in reichlichem Maße in den letzten Jahrzehnten vor Jesu zweitausendstem Geburtstag geschah. Doch wer sind *die* Christen? Laut Kirchenstatistiken aus dem Jahre 1994 in Baden-Württemberg 17,6 Prozent der Kirchenmitglieder, die an normalen Sonntagen (also nicht an Hochfesten) den Gottesdienst besuchen. Hochgerechnet auf die ganze Republik sind das etwa 11 Millionen *aktive* Kirchenanhänger. Also bleiben noch etwa 45 Millionen übrig, die Softchristen oder reine Kirchensteuerchristen sind, solche, die nur bei Taufe, Hochzeit und Begräbnis etwas mit der Kirche zu tun haben und dann vielleicht noch rund 25 Millionen Konfessionslose, die ohne den Segen einer der Kirchen durchs Leben gehen, wohl geteilt noch in das Lager derer, die sich leicht verschämt *gottgläubig* nennen und dem anderen Lager, das mit Religion überhaupt nichts am Hute hat. Man könnte die heutige Christenheit noch einfacher aufteilen in *Tatchristen, Gläubige und Ungläubige*.

In dem politischen Wochenblatt 'Vertrauliche Mitteilungen' vom 21.1.97[179] heißt es, daß sich laut Umfrage 28 Prozent der deutschen Bevölkerung als Gottesleugner bezeichnen, 27 Prozent seien ungewiß. Von den 18- bis 30jährigen bekunden im Westen sogar zwei Drittel, daß Gott ihnen nichts bedeute. In

Durch *Liebe* werden alle Dinge leichter,
die der Verstand als gar zu schwer gedacht.
aus Persien

den neuen Bundesländern sei der Anteil noch höher.

Mit meinem Jesus-Buch will ich nicht die erwähnten Tat-Christen verunsichern, die die christliche Kirchenlehre im Sinne von *Lieben und Dienen* tat-sächlich umsetzen oder umzusetzen versuchen. Ansprechen will ich vielmehr die Christen, denen die Kirchenlehren viel zu erstarrt geblieben sind; die Christen, die für ihr Christsein *Überzeugung* und nicht ausschließlich *Glauben* brauchen; die Christen, die *auf der Suche* sind und mangels glaubwürdiger Erkenntnisse sich in obskure Sekten verirren könnten oder schon sind und natürlich das Gros der Fast-nicht- oder Nicht-mehr-Christen, die spüren, daß der leere Zeitgeist des Materialismus ausgefüllt gehört durch Sinngebung und Lebenswerte, die am ehesten eine gigantische kosmische Ordnung allen Lebens uns kritisch gewordenen und erwachenden Verstandesmenschen akzeptieren und sogar konstruktiv teilhaben ließe.

Es gibt in unserer Welt sehr viel aufrichtige Güte und die Fülle humanitären Denkens ist grenzenlos. Das Heil unserer Welt liegt in den Händen der zahllosen guten, kleinen Leuten und von Millionen redlich und rechtlich denkender Menschen in allen Ländern. Es liegt nicht in den Händen gnadenloser Systemerhalter, wie sie in den oberen Etagen aller Machtsysteme vorherrschen, auch der meisten Kirchen. Und ich möchte nochmals betonen, daß ich mit meinen kritischen und aufklärenden Texten, Erkenntnissen und Behauptungen keinesfalls die (Kirchen-)Gläubigen verletzen möchte, die *guten Willens und guten Glaubens* sind, echtes Tatchristentum pflegen wollen, in richtig verstandenem 'Dienst' nicht auffallen und deren Opfermut, Heroismus und Entsagung daher oft unbekannt bleibt. Sie sollen um Gottes Willen ihren Weg so weitergehen und ich segne sie dabei, denn ein lauterer Christ, der seiner Überzeugung leben will, hat es heute wahrlich nicht leicht. Aber ein Weg ohne bestandene Prüfungen ist kein Weg zu Gott.

Bezüglich meiner Kritiken, Hinweise und kurzgehaltenen Richtigstellungen über viele Fehlentwicklungen in den Großkirchen ist mir klar, daß ich dabei nicht nur satt in die Fettnäpfe trete, sondern zwangsläufig Wind um die Ohren bekommen werde. Aber ich bin fest überzeugt von dem anstehenden und überfälligen 'Wechsel', **daß unser Christsein neu verstanden werden muß**. Dabei bin ich in bester Gesellschaft mit kritischen und gar abtrünnigen Theologen wie auch manch hohem Würdenträger. Die 'Südwestpresse' (11.1.97) schließt ihren Bericht über eine Theologentagung in der Evangelischen Akademie Tutzing:

*Einig war man sich, daß der Bedarf an christlicher Weltinterpretation in der Gesellschaft nach wie vor groß ist. 'Die Suchenden allerdings', so der Professor für Religionspädagogik, Rolf Schneider (Lindau), **'sagen nein zur Kirche, aber ja zum Christentum.'** Betonte Kirchlichkeit sei der Glaubensvermittlung eher ein Hindernis.*

**Jedoch bei allen anderen** LesernInnen, die keine feste religiöse Einbindung haben, möchte ich mit meinem 'Jesus 2000'-Buch deren Stand-Punkt möglichst total erschüttern, sie aufrütteln und ihnen schließlich Wege und Rezepte zeigen, wie durch ein zeitgemäßes Um-denken und Verantwortlich-werden eigene Probleme und die in der Familie, der Gesellschaft und gar die der Menschheit - möglichst schnell natürlich - geändert werden könnten. Wobei jede Änderung, wie ich später ausführlich darlegen werde, **stets bei jedem von uns selbst** beginnen muß. Diese Anderen können sein: Ungläubige, Andersgläubige und Abergläubige, Esoteriker und Positivisten, Atheisten, Sucher und Zweifler, Enttäuschte und Frustrierte, Looser und Verlierer. Vor allem auch Kranke, deren 'Gesundheits'-zustand anzeigt, daß eine langanhaltende Störung zwischen der Einheit Geist, Seele und Körper besteht und daher dringend Veränderungs-bedarf vorliegt - ich zeige dazu neue Wege auf. Es zählen dazu all die jungen kritischen Menschen, die in der 'modernen' Industrie- und Leistungsgesell-schaft einen Sinn des Lebens vermissen und schließlich all diejenigen, die demnächst durch die überwältigenden Veränderungen um uns herum aufge-schreckt und noch zu Hilfesuchenden werden.

**Ich will mit meinem Buch herausfordern!** Ich will Diskussionen auslösen und zu pro und kontra reizen, das dabei mit intensivem Nachdenken und kritischem Informieren verbunden sein wird. Diese wundervolle Ur-Lehre Jesu muß dadurch in unser Denken und möglichst auch Entscheiden und damit in unser Leben wieder ein-*fließen*, anstatt in verwalteten Kanälen kirchlicher Naturschutzgebiete dahinzudümpeln. **Das Schlimmste für diese Lehre ist das 'Stillschweigen', das unser Materialismus versucht darüberzudecken und Jesus mit 'Vergangenheit' zu etikettieren.**

Ich bin überzeugt, daß für viele Menschen, die unter unserem *geistlosen Zeitgeist* leiden, mein Buch not-wendig und zukunfts-entscheidend sein wird. Denn sowohl für die Menschheit wie für den Einzelnen kann nur eine Bewußtseins-*veränderung* den Chancen der Zeitenwende gerecht werden. Die Spielregeln dazu, die *Jesus* vor zwei Jahrtausenden erläuterte und lehrte, werden vermutlich heute besser *verstanden* und im kommenden Millennium[196] besser *in die Tat umgesetzt* werden können, als bislang. Daher sollte dieses Buch für die LeserInnen zukunfts-entscheidend werden, je nachdem, ob eine Bereitschaft dazu vorhanden ist oder noch entstehen wird, den *Weg zu neuem Bewußtsein* endlich einschlagen zu wollen.

> Wahrheits*liebe* zeigt sich darin,
> daß man überall das Gute zu finden und zu schätzen weiß.
> *Johann W. von Goethe*

Der Aufbau meines Buches ist daher viergegliedert.

Im <u>ersten Teil</u> müssen wir **alles Alte in Frage stellen**. Das heißt nicht über-Bord-werfen, sondern aktuell überprüfen, neue Stellenwerte suchen und in-uns-Hinein-hören, was uns als Einzelindividuum weiterhilft. *Was* von unserem alten Denken gilt es zu verändern, *was* vom Alten gehört in Zukunft verstärkt und *was* sollten wir eliminieren, damit uns das Alte nicht zum Balast wird? Denn das Ergebnis von zweitausend Jahren Christentum ist niederschmetternd.

Im <u>zweiten Teil</u> befassen wir uns mit den **geistig-kosmischen Gesetzmäßigkeiten**, die unser Leben beherrschen oder die *wir* zu beherrschen lernen sollten, um unser Leben zu 'meistern'. Unser Lebens-Weg ist niemals geradlinig, zumindest nicht, wenn unser Lebensziel zugleich unsere Persönlichkeits- und Bewußtseinsentwicklung sein soll. Lebenslange Geradlinigkeit wäre denkbar in totaler Demut, wenn ich dafür in ein Kloster ginge oder in totaler Erfolgssucht, wenn ich dafür 'über Leichen ginge'. Ein normales, entwicklungsfähiges Leben verläuft in Schwingungen, in Rhythmen und Auf-und-Ab von Aktivem und Passivem, von Krisen und Erkenntnissen und neuen Krisen und neuen Erkenntnissen - eben eines Lebens-Reife-Prozesses.

Im <u>dritten Teil</u> befassen wir uns mit der Zielsetzung dieses Buches, **mit der Erlangung neuen Bewußtseins.** Ob wir diesen Weg alleine gehen wollen oder mit einer neu verstandenen Lehre Jesu, kann von 'Fall zu Fall' immer wieder neu entschieden werden. Wenn wir seine Hilfe erbitten oder erflehen (je nach der Wertigkeit unserer Krise oder unserer Ziele), ist er für uns da und nimmt uns an der Hand und wenn wir dann - natürlich nur nach einer Korrektur unseres Weges und Standpunktes - wieder alleine weiterlaufen können, ist das nach meiner Meinung richtig und wichtig, denn nur Selbst-Erfahrung führt zu einem Selbst-Bewußtsein und dadurch zur Selbst-Erlösung. Das war auch *sein Weg*. Jesus hatte ebenso Prüfungen und Einweihungen zu bestehen und das könnte *unser Weg* werden, wenn wir die Chancen der neuen Zeit und des neuen Geistes begreifen und umsetzen.

Im <u>vierten und letzten Teil</u> befassen wir uns noch mit dem eigentlichen Ziel unserer Zeitenwende, dem neuen Millennium, dem Tausendjährigen Reich Christi, dem Goldenen Zeitalter oder dem **Friedensreich**, von dem die Evangelien sprechen. Einem Paradies auf Erden?

Lange habe ich mich gefragt, ob ich bei der Fülle der Thematik ausführlicher und tiefergründiger all die prüfenswerten Argumente darstellen soll, aber das hätte das Erscheinen mehrerer Bände bedurft. So habe ich mich dafür entschieden, in diesem Buche eine Kurzfassung aller *entscheidenden* Themen vorzustellen, **um den LeserInnen damit einen Überblick zu verschaffen** und zu *eigenem* Weitersuchen, Finden und Zusammenfinden anzuregen.

Es gibt kein fertiges Rezept, was wir Bürger der Erste-Welt-Zivilisationen freiwillig und schnellstens ändern sollten, um der anstehenden Zeitenwende, dem Rest der Menschheit und der Mutter Erde gerecht zu werden. Jesus hat es in seinen Worten vor zweitausend Jahren vergeblich gelehrt und ich habe jahrelang zusammengetragen, was daraus in moderner Sprache und heutiger, erheblich erweiterter Verständnisfähigkeit neu formuliert werden müßte. Da wir nicht mehr bereit sind, dogmatisch zu denken, müssen wir uns ja bei vielen dieser Themen erst neu sensibilisieren und empfänglich machen, um dabei 'erfühlen' zu können, was uns anspricht, uns interessiert und - irgendwann - überzeugt und weiterführt. Und zu jedem der studierenswerten Themen gibt es inzwischen ausreichend Spezialliteratur, wenn auch, wie gewohnt bipolar und oftmals mit berechtigten Widersprüchen.

## Der Faktor *Liebe*

Sie werden durch die gesammelten Aphorismen im grauen Feld auf jeder Doppelseite dieses Buches auf das Wort *Liebe* und *Tatliebe* (im Sinne Jesu) stoßen und könnten dabei vorschnell meinen, daß wieder einer von Zigtausenden in den tausenden von Jahren unserer derzeitigen Zivilisations-Entwicklung einen Versuch macht, die 'Liebe' zu Mensch und Natur zu predigen - von *Zarathustra* bis *Jesus Christus*, von der Bruderschaft der *Pythagoreer* bis zu der der *Rosenkreuzer*, von den *Katharern* bis zu den *Anthroposophen*, von *Platons* 'Idealstaat' bis zum 'Christusstaat' der neuen *Urchristen*. Entweder sind solche Gemeinschaften nie lange zustande gekommen oder Exoten geblieben oder 'lieblos' geworden durch eine erstarrte Lehrmeinung oder eine vermenschlichte Organisation. Oder wurden sie mit Bannbullen belegt oder schlichtweg ausgerottet. Oder brillante Denker aller Zeiten fanden immer wieder überzeugende Denk-Modelle mit noch überzeugenderen Begründungen, daß es *praktizierte* Nächstenliebe, also Tatliebe, im großen und auf Völkerebene ganz unmöglich geben oder auf Dauer funktionieren könne. Sogar unsere heutigen Amtskirchen erklären immer noch, Jesu Forderungen in der Bergpredigt seien inpraktikabel (weil man ja dadurch zum Beispiel keine Berechtigung für Militärbischöfe und ähnliche finden könnte).

> Wir können im Leben nicht immer große Dinge tun,
> aber wir können kleine Dinge mit großer *Liebe* tun.
> Leitspruch aus 'Der weiße Lotos'

Und da haben Sie nun ein Buch in der Hand von einem, der glaubt, es trotzdem erneut probieren zu müssen. Etwa nach *von Goethes* Zitat: *Man muß das Wahre immer wiederholen, weil auch der Irrtum um uns her immer wieder gepredigt wird, und zwar nicht von einzelnen, sondern von den meisten.* Mit Überzeugung vertrete ich meine Strategie und führe dafür folgende Gründe auf:

Erstens haben sich die Zeiten ganz gewaltig verändert und wie viele andere Verhaltensmuster muß auch der Begriff 'Nächstenliebe' neu hinterfragt, neu definiert und aktuell begriffen werden, denn die bisherige Umsetzung derselben ist total danebengegangen.

Zweitens ist durch fast zwei Jahrtausende kirchenchristlicher Machtkämpfe und Kriege die 'selbstlose Liebe', wie Jesus sie meinte, mit Altlasten so zugedeckt, daß dies Jesus im Grabe rotieren ließe, wäre er keine unsterbliche, göttliche Wesenheit.

Drittens lechzt der überzivilisierte Mensch geradezu nach überzeugenden, aber fehlenden Glaubensinhalten, auch wenn ihm das gar nicht in vollem Umfange bewußt ist, da er sich Ersatzidole eingehandelt hat (Erfolg, Wohlstand und Zivilisationskrankheiten), aber damit inzwischen - großteils - an gerade noch erträgliche Grenzen des Frustes angelangt ist.

Viertens ist der No-future-Schrei der jüngeren Generationen ein äußeres Zeichen jener Fäulnis, die in allen Lebensbereichen - in den großen wie Politik, Kirche, Wirtschaft, Gesundheitswesen und Umwelt und den kleinen wie Familie und Persönlichkeit - bei tiefergehender kritischer Betrachtung zutage tritt.

Fünftens leben wir gerade jetzt in einer noch nie so bewußt dagewesenen globalen und kosmischen Veränderungsphase zwischen den sogenannten Fische- und Wassermann-Zeitaltern (Wendezeit oder Zeitenwende), die der Menschheit einen entscheidenden *ethischen* Entwicklungs- und Bewußt- seinssprung ermöglichen soll - wenn dies ausreichend viele begreifen, dabei erwachen und für ihr Leben eine neue Verantwortung zu übernehmen bereit sind,

sechstens machte beispielsweise der Freiburger Parapsychologe und Theologe *Prof. Johannes Miacho,* den Geistwandel und die Wendezeit bestätigend, einen *neuen Trend* unter den jungen Leuten aus: Immer mehr fühlen sich zu traditionell-kirchlicher Frömmigkeit und *gleichzeitig* zu okkulten Praktiken und Spiritualität hingezogen und

siebtens ermöglicht ein immer ausgeprägteres Weltraumempfinden die irdische Vorstellung, daß ältere Zivilisationen aus der Tiefe des Raumes uns möglicherweise aus unserer materialistischen Versklavung und dem ethischen Niedergang heraushelfen könnten.

Deshalb mache auch ich den Versuch, über 'urchristliche Liebe' erneut nachzudenken und habe in diesem Buch zusammengetragen, was alles zu einem *neuen* Verständnis und Begreifen dieser Verhaltensweise 'Liebe' für einen *neuen* mündigen Christen und/oder einem *neuen* verantwortungsbewußten 'Kind' dieser Mutter Erde führt, gleichgültig und unabhängig davon, welchem Lebensziel er bislang nachzugehen versucht und ob er dies auf der kirchlich-religiösen, der esoterisch-religiösen oder der selbstbewußt-logischen Schiene fährt.

Aber auch Sie, geneigte LeserInnen, müssen einen Versuch mitmachen, nämlich bereit zu sein, Ihren Stand-Punkt während des Lesens zu verändern. Denn mit dem üblichen materialistisch-naturwissenschaftlichen Menschenbild, daß wir als gewolltes oder nicht verhütetes Erzeugnis eines Geschlechtsaktes mit einer (meist) höheren Intelligenz als andere irdische Lebewesen sind und ein Leben lang unseren Selbsterhaltungstrieb überwiegend zum eigenen Vorteil perfektionieren, um am Ende (ohne irgend eine Rechenschaft für dieses Leben abgeben zu müssen) in die Grube zu fahren - mit einem solchen Menschenbild werden wir beide, Leser und Autor, allergrößte Probleme miteinander bekommen. Wir *zusammen* müssen bereit sein, einen derartigen Stand-Punkt zu verlassen und dem Versuch (kommt von *suchen*) eines *neuen* Verstehenwollens stattzugeben - willentlich, innerlich geöffnet und mit *Liebe für sich selbst und für unseren Nächsten*. Für wie wichtig die Bereitschaft zum Um-denken auch im ethischen Bereich angesehen werden muß, zeigt sich, wenn wir *Werner Heisenbergs* Erkenntnisse aus der Physik in die Philosophie und Verhaltensforschung übertragen:

*Wenn wirkliches Neuland betreten wird, kann es vorkommen, daß nicht nur neue Inhalte aufzustellen sind, sondern daß auch die <u>Struktur des Denkens</u> sich ändern muß, wenn man das Neue verstehen will.*

> Bittet, daß mein Geist der *Liebe* über Alle ausgegossen werde, denen Ihr begegnet. Seid streng gegen Euch selbst und lernt strenge Ordnung *lieben*.
> Aus 'Ich rufe Euch' [140]

Wenn wir mit der zweitausend Jahre alten *urchristlichen* Lehre Jesu und mit den in Vergessenheit geratenen Wahrheiten der *ursprünglichen* Christusauffassung neues Bewußtsein erreichen wollen, müssen etliche alte Zöpfe abgeschnitten werden. Das geschieht Kapitel für Kapitel im ersten Teil dieses Buches. Dazu müssen wir aber gleich zu Anfang einige grundlegende religiöse Stand-Punkte neu und zeitverständlicher definieren.

## 'Glauben' neu definieren

Zuerst zum kirchlichen Begriff *Glauben*. Laut Lexikon *ist er* (im Bereich der Religionen) *die innere Sicherheit, die keines Beweises bedarf*. Dies ist richtig und sollte auch weiterhin so gesehen werden und Grundlage unseres menschlichen Verhältnisses zum Göttlichen bleiben. Doch mit dem *Umgang* dieses Basisbegriffes wurde zu lange kirchenpolitischer Mißbrauch getrieben. In der altrömischen Staatskirche kam es schon bald nach ihrem Entstehen zu Glaubens-*zwängen*, die weniger der Reinheit der Lehre als mehr politischen Machtstrukturen dienten. Zum Erhalt der 'Glaubens-Einheit' wurden die bischöflichen Instrumente *Dogma* und *Kirchenbann* eingesetzt, wann immer es oportun erschien. *Dogma* (griech.) ist ein kirchlicher Glaubenssatz, der als göttliche Offenbarung angesehen (oder dafür ausgegeben) wird, dessen Leugnung die Trennung von der kirchlichen Gemeinschaft zur Folge hat. Es gilt zu begreifen, daß im N.T. selbst kein System irgendeiner Theologie oder eines Dogmas zu finden ist - es ist einfach nicht da. Somit sind alle Dogmen und Theologien der Kirchen menschliche (wohlgemeinte?) Erfindungen.

In der späteren reformatorischen Theologie erhielt der *Glaube selbst* eine so wichtige Schlüsselstellung, daß er ausschließlich als gnadenhafter Charakter (allein aus Gottes Gnade) angesehen wird, der in einem viel zu hohen Maße unsere *eigene Beteiligung* an unserer ethischen und seelischen Höherentwicklung unberücksichtigt läßt[230]. Durch mißbrauchte Gläubigkeit von Millionen bewundernswerter, vorbildlicher und beispielhafter Tat-Christen haben die Großkirchen in Laufe der Jahrhunderte große Schuld auf sich geladen. Achten wir also genau auf die Erkenntnisformel: **Religion ist auf das Göttliche ausgerichtet,** *Glaube* **ist oft bloß die Fixierung auf eine Lehre.**

Das steht, aus heutiger Sicht, eigentlich alles im weitestgehenden Gegensatz zu dem, was Jesus mit seiner neuen Lehre von einem *Gott der Liebe* und den neuen konsequenten Spielregeln der *Bergpredigt* der Menschheit bringen wollte. Wenn wir also für die *ursprüngliche* Lehre Jesu ein wiedererwachtes Verständnis entwickeln wollen, sollten wir vorsichtig, aber gründlich **Glauben** von **Glaubens-***zwängen* trennen. Wir müssen diesem Begriff an der Schwelle des *Goldenen Zeitalters* einen neuen Inhalt geben. **Nicht nur an das Göttliche zu glauben, sondern das Göttliche zu erfahren**, muß unser Ziel sein. An Gott zu *glauben*, ist der Einstieg in den Weg unserer menschlichen Bewußtseinsentwicklung, wogegen das *Gott-zu-erfahren* zuerst unser Angebot eines verstärkten Tat-christentums benötigt. Alleine dadurch kommen wir zu der höheren Bewußtseinsschwingung oder -ebene, um Göttliches überhaupt erfahren zu können. ...*Ich bin der Weg* ist dabei das Leitbild Jesu.

Auch in puncto **Glaubenstiefe** - etwa in dem Sinne *absoluter Gewißheit, die Berge versetzen kann* oder wie Jesus es meinte, als er sagte: *Dein Glaube hat dich geheilt*... müssen wir viel mehr vom Passiven ins Aktive umsteigen. Aber dazu kann ich noch viel im zweiten Teil des Buches berichten.

## On-line mit der Zentrale

Und einen dritten Themenkreis sollte der heutige kritische Mensch, von kirchlichem Ballast befreit, möglichst unvoreingenommen neu angehen: *Die Präsenz geistiger oder himmlischer Kräfte in und/oder für uns*. Die meisten Mitmenschen nicken, wenn sie gefragt werden *Glauben Sie an Gott?* in der Hoffnung, nicht nach mehr Detailles gefragt zu werden. Weil Jesus und die urchristlichen Kirchen vieles völlig klar definiert haben: *Gott ist in uns (Gottesfunke) - Himmel und Hölle sind in uns - das Reich Gottes ist in uns - die Christuskraft ist in uns*... ist unsere Gottesverbindung garantiert - *wo zwei oder drei sich in Meinem Namen versammeln, da Bin Ich mitten unter ihnen*... Und abschließend wird dies noch speziell bestätigt durch den letzten Satz des *Matthäus*-Evangeliums mit seinem bedeutenden Vermächtnis: *...seid gewiß, ICH BIN bei euch alle Tage bis zum Ende der Welt.*[229]

Ist das nicht totale connection mit dem Göttlichen? Eine solche unmittelbare Verbindung nennen wir heute *on-line*. Die hat aber Jesus und seine frühchristlichen Nachfolger als *seinen Weg* angeboten - einen Weg, von dem wir allmählich meilenweit entfernt sind. *Christus Jesus* ist zwar deshalb vor zweitausend Jahren von religiösen Fanatikern gepeinigt, verhöhnt und ans Kreuz geschlagen worden, *aber er lebt weiter* in den geistigen, transzendenten Dimensionen und 'kämpft' seitdem für seine Lehre, für die göttliche Kraft der selbstlosen Liebe und das Erwecken und Umsetzen der Christuskraft in uns Irdischen. Und viele, viele Autoren zeigen durch immer neue Werke, daß dies

*Güte* ist die Grundlage zum Glück.
*Wilhelm Busch* (1832-1908)

*verstärkt* in diesen Jahrzehnten vor der schon lange angekündigten Zeitenwende und der Geburt des *Neuen Zeitalters* geschieht und bedeutungsvoll werden wird.

Diese riesige himmlische oder göttliche Macht, wir können heute sagen: die eines *Christus universalis*, war doch kein einmaliger In-put vor zweitausend Jahren, den man anschließend den klerikalen Verwaltern missionshungriger Großkirchen überließ. Nein, *Christus in Jesus* brachte uns *die* Top-Lehre, die Summe der edelsten Erkenntnisse aus allen vorangegangenen Lehren, um dieser sich permanent bekriegenden Menschheit ein Lebenskonzept in die Hände zu geben und in die Herzen zu gießen, das irdisch-paradiesische Formen des Zusammenlebens ermöglicht *hätte*. Oder ermöglichen *wird,* wenn wir dies heute endlich begreifen und umsetzen. Diese Top-Lehre wurde und wird - logischerweise heute mehr denn je - aus den geistig-göttlichen Dimensionen *weiterbetreut* durch Propheten, Heilige, Medien und andere mit 'Gottesgaben' ausgestatteten irdischen Wesen. Dadurch wird aber der sogenannte *Buchstabenglaube*, der dazu beitrug, daß während der langen Kirchengeschichte Millionen von Gläubigen christlich umgebracht wurden, in die historische Schublade gepackt und den neuen, mündigen und selbstverantwortungsbewußten Mitmenschen und Christen endlich die Möglichkeit geboten, das dringend benötigte *neue* Bewußtsein zu unserem Schöpfer und allen seinen Geschöpfen auf unserer Welt und in unserer Natur ent-wickeln zu können.

Bezüglich des Buchstabenglaubens müssen wir feststellen, daß dieser an sich nicht gänzlich zu verwerfen sei, wenn *alle* wichtigen Grundsätze der urchristlichen Lehre davon betroffen wären. Aber man wählte überwiegend solche Grundsätze aus und machte sie zu Glaubenssätzen, die der Machtorientierung dienten. Der fundamentale Lehrsatz Jesu zum Beispiel *...richtet nicht, auf daß ihr nicht gerichtet werdet* wurde in den christlichen Kirchenlehren leider nie ernsthaft in die Praxis umgesetzt.

Wenn heute immer mehr von *neuem Bewußtsein*, von *Bewußtseinserweckung, -erweiterung und -erhöhung* gesprochen wird und eine Flut von Literatur und Seminaren darüber angeboten werden, dann zeigt das den neuen Stellenwert an, der von einer erwachenden Menschheit diesem eigenständigen Weg bewußt oder auch oft noch unbewußt zugemessen wird. Denn wir Menschen unterscheiden uns Gottseidank in vielerlei Hinsicht, geistig wie körperlich, und können nicht völlig egalisiert und in ein 'geistiges Pauschalschema' gepreßt werden. Kurz angerissen weise ich auf die üblichen grundsätzlichen körperlichen Unterschiede der Menschen hin wie geringes oder hohes Alter, geringe oder starke Körperkräfte, geringes oder hohes Körpermaß und geringe oder hohe Intelligenz. Aber es gibt auch die bislang untergeordnet angesehene oder auch noch gar nicht richtig erkannte Unterscheidung von *geringem oder hohem Bewußtseins-Stand.* Dieser äußerst wichtige Bereich, für den Einzelnen und für die Menschheit, wird später ganz ausführlich behandelt.

## Autor und Leser

Noch haben wir einige Aspekte dazu klarzustellen. Zum Beispiel zeigt Ihnen Ihre ureigenste Reaktion auf mein Buch an diesen anfänglichen Stellen bereits, wie weit Sie auf Ihrem Weg zu einem erwachten, neuen Mitmenschen im Sinne der urchristlichen Lehre - ich verwende ab dieser Stelle für einen solchen Menschen den speziellen Terminus *Lichtwesen,* worüber wir später mehr erfahren werden - schon sind. Auch hier kann man sagen: Bewußt oder unbewußt. Aber, daß Sie das Buch gekauft oder es aufgrund des Affinitätsgesetzes als Geschenk oder sonstwie (erkläre ich später) angezogen haben, zeigt, daß **auch Sie bereits** auf dem langen Weg zu einem Lichtwesen sind. Sollten Sie aber die bisherigen Texte als Ketzerei ablehnen, dann müssen Sie wohl von noch reichlich vorhandenen Bewußtseinsblockaden ausgehen, die erst aufgebrochen werden müssen und bei der enormen Entwicklungsbeschleunigung, die in den letzten und nächsten Jahrzehnten generell zu beobachten und zu erwarten ist, wird das dann auch ganz schnell auf fast jeden von uns zukommen.

An zwei kurzen Beispielen versuche ich hierbei zu differenzieren: Sind Sie schon bei den Bewußtseins-Erweckten oder -Erwachten, die sich diese Gedankengänge und Darstellungen glatt 'reinziehen' können, dann kann ich Sie nur segnen und stets die richtigen Intuitionen wünschen, die in den nächsten Jahren von uns allen sicher noch dringend benötigt werden. Doch der Weg zum 'Licht' ist schwierig und lang und ich habe im zweiten Teil des Buches Spielregeln und Erkenntnisse zusammengetragen, die dabei unbedingt nötig sind und *allen Erwachten* einen zeitgemäßen Überblick von Zielen und Techniken zu haben ermöglichen.

Sind Sie noch in der Bewußtseinsebene, wo das materialistische Verstandesdenken, also unsere linke Hirnhemisphäre, dominiert, dann versuchen Sie einfach mal abzuschalten und sich - Thema um Thema - weiterführen zu lassen. Aber hören Sie dabei *in sich*, ob Ihre verstandesmäßige Ablehnung möglicherweise nur ein Selbstschutzmechanismus Ihres Verstandes-Egos ist. Denn jede Bewußtseins-Änderung bedingt auch eine Standpunkt-Änderung,

Je mehr *Liebe* man gibt, desto mehr besitzt man davon.
österreichischer Dichter *Rainer Maria Rilke* (1875-1926)

meist mit **Loslassen** verbunden, und solches kann auch schmerzhaft sein. Achten Sie vielmehr auf Ihre *Gefühle*, die aus der rechten Hemisphäre oder dem Herzzentrum oder dem Sonnengeflecht (Solar plexus in der Bauchgegend) kommen. Diese wollen Ihnen weiterhelfen, damit auch Ihr *Lichtwesen* sich endlich ent-wickeln kann.

Nun noch einmal die Frage, ob dies ein religiöses Buch sei: Im wörtlichen lateinischen Sinne *re-ligare* = sich zurückbinden zum *göttlichen Ursprung* und zum *Eins-werden damit*: ein klares Ja. Im Sinne eines Tat-Christentums, das auf der reinen Lehre Jesu mit Liebe, Hilfsbereitschaft und Friedfertigkeit basiert: ein charismatisches Ja. Im Sinne einer Esoterik, die den 'Weg nach Innen' individuell ermöglicht und zugleich einen christlich-religiösen Boden für diesen Weg bietet: ein vehementes Ja. Jedoch im Sinne einer Einbindung in kirchlich-religiöse Glaubensformen, die die Bewußtseinsentwicklung des Einzelnen zu seinem Göttlichen-in-sich kaum ermöglichen können - schon garnicht mit der Eile, die die kommenden Jahre benötigen - ein bedauerndes Nein.

Nun kommt noch die Frage: Ist das ein New-Age-Buch? Hierbei ein Jaein. Wörtlich übersetzt (der Begriff kam in den späten Achtzigerjahren aus Kalifornien) ist natürlich das 'Neue Zeitalter' gemeint mit der Wendezeit und Zeitenwende, mit Bewußtseinswandel, Transformation, Ganzheitsdenken, Spiritualität und Erneuerung in der Ökologie, der körperlichen und seelischen Gesundheit, und so weiter. Dies wird alles hier im Buche ebenso vertreten, aber zusätzlich mit der Anforderung, daß **Sie selbst und möglichst eigen-ständig** Ihren seelischen Ent-wicklungsweg gehen – auch ohne den 'bewährten' Kult und die alten Traditionen der Großkirchen und ebenfalls ohne den neuen Kult mit den noch älteren Traditionen, welche die großteils weiterhin ego-zentrisch ausgerichteten New-Age- und Esoterik-Bewegungen vielfältig präsentieren. Ich meine dies nicht im Sinne einer Verurteilung dieser gegen den heutigen Materialismus bestgemeinten Bewegungen, sondern im Sinne **noch höherer Anforderungen**. Allerdings werde ich versuchen, klar zu machen, daß der angekündigte und ersehnte *Geist des Neuen Zeitalters* nicht schon identisch ist mit dem 'Geist von New-Age-Anhängern' - ebensowenig, wie der Geist Christi identisch ist mit dem Geist einzelner Christen.

Große Vorteile haben die New-Age-Bewegungen in ihrer **geistigen Beweglichkeit** im polaren Gegensatz zu möglicher Erstarrtheit oder fundamentaler Glaubensansprüche. Durch die individuellen Ansichten und Meinungen und die mögliche geistige Freiheit kleinerer Glaubenseinheiten sind höhere Bewußtseinsziele erreichbar. Und durch die Fähigkeit unseres Jahrhunderts, trotzdem die Vernetztheit und Einheit aller ethischen Systeme zu erkennen und anzuerkennen, schränken sie die dringend benötigte Weiter- und Höherentwicklung menschlicher Verhaltenssysteme kaum ein.

In der 'Lazaris-Botschaft' [72] wird auf ein besonderes Kriterium hingewiesen, das in folgendem New-Age-Ziel gipfelt: Jeder einzelne kreiert voller Freude und Liebe eine Welt der Selbst-Herrschaft (die Herrschaft des eigenen Höheren Selbstes), anstatt nach der Herrschaft über andere zu streben oder sich in der Herrschaft durch andere blockieren zu lassen.

Dies ist alles auch als urchristlich, allerdings zeitgemäß terminiert, anzusehen und bildet wieder eine ähnliche Voraussetzung zum Übergang in das Neue Zeitalter des Wassermanns wie damals in das der Fische. Und ein konsequenter Forderer, der uns auf diesem 'erneuten' christlichen Weg, permanent liebend und in geistiger oder spiritueller Sicht fördernd, begleitet, ist Jesus. Wenn wir seine Lehre *neu* begreifen wollen und versuchen, *seinen Weg* zu unserer neuen Bewußtseinserweiterung gehen zu wollen, beziehungsweise dringend gehen müssen, um an einer menschheitsweiten Bewußtseins-Erhöhung im Vorfeld des *Neuen oder Goldenen Zeitalters* mit beizutragen, dann sollten wir zuerst einmal prüfen, ob wir Menschen am Ende des *alten Zeitalters* auch ein in unserer Zeit verständliches Bild von dem haben, den wir meistens so leichthin als *Gott* im Munde führen.

**Dies ist ein Buch für alle, die spüren, daß ein neues Denken kommen muß, und die auch bereit sind, entsprechend umzudenken.**

Ich erlaube mir übrigens bei meiner Schreibweise bewußt gegen eine herkömmliche Regel zu verstoßen: mit zusätzlichen Trennungsstrichen möchte ich heraus-heben, daß in manchem Wort oder Begriff mehr ausgesagt werden soll, als beim schnellen Lesen möglicherweise erfaßt wird.

---

Die *guten Werke* eines Unbekannten sind wie eine verborgene Wasserader, die das Land unbemerkt ergrünen läßt.
engl. Schriftsteller *Thomas Carlyle* (1795-1881)

# 3. Kapitel

## Stimmt unser Gottesbild noch?

Zuvor müssen wir uns etwas genauer fragen: **Was wissen wir vom Universum?** Was wir schon lange vor Jesu Zeit allein aus der griechischen Sprache entnehmen können - Kosmos heißt Ordnung, Chaos heißt Unordnung - handelt es sich um ein erschaffenes Universum, auch oder weil es schon immer all unsere Vorstellungsmöglichkeiten sprengte. Die Astronomie, die heute zur Astrophysik wurde, hat zwar 1514 durch den polnischen Astronomen *Nicolaus Kopernikus* ihren geozentrischen Standpunkt verlassen, aber auch vier Jahrhunderte später fühlen wir Menschen uns alle noch im Zentrum des Alls und im Zentrum der Schöpfung. Gerade dreißig Prozent der Deutschen (Spiegel,1995) können sich vorstellen, daß es im tiefen Weltraum noch andere Zivilisationen geben könnte (UFO's), daß sie gar technisch weiter seien, akzeptieren nur wenige.

Aber erschüttern wir doch einmal nur ganz kurz unser *eigenes* geozentrisches Weltbild durch einige aktuelle Zahlen (FOCUS 1/1995): Wir leben am Rande unserer Milchstraße oder Galaxis, die zu durchqueren ein Lichtstrahl über einhunderttausend Jahre benötigt (nach unserer derzeitigen Zeit-Rechnung). Neben unserer Sonne schätzt man weitere 200.000.000.000 Sterne, die zu unserer Galaxis zählen. Galaxien wiederum werden in einer Zahl von etwa 100.000.000 in unserem erkennbaren Universum vermutet.

Obwohl neuesten Datums, müssen diese angenommenen Zahlen nicht neuesten Wissensstandes sein und ich zitiere Auszüge aus einer Meldung vom November 1989 [104]:

*Jenseits des bisher bekannten Weltalls haben US-Astronomen eine so gigantische Häufung von Milchstraßen entdeckt, daß die bisherigen Theorien über Entstehung und Ausmaß des Universums ins Wanken geraten. In der jüngsten Ausgabe des naturwissenschaftlichen US-Magazins 'Science' berichten die Forscher Margaret Geller und John Huchra über den rätselhaften Galaxienhaufen, den sie Great Wall (Große Mauer) nennen. Die Astronomen arbeiten im Zentrum für Astrophysik in Cambridge in Massachusetts /USA.*

*Die scheibenförmige Milchstraßenanhäufung hat den Erkenntnissen zufolge eine Länge von 200 Millionen Lichtjahren und eine Dicke von 15 Millionen Lichtjahren. Daneben wirkt die Milchstraße, in der sich die Erde befindet, mit einem Durchmesser von 0,1 Millionen Lichtjahren wie eine Stecknadel im Heuhaufen. Das ganze Universum wird auf einen Durchmesser von 10 bis 20.000.000.000 Lichtjahren geschätzt.*

*Die Forscher waren erschüttert über diese Entdeckung, warf sie doch die bisherige Anschauung des Weltalls durcheinander. Doch die neue Erkenntnis scheint sie zu einer bescheideneren Haltung zu veranlassen... Edwin Turner von der Universität Princeton äußerte sich: "Das ist nur das letzte Kapitel in einer Geschichte, die seit den späten siebziger Jahren im Gange ist. Wir sind immer wieder überrascht, daß wir stets auf etwas noch Größeres stoßen, je weiter hinaus wir kommen."*

Mit diesem Zitat als Beispiel möchte ich aufzeigen, wie wenig wir heute noch von unserem Kosmos wissen und wie **hypothetisch** eigentlich der ganze Rahmen ist, der den unwissenden und uninteressierten Milliarden von Menschen mit wissenschaftlich klingenden Gedanken, Wortschöpfungen und vielen Nullen dargestellt wird. Es kann außerdem sein, daß unsere ganze Lichtjahr-Rechnerei nicht stimmen und dadurch alles noch einmal ganz anders sein könnte. Der quer-denkende Wissenschaftler *Klausbernd Vollmar* schreibt in der 'esotera' 1/96:

*Nach der Allgemeinen Relativitätstheorie, die Albert Einstein 1905 formulierte, ist die* Zeit *keine absolute Größe, sondern sie wird von Gravitationsfeldern verzerrt. In einem starken Gravitationsfeld läuft die Zeit langsamer als in einem schwachen. Verschiedene Welten besitzen unterschiedliche Gravitationsfelder und demzufolge eine unterschiedliche Zeit. Die Zeit kann in diesen Welten nicht nur schneller oder langsamer laufen, sondern auch vorwärts, rückwärts oder zyklisch - und womöglich gibt es auch zeitlose Universen.*

Unter der Überschrift 'Überlichtgeschwindigkeit im Labor' berichtet die Zeitschrift *esotera*[226] darüber, daß sich amerikanische und deutsche Wissenschaftler schon seit geraumer Zeit damit befassen, durch *superluminale Tunnelgeschwindigkeiten* Überlichtgeschwindigkeiten nachzuweisen. Bei Experimenten der kalifornischen Universität Berkeley durch-tunnelten Photonen eine materielle Barriere mit der 1,7fachen Lichtgeschwindigkeit. Professor Dr. *Günter Nimtz* von der Universität Köln übertrug auf einer Strecke von zwölf Zentimetern *Mozarts* 40.Symphonie mit der 4,7fachen Lichtgeschwindigkeit.

Dr. *David Bohm* wird unter den Physikern als einer der profiliertesten Sprecher eines neuen, holistischen Weltbildes angesehen und er kann eine *implizite Ordnung* oder *universelle Ganzheit* bestätigen. *Das Universum habe mehr Ähnlichkeit mit dem Hologramm, einem projezierten dreidimensionalen Bild, in dem jeder Teil eine echte Darstellung des gesamten Bildes ist.* Laut *Bohm* leben wir in einem holographischen Universum oder *Holoversum*[46].

So bedarf es eigentlich keines Hinweises, daß bezüglich der Raum-Zeit-Welt

---

Das einzige Wunder Gottes: daß er unsere harten, eigensüchtigen Herzen zu Taten der *Liebe* und der Versöhnung bewegt.
  deutscher Schriftsteller *Stefan Andres* (1906-1970)

unseres Universums wir noch lange nicht am Ende gedanklicher und experimenteller Vorstellungsmodelle angelangt sind. Sowohl Mathematiker wie auch Physiker denken heute gar an die Möglichkeit mehrerer Universen, sowohl physischer wie auch metaphysischer Art. Erklärungen aus der geistigen Welt bestätigen dies und sprechen von sieben existierenden Universen. Und in solchen weitgehendst hypothetischen und hochwissenschaftlichen Phantasien einen Schöpfer, einen Vater oder einen Gott biblischer Version geistig einzubauen, fällt unsagbar schwer. Was wunder, wenn so viele von unseren Mitmenschen sich dabei in ein Nicht-darüber-nachdenken flüchten und schließlich von sich geben: *...wahrscheinlich gibt es gar keinen Gott* oder sie übernehmen wenig überzeugt das *vermenschlichte Gottesbild* der Schriftgelehrten und Theologen oder sie suchen sich davon ablenkende *moderne Zeitgeist-Idole*. Natürlich sind alle drei Versionen schwach und führen uns nicht weiter. Lassen Sie mich dieses generell unmögliche Unterfangen, das Göttliche besser ausformulieren zu können, als andere es seit Aberjahrtausenden versuchen, abschließen mit einem Text von *André Castella*, den ich in dem Buch 'Das Morgenrot einer neuen Zeit' [243] fand:

*Vor allem ist es müßig, zu versuchen, die Wahrheit dieses Geheimnisses zu durchdringen und zu erkennen. Auch der glühendste Mystiker, der tiefgründigste Betrachter und der wahrhaftigste Anbeter - die alle fast im Vergessen auf ihre menschlichen Ansprüche sich eintauchen, sich versenken, brennen, emporsteigen, sich in jenes Übermaß der Tiefe stürzen, die die Gottheit ist, um zum Zweck des immer besseren Liebens zur Erkenntnis zu gelangen, um dem Objekt ihrer einzigen Liebe die Wahrheit zu erflehen und die Offenbarung dieses Geheimnisses, damit sie diese Erkenntnis vielen erklären könnten und diese zur Liebe hingezogen würden - werden niemals die volle Kenntnis dieses Geheimnisses erlangen können, solange sterbliches Fleisch sie umkleidet.*

## Was wissen wir vom Paradies?

In diesem Bereich, dem des Ursprungs menschlicher Wesenheiten, geht es noch viel, viel hypothetischer zu. Der erste Streit der 'Zuständigen' beginnt schon beim Begriff *Homo sapiens*, gefolgt von den wagemutigsten Theorien über dessen Alter und die von den meisten Menschen kritiklos akzeptierte Evolution nach *Darwin*. Kritischer sehen wir schon die Angaben des A.T. an und können dabei erkennen, daß die Story von Adam und Eva nur bildlichen Symbolcharakter für den europäisch-vorderasiatischen Raum haben kann. Aber andere, wenn nicht gar die meisten Religionen, beschreiben uns das Erscheinen des oder der ersten 'Menschen', somit ihre Schöpfungsgeschichte, oft so, daß man nach heutigem Verständnis von Ursprüngen aus dem Kosmos sprechen könnte.

Aus unserem eigenen Planetensystem könnten zum Beispiel Reste einer Menschheit von einem zehnten Planeten *Mallona*[105], möglicherweise auch *Maldek* genannt, kommen, dessen Bruchstücke als Asteroidengürtel zwischen den Planeten Mars und Jupiter bekannt sind. Der Planet soll durch eine nukleare Kettenreaktion vor rund fünfzig Millionen Jahren zerstört worden sein. Der russische Astronom Professor *S.V.Orlow* taufte ihn 1950 auf den Namen *Phaethon*. In 'Adams Planet' [106] trug *Johannes von Buttlar* alle Informationen darüber zusammen und stellt sehr realistisch unsere eventuellen außerirdischen Vorfahren, die *Anunnaki* oder *Nefilim*, vor. Von einem Planeten aus dem Sternbild des Orion sollen Außerirdische (1953) Kontakt mit Präsident *Eisenhower* gehabt haben.

Aus dem Sternhaufen der Plejaden mit seinen geschätzten rund dreitausend Sternen melden sich neuerdings auch Außerirdische als Botschafter einer anderen Welt, die einst auch genetischen Einfluß bei der irdischen Menschheitsentwicklung genommen haben sollen. In dem Bestseller 'Boten des neuen Morgens' von *Barbara Marciniak*[184] finden wir folgenden Aufruf an uns Erdenmenschen:

*Wir sind die Plejadier, ein Energie-Kollektiv aus dem Sternbild der Plejaden. Wir haben eine lange Geschichte. Unsere Vorfahren kamen aus einem anderen Universum, das schon Vollendung erfahren hatte, einem tatsächlichen Universum. Ihr arbeitet einfach auf einem Planeten, der noch vor der Vollendung steht, und wir sind hier, um euch bei dieser Aufgabe zu helfen. Diese Vollendung oder Transformation wird bereits seit Äonen von vielen angekündigt. Es ist eine wichtige Zeit. Was jetzt auf der Erde geschieht, wird sich auf das gesamte Universum auswirken.*

Ähnliche Texte hat uns die *Mutter Maria*, aber auch in neuester Version Wesenheiten vom Sirius 'gechannelt'.[114] Dies sind generell andersgeartete Botschaften, als all die bisherigen Jahrzehnte zuvor. Mit der angekündigten, physischen wie metaphysischen *Schwingungserhöhung* (näheres dazu später) nicht nur unseres Sonnensystems, sondern auch unserer Galaxis oder gar des Universums - was immer wir auch darunter verstehen sollen - verschwinden wohl auch all die extraterrestrischen Horrorwesen und -zivilisationen, die uns in der üppigen UFO-Literatur bis heute präsentiert worden sind. Auch außerhalb unseres Planeten scheint die *Liebesschwingung* angesagt zu sein. Wenn die

> Gewonnen im Leben hat immer der,
> der *lieben*, dulden und verzeihen kann.
> *Hermann Hesse*

Wahrscheinlichkeit besteht, durch vorhandene historische Texte und Funde einige spezielle extraterrestrische Rassen lokalisieren zu können, läßt uns das grenzenlose Universum noch weit mehr Besuche fortgeschrittener Zivilisationen erahnen. Denn sollte deren Bewegungsmöglichkeit in einer höheren Dimension vonstatten gehen, wie einige ernsthafte Wissenschaftler längst behaupten, dann sind für deren Mobilität Geschwindigkeit, Zeit und Raum kein Thema mehr. Gedanken sind auch schneller als Licht.

Nun wissen wir aber trotzdem noch nicht, *wie* der 'kosmische' Mensch einstmals entstanden ist. Und so landen wir schließlich doch in der *Metaphysik* oder kirchlich ausgedrückt im 'Himmel', wo ein schöpferischer Geist agiert haben dürfte und über Leben und Lebensformen in einem unfaßbaren Universum, möglicherweise sogar in mehreren Universen, ge-dacht und er-dacht hat - nicht nur auf dem kleinen blauen Planeten am Rande einer der Galaxien. Das 'Paradies' könnte also auch bloß die Erinnerung an die ehemalige Sternenheimat sein.

## Was wissen wir vom schöpferischen Ursprung?

Wie schon mehrfach erwähnt, ist es für uns in der stofflichen Materie sehr schwer, Vorstellungen über das *Göttliche* in der Transzendenz zu haben. Zum

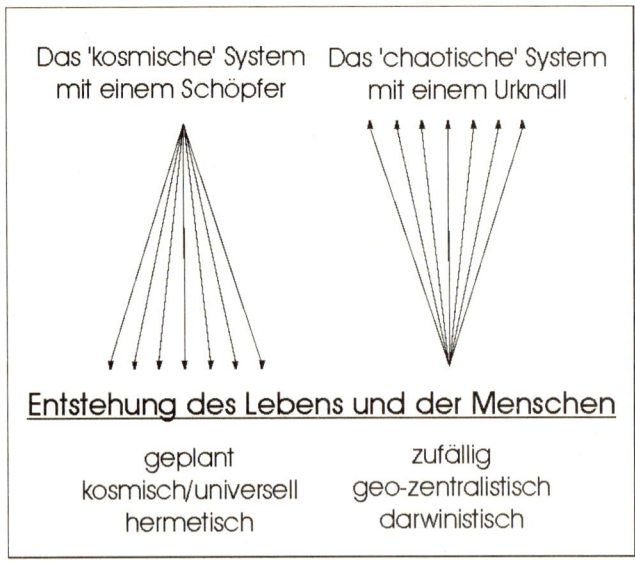

Abb. 1: Ursprung des Lebens

Beispiel von einer *unvorstellbar* hoch angesiedelten, geistigen und kosmischen Intelligenz und andernseits einer göttlichen Wesenheit, zu der Jesus *Abba*, lieber Vater-in-mir, gesagt hat und mit dem er *eins* sein konnte. Die Kirchenlehre hält sich mit diesbezüglichen Erklärungen sehr bedeckt und auch andere Religionen vermeiden Gottesnamen und Definitionen, die bei ihren 'Gläubigen' nur *einschränkende* Vorstellungen erzeugen könnten - so eingeschränkt, wie eben auch die be-schränkte menschliche Imaginationsfähigkeit im Bezug auf Universum und Außerirdische selbst heute noch ist.

Nun gibt es trotzdem viele Erklärungsmodelle - teils geistig-irdischem Verstandesdenken entsprungen, teils inspirierten oder gechannelten Kundgaben aus der geistigen Welt. Und das *Logischste* will ich hier darstellen. Wenn wir anstelle der **Hypothese** eines kosmischen Urknalls das uralte *hermetische Axiom*[107] heranziehen, daß eine höchste Intelligenz eine Schöpfung erdachte und dann das Erschaffen an die jeweilig entstehenden *Ge-schöpfe* 'deligierte', dann bildet sich eine *Lebenspyramide* mit dem schöpferischen Geist an der Spitze und seiner sich unendlich abwärts entwickelnden Schöpfung in die Materie eines belebten und lebendigen Universums hinunter. Hierzu nur zwei für dieses Modell sprechende Er-kenntnisse, die wir auch begreifen können:

Energie in irdischem Sinne kann grundsätzlich nur von einem hohen
Potential zu einem niederen fließen und

die Analogie mit dem weisen Mann und den unwissenden Menschen:
Es dürfte grundsätzlich wesentlich wahrscheinlicher sein, daß der Weise
dem Unwissenden Weisheit vermitteln kann, als umgekehrt.

In seinem Werk 'The Awesome Life Force' [108] schreibt *Joseph H. Cater* zum möglichen Schöpfungsvorgang über die hierarchische Pyramidenstruktur des Universums, beginnend mit der ersten einheitlichen Intelligenz und untergeordneten 'Ältesten' bis hinunter zum einzelnen menschlichen Wesen:
*Diese erste Intelligenz war und ist selbstverständlich mächtiger, vielseitiger und komplexer als jede nachfolgende. Sie ist die primäre Führungskraft hinter dem gesamten Universum und ist als solche tatsächlich eine Verkörperung des Lebensspenders.*
An diese Stelle setzen viele Autoren *Christus, den Erstgeborenen,* der dann der geistige Schöpfer der nächsten 'Generation' von Geschöpfen war, welche

*Liebe* ist das Bewußtsein, Freude zu geben und zu empfangen.
franz. Schriftsteller *Honoré de Balzac* (1799-1850)

wiederum... und so weiter. Alles im Universum ist untereinander verbunden und vernetzt und folgedessen besitzt der Lebensspender die vollkommene Herrschaft über das gesamte Geschehen.

Der Neugeistler *K.O.Schmid* hat es auf eine kurze Formel gebracht:
*Als die Seelenfunken am Morgen allen Werdens aus dem Ursein in das Selbstsein und Dasein traten, entfalteten sie sich mit dem wachsenden Universum aus der Einheit in die Zweiheit und die Vielheit*[5]

Eine schöpferische Ordnung in allem Lebendigen erkennen immer mehr Wissenschaftler der Mathematik, Physik, Chemie und Biologie, die mit moderneren Techniken immer tiefer in die Materie vorstoßen können und mit mutigeren Konsequenzen preiszugeben wagen, daß sie allerorts Perfektion und System vorfinden, was auf nichts anderes als ein vorhandenes schöpferisches Prinzip schließen läßt. Also kein Urknall! *Albert Einstein* brachte es auf die unmathematische Formel: *Der liebe Gott würfelt nicht!*

Im Gegensatz zu vielen traditionellen Kirchenlehren und Religionen, wie auch den verstandeswissenschaftlichen Modellen und Hypothesen, die weitgehend von einem historisch zurückliegenden, einmaligen und abgeschlossenen Schöpfungsakt in Urzeiten ausgehen, bringt das Umdenken im neuen Zeitgeist auch hier die entscheidende Alternative: Auch die Schöpfung ist in den für uns unbegreiflichen Sphären oberhalb unserer raum-zeit-gebundenen 3D-Ebene zeitlos und un-endlich. 'Focus' 52/96 verweist dabei auf *Werner Heisenberg*, der im Jahr 1927 die Unschärferelation der Quantenmechanik formuliert hat und schreibt:

*Wer weiß, wo ein Elektron ist, weiß nicht, was es tut. Wer weiß, was ein Elektron tut, weiß nicht, wo es ist. Die Welt ist offen. Es war die theologisch vermutlich wichtigste Entdeckung dieses Jahrhunderts: Die Quantenmechanik gibt einem etwaigen Gott die Möglichkeit, in der heutigen Zeit und Welt zu handeln. Wäre Gott nur der Urheber dieses einen Schöpfungsaktes vor 15 Milliarden Jahren, wer wüßte dann, ob er überhaupt noch lebt? Deshalb ist die Urknall-Kosmologie zwar wissenschaftlich interessant, theologisch aber unwesentlich.*

Weiter vorne habe ich der biblischen Menschheitsentstehung mit Adam und Eva nur bildhaften Symbolwert zugemessen, daher bin ich Ihnen dazu einige aktuelle Angaben schuldig. Führende Paläoanthropologen der Welt sprechen von einem Alter des Menschen auf unserem Planeten von rund vier Millionen Jahren (*homo habilis*, der 'geschickte Mensch' mit ersten Steinwerkzeugen) und da unserem *sichtbaren Universum* nach derzeitigem veröffentlichtem Kenntnisstand rund 15 bis 18 Milliarden Erdenjahre als Alter gegeben werden, müssen wir einem göttlich-geistigen Schöpfungsakt sicher weitere Jahrmilliarden als Vorlaufzeit zuaddieren. *Gisela von Frankenberg* kommt bei ihren medialen Ermittlungen auf 36 Milliarden Jahre für das sichtbare Universum und 7,2 Milliarden für die irdische Evolution. Dabei ist zu berücksichtigen, daß diese Zeitbegriffe nur gelten, wenn wir die heutige Schnelligkeit der Sonnen- und Planetenbewegungen als Zeitbasis zugrundelegen.

Nun gibt es darüber hinaus weltweit Forscher, die zu völlig anderen Ergebnissen kommen, wenn man die Funde *menschlichen Wirkens* in Verbindung bringt mit den dazugehörigen Resten oder Abbildungen von ausgestorbenen Tieren und Pflanzen oder entsprechend alter Erdschichten. Forscher fanden solches in Argentinien im Zeitabschnitt von 6 - 25 Millionen Jahren (*Carlos Florentino Ameghino*), in Frankreich 25 - 38 Millionen (*Abbé Bourgeois*) und in Nordamerika vor 60 Millionen (*Dr. John D. Morris*).

Zur weiteren Verwirrung verweise ich auf jene großen erloschenen Zivilisationen, die in der Esoterik unter *Mu*[79] (*Lemurien*) und *Atlantis* bekannt sind. *Johannes von Buttlar* zitiert[37] *Dr. Damian Nance* vom Institut für Tektonik, Ozeanographie und Geochemie der Universität Ohio, der noch viel weiter geht: *In den letzten zweieinhalb Millarden Jahren gab es sechs Menschheiten vor uns.* Da dies ja alle bisherigen globalen Entwicklungs- schemata sprengen würde, wäre dies wohl auch nur durch extraterrestrische Einflüsse vorstellbar - von Gen- und anderen Manipulationen, Genverbes- serungen bis zu Besiedlungen unseres Planeten. Aktuelle, gründliche Recherchen oder Erklärungsmodelle dazu finden Sie unter Bibliographie 37, 65 und 80.

## Was wissen wir vom 'Himmel'?

*In meines Vaters Haus sind viele Wohnungen...* heißt es bei Johannes und wir haben damit die geläufigste der sehr wenigen Aussagen der kanonisierten Evangelien. Ist das alles, was wir von dem jenseitigen oder metaphysischen Bereich 'Himmel' wissen? Natürlich nicht, aber da dieses Thema mit dem Tod von uns Lebendigen zusammenhängt, ist es für die meisten von uns prinzipiell tabuisiert. Verstärkt wird das Meiden dieses Bereichs sicherlich noch durch die Konsequenz, dadurch zugleich auch an ein Weiterleben nach dem Tode und der damit logischerweise verbundenen größeren Verantwortung für das irdische Leben glauben zu müssen. Die christlichen Kirchen sprechen zwar von einer *unsterblichen* Seele, die wir hätten, brauchen aber im Gegensatz zu den meisten anderen Religionen ihren Gläubigen kaum Rechenschaft davon abzugeben, was

> Ihr Lieben, laßt uns einander *lieb* haben; denn die *Liebe* ist von Gott, und wer *liebt*, der ist von Gott geboren und kennt Gott.
> 1. Joh. 4,7

alles mit der Unsterblichkeit unseres Lebens-Geistes, Seele oder Bewußtsein in Verbindung steht. Dies ist ja auch ein fruchtbarer Boden für Manipulationen, wenn man durch Nicht-aufklären Unwissenheit erhält und in Stunden der Todesängste lukrative und kultreiche Seel-sorge betreiben kann.

Lassen wir uns aber dadurch nicht durcheinander bringen, denn der spirituell Fortgeschrittene, der Erwachte und die Lichtwesen wissen, daß Himmel und Hölle **Bewußtseinszustände** sind. Nur so sind auch die Aussagen der Evangelien zu verstehen, daß Himmel und Hölle **in uns** sind. Und da Bewußtsein oder Geist oder Seele unsterblich sind, haben wir unsere himmlisch/höllischen Zustände sowohl in den stofflichen wie auch den transzendenten Dimensionen in uns und um uns herum. Wie das zu verstehen sein könnte, möchte ich später nur andeuten, denn dieser unser unsterblicher göttlicher Teil ist multidimensional und multikomplex und umso weniger zu definieren, je höher er sich entwickelt.

Die ausführliche Behandlung dieses Komplexes *Himmel* oder *Jenseits* ist Stoff für mehrere Bücher und wer sucht, wird dazu heute auch ausreichend Literatur finden. An dieser Stelle kann ich nur einen sehr komprimierten Ein- und Überblick anreißen. Dieses Thema tiefschürfender abzuhandeln ist auch nicht nötig, um einen 'Weg zu neuem Denken und Handeln zur Zeitenwende' zu suchen - diesen können die LeserInnen natürlich 'Rein irdisch' ebenso finden ohne die Jenseitsvorstellungen der verschiedenen Religionen. Doch werden Sie auf Ihrer Wegsuche auf das Thema 'Himmel' immer wieder stoßen und so möchte ich hier wenigstens zwei Modelle kurzgefaßt darstellen, um die Breite des Spektrums solcher Denkmodelle - genaues wissen wir sowieso nicht - aufzuzeigen. Ich nenne das eine 'Verstandesmodell' und das andere 'Empfindungsmodell'.

Mein Verstandesmodell: Alle Religionen sprechen von mehreren Himmeln, einige konkret von sieben. Im *siebten Himmel zu sein* heißt doch *total glücklich* oder *im Paradies* (so heißt es im Islam) zu sein. Alttestamentarier ziehen vielleicht *Abrahams Schoß* vor, östliche Religionen ersehnen ihr *Nirwana* und Altgermanier ihr *Wallhall*. Wir gehen von einem siebenstufigen Himmel aus, dessen Stufen aber nochmals in sieben übereinanderliegende Sphären unterteilt sind, in denen sich unsere unsterblichen Seelen tummeln (Pfarrer *Joh. Friedrich Oberlin* (1740-1826), 'Bleibstätten der Toten'). Alle diese Ebenen sind durch verschieden frequente Schwingungen gekennzeichnet und getrennt, *multidimensional*. Da diese aber alle höher schwingen als unsere grobstoffliche Materie - jeder Physiker weiß, daß auch Materie nur Schwingung ist - sind sie für unsere auf das Irdische spezialisierten Sinnesorgane nicht wahrnehmbar, leider dadurch auch schwer begreifbar, dagegen unser Desinteresse dafür umso leichter entschuldbar. *Paulus* deutet im 2. Korintherbrief (12,2) an: *...er ward entrückt bis in den dritten Himmel.*

Die unsterblichen Seelen der meisten von uns zivilisiert lebenden Zeitgenossen landen nach ihrer Trennung vom irdischen Körper im dritten dieser Himmel und werden dort fast durchweg 'angenehmst' empfangen: Strahlendes Licht mit herrlicher Sphärenmusik und Freude über unser Kommen und Befreitsein von der irdischen Schwere, herzlich begrüßt von vorausgegangenen Verwandten und Freunden. Solche Detailles kennen wir heute sehr gut, da in der aktuellen Literatur von 'Nah-tod-erlebnissen' die Schwelle weltweit und ohne kirchlichen Hintergrund weitgehend gleichlautend beschrieben wird. In dieser Dimension gelten noch die Gesetze von Raum und Zeit, erst ab der fünften oder sechsten Dimension (hierbei gehen die Meinungen auseinander)[161] wird es für die Seelen *raum- und zeitfrei*, also 'paradiesisch' (*Tausend Jahre werden sein wie ein Tag*). In welcher der sieben Unterstufen dieser dritten Dimension unsere Seele nun ihren 'Aufenthalt' findet, oder nach kurzer Phase sie gar eine höhere schafft, das hängt von der 'Schlußnote' unserer Lebensprüfung ab. Dies alles 'funktioniert' ganz einfach: Als Gesamtergebnis seines Lebens-Weges bringt jeder *seine* Ausstrahlung und *eigenfrequente* Schwingung mit und landet schließlich, automatisch angezogen, in Sphären mit eben diesen gleichen Schwingungen - nach dem Gesetz der Affinität oder der Anziehung von Gleichschwingendem. Edle, vergeistigte Seelen bei ihresgleichen genauso wie Betrüger oder Geizkrägen unter ihresgleichen, um nur zwei Beispiele zu nennen - alle dürfen nun, oder besser: müssen nun unter Gleichgesinnten 'leben'. Das allein ist schon für die Betroffenen Himmel, Fegefeuer oder Hölle. Dieses 'System' funktioniert weitgehend aus der Eigendynamik, millionenfach in den metaphysischen Zonen in, auf und über unserem Planeten mit unendlich viel 'Platz' (Schwingungs-ebenen) und jedem nur denkbaren individuellen Spiel-raum. Jesus brachte es auf die Formel: *...jedem geschieht nach seinem Glauben.*

Daraus können wir schließen, daß die tiefgläubigen Pietisten erst einmal ihren Himmel finden wie auch die tiefgläubigen Katholiken und die Zeugen Jehovas und die Moslems und die Indianerstämme und und und. Jeder findet zuerst einmal aufgrund *seiner* Seelenschwingung *seinen* Himmel. Natürlich gehen auch alle Un-gläubigen ihren entsprechenden Jenseitsweg: Der leiden-

---

Wenn ich mich über jemanden geärgert habe, kann ich dies ruhig äußern. Aber ich muß am Ende der Äußerung die Worte *'in Liebe'* hinzufügen.
Zum Beispiel kann ich sagen:
"Ich könnte Dich heute schütteln - aber in *Liebe*".

Der Geistheiler und Heilpraktiker *Dieter Binder*

schaftliche Rock-Musiker landet genauso in *seinem* Seelenenergiefeld - wobei wir uns davor hüten sollten, gleich von einer Hölle zu sprechen - der leidenschaftliche Pianist, der leidenschaftliche Arzt oder der leidenschaftliche Briefmarkensammler ebenso wie der leidenschaftliche Falschspieler, Alkoholiker oder Taschendieb. Wir können hierbei unserer Phantasie freien Lauf lassen.

Der große deutsche Neugeist-Lehrer *K.O.Schmidt* schreibt dazu:
*Wer meint, mit seinem Körper auch seine Unzulänglichkeiten abgelegt zu haben und in ein leidfreies Engelwesen verwandelt zu werden, irrt. Wie durch den Schlaf wird er auch durch den Tod weder besser noch schlechter, weder klüger noch weiser. Der Verlust des Körpers, sagt Mulford treffend, macht den Schurken nicht zum Heiligen, so wenig wie der Dieb, der seinen Überrock verliert, dadurch zum ehrlichen Manne wird. Jeder findet sich im 'Jenseits' in der gleichen moralischen, mentalen und geistigen Verfassung wieder, in der er das Diesseits verließ.*

Dr. *Adalbert Schönhammer* schreibt dazu[236]:
*Durch den Tod werden die körperlichen Daseinsbedingungen abgelegt, der innere Mensch beginnt sich unverhüllt darzustellen. Es wird das 'Buch des Lebens' aufgeschlagen, alle Tünche, alle Vorstellungen, Lug und Trug fällt ab. Es braucht kein Richter ein Urteil zu fällen, in seinem wirklichen Wesen enthüllt, weist sich der Mensch den ihm zustehenden Platz im Jenseits selber zu. Die jenseitige Welt erscheint nicht als Lohn oder Strafe für die Taten auf dieser Welt, sondern als Stätte der Weiterbildung. Sie ist nicht ein Ort gesichtsloser, leibloser, geschlechtsloser, unpersönlicher Geistwesen, sondern der Schauplatz einer immer höheren Entfaltung tätiger Geistpersönlichkeiten.*

Wenn wir uns damit aus den kirchlich geprägten Denkmodellen ausklinken und nur noch von diesseitigen, physischen und jenseitigen, metaphysischen und übersinnlichen Bewußtseins-Ebenen sprechen, dann meine ich mein 'Empfindungsmodell' von unserer Himmelsvorstellung. Allerdings muß ich dabei der Einfachheit und Kürze wegen noch einmal auf einen Namen aus dem A.T. zurückgreifen. Denn ich fand keine klarere Kurzdarstellung von geistigen Bewußtseins-Abstufungen als die metaphysische Durchgabe von einem Geistwesen, das sich *Ariel* nennt und somit einer der biblischen Erzengel sein könnte. Der Text ist in sich aber so überzeugend, sodaß es zumindest eine sehr, sehr hochschwingende (göttliche?) Wesenheit sein müßte. *Ariel* teilt die Bewußtseinszustände der menschlichen Seelen oder Lichtkörper in zwölf Dimensionen, die mit den bisher dargestellten nicht übereinstimmen, da diesmal Diesseits und Jenseits nicht scharf abgegrenzt sind, wie wir das allgemein in der Literatur gewohnt sind. Deren Aufzählung soll uns helfen, diese verschiedenen Stufungen zu betrachten, damit wir vielleicht dadurch die Unsterblichkeit unserer Seelen besser 'empfinden' können.[109]

*Im Modell dieses lokalen Universums benutzen wir ein 12-dimensionales Modell.*

### Niedere Schöpfung
Die 3. und 4. Dimension zusammen bilden diese 'niedere Schöpfung': Wie Ihr wißt, existiert der physische Körper in der 3. Dimension. Die 4. ist eine emotional begründete Ebene. Sie hat keine konkrete Realität, sondern ist eine reine Vorstellung, ein Konzept. Für einen Wissenschaftler ist die 4. Dimension die 'Zeit'. Wenn wir in die 5. gehen, spüren wir keine Getrenntheit mehr von der Quelle. Das Getrenntsein in der 3. und 4. Dimension war ein Spiel, um zu lernen.

### Mittlere Schöpfung
Von der 5. bis zur 9. Dimension besteht die 'mittlere Schöpfung':
Die 5. Dimension ist die der Lichtkörper, in der ihr euch als multidimensionales Wesen erkennt. In ihr werdet ihr vollkommen spirituell orientiert sein. Viele von euch kommen aus diesen Bereichen. Wenn ihr dorthin kommt, scheint alles aus Farben und Tönen zu bestehen. Dort manifestiert sich das Bewußtsein.

Die 6. Dimension enthält die Muster der DNS. Hier sind auch die Lichtsprachen gespeichert. Viele von euch reisen während des Schlafzustandes in diese Dimension. Wenn ihr dort arbeitet, seid ihr wie ein reiner Lichtgedanke, ihr kreiert durch euer Bewußtsein, und es ist nicht notwendig, aber möglich, ein Vehikel (Körper) zu haben.

Die 7. Dimension ist jene der Kreativität und des reinen Lichtes. Sie ist aus reinem Ton, reiner Geometrie und reinem Ausdruck. Hier vermischen sich Ton und Farbe. Es ist eine Ebene der unendlichen Verfeinerung.

Die 8. Dimension ist die Ebene der Gruppenseele oder des Gruppengeistes. Dort habt ihr die Verbindung mit dem größten Teil von dem, was ihr seid. Ihr verliert die Vorstellung für das Ich. Wenn ihr multidimensional reist, dann ist dies die Dimension, wo ihr die meisten Schwierigkeiten habt, euer Bewußtsein zusammenzuhalten, denn ihr werdet hier zum reinen 'Wir'. Alles funktioniert auf Grund von Gruppenzielen. Dort entscheiden wir uns, als Gruppe Erfahrungen zu machen.

Die 9. Dimension ist das Modell für das kollektive Bewußtsein von Planeten, Sternen, Galaxien und Dimensionen. Auch ist es in ihr sehr schwierig, eine Vorstellung vom 'Ich' zu bekommen, denn wir sind dort so unbegrenzt, so weit und so groß, daß wir alles als 'Du' sehen.

---

Denn ich bin gewiß, daß weder Tod noch Leben, weder Engel noch Mächte, weder Gegenwärtiges noch Zukünftiges, weder Gewalten, weder Höhe noch Tiefe, noch irgendeine andere Kreatur kann uns trennen von der *Liebe* Gottes.

Römer 8,38

**Höhere Schöpfung**
Die 10. bis 12. Dimensionen bilden die 'höhere Schöpfung' (Hyper-schöpfung): Die 10. Dimension ist die Quelle der Strahlen. Es ist die Heimat der Elohim. Viele von euch werden sich dafür entscheiden, als Eloha zu arbeiten. In dieser Dimension ist das Licht unterschieden und es ist die Quelle aller Schöpfung der mittleren Dimensionen. Es ist wie eine Kommandostation. In dieser Dimension kann man noch ein Bewußtsein für das 'Ich' haben. Aber es ist nicht die Ebene des 'Ich', die ihr kennt.

Die 11. Dimension ist eine Vorform von Licht. Wir haben zur gleichen Zeit die Schöpfung und den Gedanken an Schöpfung. Es ist ein Gefühl wie vor dem Nießen oder vor dem Orgasmus. Die Erwartung, daß es geschieht, ist so phantastisch, daß man nicht genau sagen kann, ob es passiert, passieren wird oder schon geschehen ist. Auf dieser Ebene halten sich Wesen auf wie zum Beispiel METATRON, die Erzengel, Elohim. Hier befindet sich auch die höhere A'kasha-Chronik für unser lokales Universum.

Die 12. Dimension in unserem Universum ist der eine Punkt, wo alle Bewußtseine sich selbst erkennen als EINS mit allem, was existiert. Es gibt keinerlei Trennung mehr.

Dieser Versuch einer Schilderung der Ebenen der transzendenten Schwingungshöhe oberhalb des Raum-Zeit-Bewußtseins zeigt die Schwierigkeit, in Worte zu fassen, was nur noch reine Gefühls- und Empfindungs-Modelle und Energiefelder zu sein scheinen. Die indische Sprache Sanskrit verfügt über ein sehr viel genaueres Vokabular zur Bezeichnung der verschiedenen Bewußtseinsstufen. Sie kennt mindestens fünfzig Ebenen, während es in den westlichen Sprachen nur ein paar wenige Worte dafür gibt. Viele dieser Ebenen können beispielsweise durch Meditation erreicht werden. Die Hindus glänzen auf diesem Felde, und das Lesen ihrer vedischen Schriften gäbe uns noch eine andere Wahrnehmung von Göttlichkeit und den himmlischen Ebenen.

Wer für diesen Themenkomplex weiteres Interesse zeigt, muß sich in die inzwischen reichlich vorhandene esoterische Literatur einlesen. Im Vordergrund sollte dabei aber die dritte und vierte Dimension bleiben, deren Erlebnisse uns aufzeigen, was uns vielfältig erwarten läßt als Folge und aufgrund der 'Qualität' des vorausgegangenen körperlichen Lebens beziehungsweise unseres Lebens-Schulabschlusses. Verständlicher wird das ganze für den, der die Reinkarnationslehre voraussetzt.

## Gibt es die ewige Hölle?

*Ja* sagen die meisten Kirchenlehren, *nein* heißt es in der urchristlichen Lehre Jesu. Erst der Kirchenvater *Augustinus* (354-430) vertrat im fünften Jahrhundert die tolle Meinung, daß die Mehrzahl der Menschen einschließlich der kleinen ungetauften Kinder für die *ewige Verdammnis* bestimmt seien. Dies entspricht jedoch nicht dem griechischen Urtext des N.T., wo für 'ewig' das Wort *aionios* steht und richtig mit *lang anhaltend* und *Zeitabschnitt* übersetzt wird (*Kurt Eggenstein*). In der Neuoffenbarung *Lorbers* heißt es dazu[55]:
> Wie kann ein endlos weiser Gott die Menschen im Jenseits ewig quälen für Vergehen, die sie in ihrem Leib auf der Erde begangen haben? Ich sage euch, solches wäre nicht dem höchsten und bösesten Tyrannen der Welt möglich.

## Was wissen wir vom sogenannten 'Engelsturz'?

Wenn wir die bisherigen Vorstellungen und Erkenntnisse auf unseren *Jesus Christus* zu übertragen versuchen, müssen wir zuerst den Menschen *Jesus* von seiner göttlichen Manifestation *Christus* trennen und uns abermals entweder in die kosmische Dimension von Milliarden von Erdenjahren oder in die metaphysischen Dimensionen der Raum- und Zeitlosigkeit zu versetzen versuchen. Die Thematik *seelischer Sturz - menschlicher Irrweg - Erlösung - seelischer Aufstieg* ist eine Grundstruktur in allen Religionen und Mythologien. Zeitbegriffe zu diesen beiden Richtungen 'abwärts' und 'aufwärts' liegen jenseits von unseren Vorstellungsmöglichkeiten. Bei beidem scheint es sich um einen prinzipiellen Darstellungsweg zu handeln, der die *Willensfreiheit erschaffener Bewußtseins-Formen* ermöglicht und demonstriert. Bipolar ausgedrückt könnte dargestellt werden die Einheit beziehungsweise die Abspaltung vom Göttlichen, die göttliche Ordnung oder der Wunsch nach eigener Ordnung, das Ja zum Göttlichen oder das Ja zum Ich. Dieser erkennbare Individualisierungswunsch mit der inzwischen erreichten Ich-Bildung wird im philosophischen Terminus als *Schuld* und im theologischen als *Sünde* bezeichnet. Der seelische Rückweg nun zum Schöpfer aus der Schuld oder der (Erb)Sünde ist möglicherweise eine phantastische Form der Erkenntnisfindung und ein äußerst individueller Weg zu seelischer Veredelung unter Beibehaltung unserer Willensfreiheit. Angeblich sollen uns die Engel, die immer in der Einheit verblieben sind, darum beneiden

> Wer nicht *liebt*, hat Gott nicht erkannt; denn Gott ist die *Liebe*.
> 1. Johannes 4,8

und Außerirdische channeln uns, daß andere Zivilisationen uns staunend beobachten ob dieses schöpferischen Experiments.

Können wir Irdischen uns dieses ganze Prozedere in kosmischen Urzeiten überhaupt vorstellen? Ein Versuch sollte besser im biblischen Zeitraum verbleiben. Unser Schöpfer, der göttlich-schöpferische *Geist,* wie ich ihn weiter vorn schon darzustellen versucht habe, hat in einem/seinem zeit- und raumlosen Nichts energetische Gedankenformen erschaffen - heute könnten wir sagen 'schöpferische Plan-Spiele' durchgeführt. Seine erste gedankliche kosmische Kraft und Energie war die *Liebe,* die sich im *Christusbewußtsein* manifestierte.

Auch hierbei mache ich die LeserInnen wieder mit zwei extremen Varianten bekannt, wie wir Menschen in unserem dreidimensionalen Raum uns die Entstehung des menschlichen Lebens nicht nur auf unserem Planeten, sondern hauptsächlich im höherdimensionalen Raum, den wir allgemein als Paradies bezeichnen, vorstellen könnten. Das erste Modell ist ein Zusammenfließen von kirchlichen und esoterischen Vorstellungen, die auch schon aus vorchristlichen Erkenntnissen stammen (Verstandesmodell) und das zweite sei eine universelle Liebesgeschichte mit unserem Schöpfer im Mittelpunkt, das Empfindungsmodell.

Verstandesmodell: Christus, der Erstgeborene oder *Erstling der ganzen Schöpfung* (Kol.1,15), und 'Prinzip der Liebe' und die zweitgeborene Gottheit, der Sohn *Luzifer,* das 'Prinzip des Lichtes', haben ihrerseits ihre 'schöpferischen' Gaben und Gedanken zu Geschöpfen gemacht und diese 'erdachten' dann wiederum, weiter und weiter, edelste und höchste geistige und vergeistigte Licht- und Engelwesen. Durch die vermutlich zahllosen und vielfältigsten Wesen und Formen geschah dies wohl auch in entsprechenden Hierarchien. Und wie uns die geistige Welt immer wieder ausdrücklich erklärt, geschah dies alles in geistig-schöpferischer Willensfreiheit, der gleichen Freiheit, die auch wir 'gefallenen' Menschenwesen heute noch besitzen. **Unser Schöpfer zwingt uns nicht, in seinem göttlich-väterlichen Liebesplan 'verpflichtet' zu sein**, wir dürfen es aus *freiem Willen* in gotteskindlicher Liebe erleben.

Im Gegensatz zu den materialistisch orientierten Theorien der irdischen Lebensentstehung, die von Lebens-Primitivformen durch Überlebenskampf, Zufall und Mutationen zu höheren Lebensformen kommen sollen, ging die Entwicklung der jenseitigen Ebenen für die Geist- und Engelwesen von der höchsten Schöpfebene stufenweise tiefer und immer weiter weg vom schöpferischen Zentrum, von dem auch die energiespendenden und verbindenden göttlichen Schwingungen wie Liebe und Licht ausgingen. Da sich aber der milliardengroße luziferische Anhang von dem göttlichen Liebeslicht frei-willig und neu-gierig abgekoppelt hatte, wurden daraus allmählich immer lichtlosere Wesen, die dem göttlichen Schöpfungsplane nicht nur nicht mehr entsprachen, sondern die ihn inzwischen sogar störten. Und so soll es dann irgendwann einen göttlichen Akt der Trennung von diesen eigenwilligen Geist- und Engelwesen gegeben haben von seiner sonst perfekten Schöpfung. Gemäß der Bezeichnung 'Engelsturz' war es eine Verbannung derselben in göttlich-lichtlose Tiefen, in 'Finsternis' und in eine speziell dafür 'geschaffene' Materie. Bei *Lorber*[55] heißt es dazu:

*Die Lehre, daß die Menschen gefallene Geister sind und durch die Liebe Gottes zu seinen Geschöpfen auf einer unendlich langsamen und weiten Wanderung durch das Mineral-, Pflanzen- und Tierreich schließlich alle wieder zu Gott zurück-geführt werden, findet sich nicht nur im christlichen Alterum und in der christlichen Mystik, sondern auch in der Mystik anderer Religionen... ebenso in der islamischen Mystik, dem sogenannten Sufitum oder Sufismus. Schönsten Ausdruck findet diese Lehre in den folgenden Versen des berühmten persischen Mystikers Dschelàl ed Din Rumi (1207-1273):*

> *Ich starb als Stein und sproßt' als Pflanze auf,*
> *Ich starb als Pflanze und ward ein Tier darauf,*
> *Ich starb als Tier und ward als Mensch geboren.*
> *Was grauet mir? Hab durch den Tod ich je verloren?*
> *Als Mensch rafft er mich dann von dieser Erde,*
> *Daß ich des Engels Fittich tragen werde.*
> *Als Engel noch ist meines Bleibens nicht,*
> *Denn ewig nur bleibt Gottes Angesicht.*
> *So trägt noch über Engelwelt mich fort*
> *Mein Flug zu unerdenklich hohem Ort:*
> *Dann ruft zu nichts mich! Denn wie Harfenlieder*
> *Klingt's in mir, daß zu Ihm wir kehren wieder.*

Die somit angenommene totale Stofflichkeit brachte aber den Zwang der Polaritäten und die erste und folgenschwerste Polarität für diese Menschen war die schmerzliche Trennung der nur noch schwach göttlichen Seele in zwei Duale, die sich von nun an äonenlang zu suchen hatten. Auch die zuletzt angenommenen Menschenkörper dieser gefallenen Seelen mußten die polare Trennung in männlich und weiblich erleben. Obwohl das sicherlich vor vielen Millionen von Jahren ablief, finden wir die symbolische Schilderung im A.T. treffend formuliert. Viel detaillierter finden Sie diese Beschreibung in Buch Bibliographie 41.

> Gott *liebt*, und ich *liebe* auf die gleiche Weise, weil ich seine große *Liebe* gesehen und gespürt habe. Sorgt euch nicht um das Menschliche, sondern um das Geistige.
> *Mutter Maria* [19]

Mit dem *Empfindungsmodell* möchte ich die ganz anders gelagerte Version, wie sich jene Wesenheiten, die nicht mehr in der göttlichen Einheit leben, entwickelt haben könnten, aufzeigen. Die Autorin *Angela Schäfermeyer* hat sie in ihrer Schrift 'Die universelle Liebesgeschichte' [190] dargestellt und ich gebe sie hier verkürzt wieder:

*In den Tagen, da die Zeit noch nicht erfunden und alle Eins und Eines Alles war, erhob Gott den Klang seiner Stimme: 'Ich werde meine Schöpfung weiten, auf daß die Liebe zu allem hineingetragen werde, in alles was ist... Die Einheit schöpfen auf dem Wege der Polarität. So möge sich ein Teil von mir lösen und den Beweis antreten, daß die Trennung von der Liebe und der Einheit nur eine Illusion sein kann'. Obgleich diese göttliche Weisung, das Unmögliche möglich zu machen, phantastisch anmutete, mochte doch keines der Lichtwesen in dem Einen Bewußtsein den ersten Schritt wagen in die Trennung. Schließlich nahm sich jedoch der Stärkste unter ihnen ein Herz und trat mutig hervor: Bereit, die Liebe um der Liebe willen loszulassen - also die Trennung von der Einheit zu ertragen, um ihr zu dienen.*

*Später gab man ihm den Namen Luzifer, der Lichtbringer, als vermeintlicher Verneiner des Lebensprinzips, der die Vorzeichen umkehrt: 'Live' lautet umgedreht 'Evil'. Deus est nonest qui est - diabolus est ens qui non est = Gott ist das Nichtsein, das ist. Der Teufel ist das Sein, das nicht ist.*

*Ermutigt durch Luzifer trauten sich noch weitere Lichtbringer (Engel), den Weg in die Trennung zu gehen, ganz bewußt weg - aus dem einen Bewußtsein der Liebe, um <u>aus eigener Kraft</u> den Heimweg zu finden, aus der Polarität zurück zum Ursprung, zur Quelle allen Seins. So nahm das Abenteuer Mensch seinen Anfang.*

*Eine entscheidende Vereinbarung, die dieses Experiment erst möglich machen sollte, lautete: Vergessen! Alle, die im Namen der Einheit aufgebrochen waren, bereit zu gehen - hinaus aus dem einen Bewußtsein der Liebe, um ihr wahrhaft zu dienen, hatten einen Eid geleistet, und waren bereit, ihre Herkunft zu vergessen und auch das Ziel. Dieser Schwur war notwendig, denn kaum ein spirituelles Wesen, das sich seiner Herkunft und seiner Liebe bewußt ist, wäre fähig, all seine Kraft, Kreativität und sogar Liebe Dingen hinzugeben, die es von der Einheit trennen - wissend, daß Materie nur Illusion sein kann... Über Jahrmillionen hindurch in einer linearen Zeit, die selbst Teil des Experiments ist, in der einen Wahrheit jedoch keine Bedeutung hat.*

*'Vereinigung durch Trennung - darin liegt der alleinige Sinn. So dient alles, was Euch auf den ersten Blick von der Einheit trennt, in Wirklichkeit als Werkzeug - als Mittel zur Beschleunigung des Experiments...' Die geistige Welt war und ist stets beteiligt an diesem Experiment. Viele Menschen erhalten Einsichten, beginnen zu verstehen und sprechen von der einen Liebe. Manche (er)klären nun den Weg in die Einheit. Auch wenn sie nur getrennte Wege gehen, jeder für sich, so ist die Zeit doch nahe, da sie sich erkennen werden, als Reisende auf dem Weg zurück zur Quelle... aus der Polarität heraus in das eine Bewußtsein der Liebe.*

*Unendliche Freude ist an dem Tag, da sich die hellen und sogenannten dunklen Kräfte geschwisterlich umarmen, um das große Experiment lachend zu beenden und heimkehren ins Licht...* ***Im Wissen, daß die Trennung von der Einheit in der einen Wahrheit niemals existiert hat.***

Wenn wir also auf unserer Suche immer wieder einmal auf den Begriff 'Engelsturz' stoßen, wird sich 'das Geschehen' wohl sicherlich irgendwo zwischen diesen beiden Skizzen wiederfinden, dem Verstandes- und dem Empfindungsmodell - aber noch etwas verkompliziert dadurch, daß dies vor unzähligen Äonen geschah oder möglicherweise auch heute noch abläuft.

## Reicht das 'Alte Testament'?

In all unseren Köpfen steckt die alte Behauptung, Jesus sei 'der König der Juden' und vor allem die evangelische Kirchenlehre hat das jüdisch-hebräisch-israelische 'Geschichtsbuch' als A.T. in ihre Lehrmeinung aufgenommen. Vom Textvolumen her ist zu befürchten, daß die meisten Theologen auch den Stellenwert dieser Glaubensaussagen in ihr christliches Gottesbild entsprechend positioniert haben.

Wenn wir aber davon ausgehen, daß Jesus zwar im jüdischen Bethlehem geboren, aber als Galiläer in einer galiläischen Familie, einer syrisch-aramäischen Umgebung und im gnostisch-essenischen Orden in Qumran aufgewachsen ist (näheres erläutere ich später), dann sollte unser Augenmerk nicht überwiegend alttestamentarisch ausgerichtet sein, um Jesu Lehre und das Urchristentum heute besser und neu verstehen zu können. Dazu möchte ich auf zwei Aspekte hinweisen: Einmal den aramäisch-orientalen wie auch den indischen Weg der Urchristen.

Es ist ein außerordentlicher Verdienst des *Dr. G. M. Lamsa,* daß die Erforschung des frühchristlichen Raumes nordöstlich von Jerusalem, dem riesigen nordaramäischen Sprachraum bis hin nach Persien, von einem kritischen Insider vorangetrieben und veröffentlicht wurde. Dabei kommen nicht nur Originaltexte in der Originalsprache Jesu und seiner galiläischen Jünger und Apostel verstärkt in unser Glaubensbild, sondern auch die räumliche Expansion urchristlicher Gemeinden bildet ein Gegengewicht zu der lateinisch orientierten Frühkirche Roms und der griechisch-koptisch geprägten Frühkirche Alexandrias. Der Überlieferung nach ist die heute *syrisch-orthodox* genannte Kirche ungefähr im

---

Nur das, was unsere rohe Umgangsweise veredelt
und uns hilft in der *Liebe* und Selbstbeherrschung - das ist Bildung.
Alles andere ist nur Wissen, nicht Bildung.

*F. W. Foerster*

Jahr 40 n.Chr. von *Simon Petrus* gegründet und **gilt als eine der ältesten christlichen Kirchen**. Ihr Patriarchat hat seinen Sitz in Damaskus[176]. Diese Evangelientexte[44] sind in ihrer Deutlichkeit der Sprache Jesu den jüngeren und damit nicht so weit zurückreichenden griechischen Texten unseres N.T. gegenüber urchristlicher und diesen an Klarheit überlegen.

Ebenfalls eine andere Missionsrichtung schlug der im Jahre 31 von Jesus zum Apostelamt berufene *Thomas* ein. Die apokryphen 'Thomas-Akten'[199] berichten von seinen Erfolgen in Indien, bis er auf Befehl des Königs *Mesdeus* in Mylapore bei Madras getötet wurde, wo sich sein Grab in einer Kathedrale im Madras-Stadtteil St. Thomé befindet. Jahrhunderte lang hielten sich dort die Thomas-Christen und auch die persischen Nestorianer nennen sich Schüler des Apostels *Thomas*. Ihm wird ebenfalls ein Evangelium zugeschrieben[5], das aus einer Sammlung von einhundertvierzehn Schriften (Logien) besteht, die 1947 in einer koptischen Übersetzung gefunden worden sind. Es enthält die umfangreichste Wiedergabe von Jesus-Worten außerhalb der kanonischen Überlieferung und die Jesus-Worte sind dabei ohne erzählenden Rahmen aneinandergereiht. *Thomas*-Messen soll es wieder in Deutschland geben, in Verbindung mit ans Urchristliche erinnernde Rituale der Meditation und Krankenheilung.

Mit diesem Hinweis möchte ich eigentlich aufzeigen, daß die ausschließliche Ausrichtung auf die Bibel unserer Großkirchen uns eine viel zu ausgeprägte - und wahrscheinlich auch gewollte - Einschränkung gebracht hat und es dringend nötig ist, mit der Zeitenwende auch eine Wende des christlichen Horizontes mit der entsprechenden Öffnung zu ermöglichen.

## Wie verstehen wir das Göttliche heute?

Das Göttliche ist ewiger, unendlicher Geist, die Urkraft und der Urgrund alles Seins. Seine höchsten Attribute sind Liebe, Weisheit und Willensmacht. Sein unendlicher Heiliger Geist erfüllt das ganze All und hat als Innerstes ein Machtzentrum, von dem wie aus einer Sonne Gedanken und Willenskräfte in die Schöpfung hinausströmen. Da diese nach einem Lebensvollendungskreis wieder zurückkehren, ist das Göttliche ewig schöpferisch tätig (*Lorber-Verlag*).

Bei alledem können wir Gott im empirischen Sinne heute immer noch nicht beweisen. Doch können Wege aufgezeigt werden, das Göttliche <u>in uns</u> zu erleben und Verständnisbilder <u>in uns</u> zu entwickeln, um dann das Göttliche ins äußere Umfeld umzusetzen. Dann können wir Glauben in überzeugtes Wissen mit individuellen Erfahrungswerten umwandeln. Hierzu nehmen wir wieder einige herausgegriffene und extreme Positionen als Beispiele des unendlich

breiten Spektrums, zu dem das Göttliche heute bereit ist, von uns kritisch verstanden und umgesetzt zu werden:
>Der Staatsgott,
>der Jugendgott,
>der Gott in der Metaphysik und
>der Gott in uns.

**Der Staatsgott**: Wie viele andere Staaten haben auch wir Deutsche Gott in der Präambel unseres Grundgesetzes: *Im Bewußtsein seiner Verantwortung vor Gott und den Menschen... hat das Deutsche Volk... dieses Grundgesetz der Bundesrepublik Deutschland beschlossen.*

Haben wir womöglich neben den konfessionell gefärbten Gottesbildern nun auch noch einen Staatsgott? Einen Staatsgott, der jegliches staatliche Handeln rechtfertigt? Gar einen Kriegsgott wie noch immer im A.T., der Waffen und Töten (zumindest in Uniform) zur Durchsetzung von Rechtsansprüchen legitimiert? Die Professorin für katholische Theologie, *Ute Ranke-Heinemann*, sagte in einem Interview: *Dieser Staatsgott ist doch im Grunde ein Kriegsgott, ob jetzt nun Bush vor seinem Golfkrieg in den Gottesdienst geht und betet oder Saddam seinen Gebetsteppich ausrollt. Jeder betet zu <u>seinem</u> Kriegsgott.*

Seit 1993 gibt es in der neuen Verfassung des Bundeslandes Niedersachsen keinen Staatsgott mehr. Er wurde, für die Bundesrepublik erstmalig, bei der damaligen Regierungskoalition abgeschafft. So einfach geht das - Mehrheit siegt. Machen wir uns damit schrittweise selbst zum Auslaufmodell der eigenen Menschenwürdigkeit oder war es eine längst fällige Bereinigung verlogener Traditionen?

**Der Jugendgott**: Die Illustrierte 'Stern (2/96)' brachte einen Bericht über *Jesus-Freaks* und zitiert:
> *Das Leben mit Gott ist das coolste, feurigste und intensivste überhaupt. Bei ihnen gibt es wöchentliche 'Jesus-abhängeabende' und zur Messe Rockmusik, Chips und Cola. Die 'Jesus-Freaks' sind junge Christen, die mit den Amtskirchen nichts am Hut haben. Sie wollen religiös sein ohne Liturgie und fromme Sprüche und preisen Gott lieber in ihrem Szene-Jargon. 'Pastor' Martin Dreyer gründete vor vier Jahren die Erweckungsbewegung unter ausgeflippten jungen Leuten, vor allem als 'Auffangbecken für die Kaputten, Fertigen und Verarschten'. Christsein ist für ihn ein 'Abenteuer bis in die Ewigkeit'.*

> Gott ist die *Liebe*, und wer in der *Liebe* bleibt, bleibt in Gott, und Gott bleibt in ihm.
> 1. Johannes 4,16

**Der Gott in der Metaphysik**: Obwohl durch die zeitgemäß gewordene und dabei bereits ausufernde Esoterik der Begriff *Parapsychologie* geläufig wurde, ziehe ich, zusammen mit vielen anderen Autoren dafür das Wort *Metaphysik* vor. Es ist jener Bereich, der sich um das kümmert, was *meta-physis,* hinter der Natur und hinter den Dingen und Erscheinungen wie auch Manifestationen liegt. Eigentlich ist damit die *Wirklichkeit* gemeint, die sich in derartigen Manifestationen aus-wirkt, ausdrückt und sichtbar wird. *Thorwald Dethlefsen* behauptet [213], die Metaphysik

> ...*ist das Wissen, das jenseits der Natur liegt. Und damit ist Metaphysik Ursprung und* <u>Grundlage aller anderen Erkenntnisse</u>.

Genau hinter oder über diesem Bereich der Materie oder dem Physischen setzt die christliche Lehre ein, denn von diesem Ewigkeits-Bereich, von dieser anderen Wirklichkeit und diesem kosmischen Bewußtseinszustand spricht Jesus, wenn er sagt: *Mein Königreich ist nicht von dieser Welt.* Und im esoterisch angehauchten Jargon spricht man dann nur noch vom *Göttlichen,* von *Allbewußtsein* oder vom *Christus-Bewußtsein.* Esoterik, Parapsychologie und Metaphysik sind durch ihr ganzheitliches Prinzip nicht ohne ein schöpferisches Zentrum denkbar. Allerdings werden dabei Wege der Befreiung, des geistigen Erwachens und der ethischen wie spirituellen Höherentwicklung gesucht, die durch Reinheit und Ursprünglichkeit von Lehre, Form und Verhaltensweisen *zurück zum Einen,* also dem Göttlichen oder göttlichen Zentrum finden sollen.

**Der Gott in uns**: Alles im Universum ist *Eins.* Ohne oder außerhalb des *Einen Lebens* könnten keine Seelen, keine Körper, kein Photon oder Elektron existieren. Diese 'Vernetzung von allem' finden wir schon in einigen alten Lehren und Religionen (Asien, Indien, Ägypten und weltweit vielen Naturreligionen) und werden heute neu formuliert von vielen Forschern und Wissenschaftlern. Man kann geradezu von einer Rückkehr zum *Ganzheitlichen, Holistischen* und *Morphogenen* sprechen und umformulieren: das Göttliche *schuf* nicht die 'Welt', sondern das Göttliche *wurde* die Welt oder gar, das Göttliche *ist* die Welt.

Eine der entscheidenden Erkenntnisse, die ich mit meinem Buche vermitteln möchte, ist die, daß das *Göttliche in uns* ist und wir damit *selbst-bewußt* und *gottes-bewußt* umgehen können - wie Jesus das seinerzeit schon gelehrt hat. Ich fordere sogar, daß wir damit allerschnellstens umgehen *müssen* und unser Bewußtsein ent-wickeln und erhöhen, damit wir mit der Allkraft oder Christuskraft oder dem Göttlichen in uns, an uns und um uns herum wirken können. Es wird so zu einer neuen phantastischen Chance für uns - und für die Urlehre Jesu - als freie, verantwortungs-bewußte und schöpferische Partner und 'Mitarbeiter' Gottes oder der kosmischen Ordnung zu leben.

Gott-in-uns heißt auch kosmisches oder göttliches *Licht* in uns zu tragen und 'unser Licht leuchten zu lassen'. Spirituell sprechen wir von *Lichtwesen,* die wir sein könnten. Diese fundamentale Erkenntnis zieht sich durch mein ganzes Buch und wir müssen immer wieder neue Argumente suchen und finden, um *uns selbst* von diesem Wege zu überzeugen - dem Weg zu neuem Bewußtsein. Diese Erkenntnis wird und muß die Basis des nächsten Millenniums[196] zu weiteren höheren Entwicklungs-ebenen und -formen sein. Mehr dazu finden wir in späteren Kapiteln.

## Die anderen Evangelien

Außer den vier kanonisierten Evangelien der Kirchenlehre und den nicht anerkannten apokryphen Evangelien und Texten, beides aus dem Altertum, stehen uns heute weitere neue oder neu verfaßte Evangelien zur Verfügung, die auch für die ursprüngliche Lehre Jesu neues Verständnis ermöglichen und die ich teilweise in meinen Darstellungen verarbeitet habe.

Das *Thomas-Evangelium* nach Funden koptischer Schriften 1947 in einem antiken Friedhof bei Nag Hammadi, hundert Kilometer nördlich von Luxor in Oberägypten[5],

die *Evangelien in aramäischer Sicht* übersetzt und analysiert *Dr.G.Lamsa* anhand der 'Peschitta' genannten alt-aramäischen Bibelhandschriften aus dem Kurdistan[44],

das *Johannes-Evangelium* nach *Rudolf Steiner,* einer großteils medialen Interpretation in hohem Christusbewußtsein[10],

*Das Wassermann-Evangelium von Jesus dem Christus,* medial entnommen der Akasha-Chronik[43],

das *Friedensevangelium der Essener* als aramäisches Ur-Evangelium aus dem ersten Jahrhundert [15, 16] und

das *Große Evangelium Johannes,* zehnbändig medial empfangen durch *Jakob Lorber.*[123]

> Du sollst deinen Nächsten *lieben* wie dich selbst.
> 3. *Mose* 19,18

# 4. Kapitel

## Jesus und der Zeitgeist

Wir sollten uns zuerst einmal den Ist-Zustand auf unserem Planeten mit seiner Erdenmenschheit genauer ansehen. Wohl am besten im Bereich unserer Erste-Welt-Zivilisationen (in Anlehnung an den Begriff 'Dritte Welt'), die inzwischen den ganzen Erdball beherrschen.

Da das Charakteristikum der Lehre Jesu die *selbstlose Liebe, Güte, Hilfsbereitschaft und Friedfertigkeit* ist, sehen wir uns die Gegenpole *Macht, Haß und Krieg* an und finden im Bereich unserer abendländlich-christlichen Religion schon zwei herausragende Schreckenserkenntnisse unseres letzten Jahrzehntes des Alten Zeitalters: Der *fünfunddzwanzigjährige* Glaubenskrieg der Katholiken und Protestanten in Nordirland, der 1994 sein Ende gefunden hätte, wenn nicht konfessionell Militante anscheinend von der Christuslehre noch nichts gehört zu haben scheinen. Ebenso der *Glaubens-krieg* auf dem Balkan, wo die katholischen Kroaten, die russisch-orthodoxen Serben[205] und die islamischen Bosnier sich haben aufhetzen lassen, zum Teil wie Bestien kämpfen und damit demonstrieren, wie sie das in allen ihren drei Religionen verankerte mosaische Gesetz *Du sollst nicht töten* begriffen haben und befolgen. Wie kann es auch anders sein, wenn zum Beispiel der Exportartikel Nummer Eins eines der Hauptexportländer unseres Planeten, den USA, *Produkte der Waffenindustrie* sind. 1993 erreichten amerikanische Waffenverkäufe neue Rekorde. Die *US-Regierung* (nicht internationale Waffenschieber) billigte Waffenverkäufe für über 54 Milliarden DM, etwa doppelt so viele wie 1992 (dpa). 1995 machte der Anteil der Rüstungsgüter vierundvierzig Prozent des US-Gesamthandels aus (Fuchsbriefe L/73). Welch friedvolle Nation!

### One-World oder New-World-Order-Kräfte

Der Exportartikel Nummer zwei der USA ergänzt zusätzlich das oben aufgezeigte Dilemma ausgezeichnet: Es sind dies die *Produkte Hollywoods*, die wie bei der weltweiten Waffenflut als gezielt antichristlich anzusehen sind. Das Medium Film und Fernsehen beherrscht unseren Planeten inzwischen weltweit und das mafiose System Hollywoods hat alle marktstarken Programme, ebenfalls weltweit, in festen Händen. Überall wird dabei die Macht der Stärke propagiert, überall finden wir Gewaltverherrlichung und Hedonismus, das heißt Lustgewinn als oberstes Gebot. Die Medienwissenschaftlerin *Dr. Renate*

*Möhrmann* urteilt: *Fernsehen manipuliert durch einseitige Information, Fernsehen macht sprachlos und da es uns mit Bildern in schneller Abfolge bombardiert, kaum zur Kritik fähig.* Desweiteren ist Tele-shopping geplant und die Marktmultis gesellen sich dann zu den Medienmultis - dank Satelittentechnik weltweit in jedem Haushalt präsent. Hollywood-Geist nahtlos all-over-the-world: Morgens im Kinderprogramm Gewalt als Mittel zur Lösung von Konflikten, das gleiche im Abendprogramm für die Erwachsenen und nachts dann Sex und Pornos (geplant). Armes Abendland! *Gustav Sichelschmidt* untersucht in seinem Buch 'Deutschland verblödet, Fernsehen als Instrument verborgener Kräfte' diese systematische Verdummung und zeigt ausführlich die gezielt betriebene Vernichtungsstrategie der *One-World-Kräfte*.[110]

Beim Thema Fernsehen können wir wieder beispielhaft grundsätzliche Polaritäten erkennen: passiv<>aktiv und Massenbewußtsein<>Selbstbewußtsein. Durch Fernsehen läßt man sich passiv informieren, sich selbst informieren kann man nur durch Lesen, Diskutieren und Aktiv-Sein. Und so ist es auch mit der zweiten Polarität: Berieselung aus hundert Kanälen wird kaum einem Menschen zu Selbst-Bewußtsein verhelfen, Berieselung versorgt vortrefflich Fläche und Vermassung.

Der ehemalige Präsident des Bundesverfassungsgerichtes, *Dr. Gebhard Müller* (1900-1990), sprach es einmal aus, daß die öffentliche Moral in Westdeutschland, wie sie sich aus einer Reihe von Film- und Druckerzeugnissen dokumentiere, auf einen Tiefstand abgesunken sei, der *nirgendwo auf der Welt* unterboten werde. Da der Staat zuwenig dagegen unternehme, werde es auch verantwortungsbewußten Eltern fast unmöglich gemacht, ihre Kinder vor den Gefahren einer moralischen wie sexuellen Verwilderung zu bewahren.

Außerdem kritisiert der Londoner Bankier *Sir James Goldsmith*[185]:
*Die Gesellschaft beginnt, sich auseinanderzuleben. Die älteren Generationen fangen an, sich in Rentnerstädten zu gruppieren, die Kinder werden in einer unpersönlichen Gesellschaft ihrerseits anonymer. In schweren Fällen fallen die Familien überhaupt auseinander und die Kinder suchen Ersatzfamilien in Form von Jugendbanden.*

Kurz erwähnt werden soll auch die erleichterte Ehescheidung, die freie Abtreibung und demnächst wohl allgemein verbreitete Euthanasie. Dies alles sind Maßnahmen, die 'von oben' gewollt werden, um die Familie, die Urzelle der Staaten, aufzulösen. Landläufiges Ziel: Ein abgestumpfter und desorientierter Konsumsklave ohne moralische Grundsätze (*Emil Rahn*, 'Memopress'

> Niemand hat Gott je geschaut; wenn wir einander *lieben*,
> bleibt Gott in uns und seine *Liebe* ist in uns vollendet.
> 1.*Johannes* 4,12

1/96). Kein Geringerer als *Michael Gorbatschow* (ehemaliger KGB-Chef, Präsident der SU und Friedensnobelpreisträger) schreibt dazu in 'Perestroika':
*....über der europäischen Kultur schwebt eine ernsthaft drohende Gefahr. Die Bedrohung geht von einer Massenkultur aus, die über den Atlantik kommt... Man kann sich in der Tat nur wundern, daß eine starke, zutiefst intelligente und von Natur aus humane europäische Kultur zurückweicht vor dem primitiven Trubel von Gewalt und Pornographie... und billiger Gedanken.*

Einen dritten Schwerpunkt, der sich dämonisch in unserem Zeitgeist entwickelt und immer mehr auf unser Verstandes-Ego ausgerichtet ist, stellt die Computertechnik dar. Kommt nach dem Brainchip der Gehirn-Computer? Der Cyberspace-Mensch in der Zielplanung? Mind revolution is beautiful! Die Mächtigsten machen uns das Milliardengeschäft der 'Daten-Autobahn' schmackhaft mit der Zielgabe des Endes der Demokratie und dem Beginn einer Telekratur à la *George Orwell*. Denn wer die Kommunikation unter den Menschen beeinflussen und beherrschen kann, der beeinflußt und beherrscht auch die Menschen selbst (*Hans-Joachim Ehlers*). Dr. med. *Christfried Preußler* befürchtet in seinem Artikel 'Durch Multi-Media verkrüppelt unsere Fähigkeit zur Kommunikation' [264]: *...durch Satelliten gleichgeschaltete Menschen, entmenscht, normiert, ohne eigenes Ich, nur noch Empfänger.* Das 'global playing', die 'weltweite Verknüpfung' des Menschen, der Versuch durch 'Eine Welt' alles zu novellieren, ist nicht nur kulturell, sondern auch wirtschaftlich eine Katastrophe für die Menschheit. Multi-Media wird zum Machtinstrument für weltweit operierende Multis, denen die einzelnen Staaten schon jetzt nichts mehr entgegenzusetzen haben. Wie in Südamerika und Afrika, wo jetzt schon mächtige Firmen die Politik bestimmen und damit die Staatsgewalt an sich gerissen haben, wird auch Europa unter der Vorherrschaft von US-Multis geraten. Unsere Politiker sind bereits zu Erfüllungsgehilfen der Weltwirtschaft degeneriert.

Es lebe *Tucholsky!* Der Jurist, Journalist und Satitiker schrieb doch sage und schreibe bereits 1919: *Politik kann man in diesem Land definieren als die Durchsetzung wirtschaftlicher Zwecke mit Hilfe der Gesetzgebung.*

Ein Media-Fachmann prognostizierte: *...spätestens zur Jahrtausendwende wird am digitalen Fernsehhimmel 'die Hölle los' sein!* Und bei den Computern wohl gleichfalls, denn inzwischen geht es um *gedanken-gesteuerte* Technik. Das Cyberlink Interface erlaubt dem Benutzer Gedankenkommandos, die durch ein Stirnband übermittelt werden.

Aber zurück zur Basis. Schon sprechen inzwischen unsere Kirchenoberen davon, daß 'Gott auch im Internet sei' (Theologe *M. Schibilsky*). Man findet dort im Cyberspace abrufbare Kirchentexte des Vatikans (Home Page), Zen-Buddhismus, Lamaismus, Global Hindu Electronic Network, Meditation, New-Age-Seiten (Spirit over Mind over Matter), Qumran-Bibliothek, transpersonale

(Bewußtseins-)Literatur, PSI-Forschung, UFO-Texte und vieles, vieles mehr. *Dr. Elmar R. Gruber* schreibt dazu[197]:
*Pioniere unserer Tage strecken unsichtbare Tentakel über Modems in den wilden Westen des Cyberspace. Stündlich wuchern die Leitungen, die Computer auf aller Welt verbinden, wie Neutronen um den Erdball.*

Bezüglich religiösem Internet sollten wir beachten, wie die polare Erkenntnis dazu aussieht. Sehen wir einmal von dem Zustand ab, daß Gott-in-uns-ist und wir eigentlich keinen zusätzlichen klerikalen Vermittler bräuchten, wenn wir bezüglich unseres Seelenheils nicht so passiv wären. Die Kirchen registrieren, daß immer weniger Suchende zu ihnen finden und lernen scheints, daß womöglich sie auf die an den Kirchen Vorbeihetzenden zugehen müßten. 'Bewährte' und probate Mittel versagen aber meistens in unserer aufgescheuchten Zeitenwende und neue 'Wege' elektronischer Art erlauben möglicherweise auch neue Ansprechmöglichkeiten. Einschränkend gilt lediglich die Erkenntnis: Wird jemand, der bei seiner On-line-Verbindung zum Schöpfer im Herzen den Hörer nicht abnimmt, wenn sein Gewissen ihn ruft, im Internet surfen, um den Rat des geschulten Theologen zu hören? Ich wünsche es natürlich beiden, daß es klappt, *...denn viele, viele Wege führen zum Herrn.*

## Der Zinseszins

Der vierte wichtige antichristliche Schwerpunkt des heutigen Zeitgeistes ist das **Geldsyndrom** (*Helmut Creutz*). Als das 'Weltregiment' ab dem Spätmittelalter den Kirchen und Königen aus der Hand genommen worden ist, wurde es den Kaufleuten übergeben, in Wirklichkeit aber dem anonymen Geld. Darauf weist auch die johanneische Offenbarung hin (18,23): *Deine Kaufleute waren die Großen (Fürsten) der Erde.* Die Schreckensformel heute heißt: *Geldvermehrung ins Unendliche.* Das System hängt zusammen mit den Illuminati und ihren vielen Logen, dem Hochgradfreimaurertum und dem 'Schwarzen Adel', um nur einige aufzuführen. *Helmut Creutz* nennt das einen 'monetären Teufelskreis', was durch die 'Zinseszinsautomatik' einerseits zu unvorstellbarem Geldvermögen und andernseits zur entsprechenden Verschuldung führt - **schließlich sind diese Zinsgewinne in allen Preisen, die der Rest der Welt zu bezahlen hat, versteckt und abgedeckt.** Eine UN-Studie, die im Juli 1996 vorgestellt wurde, besagt unter anderem, daß 358 'Superreiche' mehr Geld als

> Wem man etwas *zuliebe* tut, der wird einem *lieb*.
> Leitspruch aus 'Der weiße Lotos'

die halbe Menscheit haben. Die Einkommensungleichheit habe sich in den letzten Jahrzehnten verdoppelt und 89 Staaten gehe es schlechter als noch vor zehn Jahren. *Leistungsloses* Einkommen, nämlich Geld mit Geld zu verdienen, wird heute zum gesellschaftlichen Krebsgeschwür. *Wilhelm Schmülling*[173] schreibt dazu:

> *Gelänge es, die 2000 Milliarden Dollar, die **täglich** auf der Suche nach Spekulationsgewinnen den Erdball umkreisen, zur Investition zu bewegen, die Arbeitslosigkeit wäre behoben.*

Ergänzen wir die Prophezeiung des Johannes über die Kaufleute mit einem Satz aus dem Munde des medialen Universalgenies *Leonardo da Vinci* (1452-1519), welcher zu jener Zeit völlig unverständlich war: *Das <u>unsichtbare</u> Geld läßt die, die es herausgeben, triumphieren* ('Profezie di *Leonardo da Vinci*'). Und jetzt schließt sich der Kreis: Der Zahlencode auf verschiedenen Kreditkarten und den Bankensystemen (unsichtbares Geld) zeigt die entsprechende Quersumme

$$123 = 6$$
$$456 = 15 = 6$$
$$789 = 24 = 6$$

**666** ist (nach *Johannes*) die Zahl des Antichristen und ich deute sie, nicht nur wie bisher üblich, als die Zahl der 'Materie' oder die des niedrigen Tier-Menschen, sondern auch als die **Zahl des Geldes**. Erst dadurch bekommt sie den 'bösen' antichristlichen Charakter. Die Christuszahl ist die **999** und die spirituelle Erklärung dazu: Die 9 als eine verkürzte Spirale, die wiederum die kosmische Form jeglicher Bewegung ist, öffnet sich *rechtsdrehend* und wirkt dadurch kraftspendend. Die 6 als verkürzte, *linksdrehende* Spirale, wirkt egozentrisch und verschlingend. Sie wird von oben nach unten geschrieben, symbolisch aus der geistigen Welt in die Materie und in die Polarität ziehend. Die 6 ist die gespiegelte 9.

Lassen wir anstelle einer längeren Zeitgeistbetrachtung, die über den Rahmen unseres Themas *JESUS 2000* hinausginge, einige Insider sprechen. Ein berühmter deutscher Nationalökonom, Mitglied eines französischen Geheimordens der Illuminaten und mit dem jüdischen Namen *Moses Modecai Marx Levi*, alias *Karl (Heinrich) Marx* (1818-1883), brachte es auf den antichristlichen Nenner:

> *Das Geld ist der eifrige Gott Israels, vor welchem kein anderer Gott bestehen darf. Das Geld erniedrigt alle Götter des Menschen - und verwandelt sie in Ware. Das Geld ist der allgemeine, für sich selbst konstituierte Wert aller Dinge. Er hat daher die ganze Welt, die Menschenwelt wie die Natur, ihres eigentümlichen Wertes beraubt*[174].

*Theodore Roosevelt*, 26. Präsident der USA, sagte zu diesem Thema 1912:
> *Hinter der sichtbaren Regierung sitzt auf dem Throne eine unsichtbare Regierung, die dem Volke keine Treue schuldet und keine Verantwortlichkeit anerkennt.*

Ein Jahr später wurde in Paris anläßlich der Gründung der 'Internationalen Bankenallianz' erklärt:
> *Die Stunde hat geschlagen für die Hochfinanz, öffentlich ihre Gesetze für die Welt zu diktieren, wie sie es bisher im Verborgenen getan hat... Die Hochfinanz ist berufen, die Nachfolge der Kaiserreiche und Königtümer anzutreten, mit einer Autorität, die sich nicht nur über ein Land, sondern über den ganzen Erdball erstreckt.*

Und von *Sir Josiah Stamp,* dem Präsidenten der Bank von England in den zwanziger Jahren und damals zweitreichsten Mann in Großbritannien (Zeiten*Schrift* 11/96) stammt folgendes Zitat:
> *Das Bankwesen wurde im Hause der Sittenlosigkeit gezeugt und in Sünde geboren.* **Die Bankiers besitzen die Erde.** *Nehmt sie ihnen weg, aber laßt ihnen die Macht, Guthaben zu erzeugen, und sie werden mit einem Federstrich wieder genügend Guthaben ansammeln, um sie zurückzukaufen. Nehmt ihnen **diese Macht** und all die großen Vermögen, wie meines, werden verschwinden; und sie müßten verschwinden, denn es würde eine glücklichere und bessere Welt sein, in der man leben könnte. Aber wenn Ihr die Sklaven der Bankiers bleiben und für die Kosten Eurer eigenen Skalverei bezahlen wollt, laßt sie fortfahren, Guthaben zu erzeugen.*

Das Welthandelsabkommen, auch GATT genannt, erweist sich bei näherem Hinsehen, genau wie die EU und alle anderen 'Wirtschaftsräume', als grandiose Geldmaschine für internationale Konzerne auf Kosten der betroffenen Menschen. Der Verleger *Hans-Joachim Ehlers* schreibt dazu in 'raum&zeit' 82/96:
> *GATT bedeutet globale Verarmung, weil die 'global players', die weltweit operierenden Multis, sich jetzt weltweit die billigsten Arbeitskräfte, Standorte etc. heraussuchen können. Dabei werden Kulturen zerstört, Menschen entwurzelt und die Natur zerstört. Mit GATT haben die National-Staaten ihre Identität, ihren Wohlstand und ihre Zukunft an die Industrie abgegeben, die nur ein Gesetz kennt: Profit. Demokratie und Politik sind bereits entmachtet. Und trotzdem versuchen die Politiker, uns GATT und EU immer noch als einzig möglichen 'Weg zum Wohlstand' zu verkaufen.*

---

Wir wissen: Wenn jemand Gott *liebt*, muß er alles dazu beitragen, daß er das Ziel erreicht, zu dem Gott ihn nach seinem Plan berufen hat.
Römer, 8,28

**Die Krise des Modernismus**

Nehmen wir zuerst einige Stichworte aus dem Krisen- und Katastrophenszenarium der 'zivilisierten' Völker ganz kurz auf:

--Gezielt eingesetzte und offiziell bekannte Satanstechniken, nicht nur in der Rockmusik,

--ungebremste Ich-sucht innerhalb der Familien (galoppierende Scheidungsraten und eskalierende Kinder-Eltern-Konflikte),

--Ehebruch und Hedonismus (Lustgewinn) diskreditiert die Basis jeder Gemeinschaft, die Familie,

--Durch Selbsttötung starben in der (verkehrsreichen) Bundesrepublik 1994 doppelt so viele Menschen wie im Straßenverkehr (1990 waren es noch gleichviele wie im Verkehr),

--auf breiter Front diskutierter Mord durch Abtreibung,

--nervöse Kinder und Erwachsene, die ihr Leben durch Schlaftabletten, Weckamine, Hallowach-Pillen und Tranquiliser 'timen',

--die Sehnsucht, alles zu jeder Zeit wollen und haben zu können, was zerstörerisch auf Mensch und Natur wirkt,

--Sucht in jeglicher Art und Weise wird immer mehr sichtbar und sucht nach immer mehr Reizen wie Erdbeeren zu Weihnachten oder den Sprung in die Tiefe am dünnen Seil (Bungee-Springen),

--altbewährte Rhythmen wie Sonntage, Feste und Feiern werden durch Ruhelosigkeit, Lärm und Profitgier gebrochen,

--der Einzelne isoliert sich immer mehr aus der urgewollten Gemeinschaft (von der Familie bis zum Volke) oder sucht Selbstverwirklichung auf Kosten derselben,

--verbunden mit hektischer Internationalität wuchert ein aufgeblasenes Ego neben dem anderen, vermeintlich *verantwortungsfrei* wie die Krebszellen in der riesigen Körpergemeinschaft und dieses furchtbare Selbstzerstörungsleiden Krebs wird zum äußeren Zeichen dieser aus der Ordnung geratenen Verhältnisse (*Dr. Rüdiger Dahlke*),

--Zigtausende fliehen in esoterisch oder sektierisch aufgemachte 'Heils-wege' als falsch verstandenen Religion-Billig-Verschnitt und versäumen, *eigene* Bewußtseinsmöglichkeiten zu nutzen.

--Überall auf der ganzen Welt hat der Verlust landwirtschaftlicher Arbeitsplätze zur Destabilisierung der ländlichen Gesellschaft und zum Wachstum riesiger urbaner Konzentrationen geführt. Darin versuchen sich entwurzelte Individuen, deren Familien zersplittert, deren kulturelle Traditionen zerstört und deren Leben in Abhängigkeit von staatlicher Wohlfahrt geführt wurden, neu zu gruppieren. Von der Ersten bis zur Dritten Welt sind diese Zusammenballungen zu tragischen, morbiden Geschwülsten geworden[186].

Beenden wir an dieser Stelle unsere Anprangerei bezüglich des herrschenden Modernismus. Nach dem *Gesetz der Polaritäten* gehören Opfer und Täter stets zusammen und solange wir uns selbst zu Opfern machen oder machen lassen, werden wir dadurch zu passiven Mittätern dieser **menschheitlichen Fehlentwicklung**. Zuviele der heutigen Menschen sind in dieser Wendezeit halt-los geworden, inhalt-los, verlustig bewährter aber inzwischen zertrümmerter Inhalte, unbrauchbar gewordener Verhaltensmuster und verlorengegangener Grundwerte samt Orientierung.

**Das Burn-out-Syndrom**
Diese innere Leere hat einen neuen Terminus erhalten: *Burned out*, ausgebrannt, durch Leid, Hetze, Arbeitswut, Ziellosigkeit und Frust (Burn-out-Syndrom). *Der Spiegel* (52/94) ergänzt:
*...werden in der Regel Sinnkrise und Orientierungsverlust in der Ego- und Ellbogengesellschaft genannt. In den Tretmühlen ihrer hochspezialisierten Arbeit erkennen sich viele Menschen nicht mehr als Teil eines Ganzen wieder. Die Kälte des Kapitalismus hat zu einem generellen Unbehagen an der Kultur geführt und speziell am Zynismus der Modernen.*

> In der *Liebe* ist keine Furcht, sondern die vollkommene *Liebe* vertreibt die Furcht. Denn die Furcht rechnet mit Strafe, und wer sich fürchtet, dessen *Liebe* ist nicht vollendet.
> *1.Johannes* 4,18

Bei der letzten Gesundheitsbefragung des Schweizerischen Bundesamtes für Statistik standen Burnout-Symptome an erster Stelle: Das häufigste körperliche Leiden in der Schweiz ist die Schwäche und die Energielosigkeit (1994).

Wer ausbrennt, muß einmal gebrannt haben, doch durch widernatürliche Umstände und Umfelder wurde mehr verbraucht als nachgefüllt und so entsteht die ausgebrannte Leere. Und seltsamerweise zeigt sich nun, daß diese Leere durch Ersatzideologien materialistischer Art nicht aufzufüllen möglich zu sein scheint. *Karlheinz Binder* schreibt in 'Geschäftsmann und Christ' 11/95:

*Nur bei wenigen wächst die Einsicht, daß man das Problem dort angehen muß, wo es entsteht: Im gottleer gewordenen Raum der Sinnfrage unseres Lebens, eines Daseins, das seinen Halt in der Selbstbestätigung, dem Erfolg und in der Reputation findet.*

Vermutlich können die geistig-göttlichen-himmlischen-metaphysischen Kräfte (egal wie wir sie nennen) bei unserem Treiben solange zusehen, bis das Pendel weitgenug ausschlagen wird oder wie man so schön sagt: das Faß zum Überlaufen kommt. Wir alle wirken dabei in unserer Maßlosigkeit mit - jeder an seiner Schwachstelle - sodaß es einmal soweit kommen mußte. Die geistig-göttlichen Hierarchien ließen und lassen uns die Freiheit der Wahl - *mit oder ohne sie*. Und in diesem Jahrhundert scheint *ohne* 'in' zu sein. Dazu sage ich aber: Noch!

Denn in vielen esoterischen Lehren findet man die Regel, daß auf jeden Dämon ein **Engel** kommt und umgekehrt. Seit Anfang dieses Jahrzehnts gibt es fast eine Flut an Buchneuerscheinungen zum Thema *Engel*[263], dagegen fand ich nur ganz wenige Veröffentlichungen über **Dämonen**[218], vielleicht auch, weil diese allzuviel publicity scheuen. Deutlich zeichnet sich der Trend auf dem Buchmarkt ab: Der Börsenverein des Deutschen Buchhandels registriert derzeit fünfhundertzweiundvierzig Bücher zum Thema Engel, rund fünfhundert davon im Bereich Esoterik.[121] Der Hamburger Trendforscher *Matthias Horx* stellt fest, *daß der Engel das Kultobjekt der Neunziger Jahre ist.* Blaue Engel in Umweltschutzzeichen und gelbe Engel im Autoverkehr symbolisieren auch bei 'Ungläubigen' Schutz, Hilfe und Verläßlichkeit.

Nicht unbeteiligt an der burned-out-Situation sind unsere Amtskirchen, die viel zu lange diesem materialistisch-dämonischen Treiben zugesehen haben, sich diesem oft genug angebiedert oder kritiklos haben mit-treiben lassen, und dies auch noch weiter tun. *'Die Zeichen der Zeit sind für viele Hieroglyphen'* mahnte der Aphoristiker *Wolfgang Eschker* schon in der ersten Hälfte dieses Jahrhunderts. Das evangelische 'Deutsche Allgemeine Sonntagsblatt' analysiert: *In den Kirchen sehen die meisten keinen lohnenden Gesprächspartner mehr.* Massenaustritte lassen sich aber nicht nur durch Kirchensteuerfrust erklären, denn die außerkirchlichen Heilsbringer fordern durchweg größere 'Opfer' und verzeichnen trotzdem Dauerkonjunktur. Seit 1980 haben sich laut 'Welt am

Sonntag' (1995) eintausend neue christliche Gemeinschaften innerhalb der evangelischen Großkirche gebildet, die ein *verbindliches* Christentum leben wollen, wobei eine konsequente Orientierung am Vorbild der *christlichen Urgemeinden* als gemeinsames Merkmal angegeben wird. *Der Spiegel* (52/94) stellte fest:

> *Die alte Frage nach dem Sinn des Lebens beschäftigt die Menschen des postindustriellen Zeitalters so sehr wie kaum eine andere.* **Allein: Sie suchen neue** *Antworten.*

## Neue Antworten auf unsere Sinn-fragen

An solchen gefragten Sinnfindungen sind mittlerweile unwahrscheinlich breit gefächerte Anbieter aller Schattierungen beteiligt. Angefangen bei inzwischen erwachten Kirchenvertretern mit meist ausgezeichneten Angeboten neuen Christus-Erlebens, bieten sich schon lange im religiösen 'Untergrund' bewährte Geistesrichtungen an wie Anthroposophie, Theosophie, Rosenkreuzer-Orden, Mystische Schulen, urchristliche Glaubensgemeinschaften und viele andere mehr aus dem abendländischen, sowie zusätzlich eine Vielzahl neuer Geistespraktiken und Erkenntniswege aus dem morgenländisch-asiatischen Raum. Spirituelles, Metaphysisches und Esoterisches kommt von weltweiten Erfahrungslehren zu uns - von den Indianern bis zu den Kelten. Der Zeitgeist-Analytiker *Dr. Günther Schiwy* schreibt[21]:

> *Wir schauen nach Erfahrungen und Verhaltensweisen in anderen Kulturen aus, von denen wir den Eindruck haben, daß sie noch nicht in den Sog der Industriegesellschaften geraten sind: Wir lernen von den Asiaten das richtige tiefe Atmen, die bilderlose Meditation, den heiligen Tanz; wir entdecken die Orte wieder, die unseren Vorfahren heilig waren, lernen die mit dem Rhythmus der Jahreszeiten verbundenen Feste der Natur wieder schätzen und lassen uns nicht einreden, es handele sich dabei um Aberglauben. Es gilt vielmehr, mit dem bei aller Aktivität in sich ruhenden Kosmischen Christus Kontakt aufzunehmen, wie er bestanden hat, als die Welt 'noch in Ordnung' war. Das hat mit Restauration nichts zu tun, jedoch viel mit Erneuerung an Leib und Gliedern.*

Ob Kosmologie, Chaosforschung oder Evolutionstheorie: Schritt für Schritt nähern sich Wissenschaft und Metaphysik einander an (Spiegel, 52/94). *Prüfet sie alle*, heißt es im N.T., *denn an ihren Früchten werdet ihr sie erkennen.*

---

Nur das Leben im Dienst anderer ist ein lebenswertes Leben.
deutsch-amerikanischer Physiker *Albert Einstein*, (1879-1955)

Neben den fundierten Geistesrichtungen tummeln sich im Eso-boom auch fanatische Sekten, falsche Propheten, geldsüchtige Heilung- und Heilsbringer und verkrachte New-Age-Anhänger. Hiermit ließen sich Seiten füllen. Auch mit großteils getürkten Jesus-Botschaften der letzten drei Jahrzehnte.

*Wo aber Gefahr ist*, schrieb *Hölderlin, wächst das Rettende auch.* Und Papst *Johannes Paul II.* fühlt sich berufen, allen Menschen in seinem Buche 'Die Schwelle der Hoffnung überschreiten' die päpstliche Botschaft *Fürchtet Euch nicht...* zu bringen.

Wir verstehen heute Jesu 'Auftrag' als die langfristige Vorbereitung der Erdenmenschheit auf das Neue Goldene Zeitalter und Friedensreich, dessen Kommen Jesus hellsichtig und vorausschauend erkannt hat und das, je nach Auslegung, auch die Offenbarungen von Johannes und anderen apokryphen Evangelisten ankündigten. Im Laufe der nachfolgenden Kapitel komme ich auf alle diese Themen noch detaillierter zu sprechen.

### Der esoterische Weg

Ein Begriff unseres Zeitgeistes, der im Buch ab jetzt immer öfter auftaucht, sollte hier noch ausführlich geklärt werden: das Esoterische. *Esoterik,* vom griechischen *esoterikos* stammend, muß heute als der 'Weg nach Innen' verstanden werden - im Gegensatz zum *Exoterischen,* dem Äußerlichen. Im Altertum wurde zwar unter 'esoterisch' das Geheime und Okkulte mit einbezogen, aber das wurde eher im elitären Sinn von 'Einweihungsweg' verstanden. Damals wußte man schon um die 'polare Einheit', denn die esoterischen Traditionen fast aller Kulturen hatten erkannt, daß das Ziel esoterischen Strebens darin besteht, *inneres* Erkennen in *äußeres* Handeln umzusetzen. Zur Darstellung des heutigen Spektrums der Esoterik zitiere ich den New-Age-Philosophen *David Spangler*[68], der von einer *Philosophie der inneren Suche nach spiritueller Erkenntnis* spricht:

> *Einfachheitshalber wollen wir sie (die Esoterik) jedoch als eine Untersuchung der Wirklichkeit vom Standpunkt des Bewußtseins und der nicht-materiellen Schöpfungsvorgänge definieren. Sie untersucht den Geist und das Wesen des Seins hinter der Welt der Phänomene und der materiellen Formen. Sowohl die antike als auch die moderne esoterische Tradition befaßt sich im Grunde weitgehend mit Psychologie. Teilweise befaßt sie sich auch mit den Rhythmen, den Prozessen, den Kräften, Prinzipien und Gesetzen, welche die Entfaltung des Universums regieren und gestalten. Der eine Grundsatz, den vielleicht alle Formen esoterischen und mystischen Denkens teilen, ist der, daß diese Prozesse und Gesetze alle Ausdruck **eines einzigen Lebens** sind, daß daher das Universum eine Ganzheit, eine Einheit*

ist und daß diese Ganzheit von einer bestimmten Eigenschaft durchdrungen ist, die wir als Geist, Intelligenz oder Bewußtsein bezeichnen.

Die aktuelle Form der Esoterik, die von Jahr zu Jahr mehr boomt und mit ihrem Erblühen auch immer mehr Scheinblüten treibt, will ich in drei Grundbereiche aufteilen, um damit einen kurzgefaßten Überblick zu ermöglichen: Die Vermarktung, das Kultische und das Religiöse.

**Der Markt** 'Esoterik' zieht natürlich - vor allem wirkt es für den Außenstehenden so - eine Vielzahl von Geschäftchen- und Geschäftemachern mit an, die die Neugier, die Suche und das Leid anderer Menschen ausnützen, die in den vielen neuen esoterischen Lehren und Erkenntnissen innere und äußere Heil- und Heilswege suchen. Darunter allerdings sind unzählige 'Anbieter', die ehrlich und besten Willens sind, helfen zu wollen und zu können. Sehr viel davon scheitert dann an der 'Anwendung', denn der neue ganzheitliche esoterische Weg beinhaltet <u>unbedingt</u> die Mitwirkung und Tatkraft dessen selbst, der diese neuen Wege gehen und konsequent umsetzen möchte. Und das wird dabei noch viel zu wenig begriffen.

**Esoterik-Kult**, von den prächtigsten Bärten und weißesten Gewändern über Stimulantien für alle unsere Sinne wie Düfte, Licht und Farben und stimmungsvollen Klängen, führen und verführen in eine neue Welt, für deren Verständnis kein Reinschnuppern oder Hüpfen von einer Lehre zur anderen ausreichen, sondern nur ein lebenslanger 'Weg der Konsequenzen' zu den ersehnten und wertvollen Zielen führen kann.

Sektenbeauftragte und andere Kritiker finden in der Esoterik vielfach Konkurrenz zu ihren Amtskirchen und den anderen etablierten Einrichtungen und suchen gezielt manche esoterische Unart oder Schwäche, um sie dann an den Pranger stellen zu können. Dabei wird leider ganz bewußt von niederem Spiritismus bis hin zum Satanskult alles der Esoterik angehängt, was in keinem Falle aber tatsächlich dazu zählt. Esoterik hat *ausschließlich* mit Bewußtseins-*erhöhung* zu tun, religiös oder freigeistig, aber nie mit seinem Gegenteil. Einschränken möchte ich, daß zwar manches, was als esoterisch angeboten wird, trotzdem noch exoterisch, aber deswegen nicht gleich satanisch oder antichristlich ist.

Nun zu der Version, die uns mit *Jesus* und dem urchristlichen Gedankengut im Bereich der Esoterik interessiert - die Verbindung mit dem Religiösen. Das schon erwähnte *religare* kann hier wörtlich verstanden werden im Sinne des

---

Laßt keinen Tag zu Ende gehen, an dem nicht, eh' der Abend naht,
ein *Liebeswerk* von Dir geschehen, sei's gutes Wort, sei's gute Tat.
Erfolgsspruch für 1991

'Sich-Zurück-Bindens' zum göttlichen Ursprung. **Religio als Weg**, durch Einsicht zur Ein-heit mit dem Göttlichen-in-uns zu kommen, kann auch als klassischer Weg der urchristlichen Gemeinden und Gemeinschaften erkannt werden und findet nun neue Anwendung und Sinngebung in den höheren Schwingungen esoterischer Wegbeschreibungen. Daß östliche Heilswege bei richtigem Verständnis auch uns Europäern weiterhelfen können, zeigt allen das Sanskritwort *Yoga,* das auch nichts anderes heißt als 'sich zurückbinden', und 'sich wieder-verbinden mit Gott'. Hierbei werden allerdings meist nur 'das Äußere', nämlich die 'Übungen' trainiert und viel zu selten die 'Inneren Wege' jener Lehren mitgegangen.

Als 'Esoterik innerhalb der Amtskirchen' bezeichnet der Theologe und Professor für Fundamentaltheologie *Josef Schumacher*[61] einen Teil der christlichen Mystik. Bewußtseinsmäßig höchst entwickelte Persönlichkeiten hatten Dank der Nähe zum Göttlichen ein Wissen, das mit dem 'christlichen' Weg der Großkirchen nur noch teilweise in Einklang zu bringen war. *Schumacher* nennt hierbei vor allem die Äbtissin *Hildegard von Bingen*[170], den Dominikaner und Naturforscher *Albertus Magnus* (1200-1280), den Franziskaner *Roger Bacon* (1219-1294), den Dominikaner *Meister Eckhart*[189] sowie eine Reihe von protestantischen Mystikern wie der Naturphilosoph *Jabob Böhme* (1575-1624), den Freiprediger *Philipp Jakob Spener* (1635-1705), den Begründer des Pietismus, *Nikolaus Graf Zinzendorf* (1700-1760), auf den die Herrnhuter Bewegung zurückgeht, den schwedischen Naturforscher und Theosoph *Emanuel Swedenborg* (1688-1772), den *Goethe* den 'gewürdigten Seher unserer Zeit' nannte und den *Honoré Balzac* als 'Buddha des Nordens' titulierte.

Wenn also in meinem Buche Teile der Esoterik als richtiger Zeitgeist anerkannt und manchmal auch empfohlen wird, **dann stets in diesem Sinne als ein ehrlicher, ethischer und mühsamer 'Weg ins Innere'**. Dies kann ein christlicher Weg sein oder aber auch rein bewußtseinsmäßig verstanden werden. Denn was für viele die Christuskraft darstellt, steht den Suchern und Lichtwesen anderer Geistesrichtungen als 'kosmische' oder 'Allkraft' gleichfalls zur Verfügung. Halten wir uns getrost an ein Zitat *Dr.Albert Schweitzers*:

*Laßt euch nicht irre machen, wenn viele um euch herum* **die Zeichen der Zeit nicht verstehen und in Äußerlichkeiten aufgehen,** *sondern wisset, daß, wenn nur wenige denken und tun, was getan werden muß, ein Segen für die Welt daraus entstehen wird.*

## Das Böse fordert das Gute heraus

Und nun komme ich nochmals zurück auf eine meiner früheren Aussagen. Im Kosmos herrscht nur Ordnung, wenn das Gleichgewicht stimmt. Das gilt auch bei den dualen Polaritäten auf unserem Planeten und ich meine jetzt speziell meine Aussage: Auf jeden Dämon kommt ein Engel und umgekehrt. So wie sich die Macht des Materialismus und der negativen menschlichen Machtkonzentrationen in den letzten Jahrzehnten aufgebaut hat, so löst dies immer mehr Gegenkräfte, religiöse, kirchliche, freigeistige und/oder esoterische aus, die zu deren positivem Gegenpol werden. Je unbeherrschter wir beherrscht werden, umso mehr bieten hunderte von alternativen Entwicklungswegen geistige und seelische Freiheit, die wir für uns und unseren Planeten nutzen können. Und je gottloser unser Materialismus wird, umso inniger wird die Sehnsucht nach Einheit mit dem Schöpfer oder Vater. **Das Negative wird zum Erwecker des Positiven, das Böse fordert das Gute heraus.** Und mit unserer Sehnsucht nach geistiger Freiheit und seelischer Einheit sollten wir den direktesten Weg dorthin nicht vergessen, den die religiösen und christlichen Esoteriker auf vielen, vielen individuellen Wegen selbst suchen und anderen anbieten: *Den Weg nach innen.*

Das Erwachen religiöser Gegenkräfte zeigt auch das fast weltweite Anwachsen **fundamentalistischer** Glaubensinhalte - in den meisten Fällen zwar der althergebrachte *äußere Weg,* aber in neuen, ungewohnten Glaubenstiefen. Zum Beispiel berichtet die Islamistin *Prof. Annemarie Schimmel,* daß sie im Orient 'Männer weinen sah', deren religiöses Empfinden durch *Rushdies* 'Satanische Verse' zutiefst verletzt worden war. Christliche Beispiele ähnlicher Reaktionen gegen die täglichen Gottlosigkeiten um uns herum finden wir alle im lokalen Bereich, wenn wir 'Ohren haben zu hören'. Denn daß der vielkritisierte Zeit-Geist uns durch mehr negative als positive Aspekte auffällt, rührt sicherlich auch daher, daß die modernen Nachrichtenmedien sensationsorientiert sind und entsprechende Negativschlagzeilen einprägsamer aufgemacht werden. Nach den metaphysischen oder geistigen Gesetzmäßigkeiten muß es aber genausoviele positive wie negative Aspekte einer Sache geben, wobei diese allerdings noch nicht voll wirksam sein müssen - viele der positiven dürften wohl erst in der Entwicklung stecken, oder besser

> Ich *liebe* alle Menschen der Welt. Ich möcht, daß alle Menschen lernen, immer mehr zu *lieben,* bis sie alle Menschen und alle Wesen dieser Welt in ihre *Liebe* einschließen können.
> *Mutter Maria* [19]

ausgedrückt, müssen wohl erst noch *von uns* ent-wickelt und ent-faltet werden.

Eine ganz besonders wichtige Entwicklung wollen wir noch ansprechen, die ein signifikantes Merkmal unseres neuen Zeitgeistes darstellt: *die Entwicklung vom Glauben zur Erkenntnis.* Erkenntnisfähigkeit ist ein Fort-schritt unserer Zeit, ein Zeichen einer fortgeschrittenen Bewußtseinsfähigkeit und -erweiterung. Am bekanntesten dafür ist das völlige Umdenken im Bereich der Ganzheitlichkeit oder **Holistik**, die auf den Sektoren Therapie, Ernährung, Gesundheit und Umwelt bereits greift. Ohne einer entsprechend angewachsenen Erkenntnisfähigkeit bei immer mehr fort-geschrittenen Menschen wäre das niemals möglich gewesen. Und warum sollten wir eine derartige Bewußtseinserweiterung nicht auch schon im geistig-religiösen Raum erleben? Sie ist schon in den Herzen und den Köpfen, sie muß nur noch zu einem *Erkenntnisprozeß* werden. Wir kennen und erkennen heute so viele Segmente unserer Welt und unseres Lebens so gut und so genau, daß dies mit unserer Beteiligung zu einem Erkenntnisprozeß werden kann - für uns, für viele andere, für die Menschheit. Was wir (endlich) *erkannt* haben, führt zu *Erkenntnis.* Und erst Erkenntnis führt zu *bleibenden Veränderungen.*

Zum Thema der holistischen Sichtweise zählt es auch, die Polaritäten, die uns täglich begegnen und womöglich herausfordern, nicht polar, sondern als zwei Formen der gleichen Kraft oder als *Einheit* zu sehen und möglichst danach ein entsprechendes Verhältnis dazu zu behalten. Als Beispiel dafür holen wir uns nochmal das griffige numerologische Thema 666 und 999, das wir zu Beginn dieses Kapitels aus zeitkritischer Sicht kurz angerissen haben. 6 beziehungsweise 666 gilt als die Zahl *Luzifers*, dem Herrn der Materie und des Geldes und 9 beziehungsweise 999 als die Zahl der Christuskraft. Wenn wir numerologisch die 666 zu den Quersummen 18 und dann zu 9 verkürzen, erscheint diese Polarität unbegreiflich. Doch dem ist nicht so. Eben die holistische Sichtweise läßt erkennen, daß diese Pole nicht nur ausschließlich getrennt zu sehen sind und die numerologische Sichtweise zeigt, daß sich etwas von der 6 zur 9 bewegt, dies nämlich den Weg der Meisterung der Materie anzeigt oder den Weg zurück aus der Materie zum göttlichen Ursprung, denn 999 ist die Transformation von 666. Oder noch etwas tiefergehend: Er, der Lichtträger, hat das Wesen der Polarität ausgelebt und findet nun den Weg zurück. Im 23. Kapitel komme ich auf dieses Thema unter der Überschrift 'Apokatastasis' noch einmal zurück, denn einige urchristliche Kirchenlehrer haben dieses totale Einswerden aller irdischen Polaritäten bereits genau so gesehen.

Ich weiß, daß dies eine gewaltige Behauptung ist, aber wir leben heute in einer kosmischen Zeitenwende und wir alle werden erleben, daß in rund zwanzig Jahren nichts mehr so ist wie es war - was nicht ohne unseren Beitrag geschehen kann, Polaritäten nicht mehr unverändert als getrennte Pole zu sehen. Dazu entwickeln sich schon unsere holistischen Erkenntnisse vehement weiter. Was als derartiges Ziel dahinterstecken könnte, beschreibt in ihren Worten *Angela*, die in ihrer kleinen Schrift 'Inana in Amenti'[190] unter anderem den schon erwähnten Engelsturz als ein Experiment des Schöpfers darstellt und damit *Luziferus*, dem Lichtträger, einen veränderten Stellenwert gibt:

*Die geistige Welt war und ist stets beteiligt an diesem Experiment. Viele Menschen erhalten Einsichten, beginnen zu verstehen und sprechen von der Einen Liebe. Manche klären nun den Weg in die Einheit. Auch wenn sie noch getrennte Wege gehen, jeder für sich, so ist die Zeit doch nahe, da sie sich erkennen werden, als Reisende auf dem Weg zurück zur Quelle - aus der Polarität heraus in das eine Bewußtsein der Liebe.*
*Unendliche Freude ist an dem Tag, da sich die hellen und sogenannten dunklen Kräfte geschwisterlich umarmen, um das große Experiment lachend zu beenden und heimzukehren ins Licht. Im Wissen, daß die Trennung von der Einheit in der Einen Wahrheit niemals existiert hat.*

Das ist edelstes New Age, konsequente Holistik und die totale Wende in der Wendezeit. Derartig grundlegende und bleibende Veränderungen benötigt aber unsere Menschheit während unserer Wendezeit als Basis für das 'Friedensreich' - geradezu Veränderungs-*Prozesse*. In diesem Sinne sind Erkenntnisprozesse auch Lebensprozesse. Der New-Age-Vordenker *Prof. Dr. Fridjof Capra*, theoretischer Physiker aus Kalifornien, lehrt: **Erkenntnis und Beziehung zu anderen ist das Leben.** Und die 'Beziehung zu anderen' war schon das Thema Jesu, er hat uns gezeigt und vorgemacht, wie ein 'Lebens-weg voll Erkenntnis' auszusehen hat.

Die Zeit der Vorherrschaft der dunklen Unwissenheit des Menschen nimmt jetzt ihr Ende. Die goldene Sonne der *Liebe* will jetzt in den Herzen der Menschen aufgehen. Dieses Feuer ewiger *Liebe* schmilzt alles Eis, wird alles reinigen und wieder alles richtigstellen.
*Mutter Maria* [19]

## 5. Kapitel

## Jesus aus kosmischer Sicht

Dieses Kapitel zählt in dem Sinne, den ich diesem Buche geben möchte, mit zu den entscheidenden. Denn ich behaupte, daß Jesus mit seiner ursprünglichen Lehre von den fünf großen christlichen Kirchen - katholisch, protestantisch, anglikanisch, russisch- und giechisch-orthodox - bewußt falsch, das heißt machtpolitisch, ausgelegt worden ist. Dazu verhalf die historische Vergangenheit, in der Jesus belassen wurde und der ewig hohe Himmel, in den man ihn versetzte, indem die frühchristlichen Bischöfe erst sechs Jahrhunderte lang darüber stritten und dann festlegten, er sei der Sohn Gottes. Die Christen der darauffolgenden Jahrhunderte glaubten dies dann eifrig, aber ohne den lebendigen Jesus Christus in ihre Mitte aufzunehmen, und das Ergebnis der christlichen Weltgeschichte ist voll Schmach und Schande. Da Jesus als höchstmediales Wesen aber auch diese Entwicklung vorausgesehen haben wird, könnte dabei wohl ein Sinn dahinter stehen. Ich will mir nicht anmaßen, diesen zu kennen. Aber es sind heute nachträglich Erkenntnisse möglich, die einen Sinn erkennen lassen. Jesus brachte die Liebeslehre des Christus in unsere zweipolige Stofflichkeit und das funktioniert nicht, als ob wir einen Lichtschalter betätigen, sondern Jesus dürfte von einem sehr langen und schmerzhaften Lernprozess ausgegangen sein. Ein jahrtausendelanges 'Ringen' zwischen christlichen und antichristlichen Urkräften, um zum Tage X, dem Übergang in **sein Friedensreich**, die Bewußtseinsentwicklung der Menschheit soweit fortgeschritten, vorgereift und sensibilisiert vorzufinden, daß dieser uralte Menschheitstraum dann endlich wahr werden kann.

Aus dieser Sicht müssen wir Jesus mit seiner Christenlehre in neue, heute inzwischen begrifflich möglichen, kosmischen Dimensionen positionieren und das Ergebnis sollten wir uns einmal ansehen. Nach kosmologischer Lehre vollzieht unser Sonnensystem im Laufe von etwa 25.920 Erdenjahren eine Umwanderung des Fixsternhimmels und es dreht sich dabei um eine angenommene Zentralsonne (die Schwarze Sonne alter Mythen?). Man spricht vom *siderischen* (fixsternbezogen), **platonischen** oder *kosmischen* Jahr, physikalisch wie astronomisch aber *Präzession des Äquinoktiums* (Vorrücken des Frühlingspunktes) genannt, welche der griechische Astronom *Hipparchos* gegen 130 v.Chr. entdeckt hat. Dieser Orbit und sein übergeordneter Zyklus ist von alters her in die zwölf Tierkreiszeichen eingeteilt und jedes davon entspricht einem *Äon* oder *Weltzeitalter* oder *Weltenmonat* von je 2160 Erdenjahren. Die Benennung der Tierkreiszeichen in der Folge dieses Umlaufes erfolgt allerdings im Gegenuhrzeigersinn zu den astrologischen Tierkreiszeichen des Kalenderjahres. Die Erde als Trabant der Sonne und alle anderen Planeten machen diese Reise mit. Die Verwendung der Bezeichnung *Äon* vom griechischen *Aion* hat C.G.Jung analysiert und festgestellt, *daß damit das 'Fischezeitalter' gemeint sei, dessen Herrscher der Christus ist* (christlicher Äon).

Die Begriffe 'Reise' und die Zeitangaben in Jahrtausenden erwecken vielleicht den Eindruck von kosmischer Gemächlichkeit. Bei *Paul Otto Hesse*[70] fand ich einen plastischen Vergleich: Die Sonne mit ihrem Planetengefolge rast mit einer Geschwindigkeit von neununddzwanzig Kilometern in der Sekunde durch das All. Ein Gegenstand, der mit der gleichen Geschwindigkeit um den Erdball eilen würde, schaffte dies in etwa zweiundzwanzig Minuten - also 'wie ein Blitz'. Da nun aber auch die Geschwindigkeit der Erde um die Sonne eine ähnliche Dimension hat, verdoppelt sich das alles auf rund achtundfünfzig Kilometer in der Sekunde.

*Bob Frissell* schreibt[1] bei seiner Beschäftigung mit dem weiter oben erwähnten astronomischen Vorrücken der Tagundnachtgleiche:
*Die Erdachse schlingert so, daß sich die Punkte der Tagundnachtgleichen alle 72 Jahre um ungefähr 1° verschieben. Das heißt, die Punkte der Äquinoktien bewegen sich etwa alle 2160 Erdenjahre in eine neue Konstellation im Tierkreis. Der Nordpol zeichnet so über die 25920 Jahre hinweg eine Ellipse*[193] *nach, wobei der eine Scheitelpunkt dem Zentrum der Galaxis am nächsten, der andere davon am weitesten entfernt ist. Schon die 'Alten Völker', allen voran die Tibeter und Hindus, wußten, daß wir jedesmal, wenn sich das Sonnensystem vom Zentrum der Galaxie entfernt, 'in Schlaf fallen' und 'erwachen', wenn es wieder zurückwandert und die Ellispe schließt.*

Ergänzt werden muß, daß nach neuesten Erkenntnissen diese Ellipse nicht geschlossen verläuft, sondern offen in Form einer Spirale. Diese Wendepunkte des *In-Schlaf-Fallens* und der *Erweckung* werden mit enormen Veränderungen in Verbindung gebracht - Änderungen im Bewußtsein der Wesen genauso wie Veränderungen der magnetischen Pole der Planeten. **Wir befinden uns im Moment genau an dem Wendepunkt, von welchem wir wieder zurück gegen das Zentrum der Galaxis reisen und aufzuwachen beginnen.** *Astronomisch* haben wir den äußeren Umkehrpunkt, den Aphel, erreicht und

---

Wer andere *liebt* wie sich selbst, der lebt so auf Erden, als ob er im Himmel wäre, indem er sich beständig der größten Ruhe erfreut; denn in dem Gute der *Liebe* genießt er alle Güter und empfängt durch sie unzählbare Siege... und unendliche Schätze des Friedens.
                *Hl. Johannes Chrysostomus* (344 - 407), griech. Kirchenlehrer

schwenken wieder in Richtung Zentrum. *Astrologisch* ausgedrückt, war das soeben zuende gehende Fische-Zeitalter das letzte 'verschlafene' Alte Zeitalter und wir sind im Moment dabei, die Kurve zu kriegen und mit Eintritt in das Wassermann-Zeitalter, dem Neuen Zeitalter oder New Age, zu erwachen oder erweckt zu werden, wobei die Menschheit damit einen neuen Erfahrungs-Zyklus antritt. In den altindischen *Veden*[111] wurden diese beiden Phasen als *Ein- und Ausatmen Gottes* formuliert und dies erinnert uns an das schon im Altertum formulierte *Gesetz der Periodizität* von Hin- und Rückfluß, von Ebbe und Flut, von Tag und Nacht, von Leben und Tod und anderem mehr.

**Wir leben in der Wendezeit**

Was wissen wir von diesem Platonischen Jahr? Dieser eiförmig-elliptische Rundlauf unseres Sonnensystems dauert 25920 Jahre. In der Halbzeit von rund 13000 Erdenjahren, auch 'Großes Semester' genannt, durcheilt es einmal den sogenannten Manasischen Gürtel, der die Länge eines Äons mit rund 2160 Jahren hat. In den meisten Religionen ist das die jeweils erwartete Paradieszeit oder das 'Goldene Zeitalter' oder wie Jesus sagt, das Friedensreich, mit höheren Schwingungsverhältnissen im ganzen Sonnensystem. Der letzte Zeitabschnitt einer Halbzeit, an dessen Ende wir genau jetzt stehen, ist von alters her am bekanntsten mit seiner hinduistischen Bezeichnung **Kali Yuga** (wie auch ich es weiterhin nennen werde), wird aber auch Babylonischer Zyklus oder Luziferisch-atlantischer Zyklus genannt. Ab der Mitte des Kali Yuga mit seinen 5200 Jahren beginnt der Count Down zum Tage X, der nach diesen Zählsystemen <u>auf unseren Jahrtausendwechsel in diesen Jahren fällt</u>. Seit jenem Zeitpunkt traten immer mehr Religionsstifter auf - *Krishna, Zarathustra, Buddha, Jesus, Mani* und *Mohammed* sind die bekanntesten von -zig anderen edlen Heilsbringern - die die Menschheit bis zu diesem Tage X durch eine konstante Bewußtseins-Höherentwicklung auf das nächste 'Jahrtausend' vorzubereiten hatten. Es wird dies der nächste Äon des Wassermanns sein, der durch seine ethisch und geistig hochqualifizierten Schwingungen dem Erwachen oder dem Erweckt-werden nach der Wende der Ellipse gerecht werden kann. Diese Wende wird für die Entwicklung unseres Globus mit seiner Menschheit außerordentliche Bedeutung haben und wird von immer mehr 'Kundigen' als Paradigmen-Wechsel oder Dimensionssprung oder Bewußtseins-Mutation oder einfach Zeitenwende angesehen.
**Astrologisch formuliert, wird im Widder-Zeitalter ein** (falsch verstandener) **Messias von den Propheten** *angekündigt*, **zum Beginn des Fische-Zeitalters** *entsteht* **die Liebes-Lehre Jesu und im neu beginnenden**

**Wassermann-Zeitalter wird sie endlich *gelebt* werden.** Bereits mit der 'Ankündigung', dem 'Plan des Äons', baute sich eine unvorstellbare Spannung zwischen den göttlichen, universellen Kräften (Christuskraft) und denen der sogenannten Finsternis oder 'lichtlosen Reiche' auf. Sie findet ihren Höhepunkt in der Inkarnation Jesu, der Christuskraft in menschlicher Stofflichkeit höchster Reinheit, und wird sich bis zum Ende des laufenden Zeitalters (mit einem möglichen erneuten Polsprung 'zutode' verbrauchen und) sich in eine höhere irdische Schwingung umwandeln und transmutieren.

Der Journalist *Peter Andreas* zitiert in seinem Buch[112] den Amerikaner *Dr.F.W.Sumner*, der die Schwingungen des Fische-Zeitalters mit denen des Infrarots vergleicht, während die des Wassermann-Äons dem Ultraviolett entsprächen - also fünfmal höher seien.

*Dieser gewaltige Sprung ereignet sich, weil wir auf der Weltenuhr sozusagen auf der Ziffer 12 angelangt sind. Auch bei Sumner macht das letzte Winterzeichen (Fische) jetzt dem ersten Frühlingszeichen (Wassermann) Platz. Ein neuer Schöpfungstag beginnt. Und so wie es eine Dämmerung gibt, so fallen kosmische Einflüsse aus beiden Zeitaltern für eine Weile zusammen. In dieser Zeit besteht Neues neben dem Alten. Kosmologisch ausgedrückt bedeutet Wassermann: Der Wasserausgießer, die Ausgießung des Geistes. Es ist ein humanitäres Zeichen, ein Zeichen des neuen Menschen, des mit Bewußtseinsveränderung und Idealismus verbundenen Umbruchs.*

**Diese erhöhte globale Geistesschwingung wird alles bisher Negative verblassen und untergehen und die Liebes-Lehre Jesu zu einem Weg der ungeahnten Mensch-Gott-Beziehungen werden lassen (...*Ich bin der Weg*).** Das Phänomen der Wende-Zeit kommt mit seiner kosmischen Gesetzmäßigkeit auch als Wendezeit in das Leben unserer Zivilisationen und wir dürfen diese Wendezeit auch als einen Wertewandel und ein Evolutionsprinzip verstehen, das auf jeden von uns zukommt oder noch kommen wird. Wenn wir heute spüren, daß lange Bewährtes seine Wirkung verloren hat, daß bei uns und um uns herum fast alles verändert und durch Neues, Besseres ersetzt werden muß, dann sicherlich mit der nötigen Konsequenz, *keinen neuen Wein in alte Schläuche zu füllen.*

---

Es gibt nur eine Religion, die Religion der *Liebe*.
Es gibt nur eine Kaste, die Kaste der Menschheit.
Es gibt nur eine Sprache, die Sprache des Herzens.
Es gibt nur einen Gott - Er ist allgegenwärtig.
*Sathya Sai Baba*

**Von der Involution zur Evolution**

Unsere derzeitige Jahrtausendwende wäre somit das Ende des laufenden *Platonischen Jahres*, der *Jüngste Tag* der Bibel und es beginnt das *New Age*, das *Neue goldene Zeitalter*, in dem auch das *Tausendjährige Reich des Friedens* und die *neue Erde* kommen werden, die der Evangelist *Johannes* in seiner Offenbarung (20+21.Kap.) gesichtet haben will. So könnte insgesamt die Erklärung aussehen, warum Jesus gerade zu diesem und damit *seinem* bestimmten Zeitalterwechsel erschien.

Im Buch 'Die Legende von Atlantis' [35] schreibt *Elia* dazu:

*Jahrtausende war der Mensch, seit dem Untergang von Atlantis, im 'Dunklen Zeitalter' von sich selbst getrennt und auf der Suche nach dem 'Heiligen Gral'. Der 'Heilige Sakral', auch Gral genannt, war er selbst. Der Mensch selbst ist das heilige Gefäß, in das sich der Geist Gottes ergießt. Tausende von Leben hat die in Menschwerdung befindliche Seele, im* <u>Abstieg des Bewußtseins,</u> *nach sich selbst gesucht. Die Nationen und Völker waren die Schulklassen der Reinkarnation, um sich weiterzuentwickeln bis zu dem Zeitpunkt, wo wir wieder in ein neues 'Goldenes Zeitalter' treten und Mensch und Gott wieder eins sind.*

Der Grazer Universitätsprofessor *Dr. Franz Moser* nennt <u>den Weg weg von Gott</u> zum heutigen *Umkehr*-Punkt 'Involution' als die Entwicklung des Ego-Bewußtseins mit einer 'scheinbaren Trennung von Gott' und <u>den Weg zurück zu Gott</u> 'Evolution' als eine Verdünnung des Ego-Bewußtseins mit einer 'bewußten Rückbesinnung auf Gott' (raum&zeit, 79).

Auch *Jan van Helsing* [208] erklärte dazu:

*Die Erde ist inmitten einer Frequenzerhöhung, die sich bis zum Jahr 2012 noch erheblich steigern wird. Durch die Schwingungserhöhung kommt es auf der Erde zu großen Veränderungen - im politischen und wirtschaftlichen Leben, in uns selbst, kurz gesagt: überall und global. Und die Menschen, die sich gegen diese Schwingungs- und die damit einhergehende Bewußtseins-erhöhung wehren, die also gegen die Weiterentwicklung des Lebens ankämpfen und an alten Normen und Weltbildern festhalten, werden diese Veränderungsphase als sehr unangenehm erfahren. Es wird sich dabei nicht nur um kriegerische Unruhen handeln, sondern auch um Naturkatastrophen. Es ist wichtig, daß man sich auf die Frequenz-erhöhung einstellt und sie konstruktiv in seinem eigenen Leben umsetzt. Und dann wird das Prophezeite eventuell nicht in der Form eintreten, wie vorausgesagt.*

Erstaunlich ist es, wenn wir diese Erkenntnisse mit alten Texten vergleichen. *Jan van Helsing* zitiert in seinem 'Buch 3' [4] den in Rom lebenden Psychologen *A. Voldben*, der in seinem Buch 'Die großen Weissagungen über die Zukunft der Menschheit' [201] altindische Texte eruierte:

*Das Leben des gesamten Universums verläuft wie das des Individuums in wechselnden, wiederkommenden Zyklen, in einer wechselnden, wiederkehrenden*

*Progression, nach einem göttlichen Plan und durch Gesetze bestimmt. Während dieser Zeitabschnitte vollziehen sich auf unserem Planeten grandiose Phänomene wie die Dislokation der Pole und das darauf folgende Schmelzen der Eismassen sowie das Untergehen und Auftauchen festen Landes mit der natürlichen Verschiebung klimatischer Zonen und dem Entstehen und Vergehen verschiedener Rassen und Kulturen..."*

*Aus dieser Sicht heraus könnte man das Kali-Yuga mit dem Winter vergleichen, dem der Frühling, das Goldene Zeitalter, folgt. Die Prophezeiung, die vom Kali-Yuga handelt, steht im 'Visnu Purana', einem der ältesten heiligen Texte Indiens. Der Leser wird feststellen können, daß diese jahrtausendealte Prophezeiung eine genaue Beschreibung der heutigen Zeit enthält:*

*Die Herrscher, die auf Erden regieren werden, werden gewalttätig sein, sie werden sich der Güter ihrer Untertanen bemächtigen.*

*Die Kaste der Sklaven und der Kastenlosen wird die Oberhand gewinnen und allen befehlen. Ihr Leben wird kurz sein, unersättlich ihre Gier; Mitleid werden sie kaum kennen.*

*Die Besitzenden werden Ackerbau und Handel aufgeben, sie werden selbst zu Sklaven oder andere Berufe ausüben. Die Herrscher werden unter dem Vorwand von Steuern und Abgaben ihre Untertanen plündern und ausrauben und das private Eigentum werden sie vernichten.*

*Die sittliche Gesundheit und das Gesetz werden von Tag zu Tag abnehmen, bis die Welt ganz verdorben sein und Gottlosigkeit unter den Menschen herrschen wird....*

Die Beschreibung der Zeitzustände geht im erwähnten Buche weiter, doch ich glaube, hiermit schon ausreichend auf die verblüffende Synchronizität kosmischer Zyklen hingewiesen zu haben, die in die Entwicklung menschheitlichen Bewußtseins immer wieder ordnend erkennbar wird. Es gibt eine Marien-Botschaft, die unser Geschehen in gar noch kosmischere Dimensionen hebt. In ihrem Buch 'Marias Botschaft an die Welt' [19], das sie der Amerikanerin *Annie Kirkwood* diktierte, weist sie darauf hin, *...diese bevorstehenden Veränderungen sind von* **universaler** *Reichweite und haben sich seit vielen Millionen Jahren vorbereitet.* Und in der Botschaft vom Sirius[65] wird dies gleichfalls bestätigt.

Sehen wir uns zusätzlich auch einmal an, was professionelle **Astrologen**, die seriösen und anerkannten, zu unserer Zeitenwende sagen. Grundlegende Gestirnskonstellationen veränderten sich, speziell 1996. Betroffen sind die *Kollektiv*-Planeten *Uranus,* der radikale Reformer (bis 2003), *Neptun,* der grenzenauflösende Verschmelzer (bis 2012) und *Pluto,* der Transformator im

Wer nicht *lieben* kann, der versteht nicht, menschlich zu leben.
Joh.K.Lavater, Schweizer Theologe (1741-1801)

Dienste der kollektiven Evolution (bis 2008)[113].

Als eines der positiven Resultate des Pluto-Einflusses sieht *Claude Weiss*, der Präsident des 'Schweizer Astrologen-Bundes SAB', daß *der Druck der öffentlichen Meinung die Mächtigen zunehmend zum Umdenken zwingt* und wir *mit der Macht anders umgehen lernen*. Mit Pluto werden auch religiöse und weltanschauliche Sinnfragen in den Vordergrund rücken. Gar in bipolare Dimensionen wie einerseits Fundamentalismus jeglicher Glaubensrichtung wie andernseits Hochkonjunktur für Ideale, Begeisterung und Toleranz.

Neptun steht für Vereinigung, Eins-werden und Verschmelzung und hilft Grenzen und Strukturen aufzulösen. Er verstärkt den Einfluß des Uranus, der unter anderem dazu auffordert, mit kühler Logik nach übergreifender Zusammenarbeit auf der Ebene gemeinsamer Ideen und Ideale zu suchen. Der 'Astro'-Verleger *Bartolain* schreibt:

*Das Zusammenspiel von Pluto und Uranus und die fortschreitenden gesellschaftlichen Auflösungstendenzen von Neptun in Steinbock werden in zwölf Jahren eine völlig veränderte Welt geformt haben. Ich glaube, es wird eine reifere Welt sein, eine Welt, in der der freiwillige Zusammenschluß von Menschen die Zwangsgemeinschaften (Familie, Religion, Nation) abgelöst haben wird.*[113]

Nun fand ich dazu eine interessante Ergänzung: Wenn wir zu unserem Wissen über das Platonische Jahr mit seinen 25920 Erdenjahren noch das hinzunehmen, was uns **Außerirdische** dazu erklären, schließt sich der Kreis des gewaltigen Zyklus', dem unser Sonnensystem ausgesetzt zu sein scheint. In dem 1994 erschienen Buch 'You Are Becoming A Galactic Human' mit dem deutschen Titel 'Der Photonenring'[65] erklären uns Sirianer folgendes: Unsere irdischen Astronomen *Friedrich Wilhelm Bessel* und *Paul Otto Hesse* entdeckten zu Beginn des neunzehnten Jahrhunderts im Bereich der Plejaden den 'Manasischen Ring', der heute als ein Photonengürtel erkannt wird. Dieser gewaltige kosmische Lichtring und unser Sonnensystem rasen aufeinander zu und letzteres <u>durchquert</u> den Photonenring alle 'Platonischen Jahre' wieder mit einem Zeitabschnitt eines Äons, der rund 2160 Erdenjahre dauert. Angeblich bricht jeweils beim Ein- und Austritt in den Photonenring das elektromagnetische Energiesystem auch unseres Planeten Erde völlig zusammen und Kataklysmen in der Größenordnung von Sintfluten in Verbindung mit einem Polsprung erschüttern unseren Planeten samt seinen Zivilisationen.

Sofern diese Informationen richtig sind, ergänzen sie um einen weiteren wichtigen Standpunkt unsere 'Erwartungen' bezüglich der derzeitigen Zeitenwende. Allerdings stehen die Aussagen letztlich in völligem Gegensatz zu den Prophezeiungen irdischer Seher seit *Johannes* mit seiner 'Geheimen Offenbarung', konzentriert gesammelt in 'Buch 3'[4], denn der Kosmische Christusgeist soll mit Hilfe ethisch hochentwickelter Außerirdischer demnächst steuernd und uns rettend eingreifen. Es heißt wörtlich:

*Sie helfen alle, um in der gesamten Galaxis eine neue Energie von Liebe und Weisheit zu erschaffen, weil jetzt die Zeit gekommen ist, wo euer Planet wieder in die galaktische Familie zurückkehrt. Ja, ihr werdet diesen großen Sprung nach vorne in ein Zeitalter des Lichtes und der Liebe erleben und euch von dem interdimensionalen Christusbewußtsein tiefer berühren lassen. Das Christusbewußtsein entspringt dem innersten Schöpfungskern dieser Welt. Es eröffnet das Bewußtsein für Liebe und Licht, damit alle Männer und Frauen auf eurem Planeten sich als Beschützer des Planeten Erde und des ganzen Sonnensystems verstehen.*

Auf dieses hiermit angekündigte Charakteristikum des 'Neuen Zeitalters', 'Goldenen Zeitalters', 'Wassermann-Zeitalters' und 'Friedensreiches' gehe ich im Kapitel 23 näher ein.

Nun wieder zurück zu unserem *Jesus aus kosmischer Sicht*. Warum erschien er justament im Nahen Osten? *Johannes von Buttlar*[37] sieht in Jerusalem nicht nur eine besondere Schnittstelle religiöser Dimensionen - alle drei Weltreligionen, Juden, Christen und Moslems, nennen sie ihre 'Heilige Stadt' - sondern er stellt fest, daß sie eine der ältesten noch existierenden Städte der Menschheit ist.

*Schon vor viertausend Jahren, als Abraham die Stadt aufsuchte, war Jerusalem - das Salem der Bibel - uralt. 'Melchizedek aber, der König von Salem, brachte Brot und Wein heraus; er war nämlich ein Priester des allerhöchsten Gottes.' (Gen.14-18.) In ägyptischen Aufzeichnungen aus dem 19. und 14. vorchristlichen Jahrhundert wird Jerusalem unter dem Namen 'Uruschalim' oder 'Urusalim' als 'Gründung des Gottes Schalim' - dem 'Salem' der Bibel - erwähnt, den Experten mit dem sumerischen Gott Schamasch gleichsetzen.*

Lassen Sie mich, um zu einem neuen Verständnis der Lehre Jesu kommen zu können, hier noch auf ein besonderes Charakteristikum hinweisen. In den letzten zweitausend Jahren des Kali Yuga, seit dem Erscheinen Jesu, erleben wir den Weg eines *Jesus der Kirchenlehren*, der mit Vorliebe als **historischer Jesus** dargestellt wird - gekreuzigt, gestorben, auferstanden, aufgefahren, sechs Jahrhunderte später (mühevoll) zum Gottessohn erklärt und damit weitgehend abgehakt. Ergebnis (Früchte nennt es das N.T.): Streit und Kriege, innere wie äußere, früher bestialischere, heute globalere.

> Man fragte einen Weisen: "Worin besteht die Weisheit?"
> Er sprach: "Darin, daß man die Menschen versteht."
> Man fragte ihn dann: "Worin besteht die Tugend?"
> Er antwortete: "Darin, daß man die Menschen *liebt*."
> chinesisch [182]

**Demnächst, nach der zu erwartenden Wende**, raus aus dem Schatten des Kali Yuga oder raus aus der 'Schlafphase', und hinein in den erwachten Zustand, wird ein *neuer Jesus Christus* endlich verstanden werden - durch unser höher entwickeltes kollektives Bewußtsein. **Ein Jesus, der lebt**; ein Jesus, der kosmische Dimension hat (Christus universalis) und ein Jesus, der sein Neues Reich oder Friedensreich mit den Gesetzmäßigkeiten der Bergpredigt beherrschen wird.

*Johann Kössner* bringt dazu in seiner Zeitschrift 'Leben und Sein' [266] einen wunderschönen Vergleich mit der Ent-wicklung einer Raupe zum Schmetterling:

*Der Verpuppungsprozeß, gleichzusetzen dem zu Ende gehenden Reifungsprozeß der viert-dimensionalen Epoche, ist abgeschlossen. Die Erde tritt in die Entpuppungsphase, der 'Schmetterling' ist dementsprechend der Neue Mensch, die Neue Erde; bisher waren wir die gefräßige Raupe!*

*Die Blockade der Entwicklung des Menschen von einem dritt-dimensionalen TIER-Mensch-Stadium zu einem viert-dimensionalen, der Macht der Übersinnlichkeit fähigen Voll-Menschen, wird endlich aufgehoben. Es läuft alles nach Plan...*

# 6. Kapitel

## Jesus im 'dualen System'

Wir leben in einer Welt der Gegensätze oder genauer formuliert: In unserer Welt der Materie herrscht das *Prinzip der Gegensätze* beziehungsweise besitzt sie eine polare Struktur. Gut<>böse, heiß<>kalt, plus<>minus und so weiter. Der letzte Gegensatz zeigt uns schon, was die meisten von ihnen gemeinsam haben: Sie gleichen sich aus oder ziehen sich an, wie wir im Falle von Plus<>Minus aus der Physik wissen. Plus- und minusgepolte Moleküle ziehen sich ebenso an wie Männlich<>Weiblich. Alles in der materiellen Natur basiert auf dieser Anziehung der Gleichart, denn gleiche Schwingungen ziehen gleiche Schwingungen an.

Dieses *Prinzip der Polaritäten* zeigt uns, daß die Mehrzahl der eigentlich ganz offensichtlichen Gegensätze zusammengehören und ein Pol nicht ohne den anderen wäre. Das einfachste Beispiel dafür ist *heiß und kalt,* die beiden gegenüberliegenden Enden einer Skala, die wir Thermometer nennen. In der Mitte dieser Skala findet der Ausgleich der Polaritäten statt - Leben kann existieren. Setzen wir die *Zeit* auf eine Linie, nennen die Pole *Vergangenheit* und *Zukunft,* dann wäre die Mitte dieser Skala *heute.* Bei solchen zusammengehörigen und sich ausgleichenden Gegensätzen spricht man auch von *Paarlingen.*

Das Erkennen von solchen Polaritäten fällt uns Menschen relativ schwer und es bedeutet fast immer ein vorheriges Umdenken und Abstandnehmen, um Gegensätze überhaupt als Paarlinge erfassen zu können. Viel leichter fällt uns dies, wenn wir Gegensätze als *Dualität* ansehen, denn da gibt es klare Fronten, die uns oft von klein auf beigebracht worden sind und wobei wir uns mit 'bewährten' Denkschablonen unseren Alltag erheblich 'erleichtern' können. Nehmen wir nur den Paarling *Recht und Unrecht.* Der Mensch hat Gesetze gemacht, solange wir zurückdenken können und genausolange auch darüber gestritten. In unserer persönlichen Verteilung von Recht und Unrecht, welches *andere* haben oder nicht haben, sind wir meistens schnell und ziemlich 'sicher' - solange es nicht um uns selbst geht. Denn in unserem täglichen Umfeld ist ein Denken in Schwarz-Weiß-Malerei und mit *dualen Lagern* viel einfacher, als das

> Notwendiger ist zu *lieben*, um zu verstehen,
> als zu verstehen, um zu *lieben*.
> *Henry de Montherlant,* französischer Schriftsteller (1896-1972)

Sich-Hineinfühlen in Bezogenheiten, Zusammengehörigkeiten und Ganzheitlichkeiten polarer Paarlinge. Wie kompliziert das sein kann hat auch *Hermann Hesse* erkannt, wenn er in 'Siddhartha' schreibt:

***Von jeder Wahrheit ist das Gegenteil ebenso wahr!***

*Sutakar S. Dikshit* schreibt[175]:
*...das Innere und das Äußere sind zwei Aspekte derselben Tatsache und ihre Veränderungen stimmen unweigerlich miteinander überein.*

Bildlicher drückt sich der österreichische Psychoanalytiker *Sigmund Freud* (1856-1939) aus, wenn er gekonnt kurz definiert: *Das Falsche ist oft die Wahrheit, die auf dem Kopf steht.* Mehr dazu erfahren wir im 13. Kapitel (Universelle Prinzipien).

**Dualität durch Trennung**

Diese **Dualität in der Materie** hat für unsere unsterbliche Seele eine ganz fatale Bewandtnis: Durch unsere einstmalige Wegentwicklung vom Göttlichen, dem damit verbundenen Abstieg unserer Seelen (die Kirchen nennen es Engelsturz) und Eintritt in die sogenannte dritte Dimension, entstanden die für die in die Stofflichkeit drängenden Seelen die ersten beiden und mit folgenschwersten Polaritäten: Die *Trennung der Seele* in *zwei Duale*, die sich von nun an äonenlang zu suchen hatten und die *Trennung der Körper* dieser Seelen in *männlich und weiblich*. Im A.T. symbolisch recht gut dargestellt mit der Vertreibung aus dem Paradies, die Erschaffung von Adam und Eva (als Symbole der körperlichen Materie) und ihre Trennung in geschlechtlich polare Einzelwesen.

Dieser gottferne Dualismus, diese irdische Zweiheit, zieht sich von da an durch unser Wesen - auch als Zweiheit eines inneren und äußeren Menschen, von Unvergänglichkeit und Vergänglichkeit und noch vielen anderen, die Menschen in ihrer Rückentwicklung zum Schöpfer hindernden und plagenden Paarlingen. Aber allen uns ehemaligen gefallenen Gotteskindern sind zwei göttliche Erbstücke geblieben, zum einen *unser unsterblicher Geist* und zum andern im irdischen Seelenbereich der sogenannte *Gottesfunke* oder das Restchen der Christuskraft, auf das im N.T. mehrfach hingewiesen wird und zu dem ich schon zum Anfang des Buches einige zeitgemäße Ergänzungen ausgeführt habe.

Dieser **unsterbliche Geist**, den die christlichen Kirchen *unsterbliche Seele* nennen, wird im außerkirchlichen Bereich meist als das *höhere Selbst* bezeichnet, das unsere Körper durch all unsere entwicklungsbedingten irdischen Leben *führt* und das wieder zurück möchte in die ehemaligen lichten Höhen der Gottesnähe (Paradies), das heißt zu seinem väterlichen Schöpfer. Alles in der Materie Gewordene spürt sein *Einsamsein* aus Geteiltheit und Dualität und sehnt sich und sucht nach der verloren gegangene *Einheit*.

Klären möchte ich an dieser Stelle noch, daß die gültigen Übersetzungen des N.T. durchweg vom *Heiligen Geist* sprechen, einem Begriff, der aus heutiger Sicht zu differenzieren wäre in *göttlichem Geist, göttliche Einstrahlung* (und teilweise *Christuskraft*) und in dem urgeschaffenen *unsterblichen Geist* der sich als 'höheres Selbst' oder 'Seele' verselbständigt und seine materielle Heimat in unserem Körper gefunden hat, der ihm als 'Tempel' bestimmt ist: *Wisset ihr nicht, daß euer Leib ein Tempel des hl. Geistes ist, der in euch wohnt und den ihr von Gott habt* (1.Kor. 6,19). Mehr darüber später.

## Christ und Antichrist

Alles, was auf uns Menschen, die wir tief in der irdischen Materie verankert sind, einwirkt, kann *dual* oder dualistisch von uns gesehen, empfunden oder aufgenommen werden. Jede 'Kraft', auch die, welche uns aus dem Kosmos oder den geistigen Welten 'zur Verfügung steht', ist für uns dual oder bipolar, zweipolig, und wir dürfen oder müssen uns mit unserer Möglichkeit der freien Entscheidung ein Leben lang *dazwischen* bewegen und entscheiden. Und so kommen wir hier zu dem für uns Christen wohl bedeutendsten Dualismus oder Gegensatzpaarling - dem *Christus<>Antichrist*.

Woher kommt das Wort **Antichrist**? Im N.T. spricht *Johannes* als einziger Evangelist in seinen Briefen[115] vom Antichristen, aber nicht von einem, sondern von vielen, nämlich all denen, die *den Vater und den Sohn leugnen* und bestreiten, daß Jesus 'der in das Fleisch gekommene Christus' sei (*Peter Andreas*). Eine andere Auslegung geht davon aus, daß der Antichrist, der am Ende der Welt kommen soll, in den Irrlehren bereits erschienen sei[234]. Inzwischen können wir nach heutigen Erkenntnissen drei 'antichristliche' Schwerpunkte ausmachen, wie sie in der weltweiten Literatur vorkommen:

Erstens einen *personifizierten Antichrist*. Davon hört man in der Prophetie der Neuzeit ab und an. Angeblich soll dieser Antichrist bereits leben, er würde

> Man muß das Leben *lieben*, um es zu leben,
> und das Leben leben, um es zu *lieben*.
> *Thornton Wilder*

durch seine Erscheinung und seine magischen Kenntnisse faszinieren, später auch Wunder wirken, alle Fans und Gläubige aber zuletzt in eine globale pantheistische Universalkirche 'einbringen' und den diabolischen Kräften zuführen (ob er wohl so schön wie *David Copperfield* sein wird?). Manchmal heißt es sogar, er würde bewußt irreführend den Namen *Maitreya* annehmen, was seit alters her die indische Bezeichnung für *Christus* oder Christuskraft ist. Eine solche Wesenheit lebt ganz besonders von den Kräften seiner faszinierten Anhänger wie ein Vampir und ein *bewußter* Mensch oder ein Lichtwesen muß, falls dieser 'falsche Christus' tatsächlich auftreten sollte, sehr kritisch bleiben. Eine weitere Variante des personifizierten Antichristen hören wir von den Plejadiern. Sie kündigen uns an, daß ein neuer Gott zum Anbeten auf die Erde komme. Außerirdische würden sich als Schöpfer des Menschen ausgeben, obwohl sie ganz andere Körper hätten. In Wirklichkeit würden sie eine neue Form von Autorität und Herrschaft aufbauen. Dann werde die Überraschung kommen, denn die Leute würden merken, daß die Tyrannei schlimmer sei als je zuvor (*Werner Bläsius*).

Zweitens gibt es ein *globales Antichristentum* - ich nenne es exoterisch oder äußerlich - das systematisch all die ethischen Werte zerstört, die vor allem im Kulturkreis des europäischen Festlandes und bis zum Beginn unseres Jahrhunderts weitgehend Gültigkeit hatten und sich überwiegend aus unserer christlichen Vergangenheit entwickelt haben. Inzwischen werden mit dem teilweise faszinierenden Konzept einer *neuen Weltordnung* (New-World-Order) zutiefst materialistische und völlig gottlose Ersatzwerte propagiert, forciert und erpresserisch durchgesetzt (Golfkrieg, UNO, Gatt u.v.m.). Als ein Beispiel möchte ich hier auf das anglo-amerikanische, völlig antichristliche Logentum hinweisen[116], das in den USA zwei gewaltige Machtzentren aufgebaut hat: An der Ostküste die Steuerung der weltweiten Waffenindustrie, an der Westküste die Steuerung der weltweiten Medienbeeinflussung durch die Hollywood-Exporte (vordergründige Brutalität, Horror, Sex, Diabolismus mit subliminalen Botschaften, u.a.m.).

Drittens gibt es das *verstandesmäßige Antichristentum*, das gegen den *inneren Christus* wirkt und ich meine, daß dies das schlimmste ist von allen, mehr als die erwähnten 'Kräfte der Finsternis' oder mehr als die eines einzelnen Verführers. Dieses Antichristentum ist die Summe *unserer* Ego's, *unserer* Ichsüchtig- und Eigen-sinnigkeiten. Dieser Antichrist ist das riesige weltumspannende Energiefeld aus Negativkräften, die unsere materialistisch-kommunistisch-kapitalistische Verstandeswelt seit zwei Jahrhunderten erzeugt hat und an dem jeder von uns fast ausnahmslos *mit beteiligt* ist. Der eine mehr, der andere weniger. Es ist dringend notwendig, daß wir hierbei *ein-sichtig* werden und erkennen, daß nur unsere inneren Wertigkeiten - der Christus *in uns* -

hiergegen wirksam werden kann, *wenn wir ihn aktivieren*. Jeder von uns jeweils an seiner Stelle im Leben und mit der Jesus-Strategie der selbstlosen Liebe. Dabei nicht vergessend, diese auszudehnen auf die anderen Mitläufer unseres Ego-Antichristentums, die mit auf dem Holzweg sind und den falschen Idolen nacheilen.

Um das Wesen des Antichristen besser zu verstehen, zitiere ich die Beschreibung von *A. Voldben* [201]:

*Christus ist die Macht des Guten, das Prinzip der Liebe, die Synthese des Großen Lichtes, fähig, den Menschen zu erlösen und zu retten.* **Was nicht mit ihm in Einklang steht, ist gegen ihn.** *Der Angelpunkt des menschlichen Lebens ist der 'Kampf', aber nicht gegen die anderen, sondern der Kampf der inneren Kräfte, die in unserem Inneren am Werke sind. Es ist ein Kampf, der sich ohne Unterlaß bis zum Ende wiederholt und mit der Niederlage der negativen Kräfte, des* **Antichristen, der in jedem von uns ist**, *zu Ende geht. So ist jeder Mensch ein Schlachtfeld. Was noch an Tierischem und Rohem in ihm ist, wie Hochmut, Egoismus, Haß und Wollust, das verschwindet allmählich wie der Schatten vor der Sonne, denn das Licht des Guten schreitet immer weiter voran. Die negativen, Christus entgegengesetzten Kräfte des Bösen mit ihren hundert Namen und ihren tausenderlei Aspekten (Dreistigkeit, Herrschsucht, Intoleranz, Gewalt) sind in der Gestalt des Antichristen verkörpert...*

Der Lebensweg des *inneren Kampfes* ist eigentlich die Lebensphilosophie der fernöstlichen Religionen. Die dort gelehrten berühmten Kampftechniken sind nur die äußeren Spiele, die das innere Ringen mit unseren Schwächen *voraussetzen*. Das kommt natürlich in den Hollywood-Filmen kaum zur Geltung, jedoch in der hochinteressanten Fachliteratur dieser Thematik. Im späteren Kapitel 'Die sieben Ursünden' werde ich den christlichen 'Weg' mit diesem Kräftemessen aufzeigen und an anderer Stelle noch auf den Doppelcharakter der Bezeichnung *Jesus Christus* eingehen.

### Die Macht der Dualität hängt von unserem Stand-Punkt ab

Bei diesem *Kampf mit uns selbst* und den täglichen Herausforderungen lassen wir uns zu gerne verführen, polare Wertigkeiten zum Nachteil anderer zu benützen. Das bekannteste Beispiel dafür ist das Verurteilen anderer - Jesus spricht von *richten*. Natürlich sind zuerst einmal **wir gut** und die **anderen böse**! Vor dem Spiel mit diesen beiden Dualen warnen uns Jesus und die Apostel

> *Liebe*, die nicht immer wieder neu entsteht, stirbt ständig.
> *Khalil Gibran* [200]

immer wieder und trotzdem sind diese schon sehr bald in die frühchristliche Kirchenlehre als sogenanntes Kirchenrecht eingegangen und haben dort bis heute zwischen Verdammung und Vernichtung einer vorgetäuschten 'Reinheit der Lehre' gedient. Den Gläubigen wurde das System der 'Verurteilung anderer' jahrhundertelang vorgeführt, **das niemals im Sinne Jesu war und ist**. Denn Gott, unser Schöpfer, **bewertet nicht**, *er bestrahlt wie eine Sonne all seine Geschöpfe, ob Blume oder Unkraut*. Und bei *Matth.*5,44 heißt es:
***Denn er (Gott) läßt seine Sonne aufgehen über Böse und Gute und läßt regnen über Gerechte und Ungerechte.***

Die hiermit als gleichwertig und womöglich naturgegeben zu verstehende Dualität ist der Spielplatz für uns Erdenmenschen. Oder etwas konkreter formuliert: Unsere unsterbliche Seele steckt in einem stofflichen Körper, den die einen 'Tempel Gottes' bezeichnen und andere ein 'Vehikel, das die reifende und erfahrene Seele zu steuern hat'. Ein Leben lang zwischen den konträren Polen irdischer Dualität. Aber nach obigem Satz über *Blume und Unkraut* können wir eigentlich mit unserem heutigen Empfinden - ich schreibe lieber: mit unserem neu entwickelten Bewußtsein - bereits ohne religiöse Nachhilfe erkennen, daß dieser duale Paarling Blume<>Unkraut lediglich von unserem Stand-Punkt her als ein solcher 'erscheint'. Indem wir dieses Un-Kraut heute Naturkraut bezeichnen und damit ausdrücken, daß dies alles zur ganzheitlichen Schöpfung zählt, er-kennen wir, daß bereits *richtiges Verstehen* ausreichen kann, Polaritäten auszugleichen oder aufzulösen. Diese positive Gehirnwäsche machen wir ja allesamt zur Zeit auch mit dem Begriff 'Abfall' mit, der Dank Werbung, Gebühren und einer leicht zu motivierenden Jugend systematisch zu 'Wertstoffen' umfunktioniert wird.

Jesus empfahl bei so einem Veränderungsbedarf einfach die *Liebe*. Diese Kraft kann *jede* Polarität auflösen, die *selbstlose Liebe* ist eine geistig-göttliche Kraft, die anzuwenden und einzusetzen wir allmählich lernen sollten.

Wenn wir im Betrachten dieses als *an-scheinend* erkannten Dualismus unseren Stand-Punkt abermals verändern und uns den elementarsten aller Paarlinge, *Geist<>Materie* (im heutigen Sinne getrennt erst seit dem 16. Jhd., seit *Descartes*), einmal näher ansehen, dann wäre ja nach obiger Er-kenntnis durch 'richtiges Verstehen' und 'selbstlose Liebe' auch diese gewaltige Polarität neu zu bewerten. So schließt daraus der Biologe *Julian Huxley*:

*Die einzige logische Alternative zum Dualismus ist Monismus: daß Materie und Geist zwei Aspekte einer Wirklichkeit sind; daß es einen Welt-Stoff gibt, der je nach Anschauung materielle oder mentale Eigenschaften enthüllt. Von außen betrachtet, hat er nur materielle Eigenschaften; doch von innen erscheint sein Wirken als Geist*[38].

Dies nun ist klassisches New-Age-Denken und endlich eine Sicht, die uns aber schon die alten Griechen voraus hatten, nämlich *die esoterisch/exoterische Betrachtungsweise grundsätzlich aller Kräfte und Dinge*.

Und diesen ganz besonderen Stand-Punkt, den eines bereits hoch entwickelten Bewußtseins oder Lichtwesens, werde ich versuchen, beim Bearbeiten der vielen Themen dieses Buches in meinen LeserInnen immer und immer wieder zu wecken. *Hermes Trismegistos*, angeblich als ägyptischer Gott *Thot* verehrt, prägte einen seiner wichtigsten Lehrsätze: *wie oben, so unten - wie innen, so außen* (hermetisches Axiom)[107].

Wie *Jesus* lehrt, sind selbst die hartnäckigsten Gegensatzpaarlinge durch die *selbstlose Liebe* auszugleichen, zu harmonisieren: **die 'Versöhnung' der Gegensätze**. Das gleiche drücken die Asiaten mit ihrem bedeutenden Symbol des *Yin und Yang* aus. *Yin* als das schwarze, passive, weibliche oder weiche, *Yang* als das rote, aktive, männliche oder harte Prinzip. Beide sind aber trotz ihrer Gegensätze symbolisch nicht als Duale getrennt dargestellt, sondern verschlungen und sich ergänzend in der Einheit eines geschlossenen Kreises.

Dabei geht der *Zen-Buddhismus* noch einen Schritt weiter und schränkt ein, daß Liebe ein Objekt benötige und daher kaum selbstlos, sondern meist auf irgend etwas bezogen sei. Und *Zen-Meister Mazu* erinnert,

*...daß unser wahres Wesen in sich selbst vollständig ist. Halte dich einfach nicht beim Abwägen von gut und böse auf. Das nennt man die Übung des Weges* [117].

Wir sehen, daß alle die unendlich vielen Dualitäten unserer heutigen Welt für den Einzelnen **völlig verschiedene Wertigkeiten** haben können. Es kommt stets auf unseren Standpunkt oder Blickwinkel an oder präziser formuliert: Auf unseren Bewußtseinsgrad. Der *Zen*-Lehrer *Daniel Delaney* sieht dies so bei der Betrachtung des Paarlings Gut<>Böse:

*Das Böse kann nicht das Gute werden. Doch kann man sein Bewußtsein überwachen, welches die beiden Prinzipien voneinander trennt. In einem erweiterten Bewußtsein relativieren sich beide, verschmelzen zu einem* **erleuchteten** *Bewußtsein jenseits von gut und böse.*

Wenn wir soweit fähig sein werden, Polaritäten aus solchem Abstand betrachten zu können, dann bekommen wir auch den Blick frei, *dabei das Wesentliche im Gegenteil zu finden*. Denn Erkennen ist die Vorstufe zur Erkenntnis und Erkenntnis die Vorstufe zur Bewußtseinserhöhung.

> Schweigst du, so schweige aus *Liebe*.
> Sprichst du, so sprich aus *Liebe*.
> Tadelst du, so tadle aus *Liebe*.
> Schonst du, so schone aus *Liebe*.
> *Hl. Augustinus*

## 7. Kapitel

## Jesu Lehre und die anderen Religionen

*Theismus* (griech.) ist religiöser Gottesglaube und die Theologen teilen die verschiedenen Religionen seit alters her in Poly-, Mono-, Atheismen und Pantheismus.

Unter *Polytheismus* versteht man alle Naturreligionen mit ihrer elementbezogenen Götterwelt, aber auch noch die sehr hochentwickelten Götterreiche der Griechen und Römer im Westen und des Taoismus im Osten. Als *monotheistische* Religionen bezeichnet die christliche Fachwelt die drei Basisreligionen semitisch/israelischen Ursprungs: Das Judentum (ca.19 Mio. Gläubige), das Christentum (ca.1960 Mio) und den Islam (ca.1130 Mio). Im Osten zählen dazu der Parsismus (Zarathustra in Persien) und der Hinduismus (ca.700 Mio). *Atheistisch*, also ohne ein Bild ihres 'Gottes', sind alle die noch östlicher verbreiteten Glaubensrichtungen des Buddhismus (ca.400 Mio) und des Konfuzianismus (ca.300 Mio). Oft wird die Bezeichnung *Atheist* falsch verwendet, denn dies bedeutet zwar einerseits 'Ablehnung der Existenz Gottes', aber andernseits lediglich 'Religion ohne Gott'. *Pantheismus* bedeutet 'Allgottlehre' oder 'Gott ist alles', worin der ebenfalls unpersönlich aufgefaßte Gott mit dem Universum gleichgesetzt wird, Gott und die lebendige Natur eins sind (klassisch griechisch). Im modernen Sinne allerdings wird Pantheismus immer öfter für eine globale Universalreligion propagiert, um Milliarden Gläubiger gleichzumachen oder zu 'harmonisieren'.

In der historischen Entwicklung haben die polytheistischen 'Himmel' offiziell Höhepunkt und Ende in der griechisch-römischen Hochkultur gefunden. Aber besonders der Klerus Roms verstand es schon bald, in die klare Lehre Jesu und der Urchristen, *Gott-ist-in-uns,* kult- und phantasiereichere Gläubigkeit einzubauen: Ab dem vierten Jahrhundert zum Beispiel die Dreifaltigkeit (Gottvater, Gottsohn und hl. Geist), eine 'Mutter Gottes', Engelhierachien, Heilige und Selige und auch einen gottlosen Gegenspieler mit Pferdefuß - insgesamt große Spielräume in einem heidnisch befruchteten Glaubensleben.

Wie oben schon erwähnt, sieht man den Ursprung der größten *mono-theistischen* Religion, des Christentums, im A.T., genauer bei *Mose*. Doch außerhalb des biblischen Weltbildes finden wir schon vorher diesen sehr hoch entwickelten und klar definierten Ein-Gott-Glauben in Ägypten. Nach *Freud* war *Mose* Ägypter und hoher Beamter oder General des monotheistischen Pharao *Echnaton* (ca. 1391-1353 v.Chr.). Nach anderer Quelle war *Mose* ehemaliger *Osiris*-Hohepriester und damit ebenfalls mit dem ägyptischen 'Einen-Gott-Glauben' bestens vertraut. Ein ganz besonderes Problem *Mose* war wohl später, daß er die Israeliten, die er aus dem ägyptischen Frondienst befreit hat, damit aus einem jahrhundertelang 'ansässigen' in ein Nomadenvolk 'umprogrammieren', eine 'neue' Religion gründen[202] und es zu einem 'auserwählten Volk' erklären mußte. Vermutlich aus diesen Zwängen heraus wurde der nun 'israelisch' gewordene Gott wohl zu einem dringend benötigten Zucht- und Drohmittel umfunktioniert - *Jahwe* drohte, strafte, züchtigte und rächte[118]. Dieses göttliche 'Herrscher'-Bild wurde später leider beibehalten und übernommen von den beiden Nachfolgereligionen, um auch dort Kirchen- und Gesetzesmacht zu erhalten: Im Christentum von den Bischöfen bis zum heutigen Tage, nachdem es zur römischen Staatsreligion bestimmt worden war und im Islam von den Ajatollahs bis heute, nachdem der Prophet *Mohammed* im siebten Jahrhundert seinen Völkern eine eigene Religion lehrte.

Leider müssen wir heute nach mehr als einem Jahrtausend rückblickend feststellen, daß alle diese drei westlichen monotheistischen Religionen zu den **blutrünstigsten** dieses Äons ausgeartet sind, vermutlich mitverursacht durch das veränderte und falsche Bild eines Gottes mit den menschlichen Obrigkeitsmitteln wie Zorn, Rache, Strafe und anderen mehr. Vom Völkermord rund um den Erdball bis hin zum Brudermord innerhalb der eigenen Religionsgemeinschaften bei Juden, Christen und Muslimen. Aktuelle Beispiele erleben wir bis zum heutigen Tage.

## Gemeinsame Erkenntnis-Wege

Wohl noch älter ist die Entwicklung der *atheistischen*, gottesbild-losen Religionen, von denen als am weitesten verbreitetet die verschiedenen Glaubensrichtungen des Buddhismus gelten. Erstaunlich sind die Parallelen, die einige Jahrhunderte später in der *gnostischen Lehre*, dann in den Ordensregeln der *Essener* und noch später in der Lehre Jesu auftauchen. Kurz erwähnt seien hier lediglich:

> Verwechsle wahre, unpersöliche *Nächstenliebe* nicht mit Schwäche! Wahre *Liebe* ist fest und hart. Wenn wir unter den Menschen eine Säule sein wollen, die den Schwachen und Schwankenden Sicherheit und Halt geben kann, dann müssen wir hart sein wie Stein.
> *Elisabeth Haich*

Die anonyme Gotteskraft, die *in uns* wirkt und die bei *Buddha* von *Maitreya* und bei uns Christen aus *Christus* kommt;

der Begriff 'Selbsterlöser-Religion', der auf beide paßt;

die Begriffe 'Liebe, Friedfertigkeit und Harmonie', die jeweils im Vordergrund stehen und

die Basisstrategie, daß die Lehre nur der *Weg* sei, auf dem man *selbst* zu seiner 'Befreiung' schreiten oder klettern muß.

Dabei richtet sich die Lehre des Prinzen *Siddhartha*, der später *Buddha* genannt wurde, stark daran aus, das irdische *Leiden* zu meistern und sich endgültig *selbst* davon zu erlösen. Dazu gibt es die *Vier edlen Wahrheiten*: Vom Leiden selbst, vom Entstehen des Leidens, von der Aufhebung des Leidens und vom Weg, der zur Leidensaufhebung führt. Die Entdeckung dieser 'Vier edlen Wahrheiten' durch den *Buddha* stellt nach den verschiedenen Überlieferungen seine eigentliche Erleuchtung und den Beginn seiner Lehrtätigkeit dar.

Übrigens war dies überhaupt eine bedeutende *Zeit großer Botschaften* auf unserem Globus und wir sollten wieder einmal unseren Stand-Punkt etwas erhöhen und uns einen Über-Blick (global-view) verschaffen über die rund sieben Jahrhunderte **vor** der Inkarnation Jesu.

Um etwa 600 v.Chr. verkündete der adelige persische Prophet *Zarathustra* einen Dualismus, der in der Gegnerschaft eines bösen Geistes mit einem guten Gott begründet ist und den Menschen zu **ethischen Entscheidungen** herausfordert. Weiter östlich finden wir zur fast gleichen Zeit den chinesischen Philosophen *Laotse*, den Begründer der Lehre des *Tao*, die sich später zum *Taoismus* weiterentwickelt und den Menschen unter anderem durch Nächstenliebe und Selbstbesinnung den rechten Weg zeigen will. Dieses Riesenreich gebar noch einen weiteren großen adeligen Philosophen: *Konfuzius* (551-479 v.Chr.), den Begründer des *Konfuzianismus*, der in den fünf konfuzianischen 'Kardinaltugenden' gipfelt: Der gegenseitigen Liebe, der Rechtschaffenheit, der Weisheit, der Sittlichkeit und der Aufrichtigkeit. In der damaligen westlichen Hochkultur Griechenland lehrte *Pythagoras* (580-500 v.Chr.): *Der bewußte Mensch soll das Reich Gottes auf Erden offenbaren, indem er auf allen Ebenen seines Wirkens Harmonie erzeugt. Diese Aufgabe erfordert den Versuch, Mißklang in Einklang zu wandeln - also das zu vereinen, was durch Haß, Unvernunft und Leidenschaft getrennt ist.* Die *Pythagoreer* (Bruderschaft Pythagoras) waren ein religiöser Orden und lebten nach denselben Regeln, die später die *Essener* großteils anwandten, die wiederum den frühen Christengemeinden zum Vorbild dienten. Sie teilten allen Besitz, führten ein vegetarisches Leben in der Gemeinschaft und gewährten den Frauen Gleichberechtigung. Sie hielten feierliche Rituale und strenges Fasten ein und widmeten einen großen Teil ihrer Zeit der Kontemplation und Gewissenserforschung (*U.Seiler-Spielmann*).

Wie geistig nahe sich diese großen Religionsstifter in den sieben Jahrhunderten zwischen *Buddha Gautama* zu Beginn und *Jesus Christus* als Höhepunkt standen, zeigt der große deutsche Neugeistlehrer *K.O.Schmidt* in seinem Büchlein *'Die goldene Regel'* [36], die er fast übereinstimmend in den Religionen jener Zeit formuliert fand:

*Im Buddhismus:* Erweise anderen die gleiche Liebe, Güte und Barmherzigkeit, von der du wünschest, daß sie dir entgegengebracht werde.
*Im Parsismus:* Licht und edel ist nur, wer das, was für ihn selbst nicht gut ist, auch anderen nicht zufügt.
*Im Konfuzianismus:* Verhalte dich anderen gegenüber so, wie du von ihnen behandelt werden möchtest.
*Im Taoismus :* Betrachte deines Nächsten Glück und Leid als dein eigenes Glück und Leid und trachte, sein Wohl wie dein eigenes zu mehren.
*Im Judentum:* Was du nicht willst, das andere dir zufügen, tue du auch ihnen nicht.
*Im Christentum:* Alles, was du willst, das die Menschen dir tun, das tue du ihnen zuvor.

Um darüber hinaus einmal darzustellen, wie nahe die Grundlagen der **zarathustrischen** Religion den höchsten ethischen Ansprüchen der **urchristlichen** Denk- und Lebensweise ist, zitiere ich aus 'Der weiße Lotos' Nr. 55 die 'Sieben Wahrheiten' und erlaube mir die dichterische Freiheit, das dort verwendete Originalwort *Ahura* durch seine Übersetzung als 'Gott' zu ersetzen:

Die *Liebe* ist die wichtigste Quelle der Versöhnlichkeit.
Durch *Liebe* können wir den Menschen, der uns verletzt hat, wieder
Als eine wertvolle Persönlichkeit erkennen. Durch *Liebe* relativieren
wir das Unrecht und trennen die Tat von der Person.
                                          Verfasser unbekannt

*Die sieben Wahrheiten*

1. *Jede Seele ist das Kind Gottes und kehrt zu ihrem Vater zurück.*
2. *Jede Seele ist wie ihr Vater unsterblich.*
3. *Alles im Weltall ist durch Gottes Odem beseelt. Daher sind alle Wesen in ihrem Ursprung eins und miteinander verbunden.*
4. *Gott, der allweise und allgütige Vater, wünscht das Wohl aller seiner Kinder. Alles geschieht durch seine Weisheit und Gerechtigkeit.*
5. *Durch ihre Nichterkenntnis schafft sich die Seele, das Kind Gottes, Leid, Schmerz, Täuschung, Geburt und Tod.*
6. *Die Seele lernt die Weisheit Gottes in der Schule des irdischen Lebens solange erkennen, bis sie alle Klassen dieser Lebensschule vollendet hat.*
7. *In dieser Schule der Erkenntnis wird sich die Seele ihrer Gotteskindschaft bewußt und sie wird begreifen, daß sie selbst die Schöpferin ihres Schicksals ist...*

Wie schon weiter oben erwähnt, vermeiden die meisten östlichen Religionen, teils möglichst, teils gänzlich, jegliche Art von *Gottesbildern*, die Schuldzuweisungen ermöglichen, göttliche wie teuflische, und damit davon ablenken, daß **ausschließlich *wir selbst* mit unseren *stets selbst verursachten* Problemen fertig werden müssen**. Eine göttliche Gerechtigkeit wie auch Ungerechtigkeit wie auch all die anderen jüdisch/christlichen Gottesqualitäten brauchen sie nicht, weil die Basis ihres Lebensverständnisses die Reinkarnationslehre ist, die aus der urchristlichen Lehre im Jahre 553 beim *Fünften allgemeinen Konzil* von Konstantinopel als 'nicht dem Zeitgeist entsprechend' verworfen und mit Bannflüchen belegt worden ist.

**Jesus Christ Superstar**

Nun erscheint *Jesus*. Er kommt entgegen der geltenden Kirchenlehre und der Bibelaussage nicht aus der Schule der jüdischen Gesetzeslehre, sondern aus der der *Essener*, wie wir später ausführlich sehen werden. Und dieser essenische Orden steht in seiner religiösen Erkenntnisstufe zwischen der östlichen, der gnostisch-pythagoreischen und der jüdischen orthodoxen Glaubenswelt und lehrt eine Synthese fundierter *geistiger* Gesetze, die heute aus kritischer ganzheitlicher Sicht wieder top-aktuell sind und erneut geistige und spirituelle Anhängerschaft findet. *Joachim Matthes* beschreibt den fernöstlichen Kultureinfluß

*...aus dem Gedanken der Einbettung des einzelnen in ein dichtes Gewebe naturhafter und menschlicher Beziehungen. In dieser Einbettung muß sich der Mensch nicht gegenüber anderen in seiner Unverwechselbarkeit durchsetzen und*

*behaupten ...statt auf Selbstverwirklichung ist er auf* **Selbsterziehung** *im Rahmen seiner Lebenswelt verwiesen.*

Durch den gnostischen Einfluß jedoch, der in den Lehren der *Essener* zu erkennen ist, bekommt die **Selbstverwirklichung** einen neuen Stellenwert und der Einzelne wird angehalten, durch Bewußt-sein zum *Individuum* oder Einzelwesen in seiner Besonderheit zu werden und dadurch wiederum zu Bewußtseinserweiterung zu kommen, die den *inneren Weg* ermöglichen soll. Die *Essener* haben, im Gegensatz zur etablierten jüdischen Theologie, richtigerweise den 'religiösen' Messias erwartet und diesem mit ihrer Lehre, die der damaligen Zeit weit voraus war, das Rüstzeug für seinen 'Feldzug der Liebe' geliefert.

*Jesus* 'kämpfte' während seiner kurzen Lehrtätigkeit vehement gegen das Gottesbild des A.T. mit seiner einengenden Gesetzestradition. Er predigte einen *Gott der Liebe*, einen Vater seiner Gotteskinder, einen gnädigen Schöpfer. Die in jener Zeit und Überregion übliche Sprache war Aramäisch, eine syrische Mundart, in der *Jesus* Gott mit *Abba* anrief, einer Koseform von 'Vater', vielleicht wie 'lieber Vater'. Natürlich war das eine Revolution zum jüdischen Gottesbild, welches heute noch Basis unseres A.T. ist - was er ja prompt, wie wir wissen, zu spüren bekam. Dabei war überhaupt eines seiner größten Probleme sicherlich die Tatsache, daß er einem verarmten Analphabetentum in einer Epoche mit menschlicher Sklaverei und Versklavung unter römischer Besatzung ein derart verändertes Gottesbild nur schwer begreiflich machen konnte. In einem Umfeld voll ganz profaner und vordergründiger Überlebensprobleme. Er meinte denn auch: *Ich hätte euch noch vieles zu sagen, doch das würde euch jetzt überfordern* (Joh.16,12).

Aus heutiger Sicht können wir natürlich wesentlich mehr erkennen. Vom jetzigen kosmischen Zeitpunkt, dem Ende unseres Äons, wollen wir allmählich hinüberwechseln in den des neuen, der als 'Goldenes Zeitalter' geoffenbart ist. Dazu mußte aber eine solche Lehre erst einmal langfristig vorher in unsere Stofflichkeit manifestiert werden. **Ob es die Zeit der Manifestation begreift oder nicht, ist bedeutungslos.** Hoffentlich begreifen wir es jetzt endlich.

Jesu Gottesbild war für damals wohl zu einfach und zu schön: *Ein Schöpfer, der seine Geschöpfe liebt wie ein Vater seine Kinder.* Ethisch ausreichend entwickelte Menschen, die heute mit dem Begriff 'Schöpfung' aus zeitgemäßer Sicht umgehen können und die die Verantwortung, die damit verbunden ist, spüren und das Vernetztsein allen Seins zu begreifen und zu leben versuchen -

Das einzige Wunder Gottes: daß es unsere harten, eigensüchtigen Herzen zu Taten der *Liebe* und der Versöhnung bewegt.
Schriftsteller *Stefan Andres* (1906-1970)

*diese* Menschen werden Jesus verstehen. Das ist Jesu *neue* Botschaft - damals neu, als das Zeitalter der Fische begann (die ersten Christen trugen nicht das Kreuz, sondern eine Fische-Nachbildung als Erkennungszeichen um den Hals) und abermals *neu* heute an der Pforte zum Wassermann-Zeitalter, unserer Zeitenwende. Diese Verquickung des astrologischen und urchristlichen Symbols in den frühen Jahrhunderten des Christentums sollten wir uns noch ansehen. *Didron* sagt in seinem bemerkenswerten Buch 'Christliche Ikonographie':

*Man findet den Fisch auf vielen christlichen Monumenten und ganz besonders auf christlichen Särgen, wie auf Medaillen... und auf Steinskulpturen. Man findet ihn auf Amuletten, die von Kindern getragen werden, und auf Gläsern und Lampen. In den Schriften Tertullians finden wir diesen Ausspruch: ...wir sind kleine Fische in Christo, unserem großen Fisch.*[43]

Wenn wir jetzt abschließend unseren Stand-Punkt noch einmal verändern und diesen Zeitabschnitt vor Jesu Erscheinen aus *kosmischer* Perspektive betrachten und uns zurückerinnern an die elliptische Laufbahn unseres Sonnensystems, das justament jetzt von der 'schlafenden' in die 'erwachende' oder von der 'dunklen' in die 'lichte' Phase schwenkt, dann paßt die Aussage von *Elia*[35], die zwar schon etwas abgehoben klingt, aber treffend formuliert ist:

*Während der Herrschaft des 'Dunklen Zeitalters', dem Zeitalter des Getrenntseins, ist all das überbrachte Wissen und die Offenbarung 'eingefärbt'. Jede religiöse Instanz ist eine 'Sekte', eine Abspaltung von der eigenen göttlichen inneren Wahrheit des Lebens. Religion ist etwas, was im allerheiligsten Tempel Gottes, dem Menschen selbst, im Inneren seines Herzens, in Kommunikation mit seinem innersten, höchsten Selbst geschieht.*

## Die Wendezeit ver-wendet neue Ausdrucksformen

Zu Anfang unseres Themas 'Jesus und die anderen Religionen' fanden wir Glaubensformen, die die jahrtausendelange Entwicklung des Menschen *zurück zu seinem Schöpfer* durch die ihm zugedachte Polarität Gut<>Böse sicherlich unterstützen wollten. Leider meist mit gnadenlosen Kirchengesetzen und dazu recht brachial. Davon heben sich zwei Weltreligionen ganz entschieden ab und halten heute noch ihre Stellung als *Lehren göttlicher Liebe* gegen die Hardliner der anderen 'strengeren' Lehren: Die Lehren *Buddhas* und *Jesu*, wobei ich hier *hauptsächlich dessen urchristliche Form meine*. Und bei beiden wird die anonyme Gotteskraft, die **in uns** wirkt und uns zur Bewältigung unseres irdischen Lebens ständig zur Verfügung steht, klar determiniert: Bei den Buddhisten *Maitreya*, bei uns *Christus*.

Und besonders aus der derzeitigen Sicht eines nötigen und bereits eingesetzt habenden Wandels und neuen Begreifens einer *aktiven Religion der Liebe* erweitere ich die theologische Einstufung dieser beiden Lehren als sogenannte 'Erlöser-Religionen' in den noch höherwertigeren Begriff *Selbsterlöser-Religionen*! Dabei stoßen wir hier auf die Polaritäten *aktiv<>passiv*. Sich durch jemanden erlösen zu lassen, ist passiv. Aber selbst aktiv zu werden und seinen Anteil zu der ersehnten Erlösungsmöglichkeit beizutragen, uns selbst erlösungsfähig zu machen, eine solche Basis durch eine neue, noch höhere Ethik, zu der wir dank unserer erweiterten Erkenntnisfähigkeit längst hätten kommen können - **das ist heute machbar!**

Buddhas Lehre richtet sich stark daran aus, das *irdische Leid* zu meistern und sich endgültig selbst davon zu erlösen. Der Leser erinnere sich an die 'vier edlen Wahrheiten'. Fünf Jahrhunderte später zeigte Jesus uns Irdischen einen noch klareren Weg - *den der Tat-Liebe*. Diese wäre eine aktive Meisterung nicht nur des menschlichen Leidens gewesen, sondern auch eine irdische Erlösung *für* Mensch, Tier und Mutter Erde und *gegen* alle die Scheußlichkeiten, die später die sogenannten Christen unter sich selbst und über den ganzen Planeten hinweg verursacht haben. Wenn seine 'Lehre der Tat-Liebe' damals gleich ernster genommen worden wäre, dann hätte es zwischenzeitlich zu einer globalen Erlösung kommen können. Doch durch schwache, ich-bezogene Verstandes- und Machtmenschen ist ihr Wirksamwerden weitgehend verhindert worden.

An dieser Stelle sollten wir uns weiterhin aus unserer Alltagsebene, auf der auch wir zu leicht ins Richten und Verurteilen geraten, herausbemühen und auch diese letzten Aussagen aus kosmischer Perspektive betrachten. Erinnern wir uns an das zurückliegende Kapitel über die *Präzession*, die Laufbahn des Sonnensystems in elliptischer Spirale, die sich seit Jahrtausenden vom galaktischen Zentrum weg und sich damit vom Schöpfer (?) entfernend bewegt - im Schlafe liegend, wie es in den Veden heißt - und nun am Wendepunkt der Ellipse, dem 'point of return' angekommen ist, um in das zukünftige 'Goldene Zeitalter' und erneuter Gottesnähe zurück zu rasen. Dabei haben wir gesehen, daß zur *Vorbereitung* dieses kosmischen Zeitpunktes, der mit einer globalen Schwingungserhöhung verbunden sein soll, Jesus erschien, den Christusgeist rund zwei Jahrtausende vorher (Kali-Yuka oder Fische-Zeitalter) zu manifestieren und der tief in die Stofflichkeit gefallenen Menschheit als Werkzeug, als

> *Liebe:*
> Wir finden Tröstungen, wir finden Betäubungen, wir lernen Kunstfertigkeiten, mit denen wir uns täuschen.
> Das Wesentliche aber, den Weg der Wege, finden wir nicht.
> *Hermann Hesse*

Heils- und Selbsterlösungsweg in die Herzen zu legen. Aus dieser Sicht gesehen durften wir mit den polaren Anwendungsmöglichkeiten desselben langsam, sehr langsam reifen. Zwangsläufig stellt sich nun die Frage, ob *Buddhas* Lehrmeinung 'Erlösung durch Leid' nicht der realere Weg ist? Mitnichten, denn wir dürfen nicht vergessen, daß Jesus, einen Bewußtseins-Schritt weiter, uns eine *Selbsterlösungslehre* gebracht hat, die zwar auch irdisches Leid als Lerninstrument beinhaltet, aber uns in der Zielgeraden unseres aufgeklärten Jahrhunderts die Möglichkeit gibt, *heil* zu werden durch den Heils-Weg, den der Heiland der Menschheit als Vermächtnis hinterließ.

**Unsere Generationen haben *endlich* diese Chancen viel ausgeprägter als zurückliegende**. Nun können wir wieder zurückfinden über ein neues Verständnis der in Vergessenheit geratenen *Urlehre Jesu* mit der Erkenntnis, daß **Christus *in uns* ist,** und zwar in 'Jedem' von uns - mit der alten/neuen *Strategie der Liebe, der Güte und der Friedfertigkeit*. Unser neues globales und kosmisches Verständnis läßt uns auch endlich begreifen, daß es nur *eine* kosmische oder göttliche Lehre geben kann. Die anderen Religionen sind nur **vielfältige Ausdrucksformen** davon, denn die Lebenssituationen auf Erden im Gange der Zeiten waren und sind einem ständigen Wechsel unterworfen. Und heute, in den Jahrzehnten der Zeitenwende, besitzen die meisten von uns das Begreifen für die zu erwartende und dringend nötige Bewußtseins-Erhöhung. Ob wir uns Verständnis und Erkenntnis nun aus Naturreligionen, Indianerbräuchen oder Schamanismus holen; aus bewährten, in sich ruhenden Erfahrungsschätzen fernöstlicher Weisheitslehren; aus traditionsreichen christlichen Glaubenssätzen und Brauchtümern; aus elitären Gemeinschaften mit konsequenten eigenen Gottesverständnissen; aus den pluralistisch offenstehenden Heilswegen einer ernsthaften Esoterik; aus dem erwachenden Erleben höchst individueller eigener Intuitionen oder den neu formulierten Erkenntnissen unseres *Jesus 2000* folgend - Selbstbewußtsein, Entscheidungsbereitschaft, Durchhaltekonsequenz und Tat-Liebe - verbunden damit, daß das vermaledeite Verstandes-Ego möglichst oft ins Klo runtergespült wird (Sie haben sich nicht verlesen: wenn Sie diesen profanen Vorgang nach jedem selbstkritischen Frust-Erlebnis schmunzelnd visualisieren, werden Sie erstaunliche Fortschritte machen), läßt uns Zuversicht und Mut für unsere Zukunft schöpfen. **Das Göttliche ist in uns** und **die Summe aller ethischen und religiösen Schwingungen** steht uns zur Verfügung, wenn wir uns diesen zu öffnen bereit sind.

# 8. Kapitel

# Jesus historisch

Es gibt un-christliche Autoren, die recht glaubhaft belegen, daß es diesen *Jesus von Nazareth* gar nicht gegeben haben soll. Aufgrund wirklich frappierend ähnlicher 'Gottessöhne' in älteren Religionen schließt man auf eine von den Urchristen erdachte Symbolfigur als Erlöser (Wunschdenken). Aber vergessen wir's.

Doch trotz intensiver, jahrhundertelanger Forschung ist der Mensch Jesus, die Person, die der westlichen Kultur den Namen und die Zeitrechnung gegeben hat, immer noch ein Geheimnis für uns. Dafür steht die 'Lehre' im Vordergrund und das Vermächtnis. Auch die Kirchenlehre mit ihren kanonisierten Texten des N.T. sagt uns sehr wenig über die Person Jesu als irdisches Wesen, als *Menschensohn,* wie er sich selbst oft bezeichnet, bis zum Zeitpunkt der dargestellten Aufnahme des *Christusgeistes* in seinem dreißigsten (?) Lebensjahr und den darauf folgenden Lehrjahren bis zu seiner Kreuzigung. Dazwischen finden wir lediglich herausgestellt sein Auftreten als Zwölfjähriger im Tempel, wobei er es in diesem Alter bereits mit den gelehrten Theologen aufnahm - ein geniales Bürschchen oder ein Wunderknabe, wie wir heute sagen würden. Er wurde mit *Salomo,* dem jüdischen Urbild der Weisheit, verglichen und als diesem sogar *überlegen* angesehen - zwölfjährig!

Und das paßt natürlich genau in das Bild einer übermenschlichen, spirituellen Schulung und Vorbereitung auf seine Meisterschaft, wie man sie in verschiedenen apokryphen Texten und denen der Schriftrollenfunde dieses Jahrhunderts geschildert findet. Eine Zusammenfassung verschiedener Unterlagen und Autoren ergibt ein alternatives Bild eines spirituellen Weges mit hohen Einweihungsgraden als Basis für die totale Aufnahmefähigkeit des *Christusgeistes* - den *Christus in Jesus*.

Die Schriftrollenfunde dieses Jahrhunderts boten allerdings die Basis für eine neue Forschungsintensität, die sich zunehmend wie eine Schere konträr öffnet. Einerseits wird das Fundament für den Menschen Jesus immer gnostischer und spiritueller, andererseits finden Forscher immer mehr gesetzesjüdische und zeitgeschichtlich-politische Argumente, den Menschen Jesus von

> Das Größte für den Menschen ist,
> daß es in seiner Macht steht, grenzenlos zu *lieben*.
> *Theodor Storm*

allen spirituellen Talenten und Aufgaben freizusprechen. *Jesus war ein Mensch, wie wir Menschen sind,* schreibt die Theologin *Barbara Thiering*[47] und entblößt ihn eines göttlichen Auftrages.

*Der Mensch Jesus könne uns nur an unsere Grenze führen und uns, indem er uns diese Grenze zeigt, auf den Weg zu Gott bringen.*

Unser Jesus hieß *Jeshua-ben-Joseph* oder *Jeshua-bar-Joseph* (das aramäische *Jeshua* soll *Gut-Tuer Gottes* oder auch *Gott rettet* heißen) und wurde nach einer der Geburtstheorien im Jahre 3 v.Chr., nach einer anderen am 9. September des Jahres 3753 jüdischer Zeitrechnung, welches das Jahr 7 v.Chr. gewesen wäre, geboren[119]. Das letzte Datum würde zu dem Fest *Mariä Empfängnis* passen, das am 8. Dezember gefeiert wird und etwa neun Monate davor liegt. Das weihnachtliche Geburtsdatum am 24. Dezember hat die frühchristliche Kirche den alten römischen Riten der Wintersonnenwende im Mithras-Kult entnommen, beziehungsweise dem Geburtstag Mithras angepaßt. Wer sich mit der Numerologie befaßt, findet bei obigem Datum eine seltene Konzentration der Ziffer neun: Der 9. Tag des 9. Monats des Jahres 3753 mit Quersumme 9 = dreimal die 9 = 999. Und die 9 wird numerologisch noch heute als die *Christus-Schwingung* angesehen, aber auch außerhalb des Christentums als Symbol der Einheit und Vollkommenheit erkannt. In einigen östlichen Lehren beinhaltet sie alle anderen Zahlen und sei deshalb die vollkommmenste und heiligste davon. Also die einzige, die für Jesus 'gut genug' wäre. Die 9 auf den Kopf gestellt, ist die 6 und nach johanneischer 'Sicht' in seiner Offenbarung ist die 666 das Kennzeichen der gegenteiligen Polarität der hier beschriebenen 999.[270]

Jesu Familie gehörte zu einem der strengen Orden der *Essener*, dem das Kind mit der schon angekündigten und erkannten 'religiösen' Messias-Aufgabe[171] frühzeitig anvertraut wurde. Hier möchte ich auch darauf hinweisen, daß die biblische Tätigkeitsbezeichnung von *Josef* und *Jesus* allgemein als *Zimmermann* übersetzt wird, das Wort aber auch *Lehrer* heißen soll (*Strohm*). Dies würde natürlich zu Jesu Lebensweg viel besser passen, zumal in Texten der Essener-Funde *Josef* tatsächlich als medialer Prediger des Ordens bezeichnet wird. Im nächsten Kapitel werde ich mehr über diesen Orden berichten.

Von dem weltlichen Umfeld, in dem Jesus aufwuchs, berichten die Kirchen-Evangelien ebenfalls sehr wenig. Palästina bestand zu jener Zeit aus drei Ländern: *Judäa* in der Gegend von Jerusalem (das Land der Juden), nördlich davon *Samaria* und noch weiter nördlich *Galiläa* - das fruchtbarste der drei, in welchem auch der See Genezareth liegt. Die beiden nördlichen Regionen waren für strenge Juden 'Heidengebiet', sodaß Jesus als *Galiläer* für diese auch ein *Goy*[120] und eigentlich Nichtjude war. *Sagen wir nicht mit Recht, daß du ein*

*Samariter bist und einen bösen Geist hast?* (Joh. 7,52 und 8,48), was ihnen, den Juden allgemein und nicht nur den Pharisäern, von Jesus entsprechend zurückgegeben wurde: *Ihr habt den Teufel zum Vater* (Joh.8,44). Obwohl Jesus immer wieder als König der Juden bezeichnet wird und seine Mutter *Maria* Jüdin war, wuchs er 'galiläisch' auf und sprach nordaramäisch. Aramäisch, nicht hebräisch, war im kleinen, hauptsächlich von Ackerbauern und Hirten bewohnten Palästina schon seit Jahrhunderten Gebrauchssprache. Alle Apostel Jesu waren Galiläer, mit Ausnahme des Juden *Ischarioth*. Die drei Lehrjahre des N.T. hat Jesus predigend in Galiläa zugebracht und die meisten seiner ersten Nachfolger waren daher Galiläer.

Westaramäisch war die damalige Kultursprache und wurde auch international neben Griechisch und Latein für Texte in Schriftform verwendet. Es gab zeitweilig sogar ein 'Reichsaramäisch'. Das Westaramäisch beinhaltete auch das Judäisch-Palästinensische, das Idiom, welches das Hebräische ebenso als gesprochene Sprache schon lange vor Jesu Zeiten verdrängt hatte. Das damalige Ostaramäische hatte eine noch größere Bedeutung in einem riesigen Sprachraum. Das Ostchristentum bediente sich des Aramäischen besonders im syrischen Schrifttum, dem der reiche Gebrauch gebundener Rede für theologische Zwecke eigen ist.[137]

Im Zeitgeschehen um Jesus finden wir vier elementare Weltanschauungen überlagert. Die *römische Militärpräsenz* im gesamten Mittelmeerraum mit der Dominanz in Recht und Wirtschaft. Der *hellenistische Geist* in Kultur und Sprache als moderner Zeitgeist im totalen Kontrast zur 'betonierten' Gesetzesgewalt *hebräischer Traditionen*. Dazu aus dem nordöstlichen Raum um Palästina und unserem biblischen Geschehen den *aramäischen Einfluß*, der in fast allen westlichen Jesus-Forschungen extrem vernachlässigt wurde. Daß auch der Buddhismus durch viele kleine Missionen vertreten war, soll wegen des geringen Einflusses nur am Rande erwähnt werden. *Prof. Dr. Werner Keller* schreibt[20]:

*Griechische Kleidung und vieles griechischer Lebensweise hatten jedoch zu Jesu Zeiten schon längst ihren Einzug auch in die rein jüdischen Gemeinden gehalten. So trugen die Bewohner von Galiläa und Judäa Gewänder, wie man sie auch in Alexandria, Rom und Athen sah.*

Doch auch religiös war dieser Raum ein schillernder Tiegel geschichtlich bedingter Religionseinflüsse aus Persien (*Zarathustra*), Indien (*Buddha*),

> Die Wahrheit ist der elektrische Strom; Rechtschaffenheit ist die Leitung, durch die der Strom fließt; Frieden ist die Glühbirne, die den Strom in *Liebe* verwandelt, und die *Liebe* ist das Licht.
> *Sathya Sai Baba*

Ägypten (*Thot/Hermes*) und natürlich Griechenland (*Pythagoras*). So ist es nicht verwunderlich, daß der Wunderknabe Jesus in seinem Wissensdurst nicht nur mit der Ethik klassischer Mythologien und griechischer Gnostik vertraut war, sondern auch angezogen wurde von der Erleuchtungslehre *Buddhas*. Die beiden Autoren *Gruber/Karsten* versuchen in ihrem Buch 'Der Ur-Jesus' [121] nachzuweisen, daß Teile des N.T. auffallende Ähnlichkeiten mit buddhistischen Erkenntnissen aufweisen. Jesus soll aber frustriert vom buddhistischen Kastensystem zurückgekehrt sein. Seine Wanderschaft ging über Tibet, Westindien, Persien, Assyrien (dem Geburtsland Israels) zurück ins Vaterhaus und im Anschluß dann nach Griechenland und Ägypten.

**Jesus ist der schönste Mann**

In einer Personenbeschreibung Jesu von seinem Zeitgenossen *Publius Lentulus,* dem Vorgänger des *Pontius Pilatus* als Prokurator von Judäa (26-36 n.Chr.), der als solcher dem Senat in Rom über wesentliche Geschehnisse in seinem Gebiet zu berichten hatte, hört sich das so an[16+48]:

*Ein Mann von edler Gestalt und sehr schönen Zügen, denen eine solche Majestät innewohnt, daß die Menschen, die ihn erblicken, ihn bewundern müssen. Sein Haar ist von der Farbe der reifen Kastanie und von den Ohren bis zu den Schultern herab von der Farbe der Erde, aber glänzend. Es ist in der Mitte der Stirn geteilt, aber nach der Art der Nazarener. Seine Stirn ist glatt und sehr heiter, sein Gesicht frei von Falten und Flecken, mit einer leichten Tönung. Seine Nasenflügel und Lippen sind makellos. Der Bart ist dicht und wie das Haar nicht sehr lang und in der Mitte geteilt. In seinen ernsten Augen liegt etwas Gewaltiges. Die Augen sind wie die Sonnenstrahlen, und ihre Strahlkraft macht es unmöglich, ihm unverwandt ins Gesicht zu sehen.*
*Wenn er tadelt, ist er furchterregend; wenn er zurechtweist, weint er. Er zieht die Liebe der Menschen an und ist auf würdevolle Art heiter. Es heißt, daß man ihn niemals lachen sah, aber man sah ihn weinen. Seine Hände und Arme sind sehr schön. Im Gespräch ist er bezaubernd, obwohl er es selten pflegt; und wenn er es tut, dann in sehr bescheidener Haltung. Wo er auch auftritt, ist er der schönste Mann, den man sehen oder auch nur sich vorstellen kann; er ähnelt seiner Mutter, die der schönste junge Mensch ist, den man je in dieser Gegend gesehen hat.*
*Was seine Gelehrsamkeit betrifft, so versetzt er die ganze Stadt Jerusalem in Erstaunen. Er hat niemals studiert, und doch kennt er alle Wissensgebiete. Er trägt Sandalen und geht barhäuptig. Viele lachen, wenn sie ihn sehen, aber in seiner Gegenwart und im Gespräch mit ihm fürchten sie sich und zittern. Es heißt, daß man niemals zuvor einen solchen Mann in dieser Gegend gesehen oder von einem solchen gehört hat. In Wahrheit hat man, wie mir die Hebräer erzählen, noch nie eine solch erhabene Lehre gehört, wie sie dieser Christus verkündet, und*

*viele Juden halten ihn für göttlich und glauben an ihn, während viele andere ihn mir gegenüber anklagen als einen Menschen, der sich Eurer Majestät entgegengestellt hat. Es wird allgemein anerkannt, daß er nie irgendjemandem ein Leid zugefügt, sondern immer nur Gutes getan hat. Alle, die ihn kennen und mit ihm zu tun gehabt haben, sagen, daß sie nur Gutes und Gesundheit von ihm empfingen.*

## Jesus heute

Ein neues Jesus-Bild entstand in diesem Jahrhundert - außer durch die nichtkanonisierten Texte alter und neuer Funde auch durch *neue Offenbarungen.* Die Evangelisten lassen Jesus sagen: *Wo zwei oder drei sich in meinem Namen versammeln, da BIN ICH mitten unter ihnen.* Soll das nur schweigend sein? Fast zwei Jahrtausende lang? Als 'Sohn Gottes', zu dem ihn die römische Staatskirche rund vier Jahrhunderte nach seinem Wirken erklärt hat? Das wäre doch alles sehr unlogisch und auch absolut unrealistisch. Christus Jesus spricht nicht nur als zartes Stimmchen und als sogenanntes Gewissen in unserem Herzen, sondern immer schon durch Propheten und Medien, die allerdings in der langen Zeit kirchlicher Machtfülle meistens in Klöstern verschwunden oder auf dem Scheiterhaufen gelandet sind. Jesus versicherte: *Wer mich liebt, den werde ich lieben und mich ihm* **offenbaren** (Joh.14,21) und bei *Matth.10,20:...es wird nicht der sein, der da redet, sondern der Geist des Vaters in dir.* In Joh.16,12-13 erfahren wir außerdem *...Ich habe noch viel zu sagen...wenn der Geist der Wahrheit kommt.*

Natürlich gelten bei solchen *Offenbarungen* Vorsichtsmaßnahmen, die schon im N.T. nachzulesen sind und die ich mir erlaubt habe, in Klammern gesetzt, zu kommentieren: *Glaubt nicht dem Hörensagen und heiligen Überlieferungen* (Bibel?), *nicht Vermutungen und eingewurzelten Anschauungen* (Kirchenlehre?), *auch nicht den Worten eines verehrten Meisters* (Gurus? Jenseitige Meister?), **sondern, was <u>ihr selbst</u> gründlich geprüft und als <u>euch selbst und anderen zum Wohle dienend</u> erkannt habt, das nehmt an.** (Wobei man gleich wieder beginnen könnte darüber zu 'streiten', was dem anderen zum Wohle wirklich dient). *Petrus* kündigt mit gewaltigen Worten eine Zeit an, in der der prophetische Geist bedeutungsvoll zu werden scheint:

> Wichtigste Voraussetzung für das Innenleben einer Familie ist die Vergebungsbereitschaft. Jesus Christus hat uns in einzigartiger Weise gezeigt, was es heißt, zu *lieben* und zu vergeben.
> Journalistin *Elisabeth Motschmann*, Bremen

*In den letzten Tagen wird es geschehen, spricht Gott, da will ich von meinem Geiste ausgießen über alles Fleisch und eure Söhne und Töchter werden weissagen und eure Jünglinge werden Gesichte schauen und eure Greise werden Träume träumen. Selbst über meine Knechte und Mägde will ich in jenen Tagen von meinem Geist ausgießen, und sie werden weissagen...*[265].

Mit der oben erwähnten 'Brille der Vor-Sicht' gesehen, ist es geradezu phaszinierend, alle die 'Botschaften' der *Mutter Maria, Jesu, Christi* oder des *hl. Geistes* wie auch aufgestiegener Meister (*St. Germain, El Morya*, u.a.), von vielen Engeln, Engelgruppen und Erzengeln (wie *Michael*), von jenseitigen Helferteams oder Ufo-Kommandanten wie *Ashtar, Jesus Sananda* oder anderen galaktischen Befreiern zu lesen. Es gibt inzwischen eine 'wahre' Flut davon. 1993 channelte der Christusgeist, daß er sich zur Zeit bei dreiunddreißig Medien rund um den Planeten melde, um die Christen, und mit ihnen die Menschheit, aufzurütteln und sie auf eine neue Ethik und ein neues Gottesverständnis hinzuweisen. Womöglich wird diese geistige Einstrahlung in unsere materielle Welt von mehreren Medien, die entwicklungsmäßig im gleichen Schwingungsbereich angekommen sind, nach dem *Gesetz der Affinität* gleichzeitig empfangen. **Die Fähigkeit zur Medialität und die Akzeptanz, Eingebungen und Intuitionen in unserem Leben einen höheren Stellenwert zu geben, wird noch zunehmen** in dem Maße, wie die bewußtseinserwachten Menschen zahlenmäßig anwachsen werden. In einer Fernsehsendung von S3 am 5.6.1996 über die Glaubensgemeinschaft 'Fiat Lux' (Es werde Licht) wurde erwähnt, daß im Bundesland Baden-Württemberg rund einhundertfünfzig Neuoffenbarungs-Sekten bestünden, wobei der Begriff 'Sekte' hier nicht generell abwertend verwendet werden darf, denn der einst neutrale Begriff Sekte (lat. *secta* heißt befolgte Lehre, Grundsatz) erfuhr erst später seinen negativen Bedeutungswandel. Bei diesen Neuoffenbarungen spielt sich ein Teil dessen ab, was *Paulus* im 14. Kapitel seines 1. Korintherbriefes als eine typisch urchristliche Empfehlung beschreibt[265].

## Die Geistesgabe der Zukunftsschau

Bei diesen Vorgängen müssen wir bedenken, daß die dabei in unsere Stofflichkeit herunterschwingenden Geisteskräfte multidimensional sind und sich nur in Form von Energiefrequenzen mittels irdischmenschlicher Gehirnzellen oder solcher von Stimmbändern oder Handmuskeln (Schreibmedien) transformiert und umgewandelt ausdrücken können. Die dabei zu entdeckenden Widersprüche rühren teilweise daher, daß die dadurch aktivierten menschlichen Talente und die Verständnis- und Bewußtseinswelt auch menschlich individuell und verschieden sind. Teilweise rührt es aber auch daher, daß diese gleiche 'Technologie' auch geistigen Wesenheiten zur Verfügung steht, die aus niedrigeren jenseitigen, den astralen Ebenen, *zu Wort kommen wollen*. Oft versehen mit wohlklingenden Namen, wollen sie ihr 'Bestes' uns zu helfen geben, was man aber meistens und schon bald als 'nicht gut genug' wird feststellen können. Um irdische Scharlatanerie weitgehend auszuschalten, versuchen viele geistige Wesenheiten technische Wege mit irdischen Technikern zu gehen, weil darunter weniger oft Schwärmer zu finden und technische Aufzeichnungen perfekt zu überprüfen sind (Tonband- und Videokassettenaufzeichnungen).

Wer sich in diesem Bereich, und zwar besonders mit biblischem Bezug, kundig machen möchte, dem empfehle ich die Werke des katholischen Geistlichen *Johannes Greber*[122] und des Schweizer Publizisten *Ronald Zürrer*[42].

Zum Thema der **Zukunftsschau** ist es ganz schwer, eine überzeugende Systematik zusammenzustellen, denn wir haben es stets mit Bewußtseinskontakten und Bewußtseinsströmen zu tun auf übersinnlichen und sinnlichen Ebenen mit seinen tausendfachen Abstufungen.

Eine kurzgefaßte Betrachtung 'Was ist Prophetie?' hat *Jan van Helsing* zusammengestellt [4], die mit der Erkenntnis endet

*...so erklärt sich nun auch der Doppelcharakter der Prophetie: **Sie ist Warnung und Voraussage zugleich**. Hat sie als Warnung Erfolg und bewirkt beim Menschen eine Umkehr, so braucht sie als Voraussage keinen Erfolg zu haben. Erkennt der Mensch durch die Voraussage seine Handlungsweise und verändert ab diesem Moment sein Handeln, so hat er neue Ursachen gesetzt, wird neue Wirkungen erfahren und die Voraussage hat ihren Zweck als Warnung erfüllt und wird nicht eintreffen.*

*Aus dieser Sichtweise heraus ist die Zukunft ein sich ständig änderndes Webmuster, sich verändernd durch das Denken, Fühlen und Handeln der Menschen. Unsere Zukunft ist nicht ein willkürliches Schicksal, von irgend einem Gott geplant und unveränderbar, sondern unsere Zukunft ist die Wirkung der Ursachen, die wir jetzt setzen.*

Eine grobe Unterteilung der 'Techniken' der Zukunftsschau zeigt uns: **Visionäre Prophetie**, also visionäre Einblicke in göttliche und kosmische Zusammenhänge, wobei es *innere* Visionen gibt und solche, wobei mediale - die Kirchen sprechen von begnadeten oder charismatischen - Sensitive *äußerlich sehen*, was den Umstehenden entgeht, zum Beispiel bei Erschei-

> *Wahrheitsliebe* zeigt sich darin,
> daß man überall das Gute zu finden und zu schätzen weiß.
> *Johann Wolfgang von Goethe*

nungen von *Jesus,* der *Mutter Maria* und andere höchste Wesenheiten. Im Islam wird hierbei noch unterschieden zwischen *nabi* (Prophet), *baschir* (Verkünder) und *nadhir* (Warner).

**Rechnerische Prophetie** beinhaltet die Astrologie, Numerologie und Kabbala, drei Techniken, mit denen bestimmte personenbezogene Schwingungszustände erkannt werden, die uns 'zur Verfügung stehen'. Es liegt dann an uns, diese fatalistisch anzunehmen oder bewußtseinsmäßig zu 'verarbeiten'.

**Wahrsagerei** ist eine Gabe, die sich bestimmter Techniken (Karten und dergleichen) bedient und meist Unterbewußtes erfaßt. Je nach Wertigkeit des persönlichen Problems erhält man aber auch von Verstorbenen, dem Schutzengel, Geistführer oder dem eigenen Höheren Selbst ernsthafte und qualitätsvolle Verhaltenshinweise.

**Channeling** (Kanal sein) ist die neuere Form der medialen Verbindung zwischen der geistigen und stofflichen Ebene, geradezu als Boom der letzten Jahrzehnte zu bezeichenen. Als Auftakt zu diesen Diktaten in verschieden tiefen Trance-Formen sieht man in Europa den Österreicher *Lorber*[123] und in Amerika den Mexikaner *Roque Rojas*[244] an. In diesen Zeitraum fällt auch die Gründung der Theosophischen Bewegung.[268] Inzwischen mehren sich die Lehren, Visionen, Verhaltensschemata, Botschaften, Readings, Bücher und Buchreihen. Infolge der laufenden Bewußtseinserweiterungen der Menschheit rund um den Globus erhöht sich auch Jahr für Jahr dieses Channeling-Angebot.

Zurück zu 'Jesus heute'. Es gibt wundervolle Botschaften, aus denen man den Christusgeist förmlich herausspürt und es gibt andernseits überschwengliche Texte mit pseudo-liebevollem Geseire, die einen mündigen und kritischen Leser alsbald abstoßen. Da es von *Lorber* im letzten Jahrhundert bis zu den Sirianern[65] als neue Erscheinung am Büchermarkt ein so breites Spektrum verschiedenster 'Belehrungen' für uns Menschen gibt, kann ich an dieser Stelle keine Klassifizierung vornehmen. Ich müßte es sonst so machen, wie die Bischöfe 325 im Konzil von Nicaea, als sie zu entscheiden hatten, welche der vielen Evangelien, die ja auch alle medial empfangen worden sind, aus der Vielzahl der gesammelten 'Schriften' als 'Heilige Schrift' zusammengefaßt werden sollten. Man wählte zunächst aus zahlreichen Schriften und Aufzeichnungen willkürlich (?) siebenundzwanzig aus, deren Entstehungszeiten zwischen 60 und 150 Jahren n.Chr. lagen. Doch trotz langer Bemühungen, daraus *ein* Evangelium zu machen, half zum Schluß nur eine spirituelle Lösung: Man warf angeblich von jedem dieser Evangelien eine Schriftrolle unter den Altar und kanonisierten anderntags die vier zu oberst liegenden davon. Doch als 'Neues Testament' fanden sie dann erst 382 unter dem Papst *Damasus* Anerkennung. Der Verdacht, daß dabei nicht nur der hl. Geist mit am Werke war, verstärkt sich, wenn man bedenkt, daß schon wenige Jahre später die wichtigsten apokryphen und nicht anerkannten Evangelien für immer verschwanden, indem ein christlicher Glaubensfanatiker, der Patriarch *Theophilus*, die größte Bibliothek des Altertums in Alexandria 389 in Brand stecken ließ. Dort hatte sich nämlich ein geistiger Schwerpunkt im urchristlichen Sinne gegen eine Staatskirche in Rom erhalten und formiert.

Die in meinem Buch verarbeiteten Texte sind alle aus Werken, die in der am Schluß folgenden Bibliographie erfaßt sind und die in mannigfaltiger Weise immer wieder Bereiche und Abschnitte aus dem Leben Jesu dar- und klarstellen. Es fällt mir zwar schwer, auf breiteres Zitieren vieler dieser trefflichen und beweiskräftigen Textbeispiele hier zu verzichten, aber der Schwerpunkt *'JESUS 2000'* soll in diesem Buche im Vordergrund bleiben.

**Aufgefahren in den Himmel...**

Mehr unhistorisch geht es auch bei der sogenannten **Himmelfahrt** zu und selbst in den kirchlichen Evangelien ist sie nur schwach belegt. Lediglich zwei der vier Evangelisten - *Markus und Lukas* - erwähnen sie überhaupt und dann fast nur wie in einem Nebensatz. Die griechisch/deutsche Ausgabe des N.T. von 1986 ergänzt bei *Lukas* per Fußnote 24,51 ff: *Die Worte >und wurde zum Himmel emporgehoben...< fehlen bei einigen alten Textzeugen.* Auch im Bereich der Übersetzungen herrscht höchste Unsicherheit. Im griechischen Urtext heißt es bei *Lukas: Indem er sie segnete, entfernte er sich von ihnen. Diistamai* heißt nicht *hinaufschweben,* sondern *sich entfernen (Franz Alt).* Die amerikanische Mystikerin *Flower A. Newhouse* verweist in ihrem Büchlein 'Das Christuslicht' darauf, daß eine von den Evangelisten angenommene Himmelfahrt zu jener Zeit nicht abwegig gewesen wäre, denn *Mose, Elia, Pythagoras* und *Apollonius von Tyana* sollen diese Tat ebenso vollbracht und ihren äußeren Körper mit in die geistige Welt genommen haben.

Teilweise lag bei *Paulus* der Schwerpunkt der Lehre Jesu nicht in der Auferstehung, sondern in der Kreuzigung. Er sah im Leiden des *Christus in Jesus* eine Sühne für die 'Sünde', damit einerseits die Notwendigkeit ständig wiederholter 'Opfer' aufgehoben wurde und andernseits die jüdische Priesterschaft überflüssig gemacht werden sollte *(Dr. Barbara Thiering).*

> Auch wenn das Böse und der Böse mit ihrem Einfluß auf das Sichtbare und auf uns Menschen sich immer stärker auszubreiten scheinen –
> die Macht der *Liebe* Gottes ist stärker.
> 2. Thimotheus 3,13

Mit der *Gottessohnschaft Jesu*, wie dies im Dogma der **Dreieinigkeit** bestimmt wurde, sieht es historisch auch nicht sehr überzeugend aus. Erst in zwei späten Konzilien, von Nicäa (325n.Chr.) und Konstantinopel (381n.Chr.), wurde die Trinität (Dreifaltigkeit) ausformuliert. Der in alten Kulturen geläufige Gedanke, das Göttliche *trinitarisch* zu erleben[128], wurde von Roms Imperator *Konstantin*, der selbst Anhänger des Lichtgottes *Mithras* war, der christlichen Urgemeinde gewaltsam in die Lehre gedrückt und ein wie stets maskulines Triumvirat geschaffen: Gottvater, der Schöpfer, Gottsohn, der Erlöser und Gott Heiliger Geist, der Christus. Und im Rahmen der Umwandlung der Liebeslehre Jesu in eine Staatsreligion (mehr davon in einem gesonderten Kapitel) wurden hier der alttestamentarische *Hebräer-Gott* mit dem *Menschensohn Jesus* und dem von ihm gepredigten *Christusgeist* (Heiliger Geist) zu einer göttlichen Trinität vereinigt.

Der *Mithraismus* war übrigens die wichtigste der orientalischen Mysterienreligionen, die im zweiten Jahrhundert von den römischen Heeren aus den persischen Grenzgebieten ins ganze römische Imperium verbreitet wurden. Zentralgestalt dieser Religion ist der Sonnengott *Mithras* mit den Begleitern *Cautes* und *Cautopates*, welche die Lichtdualität 'Tag und Nacht' symbolisieren und ebenfalls eine göttliche Trinität bildeten.

Die **Gottessohnschaft Jesu** ist für die Theologen seit alters her ein Problem, da für eine *Aufbesserung* des Menschensohnes *Jesus* die Evangelien wenig hergeben, vor allem nicht die Urtexte, bevor sie durch *Correctores* zeitgeistgemäß korrigiert worden sind. Etwa achtzigmal[30] soll sich *Jesus* im N.T. als *Menschensohn* bezeichnet haben, hat stets die Unterstellung, selbst Gott zu sein, entrüstet zurückgewiesen und wurde zornig, wenn er 'vergöttert' wurde. Die Bezeichnung *Gottessohn* im N.T. sollten wir heute wieder klar im Sinne von *Gotteskindschaft* verstehen - wodurch man damit der urchristlichen Lehre Jesu gerechter wird, nicht aber den daraus abgewandelten Kirchenlehren.

In einem Kapitel über *Augustinus* und dessen Trinitätslehre schreibt der Theologe *Prof. Dr.Hans Küng*, daß die

> klassischen Lehren über Gott und Trinität nicht als Herzstück und Zentraldogma christlichen Glaubens aufgedrängt werden können... Der Christ soll an Vater, Sohn und Geist glauben, aber er muß weder an eine griechisch-hellenistische noch an eine westlich-lateinische Trinitätsspekulation glauben. Eine solche gehört nicht zum Wesen des Christentums. Sie ist nicht göttliche Offenbarung, sondern kirchliche Lehre, also Menschenwerk...[130].

Wir sehen, daß mit der "Dreifaltigkeit" als ein uraltes Symbol versucht wird, göttliche *Vielfältigkeit* - dreifaltig - darzustellen. Eine etwas zeitgemäßere Formulierung dieser 'Vielfältigkeit' fand ich bei *Elisabeth Watty*: Gott-Vater steht als Schöpfer <u>über</u> seinem Werk, Gott-Heiliger-Geist lebt <u>in</u> seinen Werken und Christus-in-Jesus *außerhalb* seines *Werkes* als Gottmensch, der uns mit dem Urewigen verbinden soll.

Vermerken möchte ich aber am Ende meines historischen Ausfluges, als Abschluß dieser *ketzerischen* Überlegungen zum überlieferten Kirchenbild unseres Heilands, daß das Wissen, ob es so oder anders war, *keinerlei* Wirkung haben muß, *wie wir die Lehre Jesu heute leben* und was wir in unserem Lebensumfeld, in der Familie und am Arbeitsplatz daraus machen. Solche historisch-kritischen Erkenntnisse und unsere neuzeitliche Neugierde, wie es denn tatsächlich gewesen sein könnte, **tun der Qualität und dem Wert seiner Lehre keinerlei Abbruch.** Erinnern wir uns, daß ein Hauptteil des Antichristen unser Verstandesdenken darstellt und gehen wir deshalb damit 'bewußter' um.

> Lege deine Klugheit beiseite, denn bloße Worte werden dich nicht mit Gott vereinen. Laß dich nicht von den Weisheiten der Schriften täuschen; Denn *Liebe* ist etwas anderes, und derjenige, der sie wirklich gesucht hat, hat sie gefunden.
>
> *Kabir*

## 9. Kapitel

## Jesus, der Nazoräer

In den deutschen Übersetzungen des N.T. finden wir fast immer die Formulierung *Jesus von Nazareth*. Im griechischen Text steht da aber stets *Jesus, der Nazoräer (gr. Nazoraion)*. Bei *Matth.* 2,23 finden wir noch in manchen Bibelausgaben diese Version, wie auch das Wort Nazaräner. Alle diese Bezeichnungen haben mit dem Örtchen Nazareth in Galiläa nichts zu tun, da es dieses damals noch gar nicht gegeben haben soll. *Baigent/Leigh* [14] stellen jegliches Fehlen von Belegen dafür fest. Um alles noch ein bißchen zu verkomplizieren, wird auch auf die frühhebräische Bezeichnung *Nozrim* für 'Christen' hingewiesen, welches wohl der Wortstamm auch für das moderne arabische Wort *Nasrani* für 'Christen' geworden ist.

Wenn wir in der Zeit Jesu weitersuchen, stoßen wir auf verschiedene jüdische Kulte, Sekten und deren Abspaltungen, dazu oft politisch, messianisch oder fundamental-religiös geprägt. Einige gängige zähle ich kurz auf:

*Sadduzäer*, eine jüdische Religionspartei, der die vornehmen Priestergeschlechter (Hohepriester) und Vertreter der weltlichen Aristokratie angehörten, sehr buchstabengläubig, später immer mehr politisch interessiert und fast ungläubig.

*Pharisäer* (hebr.: Abgesonderte), waren die Reaktion auf obige Entwicklung und eine religiös-politische Gruppierung aus gelehrten Laien mit Reformeifer, die in ihren Gesetzesschulen als Schriftgelehrte auftraten - oft ohne geistliche Tiefe. Mit schulmeisterlichem Fleiß wurden die kultischen Reinigungsvorschriften und die Sabbatgebote vermehrt und bis ins Kleinste bestimmt. Pedantischer und liebloser Moralismus obsiegte.[260]

*Zeloten*, eine jüdische politische Partei, die gegen die heidnische Römerbesatzung bewaffnet vorging (z.B. auch die Apostel *Simon* und möglicherweise *Judas*).

*Samariter* (Samaritaner), Mischbevölkerung, die die Provinz *Samarien* bewohnten, sich religiös schon vor rund dreihundert Jahren von den Juden getrennt hatten und z.Zt. Jesu von ihnen oft als Ketzer angesehen wurden. Sie und ihr Land wurden von den 'Frommen' verachtet und gemieden.

*Nasiräer* oder *Nazariter* sind Juden, die sich als für Gott ausgesondert verstanden (Gottgeweihte), eine mystische Bruderschaft oder eine 'merkwürdige Sekte' war und von einigen Historikern als Vorläufer (unter *Jeshu ben Pandira* etwa einhundert Jahre vor unserem Jesus) der *Bruderschaft der Essener* zugeordnet werden. *Nazariter* war bei gelehrten Juden denn auch die Bezeichnung für Ketzer.

*Essäer oder Essener* (syr.: die Reinen, Betonung: Es<u>e</u>ener) gehören zu einer gewaltlosen Bruderschaft, auch Gemeinschaft jüdischer Mystiker genannt, und sind durch die rund achthundert ausgewerteten Textfunde von *Qumran* (1947 bis 1952) verstärkt in den Vordergrund gerückt. Die Bewohner der Gemeinde von *Qumran* werden *Ossenes* oder *Osim* genannt und der frühchristliche Schriftsteller *Epiphanios von Salamis* hielt fest, daß die 'Christen' in Judäa, die ganz allgemein *Nazoräer* genannt würden, als *Essäer* bekannt gewesen seien. Unabhängig von dieser Ansiedlung am Toten Meer findet man sie in der Zeit von 250 v.Chr. bis 100 n.Chr. in den Wüsten des Vorderen Orients wie auch an den Küsten von Seen und Flüssen, aber stets entfernt von Städten und Dörfern bis nach Ägypten, wo sie unter dem Namen *Therapeutae* bekannt wurden. Auch das aramäische Wort *assaya* heißt Arzt, Heiler. Sie selbst nannten sich 'Arme im Geiste', was von Jesus wörtlich in der Bergpredigt als Formulierung verwendet wird. Überhaupt können wir davon ausgehen, daß Jesus die Lehre der Essäer in ihrer feinsten und schönsten Form in den neuen Seligsprechungen der Bergpredigt interpretierte.

Der Historiker *Josephus Flavius* (37-100?) berichtete in seinen Aufzeichnungen von sechstausend Pharisäern, viertausend Essäern und jeweils nur einige hundert Mitgliedern der Sadduzäer und Zeloten, bezogen auf das erste Jahrhundert. Zu diesem Zeitpunkt haben in Palästina etwa eine Million Juden gelebt. Im zweiten Buch der 'Geschichte des Jüdischen Krieges' widmet *Josephus* den Essäern zweiundvierzig Paragraphen, den Pharisäern und Sadduzäern dagegen nur fünf. Wie *Philo von Alexandria* nennt auch *Josephus* die Essener die besten beziehungsweise vorbildlichsten aller Juden. Das jüdische Volk selbst nannte sie schließlich auch *die wahren Frommen* (*Hans B. Altinger*), obwohl oder vielleicht auch, weil sie sich in eine ganz radikale Distanz begaben zum *Tempel* und seinen rituellen Gottesdiensten.

Vielen apokryphen Texten ist zu entnehmen, daß nicht nur die ganze Familie

> *Liebe* ist wie das tägliche Brot:
> immer gleich und doch immer wieder anders.
> *Sigrid Undset*

von *Josef* zu den Essenern zählte, sondern auch *Johannes der Täufer*, mit Jesus befreundet, dort aufgewachsen ist und zum *essenischen Meister* (Zadok, Sadduc oder Zaddik = der Gerechte) geschult worden war. In einem anderen Text[131] heißt es bei der Beschreibung der Person Jesu: *...er trägt das Haar mitten auf dem Haupte gescheitelt nach der Art der Nasiräer.* Und in der Ausgabe des N.T. (Bibelgesellschaft 1982) heißt es im Sachregister unter *Nasiräer* (Gottgeweihte): *Zum Zeichen ihrer 'Weihe' ließen die Nasiräer in der Regel ihr Haupthaar nicht schneiden.* In seiner Zeitschrift CHRISTALL (0/94) weist *Eckard Strohm* zum Thema 'Abendmahl' darauf hin, daß

*...Jesus ein essenischer Meister (Zadok) war. Diese feierten ein Ritual, welches sie 'Kommunion der Liebe' nannten. Zu diesem Ritual waren nur Zadiks berechtigt. Hierbei segnete der Zadok das Brot und jeder Anwesende brach ein Stück davon für sich ab. Ebenso wurde der Wein (Traubensaft ?) mit Energien durch den Zadok angefüllt, in dem dieser sich in dem Wein eine stark leuchtende Sonne als Symbol der Anwesenheit Gottes vorstellte. Nach einiger Zeit nahm der Zadok die Vorstellung zurück - leuchtete trotzdem die Sonne weiter im Weine, so hatte Gott diesen mit seiner Energie angefüllt. Zur Ausübung bedurfte es hoher spiritueller Fähigkeiten und einer absoluten Einheit mit Gott.*

Dieses Zelebrieren eines Abendmahles hat mit dem 'Abendmahl' der Kirchenlehre nur noch wenig zu tun, wie wir sehen. Sicherlich wurden wieder Texte aus dem A.T. mit seinen Blutopfern und den heidnischen blutreichen Kulten Roms[132] gemixt und den kanonisierten Evangelien nachträglich zugefügt. *Eckard Strohm* schreibt dazu:

*...das 'christliche' Abendmahl wird auf Jesus zurückgeführt und zwar auf die Feier des letzten Mahles mit seinen Jüngern. Die Worte "Dies tut zu meinem Gedächtnis" hat zuerst Paulus und danach Lukas hinzugefügt. "Zur Vergebung der Sünden", "Dies ist das neue Testament in meinem Blut" und "Der für euch hingegeben wird" sind ebenfalls erst neueren Datums hinzugefügt worden.*

Wenn wir Jesu Lehre als einen Weg zu neuem Bewußtsein ansehen wollen, dann müssen wir zurück zu seiner *reinen und urchristlichen* Lehre ohne die vielen Zeitgeist-Anpassungen. Aber da geben die belassenen Stellen im N.T. nur wenig her. Die urchristliche Gemeinde wird nur in der Apostelgeschichte 2,44-46 anschaulich beschrieben:

*Sie hielten an der Lehre der Apostel fest und an der Gemeinschaft, am Brechen des Brotes und an den Gebeten. Alle wurden von Furcht ergriffen; denn durch die Apostel geschahen viele Wunder und Zeichen. Und alle, die gläubig geworden waren, bildeten eine Gemeinschaft und hatten alles gemeinsam. Sie verkauften Hab und Gut und gaben davon allen, jedem so viel, wie er nötig hatte. Tag für Tag verharrten sie einmütig im Tempel, brachen in ihren Häusern das Brot und hielten miteinander Mahl in Freude und Einfalt des Herzens. Sie lobten Gott und waren beim ganzen Volk beliebt.*

So steht es in der Bibeleinheitsübersetzung von 1979. Mein Kommentar dazu: Dies ist ein Christentum, von dem unser heutiges keine Ahnung zu haben scheint.

## Was wissen wir von den Essäern?

Um mehr aus dieser Welt der Frühchristen zu erfahren, brauchen wir uns eigentlich nur Leben und Lehren der *Essener* anzusehen und finden damit leichter Zugang zu dem, was als *urchristliches Leben* sich von dem Schmelztiegel verschiedener heidnischer Religionen und Völkergemische des östlichen Mittelmeerraumes abhob und als *neue Lehre* und *neuer Geist* die Herzen der meist armen und geknechteten Menschen anzog - *die nun, die sein Wort annahmen, ließen sich taufen. An diesem Tag wurden (ihrer Gemeinschaft) etwa dreitausend Menschen hinzugefügt* (Apost. 2,41).

Eine sehr komprimierte Beschreibung der *Bruderschaft der Essener* entnehme ich dem Buch [8] von *Otto Wille*:

*Die frühesten Quellen, die bruchstückhaft von den Essenern künden, verfaßten Philon von Alexandria (Quod Omnis Probus Liber Sit, etwa 20 n.Chr.,), Plinius der Ältere (Historia Naturalis, etwa 70 n.Chr.) und Flavius Josephus (Jüdische Altertümer, Der Jüdische Krieg, etwa 69-94 n.Chr.). Aus diesen Schriften geht hervor, daß die Essenergemeinschaft nicht nur aus einer esoterischen Bruderschaft mit strenger Observanz bestand, sondern daß auch ganze Familien mit Kindern dazu gehörten. Sie alle praktizierten die Gütergemeinschaft und verzichteten auf jeglichen Besitz. Die Mahlzeiten nahmen sie in aller Stille gemeinsam ein. Sie aßen rein vegetarisch. Jeder nahm nur soviel Speise und Trank, wie eben zur Sättigung nötig war.*

*Sie betrieben Ackerbau und Handwerk, sie untersuchten Pflanzen und Mineralien auf ihre medizinische Wirksamkeit und ergaben sich ansonsten dem Studium und der Deutung der alten Schriften. Unter ihren Lehrern gab es auch Männer, die weissagten, so berichtet Josephus. Sie hielten Frieden mit jedermann und fertigten keine Waffen an. In der Sklaverei sahen sie ein Vergehen gegen das Naturgesetz, nach dem alle Menschen frei sind und einer des anderen Bruder ist. Sie übten sich in der Liebe zu Gott, zur Tugend und zu den Menschen. Am siebten Tage ruhte jegliche Arbeit. Sie versammelten sich dann, um die alten Schriften zu lesen oder erklärt zu bekommen.*

> Richten und urteilen schafft Gegensatzpole,
> Karma pendelt von Pol zu Pol,
> *Liebe* vereint diese Gegensätze und Polaritäten.
> *Hannes Holey*

*Sie praktizierten die Taufe im fließenden Wasser. Es wird darüber hinaus von morgendlichen Tauchbädern berichtet. Sie achteten auf äußere und innere Sauberkeit. Sie trugen weiße Gewänder. Bis vor Sonnenaufgang schwiegen sie, beim Sonnenaufgang beteten sie "zur Sonne empor" (Josephus) und begannen dann mit dem Tagewerk. Sie verweigerten die in der jüdischen Religion erforderliche rituelle Schlachtung von Lämmern.*
*"Sie beteten Gott an und opferten ihm doch kein Tier", schrieb Philon, "da sie die Gesinnung der Demut für das einzig wahre Opfer hielten". Sie wußten auch um die Präexistenz der Seele. Dazu Josephus: "Es besteht nämlich bei ihnen die unerschütterliche Überzeugung, daß zwar ihr Leib dem Zerfalle ausgesetzt und der körperliche Stoff etwas Vergängliches sei, daß aber die Seele, weil sie unsterblich ist, immer fortbestehe, da sie eigentlich aus dem feinsten Äther hervorgegangen und nur infolge eines elementaren Zaubers zum Körper herabgezogen und von ihm jetzt, wie von einem Kerker, umschlossen sei. Würde sie nun einmal wieder aus den Fesseln des Fleisches losgelassen, so schwebe sie dann jubelnd, wie einer langen Knechtschaft entronnen, in die Höhe empor".*
*Infolge ihrer einfachen Lebensweise und strengen Sitten erreichten die meisten von ihnen ein Alter von mehr als hundert Jahren. Dank ihrer Seelengröße setzten sie sich über Lebensgefahren hinweg und ertrugen mit einer erstaunlichen Haltung in der Verfolgungszeit die an ihnen vorgenommenen Folterungen.*

Eduard Schuré sagt dazu:
*Der Orden der Essäer bildete zu Jesu Zeiten den letzten Überrest jener Genossenschaften von Propheten, die von Samuel organisiert worden waren. Der Despotismus der Herren von Palästina, der Neid einer ehrgeizigen und servilen Geistlichkeit hatten sie in die Einsamkeit und in das Schweigen getrieben. Sie kämpften nicht mehr wie ihre Vorgänger, sie begnügten sich damit, die Tradition lebendig zu erhalten.*

Der Historiker *Arnold Toynbee* sah in den Essener-Bruderschaften vom Toten Meer die einzig praktischen Mystiker der Geschichte:
*Ihre Vorstellungen waren nicht nur Theorie, sie wußten auch ganz genau, wie sie die Kräfte der Natur und des Geistes, die sie als Engel bezeichneten, in sich aufnehmen und ihrer bewußt bleiben konnten. Sie verstanden es, diese Kräfte in ihre täglichen Handlungen einzubinden.*[280]

In seinem Buch[133] ergänzt *F.E.Eckard Strohm* über diese Gemeinschaft:
*Die ständige Verbindung mit Engeln befähigte die Essener zu außergewöhnlichen Handlungen, wie z.B. geistigem Heilen, und auch zu intensiver Zusammenarbeit mit Tieren und Pflanzen. Gesundheit und hohes Alter waren bei ihnen an der Tagesordnung. Ja, sie waren sogar imstande, die Schwerkraft zu überwinden, wie es die Atlantaner konnten. Solche 'Wundertaten' erregten natürlich die Mißgunst anderer geistiger Gruppierungen, insbesondere der Priester und Schriftgelehrten. Die Essener unterhielten in verschiedenen Orten eine Art von Herberge, in denen Reisende Aufnahme und Verpflegung fanden und Kranke behandelt wurden. In solchen Herbergen konnte auch Jesus mit seiner großen Anhängerschar unterwegs auf seinen Wanderungen rasten. Außerdem existierten essenische Handelshäuser*

*und Handelsschiffe, die mit den damals bekannten Ländern Handel trieben. Der erzielte Gewinn floß der Gemeinschaft zu. In diesen Handelshäusern bekamen die Essener kostenlos ihre Kleidung und Gegenstände des täglichen Bedarfs gestellt. Zur Zeit Jesu war Qumran noch aktiv, es wurde durch die Römer im Jahre 66 n.Chr. zerstört. Die Begabtesten der heranwachsenden Essener - so auch Jesus - wurden von ihren Eltern allerdings zur Ausbildung in den 'Karmel' gesandt. Diese Ausbildungsstätte gehörte zu den Nazoräern... An dieser Stelle möchte ich auch gleich berichten, daß sein Vater Zimmermann gewesen sei und Jesus diesen Beruf ebenfalls erlernt habe. Übersetzt bedeutet das entsprechende Wort zwar Zimmermann, aber auch Lehrer, und damit ist auch klarer, woher Jesus die entsprechende Vorbildung zum essenischen Meister besaß. Das auf dem Berge Karmel, nahe am Meer gelegene Zentrum, kann man sich als eine Art klösterliche Universität vorstellen, in der 'Meister' die Jugend im geheimen Wissen unterwiesen. Wer den Karmel als Eingeweihter verließ, war gründlich vertraut mit der Kabbala, den Geheimnissen der Zahlen, der Astronomie, der Kraft der Edelsteine; er beherrschte das Heilen ebenso wie das Hellsehen; er kannte die geheimen Zusammenhänge von Herkunft und Ziel der Menschheit; selbstverständlich wußte er alles, was ein frommer Jude von Bibel und Gesetz wissen mußte, und er sprach verschiedene Sprachen, unter anderem auch Griechisch, die damalige Sprache der gelehrten Welt. Wer zum Meister (Zadok) ausgebildet wurde, verfügte über das gesamte, zu jener Zeit noch erhaltene Geheimwissen und war berechtigt, das Abendmahl zu zelebrieren. Auch Jesus, dessen Sendung und wahres Wesen einigen wenigen Eingeweihten offenbar war, wurde essenischer Meister.*

Wer von den geschätzten LeserInnen sich mehr in diese Denk- und Lehrmeinung einlesen möchte, dem empfehle ich das wertvolle Büchlein 'Das Friedensevangelium der Essener' [15], das der ungarische Arzt und Philologe *Prof. Dr. Edmond Bordeaux Székely* auszugsweise aus dem aramäischen Ur-Evangelium aus dem ersten Jahrhundert übersetzte, das *Johannes*, einem der Jünger Jesu, zugeschrieben wird. Dieser war wohl der einzige, der mit großer Sorgfalt und Genauigkeit aufzeichnete, was sein Meister persönlich lehrte.

## Die urchristliche Lebensweise war lange fleischlos

Wie wir hörten, pflegten die *Essener* den Grundsatz der Fleischenthaltung, was - unabhängig von der herrschenden Armut der damaligen Besatzungszeit -

> Gold- und Silberschulden lassen sich abtragen im Leben,
> *Liebesschulden* nimmt man mit ins Jenseits.
> indonesischer Spruch

durchaus nichts ungewöhnliches war. *Pythagoreer* und *Buddhisten* lebten seit Jahrhunderten vegetarisch und Judäa war übersät mit buddhistischen Missionen. Das Wort *vegetarisch* kommt von *vegetus* (lat.: ganz, gesund, frisch oder lebendig). Man sprach vom *homo vegetus,* einem körperlich und geistig starken Menschen. *Seneca* (Zeitgenosse Jesu, Philosph und heimlicher römischer Kaiser) stellte fest:

*Von den Worten des Pythagoras wurde ich gepackt und begann mich der Fleischnahrung zu enthalten. Schon nach Jahresfrist fiel mir diese Gewohnheit nicht nur leicht, sondern war mir sogar angenehm. Ich hatte das Gefühl größerer geistiger Beweglichkeit.*

Im heidnischen Rom waren die Priester zugleich die Metzger. Fast alles Fleisch ging durch die Hände heidnischer Opferpriester. Schon allein darum galt Fleisch - man kannte fünfzig Zubereitungsarten - für Christen und Christen/Juden als *unrein.*

Wir können das Bild, das wir diesbezüglich von den Essenern erhalten, ausdehnen auf Jesus und die Apostel und die Urchristen. *Székely*[16] zitiert belegte Berichte, wonach *Petrus* (ich lebe von Brot und Oliven, denen ich nur selten ein Gemüse zufüge), *Matthäus* der Evangelist, *Johannes, Jakobus* (Bruder Jesu) und die anderen Apostel *Andreas, Phillipus, Thomas* und mehrere Kirchenväter fleischlos lebten und das fünfte Gebot 'Du sollst nicht töten' streng einhielten. Für die Urchristen ging dies bis ins vierte Jahrhundert, genauer bis zum *Konzil von Nicäa,* bei dem der Kaiser *Constantinus* die urchristliche Lehre zur Staatsreligion 'erhob'. Dabei änderte sich für die Christen ein Großteil ihrer bisherigen Lehre, worauf ich später noch ausführlich eingehen werde. Aber auch der *Vegetarismus* wurde dabei aus den für die Evangelien entscheidenden Texten getilgt oder entsprechend geändert. Da dies auch damals nicht widerspruchslos vonstatten ging, wurde eine solche Gehirnwäsche auch unter christlichen Brüdern mit Gewalt durchgeführt: Es sind Texte bekannt, daß zum Beispiel denen, die den Vegetarismus in Hörweite der Kirchen weiterhin propagierten *flüssiges Blei in die Kehlen gegossen wurde.*

Wie weit, den Vegetarismus betreffend, Übersetzungsfehler im N.T. bewußt arrangiert, beziehungsweise heute noch entgegen besseren Wissens erhalten bleiben, zeige ich mit einigen wenigen Beispielen. In den Texten wird vom *Fischessen* Jesu geschrieben, aber noch heute ist der 'Fisch' der Bibel kein Fisch, sondern soll eine vegetarische Spezialität im Osten sein, die aus der sogenannten Fischpflanze hergestellt wird und einst eine babylonische Spezialität gewesen sein soll. Oder nehmen wir die *Heuschrecken,* an denen sich *Johannes der Täufer* delektiert haben soll: Die Heuschrecke (lat. *locusta*) ist in Wirklichkeit die Frucht des Locust-Baumes und korrekterweise heute noch als *Johannisbrot* bekannt. Auch soll das fünfte Gebot Mose *Du sollst nicht töten* korrekt übersetzt **Du sollst keine nur erdenkliche Art des Tötens** *ausüben*[135] heißen. Also doch ein elementarer Unterschied. Der katholische Priester *Don Mario Canciani* bringt in seinem Buch 'Der vegetarische Christus' weitere historische Beweisführungen.

Aber auch für fundamentale Protestanten, die *nach der Schrift* leben wollen, gibt das A.T. einiges 'Vegetarische' her. Grundsätzliches findet man im 1. *Mose 1,29: Hiermit übergebe ich euch alle Pflanzen auf der ganzen Erde, die Samen tragen und alle Bäume mit samenhaltigen Früchten. Euch sollen sie zur Nahrung dienen.* Im 4. Mose 11,18 bis 20 und 33 hört der gläubige Jude schlimme Zornesworte seines Herrn ob des Fleischessens und in Jes. 66,3 heißt es klar: *Wer Rinder schlachtet, kommt jemandem gleich, der Menschen tötet.* Geht es eigentlich noch deutlicher?

Der evangelische Pfarrer *Dr. Ebermuth Rudolph* versucht es wieder einmal. Er befaßte sich seit einem Jahrzehnt intensiv mit der Mensch-Tier-Beziehung in religionsgeschichtlicher, theologischer wie ethischer Sicht und hat eine Reihe von Publikationen zu diesem Thema verfaßt, woraus ich zitiere:

*1. Auch Tiere, ganz besonders die höher entwickelten, haben eine **Seele**; sie sind nicht gefühllose Materie, mit der wir nach Belieben hantieren könnten, wie wir das immer tun.*

*2. Tiere sind **Geschöpfe Gottes** wie wir. Sie empfinden in vieler Hinsicht (Freude, Genugtuung, Schmerz, Todesangst) ganz ähnlich wie wir. Martin Luther, dessen 500. Geburtstag wir in diesem Jahr feiern, sagt zum ersten Glaubensartikel des den Kirchen gemeinsamen Glaubensbekenntnisses: 'Ich glaube, daß mich Gott geschaffen hat **samt allen Kreaturen**...'. Wir Christen bekennen den Glauben an Gott, den Schöpfer, Sonntag für Sonntag. In unserem Verhältnis der Schöpfung gegenüber und zu den Geschöpfen aber wird davon kaum etwas spürbar...*

Zurück ins alte Rom. Dort sehen wir, daß das alttestamentarische Problem die reichlich drei Jahrhunderte urchristlicher Fleischabstinenz, dank menschlicher Schwächen, erfolgreich überdauert hat, bis sich der reformfreudige heidnische Kaiser *Konstantin* dieser Angelegenheit annehmen konnte und wie oben schon geschildert, mit einer Mehrzahl christlicher Bischöfe für das totale Verschwinden aus Lehre und Leben sorgte. Da vor allem 'Berauschung' und 'Fleischessen' von der neuen Staats-Kirche nicht mehr verurteilt wurden, stieg danach die Anzahl der 'Bekehrten' rasant und die neuen 'Christen' wurden dann schon nicht mehr mit einem wichtigen Teil der *Liebes-Lehre Jesu* konfrontiert.

Wo immer gnostische *Häresien* wie der Glaube an Wiederverkörperung oder das Ablehnen von Fleisch und Wein auftraten, setzten die kirchlichen

> Die Kraft der *Liebe* und des Mitleids ist stärker
> als die Macht der Waffen.
> *Mahatma Gandhi*

Inquisitoren ein, die diese 'Irrglauben' skrupellos aus der Welt schafften. So ließen auch spätere Päpste vegetarisch lebende Glaubensgemeinschaften als sogenannte Sekten verfolgen und brutal ausrotten. Die *Pauliciner* (6/7.Jhd.), die *Bugomilen* (11.Jhd.) und die *Katharer/Albigenser/Waldenser* (12/13.Jhd.) seien beispielhaft erwähnt. Natürlich muß bei dieser Aufzählung bedacht werden, daß die Fleischlosigkeit dieser Glaubensgruppen nur ein äußeres Zeichen dafür war, daß sie auch sonst der urchristlichen Lehre gegenüber der römischen Staatskirche den Vorzug gaben.

Ergänzen wir das Thema des *bequemen Mißverstehens* des fünften Gebotes *Du sollst nicht töten* mit einem Aufruf *St.Germains:*
*Solange die Menschen darauf bestehen, Tiere zu halten, um sie zu schlachten, werden sie üble Gewohnheiten ihres Gefühlslebens <u>niemals</u> überwinden können. Sie fesseln sich damit selbst, indem sie ihre Fluidsäfte verdichten und die feineren Impulse und Inspirationen aus dem göttlichen Herzen nicht mehr im Gehirn aufnehmen können.*

*Dr. Albert Schweitzer* formuliert kurz und treffend: *Ich kann nur Achtung haben für alles, was lebt. Das ist der <u>Anfang von jeglicher Moral.</u>* Und im aramäischen Urtext des *Johannes*-Evangeliums[16] spricht *Jesus* (47/6):
*Und ich sage euch abermals: Jeder, der den Leib irgend eines Geschöpfes zur Nahrung, zum Vergnügen oder zum Gewinn zu besitzen sucht, verunreinigt sich hierdurch.*

Kardinal *Ratzinger* hingegen spricht: *Man darf sich der Tiere zur Ernährung bedienen.* (Katechismus der katholischen Kirche, 2417). Auch ohne biblischen Hintergrund kommt der Arzt *Dr. Werner Hartinger* zu der Aussage:
*Alles Leben ist heilig, denn es stellt die physische Manifestation eines gottstrebenden Geistwesens dar, das durch einen gewaltsamen Tod in seiner Entwicklung zurückgeworfen wird. Der Mensch kann kein Leben erschaffen und sollte darum auch keines rauben. Als höchstentwickeltes Lebewesen unseres Planeten und <u>als einziges mit geistiger Erkenntnis</u> darf er dieses Opfer nicht vom Tierreich verlangen.*

Es fällt schwer, ein solches elementares Thema, wie die möglichst totale Befolgung des fünften Gebotes, emotionslos zu behandeln, nur aufzuklären und die Verantwortung des Einzelnen ihm selbst zu überlassen - was natürlich für viele andere religiöse Themen ebenso gilt. Wie eine christliche Reaktion auf solche Andersdenkende auszusehen hat, schreibt *Paulus* in seinem Brief an die Römer im 14. Kapitel:
*Nehmt den an, <u>der im Glauben schwach ist</u>, ohne mit ihm über verschiedene Auffassungen zu streiten... Wer Fleisch ißt, verachte den nicht, der es nicht ißt; wer kein Fleisch ißt, richte den nicht, der es ißt... Jeder soll aber von seiner Auffassung überzeugt sein... Wer Fleisch ißt, tut es zur Ehre des Herrn, denn er dankt Gott dabei. Wer kein Fleisch ißt, unterläßt es zur Ehre des Herrn und auch er dankt Gott.*

Nun wird mancher vegetarisch lebende Leser denken, was soll dieser schwache Abgang aus unserem Thema? Richtig ist, daß wir diesen paulinischen Kommentar nicht wörtlich auf unsere heutigen Verhältnisse in unseren Erste-Welt-Ländern übertragen sollten. Wer konnte sich damals überhaupt und wie oft im Jahr leisten, Fleisch zu essen? Es gab keine internationalen Nahrungsmittelmultis und keine Fleischerzeugungsfabriken mit dem furchtbaren Leid der Tiere von Geburt bis Schlachthaus und es gab kein minderwertiges und belastetes Fleisch en masse.[134] Sich daran nicht zu beteiligen, sehe ich weiterhin als Tatchristentum an.

*Paulus* jedoch meinte hiermit die christliche innere Entscheidung, wie wir mit dem Problem der möglichen Verurteilung anderer, die anders leben - mit oder ohne Fleisch - umgehen. Denn jemand, der Gott für seine Mahlzeit dankt, also betet und sein Essen segnet, sollte von dem, der gleiches tut mit einer anderen Kost auf dem Teller, gleichhoch denken, wie von sich selbst - *liebe deinen Nächsten wie dich selbst.*

> Wie sollen wir uns in der Brisanz der Welt verhalten?
> Ich weiß keinen anderen Weg als den des Herzens, des Gebets
> und der bedingungslosen Anheimgabe an das Richtige:
> das göttliche Gesetz, die Weisheit, die allumfassende *Liebe.*
> *Ursula Siepe*, 'Mutter Erde e.V.'

# 10. Kapitel

## Jesus, der Befreier

Oder war Jesus ein Revolutionär?

Roms Imperialismus und Militärdiktatur hat seinerzeit alle militärisch-politischen Gegner demonstrativ abschreckend kreuzigen lassen - Hunderttausende summa summarum im ganzen Imperium. Die hebräischen Traditionalisten sahen in Jesus natürlich einen *religiösen* Revolutionär, der im Namen Gottes die Tempellithurgie und Gesetzesfrömmigkeit, die Grundlagen des damaligen kirchlichen Establishments, antastete. Kurz zur Erinnerung: In Jerusalem wurde Jesus durch den Hohepriester verhaftet, danach vor dem *Synedrium,* dem siebzigköpfigen Hohen Rat der Juden, wegen Gotteslästerung angeklagt und schließlich zum Tode verurteilt. Jesus wurde infolge einer politischen Intrige seiner hebräischen Gegner gekreuzigt. Als offizieller Grund für seine Verurteilung wurde angegeben, daß er dem Umkreis des Zelotentums zuzurechnen sei, zumal Jesu Heimat Galiläa auch als Heimat der zelotischen Revolutionsbewegung galt. Die Vollstreckung am Kreuz inclusive Geißelung wurde dem römischen Prokurator *Pontius Pilatus* überlassen, obwohl dieser Jesus dreimal freigesprochen hatte von jeder politischen Schuld.

In diesem Sinne würde der Terminus *Revolutionär* niemals passen. Trotzdem findet man heute Autoren, die Jesus ernsthaft zu jenen jüdischen Aufwieglern zu zählen versuchen, welche einen *politischen* Messias erwarteten, das geknechtete Volk vom römischen Gesetzesjoch zu befreien. Jesus aber kam, wie wir weiter sehen werden, um die Menschen vom gnadenlosen Gesetzesjoch der Priesterschaft Judäas[232] zu befreien und den *inneren Weg* zu propagieren.

Daher meint auch *Franz Alt*[30], daß Jesus nicht Revolution, sondern Evolution brachte - eine *Werte-Evolution.* Und diese gleich dreifach:

Die *Evolution des Gottesbildes* in dem Sinne, wie im Buche bereits beschrieben,

die *Evolution des Menschenbildes* im Sinne eines angstfreien Mensch-Gott-Verhältnisses (erst der neue Gott ermöglicht den neuen Menschen) und

die *Evolution von unten,* die als Evolution des Bewußtseins und der Liebe als letztmögliche Konsequenz heute endlich das dringend benötigte höhere Bewußtsein auf breitester Basis ermöglichen könnte. *Seine Bergpredigt ist der Beweis dafür, daß das Machtwort eines Machtlosen wirksamer sein kann als die machtvollen Worte der Mächtigen. Die Bergpredigt hat noch nicht die Welt verändert, aber sie bewegt Millionen Herzen. Sie ist die Hilfe für eine neue Welt! (Franz Alt).*

## Das neue ethische Konzept: Gott-ist-in-uns

Aber auch mit diesen Evolutionen, meine ich, werden wir der *grandiosen Aufgabe*, die Jesus für die Seelen- und Bewußtseinsentwicklung der Menschheit auf sich genommen hat, noch nicht gerecht. Erinnern wir uns zuerst an die kosmische Dimension, dem Platonischen Jahr.

Aus dieser veränderten Sicht bekommt das Erscheinen Jesu auf unserem Planeten eine neue, großartigere Perspektive. **Jesus** manifestierte das *Christus-Bewußtsein* **und lehrte, daß es bei** *allen* **Menschen als Gottesfunke** *im Inneren* **deponiert sei** und von uns selbst erweckt und erhalten werden kann und muß - in unserem Körper als der Seele 'Tempel'. Das war die Startbahn für einen traumhaften, ethischen Aufstieg der Menschheit - wenn sie eingeschlagen worden wäre. Es war die Basis für eine gigantische Selbst-Entwicklung der menschlichen Rasse, die aber leider in den vergangenen zwei Jahrtausenden viel zu wenig genutzt oder zu nutzen zugelassen worden ist.

Wir leben in einer *polaren* Welt der Materie und Stofflichkeit, es heißt, der tiefsten und dichtesten Lebensformen im All. Seit es belebte Materie gibt, soll es (auch nach der Lehre vieler anderer Religionen) zu dem *Gott der Liebe und des Lichtes* mit dem 'Christus-Bewußtsein' einen *Herrn der Finsternis* als mächtigen Gegenpol geben. Auch wenn im A.T. die Übersetzungen der hebräischen Urtexte (Kabbala) stark gemildert worden sind, läßt sich noch erkennen, daß das Auftreten der damaligen Israeliten (hebr.: *Israel* heißt *Gott streitet*) zum Ungöttlichsten zählt, was im Auftrage eines 'Gottes' fanatisch ausgeführt werden kann.

Und wenn wir uns abermals fragen, warum Jesus gerade an dieser Stelle unseres Planeten 'erschien', so können wir davon ausgehen, daß damals die 'geistige Welt', aus der Jesus gesandt worden ist, eben in dieser Region den

> *Liebe* wird gewährt ohne Bedingungen, ohne Forderungen,
> ohne Pedantismus oder Vorschriften des Denkens.
> Das Christentum ist tot - lang lebe Christus!
> *Nicole Gausseron*, Leiterin von Compagnon du Partage

größten Handlungsbedarf sah, die *Lehre des Christus-Bewußtseins* **personifizieren** zu lassen. Nach dem 'Prinzip der Polaritäten' benötigt ein Extrem ein anderes als Ausgleich - in Umkehrung der geläufigen Erkenntnis: *wo viel Licht ist, ist viel Schatten.*

Sehen wir uns zusätzlich noch das Thema 'Tempel' an. Im N.T. finden wir mehrfach das Gleichnis, daß unser Körper der Tempel unserer Seele, beziehungsweise des göttlichen Geistes sei. Warum gerade der Terminus Tempel? Einerseits lehrte Jesus, was wir schon kennen, daß der Geist des Göttlichen nicht in einem äußeren Gebäude, sondern *in uns Menschen* verborgen ist. Und andernseits zählte für das 'auserwählte Volk' der Tempelkult zum Zentrum der Religion wie auch der religiösen Macht und war *Kult* in seiner höchsten (mystischen) wie auch schrecklichsten Form (Blutopfer). Der Tempel war die zentrale Stellung für Hierarchie samt ihrer Hoftheologen, die Jesus mit seiner *Tempelreinigung* nicht nur äußerlich und räumlich traf[232]. Das wußte später auch die Militärmacht in Rom, denn diese hatte mit dem permanenten Unruheherd in Palästina erst 'Ordnung' geschaffen, nachdem die von Jesus vorausgesagte völlige Zerstörung des Tempels im Jahre 70 mit der Liquidierung der letzten Widerstandsgruppen einherging.

Aufgrund solcher Erkenntnisse vertrete ich die Meinung, Jesus war kein Revolutionär, auch kein Evolutionär, denn er konnte ja seinerzeit noch nicht viel *bewegen*. Daher sehe ich in ihm zumindest den **Reformer** der damaligen Religionsvielfalt, aber eigentlich den **Befreier** von vielen der kultischen und tempelgesetzlichen Äußerlichkeiten und Zwänge. Oder dies hätte es zumindest sein können, wenn die judäische Orthodoxie und ihre Gesetzesgläubigen die Reife der messianischen Zeit verstanden hätten. Was bei einigen Autoren als revolutionär bezeichnet wird, war eine **Vollmacht**, die Lehre der Essäer nicht mehr im Geheimen wenigen Auserwählten weiterzugeben, **sondern öffentlich als eine Religionsform anzubieten,** die vom Leid der Welt erlöst und befreit und in die Gegenwart des Göttlichen führt (*Wulfing von Rohr*).

Dazu zähle ich hier nur einige Stichworte auf, aus vielen, die im N.T. zu finden sind, vor allem in der Bergpredigt, und die bei der Kürze dieses Buches unvollständig bleiben müssen. Reformen wollte Jesus

> in der institutionalisierten Theologie zugunsten einer geistigen, metaphysischen Lehre,

> in den religiösen Äußerlichkeiten (Opfern, Beschneidung, Tempel und Sabbat) zugunsten der *inneren* Führung,

im fanatischen Festhalten am Sabbatkult (Jesus tat das am Sabbat, was er für richtig hielt)

im machtbesessenen Festhalten an der Männervorherrschaft[100], (siehe auch 'Jesus und die Frauen' von *Franz Alt,*[30]),

im Halten und Handeln mit menschlichen Sklaven,

in der Umsetzung seiner Tierliebe,

in der Ablehnung des Richtens und Urteilens und

in der Ablehnung des Schwörens, weil dies die weitere individuelle geistige Entwicklung verhindere.

Auf zwei *'Befreiungen'* besonderer Art weist uns die Theologin *Dr. Barbara Thiering* [47] innerhalb des elitären Ordens der Essener hin:
*Jesus brach mit der Tradition und gestattete auch dem Niederstehenden den Empfang der Kommunion. Von diesem Zeitpunkt an konnten alle erwachsenen Mitglieder von Jesu Anhängerschaft, ganz gleich ob Heiden, Frauen, Sklaven oder Freie, verheiratet, krank oder von anderer ethnischer Zugehörigkeit, vor die Gemeinschaft treten und Brot und Wein entgegennehmen. Indem Jesus dies zuließ, machte er eine ganz entscheidende Aussage: Vor den Augen Gottes sind alle Menschen gleich.*
*Die Geschichte von der Speisung der Fünftausend, die sich in allen vier Evangelien findet, stellt einen späteren Schritt* **derselben** *Umwälzung dar: Die Ordinierung von Laien zu Priestern. Damit wurde eine weitere revolutionäre Neuerung vollzogen: Während nach jüdischer Praxis Priester aus dem Stamm Levi kommen mußten, verlieh Jesus in der Ordination die Vollmacht, levitische Funktionen zu übernehmen. Nun durften Laien... das Brot der Kommunion austeilen.*
Besonderes Kernstück dringendster Befreiung aber war das damalige *Gottesbild*, weg vom Kriegs- und Rachegott *Jahwe* zu einem Vater der Liebe, des Lichtes und des heiligen Geistes, der uns allen in Form des *Christus-Bewußtseins* zur Verfügung steht. Jesus lehrte: **Der Buchstabe tötet, aber der Geist macht lebendig**. Ich erinnere dabei an mein 3. Kapitel über das

> Die *Liebe* tut dem Nächsten nichts Böses.
> Also ist die *Liebe* die Erfüllung des Gesetzes.
> Römer 13, 10

Gottesbild. Hinweisen möchte ich an dieser Stelle aber auch auf die spezielle Formulierung **Sünde wider den heiligen Geist**. Der Unity-Autor[237] *Emmet Fox* (1886-1951) schreibt in seinem Buch 'Die Bergpredigt'[56]:

*Was ist die Sünde gegen den Heiligen Geist? Die Sünde wider den Heiligen Geist ist jede Handlung deinerseits, welche verhindert, daß der Heilige Geist in deiner Seele wirken kann; sie ist alles, was dich von der immer neu belebenden Tätigkeit Gottes, des geistigen Lebens, ausschließt. Die Strafe für diesen Fehler ist geistiges Stehenbleiben. Das einzige Heilmittel besteht in einem solchen Falle in der direkten Einwirkung des Heiligen Geistes, jedoch bewirkt unser Fehler selbst, daß diese Wirkung nicht stattfinden kann, und so entsteht ein schlimmer Stillstand. Es ist klar, daß dieser Zustand so lange bestehen muß, wie der Fehler gemacht wird, in diesem Sinne ist die Sünde unverzeihlich. Das Problem kann nicht gelöst werden, wenn der Schuldige nicht bereit ist, seine Einstellung zu ändern. Die Anzeichen dieser Krankheit sind geistiger Stillstand und eine vollkommene Unfähigkeit, Demonstrationen zu machen; dazu kommen nur zu oft Selbstgefälligkeit und geistiger Stolz...*

Wir können uns an dieser Stelle natürlich fragen, was bringt uns das heutige Christentum, dessen urchristlicher Glaubensinhalt Jesus vor zwei Jahrtausenden von den Gesetzen des A.T. 'befreit' hat und das als neue Lehre nur drei Jahrhunderte lang von den Urchristen in ein gelebtes Tat-Christentum umgesetzt worden sind? **Das *Christus-Bewußtsein* wurde damals von Jesus <u>ein für allemal</u> in unsere Welt der Stofflichkeit 'manifestiert' und steht uns <u>für immer</u> zur Verfügung**. Wenn das 'Volk der Gläubigen' diese göttliche Kraft aber von der Kirchenhierarchie mit ihrer menschlich erdachten Ordnung 'verwalten' läßt, sind wir alle selbst daran schuld. Da helfen uns keine Reformen der Reformen, die nochmals reformiert wurden. Daher gilt auch heute - mehr denn je - *uns selbst* zu befreien, wie dies die Urchristen leidenschaftlich und ernsthaft getan haben.

Hören wir nochmals *Emmet Fox*[56]:

*Jesus ist der revolutionärste aller Lehrer. Er stellt die Welt für die, die seine Lehre annehmen, auf den Kopf. Wenn du einmal die Botschaft Jesu Christi angenommen hast, ist nichts mehr wie bisher.* **Alle Werte ändern sich vollkommen.** *Dinge, zu deren Erlangung früher Zeit und Energie aufgewandt wurden, erscheinen nicht mehr der Mühe wert, während wir entdecken, daß andere Dinge, die wir früher kaum beachtet haben, die allein wirklich wichtigen sind. Wir finden jetzt, daß im Vergleich mit Jesus alle sogenannten Revolutionäre, Radikalen und Reformatoren der Geschichte lediglich an der Oberfläche geblieben sind; sie haben unwichtige Äußerlichkeiten neu aufgestellt, wogegen Jesus auf den Kern der Sache einging und ihn anpackte.*

Sehen wir uns noch einen der entscheidenden Gegensätze zu den alttestamentarischen Lehren an. Der Evangelist *Matthäus* schreibt: **Richtet nicht,**

**auf daß ihr nicht gerichtet werdet.** Der Hebräergott des A.T. war so sehr vermenschlicht, daß er, sein 'auserwähltes Volk' begleitend, immanent mit 'Zuckerbrot und Peitsche' wirkte, rechtete und richtete. Mit religiösem und weltlich angepaßtem Gesetzes-Recht. Aber Jesus, die Apostel und die ersten urchristlichen Gemeinden wußten genau, daß sie an diesem wichtigen Punkt menschlichen Verhaltens an-setzen müssen, um den Veränderungsbedarf in jener Zeit auch durch-setzen zu können. Doch gerade an diesem entscheidenden Verhaltensansatz kehrte das menschliche Ego ganz schnell wieder zu seinem archetypischen Drang zurück, denn schon bald waren es die Bischöfe des zweiten Jahrhunderts selbst, die diesen Lehrsatz des **Richtet nicht...** erst tolerierten und dann negierten. Erst wurde verbannt und dann 'entsorgt', was nicht der eigenen Meinung entsprach. Armer Herr Jesus!

> Menschen, die zuhören können, sind die wahrhaft Unterhaltenden -
> das kann man bei jeder Geselligkeit beobachten:
> Wirkliche Aufmerksamkeit ist *Liebe*,
> und *Liebe* ist immer unterhaltend und erfreuend.
> *Friedrich Wilhelm Foerster* [182]

## 11. Kapitel

## Jesus, der ins Fleisch gekommene Christus

*Kristos*, die griechische Übersetzung des hebräischen Wortes *messias (maschiach)* - der Gesalbte - hat heute eine ganz andere Bedeutung als vor zweieinhalbtausend Jahren. Der damals erwartete Messias der Hebräer[171], wohl ein überwiegend politisches Wunschbild, hat trotz der Übersetzung 'Gesalbter' so gut wie nichts mit dem stark hellenistisch getönten Urchristentum und deren *Kristos* zu tun, der dann abermals eine Umdeutung im römischen *Christus* erhielt.

Nahezu siebenhundert Jahre dauerten die sogenannten *christologischen Streitigkeiten* der alten Kirche,
> ...in deren Verlauf Jesus Christus teils als bloßer Mensch gesehen wurde, der von Gott als Sohn adoptiert wurde (Adoptianismus), teils als Gottes vornehmstes Geschöpf zum Zwecke der Welterschaffung (Arianismus), als die eine fleischgewordenen Natur des göttlichen Logos (Monophysitismus) oder als Logos, der nur einen Scheinleib hatte (Doketismus). So bestand die Hauptaufgabe der ersten Konzilien in der Klärung der Verbindung zwischen göttlicher und menschlicher Natur in der Person Jesu Christi, die schließlich auf dem Konzil von Chalkedon (451) in der bis heute maßgeblichen Formel von den zwei Naturen, die 'unvermischt und ungetrennt' in der einen Person des Logos vereinigt sind, entschieden wurde.[137]

Seit Ende des letzten Jahrhunderts bekommt der Christus-Begriff, teils aus den esoterischen und anthroposophischen Bereichen, teils aber aus unserem allgemein erweiterten Verständnis kosmischer Dimensionen abermals neue Inhaltsformulierungen wie *Christusgeist, Christusbewußtsein, Christusprinzip, Christuslogos, Universeller Geist* oder *Kosmischer Christus*. Christus ist unpersönlich geworden, wird zur **Christuskraft** als *die* göttliche Liebesschwingung, die jedem (menschlichen?) Lebewesen zur Verfügung steht. Daher ist in diesem Falle die Bezeichnung *Christus-in-Jesus* aussagekräftiger als das allgemein verwendete *Jesus Christus*.

Halten wir uns bei dem theologischen Problem des *Menschensohn/Gottessohnes* nicht auf, Erklärungsversuche und Verständnismodelle gibt es zuhauf, denn die klerikale Kompromißformel 'unvermischt und ungetrennt' sagt alles und nichts. Widersprüchlich sind oft auch Erklärungsversuche aus der 'geistigen Welt', denn die Mehrzahl der Erkenntnisse aus den raum- und zeitlosen Dimensionen dürften durchweg an irdisch eingeschränkter Verständnisfähigkeit scheitern.

Aber eine nicht allzutief schürfende Erklärung sollten wir wagen. *Christus* wird in den meisten Botschaften aus den geistigen Dimensionen als *der* Sohn Gottes dargestellt oder genauer: Als die erste vom göttlichen Geist 'erdachte' und damit geschaffene Wesenheit - sicherlich in kosmischer Dimension und vor soviel Äonen, daß man von einer Ewigkeit sprechen kann. Was uns, die wir in der Raum-Zeit-Materie eingebunden sind, davon erreicht, ist Christi *Logos, seine Kraft oder Schwingung,* die logischerweise allen höheren Lebewesen für ihr *Leben in der Materie* zur Verfügung steht. Sicherlich auch auf anderen Planeten, denn es handelt sich um eine universelle Liebesschwingung, die jeweils erkannt und umgesetzt werden muß. Und abhängig ist dies bei uns Menschen einzig und allein von unserem Bewußtseinsstand, das heißt generell von menschlicher Bewußtseinsfähigkeit. Darüber folgt später ein eigenes Kapitel.

Im Laufe der vielen menschlichen Zivilisationen und deren Entwicklung gab es immer wieder Personen so hoher Bewußtseinsfähigkeit mit der so hohen Aufnahmebereitschaft des Christuslogos, daß sie wie Gottessöhne auf die bewußtseinsmäßig 'unterentwickelte' Umgebung wirkten. So ging es auch *Jesus,* den die Evangelisten (vorsichtshalber?) im N.T. an die achtzigmal 'Menschensohn' nannten und damit zeigen wollten, daß jeder andere auch zum 'Gottessohn' werden könne. Jesus sagt es hundertfach: *...Ihr seid Kinder Gottes, vertraut eurem Vater!* Trotzdem meine ich, daß Jesus im Laufe seines irdischen Lebens sich mit dem Christuslogos so vereinigte und eins wurde, daß wir die Kirchen getrost fortfahren lassen können, von *Jesus Christus* als Gottessohn zu sprechen.

Wenn wir aber aus dem kirchlichen Bereich heraus in den esoterischen und freigeistigen treten, können wir uns einen kosmischen Blick auf die Fleischwerdung oder Inkarnation Jesu leisten und erkennen, daß die wohl einzigartige Mission Jesu auf unserem Planeten dies war, daß er als erster im derzeitigen Äon den Christus *total* verkörperte - justament zu einem Zeitpunkt, der auf die Halbzeit unseres 'Platonischen Jahres' und die heutige Zeitenwende ausgerichtet ist. Denn nach dem 'Fall' der Seelen in die tiefste irdische Stofflichkeit hatte sich der göttliche Geistfunken in unserem Herzen zu einem Restlicht und Glimmen so abgeschwächt, daß es fast keine Verbindung mehr zum kosmischen Christus oder *Christus universalis* gab. **Somit auch keine Brücke mehr zwischen Christus und dem Menschen. Dies zu ändern, war die 'Erlösung' von der 'Erbsünde'.**

> Nicht die Gabe ist kostbar, sondern die *Liebe.*
> Japanisches Sprichwort

## Ich bin der Weg - nicht das Ziel

Jesus brachte aber auch durch sein totales Christus-Sein nicht nur die Erlösung von unseren Altlasten, sondern auch die Lehre eines 'Weges nach Hause', zurück zum göttlichen Zentrum und der schöpferischen Einheit - sicherlich auch im Rahmen der gesamten Schwingungserhöhung unseres Sonnensystems auf seiner Rückreise nach der Zeitenwende. Denn entscheidend in seiner Lehre ist der **Weg**, ein Weg zu neuem Bewußtsein - höherem Bewußtsein natürlich - wie Jesus es stets von sich selbst gelehrt hat: *Ich bin der Weg, nicht das Ziel.* Wir können es auch für unwichtig ansehen, ob wir auf diesem Weg unser Vorbild, Lehrmeister oder Heiland als Gottessohn *ansprechen* oder nicht, um unser Vorbild sein zu können. Entscheidend wird doch ausschließlich sein, was wir davon als Erkenntnis in unser irdisches Leben und unseren Lebens-weg aufnehmen wollen oder können.

Und dieser 'Weg' ist der Weg, auf dem wir ihm nachfolgen können. *Folget mir nach!* Das ist eine klare und verlockende und gnadenlose Aufforderung. Nachfolgen kann bedeuten, daß er vor uns schon den Weg freigemacht hat und daß er weiß, daß es der richtige Weg ist. Es bedeutet aber auch eindeutig, daß wir auf dem Weg bleiben müssen, denn sonst ist es eben nicht *sein* Weg, nämlich ein innerer und keiner von Äußerlichkeiten. *Franz Alt* [30] kommentiert die Aufforderung Jesu *...folget mir nach!* im Vergleich mit dem Ergebnis christlicher Nachfolgeschaft:

> *Nicht Anbetung,* **Nachfolge** *ist das Rezept. Jesus hatte und hat Millionen Anbeter und Millionen Anhänger, aber kaum Nachfolger. Deshalb hat sich in 2000 Jahren nicht viel geändert. Ein An-hänger hat keinen eigenen Motor. Nachfolgerinnen und Nachfolger aber vertrauen auf ihren eigenen Motor und machen sich mit offenen, nach innen und außen offenen Augen auf den Weg der Nachfolge, auf den Weg der Bewußtwerdung.*

Der Weg der Bewußtwerdung steht früher oder später in Verbindung mit der Aufnahme und der Annahme der Christuskraft in uns - dem oben erwähnten Motor. Das Wort *Christusbewußtsein* zeigt schon den Weg an: sich-Christus-bewußt-sein.

In den Evangelien wird für den 'Eintritt' dieses Christusbewußtseins in den Menschen Jesus seine **Taufe** stark in den Vordergrund gestellt und diese mit einem göttlichen Akt in Verbindung gebracht - heute können wir diesbezüglich von einer Manifestation sprechen. Dieser Taufakt steht allerdings im Widerspruch zu der anderen Aussagen der Evangelien, daß das Göttliche und Christus *in uns* sei und uns damit permanent zur Verfügung stünde, falls wir schon den nötigen Bewußtseinszustand dafür entwickelt hätten. Somit könnte der biblische Taufakt Jesu wohl besser symbolhaft verstanden werden. Der Stellenwert der Taufe war allerdings zu jener Zeit auch ganz anders anzusehen als die heutige Kindstaufe und ich versuche dies, an drei Beispielen darzustellen. Der Priester *Hans-Werner Schroeder* schreibt in seinem Buch 'Christus' [34]:

*Johannes der Täufer hatte als Wissender geistiger Zusammenhänge[138] die Möglichkeit, Menschen durch die Taufe an die Schwelle des Todes heranzuführen, ohne sie damit in die Gefahr des Todes selber zu bringen. Durch das Untertauchen im Wasser kamen die Menschen damals wirklich an die Schwelle des Todes heran und hatten dabei diejenigen Erlebnisse, die der Mensch normalerweise an der Todesschwelle hat, nämlich die Wahrnehmung der geistigen Welt. Aber Johannes der Täufer hatte die Möglichkeit, dieses Geschehen so zu leiten, daß es zu keinem wirklichen Ertrinken führte, sondern daß der Mensch mit den Eindrücken der geistigen Welt weiterleben konnte. Er behielt diese Eindrücke auch in seinem Bewußtsein.*

Außerdem hatte bei den Urchristen die Taufe als Wechsel vom Heidentum zum Christentum natürlich einen ungeheuer emotionalen Hintergrund. Es war ein Fest- und Erlösungsakt (von der jüdischen Gesetzesenge) im Leben dieser <u>Erwachsenen</u> und ein meist lang ersehnter Augenblick. Die Apostel, die von Gemeinde zu Gemeinde taufend zogen und sicherlich so rar und gefeiert waren, wie wenn heute ein Star in unserer Nähe gastiert, hatten noch nicht die heutige Mobilität und Telekommunikation. Sie schickten notfalls Briefe. Daher ist es verständlich, daß bis zu dreitausend Getaufter pro Tag in den Evangelien beschrieben werden, wenn der Apostel endlich eingetroffen war. Das Christwerden durch die Taufe hatte für viele Juden, besonders aber für die Frauen, zugleich ein Frei-werden aus dem gnadenlosen Joch jüdischer Gesetzestraditionen, demm in den frühchristlichen Gemeinden wurde lange Zeit eine gotteskindliche 'Gleichberechtigung' gepflegt. *Hans B. Altinger* schreibt dazu[59]:

*Johannes der Täufer war wohl der erste, der die mosaischen Reinheitsvorschriften nicht buchstabengetreu auslegte, die Brand- und Sündopfer verwarf und zudem die schier unüberwindliche Hürde der Geringschätzung der Frauen übersprang. Er lud sie kurzerhand zur Taufe ein und fragte nicht, ob sie nach den mosaischen Gesetzen rein oder unrein waren oder ihre Sühneopfer geleistet hatten. Mit einer einzigen Weisung hob er all diese Schranken und Vorschriften auf. Es war eine Leistung, der man nicht genug Achtung zollen kann, stieß sie doch auf enormen Widerstand in den Reihen der Priester und Schriftgelehrten. So ist es nicht verwunderlich, daß Johannes der Täufer mit seinen Predigten und Handlungen das historisch belegte Johannesfieber auslöste,* **denn plötzlich waren alle Menschen frei und gleich vor Gott.** *Es ist ein Kuriosum, daß gerade Johannes der*

Je *liebloser* jemand ist, desto *liebebedürftiger* ist er.
Darum muß man solchen um so mehr *Liebe* erweisen.
*Zeller* [182]

*Täufer, dem klischeehaft keinerlei Bindung zu Frauen unterstellt wird, die Befreiung der Frauen bewirkte.*

Eine dritte Version, wie Taufe bei den Urchristen auch verstanden worden ist, finden wir im aramäischen Text des 'Friedensevangeliums' [15]. Hierbei erklärt Jesus die äußere und innere Reinigung des Körpers mit Wasser als eine Erneuerung der ehemaligen Taufe, wobei er in diesem Evangelium die Formulierungen aus seinem essenischen Orden beibehält und vom 'Engel des Wassers' spricht, der dabei tätig wird. Die innere Reinigung bestand aus rechtzeitigem Fasten mit Darmspülung und die äußere dann als Taufe im Fluß - ein typisches Procedere vor 'Einweihungen', wie dies auch von anderen Bewußtseinserweiterungswegen bekannt ist.

## Erlösung durch Bewußt-werden

*Sylvia Wallimann* schreibt in ihrem sehr lesenswerten Buch 'Erwache in Gott' [41] als Botschaft zu dem Thema *Erlösung* durch die Fleischwerdung der Christuskraft:

*Der Christusgeist gab dem Menschen Jesus die Kraft, sich nicht in die Materie zu verstricken. Sie gab ihm auch die Gewißheit der Erlösung und der Auferstehung. Auch dein Wesen, Freund Mensch, ist Träger des kosmischen Christusbewußtseins, ist Träger der Liebe des Geistes, die sich nie verändert hat. Jetzt verhüllt dein Menschsein diese Wahrheit noch. <u>In Jesus war Christus unverhüllt</u>, und so erkannte und tat Jesus jederzeit den Willen des Vaters.* **Jesus Christus kam nicht in diese Welt, um die Menschen zu erlösen, sondern um ihnen zu zeigen, wie sie sich selbst erlösen können.** *Von dem historischen Jesus Christus Erlösung zu erhoffen, ist so falsch wie das Warten auf einen künftigen Messias. Jesus Christus fordert dich auf, ihm nachzufolgen, das heißt, dir deiner Christuskraft wieder bewußt zu werden. <u>Darin allein liegt für jeden Menschen die Erlösung</u>. So wie der in Jesus wirkende Christus ihn erlöste, so nur kann der in dir wirkende Christus dich erlösen, indem du dein göttliches Selbst wieder anerkennst.*

Das ist natürlich stark! Nichts von einer *Erlösung aller* von ihren Sünden. Das einfach so simpel konstruierte Erlösungssystem, das sich die Bischöfe der alten Kirche ausgedacht haben, funktionierte nur für die eigenen Kircheninteressen. Der Christenheit hat es nie gedient und jegliche Entwicklung im Sinne der ehemaligen Selbsterlösungslehre Jesu unterbunden. War es nur einer der großen Irrtümer der Christenheit oder theologische Bequemlichkeit, daß uns Jesus durch seine Kreuzigung neben der 'Erlösung von der Erbsünde' auch gleich von der laufenden selbstverursachten 'Sündenlast' miterlöst habe? Das wäre gegen jede kosmische Ordnung! Selbst bei unserer irdischen Justiz legen wir heute das Selbstverursacherprinzip zugrunde.

Sehen wir uns dies alles wieder einmal aus einem gewissen Abstand an. Ob der vielen täglichen 'Sünden' der Menschen haben schon die Priester des Altertums Opfer gebracht. Vom A.T. her wissen wir, daß die 'blutigen' wohl besonders effektvoll den zürnenden Gott wieder gnädig werden ließen. Aber so sündig, wie wir Menschen schon immer lebten, müßten wir ja permanent opfern. Wäre es da nicht viel bequemer, wenn wir zu einer Dauer-Erlösung fänden, die uns einen lebenslangen Sündenspielraum ließe? Also könnte doch ein Blutopfer höchsten Couleurs, zum Beispiel eines 'Sohnes' Gottes selbst, uns irdischen Sündern Erlösung bringen? Ein Erlösungs-Abonnement? Eben dieses theologische System ist so uralt und so phantastisch und so frech zugleich, daß es eineinhalbjahrtausend lang im Sinne der Großkirchen funktioniert hat. Obwohl klar in den Evangelien ausgesagt wird, daß Gott *in-uns-ist* und jeder somit die Möglichkeit der Selbsterlösung auf seinen Lebensweg mitbekommen hat.

Jesus war kein Mensch wie irgend einer seiner Zeitgenossen, was heute immer wieder versucht wird, darzustellen. **Das Mysterium Jesus** kann nur verstanden werden, wenn wir seine hohe Spiritualität als herausragenden Menschen voraussetzen. Gott hätte nie einen 'Sohn' für seine aus dem Rahmen geratenene Geschöpfe auf dem Planeten Erde opfern müssen - wozu auch! Das ist doch menschliches Wunschdenken! Er hat aber sicherlich das erniedrigende und äußerst schmerzliche Opfer des spirituellen, dem Christusgeist total geöffneten, traumhaft schönen und edlen Menschen Jesus wohlwollend angenommen. **Und dieser tat es in seiner Berufung, damit entgültig und rechtzeitig den Christusgeist in unserer stofflichen Ebene manifestiert zu haben.**

Jesus zeigte uns die Anwendung eines weiteren kosmischen Prinzips, das speziell für unsere Epoche und zur Höherentwicklung der gesamten Menschheit mit Hilfe der Christuskraft geplant war und die uns allen zur Verfügung steht, wenn wir sie begreifen und üben:

**Die göttliche Präsenz** (in uns) **+ Vergebung = Christuskraft.**

Über diese Umwandlungsfähigkeit mittels unserer Denk- und Lebensweise sollten wir viel nachdenken und meditieren.

> Der Anfang der *Liebe* ist, daß wir diejenigen, die wir *lieben*, völlig sie selbst sein lassen und sie nicht nach unserer eigenen Vorstellung umformen. Andernfalls *lieben* wir nur unser Ebenbild, das wir in ihnen finden.
>
> *Thomas Merton* [182]

## 12. Kapitel

## Die Lehre Christi und der 'Antichrist'

Wie schon in früheren Kapiteln erwähnt, gibt es weltweit *religiöse Dualismen*, die verschieden dramatisch ausgeprägt oder mehr oder weniger klar definiert sind. In unserem Falle steht dem *Christusgeist* der *Antichrist* gegenüber - dem Geistigen die Materie (Macht und Geld), dem Licht das Dunkel.

Das Thema *Antichrist* ist ausgesprochen schwer zu begreifen, vor allem in der heutigen aufgeklärten Zeit. Denn es fehlt generell an Wissen darüber und Interesse daran. Jene Wesenheiten verstanden und verstehen es heute besser denn je, im Dunkel der Geheimnisse zu blühen und sich bedeckt zu halten. Das ändert aber nichts an der Tatsache, daß es in unserer irdischen Welt der Polaritäten auch auf diesen Ebenen *Paarlinge*, also Gegensatzpaare, als Gleichgewicht gibt und es somit für jeden *Engel* auch einen *Dämon* geben darf oder muß. Über erstere haben wir heute - Gottseidank - eine wahre Welle von neuen Buchveröffentlichungen, was darauf hinweist, daß dafür neues Verständnis und Bewußtsein entsteht, während von der Gegenseite Publizität geschickt vermieden wird und lancierte Informationen, Widersprüche und Lächerlichmachungen im Vordergrund stehen.

Ich versuche hier nochmals (siehe auch 'Jesus im dualen System'), etwas Einblick und Übersicht in dieses Thema zu bringen. Dem *Antichrist* können wir drei hauptsächliche Ebenen zuordnen:

1. *personifiziert* als Böser in fast allen Kirchensystemen und bei uns heute hauptsächlich in Hexen- und Satanskulten gepflegt,

2. im *Dämonenreich*, meist bezogen auf das persönliche menschliche Ego eines jeden Einzelnen von uns und

3. als *kollektives*, menschliches Verstandes-Ego im jeweiligen Zeitgeist.

In der christlichen Kirchenlehre, basierend auf der 'Heiligen Schrift', werden außer den Begriffen **der Böse**, 'Herr der Welt' und 'Herr der Finsternis' auch konkret personifizierte Namen genannt: *Teufel, Luzifer und Satan*[139]. *Luciferus* (lat. Lichtbringer, Lichtträger) käme wohl der Vorstellung, daß es sich auch hierbei um eine höchste göttliche Schöpfung handele, am nächsten. *Satan* allerdings klingt einfach bösartiger und dürfte dem heutigen bewußten oder unbewußten Kultgeschehen wie beim *Satanismus* am entsprechendsten nahekommen. Im Henochbuch finden wir Texte, wo Satan als *Satanael* bei den Erzengeln und damit im Bereich biblischer Erstschöpfungen, wohl ganz zurecht, einbezogen ist. *El* ist eine alte Bezeichnung aus dem Sanskrit wie auch dem Hebräischen und bedeutet 'Gott'. Wir finden diese Silbe im A.T. als Endung bei allen Erzengel-Namen wie *Macha-el* (Michael), *Gabir-el* (Gabriel), *Rafa-el, Schama-el, Uri-el* und auch *Satana-el,* an vielen anderen Stellen findet man noch *El-Schaddei* als Bezeichnung für einen 'verworfenen' Erzengel. Bei *Tobias 12,15* heißt es: *Ich bin Raphael, einer der sieben Söhne Gottes...*und von solchen wird nicht nur im A.T. geschrieben (die sieben Geister vor dem Throne Gottes), sondern auch im Hinduismus: *Sieben Prajapadis* (Herren der Geschöpfe) und in der zoroastrischen Religion: *die sieben Amesha Spentas* (unsterbliche Heilige).

Wie könnte das einstmals alles begonnen haben? Versuchen wir einmal, in das auf den Mittelmeerraum ausgerichtete transzendente 'Schöpfungsgeschehen' etwas System zu bringen, die tatsächliche Zeitdimension von vermutlich Jahrmillionen zu vernachlässigen und nochmals zusammenzufassen, was unter dem Begriff 'Engelsturz' bereits vorne beschrieben steht. Aus dem ewigen, göttlichen und schöpferischen Urgeist entströmt endlos *Liebe und Licht,* die geistigen Grundenergien allen Lebens. **Liebeskraft manifestiert sich in *Christus,* dem Erstgeborenen, und Licht in *Luzifer,* dem Zweitgeborenen,** und diese schufen dann den Kreis der (sieben?) höchsten Hierarchien oder Götter, die in Hebräisch mit *El* bezeichnet wurden. Aber Luzifer, als zweithöchste und ehemals göttliche Kraft, wurde mit seinem eigenmächtigen, neu-gierigen und schöpferischen 'Abstieg' in immer dichtere Materie allmählich zu einem satanischen Geistwesen.

Obwohl der geistigen Christuskraft eine ebenfalls geistige Anti-Christuskraft polar entgegengesetzt wirken darf, wurden beide Kräfte von Anfang an personifiziert und entsprechende Geist-Wesen 'erschaffen'. Von uns Menschen. So wurde Satan zum Gegenspieler *Christi* in unserer Kirchenlehre. Der Widersacher des <u>Menschen</u> wandelte sich zum Widersacher <u>Gottes</u>, als der er von Jahrhundert zu Jahrhundert immer leibhaftigere Züge bekommen hat und das Feindbild Nummer Eins wurde, um damit ebensolange kräftig drohen zu

*Liebet* die ganze Schöpfung Gottes!
Sowohl den ganzen Erdball, wie auch das kleinste Sandkorn.
Jedes Blättchen *liebet* und jeden Sonnenstrahl! *Liebet* alle Dinge!
*F. M. Dostojewski* (1821-1881)

können - von einfachen Höllenqualen bis hin zur 'ewigen Verdammnis'. Die mittelalterliche christliche Teufels- und Dämonenpakt-Theorie (er kann vom Menschen angerufen und durch Pakt zu Hilfeleistungen veranlaßt werden) führte in Folge von *Luthers* Teufelsglauben zu ausgedehnter Teufelsliteratur, in der der Pferdefuß als stets gegenwärtige, für alles Unglück und Böse zuständige Instanz herhalten mußte. Moderne Hexen- und Satanskulte, Teufelsmessen, Sexualmagie und Rockmusik mit diabolischen Botschaften, die offen oder unterschwellig (subliminal) hinausgehämmert werden, sind die schreckliche Fortsetzung dieser 'Personifizierung' der destruktiven menschlichen Gegen-kraft zur kosmischen *Christuskraft.*

Aus modernerer Sicht steht eben dieser Aspekt im Vordergrund: In den freigeistigen Konzepten ist dieser 'Böse' kein *Gegen-Gott*, sondern die *geistig-polare* Urkraft als Basis all <u>unserer</u> Unerwachtheit, Verhaftung am Verstandes-ego und Selbst-Verfinsterung, die *in uns* steckt (Jesus: *Himmel und Hölle sind in euch*). Ich erinnere daran, daß 'polar' meistens die andere Seite der *gleichen* Sache bedeutet.

**Das Dämonenreich**

Bei obiger Kurzfassung dieses Zweikampfes des zweitgeborenen Gottessohnes gegen den Erstgeborenen bleibe ich bei den lateinischen Bezeichnungen *Christus* und *Luciferus,* obwohl sich das sicher bereits bei der Entstehung der ersten Lebensformen oder Schöpfungen auf unserem Planeten vor millionen oder milliarden Erdenjahren (als noch kein Latein gesprochen wurde) abgespielt haben muß - möglicherweise sogar Prinzipien des gesamten stofflichen Universums sind. Doch was können wir heute unter der Macht Luzifers verstehen? Wie oben geschildert, hat er sich ebenfalls eine schöpferische Hierachie aufgebaut, eine 'Hierarchie nach unten'. *Ananda* nennt es eine *Entropie*, eine sich abwärts entwickelnde Spirale. Mit den geistigen Kräften und Energien unseres menschlichen negativen Verhaltens über Jahrtausende hin haben sich diese Wesenheiten ein *Dämonenreich* geschaffen mit Helfershelfern und Opfern. Erstere sind Menschen, die zu äußerer Macht und Ansehen gekommen sind und gewissenlos über andere Menschen herrschen, sie *entgegen* der Evolution mißbrauchen und im eigenen Sinne aus-nutzen.

Im 'Vater unser', bitten wir Gott ... *uns nicht in Versuchung zu führen*. Doch dies ist eine falsche Übersetzung, welche richtig ...*und führe uns, aufdaß wir nicht in Versuchung fallen* heißt (Originalübersetzung aus dem Aramäischen)[44]. Nicht das Göttliche *versucht* uns, sondern das Böse. Dieser falschen Auffassung tritt Jesus entgegen mit einer klaren Aussage, die sich in den 'Pseudo-

Clementinen' findet: *Zu denen, welche meinten, daß es in der Schrift heiße, Gott sei es, der versucht, sagt er: Der Böse ist es, der versucht.* Eigentlich auch ganz logisch so. Ausführlicher bekommen wir diese Antwort bei *Jakobus* 1,13-15:
*Keiner, der in Versuchung gerät, soll sagen, ich werde von Gott in Versuchung geführt. Denn Gott kann nicht in die Versuchung kommen, Böses zu tun, und er führt auch selbst niemand in Versuchung. Jeder wird von seiner eigenen Begierde, die ihn lockt und fängt, in Versuchung geführt.*

Betrachten wir uns weiter das 'Dämonenreich'. *Dämon* kommt vom griechischen *Daimonion,* der Bezeichnung für eine besondere Klasse übermenschlicher, metaphysischer, aber *nicht* göttlicher Mächte. Woher die Kräfte dieser Mächte kommen, ist kaum möglich zu unterscheiden. Außer fremden Wesenheiten können es genauso Seelen Verstorbener aus den niederen, metaphysischen Schwingungsbereichen, der sogenannten *Astralebene,* sein. Für beide Ebenen, der materiellen wie der astralen, gilt das *Gesetz der Affinität,* wodurch gleichgeartete und gleichschwingende Menschen beider Ebenen angezogen werden. Verstärkt finden wir das in den Bereichen von Alkoholismus, Süchten und anderen starken Abhängigkeiten. Aber nur einen kleinen Energieteil davon leisten diese 'Gezeichneten'. Der Rest der Menschheit, und dazu zählt auch ein jeder von uns, ist ein mehr oder weniger starker *anonymer* Spender geistiger Potenzen für diese Wesenheiten der lichtlosen Reiche - **als Ersatz für das dorthin nicht mehr reichende göttliche Licht**. Als Bezeichnung dieser Potenzen und Kräfte, die negativ gegen uns verwendet werden können, ist der Begriff *Od* am geläufigsten. Unter dem Stichwort 'Materialisation' [126] sind weitere Definitionen aufgeführt.

Solche Odkräfte liefern wir meist gedankenlos und natürlich uninformiert und man kann das diesbezüglich wirksame Verhalten von uns Menschen in vier größere Aktionsbereiche aufteilen, wenn wir unsere Lebensweise wieder einmal von 'innen' *und* 'außen' betrachten: Od-Kräfte können uns abgezogen werden
durch selbstsüchtiges Abtöten von Lebensformen,
durch unser persönliches negatives Ego-Verhalten,
durch verkehrte Ernährung und
durch eine ungezügelte Phantasie- und Gedankenwelt.

Dies sind nur vier praktische Bereiche aus unserem Alltag, später erweitere ich dieses Thema detaillierter.

> Ich glaube, wenn jeder danach leben würde, daß man seinen
> Nächsten *lieben* soll - wie sich selbst -, dann würde es
> viel weniger Probleme auf der Welt geben.
> *Bernhard Langer*, deutscher Golfprofi

Odkräfte liefern wir den dämonischen Kräften durch gesetzlich erlaubtes wie auch ungesetzliches **Töten von Leben** in Kriegen, millionenfach permanent rund um unseren Planeten, millionenfach durch Abtreibungen und milliardenfach in den Schlachthäusern und Tierversuchslaboratorien. Aus der geistigen Welt wird uns aber auch gesagt, daß durch das Aufspalten von Atomen und im immer dichter werdenden Bereich der Mikrowellen negative Schwingungen frei werden, deren Ausmaß wir heute weder erahnen noch in den Griff bekommen können und insgesamt Mega-Kräfte freigeben auch für die lichtlosen Reiche.

**Unser persönliches Ego**

Bei unserem **persönlichen Verhalten** sind es vor allem unsere Probleme mit der Ich-Sucht, als da sind Selbstsüchtigkeit, Erfolgssucht, Machtstreben, übersteigerter Ehrgeiz Unnachgiebigkeit, Hart- und Unbarmherzigkeit, unsere Wutausbrüche, unser Mobbing in der Berufswelt, unser Gehetze und die Überaktivitäten, Gierigkeiten aller Art und persönliche Maßlosigkeiten sowie der große Bereich der zügellosen Sexualität und Unmoral. Jesus hat uns in seiner *Bergpredigt* noch einige weitere diesbezügliche und sehr markante Tips aufgelistet.

Kostbare Odkräfte servieren wir der 'Welt der Lichtlosen' mit unserem **Wohlstands-Speiseplan** durch das übermäßige Verzehren getöteter Tiere, durch allgemeines zügelloses Schlemmen, durch übermäßigen Alkohol- und Kaffeekonsum (die spirituelle Schädlichkeit des letzteren ist noch weitgehend unbekannt), ganz stark auch durch die übersüßten Speisen und Getränke[178] (Suchtgefahr), durch Rauchen und leider auch durch das Tragen von zu viel Schmuck oder bestimmter Parfüms - einem Großteil unserer Zivilisationssünden. Die damit verbundene Od-Abgabe ist heute leicht meßbar geworden, nicht nur durch Pendel, Rute und Kinesiologie (Muskeltest), sondern ist bereits in den Bereich technischer Meßgeräte fortgeschritten (Bioresonanz).

Ein völlig unterschätztes Gebiet ist die Welt unserer **Gedanken und Phantasien**, die gerade heute in unserer Epoche der Wertverluste, Zügellosigkeiten, künstlichen Lärms und exzessiver Übertreibungen wohl fast ein selbstvernichtendes Ausmaß menschlichen Un-Sinns angenommen hat. Jeder Leser kann hierzu sicher ausreichend Beispiele aus seinem eigenen Leben und dem seines Umfeldes ergänzen.

Der Vollständigkeit halber streife ich an dieser Stelle noch den Bereich der **Naturgeister**. Er ist für uns, die wir mit unserem rationalen Schwingungsspektrum keinen Ein-Blick mehr in diese Welt haben, sehr schwer vorstellbar, was sich da abspielt und wie ich von glaubwürdigen Bekannten weiß, sich auch heute noch tut (Zwerge, Elfen und Devas). Sehr aufschlußreiche Berichte dazu findet man in der Literatur zu dem ganzen *Findhorn*-Geschehen, aber auch Spezialerscheinungen darüber nehmen auf dem Büchermarkt weiter zu. Beispielhaft möchte ich *Pan* als Thema herausgreifen, den wir aus der Welt der griechischen Naturgötter kennen und den wir spontan in seinem Altertum ansiedeln. Doch in Schottland in den Sechzigerjahren führte er Dialoge mit naturverbundenen, medialen New-Age-Anhängern. Unter anderem beklagte er sich, >*daß die frühe christliche Kirche ihn als Modell für den Teufel genommen hat*<, wie viele andere heidnische Götter und Naturgeister auch zu Teufeln, Unholden und Kobolden gemacht wurden. *Pan* erklärte unter anderem:

*Ich bin der Diener des allmächtigen Gottes. Ich und meine Untertanen sind bereit, dem Menschen zu Hilfe zu kommen - trotz der Art, wie er uns behandelt und die Natur mißbraucht - wenn er an uns glaubt und uns um unsere Hilfe bittet* [40].

## Von allen guten Geistern verlassen

Kommen wir nun zu der dritten Form, in der der *Antichrist* uns vermehrt entgegentritt, dem **kollektiven Diabolismus** unserer Zeit. Hierzu zählen Insider die völkermordende Macht internationaler Bankensysteme wie den IWF, die gigantische Waffenindustrie mit ihren dahinterstehenden Machtsystemen und die weltweite totale Überflutung der akustischen und visuellen Medien mit über neunzig Prozent Negativnachrichten und künstlichen Horror- und Gewaltszenarien als Unterhaltungsstoff. Zusätzlich sollten wir als einen kollektiven Kräfteverzehr und -verlust auch unsere westeuropäische Freizeitvermarktung einbeziehen. Der siebente Tag als Ruhetag, Zeit der Erholung und inneren Einkehr, wird vermarktet zu Tagen der Rekorde, der Sinnlosigkeiten und Ablenkungen – wie auch Tage der Massenkonzentrationen und -bewegungen.

Reicht es Ihnen, was ich mir erlaubt habe, kurzgefaßt aufzureihen? Jeder von Ihnen wüßte noch einiges zu ergänzen. Aber eine solche Liste verführt zu leicht, dies alles vor allem bei *den Anderen* zu erkennen, wofür ja *Jesus* das berühmte Gleichnis vom *Splitter und Balken im Auge* als Spiegel für jeden von uns selbst festschrieb.

> Gott straft und züchtigt nicht.
> Gott, unser Vater, ist ein *liebender* Vater, dessen Geist in uns wohnt.
> Er ist die strömende *Liebe* in uns, das Innere Leben.
> 
> Christusstaat 16/96

Wie real ist eigentlich der Ausspruch *'von allen guten Geistern verlassen'* zu verstehen? Baronin *Adelma Vay* meint in ihrem Buch 'Aus meinem Leben':

*Jeder Mensch hat einen Schutzgeist und einen Dämon. - Der Mensch soll seinem guten Geist folgen, und den Dämon durch ein gutes Beispiel zu bekehren trachten. Die Erde ist ein Ort der Prüfung und des Kampfes; der Böse hat auf derselben sein Recht ebenso wie der Gute. - Gott ist gerecht; Er läßt Beide auf Erden walten, damit das Gute das Böse bekehre und besiege. - Zwei Stimmen reden in jeder Menschenbrust, eine gute und eine böse... Der Mensch muß sich aus freiem Willen für gut oder bös entscheiden; dazu gab ihm Gott das Gewissen, den Verstand, das Herz. - Engel und Dämon begleiten den Menschen von der Wiege bis zum Grabe... Der Mensch fühlt die gute und die böse Beeinflussung; folgt er der guten Stimme, so frohlockt der gute Geist, folgt er der bösen, so freut sich der Gegensatzgeist. - Hast du Mensch durch ein tugendhaftes Leben den Dämon bekehrt, so empfängt dich dieser, dankbar jubelnd, als erlöster Geist, an den Pforten des Todes. Hat jedoch der Mensch durch ein Leben des Lasters seinen Schutzgeist verdrängt, so empfängt ihn nach dem Tode der Dämon allein, hohnlachend....*

In einem ägyptischen Papyrus[79] heißt es:

*Wenn auch nur ein Gleichnis, es ist doch nichtsdestoweniger wahr: Neben dem Ellbogen eine jeden Menschen schwebt ein Geist. Nein, eigentlich sind es zwei Geister: der eine gut, der andere schlecht. Der eine geleitet den Menschen nach oben, der andere zieht ihn hinab.*

Im 'Übungshandbuch' der Schriftrollen vom Toten Meer[142] finden wir in der essenischen 'Lehre vom Licht' eine Darstellung, die ebenfalls einen Äon zurückliegt und gleiches formuliert:

*Und er gab dem Menschen zwei Geister zur Seite,*
*den Geist der Wahrheit und den Geist der Unwahrheit,*
*Wahrheit geboren aus der Quelle des Lichts*
*und Unwahrheit aus dem Brunnen der Dunkelheit.*
*Die Führung aller Kinder der Wahrheit*
*liegt in den Händen des Engels des Lichts,*
*damit sie auf den Wegen des Lichts wandeln.*
*Der Geist der Wahrheit und der Geist der Lüge*
*ringen miteinander im Herzen des Menschen,*
*mit Weisheit und Dummheit.*

Damit haben wir noch einmal diese Wesenheiten, die von unseren Od- und Lebenskräften profitieren, gestreift und lassen aber das schwierige Thema von Besetz- und Besessenheit beiseite. Dagegen stelle ich Ihnen die ganz kleinen Brüder davon kurz vor: Die mentalen Projektionen, *Elementale* und die an die vier Grund-Elemente gebundenen Wesen, die *Elementargeister*, beide vom lat. *mens/mentis,* der Geist, abstammend so benannt.

Im Okkultismus vergangener Jahrhunderte waren damit vor allem **Elementargeister** gemeint, auch Naturgeister wie Salamander, Sylphen, Zwerge, Undinen und Gnomen, Elfen und Nixen. Es heißt, daß unsere Mutter Erde nicht nur den *sichtbaren* Körper hat, auf dem wir uns täglich bewegen, sondern auch einen *energetischen* mit einer eigenen Gefühlswelt. Die für die meisten von uns unsichtbare Welt der Erdgefühle wird bevölkert von diesen Elementarwesen, die an allen Lebensprozessen innerhalb der Natur beteiligt sind.[219] Unsere heute vergewaltigte Natur kann im Zivilisationsbereich und in unseren inzwischen dicht besiedelten Räumen mit solchen, meist hilfreichen Naturwesen, nur noch in geringem Maße dienen.

Verbliebene **Elementale** der heutigen Zeit und unseren Umfeldes sollten wir uns mehr als *Energiefelder* vorstellen, die unserem irdischen Geistkörper mit seinem eigenen elektromagnetischen Feld anhaften. Die Verursacher solcher Fremdenergiefelder, von *Rudolf Steiner* auch als *Phantome* bezeichnet, sind überwiegend wir selbst mit unseren Gedanken, Wünschen und Vorstellungen. Dabei entstehen feinstoffliche Energien von ganz bestimmten Frequenzen und Schwingungen. Der Anthroposoph *Wolfgang Weihrauch*[141] schreibt darüber:

*Nur wenn man denken kann, daß sich mit jeder menschlichen Äußerung ein astralisches oder geistiges Wesen verbindet, wird man eine gewisse anschauliche Vorstellung dieser zeremoniellen Magie bekommen können. So wie sich bei jeder Meditation und bei jedem Gebet eine Engelwesenheit mit dem seelisch-geistig arbeitenden Menschen verbindet, stürmen niedere Wesenheiten beständig in den Menschen ein, oder er schnürt sie von höheren Wesen ab bzw. wirkt so, daß sie verzaubert oder erlöst werden. Die Gefühlsäußerungen der Wut, der Trauer, des Mitleids z.B. schaffen als seelische Geste einen Raum, in den diejenigen Elementarwesen einströmen, die den jeweiligen Gefühlsäußerungen entsprechen. Läßt ein Mensch Salz auskristallisieren, müssen sich mit diesem Prozeß Elementarwesen verbinden; verbrennt er etwas, können sich einige lösen, andere wiederum müssen sich mit dem Rauch verbinden. Von früh bis spät nimmt der Mensch Elementarwesen in sich auf, je nachdem wie er sich verhält und wie er gestimmt ist: ob mürrisch oder heiter, ob an seiner Umwelt interessiert oder desinteressiert, ob fleißig oder bequem. Durch das Zusammenleben der Menschen, auch von Mensch und Tier, entstehen ebenfalls Elementarwesen. Man könnte beliebig fortfahren.*
*Die meisten Elementarwesen entstehen durch das tägliche Sosein des Menschen, von ihm unbeachtet. Deswegen sind es unkoordinierte, unharmonische Wesen.*

> *Liebe* ist ein Wort des Lichtes,
> geschrieben von einer Hand des Lichtes,
> auf einer Seite des Lichtes.
> *Khalil Gibran* [200]

*Durch gewisse zeremoniell-magische Verrichtungen, vor allem im Kultus, können höhere, d.h. harmonische Elementarwesen entstehen. Alle Elementarwesengruppen - dämonische, unharmonische, harmonische - haben für die Zukunft der Erde eine Bedeutung: Durch die Art, wie der Mensch sich ihnen gegenüber verhält, je nachdem, welche er schafft und welche nicht, welche er erlöst und welche nicht, wird die Erde nach und nach zum künftigen Jupiter vergeistigt.*

Ergänzen wir noch eine wichtige Gesetzmäßigkeit, auf die Dr. *Stylianos Atteshlis*, bei uns bekannt als *Daskalos*,[28] hinweist:

*Die Elementale werden mit einer Intensität ausgesandt, die der Heftigkeit jener Wünsche entspricht, die sie hervorbrachten. Wenn sie am Ziel angekommen sind, kehren sie zu ihrem Urheber zurück, um erneut und mit verstärkter Kraft hinausgeschickt zu werden. Dieser Vorgang wiederholt sich viele Male und schafft innerhalb unserer Persönlichkeit eine schreckliche Atmosphäre des Bösen, wenn die Elementale von niederer Stufe sind - oder eine starke Atmosphäre der Liebe, wenn es gute Gedanken-Wünsche sind... Wir wollen also nicht unserer Umgebung Vorwürfe machen. Es gibt viele Elementale um uns herum. Da sind beispielsweise Elementale jener, die wir Alkoholiker nennen, denen viele von uns keine Bedeutung beimessen, während jene sich wiederum als Opfer der Gesellschaft darzustellen versuchen. Solche Menschen sind selbst verantwortlich für ihren bedauerlichen Zustand, da sie weder versuchen noch wünschen, sich aus dem Sumpf, in dem sie leben, herauszuziehen. Dafür gibt es keine Rechtfertigung. Wir alle sind von den gleichen Elementalen umgeben. Sie jedoch anzuziehen, ist allein die Wahl des einzelnen.*

*Wir alle bewegen uns in einer psychonoetischen Atmosphäre, die die Summe alles Bösen aus früheren Zeiten ebenso wie aus der Gegenwart enthält. Gleichzeitig jedoch birgt diese Atmosphäre auch das Gute, das heute geleistet wird, und die Summe alles Guten, das die Menschheit in früheren Zeiten getan hat.* **Was wir davon anziehen und aufnehmen, ist eindeutig unsere eigene Verantwortung; es wird uns zum Nutzen oder zum Schaden gereichen.**

Belassen wir es hiermit. Vielleicht konnte ich das Interesse der LeserInnen für diese fast völlig unbekannte Welt wecken und diesen Gedanken gegenüber sensibilisieren. Es wurde eine ungeheuere Welt der *Selbsteinflußnahme* des Einzelnen aufgezeigt. Hier kann jeder selbst seine Erfahrungen und Kenntnisse über sein Unterbewußtsein ergänzen und die seit Jahrzehnten in Literatur und Seminaren angebotenen Techniken des *positiven Denkens* nachlesen (siehe auch[155], die 'Neugeistbewegung').

Ein kleiner Rat am Ende meines teuflischen Themas: Wünschen sie niemandem mehr Glück mit der Formel "toi - toi - toi". Dies sei nämlich die Abkürzung von "Teufel - Teufel - Teufel" und mit dem bis hierher Angelesenen wissen wir, daß man damit die Kräfte der falschen Seite anruft. Bei dieser Gelegenheit kann ich noch auf eine andere Redewendung hinweisen, die wir anderen, meistens falsch verstanden, 'wünschen': *Guten Rutsch!* zu Neujahr. Es gibt nämlich Glaubensgemeinschaften, die rutschen zu Mitternacht auf Knien in das neue Jahr und ihnen wünschen wir zurecht einen *Guten Rutsch!* Aber wir aufrechten Christen sollten mit neuer (göttlicher) Kraft und neuen Mut in das neue Jahr schreiten und uns dazu *Gottes Segen!* wünschen.

Kommen wir nun zum Hauptthema dieses Kapitels selbst: **Die Lehre Christi und der Antichrist,** das ich unterteilen möchte in *die sechs menschlichen Demütigungen des Christusgeistes* in historischer Reihenfolge und der bescheidenen Auswahl einiger weniger beispielhafter Schwerpunkte im Laufe von zwei Jahrtausenden:

    der Christusgeist und die Kreuzigung,
    der Christusgeist und die Staatskirche,
    der Christusgeist und die geänderte Lehre,
    der Christusgeist und seine Verhöhnung,
    der Christusgeist und die Reformatoren und
    der Christusgeist und die Eine-Welt-Regierung.

**Der Christusgeist und die Kreuzigung**

Der Christusgeist hatte (sich wieder einmal) verkörpert und inkarnierte in eine äußerst edle irdische Wesenheit namens *Joshua*, unserem Jesus, um die 'Christuskraft' oder 'kosmische Allkraft' oder 'selbstlose Liebe' in unserer Stofflichkeit zu manifestieren. Eine gigantische Herausforderung für den die Materie beherrschenden Luzifer - quasi ein Heimspiel für ihn. Und so kam es auch zum **1:0** für den Abtrünnigen. Jesus litt unvorstellbar unter den brutalen Folterknechten mit ihren Geißeln, unter der Demütigung, wie ein jüdischer Terrorist und nicht wie ein religiöser Messias gekreuzigt zu werden und unter der Verzweiflung eines jungen Erneuerers, gegen die Betonköpfe der etablierten bein-alten Theologen der hebräischen Gesetzesmacht verloren zu haben.

Ich glaube nicht, daß Jesu Lehrauftrag auf die Art, wie dieser abgelaufen ist, geplant war. Ich hege den Verdacht, daß die sogenannte 'Erlösung' nur eine Erkenntnis ist, das beste aus dem mißlungenen Manifestierungs-Versuch gemacht zu haben, denn dies paßt ja nahtlos in die jahrtausendelangen 'Opfer', die *Jahwe*, der Gott des A.T., oft genug von seinem 'auserwählten Volke' verlangt hatte.

> Du sollst ihn *lieben* als das, was Er ist, ein Nichtgott, ein Nichtgeist, eine Nichtperson, ein Nichtbild; noch mehr: als eine lautere, reine, klare Einheit, gesondert von aller Zweiheit und in diesem Einen sollen wir versinken vom Nichts zum Nichts.
>                               *Meister Eckhart*[189]

## Der Christusgeist und die Staatskirche

Zur Einarbeitung in die Geschichte des bedeutenden vierten Jahrhunderts und der jungen Christenheit bin ich auf zwei herausragende Bücher über jene Zeitgeschichte gestoßen: 'Propyläen Weltgeschichte Band 4' von *Golo Mann* und *Alfred Heuß* und 'Origines, der Diamantene' von *Robert Sträuli*. In beiden Werken ist das Erkennen der ersten großen christlichen Katastrophe mit seiner Lebendigkeit mediterraner Temperamente, imperialistischer Weltmacht und religiösen Umbruchs faszinierend geschildert - spannend wie ein Krimi vor allem bei *Sträuli*. Es geht primär um das Davor und Danach des *Ersten Konzils von Nicäa,* das vom 14.6. bis 25.8.325 tagte und das von anderen Autoren als der Start der 'Kriminalgeschichte Christlicher Kirchen' apostrophiert wird.

Zuerst zur schillernden Persönlichkeit des römischen Kaisers *Konstantin der Große*, der im Jahre 274 in Serbien als unehelicher Sohn des *Constantius Chlorus* von der Konkubine *Helena* geboren wurde und es trotzdem schaffte, als Zweiunddreißigjähriger mit Regierungssitz in Trier zum Caesaren neben *Maximinus Daza* erhoben zu werden. Im Jahre 311 hatten alle vier Regenten des Römerreiches die Christenverfolgungen eingestellt und das erste Toleranz-Edikt zugunsten des Christentums herausgegeben. Historiker, die auf die Kirchengeschichte keine Rücksicht nehmen müssen, bezeichnen *Konstantin* als Ränkeschmied, Heuchler und Frömmler übelster Art. Seine Annahme des christlichen Glaubens wird nicht ernst genommen, denn auch die meisten konstantinischen Beamten blieben Heiden. *Konstantin* war Anhänger des damals weitestverbreiteten Mithrakultes, der römischen Eingottlehre. Dieser angeblich erste christliche Kaiser, der in seiner eigenen Familie wie ein *Nero* wütete, bewies durch seine Bluttaten an Schwager, Sohn und Gattin, daß er im Grunde seines Wesens unchristlich geblieben war. Er ließ sich erst kurz vor seinem Tode taufen und wurde später trotzdem von der Kirche zu einem 'Heiligen' ernannt, samt seiner Mutter, der *Hl. Helena*.

Unter der jungen Christenheit hatten sich rund ums Mittelmeer schon bald mehrere geistige Hauptlager gebildet: das der *wahren Lehre* in der möglichst urchristlichen Form um das südliche Alexandria und das bereits weitgehend *kirchlich geordnetere* Lager Roms (Westchristen), dazu später Konstantinopel (das Rom des Ostens) im Norden und der aramäische Flügel in Damaskus, im tatsächlichen Osten des römischen Reiches. Die dadurch vorherrschenden Glaubensstreitigkeiten sollten wieder durch ein Konzil aufgehoben werden und diesen Moment nutzte *Konstantin*, um seine weltliche Macht mit der neuen erwachenden Religion der Christen verbinden zu können. So wurde das wichtige **Konzil von Nicäa** (Sommersitz des römischen Kaisers im Osten des Reiches, heute das türkische Iznik) von einem heidnischen Imperator einberufen - taktisch klug, denn es wurden von den über eintausend möglichen Bischöfen nur dreihundertachtzehn eingeladen. Das Konzil wurde mit großem Zeremoniell eröffnet und *Constantius* führte seine Beratungen nach der Geschäftsordnung der glanzvollsten aller Körperschaften, des Senats von Rom, durch.

Um es kurz zu machen: Ab diesem Konzil gab es eine *christliche Reichskirche*, dem Start zum *christlichen Großstaat*. Die **Beschlüsse des Konzils** wurden vom Kaiser bestätigt und **als Reichsgesetze verkündet**. Alles war oder wurde danach anders als vorher und die bisherige urchristliche Unabhängigkeit wurde mit folgenden 'Zugeständnissen' verkauft:

*Jesus Christus* wurde dem Vater 'gleich'-gestellt, nicht 'ähnlich', um anderen Göttern der damaligen Zeit ebenbürtig zu sein, und die Bischöfe, die dies nicht anerkannten, traf der Bannfluch,

der Militärdienst wurde auch auf die Christen ausgedehnt, anfänglich *nur* gegen die Heiden, doch schon bald auch gegen Glaubensbrüder,

die Priester wurden vom Staat besoldet. Vorher war jeder mündige Urchrist *selbst* Priester seiner Seele und Wächter seines Gottesfunkens. Ab jetzt aber breitete sich ein bisher im Urchristentum fremder Stand von Priestern rasch aus,

der Bau der christlichen Kirchen ging auf Staatskosten,

Das Entsagen von Besitztümern wurde wieder forciert, was zum maßlosen Besitzergreifen der Kirchen führte (Erbschaftsrecht der Kirche) und

die Kirchengemeindestrukturen basieren ab jetzt auf römischem Recht und wurden hierarchisch gegliedert (Befugnis der Rechtsprechung durch den Bischof).

> Wohlwollen, Zuneigung, Großmut, Frohsinn - kurz, alle Gedanken, die von einem Geist der *Liebe* ausgehen - werden von anderen Menschen als wärmende und belebende Einflüsse empfunden und erwecken in ihnen die gleiche Art von Gedanken und Gefühle.
> *Ralph Waldo Trine* [182]

Deprimierend für unser heutiges Denken wirkt außerdem eine andere Erkenntnis. Nach der kirchlichen Überlieferung unseres heidnischen *Constantius* hatte dieser nach einem Traum das Zeichen des Kreuzes auf die Fahnen seiner Heere gegen die seines innenpolitischen Gegners malen lassen und auch unter diesem 'neuen Zeichen' gesiegt. Und unsere *christliche* Kirchenlehre, welche die Lehre Jesu Christi mit der Nächstenliebe vertreten sollte, *feiert* heute noch den Sieg dieser Schlacht (kommt von 'schlachten') <u>unter dem Zeichen des Kreuzes</u>. Damals war es das erste Mal, denn die Urchristen in der vorkonstantinischen Zeit verweigerten den Kriegsdienst - doch seitdem wurde und wird unter dem Zeichen des Kreuzes weiter ge-schlachtet. Das ist Demütigung und Hohn in Reinkultur - wenn bischöfliches Denken sich so verdrehen kann[166], zumal *Konstantin* später 'heilig' gesprochen wurde.

Weiter in Rom. Jetzt, nach der vielgerühmten konstantinischen Wende, zogen etliche heidnische Kultbräuche in das neue überwiegende Scheinchristentum ein. Die Engel bekamen wie die Boten der alten Götter Flügel. Das ewige Feuer, einst Symbol des alles verschlingenden Molochs in den Tempeln der Heiden, behauptete sich auch in den christlichen Kirchen. Und der heidnische Kaisertitel *Pontifex Maximus* als Vorsteher des heidnischen Priesterkollegiums wurde zum neuen Papsttitel. Der 25. Dezember war der Geburtstag der unbesiegbaren Sonne, *Mithra*, an dem die Mächte des Lichtes über die der Finsternis siegten (Mithrazismus) und den die christlichen Kirchen für geeignet fanden, als *Jesu* Geburtstag zu übernehmen. Wenn nämlich heute noch *Mariä Empfängnis* Anfang Dezember gefeiert wird, müßte es jedem kritisch denkenden Gläubigen längst aufgefallen sein, daß unser Weihnachtsfest einen anderen zeitlichen Ursprung haben müßte. Wie sehr sich *das Äußere* der jungen römisch-christlichen Lehre im vierten Jahrhundert bereits geändert hatte, sehen wir an einem letzten diesbezüglichen Zitat über den Papst, *der wie ein Fürst im Lateranpalast lebte und mit kaiserlichem Pomp durch die Straßen der Stadt zog.* Im heutigen Sprachgebrauch tun sich viele immer noch schwer mit ähnlichen Herausstellungen wie *Seine Heiligkeit,* der *Heilige Vater* auf dem *Heiligen Stuhle.*

Somit sehen wir daran, daß die Romkirche von dem Heiden *Constantius* und nicht von Jesus gegründet worden ist. Vermutlich auch nicht von *Petrus*, von dem es laut einiger Historiker nicht einmal sicher ist, daß er jemals in Rom geweilt hat, geschweige denn, daß er dort Bischof war.

Die *innere Sicht* dieses gesamten Vorgangs rund um das Konzil war der nun festgeschriebene Verlust all des frühchristlichen Bewußtseins für eine *reine* Lehre und für das Christusbewußtsein, wie es in Alexandria gesammelt, gelehrt und gelebt wurde. Bald sollte auch dieses Zentrum vernichtet sein (Brandstiftung 389 n.Chr.) und deren Anhänger, die Gott mehr gehorchten als dem Papst, reichsweit verfolgt werden.

Statt Versöhnung und Frieden im Geiste Christi brachte das nun etablierte Staatschristentum einen Strom von Blut und Tränen über die Menschheit. Die wichtige **zweite Runde** des geistigen Wettstreites um die *reine* Lehre Jesu Christi ging an seine antichristlichen Gegner - menschliche Schwächen und das Verstandes-Ego mit seinen Machtgelüsten haben die Oberhand behalten.

**Der Christusgeist und die geänderte Lehre**

*Was Jesus verkündete, war das Reich Gottes, und was kam, war die Kirche...* schrieb der französische Kirchenkritiker *Alfred Loisy*. Es besteht der schreckliche Verdacht - und viele Forscher und Theologen vertreten ihn mit Überzeugung - daß *Paulus* bereits derjenige war, der aus der spirituellen Lehre der 'Tatliebe' Jesu mit einem Gott-in-jedem-von-uns eine 'Theologie' *eigener* Ausrichtung ersann, welche die Tiefe des 'Christus-in-Jesus' nie erlebt hatte.

Drei differenzierte *Paulus*-Varianten werden diskutiert: Die der Kirchenlehre in unseren Bibeln ist bekannt. Die Theologin *Barbara Thiering* [47] dagegen hat bei ihrer Erforschung der Qumran-Rollen ermittelt, daß *Saulus*, der ebenfalls in Qumran ausgebildet worden war, schon als Novize und Vertreter des orthodoxen Judaismus (Pharisäer) ein erklärter Gegner des 'christlichen' Flügels mit Jesus als Anführer war. Die beiden 'begegneten' sich aber bei einem Vorbereitungstreffen zum Konzil zu Damaskus, 40 n.Chr., und der dreiundzwanzigjährige *Saulus* wurde nun auf die christlich-hellenistische Friedenspartei ausgerichtet. Zwischen 40 und 43 n.Chr. wurde er in die Gedankenwelt seines neuen Glaubens eingeführt und am Ende dieses Zeitraumes zum 'Bischof *Paulus*' ernannt.

Die dritte Theorie hingegen zeigt uns *Saulus/Paulus*, wie oben einleitend schon erwähnt, als den Begründer einer theo-*logischen* Lehre mit einer gewissen 'Vermarktung' der Lehre Jesu. *Soami Divyanand* [48] verdächtigt *Paulus*:
> Da er jedoch entschlossen war, eine neue Religion zu organisieren, deren Oberhaupt er sein wollte, nutzte er den Ruhm Jesu aus und begründete seine neue

---

Sei großzügig und handle. Nur mit *Liebe! Liebe* kann diese zerrüttete Welt retten. Bringe alle Völker zurück zu ihrem Schöpfer.
Lehre sie, wie einfach es ist, den Schöpfer zu sehen.
Diese zwei Dinge halte ein jeder fest.
*Mutter Maria, Botschaft von Fatima* (31.12.1951) [4]

*Religion auf einem Jesus-**Kult**. Durch die Herausstellung von Jesu Opfertod appellierte er an die menschlichen Emotionen. Er verkündete einen 'Opfertod' für alle, die daran glaubten, als Mittel zur Erlösung und konnte dadurch den einzigen Weg dahin, nämlich den inneren Pfad und die spirituelle Macht des Gottmenschen, übergehen; er hatte davon ja nicht die geringste Vorstellung, während Jesus gerade diesen inneren Pfad in seinem ganzen Leben praktiziert und gelehrt hatte.*

Durch diese paulinische Auslegung der Botschaft Jesu wird der 'lebende Erlöser' außeracht gelassen. Er wird ersetzt durch einen *Christus*, dessen Göttlichkeit erst nach dem Tode Jesu einsetzt und somit damals schon erleichterte, den permanenten christlichen Selbsterlösungsweg zu einer *historischen Einmal-Erlösung* festschreiben zu können.

**Korrigierende Zeitgeist-Anpassungen gibt es bis heute**

Wie an mehreren Stellen dieses Buches immer wieder angeführt, dürfen wir viele 'wörtliche' Zitate und Formulierungen im N.T. selten wörtlich und buchstabengetreu annehmen, da Textänderungen im Sinne des jeweiligen Zeitgeistes über Jahrhunderte hin üblich waren und dies *besonders* bei der 'Entstehung' unserer Heiligen Schrift praktiziert worden ist.

Der Wiener Priester *Johannes Dietl-Zeiner* geht in seinem neuen Buch 'Das kastrierte Evangelium' [32] auf viele der beabsichtigten Verfälschungen ein: bei der Übertragung aus dem Griechischen in Latein, der sogenannten *Vulgata* von Hieronymus um 390, über Luthers Verdeutschung (1522) und über die *King-James-Version* des 16.Jahrhunderts bis hin zur *Neo-Vulgata* (1979), die vom Zweiten Vatikanischen Konzil in Auftrag gegeben worden war.

Zu diesem ganz wichtigen Themenkreis des N.T. und der Problematik seit Anbeginn zitiere ich den Religionsforscher *R.E. Passian*[153] ausführlicher:

*Jesus selbst hat anscheinend keine Anweisung gegeben oder Vorkehrungen getroffen, seine Lehren niederzuschreiben. Er wußte wohl, daß dadurch die Reinheit einer Überlieferung keineswegs gewährleistet ist - und deshalb sprach er ja auch von dem "heiligen Geist", der uns Menschen späterhin führen und belehren sollte; diejenigen, die ihre Herzen der Botschaft Christi öffneten, sollten also niemals allein auf Niederschriften angewiesen sein.*

*Uns Christgläubigen gegenüber wird kirchlicherseits nur ungern zugegeben, daß die Aussprüche und Gleichnisreden Jesu erst lange nach seinem Tode niedergeschrieben und in den allmählich entstehenden Urgemeinden gesammelt wurden. Zudem sind die im N.T. enthaltenen Evangelien und Briefe nur ein kleiner Teil von all jenen Schriften, die in den Urgemeinden zirkulierten. Erst nach schier endlosen Streitigkeiten wurde aus einer Vielzahl solcher Erbauungs- und*

Lehrschriften der ersten drei christlichen Jahrhunderte der sog. Kirchenkanon zusammengestellt, das "Neue Testament", so wie es uns heute vorliegt.
Vor dem Konzil zu Nicäa (325) war Marcion (geb. um 85) der erste, der eine Schriftenauswahl versuchte, aber er traf eine völlig andere Wahl als die uns heute vorliegende. Auch das sog. "Muratorium" zeigt eine erheblich andere Auslese. Schließlich begründete der Kirchenvater Irenäus die Festlegung auf vier Evangelien damit, daß ja die Welt vier Ecken habe, und Jahwe dem Propheten Hesekiel einst im Wagen mit vier Tieren erschienen sei! Von den in Nicäa versammelten Gemeindeoberen wollte natürlich jeder seine Schriften als "echt" anerkannt wissen und man einigte sich zuletzt - so berichtet die fromme Legende - auf folgendes Verfahren: man legte alle Schriftrollen unter einen Altar und bat im Gebet darum, daß die "echten" obenauf zu liegen kommen möchten, die anderen aber unten bleiben ... was anderntags wirklich der Fall gewesen sein soll!
Trotz dieses "Gottesurteils" (bei dem es wohl recht irdisch zugegangen sein mag) wurde endgültig über den Kirchenkanon erst auf den Synoden zu Hippo-Regius (393) und Karthago (397 und 419) entschieden und zwar auf Betreiben von Augustin. Aber bis heute herrscht unter den christlichen Kirchen keine Einigkeit über die Zusammensetzung des Kanons!
Ferner ist den wenigsten Christen bekannt, geschweige denn bewußt geworden, daß wir heute kein einziges Original jener Handschriften mehr besitzen, sondern nur Abschriften, von denen nicht zwei miteinander übereinstimmen! Die Originale waren schon im 2. Jahrhundert n.Chr. verschollen!
Allein in griechischer Sprache kennen wir mehr als 800 alte Evangelienhandschriften aus dem 2. bis 13. Jahrhundert n. Chr. - Eine der ältesten und bekanntesten ist die von Tischendorf 1844 und 1859 entdeckte Handschrift, der sog. "Kodex Sinaiticus", die aus dem 4. Jh. stammt und die Abschrift einer uns unbekannten griechischen Vorlage aus dem 2. Jh. n. Chr. darstellt.
Die Zahl der Abweichungen und Verschiedenheiten in den etwa 4000 mehr oder weniger vollständig erhalten gebliebenen Texten ist Legion, wie der berühmte Theologe Julius Wellhausen in seiner "Einleitung zu den ersten drei Evangelien" sagte. Hinzu kommt, daß die ältesten Dokumente sog. Uncial- oder Majuskel-Handschriften sind, d.h. sie sind in lauter großen Buchstaben geschrieben, fortlaufend, ohne Interpunktion, ohne Unterbrechung! Mitunter kann also ein Wort oder Satzteil ebenso gut zum abschließenden, wie zum neu beginnenden Satze oder Kapitel gehören und so einen ganz anderen Sinn ergeben. Alle späteren, also jüngeren, uns bekannten Handschriften dagegen sind sog. Minuskelhandschriften, d.h. sie sind in griechischer Kleinschrift verfaßt. - Die heutige Kapitel-Einteilung der Bibel aber erfolgte erst im 13. Jahrhundert, die Vers-Einteilung nochmals 300 Jahre später!

> Wir werden nicht ge*liebt*, weil wir so gut sind,
> sondern weil diejenigen, die uns *lieben*, gut sind.
> *Leo Graf Tolstoj*, russischer Schriftsteller (1828-1910)

*Zu guter Letzt wird die Unsicherheit des Wortsinnes noch dadurch erhöht, daß der Heiland nicht griechisch oder hebräisch, sondern aramäisch gesprochen haben dürfte und demzufolge angenommen werden muß, daß die Urschriften aramäisch abgefaßt waren.*
*So wissen wir z. B. heute, daß der ganze Reformationsstreit um das Wörtchen "ist" bezüglich der Bibelstelle "Das ist mein Leib" überflüssig war, weil es das Verbindungswort "estin" in der aramäischen Sprache gar nicht gibt!*
*An den für die Christenheit heiligen Schriften haben Abschreiber im Laufe der Jahrhunderte ungezählte Korrekturen vorgenommen: Einschübe, Ergänzungen, Streichungen, Erklärungen, die den Text letzten Endes noch mehr verdarben; allein im bereits erwähnten Codex Sinaiticus fand Tirschendorf rund 16.000 Korrekturen, die auf insgesamt sieben Überarbeiter schließen lassen! Teilweise sind bis zu drei Korrekturen abgeschabt und eine vierte darübergeschrieben!!! - Wie kann man es angesichts solcher Verhältnisse noch wagen, von einem "unverfälscht überlieferten Worte Gottes" zu reden? Es ist nahezu unmöglich, aus all diesem Wirrwarr das Ursprüngliche herauszuschälen!*

Dazu auch der ungarische Altphilologe (Sanskrit, Aramäisch, Griechisch und Latein), der außerdem zehn moderne Sprachen sprach und Autor von über siebzig Büchern über Philosophie und alte Kulturen ist, *Prof. Dr. E. Bordeaux Székely* [16]:

*Nicht nur wurde diese Auswahl von Menschen besorgt, von kirchlichen Menschen, sondern der Kirchenhistoriker Prof. Nestlé sagt in seiner "Einführung in die Textkritik des griechischen Testaments", daß damals gewisse Gelehrte durch die kirchlichen Behörden als Korrektoren ernannt und tatsächlich bevollmächtigt waren, den Text der Schrift zu korrigieren im Sinne dessen, was als strenggläubig richtig betrachtet wurde. Diese Korrekturen nun konnten leicht in manchen Fällen zu verhängnisvoller Fälschung werden.*

Der Wissenschaftler *Herbert Braun,* einer der bekanntesten Forscher des N.T., kommt zu dem Ergebnis, daß nur etwa zwanzig Prozent der Jesu-Worte in der Bibel authentisch seien. Eine der gründlichsten Untersuchungen der jüngsten Zeit kommt zu der Feststellung:

*Wenn wir heute unser Neues Testament lesen, so halten wir eine Sammlung von Büchern in Händen, die einige christliche Bischöfe auf zwei Konzilien, die über dreihundert Jahre nach Jesu Tod stattfanden, billigten und durchsetzten...* [143].

Beachten Sie das Wort 'durchsetzten'. Rom war damals das absolute Machtzentrum der 'Welt' und Papst *Damasus* entscheidender Mitwirkender an der 'Einführung der Bibel' (386). Und da ein historisches Zitat darauf hinweist, daß *Papst Damasus erst nach Bandenkämpfen rivalisierender kirchlicher Gruppen auf den Papstthron kam,* können wir uns eventuell vorstellen, wie es dabei mit der Wertstellung und möglicherweise auch Echtheit der handgeschriebenen Ur-Texte aussah. Nicht ohne Grund ging wenige Jahre später das Archiv der antiken Schriften in Alexandria in Flammen auf.

In einen weiteren Bereich von Übersetzungsproblemen führt uns *Dr. George M. Lamsa* in seinen Büchern über die aramäische Ostkirche ein.[44] Er weicht damit von dem traditionellen theologischen Lehrsatz ab, nachdem die griechischen Manuskripte die ältesten uns zugänglichen Aufzeichnungen des N.T. seien. Die frühen griechischen Übersetzer kannten offenbar viele aramäische Ausdrücke nicht genügend, wie folgendes harmlose Beispiel aufzeigt: Text des N.T.: *Es ist leichter, daß ein Kamel durch ein Nadelöhr gehe, als daß...* und der aramäische Originaltext: *Es ist leichter, daß ein Seil durch ein Nadelöhr gehe...* Das aramäische Wort für 'Seil' ist dasselbe wie für 'Kamel' und 'Balken', nämlich *gamla*.

Eine heute schier unverständliche Übersetzung stellt der berühmte Apfel von Eva dar: das lateinische Wort *malum* kann sowohl Apfel wie auch 'das Böse' heißen, was wohl die bessere Übersetzung wäre, zumal im antiken Orient solches Obst kaum bekannt war. Zum Bedecken der Blöße wurde ja auch richtigerweise das lokal übliche Feigenblatt gewählt.

*Adi Sollberger* weist in 'Die Weltwoche' vom 30.1.97 darauf hin, daß die Kirche die Untersuchung der Bibel auf wissenschaftlicher Basis stets zu verhindern wußte, beispielsweise auch durch den Antimodernismus-Eid, den Kleriker bis 1968 leisten mußten: >*Ich verwerfe eine Weise, die Heilige Schrift zu erklären, welche die Überlieferung der Kirche und die Normen des Apostolischen Stuhls außer acht läßt und die Textkritik als einzige oberste Regel anerkennt.*<

Inzwischen ist große Unruhe unter den Theologen und *Exegeten*, die die 'Heilige Schrift' auslegen, eingetreten, nachdem man in den Kirchen erkannt hat, daß das Jesus-Bild durch immer neue Fach-Autoren und Zeitgeist-Athleten immer professioneller zerredet wird. Alle diese wohlgemeinten, eventuell aber auch antichristlichen Versuche, dem Gottmenschen Jesus durch historische Deutungen neue Be-deutung zu geben, erzeugen unter den Kirchengläubigen weitere Unsicherheit und unter den Christen ohne Verbindung zur Kirche bequeme Entschuldigungen, sich um diesbezügliche Entscheidungen in ihrem Leben noch besser drücken zu können. All diesen theologischen wie profanen Versuchen fehlt der *Geist*, der heilige oder göttliche oder *Geist Christi*; es fehlt damit der entscheidende Teil, nämlich das riesige kosmische Reich der göttlichen Sphären, das als Wirkung und Wirkende hinter und über all dem Geschehen um Propheten und Heilsverkünder aller Zeiten stand und steht.

> Man sollte die Menschen lehren,
> nicht von Gerechtigkeit zu sprechen,
> sondern von *Nächstenliebe*.
> *Eugène Ionesco*, rumänisch-französischer Schriftsteller [211]

Dieser 'verlorengegangene' *Geist* ist ein Zeichen unseres Zeitgeistes. Das Jesus-Bild wird nicht klarer, wenn wir uns kritiklos am Geist der kirchlich ausgewählten Evangelien festhalten, dies kann es aber auch nicht durch rein historische Aspekte werden. Denn in dem immer breiter werdenden Graben zwischen neu entstehenden Glaubens-Polaritäten herrscht gewolltes Antichristentum. Und das ginge meiner Meinung nach viel besser zu über-brücken, wenn wir dem entscheidenden letzten Satz des *Matthäus*-Evangeliums einen entsprechenden Stellenwert geben und ihn uns immer wieder in unser aufmüpfiges Hirn einhämmern: *Seid gewiß, ich bin bei euch alle Tage bis ans Ende der Zeit.* Dadurch werden die anderen tausend Evangeliensätze, die vor diesem Schlußsatz stehen, zu Vergangenheit und einer Theologie, die uns heute weniger weiterhilft als je zuvor - Evanglium hin, Evangelium her. Denn wer **seinen heutigen Jesus sucht und findet, für den entfällt jegliches Theoretisieren und Diskutieren** - die beiden antichristlichen Unarten aller Zeiten.

## Die Wiederverkörperung der Seelen

Ein ganz heikles Thema im Rahmen der Änderungen der Lehre Jesu und der Urchristen ist die **Reinkarnation**. Hier kann der kritische Leser sofort einwenden, was hat die *Wiederverkörperung der Seele* mit unserer christlichen Lehre zu tun? Mehrere Forscher der urchristlichen Lehre bestätigen - veranlaßt durch immer neue Funde unverfälschter Originaltexte - daß am Anfang der Christenheit die Reinkarnation eine Säule im gesamten Glaubensgebäude war. Ohne sie hätte das Christentum jeder Logik entbehrt. Wie könnte ein *gütiger Gott* - im Gegensatz zu den anderen *strafenden* Gottesbildern der Juden und Römer - dem einen Menschen goldene Löffel und dem anderen nur das Hungertuch geben - in einem *angeblich* einzigen Erdenleben? Frühe Kirchenfürsten und Theologen wie *Origenes, Basilides* und der *hl. Gregor* lehrten selbstverständlich die Wiederverkörperung der Seelen. Man hielt sie damals noch für ein *fundamentales Dogma,* das im Konzil von 451 auch weiterhin bekräftigt wurde. *Nemesios,* Bischof von Emesa in Phönizien und christlicher Neuplatoniker um 400, sagte: *Gemeinsam ist allen Griechen, welche die Seele für unsterblich erklärten, der Glaube an ihre Wanderung aus einem Leib in den anderen.*

Was dann, keine hundert Jahre später nach der Thronbesteigung des Kaisers *Justinian,* geschah, ist historisch belegt und liest sich wie ein Krimi. Ich kann hier nur auf das Ergebnis eingehen: Das *fünfte allgemeine oder ökumenische Konzil* in Konstantinopel 553 entschied auf Druck des Imperators, daß von nun an die Reinkarnationslehre als Ketzerei zu gelten habe und jeder, der sie vertrete, verdammt sei. Wörtlich: *Wer eine fabulöse Präexistenz der Seele und eine monströse Restauration ihrerselbst lehrt, der sei verflucht.* Die diesbezüglichen neun Bannflüche des Kaisers aus dem Jahre 543 (Synode der Ostkirche von Konstantinopel) wurden ebenfalls bestätigt und auf insgesamt fünfzehn erhöht. Wissen muß man dazu, daß von den nahezu dreitausend über das ganze Reich verstreuten Bischöfen dieser Entscheid nicht als bindend angesehen wurde und das Konzil deshalb zehn Jahre später, im Jahre 553, nachvollzogen werden mußte. Von den zwischenzeitlich über dreitausend Bischöfen waren gerade einhundertfünfundsechzig anwesend, darunter nur ganze sechs aus dem Westen des riesigen Reiches. Und die Wiederverkörperungslehre soll von diesem Gremium mit einer Stimme Mehrheit 'verdammt' worden sein. Dazu lesen wir in 'Zeiten*Schrift*' 9/95:

> *Doch Dekrete und Gesetze allein können einen tief verwurzelten Glauben nicht so leicht ausradieren. Deshalb dauerte es einige Jahrhunderte, bis die Kirche endlich alle alten christlichen Schriften konfisziert, zerstört oder so stark verfälscht hatte, daß die Lehre der Wiederverkörperung nach und nach aus dem Bewußtsein der Gläubigen verschwand.*

Eine, vor allem für gläubige Katholiken sicherlich überraschende Bestätigung dafür kommt von *Mutter Maria*. Ich zitiere aus dem Buch 'Marias Botschaft an die Welt' [19], in dem die Amerikanerin *Annie Kirkwood* ihre 'Gespräche' (1987 bis 1991) mit *Maria*, der Mutter *Jesu*, veröffentlicht, eine Antwort zu obigem Thema:

> *In der Frühzeit der Kirche war diese Lehre jedoch allgemein bekannt und anerkannt, und es waren menschliche Gründe, weshalb man sich dann davon abwandte. Es lag nicht daran, daß es nicht wahr ist.*

So kam es zu einem neuerlichen Sieg der lichtlosen Kräfte, dem **3:0**.

## Der Christusgeist und seine Verhöhnung

Das Zeichen des *Kreuzes* ist das absolute und typische Symbol der Christenheit. Ist es aber nur ein historisch bedingtes Zeichen mit erhöhtem Erinnerungswert? Das Kreuz ist ein uraltes Symbol, sicherlich ein magisches, womöglich auch ein kosmisches und ist als Darstellung von Naturkräften zu verstehen. Die Urform allerdings ist balkengleich, also mit vier gleichlangen

---

Wir müssen unseren Nächsten *lieben*,
entweder weil er gut ist oder damit er gut werde.
Heiliger Augustinus [182]

Schenkeln, und war schon immer als magisches Schutzzeichen im Gebrauch. Diese *Urmatrix* wurde auch oft als Felszeichnung in den Kulthöhlen der Altsteinzeit gefunden. Es wird auch als Symbol für den Ausgleich oder die Verbindung von Gegensätzen in unserer Materie angesehen. *J.C.Cooper* hebt die vier Kardinalachsen hervor: Die *Vierheit* unter ihren dynamischen Aspekten und die vier Elemente der Welt, die sich im fünften Punkt, dem Zentrum, vereinigen.

Der Wissenschaftsautor *James Churchward* beschreibt in seinem Buch 'Mu – der verschwundene Kontinent' [79] unter dem Kapitel 'Die >vier Kräfte< oder >heiligen Vier<' viele verschiedene Kreuz-Urformen[273], die er aus Jahrtausenden zurückliegender Kulturen fand. Dabei auch das *gleichschenklige Kreuz im Kreis*, das wir als Symbol und Sinnbild für das gesamte Universum verstehen dürfen, als einen Hinweis darauf, daß die vier großen Kräfte im ganzen Universum wirksam seien.

Das gleichschenklige, auch *biologisches Kreuz* genannt, erzeugt bei Tests ultraschwache Ladungsmuster elektromagnetischer Schwingung, wie sie auch in biologischen Systemen, etwa im Bereich der Zellkommunikation als Informationsträger arbeiten. Es ist wohl anzunehmen, daß hier noch weiter geforscht werden muß, um der Symbolik des Kreuzes noch mehr gerecht werden zu können. Andernseits sei mir gestattet, etwas zynisch nachzufragen, ob auch die Bundeswehr unserer Republik ihr malteserkreuz-ähnliches, gleichschenkliges Kreuz auf ihren Großwaffen als Schutzsymbol trägt? Ein Zeichen der christlichen Nächstenliebe wird es ja wohl nicht sein.

Welche weitere Formen des Kreuzes kennt man noch: Das ägyptische *Ankh- oder Henkelkreuz* (Crux ansata), das Leben, Vereinigung und Unsterblichkeit symbolisiert - den Schlüssel zu den Geheimnissen des Lebens und der Erkenntnis. Das *Schräg- oder Andreas-Kreuz* (X), auch *Diagonal-* oder *Malkreuz* genannt, bedeutet Vollkommenheit und die römische Ziffer Zehn. Das *Malteser-* oder *Ordenskreuz* war zuletzt das Wahrzeichen der Ritter des gleichnamigen Ordens und zuvor im Altertum die Symbolik der vier großen Götter Assyriens: *Ra, Anu, Bel* und *Ea*. Das *Doppelkreuz* war Sonnensymbol des *Zeus* als Himmelsgott, findet sich auch auf buddhistischen Stupas wie auch auf Abbildungen chaldäischer Himmelsgötter und arischer Gottheiten.

Kreuzes-Abbildungen finden wir sodann im Buddhismus, bei den Gnostikern (Gleichgewicht der Vollkommenheit), den Hindus, im Islam, in der jüdischen Kabbala, bei den Manichäern, den Mayas und in Zentralmexiko. Stark abgewandelt in Skandinavien und Germanien, dagegen klar ausgeprägt schon bei den Völkern des frühen Altertums, den Chaldäern, Assyrern und Phöniziern.

Kreuzbasis hat auch die *Swastika,* das ebenfalls gleichschenklige Hakenkreuz, als ein altindisches Sonnen- und Fruchtbarkeitssymbol. Aus indogermanischer Sicht zählt dazu auch das *Germanische Sonnenrad* (rechtsdrehend) und später das Symbol der Nationalsozialisten (linksdrehend).

Auf einen ganz anderen Aspekt der Kreuzform verweist *Silvia Wallimann* in ihrem Buch 'Erwache in Gott' [41], in dem sie die Botschaften ihrer Engel veröffentlicht:

*Solange du, vom ewigen Bewußtsein abgeschnitten, nur aus dem Willen deines äußeren menschlichen Selbst dein Leben gestaltest, fesselst du dich an den Querbalken des Kreuzes. Er stellt sich dem senkrechten Kreuzesstamm, dem Sinnbild für die in das menschliche Dasein einstrahlende geistige Energie, entgegen. Der waagrechte Balken symbolisiert den leidvollen Irrweg in der dichten Materie, der dich in die Illusion der linearen Zeit geführt hat. Der linke Teil des Querbalkens steht für den Minuspol der Zeit, die Vergangenheit, der rechte für den Pluspol, das Zukünftige. Nur dort, wo das göttliche Bewußtsein durchdringt, im Kreuzpunkt beider Balken, fallen Plus- und Minuszeit zusammen. Dort findest du das ewige Jetzt.*

Im okkulten Bereich wird das Kreuz als die Darstellung des Wirkens von Aktivem und Passivem, *des Geistes auf die Materie*, angesehen. Das Symbol des christlichen Kreuzes mit der ungleichen Senkrechten, oben kurz, unten lang, bedeutet: Der Kopf regiert den Körper, der Geist die Materie. Dieses Kreuz auf den Kopf gestellt drückt für die Hexenmeister folgende Ideen aus: Die Materie beherrscht den Geist; Das Böse steht über dem Guten; Die Finsternisse sind dem Lichte vorzuziehen und der Mensch muß sich einzig von seinen niedrigsten Instinkten führen lassen (*Papus*).

Bleiben wir nochmals bei der Behauptung, das Symbol des Kreuzes wirke als Geistiges auf das Materielle ein. Zu anfang des Kapitels wies ich schon kurz auf eine meßbare Wirksamkeit in biologischen Systemen hin. Dazu gibt es Beispiele. Geschulte oder sensitiv Veranlagte können über mehrere alternative Verfahren feststellen, was dem 'System Mensch' - Geist, Seele und Körper - verträglich oder harmonisierend, was störend oder gar schädigend oder anderseits befreiend, aufbauend oder gar heilend wirkt. Zur Zeit verfeinern sich immer mehr die relativ neuen Bioresonanzverfahren, lange bekannt sind schon die kinesiologischen Muskeltests und von alters her kennt man die radiästetischen Techniken mit Pendel und Rute, letztere inzwischen so sehr sensibilisiert, daß sich *immer mehr* Menschen darin ausbilden lassen können - wobei schwer zu trennen ist, was sich stärker *entwickelt* hat: Die Technik des Gerätes oder das Bewußtsein derer, die sich des Gerätes bedienen.

Nehmen wir ein einfaches Beispiel: Ein geschulter Anwender eines der oben

**Gerechtigkeit ist nichts anderes als die Nächsten*liebe* des Weisen.**
*Gottfried Wilhelm Leibniz*, deutscher Philosoph (1646-1716)

erwähnten Verfahren stellt fest, daß ein bestimmtes Nahrungsmittel nicht zum momentanen Zustand seines 'Körpersystems' paßt. Das wäre just die Gelegenheit, die oben behauptete biologische Wirksamkeit des Kreuz-Symboles zu testen. Malen Sie mit Ihrem Finger auf den Tisch oder jegliche andere Unterlage ein gleichschenkliges Kreuz, erst den Längsbalken von oben nach unten und dann den Querbalken *von rechts nach links* (nicht umgekehrt). Stellen Sie Ihr Nahrungsmittel oder Testat ein bis zwei Minuten lang auf dieses 'Kreuz' und beim darauffolgenden Versuch hat sich das Testergebnis fast immer verändert. Die Ablehnung des Nahrungsmittels durch Ihren Körper-Seele-Geist hat sich dann entweder erheblich abgeschwächt oder ist ganz verschwunden. Das heißt nun nicht, daß aus der ehemaligen Störwirkung gleich ein Aufbaumittel gezaubert worden ist, sondern lediglich, daß die Schwingungen der Nahrung, die nicht in Harmonie mit dem augenblicklichen Zustand Ihres 'Systems' waren, *überdeckt* worden sind von den kosmisch-reinen Schwingungen des Kreuz-Symbols oder religiös ausgedrückt: *überdeckt* von der Liebes-Schwingung der göttlichen Christuskraft. Wenn wir bei dem Beispiel der Lebens- und Nahrungsmittel bleiben, könnte das folgendes bedeuten: Immer mehr davon sind 'irgendwie' belastet oder verändert, für den Verbraucher nicht kontrollierbar, vielfach trotz ehrlich gemeinter stichprobenmäßiger Kontrollen und Zertifikate. Genveränderungen im Vorfeld des Produktes oder radioaktive Konservierungen im Bereich der immer länger werdenden Erzeugerketten werden wir nie ganz ausschließen können. Über Atomkraftwerke ziehende und radioaktiv aufgeladene Regenwolken lassen ja auch ihr oft ersehntes, aber leider auch immer öfter 'strahlendes' Naß auf Ihren biologisch gepflegten Gemüsegarten niederregnen.

So wäre es wohl allgemein dringend nötig, was kleinere Glaubensgemeinschaften aus dem kirchlichen wie auch esoterischen Bereich erneut praktizieren: Mahlzeiten und deren Gerichte *wieder zu segnen*. Das kann durch ein Gebet genau so wirksam geschehen wie durch ein Über-die-Speisen-Halten der beiden segnenden Hände. Oder etwas diskreter nun durch die oben beschriebene Technik des Kreuz-Zeichnens unter dem Teller oder den Tellern, Schalen oder anderen Vorrats- oder Servierbehältnissen. Auch für Verstandesmenschen anwend- und nachvollziehbar, da man an die Segenskräfte nicht *glauben* muß, sondern man sich von der Wirksamkeit des Kreuzemalens ja immer wieder einmal selbst überzeugen lassen kann. Hier steht uns noch ein riesiger Bereich ungeahnter Anwendungsmöglichkeiten im Alltag offen - wiederentdeckte *Magie für Jedermann* in unserem immer schwieriger und komplexer werdenden Alltag.

Das Kreuzeszeichen, wie es die Katholiken schlagen, ist die gleiche wirksame Schutzmagie: Vom Kopf zur Brust und von der linken Schulter zur rechten - in der gleichen Folge, wie wenn ein uns gegenüber Stehender das Kreuz, uns segnend, ausführen würde.

## Das Kreuz wird Weltsymbol

Daß das Kreuz als Urform eines Schutzsymboles der ganzen Menschheit zur Verfügung stehen könnte, haben wir *Jesus* zu verdanken. Er hat es - zwar unvorstellbar schmerz- und leidvoll - in unsere Stofflichkeit gebracht und dies zu einer Zeit und in einem geografischen Raum, wo das Kreuz zu Schrecklichem mißbraucht worden ist. Die **Kreuzigung** als Hinrichtungsverfahren war zur Zeit des römischen Imperialismus *das* Showinstrument, um Aufständige und Kriegsgefangene qualvoll zu exekutieren. *Cicero* nannte sie die grausamste und fürchterlichste Todesstrafe. Wir müssen dabei von der Vorstellung terroristischer Einzelkämpfer heutigen Stils abgehen. Der Bestsellerautor *Prof. Dr. Werner Keller* (1909-79) beschreibt in seinem berühmten Buch 'Und die Bibel hat doch recht' [20] gut recherchiert die römische Kriegsführung zu Jesu Lebzeiten und führt unter anderem auf: *Zur Niederschlagung des Aufstandes nach dem Tod des verhaßten Herodes im Jahre 4 n.Chr. wurden zweitausend Mann gekreuzigt.* Und schon einige Jahrzehnte später, während der Belagerung Jerusalems durch *Titus*, geht es weiter im Text:
> *Fünfhundert nageln die Söldner Tag für Tag unmittelbar vor der Stadt auf die Balken. Allmählich wächst rings um die Hügelhänge ein ganzer Wald von Kreuzen empor, bis der Mangel an Holz dem abschreckenden Tun Einhalt gebietet (Werner Keller).*

Aus dieser furchtbaren Profanität der Kreuzesform hat Christus ein sakrales Instrument, eine Erlösungsform gemacht. Die Urchristen verwendeten dabei nur die *korpuslose* Form des Kreuzes. Jesus selbst, der Heiland, wurde auf allen Darstellungen als der Auferstandene, der Heilende oder Segnende gezeigt. Die erste griechische Darstellung von Jesus am Kreuz, einem Korpuskreuz oder Kruzifix, wurde seinerzeit von den Theologen Roms noch als **Gotteslästerung** verurteilt.

Der Antichrist oder die Mächte des lichtlosen Reiches fanden aber bald Menschen, die 'künstlerisch wertvoll' das Erlösungssymbol des Kreuzes mit dem *toten Körper* des 'Erlösers' schmückten und den 'Sohn Gottes' damit zugleich zu einem *Mitmenschen* machte, der *hilflos* litt. Nicht die *Auferstehung*,

> Hilf uns, das Gute zu tun. Und sag uns bitte, wie man es macht, daß man dich und alle Menschen *lieb*hat. Amen.
> Kindergebet [183]

die *Überwindung* des Todes, das *ewige Leben* blieben im Vordergrund, sondern Schmerz, Leid, Erniedrigung und Verhöhnung. Genüßlich und üppig gemalt das Blut über Gesicht und Körper *eines toten Mannes am Kreuz* - und das millionenfach aus Holz, Stein und allen erdenklichen Metallen, an Schmuckstücken wie auch an Rosenkränzen. Haben die Kirchen - vorsätzlich oder gedankenlos oder beides - aus der *Religion des Lebens* eine *Religion des Todes* gemacht? Und aus dem strahlenden Kreuz der Erlösung wieder das Massenmordinstrument des imperialen Roms? Verehren nicht viel zu viele den toten Mann *am Kreuz* anstelle des lebendigen Christus *in den Herzen* aller Menschen, in denen er *auferstehen* möchte?

Eigentlich ist dieses 'Problem' mit dem Korpus am Kreuz rein katholisch. Doch in einem Text zum 450. Todestag des *Martin Luther* in der SZ vom 17.2.96 stellt *Prof. Johannes Brosseder* fest, daß *Luther* von einer *theologia crucis* (Kreuzestheologie) spricht, mit der Erkenntnis, daß Gott in seinem Wesen unerkennbar und verborgen sei. Nur das sei erkennbar, was Gott von sich selbst hat sehen lassen: *...das ist seine* Ohnmacht *im Kreuz Jesu Christi. Dort will Gott sich finden lassen.* Somit muß sich wohl auch die evangelische Kirche den Vorwurf machen lassen, heute noch Leid und Opfer Jesu über Erlösung und Auferstehung zu stellen. Nachdenklich oder gar traurig stimmt auch, wenn wir aus dem östlichen Raum den Vergleich hören, daß *Buddha* heiter lächelnd unterm Bodhibaum säße, während Jesus hilflos am Kreuze hinge. Für das östliche Empfinden sei der Anblick fast unerträglich (*Daisetz T. Suzuki*).

**Jesus** *ist* **'auferstanden'**. Wir sollten ihn von den Kreuzen in unseren Zimmern abnehmen. Und lieber das Bild aufhängen, das am Ende des Buches eingeheftet ist - der junge, liebestrahlende Jesus, der versprach, *alle Zeit bei uns zu sein*. Ein empfehlenswertes Bild zum Meditieren - da kommt etwas rüber, wenn Sie es oft genug versuchen.

*Silvia Wallimann* gibt in ihrem Buch[41] folgende Empfehlung aus der geistigen Welt weiter, die zu der Ur-Kreuzform paßt, die am Anfang dieses Kapitels beschrieben wird:

*Möchtest du aber nach wie vor ein Kreuz um dich haben, dann wähle eines mit vier gleichen Balken, das von einem Kreis, dem Symbol des Vollkommenen, umgeben ist. In diesem Kreuz kommt die Ordnung der Schöpfung zum Ausdruck. Es stärkt nicht dein Leidens-, sondern dein Harmoniebewußtsein.*

Bei der Behandlung meiner Themen versuche ich immer wieder darauf hinzuweisen, daß es zu all diesen *äußeren* Betrachtungen von Geschehnissen und Vorgängen immer auch eine *innere* Sicht der Dinge gibt. Wie in vorausgegangenen Themen schon abgehandelt, löste der römische Kaiser *Konstantin* die Entwicklung aus, Jesus Christus *gottgleich* zu positionieren, beziehungsweise zu vergöttlichen, was in späteren Konzilien zur 'Dreifaltigkeit

Gottes' führte. Allerdings entgegen der Urlehre Jesu, der uns das 'Vater unser' der *Essener* brachte, sich als *Menschen*-sohn bezeichnete und die *Gotteskindschaft aller Menschen* predigte, war dies eine Entwicklung, die wir als einen Sieg des Antichristen bezeichnen können. Und nun, nur einige Jahrhunderte später, wird Christus-in-Jesus als *Korpus am Kreuz* wieder <u>vermenschlicht</u>, um ihn erneut *demütigen* zu können - **das 4:0**. Dabei können wir aber nicht mit dem Finger auf die zeigen, die sich *damals* verführen ließen und sich damals schuldig machten. Bei der bis heute anhaltenden Verhöhnung des 'toten Mannes am Kreuz' müssen wir darauf achten, nicht selbst mit dabei zu sein.

Einen sehr schönen Vers habe ich dazu gefunden, ohne den Autoren zu kennen:

> *Christus,*
> *jeden Tag nageln sie Dich wieder ans*
> *Kreuz und hängen Dich auf -*
> *Als schmerzgekrümmten Leichnam*
> *Hängen sie Dich in Kirchen und Dome,*
> *in Studierstuben und Wohnzimmer -*
> *immer Deinen Leichnam.*
> *Du bist für sie gestorben.*
>
> *Sie lassen Dich nicht auferstehen*
> *In ihren Herzen,*
> *sie können ja dann nicht mehr*
> *wuchern und hetzen,*
> *verleumden und huren,*
> *Kriege führen und mächtig sein.*
> *Tot bist Du ihnen lieber,*
> *Christus.*

Nun darf ich hier aber eine Erfahrung nicht unerwähnt lassen: Wer sich mit Segnungen, Beschwörungen und weißer Magie befaßt, weiß, daß ein Korpuskreuz angeblich wirkungsvoller ist als ein 'nacktes'. Erklärt werden kann dies wohl damit, daß dem Kruzifix millionenfach Zuwendungen, meist äußerst emotional, erbracht und Od- und geistige Kräfte projiziert wurden und immer noch werden, die dann bei richtigem Einsatz und Handhabung mit entsprechendem 'power' strahlen und schwingen.

---

Jedes Lebewesen ist eine *Liebes*erklärung Gottes an den Menschen.
*Ernesto Cardenal*, nicaraguanischer Lyriker und Priester, geb. 1925

**Der Christusgeist und die Reformatoren**

Der moralische und ethische Niedergang der christlichen Kirche im 16. Jahrhundert benötigte dringend *Erneuerung* (lat.:reformatio) und starke Persönlichkeiten, deren Wirksamwerden die abendländische Kircheneinheit sprengte, was eine neue religiöse Geisteshaltung, den Protestantismus, entstehen ließ - vornedran der Augustinermönch *Prof. Dr. Martin Luther* (1483-1546). Die dringend nötige und große Chance für ein *neues Christusbewußtsein* war damit gegeben. Zu jenen spätmittelalterlichen Zeiten drückte sich dieses natürlich anders aus, nämlich 'humanistisch'. Dazu noch mit altgriechischem Gedankengut, das einst auch im Urchristlichen mitschwang, um jetzt erneut als Renaissance auf die weltlich-kirchlich-kulturelle Festgefahrenheit zu wirken. *Grobe Verdinglichung und Verweltlichung weiter Bezirke religiösen Lebens im Schnittbereich profaner Interessen (Prof. Dr. H. Lutz)* schrien förmlich nach *Umgestaltung,* was ebenfalls auf Latein *reformatio* heißt.

Blicken wir kurz auf die reformatorische Gallionsfigur *Luther*. Fügungen auf seinem Lebensweg bringen ihn ins kirchliche Lehramt, innere Auflehnung zu neuem Empfinden und Denken. Und der koordinierende Geist (Zeitgeist?) - die Metaphysiker sagen: die 'Geistige Welt' - geht ihm mit zwei vorzüglichen Instrumenten zur Hand: den Drang des Abendlandes, auch die lateinische 'Heilige Schrift' in der Umgangssprache lesen zu können und die soeben erfundene Kunst des Druckens. Blendende Voraussetzungen, das christliche Leben nicht nur äußerlich zu reformieren, sondern bei der großartigen Übersetzung der Evangelien ins Neuhochdeutsche auch den *inneren Geist Christi* neu zu formulieren. Aber leider weit gefehlt - seinen Auftrag hat *Luther* wohl an dieser Stelle nicht verstanden und nicht gelebt. In ganzen zehn Wochen peitscht er unter Zeitdruck stehend 1522 seine Übersetzung des N.T. durch. Zudem hat sich inzwischen herausgestellt, daß die Handschriften, die *Luther* für seine Übersetzungen verwendete und die ihm von *Reuchlin* und *Erasmus* geliefert wurden, besonders fehlerhaft waren[144].

Schon hier sehen wir wieder, wie gerade die Begnadeten, die von Christus Geführten und Berufenen, gleichstark auch von den Gegenkräften herausgefordert werden - und versucht! Und letztere haben es auch hier wieder fertig gebracht, daß der Christusgeist nur abgeschwächt und sehr vermenschlicht zum Ausdruck kommen konnte in einer Reformation der vertanen Chancen. Zwischen dem jungen *Luther* mit hohen Idealen und dem reifen *Luther* mit profanen Zwängen hat sich viel geändert. Jung hatte er sich dem mittelalterlichen Mystizismus genähert (*Luther: Wer in der Liebe bleibt, der in Gott bleibt und Gott in ihm, daß er und Gott ein Kuchen wird...* - das war reinste Urlehre Jesu), doch im Alter gestand er dazu: *Ich hätte gern gewußt und verstanden, wie*

*Gott mit meiner Seele vereinigt sei, aber ich konnte es nicht daraus lernen.*
Weiter schreibt der evangelische Theologieprofessor *Walter Nigg: Mit seinem Nein zum mystischen Leben hat er in der evangelischen Christenheit eine der tiefsten Quellen verschüttet, die allein die Fluren hätten zum Grünen und Blühen bringen können*[162].

## Innerer Machtkampf führt zu äußeren Kriegen

Wenn wir uns die Situation der 'vertanen Chancen' im Nachhinein etwas genauer ansehen, dann auch dieses Mal aus der *äußeren* und der *inneren* Sicht. Die äußere zeigt in der Folge entsetzliche Religionskriege - den *Dreißigjährigen Krieg* als den bestialischsten, der Deutschland entvölkerte (von siebzehn auf vier Millionen Menschen). Aber auch danach noch viele und hoffentlich nach vier Jahrhunderten auch den letzten, nachdem (1994?) der fünfundzwanzigjährige Glaubenskrieg Nordirlands im mächtigen und 'hochkultivierten' Westeuropa der Neuzeit endlich zu Ende zu gehen scheint. Auch bei den *Bauernkriegen* stand *Luther* dem Freiheitsbegehren der Bauern zuerst positiv gegenüber, doch seine eigene spätere Suche nach Beistand bei der Obrigkeit ließen ihn wieder eine Kehrtwendung machen zu öffentlichen Aufforderungen, die Bauern zu ergreifen und totzuschlagen.

Aber unser streitbarer Reformator führte ja schon selbst 'Kriege' und emotionale Wortschlachten. Einige Beispiele als Denkanstöße: 1529 ging es um die Präsenz Jesu im Abendmahl. Die deutschen und die schweizer Reformatoren konnten sich nicht einigen, *wie* Jesus denn nun anwesend sei in Brot und Wein. Dabei hat *Martin Luther* die Schweizer und Straßburger Protestanten *gescholten* und ausdrücklich *nicht als Brüder* anerkannt (Pfarrerin *Christa Blanke*). War es nicht ein verborgener Hochmut seines eigenen Ichs, das sich letztlich selbst zum Maßstab dafür machte, was von nun an in der lutherischen Kirche als *christlich* zu gelten hat und was nicht? Mit Intoleranz ging er gegen alle vor, die sich *seiner* Verkündigung des Evangeliums nicht beugten. Es scheint für ihn nicht *zuerst* die Wahrheit ('das reine Evangelium') zu zählen, sondern inzwischen die Macht der Institution Kirche, Pfarrer zu berufen oder nicht. Maßgeblich sollte einzig sein, ob sich der Prediger den Formvorschriften für das Pfarramt der Kirche unterwirft, *sonst soll man sie nicht zulassen noch*

> Wir müssen lernen, daß auch Blumen und Bäume,
> Steine und Tiere auf unsere *Liebe* warten.
> *Adalbert Ludwig Balling*, kath.Theologe und Publizist

*hören, wenn sie gleich das reine Evangelium wollten lehren, ja wenn sie gleich Engeln und eitel Gabriel vom Himmel wären... will er predigen oder lehren, so beweise er den Beruf und Befehl* (der Kirche)... *will er nicht, so befehle die Obrigkeit solchen Buben dem rechten Meister, der Meister Hans heißt* (damals der Henker) (siehe Luthers 'Auslegung' des 82.Psalms). Ganz anders klang es noch zu seinen Anfangszeiten: *Macht mir kein Mußsein aus dem Freisein. Heiraten oder nicht, Bilder abtun, Fastengebote halten und dergleichen, das kann man tun oder lassen wie man will.*

Immer hartherziger und engstirniger wurde unser großer christlicher Reformator und ich zitiere noch einen erstaunlichen Text aus dem Spätwerk des Neunundfünfzigjährigen, drei Jahre vor seinem Tod, in dem in seiner Schrift 'von den Juden und ihren Lügen' heißt:

*Ein solch verzweifelt, durchböst, durchgiftet, durchteufelt Ding ist's umb diese Juden, so diese 1400 Jahr unsere Plage, Pestilenz und alles Unglück gewest und noch sind. Summa wir haben rechte Teufel an ihnen. Daß man ihre Synagogen oder Schulen mit Feuer anstecke, und was nicht verbrennen will, mit Erde überhäufe und beschütte, daß kein Mensch einen Stein oder Schlacke davon sehe ewiglich... (Erlanger Ausgabe XXXII.242/233).*

Und noch viel Schlimmeres wünschte ihnen unser christlicher Reformator. Kein Wunder, daß *Martin Luther* am Ende seines Lebens wollte, daß man aus *seiner* Reformation, *seiner* neuen Kirche, das A.T wieder entfernen würde, da es ja weitgehend auch die Lehre seiner inzwischen verhaßten Juden war. Sein Nachfolger, der Jude *Melanchton*, (der eigentlich *Schwarzerd* hieß, aber zur Tarnung ein Pseudonym benutzte) hatte alle Mühe, Luthers judenfeindliche Schriften wieder aus dem Verkehr zu ziehen. Aber erst in unserem Jahrzehnt hat sich die evangelische Kirche bei der jüdischen Kirche dafür offiziell entschuldigt.

**Die Schrift allein oder die Diktatur des Wortes**

Nun betrachten wir einmal die sogenannte *innere Seite* des Problems mit der verschenkten, halbherzigen Reformation der christlichen Kirchenlehren im Sinne der *wahren Lehre Jesu* und wie auch hier die antichristliche Seite zuzuschlagen wußte. Dabei halte ich drei Themenkreise für so wichtig, daß wir sie uns einzeln genauer ansehen sollten.

Den **ersten** nenne ich *sola scriptura* (lat.: die Schrift allein). In der bis dahin geltenden (katholischen) Kirchenlehre Roms war längst selbstverständlich, daß der Papst *über* der Schrift stehe, da er ja nicht irren könne (Unfehlbarkeitsdogma). Das war auch die kirchenrechtliche Basis der vielfältigen Korrekturen und Fälschungen der Textvorlagen der Evangelien. Gegen diesen Zwang der Kirche lehnte sich nun *Luther* mit seinem Prinzip der *sola scriptura* erfolgreich auf. Aber leider schlug damit das Pendel - wie so oft in der Geschichte - erst einmal ins andere Extrem aus, quasi zum Gegenpol, und aus der Botschaft *Jesu* wurde teilweise eine Diktatur des Wortes. Die 'lebendige Lehre' geriet immer mehr zum Buchstabenglauben. Viele christliche Gruppierungen betreiben dies mit völlig unchristlichem Fanatismus und ebensolcher Intoleranz. Wie so oft natürlich nicht nur sich selbst gegenüber (jeder hat das Recht auf seinen eigenen Irrtum), sondern genau so gnadenlos den andersdenkenden christlichen Brüdern und Schwestern gegenüber. Was wieder einmal ganz und gar nicht im Sinne der Urlehre *Jesu* war. Denn es verstößt zum einen gegen den Liebesgedanken (Nächstenliebe, Verzeihen und Verstehen), zum anderen direkt gegen die Lehre in den Evangelien. Können wir doch darin so offensichtlich an dem traurigen Beispiel der Pharisäer erkennen: *Der Buchstabe tötet, aber der Geist macht lebendig.*

## Das Alte Testament erdrückt das Neue Testament

Der **zweite** wichtige Themenkreis der Reformergebnisse aus *innerer Sicht* ist die Aufwertung, die das A.T. bei dieser Gelegenheit bekam. Das konnte niemals im Sinne Jesu Christi, sondern nur im Sinne des Antichristen sein. Jesus hat sich vehement gegen die barbarischen Lehren des israelischen Gottes *Jahwe* gewandt. Das A.T. und das N.T. sind polare religiöse Gegensätze. Gezielt spricht Jesus immer wieder von *seinem Vater*, weil dies auch ein klarer Gegensatz zur bisherigen Lehre war, in der Gott nie 'Vater' genannt wurde, sondern *Jahwe (Adonai)* oder *El Schaddai*[145], wobei mit letzterem der *Scheitan*, der 'verworfene Engel' gemeint sein dürfte. Daß Jesus nicht der erwartete alttestamentarische Messias war, kann wohl von keiner vorurteilslosen Betrachtung geleugnet werden und wenn er nirgends im 'Alten Bunde' verkündigt war, bedarf es deshalb auch keiner Beziehung der beiden Teile der Bibel. Nach dem frühchristlichen Theologen *Marcion* (85-169) verhalten sie sich wie polare Gegensätze, nach Auffassung der späteren Kirche wie Stufen: Das A.T. ist *legislatio in servitutem* (Gesetzgebung zur Knechtschaft), das N.T. *legislatio in libertatem* (Gesetz zur Befreiung).

> *Liebe* besteht nicht darin, daß man sich gegenseitig anblickt, sondern darin, daß man in die gleiche Richtung schaut.
> St. Exupéry [182]

Sehen wir uns einmal kurz die große Persönlichkeit des *Marcion von Sinope* an. Er war der erste der Kirchenväter, der eine konsequente Trennung zwischen alt- und neutestamentarischer Geisteslehre herausstellte und wurde dafür später zum Ketzer und vom Dogma abweichenden Häretiker erklärt. Er wurde als Gigant bezeichnet, als ein feuriger Geist gerühmt, ein religiöses Genie von grandioser 'Einfachheit', profunder Frömmigkeit und rasanter Denkschärfe, aber auch 'der größte Ketzer, der jemals aus dem Christentum hervorgegangen ist' (*Prof.W.Nigg/Otto Wille*). Wodurch kam es zu dieser Konfrontation? Es waren die 'Antithesen', in denen er die Widersprüche zwischen dem A.T. und der Religion der Tatliebe darlegte. Da er diese beiden Geistesrichtungen nicht vereinbar fand, schuf er eine eigene hl. Schrift in seiner marcionitischen Gegenkirche, in welcher der schon damals bekannte paulinische Gegensatz *Gesetz<>Evangelium* weiter ausgearbeitet war. Er ging von der Annahme von zwei Göttern aus, dem Weltenschöpfer (Demiurg, Hebräergott) und dem vor Jesu Erscheinen völlig unbekannten 'Gott der Liebe'. Denkansätze in die gleiche Richtung gab es schon lange bevor Jesus für die spektakuläre Trennung der beiden Gottesformen sorgte, was dann zur neuen Religion des Christentums führte. *Michael Stelzner* weist in seinem Buch 'Die Weltformel der Unsterblichkeit'[210] darauf hin, daß der erste Schöpfungsbericht von *'Elohim'* (Gott) spreche, während es im zweiten Schöpfungsbericht *'Jehova'* (Gott der Herr) heiße und *Jehova* der Gott des Sündenfalles sei. *Schonfield*[17] zitiert jüdische Mystiker, die ebenfalls die Einheit ihres Gottes anzweifelten und einen Gott im *Sein* und einen Gott im *Ausdruck* erkannten. Zur urchristlichen Fortsetzung dieser möglichen Problematik schreibt *Otto Wille* in 'Die verfolgten Nachfolger Christi'[8] über *Marcion*:

*Scharfsinnig arbeitete er den Gegensatz von jüdischem Gesetz und christlicher Liebe heraus, von äußerem Zwang und innerer Gewissensführung. Jahwe, den Gott des Alten Testamentes, entlarvte er als 'unbarmherzig, von peinigender Strenge und Grausamkeit, voll Leidenschaft, Zorn, Eifer, Parteilichkeit, Kleinlichkeit und Beschränktheit...'* **Dieser Gott kann nicht der Vater des feinsinnigen Christus sein.** *Marcion lehnt deshalb das Alte Testament ab... Wie die meisten Erneuerungsbestrebungen in der Christenheit, scheitert auch Marcions Reform der Kirche. Statt der erhofften Umwandlung kommt es vielmehr zu einer bedauerlichen Trennung... Nach dem schwedischen evangelischen Theologen A. Nygren (Eros und Agape, 1937) hat Marcion mehr als irgend ein anderer der Theologen des zweiten Jahrhunderts verstanden,* **die Liebe in den Mittelpunkt des Christentums zu stellen. Er hat wie kein anderer verkündet, daß Gott Liebe und nichts als Liebe ist.** *Er hat klar gesehen, daß die christliche Gottesgemeinschaft ihrer innersten Art nach* **nicht Rechtsgemeinschaft, ...sondern Liebesgemeinschaft ist.**

Zur damaligen Kirche der *Marcioniten* heißt es:
*Nach dem Ausschluß aus der römischen Gemeinde gründete Marcion eine eigene Kirche, die ihn um Jahrhunderte überlebte. Marcionitische Christengemeinden finden wir (nach G.Wehr) 'vom Euphrat bis zur Rhone'. Ihr Gottesdienst ist einfach; Laien können predigen; Amtsgnade ist unbekannt; Frauen dürfen auch taufen; Wein und Fleischgenuß ist untersagt; jegliche Sinnlichkeit wird verworfen; die Bereitschaft, Leid anzunehmen (Martyrium), bejaht; Vorurteile bezüglich Nation, Rasse und Stand gibt es nicht; alle Menschen sind vor Gott gleich.*

So geht der Widerstreit A.T.<>N.T. durch die ganze Kirchengeschichte, denn es heißt noch lange nicht, daß das A.T. eine Vorstufe des Christentums sein muß, zumal wie *A.von Harnack,* einer der wichtigsten Erforscher des frühen Christentums, sagt: *Was christlich ist, kann man aus dem A.T. nicht sehen.* Noch klarer sagt es *Friedrich Nietzsche* in 'Jenseits':
*Dieses N.T. mit dem A.T. zu einem Buch zusammengeleimt zu haben als 'Bibel', das ist vielleicht die größte Verwegenheit und 'Sünde wider den Geist', welche das literarische Europa auf dem Gewissen hat.*
Dazu schreibt auch *Egon Friedell*:
*Das ganze A.T. ist ja eigentlich nichts anderes, als ein immer wieder erneuerter Vertrag zwischen Jahwe und Israel. Zwischen der Gottheit des Alten und der Gottheit des Neuen Testamentes kann es daher nicht Identität oder Harmonie, auch nicht das Verhältnis halber oder voller Offenbarung geben, sondern nur schroffe Alternative.*
Auch der bedeutende Religionsphilosoph *Immanuel Kant* sagt:
*Ihr müßt zwischen Jahwe, dem 'deus ex machina' und Gott, dem 'deus ex anima' wählen, für beide ist nebeneinander nicht Platz.*

Und wie sieht die Realität aus? In unserer Familienbibel von 1977 stehen 1184 Seiten des A.T. ganzen 353 Seiten des N.T. gegenüber. Armer Herr Jesus! Antichristlichen Kräften scheinen auch hier bei *Luther* ihr Verwirrspiel gelungen zu sein. Denn durch das Vereinen des A.T. mit dem N.T. in der 'christlichen Bibel' kam **größter Zwiespalt in die Christenheit,** äußerlich mit Bruderkriegen seit damals bis heute (Nordirland und Balkan) und innerlich mit Streitigkeiten, Diskussionen und Uneinheitlichkeiten der Liebeslehre. Daß die beiden Götter, der des A.T. und der des Jesus im N.T. nicht die gleichen sein können, hat Jesus lange genug versucht darzustellen. Doch ein großer Teil der

---

Herr, wir bitten dich: Laß uns unser Brot teilen und unsere *Liebe.* Laß uns unsere Zeit teilen mit den Menschen. Andere sollen dich durch uns spüren. Deine *Liebe* sollen sie durch uns erfahren. Gib, daß wir deinen Auftrag erfüllen. Amen.
　　　　　　　　　　　　　　　　　Kindergebet [183]

Christenheit samt ihrer klerikalen Elite haben es bis heute nicht gecheckt und somit auch Jesus bis heute nicht wirklich begriffen. Die diesbezüglich in Jahrhunderten 'geernteten Früchte' belegen meine Behauptung.

Ähnliches meint wohl auch der Apostel *Paulus*, wenn er in seinem Brief an *Titus* 1,10-16 auf die jüdischen Prediger schimpft und rät: *Nicht (zu) achten auf die jüdischen Fabeln und Gebote von Menschen, die sich von der Wahrheit abwenden.* Und bei *Johannes (8,17,)* distanzierte sich *Jesus* von 'seinem' auserwählten Volk: *Auch in eurem Gesetz steht geschrieben...* und fährt fort (8,19): *ihr (Juden) kennt weder mich noch meinen Vater...* An anderen Stellen nennt er sie Heuchler, Lügner, gottloses und ehebrecherisches Geschlecht, Schlangen, Diebe und Otternbrut[261]. Um Jesu Meinung zum 'auserwählten Volk' nochmals klar herauszustellen, brauchen wir nur nachzulesen: *Darum sage ich euch: Das Reich Gottes wird euch weggenommen und einem Volk gegeben werden, das die erwarteten Früchte bringt* (Matth.21,43). Das ist eine unmißverständliche Aussage, wobei wir nicht wissen, welches andere Volk wohl gemeint sein könnte. Immerhin besteht das heutige weltweite Judentum nur noch zu rund zehn Prozent aus Sephardim, den Nachfahren der biblischen Juden und dafür rund neunzig Prozent[283] aus Chasaren (Aschkenasim), aus osteuropäischen Glaubensgebieten stammend. Zuvor hatte der Prophet *Mohammet* ganze Volkschaften der Semiten zum Isalm bekehrt und auch die Vertreibung in alle Welt hat ihren Anteil dazu beigetragen.

Das Urchristentum kannte das A.T., wie wir es heute in der Bibel vorfinden, überhaupt nicht und es ist im nachhinein völlig unverständlich, warum *Martin Luther* im Jahre 1534 auch noch damit begann, das A.T. zu übersetzen. Zu seiner Entstehunggeschichte schreibt[153] der Religionsforscher *R.E.Passian*:

*Noch weit schlimmer ist es beim Alten Testament, dessen hebräischer Urtext ursprünglich **nur in Konsonanten** aufgezeichnet war, also nur in Mitlauten; die Vokale, die Selbstlaute, fehlten. Abgesehen davon, daß in der sog. hellenistischen Zeit des Spätjudentums (beginnend etwa um 200 v.Chr.) in Palästina kaum noch jemand die Sprache der Patriarchen und Propheten verstand, gingen erst 700 Jahre nach Christus die Masoreten, das waren Rabbiner, daran, Vokale und Akzente einzufügen und so den Text lesbar zu machen; sie vermerkten dabei alle ihnen bekannten Lesearten und Schreibweisen der einzelnen Worte.*

*Schließlich verdient noch betont zu werden, daß die älteste vollständige hebräische Bibel aus dem Jahre 1010 n.Chr. stammt, daß mithin ihre Zusammenstellung erst ab dem 11.Jahrhundert als abgeschlossen gelten kann, und daß mehr als 20 Bücher des A.T. verschwunden sind, wie sich aus dem erhalten gebliebenen Text desselben ergibt. Daß verschiedene Bücher, die bestimmten Verfassern zugeschrieben werden, mit Sicherheit nicht von diesen stammen, sei nur am Rande erwähnt.*

*In alledem aber ist der Grund dafür zu suchen, warum heute alle die unzähligen christlichen Glaubensrichtungen ihre einander (oft in grundsätzlichen Dingen!)*

*widersprechenden Lehrsätze und Auffassungen aus einundderselben Bibel "beweisen und belegen" können!*

Sehr interessant dazu ist auch die Einstellung des *Ordens der Tempelritter* im vierzehnten Jahrhundert, die dieses Spannungsfeld zwischen dem A.T. und N.T. noch wesentlich zeitnaher erfassen konnten. Aus Platzgründen verweise ich auf das Kapitel 'Innere Tempel der Seele' im Buche 'Geheimgesellschaften' [2] Seite 34ff und zitiere lediglich einen ihrer wichtigsten Grundsätze:

*...Eliminierung der jüdisch-christlichen Kirche und stattdessen den Aufbau einer urchristlichen Glaubensgemeinschaft unter Ausschaltung aller alttestamentarischen Komponenten.*

Abschließen möchte ich diesen Themenkreis mit einem Zitat aus 'Zur Weiterbildung der Religion' des Altorientalisten *Prof. Friedrich Delitzsch* (Sohn des luth.Theologen *Prof. Franz Delitzsch*):

*Was den Glauben betrifft, so bleibt alles übrig, was uns Jesus, das allein rechtmäßige Haupt der Christenheit, gelehrt hat: nämlich der lebendige Glaube an Einen einigen, geistigen Gott - in welchem Glauben wir, seitdem wir Gott, den Vater, auf ein bescheidenes Altenteil gesetzt haben, sogar von Juden und Mohammedanern übertroffen werden...*

*Und dennoch, wie unendlich erhaben steht Jesu Gottesbegriff über Allah, der ausschließlich die Moslems zum wahren Glauben und zur ewigen Seligkeit prädestiniert (vorherbestimmt) hat; erhaben auch über Jahwe, dem schon durch das Bundeszeichen der Beschneidung der Charakter eines Volksgottes anhaftet, während der wahre christliche Glaube der idealste Monotheismus (Eingottglaube) ist... der Glaube an Einen Gott, zu dem alle Völker und Menschen unmittelbaren Zutritt haben; einen geistigen Gott, der in aller Gesetzmäßigkeit das ganze Weltall lebendig durchwaltet."*

*"Was aber die Bestätigung von Jesu Lehre betrifft, so bleibt erst recht alles bestehen... und wer nur einen Teil dessen tut, was in der Bergpredigt an christlichen Tugenden gelehrt wird, der muß zu den Sonntagen noch alle Wochentage zu Hilfe nehmen, um fertig zu werden, und schließt am Lebensende dennoch mit einem gewaltigen Manko in der Betätigung des wahren - nicht nur des Geburtschristentums - ab!"*

---

Worin besteht Religion?
Darin, daß man so wenig wie möglich Leid verursacht, daß man Gutes im Überfluß hervorbringt und im Leben *Liebe*, Erbarmen, Wahrhaftigkeit und Reinheit in gleicher Weise pflegt.
*Asoka-Inschrift* [182]

## Der Glaube allein soll selig machen

Der **dritte** wichtige Themenkreis, der im Rahmen der *Reformation* nicht reformiert, sondern im Gegenteil sogar noch wesentlich festgeschrieben worden ist, ist die *Glaubensdefinition* der evangelischen Kirchenlehre - wieder ein großer Sieg des Antichristen und eine gewaltige Bremse für die Entwicklung des Christusbewußtseins, wie es Jesus lehrte.

Der jüdische *Prof. Erich Fromm*, zu den 'wegweisenden Denkern diese Jahrhunderts' (Hessischer Rundfunk) zählend, Humanist und einer der wichtigsten Vertreter der Psychoanalyse der USA, stellte in seinem ersten Werk 'Die Kunst des Liebens'[146] fest:

*Luthers Hauptthese lautete, daß sich der Mensch Gottes Liebe nicht durch seine eigenen guten Werke verdienen kann. Gottes Liebe ist Gnade, der gläubige Mensch sollte auf diese Gnade vertrauen und sich klein und hilfsbedürftig machen. Gute Werke können Gott nicht beeinflussen; sie können ihn nicht veranlassen, uns zu lieben, wie das die katholische Kirche lehrt.*

**Synergismus** heißt die Lehre von der Mitwirkung des Menschen bei seiner Erlösung durch die Gnade Gottes und darüber kam es schon während der Reformationszeit zu theologischen Lehrauseinandersetzungen, dem *synergistischen Streit*. Luther setzte sich auch hier gegen die Meinungen anderer Reformatoren durch und das Ja des menschlichen Willens zum Anruf Gottes wurde verdrängt, die Grundlage zu einer eigenen Entwicklung in Christus vorsichtshalber entzogen.

Die Theologen wissen, daß Ansätze zu einem pragmatischen, Kirchenmacht ermöglichenden **Glaubenszwang** schon beim Apostel *Paulus* zu finden seien und *R.E.Passian* beschreibt dies so[153]:

*So wird man sich beispielsweise damit abfinden müssen, daß Paulus, der uns seit jeher als der Apostel überhaupt, als "Apostelfürst" und "erster christlicher Theologe" vorgestellt wird (ein Mann also, der die überlieferten Worte und Lehren Jesu in ein theologisches System brachte), daß eben dieser Paulus in wesentlichen Punkten seiner Lehrmeinung nachgerade als ein Verfälscher der Heilandslehre bezeichnet werden muß, weil er rabbinische Glaubensvorstellungen auf die Christuslehre übertrug bzw. die Lehren Jesu gewaltsam auf alttestamentarische Gedankengänge aufpfropfte, um seine Hörer von der Messias-Eigenschaft Jesu zu überzeugen.*

*Die ersten Gemeinden waren ja Judenchristen, und es ist ganz natürlich, daß Paulus bei deren Denken und Vorstellungswelt anknüpfen mußte, "um ihrer etliche zu gewinnen", wie er sich ausdrückt. Aber was damals aus der Zeitsituation heraus richtig war, muß es heute nicht ebenso sein; der damaligen Taktik Pauli bringen wir durchaus Verständnis entgegen - unverständlich aber ist und bleibt, daß unsere heutigen christlichen Kirchen und die meisten außerkirchlichen*

*Glaubensgemeinschaften, die paulinischen Ansichten beibehalten und zum Dogma erhoben haben!*
*Damit tun sie genau das, wovor Christus in kluger Voraussicht gewarnt hatte, nämlich: neuen Wein in alte Schläuche zu füllen bzw. neue Flicken auf ein altes Kleid zu setzen.*
*In den Bereich der paulinischen Irrtümer (vorausgesetzt, daß alle Paulus zugeschriebenen Briefe wirklich von ihm stammen, was keineswegs gesichert ist) gehört beispielsweise die sog. "Rechtfertigung durch den Glauben", wonach der Mensch allein durch den Glauben "selig", d.h. des "ewigen Lebens" teilhaftig wird... obwohl Jesus ausdrücklich gesagt haben soll: "So ihr das **tut**, was ich sage, werdet ihr leben"!*

Martin Luther hat dies aber in seiner Kirchenreform weit stärker ausgebaut und präzisiert:

*...ein Christ sein ist, das Evangelium haben und daran glauben. Dieser Glaube bringt Vergebung der Sünden und Gottes Gnade. Er kommt aber allein vom Heiligen Geist, der wirkt ihn durchs Wort, ohne unser Zutun und Mitwirkung. Es ist Gottes eigenes Werk, nicht auch mit unserer Kräfte und freien Willens* [147].

So entsteht eine Theologie, die zur reinen Vertröstungsideologie verkommen ist. *Der Glaube allein macht selig* - diese raffinierte Glaubenslüge war ein gelehrtes Sich-Drücken vor der Verwirklichung der Zehn Gebote und der Gesetzmäßigkeiten der Bergpredigt. Jesu Lehre ist eindeutig:

*Wer diese Worte hört und sie tut, der gleicht einem klugen Mann, der sein Haus auf Felsen baut. Und weiter: Nicht wer zu mir sagt 'Herr, Herr', sondern wer den Willen meines Vaters tut, der wird in das Himmelreich eingehen.*

Zum Thema 'theologische Gehirnakrobatik' schreibt der *Christusstaat* (2/93):

*Durch den jahrhundertelangen Mißbrauch des Wortes 'Glauben' im Sinne eines einfachen Fürwahrhaltens einer Lehre ohne ernsthafte Handlungskonsequenz (sola fide, sola gratia) trat an die Stelle des eindeutigen Verwirklichungsgebotes Jesu ein katholisches und evangelisches Verwirrspiel. Die Täuschung der Gläubigen diente dem Seelenfang und hatte Methode.*

Es ist bewundernswert, daß *trotz* dieser verdrehenden Kirchenlehren unzählige wundervolle Menschen das Christusbewußtsein richtig be-griffen haben und vorbildliche Tat-Christen gewesen waren und sind. Wenn aber dieses wohl dabei wirksam gewesene Stimmchen-in-uns, das Gewissen, auch in den Kirchenlehren seinen richtigen Stellenwert bekommen hätte - im Laufe der Jahrhunderte - dann bräuchte ich nicht nach dem fünften Kapitel zum Thema *die Lehre Christi und der Antichrist* zu sagen: **5:0** für den Diabolus.

---

*Liebe war für die Essener das höchste schöpferische Gefühl und für sie gab es ein kosmisches Meer der Liebe, das überall alle Formen des Lebens vereinte. Leben selbst war für sie ein Ausdruck der Liebe.*

aus 'Die Lehren der Essener'

## Der Christusgeist und die Eine-Welt-Regierung

Mit diesem Kapitel können wir erkennen, wie weitere unermüdliche Antikräfte seit dem sechzehnten Jahrhundert bis heute die totale Machtergreifung auf unserem Planeten zielstrebig angingen und inzwischen größtenteils realisiert haben.

Es gibt ein uraltes Machtprinzip, nach dem schon die römischen Imperatoren entschieden: *divide et impera* (teile und herrsche) und welches ermöglicht, durch die rechtzeitige Schaffung von Spannungsfeldern auch die Gegenkräfte leichter zu beherrschen. Dieses Prinzip wird bis in die Neuzeit virtuos gehandhabt, wenn wir zum Beispiel an das Nachkriegsdeutschland denken und an die geteilten Nationen Korea, Vietnam und andere mehr. Aktuellst gilt dies auch für den Balkan und Zypern. Stets perfekte Machtfaktoren für einen florierenden Weltwaffenhandel, heute auch in Verbindung mit gezielter Schwächung von weiträumigen Wirtschaftsregionen.

Nun wieder zurück mit einem Sprung in das sechzehnte Jahrhundert, in dem drei schwerwiegende und zeitformende Instrumentarien der Macht in den Vordergrund traten und christliche Werte im Sinne Jesu schwächten oder verdrehten: Der *Machiavellismus,* das *Freimaurertum* und für den beginnenden *Rationalismus,* die Denkweise der Aufklärung, die Philosophie *René Descartes'.*

Der Florentiner *Niccolò Machiavelli* (1469-1527) wird im Lexikon[148] als *Theoretiker der Macht* bezeichnet. Sein Ruhm gründet sich auf seine Schrift *Il principe,* in der er den Begriff der Staatsraison vorformulierte, den **Machiavellismus**. Nicht wie bis dahin üblich die *Tugendhaftigkeit* des Fürsten, sondern seine Fähigkeit zur *Machterhaltung* ist das entscheidende Charakteristikum des *neuen Fürsten*. Dieses Standardwerk der Fürstenerziehung wurde 1559 auf den Index gesetzt und damit zu einer geheimen Machtlehre, und der *Machiavellismus* gilt heute als Bezeichnung für eine *durch keinerlei moralische Bedenken gehemmte Machtpolitik* - die geistige Saat für eine bis heute währende Epoche grenzenloser, weltweiter und antichristlicher Machtergreifung.

Dieses Spiel der *äußeren* Mächte, der exoterischen, hat sein *inneres* Gegenstück in der Organisierung und Internationalisierung der geheimbündischen **Freimaurerei**. Durch übernommene Symbole erkennt man Ursprünge schon im alten Birma (Naga), im prähistorischen Mexiko und im alten Ägypten und die Freimaurerei bildete wahrscheinlich die älteste aller Mysterienschulen. Autoren wie *James Churchward* verweisen auf die Ursprünge aus Mu/Lemurien oder auf Atlantis. Die Lehrer des Ordens der Freimaurer waren eine verborgene Bruderschaft - mehr himmlisch denn irdisch. Der Maurer-Weg mit den Lernstufen Lehrling-Geselle-Meister war ein rein esoterischer Entwicklungsweg des Bewußtseins und der 'Bau des Tempels' zugleich im Sinne der Basis wie Jesus ihn meinte: Als Körper für den spirituellen Inhalt, dem unsterblichen Göttlichen - für den Maurer selbst wie für die jeweilige Gemeinschaft der Menschen.

In der politischen Öffentlichkeit tauchte die Freimaurerei aber erst 1567 und endgültig Anfang des siebzehnten Jahrhunderts auf, als sich ihr christlich-abendländischer Charakter einer Handwerkerzunft in den eines geheimen, mystischen und okkulten umwandelte. Man öffnete die Logen auch für *Nichtmaurer*, was zur Folge hatte, daß ab diesem Zeitpunkt die überwiegende Mehrheit und später alle höheren Einweihungsgrade aus anderen Berufen kamen. Ende des achtzehnten Jahrhunderts schickte ein Geheimbund sich an, die Freimaurerei zu unterwandern, tarnte sich mit 'Licht und Weisheit', war in Wirklichkeit aber eine Ausgeburt der Finsternis und nannte sich *Orden der bayerischen Illuminaten* (Erleuchtete). Die dann folgende, wechselhafte und leider auch faszinierende Entwicklung zur heutigen globalen antichristlichen Machtergreifung wird ausführlich in 'Geheimgesellschaften' [2+3] dargestellt und muß dort nachgelesen werden.

Zu leicht kann es nun wieder geschehen, daß man vorschnell sagt: *die* Freimaurer. Die in Einweihungsgraden eingeteilte Geheimgesellschaft ist nämlich nur in ihren obersten Graden wirklich *geheim* (Hochgradfreimaurerei), vor allem gefährlich und bewußt antichristlich. Etwas Einblick in die kaum einzublickende Ränkestube diabolischer Machtsteuerung der Logen gibt ein Text aus dem letzten Jahrhundert über die Anbetung *Luzifers*, wie er in den obersten, den 30. bis 33. Graden der Freimaurerei, formuliert wurde. Bei einem großen Treffen dieser obersten Grade am 4.7.1889 behauptete der Großkommandeur *Albert Pike*, Kopf der *schottischen Riten* und Gründer (1867) des *Ordens der Ritter des Ku Klux Klan*:

*Wir verehren einen Gott, aber es ist ein Gott, den man ohne Aberglauben anbetet.*
*Die Religion der Freimaurer sollte von uns allen Eingeweihten höherer Grade in der Reinheit der luziferischen Lehre fortgeführt werden. Wenn Luzifer nicht Gott wäre, würde dann Adonai, dessen Taten von Grausamkeit, Menschenhaß... und Ablehnung der Wissenschaft zeugen; ihn (Luzifer) dann verleumden?*
*Ja, Luzifer ist Gott, und leider ist auch Adonai Gott.*
*Denn das ewige Gesetz sagt, daß es kein Licht ohne Schatten, keine Schönheit ohne Häßlichkeit und Weiß nicht ohne Schwarz gibt, denn das Absolute kann nur in zwei Göttern existieren... Deshalb ist die Lehre des Satanismus Ketzerei. Und die wahre reine philosophische Religion ist der Glaube an Luzifer, der Gott des*

---

Alle Lebewesen *lieben*, gar nicht fragen nach gut oder schlecht,
tut allen Lebewesen wohler, dem *Liebenden* und den G*eliebten*,
macht alle größer, heller und freier; hier schon und erst recht drüben.
*Buddha*

*Lichtes, der Adonai gleichgestellt ist. Aber Luzifer, der Gott des Lichtes und des Guten, kämpft für die Menschheit gegen Adonai, Gott der Dunkelheit und des Bösen.*

Für den Außenstehenden, zumal Christen, ist dies etwas schwer verständlich, weil hier 'Luzifer' als positives lichtes Wesen formuliert wird im Gegensatz zu *Adonai* gleich *Jehova* oder *Jahwe* als dem Bösen, dem Satan. Womöglich ist dies auch bezogen auf Jesu Vorwurf: *Ihr (die Juden) habt den Teufel zum Vater und wollt die Gelüste eures Vaters tun. Er war ein Mörder von Anfang an...(Joh.8,44). Adonay*, hebr. 'der Herr', wurde von den Israeliten als Ersatzwort für den Gottesnamen *JHWH* benutzt, dessen Aussprache aus religiösen Gründen verboten war.

Wie brisant dieses Denken abgrundtiefer Boshaftigkeit und Machtbesessenheit ist, zeigt ein Beispiel aus unseren Tagen, zugleich aber auch, daß das ehemalige Differenzieren zwischen Luzifer, Satan und dem 'bösartigen' Gott des A.T. längst verschwommen zu sein scheint. In 'Geheimgesellschaften 2'[3] heißt es zum Thema freimaurerischer Symbole:

*Das gleiche gilt für den angeblich größten Freimaurerkonzern der USA, Procter & Gamble. Der Name hat 13 Buchstaben und das Firmenemblem ist eines der ältesten Freimaurersymbole: Der Mann mit Bart in einem Kreis hat 13 Sterne vor sich. Hier ist vielleicht interessant zu erfahren, was der Generaldirektor von Procter & Gamble im 'Wisconsin-Report', The Phil TV-Show im Oktober 1984 gesagt hat: "Ich habe einen Pakt mit dem Satan geschlossen! Als Gegenleistung für den wirtschaftlichen Aufschwung habe ich ihm meine Seele verschrieben ..."*

**Gottloser Materialismus**

Nun zum dritten Machtinstrumentarium aus der antichristlichen Geistesebene zu Beginn der 'Neuzeit', dem **Rationalismus**. Seine Vordenker *Galilei, Bacon* und der französische Philosoph *René Descartes* (1596- 1650), bewirkten, daß der Rationalismus, die Denkweise der 'Aufklärung', nicht nur die radikale Beschränkung aller Erkenntnis auf *reine Vernunft* erzwang. Er verbannte auch die Seele gleichsam aus dem Leibe und machte Spiritualität zum reinen Spuk. Diese verlorengegangene Spiritualität und Religiosität wird allmählich durch Wissenschaftsgläubigkeit ersetzt. Aus kirchlichen Dogmen werden Absolutheitsansprüche einer einseitig ausgerichteten Sichtweite, die nur experimentell erforschte und nachweisbare *Materie* anerkennt.

Dieser *Materialismus*, gottlos und antichristlich, soll laut *Johannes* (Offb.13,16-18) das Zeichen 666 (symbolisch?) tragen und ist der polare Gegenpart zum *Christusgeist* und der Vater sowohl des *Kommunismus'* wie auch dessen Gegenpols, des *Kapitalismus'*. Das Ergebnis nennt *Spiesberger* 'homo faber', entgotteter Technikmensch. Und der Theologe *Dr. Eugen Drewermann* spricht von 'den gestanzten Denkrastern unserer vermarkteten Wissenschafts- und Autoritätsgesellschaft', von verbogenen Menschen, 'Exemplaren' statt Persönlichkeiten, vom modernen Krieg als einer Folge solcher totalen Vereinnahmung und von der Kirche als Verwalterin dieses Ungeistes (Vortrag über *Hermann Hesse* in Calw, 1994).

Natürlich hat dieses Horror-Szenario mit seinen dämonischen Einflüssen auch positive Gegenpole, denn zu jedem System existiert eine 'alternative Szene' und nach dem Prinzip des Dualismus wird diese geradezu auf den Plan gerufen. Nicht erst jetzt, nachdem das ehemalige ganzheitliche Weltbild durch *Descartes'* Erbschaft gesplittet, spezialisiert und isoliert und weiter geteilt wurde - divide et impera! Nein, schon *Goethe* erkannte:

> *In meinem Revier sind Gelehrte gewesen,*
> *außer ihrem eigenen Brevier konnten sie keines lesen.*

*Ursula Seiler-Spielmann* schreibt in ihrer 'Zeiten*Schrift*':

> *Die spezialisierte Wissenschaft bricht den Mikrokosmos aus dem Makrokosmos heraus. Adam beißt in den Apfel des Makrokosmos und wirft ihn weg. Was ihm bleibt, ist nur dieser (mikrokosmische) Bissen, und diesen untersucht er seitdem verbissen. Doch was ist Wissenschaft (der Mikrokosmos) ohne die Religion (den Makrokosmos)?*

Oder *Prof. Max Planck*, der äußerte:

> *Eine Wissenschaft, die den Makrokosmos bzw. die Metaphysik nicht in ihr Denken einbezieht, wird nie zur Wahrheit vordringen.*

Oder noch aktueller der Physiker *Prof. Hans Primas*, Ordinarius der theoretischen Physik an der ETH Zürich:

> *Die Menschheit ist heute in Gefahr, durch die Naturwissenschaften die Natur zu zerstören. Eine Erkenntnis aber, die sich dadurch bezeugt, daß sie das vernichtet, was erkannt werden soll, kann nicht wahr sein.*

## Das Böse fordert das Gute heraus

Wie sehen nun diese 'positiven' Gegenkräfte aus, die zwangsläufig nach Verwirklichung suchen, um diesen immer einseitiger und mächtiger werdenden Irrweg sichtbar zu machen? Wie kann in den Erfolgstrend dieser lichtlosen Reiche das von ihnen gefürchtete Licht gebracht und die zigtausendfachen Schwächen all dieser Systeme, die uns gekonnt als 'Fortschritt' untergejubelt

---

*Liebe* ist der höchste göttliche Adel und der Menschen friedliches Heim.
*Mong Dsi-Meng Ko* (372-289 v. Chr.), konfuzianischer Philosoph

werden, bloßgestellt werden? Pauschal verweise ich hier auf den Begriff *New-Age*, unter dessen weitläufigem Dach sich weltweit traumhafte bis skurrile Gedanken und geistige Kräfte ansiedelten und noch ansiedeln werden. Von grünen Politikern über internationale Organisationen wie *Greenpeace* und ähnliche bis zu grundsätzlichem *holistischem und ganzheitlichem Denken* fast aller erkennbaren Bereiche, materiell wie geistig, erwacht Aufbruchstimmung und Protest. Tag für Tag erscheinen neue Bücher darüber und eine Flut von Veranstaltungen oder Seminaren stehen weltweit den *Erwachten* zur Verfügung. Die *lichten Kräfte* formieren sich allmählich und das große Spiel des Kräftemessens kann beginnen. *Gut* und *Böse* können für uns, Wesen der stofflichen Ebene, zwei Aspekte der gleichen ehemaligen *Einheit* und Teil unseres dualistischen Weltbildes sein, wenn wir damit richtig umgehen. Wir werden erleben dürfen, daß jedes noch so grausame und harte Werk der lichtlosen Seite am Ende eine notwendige Lektion im Spannungsfeld der Polaritäten war und ist, um die verschütteten und schlummernden *Kräfte des Lichts* zu erwecken, zu verstärken und zu formieren oder auf 'religiös' übersetzt: Der 'Antichrist' fordert uns zu praktischem Christ-werden heraus. **Innere wie äußere Konfrontation eines *jedes Einzelnen* von uns wird nötig werden.**

## NOVUS ORDO SECLORUM = die neue Weltordnung

Auch das wird natürlich ein langer Prozess sein, in vielen Bereichen noch eine sehr mühevolle Mobilisierung, währenddessen die etablierten antichristlichen Spieler noch manchen Trumpf aus dem Ärmel ziehen werden. Denn noch wird ein gigantisches Ränkespiel von viel zu wenigen von uns erkannt und durchschaut: die geplante *Eine-Welt-Regierung*, die *totale Machtergreifung über alle Menschen* und damit auch aller anderen Bereiche irdischen Lebens (New World Order oder One World Government). Das lateinische *novus ordo seclorum* steht auf jeder Dollarnote der USA unter der Illuminaten-Pyramide, auf dem Globus der UNO und dem Staatssiegel der USA und zeigt das Ziel der Weltherrschaft. **Globalisierung** ist dafür das neue Modewort der Multis und ihrer Politiker und wirkt harmlos oder gar positiv auf unkritische Mitmenschen.

Warum ist das ganze so schwer erkennbar? Weil eine Reihe von perfekt funktionierenden und clever getarnten und prominent besetzten Geheimgesellschaften und Logen, unvorstellbar vernetzt, konsequent und über Leichen gehend, dieses Ziel machiavellistisch anstrebt. Überbegriff für diese Mächtigsten der Mächtigen: Die *Illuminati* (die Erleuchteten). Darüber gibt es inzwischen immer mehr Literatur, die sehr anschaulich gesammelt in den 1993 und 1995 erschienenen Büchern 'Geheimgesellschaften' [2+3] nachzulesen ist und deren sehr lange und breit angelegte Geschichte den Rahmen dieses Buches sprengen würde - so, wie wir schon etwas Einblick in die obersten Grade der Freimaurer (Hochgrad-freimaurerei), wohl ebenfalls Illuminati, mit dem luziferischen Glaubensbekenntnis bekommen haben, das uns die abgrundtiefe Verachtung jener Machthungrigen vor jeglichem individuellem Leben *erahnen* läßt. Siehe auch[271.]

Um einen ungefähren Eindruck über Intensität, Planungsdauer und Globalisierung gewinnen zu können, führe ich zwei Zitate auf. Schon 1921 schrieb *Simon-Tov Yacoel* in seinem Buch 'Israel':

*Jede große Nation hat eine andere zum Sklaven; so hat Frankreich Korsika, so hat England Irland, so hat Groß-Serbien Montenegro und, um es kurz zu sagen: Israel hat die ganze Menschheit zum Sklaven... Der Völkerbund wird bringen: die Einheit der Sprache, die Einheit der Währung, der Maße, des Rechts, der Religion... Zur Hauptstadt soll er Zion, die Stadt des Friedens, haben.*[156]

Und drei Jahrzehnte später, nachdem der Völkerbund das geplante Ziel noch nicht gebracht hatte, aber immerhin zu einer ebenbürtigen UNO geführt hat, hörte man am 12.1.1952 von dem Rabbiner *Emanuel Rabinovich*:

*Unser Ziel seit 3000 Jahren ist endlich in Reichweite gerückt. Unsere Rasse wird ihren berechtigten Platz in der Welt einnehmen. Jeder Jude ein König, jeder Christ ein Sklave. Wir weckten anti-deutsche Gefühle in Amerika, welche zum II. Weltkrieg führten. Unser Endziel ist die Entfachung des III. Weltkrieges. Dieser Krieg wir unseren Kampf gegen die Goyim für alle Zeiten beenden. Dann wird unsere Rasse unangefochten die Welt beherrschen.*[157]

Im Saal des Weltsicherheitsrates der UNO hängen einige großformatige Bilder eines ungarischen Künstlers. Auf einem dieser Bilder sieht man drei Riesenraben, die eine winzige Taube verfolgen. Außer dem Namenszug des Künstlers kann man (am unteren Rand des Bildes) eine eindeutige Schrift entdecken: *Der Mensch wird über Gott siegen.*

Nun muß ich Ihnen aber noch eine andere, 'ergänzende' Version präsentieren. Dieses Be-richten über diese Illuminaten-Programme ist natürlich auch ein 'Richten'. Wie es eben immer so leicht ist, etwas oberflächlich, also 'äußerlich', darzustellen. Aber wir wissen ja, daß <u>grundsätzlich alles</u> vernetzt ist und somit zusammengehört und daß es einen Pol nicht ohne einen Gegenpol gibt. Und so entnehme ich bei *Bob Frissell* aus 'Zurück in unsere Zukunft...'[1] zu dem Thema Entwicklung der menschheitlichen Bewußtseinsebenen und dem gemeinschaftlichen Gegenschlag der UNO-Illuminaten im Golfkrieg 1991

> Wir alle sind nur soweit Menschen geworden,
> als wir Menschen *liebten* oder zu *lieben* Gelegenheit hatten.
> *Boris Pasternak*, russ. Schriftsteller und Komponist (1890-1960)

folgende Erkenntnis: Durch unser Bündnis gegen einen einzigen Despoten hatten wir spontan eine planetare Einheit erschaffen; eine echte Weltunion, wie sie in der Menschheitsgeschichte bisher einzigartig ist. Aufgrund dieser 'Manifestation' wird sich möglicherweise eine Verschiebung und Abmilderung der Kataklysmen und Katastrophen der Zeitenwende ergeben[169].

Ist es nicht faszinierend, erkennen zu können, daß die mächtigsten Bösewichte unseres Planeten, die Illuminaten, zu 'Instrumenten' wurden, die durch ihre konzertierte UNO-Aktion etwas Eigensüchtiges 'bipolar' zustandebrachten und damit unbeabsichtigt evolutionsfördernd für die ganze Menschheit wirkten? Erinnern wir uns: Die Londoner City hat die gleichen milliardenschweren Erlöse aus den kuwaitischen Ölfeldern wie das kuwaitische Königshaus (vertraglich 50:50) und mußte diese Geld-Quellen unbedingt wieder zurückerobern. Und die USA brauchten erstens für ihre zukünftigen Waffenverkäufe (Exportartikel Nummer Eins der USA) eine Demo-Möglichkeit, ihre Überlegenheit weltweit vorzuführen und zweitens eine erstmalige und erfolgreiche Testmöglichkeit an lebenden 'Objekten' für a) Psychowaffen und b) für neue, extrem demoralisierende Flächenbombardements, die sich seit dem Zweiten Weltkrieg enorm weiterentwickelt hatten.

Dieses ungewollt bipolar ausgefallene Manifest des Golfkrieges ist ein Beleg dafür, daß jede geistige Kraft zwei Seiten beziehungsweise zwei Polaritäten besitzt, die nicht voneinander zu trennen sind, weil sie in vielen Fällen garnicht als solche erkannt werden. **Das gilt für unser ganzes Leben und für alle unsere Probleme und Herausforderungen.**

**Somit heißt es noch nicht 6:0 für Satan**. Am Schluß des Buches werden wir dazu noch eine phantastische Perspektive kennenlernen: Inzwischen kickt auf unserem Spielfeld die halbe Galaxis mit.

**Der Vatikan**

Wollen wir dieses Hauptthema unserer materiellen Dualität, *zweitausend Jahre zwischen gut und böse,* beenden mit dem Thema, das der Start dieses Kapitels war: dem *Vatikan*.

Erinnern wir uns der Anfänge: der heidnische römische Imperator *Constantius* beruft 325 in Nicäa das Konzil ein und macht die urchristliche Lehre zur römischen Staatsreligion - die Wiege einer kirchenstaatlichen Macht für fast eineinhalbtausend Jahre, teilweise rund um die Welt. Und heute ist der Vatikan einflußreicher denn je, auch wenn wir Naiven über den globetrottenden *Heiligen Vater* lächeln. Dazu hören wir einige Sätze von *Jan van Helsing* [3]:

*Die 'Ritter von Malta' (RvM) sind eine internationale Organisation, die mit ihren Fäden alle vorstellbaren Zweige des Lebens vernetzt. Business, Politik, Banken, den CIA, andere Geheimdienste, Kirchen, Erziehung, Gesetzgebung, Militärs, think-tanks, die United States Information Agency, die UNO, NATO, usw. Die RvM sind nicht die älteste, aber eine der ältesten Zweige der 'Order of the Quest/JASON-Society', die heute noch bestehen. Der Vorsitzende der Welt der RvM wird auf Lebzeit gewählt und benötigt die Zustimmung des Papstes. Sie haben ihre eigene Verfassung und haben geschworen, auf 'die Neue Weltordnung' (New World Order) hinzuarbeiten, die den Papst als Kopf anerkennt...Der Vatikan ist bereits seit ein paar Jahrhunderten durch die Illuminati infiltriert und wird heute durch diese gesteuert und geführt...Pier Copmten beschreibt in seinem Buch 'The Broken Cross'sehr genau, wie die Illuminati die katholische Kirche infiltriert haben. Er fand beispielsweise die Verwendung des 'Allsehenden Auges Luzifers im Dreieck' bei führenden Katholiken und Jesuiten vor... Er behauptet ebenfalls, daß mehrere hundert führende katholische Priester, Bischöfe und Kardinäle Mitglieder in Geheimgesellschaften seien...Der Vatikan hat in Springlake, New Jersey, USA das 'Johannes Paul II.-Zentrum für Gebet und Studium für Frieden' gegründet. Das Haus wurde dem New-York-Archdiocese aus dem Nachlaß von Elmer Bobst gestiftet, der 1978 starb... Das Zentrum wurde als Teil des neuen Friedensplans des Papstes eröffnet, der die Welt vereinen soll und hat zwei Hauptziele: 1. Erziehung der Katholiken und ihrer Kinder, daß sie die 'Neue Weltordnung' akzeptieren und 2. den Sitz des 'Welt-Friedens-Lösungs-Computers' bereitzustellen, sowie ein unaufhörliches Studium friedlicher Lösungen zukünftiger Probleme, die den Weltfrieden beeinträchtigen könnten. Der Computer ist über Satelliten mit den Hauptstädten verbunden. Alle Nationen haben zugestimmt, ihre Souveränität auf den Papst zu übertragen und die Zukunftsprobleme durch den Computer lösen zu lassen. Dies wird natürlich nicht eher geschehen, als die 'Neue Welt-ordnung' öffentlich etabliert ist.*

Was Wunder, daß die Gründung der heutigen EU am 25.3.1957 justament in Rom vonstatten ging?

Wir alle verbinden vermutlich den Papst als herausragende Persönlichkeit zu eng mit dem 'System Vatikan', der das Zentrum einer mächtigen globalen Behörde professoraler Theologen ist und den man gleichsetzen muß mit den beiden anderen profanen Weltmachtzentren, dem Pentagon und dem Kreml. Dort ist es normal, daß das 'System' auch funktioniert unter wechselnden Präsidenten und im Vatikan ist es nicht anders. Auch der 'Heilige Vater' kann und darf heute nicht mehr Toleranz zeigen, wo es das etablierte System nicht erlaubt. Denn was bei den beiden anderen Machtzentren die Generäle sind, sind beim Vatikan die Kardinäle. Beispielhaft hat dies 1996 die dreitägige Deutschlandreise des Papstes *Johannes Paul II.* offengelegt, welcher durch

---

Gerechtigkeit ist *Liebe* mit sehenden Augen.
*Friedrich Nietzsche*, deutscher Philosoph (1844-1900)

einen angeblich beplanten Besuch der Wartburg, möglicherweise mit dem Gedanken an die Aufhebung des Kirchenbanns gegen Luther, daran gehindert wurde. Das meldete 'Focus' kurz vor der Papstreise und dazu, daß nur die vereinten 'Überredungskräfte' von zwei deutschen Kardinälen (*Ratzinger* und *Sterzinsky*) und zwei Erzbischöfen (*Lehmann* und *Degenhardt*) ihn davon abgehalten hätten.

Zu den oben erwähnten und bekannten Machtzentren Kreml, Vatikan und Pentagon müßte man noch zwei weitere zählen, die sich dann auf der nördlichen Weltkugel ziemlich 'wohlgeordnet' verteilen: Hollywood und das noch viel zu wenig erkannte Peking.

**Päpste in der Wendezeit**

Sieht bei dem oben Dargestellten der Antichrist nicht schon treffsicher das Leder im Netz ? Wohl nicht, denn es scheint anderes 'vorgesehen' zu sein. Es gibt zahlreiche Prophezeiungen über das Schicksal des Vatikans mit seinen Päpsten. Die bekannteste davon ist die 1595 veröffentlichte Papstweissagung des *Hl. Malachias*, der einhundertelf zukünftige Päpste, 1143 n.Chr. beginnend, jeweils mit kurzen Devisen charakterisierte. Von den beiden letzten Päpsten heißt es:

> 110. *Papst (Johannes Paul II): De labore solis (von der Finsternis der Sonne)*, Woytila wurde am 18.5.1920 geboren, als es eine Sonnenfinsternis gab,
> 111. *Papst: Gloria olivae (Ruhm des Ölbaums).*
> *Zu diesem gibt es als einzigen einen längeren Text, der übersetzt lautet: In der letzten Verfolgung der heiligen römischen Kirche regiert Petrus der Römer, der seine Schafe weidet in vielen Trübsalen: wenn diese vorbei sind, wird die Siebenhügelstadt zerstört, und der schreckliche Richter wird sein Volk richten. Ende.*

In einer anderen *'Prophezeiung des blühenden Mandelbaumes'* steht für das Jahr 1999 die Angabe: *Der neue Petrus* und für die Jahreszahl 2000 *Triumph des Ölbaumes*. Hierbei ist die Reihenfolge umgekehrt. Unter Umständen könnte mit dem letzteren Text auch die Erneuerung des Glaubens und kein Papst als Person gemeint sein[252].

Werden die Zeitangaben stimmen? Werden mit dem letzten Papst auch die antichristlichen Kräfte verschwinden? Kardinal *Ratzinger* verwies 1993 auf eine Engländerin namens *Schwester Maria Gabriel*, die dank einer medialen Vision eine große Glaubenskrise im Vatikan sah, eine Kirchenspaltung und die

Regierung zweier rivalisierender Päpste, wovon der wahre Papst ins Ausland flüchten würde ('Ave-Kurier' 3/4 1996). Der Autor und Arzt *Dr.Adalbert Schönhammer* hat weiterrecherchiert und in seinem Buch 'PSI und der Dritte Weltkrieg' [191] noch andere 'Propheten' zusammengetragen, die die kosmische Zeitenwende zusammen mit einer geistigen Wende auch im Vatikan ankündigen:

*Der Papst, der nicht lange flüchten muß übers große Wasser, kehrt zurück (Irlmaier)... Der römische Stuhl wird eine Zeitlang leer stehen (Jasper)... Vom Beginn des Exils bis zum Gesang des Tedeums erhob sich die Sonne zweihundert Mal (Don Bosco)... Es wird ein Papst gewählt werden aus denen, die den Verfolgungen der Kirche entgehen. Der Wille Gottes wird ihn ernennen, und die Heiligen Engel werden diesen frommen und vollkommenen Mann krönen, und seine Brüder... ihn auf den Heiligen Stuhle setzen. Dieser wird die ganze Welt durch die Heiligkeit neu gestalten und **alle Geistlichen zur wahren Lebensweise der Jünger Christi zurückführen**, und alle werden sie wegen ihrer Tugend und Heiligkeit achten. Er wird predigen **barfuß** und keine Macht der Fürsten fürchten. Er wird fast alle Ungläubigen bekehren, besonders aber die Juden. Und es wird nur Ein Gesetz, Einen Glauben, Eine Taufe, Ein Leben geben. **Alle Menschen werden einander lieben und der Friede wird lange Jahre dauern** (Cäsarius)... Nach der Einnahme Roms wird aufstehen ein einzlich Mann, beschienen von einer großen Heiligkeit... Durch selbigen wird Gott so große Wunder tun, daß ihn alle Menschen werden in Ehren halten und keiner wider seine Ordnung zu tun wagt. Er wird viel Lehen haben und Zinsen verdammen und wird ordnen, daß die Geistlichen sollen leben vom Zehent und freiwilligem Opfer. Er wird verbieten das Gepränge der Kleider und alles was unehrlich ist. **Und wird gebieten, daß man das reine Evangelium predige.** Es wird dieser heiligste Mann eine kleine Zeit im Papsttum stehen, irgend vier Jahr, und wird dann seliglich zum Herrn fahren. Bald hernach wird Gott erwecken andere drei heiligste Männer, einen nach dem anderen, die in Tugend und Wunderzeichen gleich, die Geschicht und Rede des vorigen bestätigen werden. Unter welchem Regiment wird die Kirche wieder wachsen und die Männer wird man 'engelische Hirten' heißen... (Lichtenegger, 1488)... Das sind die vier wunderwirkenden **Engelpäpste**, die die Nachfolge in Rom antreten... Nicht nur die Institution Kirche, sondern die ganze Religion, der Glaube an sich, wird eine Änderung erfahren. <u>Aus dem 'alten Babylon' wird das 'Neue Jerusalem' der Bibel.</u>*

> *Liebe deinen Nächsten* ist ja wirklich klar; aber hast du auch das *wie dich selbst* verstanden?
> Es ist sehr, sehr wichtig, daß du dich selber annimmst, dich selber liebhast. Nur so hast du die Möglichkeit, ehrliche, helfende *Liebe* und heilende Kraft weiterzugeben.
> *Rosmarie Klaka-Lampert* [31]

# TEIL II

## 13. Kapitel

## Die kosmischen Prinzipien und die großen Geistesgesetze

*'Verborgene' Zusammenhänge 'bestimmen' unser Erdenleben.* Diese Behauptung ist erklärungsbedürftig. 'Verborgen' sind solche Gesetzmäßigkeiten nur dem, der sich nicht dafür interessiert. Sie sind seit Jahrhunderten formuliert im okkulten und mystischen Geistesbereich und in unserem Jahrhundert in der gesamten internationalen Esoterik - von den Schamanen bis zu abtrünnigen Theologen. Sogar die machtbesessenen Illuminaten beherrschen die Klaviatur dieser geistigen Gesetzmäßigkeiten perfekt für ihre Interessen. Sie können uns dadurch mit-bestimmen, indem sie die Menschen, Führer wie Völker, so steuern, daß 'Aktionen' **von uns selbst** ausgelöst werden. Was früher als 'verborgen' bezeichnet wurde, ist heute nur noch 'unbekannt' und die meisten Menschen wundern sich dann, wenn es sie als 'unbegreifliche' Folgen ver-folgt und einholt.

*Hermes Trismegistos* wird als ältester Weisheitslehrer in unserem westlichen Raum angesehen[107]. Seine Geisteslehren (*Hermetik*) waren klassische Esoterik im Sinne von Geheimhaltung und Verschlossenheit, ausschließlich für 'Eingeweihte', wie man früher die bewußtseinsmäßig Höherentwickelten nannte. Man spricht heute noch von *hermetisch verschlossen*. Diese uralten Lehrsätze sind auch bekannt unter dem Begriff der **Sieben hermetischen Prinzipien,** die auf folgende Kurzformeln zu bringen sind:

1. Das Prinzip der Geistigkeit
   *Das All ist Geist, das Universum ist geistig.*

2. Das Prinzip der Entsprechung (Hermetisches Axiom)
   *Wie oben so unten, wie innen so außen, wie im Größten, so im Kleinsten.*

3. Das Gesetz der Schwingung
   *Nichts ist in Ruhe, alles bewegt sich, alles ist Schwingung*

> Wenn wir in Zukunft noch mehr diese Sublimation von der Sexualität hinauf zur Erotik und *Liebe* betreiben und letztendlich zur transzendentalen *Liebe,* ist die nächste Evolutionsstufe erreichbar.
> *Johannes von Buttlar,* einer der fünf erfolgreichsten Sachbuchautoren der Welt.

4. Das Gesetz der Polarität
*Alles ist zweifach, alles hat zwei Pole, alles hat sein Paar von Gegensätzlichkeiten.*

5. Das Gesetz des Rhythmus
*Alles fließt aus und ein, alles hat seine Gezeiten, alle Dinge steigen und fallen. Rhythmus kompensiert.*

6. Das Prinzip von Ursache und Wirkung
*Jede Ursache hat ihre Wirkung, jede Wirkung ihre Ursache, alles geschieht gesetz-mäßig*

7. Das Prinzip des Geschlechts
*Geschlecht ist in allem, alles hat männliche und weibliche Prinzipien.*

In der Neugeistlehre dieses Jahrhunderts, der modernen Esoterik und der Anthroposophie, die man auch als eine Sammlung von Mysterienweisheiten ansehen kann, werden diese *hermetischen Prinzipien* noch um einige weitere Gesetzmäßigkeiten ergänzt, die wir uns insgesamt genauer ansehen. Dazu ist aber noch folgendes Generelle festzustellen: Aus Prinzipien und grundlegenden Voraussetzungen werden Gesetzmäßigkeiten. Dies gilt in den physischen Bereichen wie in den metaphysischen Sphären.

**Angelegt ist das <u>Prinzip</u>, doch was der Mensch daraus macht, wird dann für ihn zum <u>Gesetz</u>.** Eine Formel, die für fast alle folgenden zwölf kosmisch-geistigen oder *Universellen Prinzipien* gilt.

Prinzip der Geistigkeit oder Gesetz der Liebe
Prinzip der Freiheit oder Gesetz des freien Willens
Prinzip des Dienens oder Gesetz des Opfers
Prinzip des Gegensatzes oder Gesetz der Polaritäten
Prinzip von Ursache und Wirkung oder Gesetz der Kausalität
Prinzip der Entsprechung oder Gesetz der impliziten Ordnung
Prinzip der Schwingung oder Gesetz des Rhythmus'
Prinzip der Anziehung der Gleichart oder Gesetz der Affinität
Prinzip der Evolution oder Gesetz der Wiederverkörperung
Prinzip des Ausgleichs oder Gesetz der Fülle
Prinzip der Auslese oder Gesetz der Selbstregulierung
Prinzip der Einheit oder Gesetz der Harmonie

## Das Prinzip der Geistigkeit oder das Gesetz der Liebe

Wenn wir dieses Prinzip gleich als das 'Prinzip des Christusgeistes' formulierten, wäre das wohl nicht ganz gerechtfertigt, denn dieses geistige Prinzip funktioniert auch, wenn man an Christus nicht glaubte, beziehungsweise von ihm gar nichts wüßte - als *Universelle Geistigkeit.* Das geistige Prinzip beinhaltet schlechthin alles Übernatürliche und Metaphysische, die 'geistigen' Welten und höheren Dimensionen, die für uns Irdische ohne mediale oder sensitive Veranlagung mit unseren auf das sogenannte Diesseits ausgerichteten Sinnesorganen wie Sehen, Hören und Fühlen nicht erfahrbar sind. Generell müssen wir etwas sehr weit ausholen, um uns das Religiöse, das Kirchliche, das Logische und das, was wir vom metaphysischen Bereich heute schon wissen, schrittweise selbst verständlich zu machen.

Es gibt zusammen mit dem Bild, das sich die Menschen über ihre Verbindung zu ihrem Schöpfer machen, einen Begriff, der als mißverstandener alter Zopf den christlichen Großkirchen anhängt, weil sie ja eineinhalbtausend Jahre lang einen 'personifizierten' Gott pflegten: *Der Mensch sei das Ebenbild Gottes.* Die Formulierung kommt aus der Genesis, den ältesten Büchern des A.T. hebräischen Ursprungs. Wie richtig oder falsch die Übersetzungen derartig schwieriger Wortschöpfungen aus jener Zeit des Analphabetentums sind, wage ich nicht zu beurteilen und wir sollten das Ganze als bildhafte Symbolik wie auch die Story von Adam und Eva werten. Wobei das nicht überheblich klingen soll, denn wir finden andernseits die Angaben in der Schöpfungsgeschichte bestätigt, daß nämlich am Anfang Finsternis herrschte, daß dann das Licht entstand und Erde und Himmel sich schieden. Nichts anderes erklärten in präziserer Form *Immanuel Kant* und *Simone Pierre Laplace* von seiten der Theologie und die heutige Astrophysik bestätigte endgültig deren Richtigkeit.

Wenn wir als moderner Mensch über 'unsere' **Gottesebenbildlichkeit** oder Gottesähnlichkeit nachdenken, kommen wir lediglich auf einen einzigen, aber überzeugenden gemeinsamen Nenner: *Unsere Schöpfungsfähigkeit* dürfte das entscheidende gemeinsame Merkmal sein. Dieses wollen wir uns wieder von verschiedenen Stand-Punkten aus betrachten: Dem Äußeren, dem Inneren und dem Prinzipiellen.

Unsere Schöpfungsfähigkeit auf der *äußeren oder physischen Ebene* basiert

> Ich bin gegenwärtig in jeder Form, ich lebe und wohne überall auf der Erde. Das ist die wahre universelle Gegenwart Meiner ewigen göttlichen *Liebe.*
> Schwester *Anna Ali* vom Orden der Töchter Jesu im Buch 'Göttlicher Appell'.

auf dem *Gesetz der Analogie*, auf das wir später ausführlich eingehen werden: Wie oben, so unten oder in unserem Falle 'wie göttlicher, so menschlicher *Geist*'. Wenn wir von Jesus wissen, daß Gott-in-uns-ist, daß wir Eins-sind-mit-dem-Vater, dann ist dieser Vergleich des göttlichen mit dem menschlichen Geiste keine Gotteslästerung, sondern Gottesebenbildlichkeit. Anstelle des 'göttlichen' können wir natürlich auch vom 'universellen' Geist sprechen.

Die menschliche Schöpfungsfähigkeit hebt sich weit über all die teilweise optimalen Fähigkeiten anderer irdischer Lebewesen ab - eine solche hat nur der Mensch. Einige wenige Beispiele sollen dies erklären: *Geistig-schöpferisch* sind wir in der Musik, in der Literatur, in der Mathematik, in der Forschung und vieles andere mehr und *materiell-schöpferisch* sind wir in der Kunstgestaltung, in der Technik, bei Erfindungen und Entdeckungen und vielem anderen mehr.

**Die Gotteskindschaft**

Für unsere Schöpfungsfähigkeit auf der *inneren oder metaphysischen Ebene* finden wir Texte im N.T., wobei das natürlich in den noch älteren Religionen schon ebenso erkannt worden war. Ich meine die *Gotteskindschaft*, ebenfalls eine Variante, wie man das 'Gottesebenbild' verstehen kann. Wenn wir in dem Bewußtsein leben, 'Gotteskinder' zu sein, wird unsere Schöpfungsfähigkeit ganz anderen 'Geistes' sein. Denn jetzt kommt der Faktor 'Liebe' dazu, wie er bei einem Eltern-Kind-Verhältnis in besonders reiner Form walten kann. Eine Reinheit, die Jesus sicherlich meinte, wenn er lehrte: *Wenn ihr nicht werdet wie die Kinder.* Dieses Vorrecht einer Gotteskindschaft bringt aber auch **Verpflichtungen** mit sich, auf die Jesus in der Bergpredigt nach Aufstellung des Gebotes der Feindesliebe hinweist: *Auf daß ihr Kinder seid eures Vaters im Himmel.* Ein gewaltig hoher Anspruch. Auch inneres *Wachstum* ist sicherlich von Jesus gemeint, wenn er von *'Gotteskindschaft unseres Vaters im Himmel'* spricht. *K.O. Schmidt* schreibt [5]:

*Wie sein erwachtes Geistes-Auge das Kind aus der Geborgenheit des inneren Seins heraustreten sieht in die Lebensschule des Erdendaseins zu neuer Selbstoffenbarung und -vervollkommnung, so wendet er sich gelassen dem Reiche Gottes zu, als dessen Erben und Eigner er sich erkennt. So wird ihm das Kind zur Brücke, zur Wiedergeburt im Innewerden seiner eigenen ewigen Gotteskindschaft. Dieses unserer Gotteskindschaft Innewerden heißt in Gott unseren liebenden Allvater und Hüter zu erkennen.*

Schließen wir den Hinweis auf die *Gottes-Kindschaft* ab mit einem wunderschönen Satz, den uns der griechische Philosph und Stoiker *Epiktet* (50-138) hinterließ:

*Wie stolz wärest Du, wenn der Kaiser Dich adoptieren würde. Wenn Du Dich aber als das Kind der Gottheit erkennst, hast Du da nicht tausendmal mehr Grund, stolz zu sein?*

## Brüder und Schwestern im Herrn

Hierher gehört auch das **Prinzip der Brüderlichkeit**, das wir im N.T. erstmalig definiert finden. Die Ebenbildlichkeit mit dem 'Geist der Liebe' wirkt hierbei *horizontal*, also zum Menschen *neben* uns. Im Matth. 23,8 heißt es: *...ihr aber seid alle Brüder.* Überall, wo Jesus über andere Menschen spricht, sagt er:*...dein Bruder.* Können wir alle ebenbildlicher sein mit unserem Vater als Brüder und Schwestern der gleichen Geistesfamilie? Dabei zieht sich dieses Gebot der 'brüderlichen Liebe' durch das ganze N.T. Diese Brüderlichkeit aller Menschen hätte globale Bedeutung bekommen können, spätestens durch die französische Revolution, die sie zu einem ihrer großen Ideale erhob: Freiheit, Gleichheit, Brüderlichkeit. Aber auch hier mißlang dieser menschliche Versuch und es wurde die primitive Praxis daraus: *Und willst du nicht mein Bruder sein, so schlag ich dir den Schädel ein.*

Im Rütli-Schwur der Eidgenossen formuliert *Friedrich Schiller:*
*Wir wollen sein <u>ein einig Volk von Brüdern</u>, in keiner Not uns trennen und Gefahr. Wir wollen frei sein, wie die Väter waren, lieber den Tod, als in der Knechtschaft leben. Wir wollen trauen auf den höchsten Gott und uns nicht fürchten vor der Macht der Menschen.*

Und in unseren Tagen schwärmte *Martin Luther King*:
*Ich hatte einen Traum letzte Nacht: Daß die <u>Bruderschaft der Menschen</u> Wirklichkeit wird. In diesen Tagen, in dieser Zeit.*

Eindringlich fordert der englische Indienforscher *Baird Spalding:*
*Die Zeit ist gekommen, da wir wählen müssen zwischen Glaubensbekenntnissen und der <u>Bruderschaft aller Menschen</u>. Der Allerhöchste hat nicht nur eine Nation vom selben Blute geschaffen, sondern alle Nationen der Erde.*[203]

Im Orient formulierte *Sathya Sai Baba:*
*Die Welt braucht kein neues Glaubensbekenntnis, keine neue Religion, keine neuen Rituale, sondern Menschen, die bereit sind, <u>sich für das Wohl ihrer Brüder einzusetzen</u>.*

> Die *Liebe* ist ein flüssiges Element, sie löst Seele und Geist in sich auf, und das ist Seligkeit.
> *Bettina von Arnim*

Vegetarier, von denen die meisten das mosaische Gesetz 'du sollst nicht töten' enger auslegen und leben, als es die Bischöfe von alters her fordern, sprechen oft von den Tieren als den *geringeren Brüdern*.

*Bruderschaften* sind Vereinigungen in christlicher Brüderlichkeit, wie sie im Laufe der Religionsgeschichte immer wieder aufgetaucht sind. Zwei besondere Beispiele möchte ich kurz aufführen - eine diesseitige und eine jenseitige Bruderschaft. Letztere wird die *Große Weiße Bruderschaft* genannt und ist eine Gruppe transzendenter Wesenheiten, die als Meister und Lehrer der Menschheit dienen und deren Bewußtseinszustand zu erhöhen helfen wollen. *A. Kennedy Winner* schreibt[38]:

*Immer wieder ist im Laufe der Zeitalter einer der Meister aus seiner Zurückgezogenheit hervorgetreten, um der Welt einen Teil der Weisheit, der für eine bestimmte Menschenrasse von besonderem Nutzen zu sein schien, zu vermitteln. Daraus entstanden die großen Weltreligionen.*

Eine irdische Bruderschaft unserer Zeitenwende finde ich erwähnenswert: die *Bruderschaft der Menschheit* oder *Innere Bruderschaft der Universalen Kirche*. Hier wird versucht, in offener Gemeinschaft den Christusgeist besonders bewußt zu leben und konsequent umzusetzen.

## Gottes Erben sind wir

Nun gehen wir bei unserer Gottesebenbildlichkeit eine Reifestufe weiter. Nach Gottes-*Kindern, Brüdern und Schwestern* werden wir 'erwachsen' und sind nun **Gottes-Söhne und Töchter**. Erwachsensein heißt Verantwortung tragen gegenüber sich selbst, gegenüber den anderen und gegenüber dem 'All-Vater' und basiert auf unserer Weiterentwicklung im Geistig-Seelisch-Spirituellen.

*Es ist ein Stück All-macht in uns,* sagt der amerikanische Neugeistlehrer *O. S. Marden* mit Recht:

*Wir sind Söhne und Töchter der Allmacht und haben die Eigenschaften unseres Schöpfers mit übernommen. Was Dir auch geschehen möge, vergiß nicht: Es ist etwas in Dir, das größer ist als jedes Schicksal, das Dich über jede Bestimmung zu erheben vermag. Du bist Deine eigene Bestimmung. Es ist ein Gott in Dir, mein Freund. Alle Macht ist Dein; Du befindest Dich an der Quelle der All-Fülle.*

*Habe eine hohe Meinung von Dir, lerne Deine Fähigkeiten schätzen und achte Dich selbst - nicht aus Selbstüberschätzung oder Selbstsucht, sondern in Erkenntnis Deiner herrlichen Erbschaft göttlicher Eigenschaften. Was Du von Dir, von Deinen Fähigkeiten und Deiner Zukunft denkst und glaubst, das wird Dir werden. Was Du von Dir erwartest, das webt sich in Dein Leben hinein.*

Meinte das unser Klassiker *von Goethe* auch so, wenn er bekannte:
*Wer könnte den Himmel erkennen, wenn nicht durch Gnade des Himmels, und Gott erfahren, wenn er nicht selbst ein Teil der Götter wäre?*

Auf die Frage, ob der Satz >*Du bist mein geliebter Sohn*< für jeden Menschen gelten könne, der sich in der gleichen Weise wie Jesus dem Göttlichen gegenüberstellen würde, antwortete der Theologe *Dr. Eugen Drewermann*:
*Ich glaube ganz sicher, daß Jesus nicht etwas für sich beanspruchen wollte, das er nicht für uns alle ermöglicht hätte* [34].

Bildlicher formuliert der Unity-Autor *Emmet Fox:*
*Es ist ein unumstößliches Prinzip, daß die Nachkommenschaft der gleichen Art und Gattung wie die Eltern angehören müssen; wenn nun Gott und Mensch tatsächlich Vater und Kind sind, muß das Wesen des Menschen - trotz all seiner gegenwärtigen Beschränkungen und oft entgegen allem Anschein - auch vorwiegend göttlich sein; er muß empfänglich sein für unendliches Wachstum, für Verbesserung und Entwicklung auf dem aufsteigenden Wege der Göttlichkeit. Wenn sich somit die wahre Natur des Menschen - sein geistiger Charakter - entfaltet, wenn er sich ihrer mehr und mehr bewußt wird, breitet sich sein geistiges Bewußtsein aus, bis er alle Grenzen menschlicher Vorstellungskraft überschreitet - er schreitet vorwärts und immer noch vorwärts. Jesus hat diese herrliche Bestimmung für uns im Sinn, wenn er die älteren Schriften anführt: "Ich habe wohl gesagt: 'Ihr seid Götter und allzumal Kinder des Höchsten.' Zur Unterstreichung der Wichtigkeit dieses Punktes fügt er hinzu: "Und die Schrift kann doch nicht gebrochen werden."*

*In diesem Abschnitt werden wir somit ein für allemal von dem letzten Glied in der letzten Kette befreit, die uns an ein begrenztes und entwürdigendes Geschick bindet. Wir sind die Kinder Gottes, und "sind wir aber Kinder, so sind wir auch Erben, nämlich Gottes Erben und Miterben Christi", wie Paulus sagt; und als Söhne Gottes sind wir die Erben von unseres Vaters Erbschaft, keine Fremden oder bezahlte Dienstboten und noch viel weniger Sklaven. Wir sind Söhne des Hauses und werden eines Tages unsere Erbschaft antreten. Jetzt haben wir noch viele Beschränkungen und Unfähigkeiten, weil wir geistig noch Kinder sind - unmündig. Kinder sind verantwortungslos, ihnen fehlen Weisheit und Erfahrung; sie müssen unter Aufsicht gehalten werden, damit ihre Irrtümer sie nicht in ernstliche Schwierigkeiten bringen. Aber sobald der Mensch geistig mündig wird, verlangt er, wie wir zuvor sahen, sein Recht und erhält es auch. Wenn aber seine*

> Gott gebraucht, wenn Du ihn bittest, Deine Hände zum Heilen.
> Er gebraucht Deine Worte zum Trösten, er gebraucht Deine
> *Liebe* zum *Lieben*. Und wenn Du völlig selbstlos bist,
> kann es geschehen, daß Gott es selber ist, der da *liebt*.
> Erfolgsautor und Hypnosetherapeut *Erhard F. Freitag*

*Zeit gekommen ist, wacht er zur Wahrheit auf und erhält seine geistige Mündigkeit. Er erkennt, daß es die Stimme Gottes in seinem Herzen ist, die ihn ausrufen läßt: "Abba, lieber Vater." Dann endlich weiß er, daß er der Sohn eines*

*großen Königs ist und daß alle Besitztümer seines Vaters ihm gehören, wenn er sie nur benutzen will, ob es Gesundheit, materielle Güter, günstige Gelegenheiten, Schönheit, Freude oder irgendein anderer Gedanke Gottes sind!*

**"Ich sage euch, ihr seid Götter"**

Wagen wir es, auf unserem Wege zu einem modernen Verständnis unserer *Gottesebenbildlichkeit* noch einen Schritt weiter zu gehen, dann landen wir beim **Gottmenschen**. Der römische Senator und Philosph *Cicero* (106-43 v.Chr.) hatte damals schon erkannt:

*Wisse, daß nicht du es bist, sondern dein Körper allein, der sterblich ist. Das Einzelwesen lebt in seiner <u>Ganzheit</u> in der Seele und nicht in der äußeren Form. Darum erkenne, <u>daß du ein Gott bist</u>; du, die unsterbliche Intelligenz, die einen sterblichen Körper belebt, wie der ewige Gott einen unvergänglichen Körper beseelt.*

Altmeister *Eckhart* [189] läßt *Sankt Augustinus* sagen:

*Was die Seele liebt, dem wird sie gleich; liebt sie irdische Dinge, so wird sie irdisch; liebt sie Gott - so könnte man fragen: "Wird sie dann Gott?" Spräche ich das, das klänge unglaublich für die, deren Sinn dazu zu schwach und die es darum nicht verstehen. Ich sage es nicht, sondern ich verweise euch auf die Schrift, die da spricht: "Ich habe gesagt, ihr seid Götter!"*

Auf dieser höchsten Entwicklungs- und Bewußtseinsstufe erweisen sich alle einzelnen Etappen des Menschseins als Vorstufen eines höheren Ideals und schließlichen Vollendungszieles, des schon erwähnten *Gott-Menschen*. Der US-Theologe und Philosoph *Ralph Waldo Emerson*[163] wird von *K.O.Schmidt* zitiert:

*Bis zu diesem Punkte wuchs der Lebensschüler von Reifestufe zu Reifestufe, wobei er oft Gefahr lief, das Ideal zum Idol erstarren zu lassen und als Endstufe zu werten, was nur Durchgang und Mittel zu Höherem ist. "Er sah noch nicht das Licht selbst, sondern nur seine Morgenröte. Aber schließlich leuchtet ihm das unsterbliche Licht, jung und jubelnd, milliardenfach wie am Morgen der Schöpfung."*

Gottes Ebenbild zu verwirklichen, erkannte *von Goethe* im Alter als das Höchste:

*"Nicht das macht frei, daß wir nichts über uns erkennen wollen, sondern daß wir verehren, was über uns ist. Denn indem wir es verehren, heben wir uns zu ihm hinauf und legen durch unsere Anerkennung an den Tag, daß wir selber das Höhere in uns tragen und wert sind, <u>seinesgleichen zu sein</u>.* Kepler sagte: *"Mein höchster Wunsch ist es, den Gott, den ich im All überall finde, auch innerhalb*

*meiner selber gewahr zu werden." Der Edle fühlte, nur nicht bewußt, daß in eben dem Augenblick das Göttliche in ihm mit dem Göttlichen im Universum in inniger Verbindung stand.*

Die Wissenschaftler *D. Ash* und *P. Hewitt* [40] schreiben dazu:

*Wenn das Leben auf der Erde als eine Möglichkeit begriffen wird, zu <u>Göttlichkeit heranzuwachsen</u>, könnte die Situation der Menschen mit der von Schulkindern verglichen werden und der Planet Erde mit einer Schule für heranwachsende Götter und Göttinnen. Durch unsere Erfahrungen könnten wir dauernd Lektionen für unsere göttliche Entwicklung lernen. Wie in jeder Schule wären die meisten von uns SchülerInnen und nur einige wenige LehrerInnen, die sich bereit erklärt haben, den Schülern beim Lernen zu helfen.*

Auf dem Wege des Gottmenschen zur ersehnten Gottesebenbildlichkeit wird es sicherlich bei Teilerlebnissen bleiben müssen, kleinen Schritten universeller Gott-Selbst-Erfahrungsprozesse, Sehnsucht nach dem Eins-Sein und Ziel einer äonenlangen Rückkehr. Doch noch nie war die Möglichkeit zu einer solchen Reifung durch das neue Begreifen von Jesu 'Lehre der Tatliebe' so offenbar, wie in der heutigen Zeit unseres totalen Umbruchs der Zeitenwende und des damit verbundenen Wertewandels. *K. O. Schmidt* schreibt weiter:

*Wir leben heute in der Morgenröte eines neuen Zeitalters, in dem immer mehr Menschen zum kosmischen Planer, Ordner und Bildner in sich und zum Einssein mit ihm erwachen, in dem neue Kontinente höheren Seins und Überseins hinter sich weitenden Horizonten sichtbar werden, neue Kräfte aufbrechen, neue Möglichkeiten sich abzuzeichnen beginnen, neue Ideale die Herzen höher schlagen lassen, neue Fortschritte sich ankündigen ...**keine Epoche in der Geschichte der Menschheit ist bedeutsamer, keine abenteuerlicher und fruchtbarer als diese, in der wir leben - wenn wir ihren Ruf vernehmen und ihm folgen.***

So gilt die Empfehlung: *Alles was Ihr braucht, ist bereits, wenn auch verschüttet, in jedem Menschen vorhanden. Ihr seid alle Götter, hat Jesus Christus mehrfach gesagt. Das Göttliche in uns kann voll entfaltet werden.*

Laßt uns endlich diese Leiter unserer Entwicklungsstufen 'zurück zum Schöpfer' ohne Zagen zu gehen versuchen: Von der Gottes-Kindschaft über die Gottes-Töchter und -Söhne zum höchsten Gottmenschen, um dem alten Menschheitstraum der Gottesebenbildlichkeit, besser gesagt der **geistigen Gottesebenbildlichkeit**, die Erfüllung zu geben. Beides gipfelt in der göttlich/menschlichen Gemeinsamkeit, der *Christuskraft*. Ur- und Ebenbild sind

---

Ohne innere *Liebe* ist alles äußere Werk nichts nütze. Was aber aus Liebe geschieht, das ist groß, das bringt große Frucht - so gering und ungeachtet es im Auge des Menschen immer sein mag.
*Thomas von Kempen* (1380-1471), Mystiker und Augustinerchorherr

> Wenn Sie einmal vor einem wichtigen Vorhaben in einer Phase stecken, die Sie zwischen Herzklopfen, weichen Knien oder nackter Angst peinigt.........
> Und Sie haben dabei etwas vor, das Sie mit bestem Gewissen vertreten können, z.B. im Sinne der *Goldenen Regel* (alles, was Du willst, das die Menschen Dir tun, das tue ihnen zuvor), dann stellen Sie sich intensiv vor
> **ich bin eine Tochter Gottes,**
> **ich bin ein Sohn Gottes.**
> Dies oft wiederholend, werden Sie ob des Erfolges staunen.

nichts Getrenntes, denn einer ist im anderen (sagt *Jesus* mehrfach); die göttliche Schwingung des Christus- oder Universellen Geistes schwingt im Menschen ebenso göttlich und ebenbildlich. Mit der selbstkritischen Einschränkung, daß sie in uns schwingen <u>könnte</u>, wenn wir sie dies zu tun zuließen. Vielleicht schaffen wir es am Tag einige Sekunden lang und fragen uns dabei, an wieviel Tagen im Jahr es wohl gelingt?

*Mutter Maria* teilt uns dazu mit[19], daß unsere Wirklichkeit im Geiste läge. *Es ist der Geist, der nach dem Bilde Gottes, des Schöpfers des Universums, geschaffen ist.*

Wenn wir dies alles als **göttliches Erbe** ansehen, finden wir auch den Hinweis im N.T.: ...*Mir ist gegeben alle Kraft im Himmel und auf Erden* und gleicherweise von *Paulus* auf unser Erbteil, den Gottesfunken, deutend ...*welcher ist Christus <u>in euch</u>, der da ist die Hoffnung der Herrlichkeit* (Kol.1,27). Diese Texte sind aber sicher nicht nur Hinweise, was für tolle Kerle wir wären und wovon wir träumen könnten mit solch einem 'Vater' - wenn wir so wären, wie wir sein könnten und sollten. Sie sind uns absolut sichere Aufforderung und Verpflichtung, *dieses Erbe anzutreten* und die Angleichung des *Ebenbildes* an sein göttliches *Urbild* zu vollziehen. Daß dabei das *Abbild* unseres äußeren Menschseins an Wertigkeit zurücktreten muß, ist wohl unumgänglich.

**Unsere Schöpfungsfähigkeit**

Nun denken wir Realisten wohl zuerst ganz vordergründig: Was haben wir davon und was kann ich damit machen, wenn diese geistige Gottes-

*Ein interessantes Spiel ist das ´Visualisieren´ des Porträts von Jesus anhand dieser kontrastreichen Kopie des ´Turiner Tuches´ (es handelt sich dabei um einen Memory-Effekt der noch angeregten Zäpfchen in unserem Auge):*
*Betrachten Sie das runde Bild einige Sekunden lang und wenden danach den Blick auf eine ruhige, helle Fläche wie Zimmerwand oder Decke oder etwas ähnlichem. Wenn Sie dabei Ihren Blick auf ´unendlich´ stellen, also quasi durch die Fläche durchsehen, erscheint für Sekunden das Gegenbild des Porträts Jesu plastisch vor Ihnen. Es gelingt nach wenigen Übungen und kann süchtig machen.*

*Im Info-Brief Orgon 5/96 heißt es dazu: Betrachten wir das Bild ein bis zwei Minuten, ohne die Vorlage oder die Augen zu bewegen, taucht das Bild wie aus dem Nichts auf, hält sich eine Weile, verblaßt dann, um nach einer kurzen Zeit wieder aufzutauchen. Dieser Vorgang wiederholt sich fünf- bis achtmal am Beginn der Übungen. Wenn Sie mit diesem Bild täglich drei- bis viermal die eben beschriebene Übung machen, dann werden Sie nach ein bis zwei Wochen dieses Christusbild vor Ihren geschlossenen Augen erzeugen können, ohne es vorher fixieren zu müssen. Das einfache Darandenken löst das Bild bereits aus. Wenn Sie in der Vergangenheit beim Meditieren alles mögliche gesehen und gedacht haben, dann werden Sie nun dieses Christusbild auf Ihren Wunsch hin vor Ihrem geistigen Auge erzeugen können. Dadurch, daß Sie es wirklich hell leuchtend sehen, fällt die Konzentration darauf viel leichter. Störende äußere und innere Einflüsse verlieren ihre Kraft im Vergleich zu diesem Bild.*

*Das Jesus-Bild
von Sr. Faustine aus Krakau*

Eine lebensgroße Kopie hängt im Gebetsraum in Heroldsbach bei Erlangen (Foto).
Dazu heißt es in der Broschüre „Gottes Barmherzigkeit, wir vertrauen auf Dich", von Abbé Misiak:

*„Ehe Ich als gerechter Richter erscheine, komme ich noch zuvor als - König der Barmherzigkeit -. Ehe der Tag des Gerichtes anbricht, wird am Himmel und auf der Erde ein Zeichen sein. Dann wird vom Himmel her das Zeichen des Kreuzes erscheinen: Aus jeder Wunde Meiner Hände und Füße werden Lichtstrahlen hervorbrechen, die für kurze Zeit die Erde erhellen. Dies wird geschehen kurze Zeit vor dem Jüngsten Tag!"*

*„Aus allen Meinen Wunden, besonders aber aus Meinem Herzen, fließen Ströme der Liebe. Künde der Welt Meine Barmherzigkeit!"*

*„Glückselig jene Seelen, die im Schatten dieser Strahlen leben: die Hand der göttlichen Gerechtigkeit wird sie verschonen. Ich verspreche, daß die Seele, die dieses Bild verehrt, nicht verloren geht. Die Häuser, ja sogar die Städte, wo dieses Bild verehrt wird, werde Ich verschonen und beschützen."*

(Foto: >Schwester-Faustine-Sekreteriat< Brilon)

_Marienbild in Heroldsbach/Erlangen_

(Foto aus dem >Schwester-Faustine-Sekretariat< Brilon)

ebenbildlichkeit so gewaltig hohe Voraussetzungen, Erwartungen und Verpflichtungen beinhaltet? Unsere Schöpfungsfähigkeit auf der inneren, geistigen Ebene hat für unser Leben eine weitere, ganz elementare und gewaltige Bedeutung: **Wir sind damit die Schöpfer unseres eigenen Lebens.** Im *Talmud* finden wir dazu eine traumhaft kurze und treffende Formulierung:

> *Achte auf Deine Gedanken, denn sie werden Worte.*
> *Achte auf Deine Worte, denn sie werden Handlungen.*
> *Achte auf Deine Handlungen, denn sie werden Gewohnheiten.*
> *Achte auf Deine Gewohnheiten, denn sie werden Dein Charakter.*
> *Achte auf Deinen Charakter, denn er wird Dein Schicksal.*

Der amerikanische Theologe *Ralph Waldo Emerson* spricht bei der oben aufgezeigten Vernetzung von einem ***Gedankenverwirklichungs-Gesetz* mit Wesens- und Schicksals-Automatismen.**

Wer in dieses 'lebenswichtige' Thema tiefer einsteigen möchte, findet heute ein gigantisches Angebot an entsprechender Literatur mit der Überschrift *'Positives Denken'* mit einer schillernden Vielfalt an Geistesausrichtungen, angefangen 'wie-werde-ich-gesund' oder 'wie-werde-ich-reich' bis hin in Höhen der *Mystik*[149] und des *Sufismus*[164]. Dies sind alles Gedankenkräfte, die eingebunden sind im 'Kosmischen Prinzip von Ursache und Wirkung' und die dem 'Gesetz der Kausalität' folgen. Für dieses ungeheuer wichtige Lebensprinzip habe ich später ein eigenes Kapitel und eine ausgezeichnete konzentrierte Ausarbeitung dieses ganzen Themenkreises liegt von *K.O.Schmidt* vor in 'Die schöpferischen Kräfte', Band III der 'Neuen Lebensschule'[6].

Das Grundsätzliche sei aber hier kurz aufgezeigt. Jeder unserer Gedanken verändert irgendwann unser Schicksal. Mit unseren Gedanken, Worten und Werken 'erschaffen' wir alle unsere zukünftigen Wirkungen in unserem Leben - unsere Wirk-lichkeit. Im Positiven wie im Negativen. Unseren Erfolg oder unser Pech, Gesundheit oder Krankheit, Glück oder Leid. Diese formenden Kräfte, *deren Schöpfer wir selbst sind*, können natürlich auch schon lange, ja sehr lange, zurückliegen, nicht nur in der Kindheit, sondern auch in Vorleben, können aber auch nur Augenblicke zuvor von uns ausgelöst worden sein. Bewußt oder unbewußt. Wiederholungen, wie bei manchen Redewendungen, können dies noch verstärken.

> Nur wer in wunschfreier *Liebe* sich dem Göttlichen zuwendet, macht seine Seele zu einem Tempel Gottes.
> 'Der weiße Lotos'

**Wir sind es selbst**, die aus unserem *Geist* heraus, mitsamt der Sauberkeit oder dem Schmutz unserer Gedanken, unser zukünftiges Leben erschaffen. Wir sind es selbst, die in den Gemeinschaften von Familie, Betrieb, Verein oder Volk unsere Welt 'schaffen'. Wir sind es selbst, die aus den Tiefen unseres Un- oder Unterbewußten, aber auch aus dem *bewußten* Bewußtsein heraus (Olympiasieger genauso wie Alkoholiker) unsere Körper erschaffen und gestalten. So sind wir *Schöpfer*, ob wir es wollen oder nicht, ob wir es erkennen oder uns dumm stellen. ***Jeder Gedanke ist bewegte und gesteuerte Energie*** - ein dynamischer Bewegungsimpuls, der die entsprechenden schicksalhaften Kettenreaktionen bewirkt. Das Wirksame - des Wirkens Same - sind die aus unseren Gedanken entspringenden Taten und sind Bilder, Bildner und Keim alles Kommenden.

*René Egli* erwähnt[33] den islamischen Mystiker *Abd al-Karim Al Jili*, der schon im vierzehnten Jahrhundert einen Begriff wählte, der in der modernen Verhaltensforschung einen hohen Stellenwert bekam: *Die Menschen sind wie sich gegenüberstehende Spiegel*. Ich sehe im anderen also immer nur mich selbst und das heißt: *Mein Denken*. Auch die Menschen unserer Umgebung, die uns 'zugeführten' Mitmenschen, haben wir durch unsere Gedankenschwingungen angezogen oder es stehen nur diese in unserem Vordergrund, weil unsere Gedankenschablonen uns hauptsächlich nur diese sehen lassen.

*Friedrich Schiller* erkannte[150]: ***Das Universum ist ein Gedanke Gottes.*** Und wir können sicher sein, daß alles um uns herum entweder ein Gedanke des Göttlichen oder der natürlichen Ordnung oder der von Menschen ist. *Alles Lebendige ist geist-geboren, geist-gestaltet, geist-getragen*, aber auch alles von uns Menschen *Erschaffene* ebenso. Materielles wird meist schneller erkannt oder sichtbar, das Geistige dagegen, das wir Menschen schaffen, kann auch erst irgendwann oder irgendwie zur Form werden und sich ver-wirklichen.

Weil wir, die wir heute einen Gedanken säen, morgen unsere Neigung ernten, übermorgen unsere Gewohnheiten und schließlich unser Schicksal, muß jeder, wie *Hellen Keller* sagt
>...bedenken, was er heute denkt und damit sät, und er muß wissen, daß sein Schicksal einmal in seine Hand gegeben ist: **Heute**.

*William James* nennt die Grundthesen des 'New Thought' [155] *...die größte Entdeckung unserer Zeit, da sie dem Menschen hilft, sein Leben zu ändern, indem er seine Gedanken ändert.* So wäre auch der Begriff Schick-sal zu überprüfen und eigentlich in Mach-sal umzuwandeln, das was wir 'gemacht' haben. Die *Macht* unserer Gedanken kann, je nach Ausrichtung, die unheimliche Wirkung schleichenden Giftes oder die Sprengkraft einer Atombombe besitzen (*K.O.Schmidt*).

Ist es uns jetzt klar, daß wir Gottes Ebenbild sein *könnten*, daß wir Wunderbares in unserer Umwelt schaffen *könnten* und wir in jedem unserer Augenblicke *Schöpfer* sein könnten? Bei den Theosophen heißt es: *Freue Dich. Du bist weder dem Zufall noch einem rächenden oder willkürlichen Gott ausgeliefert. Du bist und wirst das, was Du denkst, sprichst und tust. Tue Gutes und Dir folgt Gutes. Du kannst die Welt verändern.* Genauso empfiehlt *Leo Graf Tolstoi* (1828-1910):
*Der Gedanke ist alles. Der Gedanke ist der Anfang von allem. Und Gedanken lassen sich lenken. Daher ist das Wichtigste:* **die Arbeit an den Gedanken.**

## Das Gesetz der Liebe

Nun haben wir einen Teil des *Prinzips der Geistigkeit* kennengelernt, die schöpferisch-geistigen Kräfte auf geistigen wie menschlich-materiellen Ebenen. Zu diesem Prinzip gehört nun das wichtigste Gesetz unseres Universums: **Das Gesetz der Liebe. Es ist das fundamentale Gesetz, das alle anderen Prinzipien durchdringt.** Es heißt, die Liebe sei die größte Anziehungskraft des Universums und gemeint ist die geistige oder metaphysische Seite der physikalischen Anziehungskräfte. Auch der Volksmund weiß: *Liebe ist eine Himmelskraft*. Diese universelle Liebes-kraft bezieht die ganze Schöpfung 'in alle Ewigkeit' oder völlig zeitlos ein in die Vollkommenheit. Und wie Sie schon längst gemerkt haben, zieht sie auch durch dieses ganze Buch - ***Tatliebe als die entscheidende und wirk-lich wichtige Botschaft Jesu.*** Ganz bewußt, denn vermutlich hat der Mensch keinem anderen Thema soviel Aufmerksamkeit gewidmet wie der Liebe.

Kein Wort unserer Sprache wird heute mehr besungen wie das Wort Liebe und keines wird in seiner Bedeutung so sehr miß-verstanden und miß-braucht. Auch unter uns Christen, obwohl Jesus sich klar ausgedrückt hat, wie er es meinte. *Prof. Dr. Bodo Volkmann* stellt unter der Überschrift 'Liebe - Lebensmotiv für Führungskräfte' fest[239]: ***Verstehende Liebe** ist das Öl für das Getriebe unserer Gesellschaft. Hier aber herrscht eine permanente Ölkrise.* Genauso weist auf dieses universelle Gesetz der Tat-Liebe auch der russische Dichter *Fjodor M. Dostojewsky* (1821-1881) hin:

> Materielle Dinge bringen den Menschen um, ohne daß er es spürt.
> *Liebe* erweckt ihn mit belebendem Schmerz.
> *Khalil Gibran* [200]

*Liebet die ganze Schöpfung Gottes,*
*das ganze Weltall wie jedes Sandkorn auf Erden.*
*Jedes Blättchen, jeden Lichtstrahl Gottes liebet.*
*Liebet die Tiere,*
*liebet die Gewächse,*
*liebet jegliches Ding.*

*Erst wenn du jedes Ding lieben wirst,*
*wird sich dir*
*das Geheimnis Gottes in den Dingen offenbaren.*

Und gleich hier zu Anfang eine kleine Spielregel zu dieser Art der Liebe. Die Journalistin und Sensitive *Safi Nidiaye* schreibt[27]:

*Wenn ihr mit den Augen der Liebe seht (die Röntgenaugen sind), dann seht ihr immer, was zu tun ist. Gleichzeitig gibt euch die Liebe die Kraft und den Mut, es auch zu tun. Und zugleich weiß die Liebe auch, was sie zu tun hat. Denn die Liebe und die Urintelligenz, diese beiden grundlegenden Urelemente des Universums, sind eins. Liebe, wenn es wirklich Liebe ist, selbstlose Liebe, weiß immer, was sie zu tun hat. Wenn ihr also die Magie der Liebe praktizieren wollt, braucht ihr kein besonderes Handwerkzeug. Ihr braucht nichts als Liebe. Und ihr könnt damit Wunder wirken. Wahre Wunder.*

Unsere bewußte Erfahrung von Liebe ist so primär und vital, daß wohl keine Untersuchung allen damit verbundenen Aspekten gerecht werden kann. Wenn versucht wird, die Ideale, was Liebe ist und sein soll, genau zu definieren, wird man nie auf einen allgemein gültigen Nenner kommen. Wenn tausend Menschen eine bestimmte Norm-Liebe erzeugen müßten, gäbe es tausend Varianten. Deshalb fasse ich dieses Hauptthema meines Buches nicht in ein mächtiges Kapitel, sondern variiere es in hunderten von individuellen Erfahrungen, Aussagen und Aphorismen - Seite für Seite. Die Kraft der Liebe ist etwas Geistig-Spirituelles, das in unserer materiellen und stofflichen Ebene von uns Lebewesen nur 'gespiegelt' und reflektiert werden kann - und das macht von uns fast acht Milliarden Menschen jeder nach seiner Bewußtseinsreife.

Schon in der Sprache tun wir uns mit dem Wort *Liebe* etwas schwer, da das gleiche Wort für eine Vielzahl von damit verbundenen Sinnbegriffen verschiedenster Bezüge herhalten muß und die wir uns etwas näher ansehen sollten.

**Partnerliebe**, von platonischer Liebe, Verliebtheit, Sexualität, echter Liebe und lebenslanger ehelicher Liebe gibt es ein fast unendliches Spektrum. Dazu noch abgestuft von tierischer Rohheit über dramatische Leidenschaften bis zur edlen Zartheit literarischer und anderer Liebeskünste. In der Gewalt, die diese Liebesbegriffe erleben können, steckt das Urgesetz der männlich-weiblichen Dualität, die Trennung der in die Stofflichkeit gefallenen göttlichen, ehemals androgynen Seelen (symbolisch Adam und Eva), welche die verloren gegangene Einheit suchen, den Ausgleich der Polaritäten, die ersehnte Basis endlosen, paradiesischen Glücks.

**Mutterliebe** ist der Überbegriff für eine andere Liebesschwingung mit unendlicher Tiefe und mächtigen Fundamenten in der gesamten Natur und auf breitester Basis - im familiären Umfeld auch als *geschwisterliche Liebe*. Einer Liebe, die auch völlig ohne Kopf und Verstand auskommt, denn Liebe, die begründet werden kann (ich liebe Dich, weil...), ist keine. Gerade jene, die sie am allerwenigsten zu verdienen scheinen, die schlimmen Kinder, die Mißratenen oder auf die schiefe Bahn Gekommenen, brauchen und erhalten sie am allermeisten. Auch soziale Aspekte und Hilfsdienste zählen wohl zu diesem Schwingungsbereich. Mutterliebe kann fast als typische bedingungslose Liebe angesehen werden. Die einstmals als Baby empfangene und unbewußt aufgenommene 'reine' Liebe kann in seiner Form ein Leben lang in unserer Erinnerung schlummern wie jene unbewußten Ahnungen, wie einst der liebevolle paradiesische Zustand für unsere unsterbliche Seele oder Bewußtsein gewesen sein muß.

**Zuneigung** zu bestimmten Personen und *Freundschaften*, im übertragenen Sinne auch zu Sachen, Tätigkeiten, Berufen, Berufungen, Hobbies und so weiter, fallen ebenfalls unter den Begriff *Liebe*. Auch hier können Leidenschaften edelste Früchte tragen (Freundesliebe) und höchste Wertigkeiten besitzen. *Fanatische Liebe* in Verbindung mit höchstem Ehrgeiz können zu Weltrekorden oder Patenten führen. Hier findet man Verstand und Emotion meist liebevoll vereint. Dies gilt besonders auch für die *Liebe zur Natur und ihren Wesen*, einem sich ausweitenden Liebesgefühl, das heute immer mehr mit Verantwortungsbewußtsein einhergeht.

**Selbstliebe** und Eigenliebe sind *insofern sittlich, als sie alle andere Liebe in sich schließt (Schleiermacher)*. Dagegen definierte La Rochefoucould: *Selbstliebe ist die Quelle, der Ursprung und das Prinzip aller unsrer Leidenschaften; sie allein entsteht mit dem Menschen und verläßt ihn nie, solange er lebt*. Krankhafte Verliebtheit in sich selbst kann zum Narzißmus werden und zeigt damit die ausgeprägte Polarität zu der von *Jesus* geforderten

> Haß wird durch Gegenhaß gesteigert,
> durch *Liebe* dagegen kann er getilgt werden.
> niederländischer Philosoph *Baruch Spinoza* (1632-1677)[182]

Nächstenliebe, beziehungsweise *Selbst-losigkeit*. Der Theologe *Uwe Steffen* meint dazu allerdings in seinem Büchlein 'Jesus - heute' [9]:

*Selbstliebe und Selbstlosigkeit stehen nicht im Widerspruch, sondern in einer lebendigen Wechselbeziehung zueinander. Die Selbstliebe bewahrt die Selbstlosigkeit davor, zur Selbstaufgabe zu entarten. Die Selbstlosigkeit bewahrt die Selbstliebe davor, zur Selbstsucht zu entarten. - Es ist nicht so, daß ein Mensch in dem Maße, in dem er sich selbst liebt, die andern nicht liebt; sondern umgekehrt: In dem Maße, in dem er sich selbst liebt und bejaht, wird er fähig, andere zu lieben und zu bejahen. Man kann darum auch sagen: Selbstliebe und Nächstenliebe stehen nicht im Widerspruch, sondern in einer lebendigen Wechselbeziehung zueinander.*

**Nächstenliebe**, wie sie das A.T. und das N.T. fordern (griechisch *Agape* [240] im Gegensatz zum *Eros*), die Liebe zum Mitmenschen und die von *Jesus* vorgelebte Tatliebe, zeigen sich nicht nur in unseren *Gefühlen* den Armen, Schwachen und 'Sündern' gegenüber oder gar in der schwer verständlichen Feindesliebe. Solche Liebe ist das 'Grundgesetz' jener Bewegung, die wir *christlich* nennen. Wenn wir Momente haben, wo wir dieses Lieben mit Weisheit verbinden können, dann sind wir 'vollkommen'. Solange wir auf Erden sind, ist es unsere Aufgabe und somit auch der Sinn unseres Lebens, diese Art der Liebe zu erlernen. Doch eigentlich müßten wir sie garnicht erst 'erlernen', sondern eher 'zulassen' und 'aktivieren', denn durch den in uns schlummernden Gottesfunken ist dieses 'Programm' in uns bereits angelegt. Der bekannte Lebensberater *Kurt Tepperwein* schreibt[23]: *Wenn ich wirk-lich lebe, dann geschieht Liebe durch mich. Liebe ist unser eigentliches Sein.* Hierher gehört auch die Liebe, die *Jesus* lehrte, vorlebte und heute noch fordert: *Ein neues Gebot gebe ich euch: Liebet einander. Wie ich euch geliebt habe, sollt auch ihr einander lieben. Daran werden alle erkennen, daß ihr meine Jünger seid, wenn ihr* **Liebe zueinander** *habt.*

**Allumfassende Liebe** nennt *H.Kazemzadeh-Iranschär* die 'Wunderkraft der Liebe' (aus 'Der weiße Lotus' Nr.48),

*...wenn ein Mensch diese göttliche Liebe besitzt und alle Wesen und Geschöpfe als Kinder Gottes und als seine Brüder und Schwestern betrachtet und sie von Herzen liebt, dann strömen von seiner Aura solche wohltuenden, erlösenden und belebenden Strahlen, die sich nicht nur auf seine Mitmenschen beruhigend auswirken, sondern auch allen Wesen, Tieren, Pflanzen und Steinen in seiner Umgebung zum Wachstum und Wohlsein verhelfen. Alle Wesen der Natur verspüren diese Strahlen und suchen mit inniger Vertrautheit die Nähe jenes Menschen auf. Sie öffnen ihm ihre Herzen und lassen sich von der Heilkraft seiner Strahlen beleben und beseelen.*

Wollen wir *allumfassender Liebe* begegnen, müssen wir zuerst das Göttliche im Menschen erkennen - und zwar in *allen* Menschen. Denn diese Liebe ist grenzenlos und nicht wählerisch, sie existiert auch ohne ein 'Gegenüber'. Und wie die *mystische Liebe* ist sie ein Einschwingen in das universelle oder göttliche Einssein mit dem 'Einen-in-allem'. Bei derart *göttlich-universell* Liebenden, bei denen sich die kosmische, allumfassende Liebe regt, dringt sie in die Seele der Natur und ihr Mitempfinden und Miterleben mit allen Wesen ist tausendfach stärker und wirksamer (*H.Kazemzadeh-I.*). Daher bleibt die urewige Sprache aller Geschöpfe *die Sprache der Liebe*. Oh, kämen wir doch jeden Tag nur ein paar Sekunden dazu, so zu fühlen, so zu lieben!

Die *allumfassende Liebe* könnte auch so verstanden werden, daß die *göttliche Liebeskraft* aus ihrer kosmischen Dimension möglichst unvermenschlicht durch uns weiterfließt und den 'göttlichen' Charakter beibehält. *Beinsa Duno* schreibt[151]:

*Ich spreche nicht von der nur menschlichen Liebe, die den Menschen versklavt. Diese gleicht der Trunksucht, die den Menschen, der ihr nachgibt, erniedrigt. Sucht die **göttliche** Liebe, das Licht des ewigen Lebens, das alles aufbaut und jedem seine Freiheit läßt. Falsch verstandene Liebe engt ein, während wahre Liebe befreit und erhebt. Göttliche Liebe hat die Eigenschaft, daß nichts sie beschmutzen kann; sie ist eine Quelle, die unaufhörlich sprudelt und Frieden, erweitertes Bewußtsein, innere Genugtuung und Wohlwollen allen gegenüber mit sich bringt.*

**Gottesliebe** - last but not least - ist wohl das, was wir am wenigsten verstehen, zumal Liebe und Verstand sowieso zwei Dinge sind, die sich meist gegenseitig im Wege stehen.

Es heißt: *...du sollst den Herrn, deinen Gott, aus deinem ganzen Herzen, aus deiner ganzen Seele und aus allen deinen Kräften lieben und deinen Nächsten wie dich selbst.* Lieben heißt es, nicht verehren, beweihräuchern, fürchten oder manch andere menschliche Torheit, 'Wohlstimmung' durch Opfer jeglicher Art zu erzeugen - nein: **lieben !**

"Abba" sagte *Jesus*, "lieber Vater in mir". Zwar geht eine solche Liebeserklärung, eine solche Liebesbezeugung, nicht ohne Personifizierung eines 'Vaters' - zumindest am Anfang nicht, wenn wir solche Empfindungen zu hegen beginnen (daß es trotzdem geht, zeigt der *mystische* Weg aller großen

---

Von Geburt an besitzen alle Menschen die Fähigkeit der menschlichen Zuneigung, des menschlichen Mitgefühls - das ist der wichtigste Faktor, auf menschlicher Zuneigung beruht alle Hoffnung
Friedensnobelpreisträger *Dalai Lama*

Religionen). Es ist dies auch der einfachste Weg, seine Ängste los zu werden. Es ist eine fantastische Meditationsübung - Gott oder das Göttliche zu *lieben*. Wagen wir es irgendwann, zum Beispiel während eines 'seltenen Glücksgefühls', wobei wir Gott einfach visuell umarmen oder während einer tiefen Krise innerlich *um Hilfe schreien*.

Zu den Formen menschlicher Liebe, die mit dem Religiösen in Verbindung stehen, hören wir nochmals den Theologen *Uwe Steffen:*
*Selbstliebe, Nächstenliebe und Gottesliebe hängen unlösbar miteinander zusammen. Nur wo alle drei Dimensionen gleicherweise und gleichermaßen gelebt und verwirklicht werden, ist vollkommenes Leben.*

Etwas plastischer formuliert, trennt *Sathya Sai Baba* diese Dimensionen:
*Jede Liebe, die sich auf den Körper bezieht, hat eine Spur von Selbstsucht in sich. Diese Liebe läßt sich mit dem Lampenlicht in unseren Zimmern vergleichen. Dieses Licht ist begrenzt durch die Wände des Raumes. Liebe auf einer höheren Stufe ist dem Mondlicht zu vergleichen. Hier ist Licht drinnen wie draußen. Aber auch dieses Licht ist nicht klar. Reine Liebe, gänzlich selbstlos, ist dem Sonnenlichte gleich. Sonnenlicht gibt uns einen klaren Blick über alle Objekte.*

**Göttliche Liebe** ist aus unserer irdischen Position heraus besonders schwer zu definieren und ich zitiere einfachheitshalber einen Abschnitt darüber aus 'Marias Botschaft an die Welt'.[19]
*Wir wollen die Liebe einmal als Licht sehen, damit wir eine Art Maßeinheit haben. Liebe kann dazu genutzt werden, sich mit unglaublicher Geschwindigkeit fortzubewegen. Ihr habt jetzt das Konzept, mit Lichtgeschwindigkeit zu reisen, aber ihr seid noch nie auf den Gedanken gekommen, daß man auch mit 'Liebesgeschwindigkeit' reisen könnte. Das ist noch viel schneller als mit Lichtgeschwindigkeit. Ihr entdeckt auf der Erde auch gerade, wie man mit Hilfe von Licht heilen, Bilder übermitteln oder totes Gewebe abtrennen kann. Liebe wirkt so ähnlich wie ein Laserstrahl. Sie kann, wenn sie aufrichtig eingesetzt wird, totes Gewebe ebenso auflösen wie 'tote' Situationen.*
*Die **göttliche** Liebe ist der Laserstrahl der Liebe. Wenn ihr jemandem oder einer bestimmten Situation einen Gedanken göttlicher Liebe schickt, dann ist es, als ob ihr einen Laserstrahl der Liebe hineinstrahlt. Göttliche Liebe heilt alle Krankheiten, seien sie nun körperlicher, emotionaler, mentaler oder geistiger Art.*

*Lieben wir die Welt gesund!* fordert *Ursula Seiler-Spielmann*[220]:
*Der Mensch lebt in einem Meer von **göttlicher Liebe** und bemerkt es nicht. Wie sollte er auch bei dem lieb-losen Lärm unserer heutigen Welt. Der menschliche Ego-Verstand läßt 'Herzliches' fast nicht aufkommen, jene Christuskraft, die die göttliche Liebe in uns ist. Wir alle sind Wesen der Liebe und unser irdisches Lernprogramm ist, alles zu lieben zu lernen.*

**Tatliebe**

Diese Kraft der universellen Liebe müssen wir gezielt einsetzen, um in unserer Umgebung etwas zu bewegen, zu ändern und zu transformieren. *Tatliebe* kann dies. Liebevolle Gesinnung ist ja schon ganz gut, aber verwandelnde und änderungsfähige Liebeskraft hat nur, **was zur *Tat* wird**. Die universelle Christuskraft bedient sich unserer eigenen oder jeder bereitstehenden Person, um im jeweiligen Umfeld zu wirken. Aber ohne unsere Bereitschaft zur Mit-Wirkung bleibt sie wirkungslos. **Diese Kraft braucht uns zur Umsetzung**, uns als Menschen, beziehungsweise als 'Geschöpf', das zum Umsetzungsorgan des Schöpfers beauftragt ist. Herausforderungen und Übungsobjekte gibt es rund um uns herum vielfältige. *Meine Kinder, laßt uns nicht lieben mit Worten noch mit der Zunge, sondern mit der **Tat** und mit der Wahrheit* (1.Joh.3,18). Und um die gleiche Zeit lehrte auch der griechische Philosoph *Epiktet* (138-50 v.Chr.): *Nicht Sprüche sind es, woran es fehlt; die Bücher sind voll davon. Woran es fehlt sind Menschen, die sie **anwenden**.*

In der Evangelienhandschrift *Codex C* spricht *Jesus* vom 'Tag des Gerichtes', der immerfort ist, weil das 'Gesetz des Ausgleichs' sich unablässig auswirkt:
> Ich sage euch: Für jedes gute Wort, das der Mensch nicht sagt, wird er Rechenschaft ablegen müssen am Tag des Gerichts.

Das **Unterlassen** der Liebes-Möglichkeiten, die man tun könnte oder sollte, wird uns dann 'belasten' (Tag des Gerichtes). Kaum ein Thema ist im N.T. klarer herausgearbeitet als das der *Liebe*. Leider bis heute vergeblich - was wir leicht feststellen können, wenn wir unsere nähere wie fernere Umgebung betrachten. Der amerikanische Theologe *Gayle D. Erwin* schreibt in seinem Buch 'Der Jesus-Stil: Ein Lebenskonzept' [36]:
> Da nun die Liebe Gott und unserem Nächsten gegenüber ein zentrales Thema der Bibel ist, war ich erstaunt, daß eine diesbezügliche Erklärung weder in die Lehrsätze großer Konfessionen noch in große systematische Theologien, noch in Glaubensbekenntnisse, noch, und dies ist besonders bedrückend, in unser Leben Eingang gefunden hat.

**Dies müssen wir ändern.** Der Jesuite *Prof. Teilhard de Chardin* (1881-1955) schrieb:
> Eines Tages, wenn wir die Kraft des Windes, des Wassers, der Gezeiten und der Schwerkraft gemeistert haben, werden wir die Kraft der Liebe entdecken. Dann wird der Mensch zum zweiten Male in der Geschichte das Feuer entdecken.

Im ersten Brief an die Korinther macht *Paulus* eine klassische Aussage über die Liebe. Er schreibt, daß Glossolalie (ekstatisches, jenseitig ausgelöstes

---

Die Nähe eines *geliebten* Menschen ist die beste Medizin.
*Dr. Ernst R. Hauschka,* Aphoristiker [211]

unverständliches Reden) und Beredtheit, Weissagung und Er-kenntnis, Glaube und Menschenliebe **allesamt keinen Wert hätten** *ohne die Liebe*. Und so merken wir heute nach fast zweitausend Jahren, daß selbst diese Rede umsonst war. Trotz riesiger Fortschritte seit damals sind wir zivilisationskränker, egoistischer, geldsüchtiger, erbarmungsloser geworden und so weiter - *weil wir zu wenig Liebe haben*. Warum schauen so viele tolle Typen von heute weg, wenn jemandem Leid angetan wird - *weil wir zu wenig Liebe haben*. Warum macht unsere gesamtchristliche Ökumene keine Fortschritte - *weil wir zu wenig Liebe haben*. Sie können diese Litanei fortsetzen.

Krönen wir dieses wichtige Kapitel über das *Gesetz der Liebe* mit einem der überwältigendsten Bekenntnisse im N.T, wobei *Paulus* eindrucksvoll entscheidende Eigenschaften der Liebe aufzählt:

*Die Liebe ist langmütig*
*Die Liebe ist freundlich*
*Die Liebe neidet nicht*
*Die Liebe treibt nicht Mutwillen*
*Die Liebe bläht sich nicht auf*
*Die Liebe verhält sich nicht ungehörig*
*Die Liebe sucht nicht das Ihre*
*Die Liebe läßt sich nicht verbittern*
*Die Liebe rechnet das Böse nicht zu*
*Die Liebe freut sich nicht über die Ungerechtigkeit*
*Die Liebe freut sich an der Wahrheit*
*Die Liebe erträgt alles*
*Die Liebe glaubt alles*
*Die Liebe hofft alles*
*Die Liebe erduldet alles*
*Die Liebe hört niemals auf*

**Liebe als Element**

*Denkt an die Liebe als ein greifbares Element des Universums. Daß ihr sie nicht seht, bedeutet nicht, daß sie nicht existiert. Die Wirkung der Liebe in einem Heim, in einem Land oder auch nur in einem Menschen ist genauso zu spüren und zu sehen wie die Wirkung des Windes. Liebe ist stärker als Licht, denn sie kann viel mehr Hindernisse durchdringen. Liebe erreicht einen Menschen augenblicklich. Liebe durchbricht unsichtbare Mauern. Licht kann Mauern und Gebäude nicht durchdringen, aber Liebe kann es! Liebe kennt keine Schranken als die, daß ein Mensch keine Liebe in seinem Leben haben möchte. Doch jeder Mensch sehnt sich nach Liebe und braucht sie, so wie man*

*Essen und Trinken braucht. Liebe, wie fehlgeleitet sie auch sein mag, ist nötig, um das Leben zu erhalten. Liebe und Leben gehen Hand in Hand. Ohne Liebe kann man nicht sehr lange leben.* (aus 'Marias Botschaft an die Welt')[19]

**Liebe ist auch 'Weg'**

*Khalil Gibran* (1883-1931), der große libanesische Dichter und Weisheitslehrer, der arabische Mystik und den Geist der Bergpredigt vereint, verweist[200] auf *bewußt durchlittenen Schmerz* als eine Reinigung von allem Überflüssigen, einen Wachstums-schmerz, einem Tor, durch das der Mensch zu seiner Bewußtseinserhöhung und schließlich zur Liebe gelangt. Nach dem Vorbild unseres Meisters *Jesus* ist Liebe nicht nur Ziel, sondern auch Weg. Worauf er oft genug hingewiesen hat. So hat dies auch *Gibran* erkannt und spielt poetisch weiter, was *Johannes* in seinem Evangelium mit den Worten ausdrückte *...wenn das Weizenkorn nicht in die Erde fällt und stirbt, bleibt es allein; wenn es aber stirbt, bringt es reiche Frucht:*

*...denn gleich wie die Liebe dich krönt, so wird sie dich kreuzigen... gleich Garben von Korn rafft sie dich an sich, sie drischt dich, um dich zu entblößen, sie siebt dich, um dich von der Spreu zu befreien. Sie zermalmt dich, bis du weiß wirst, sie knetet dich, bis du geschmeidig bist. Und dann beruft sie dich an ihr heil'ges Feuer, auf daß du heil'ges Brot werdest zu Gottes heil'gem Festmahl.*

Aufmerksame LeserInnen werden nun feststellen, daß da ja noch einige Überbegriffe fehlen wie ewige Liebe, wahre Liebe, unsterbliche Liebe oder reine Liebe und andere mehr. Einige davon sind in diesem Buche anderen Themen zugeordnet und tauchen noch auf, das gilt auch für die Unterscheidung von bedingter und bedingungsloser Liebe.

**Wesen ohne Liebe** füllen diesen fehlenden Charakterzug durch Ersatzgefühle auf, im schlimmsten Fall durch *Haß*. Möglicherweise werden sie aber auch zu 'Parasiten', denn weil sie ohne Liebe sind, suchen sie die Bestätigung durch andere oder schmarotzen in den Liebesangeboten ihrer Mitmenschen.

---

Ich glaube, meine Pflicht erfüllt zu haben, indem ich der Ewigen *Liebe* all das gegeben habe, was sie auf dem Kreuzweg mir geschenkt hat. – Wenn man nur wüßte, wie Gott jede kleinste *Liebes*tat hundertfach belohnt!
                                                    Kapuzinermönch *Pater Pio*

## Das Prinzip der Freiheit oder das Gesetz des freien Willens

Wann immer wir Menschen in der Beschränktheit irdischer Stofflichkeit von Idealen, Wünschen und Zielen sprechen, taucht das Wort *Freiheit* auf. Dieses Sehnen nach Freiheit ist fast stets der Vater jeder Revolution und oft auch der von Kriegen, in der sogenannten Dritten Welt von Abspaltungen und Staatsneugründungen und das Fordern danach ist ein Hauptteil der Entwicklung menschlicher Bewußtseinsfähigkeit. Der Gegenpol der Freiheit ist Begrenzung, Fremdbestimmung (Hederonomie) und Gefängnis. Freiheit als politische Verwirklichung unserer persönlichen Ent-wicklung und als 'freie Bürger' war in der Antike die Be-freiung von jeglicher Form der Versklavung, die bei *Sokrates, Platon* und *Aristoteles* bereits philosophisch und individuell idealisiert und gefordert wurden. In der Neuzeit finden wir geistige Väter im 'deutschen Idealismus' bei *Kant* (sittliche Vernunft), bei *Hegel* und *Fichte* (Freiheit im Denken) und bei *Marx* gesellschaftlich mit der Forderung nach einsichtig-freiwilliger Unterordnung in eine bedürfnisbestimmte Gemeinschaft. Die Zeit der letzten Jahrzehnte bringt uns die **persönliche Freiheit**, denn Glaubensfreiheit be-freit uns von inneren Zwängen und er-öffnet unserem Bewußtsein ungeahnte Weiten in kosmischen Dimensionen (Metaphysik) und gibt uns frei zu eigenen und individuellen Lebenswegen. Doch *zügellose* Freiheit, die unsere Zeit dem Einzelnen ermöglicht, zeigt inzwischen die Grenzen auf, die uns Irdischen der Materialismus bringt und wie die aus der Ordnung geratene Zelle als Krebswucherung die körperliche Lebensgemeinschaft zersetzt, führt die 'grenzenlose Freiheit' unseres Egos zu sozialen und wirtschaftlichen Krisen, gott-losen Lebensinhalten sowie Störung, Zerstörung und Selbstzerstörung in globalen Dimensionen.

Ahnen wir Menschen eigentlich, was *wirkliche Freiheit* sein könnte? Ahnen ja, denn als gefühlsmäßige Erinnerung schwingt in uns ein Sehnen nach Frei-sein von Materie, von Erdenschwere, von Schuld und körperlicher wie seelischer Last. Unsere Seele weiß noch, was Freiheit ist und einst war. Der unsterbliche Teil unserer Persönlichkeit trägt noch die Ahnung in sich, wie die schwerelose Freiheit der hohen Schwingungen in der Transzendenz und im 'Himmel' uns engelgleich beflügelt hatte und welch himmlische Gefühle uns Momente des Glücks bescheren können, wenn wir uns 'frei von allem' wähnen. *Freiheit, die ich meine!*

## Das Gesetz des freien Willens

Dies zählt zu den wichtigsten Gesetzmäßigkeiten der gesamten Schöpfung. Es ist nach dem Gesetz der Liebe das zentrale und grundlegende Gesetz im

Kosmos. *Kein Gesetz ist stärker als dieses,* denn selbst die göttliche Liebe muß das göttliche Gesetz des freien Willens in der Schöpfung beachten. Deshalb behauptet *Ronald Zürrer* [42]:

*Das Gesetz des freien Willens ist das höchste kosmische Gesetz und es steht uns und auch niemandem anders, nicht einmal Gott, zu, hier Eingriff zu nehmen.*

**Alle Lebewesen haben diesen freien Willen.** Auch die höchsten wie *Luzifer* in der Metaphysis oder wir Irdischen in der grobstofflichen Physis. Hier gilt also auch das *hermetische Axiom*[107]: *Wie oben, so unten.* Die Wirkung dieses Gesetzes auf uns Lebewesen hat aber ebenfalls dualen Charakter. Denn einerseits läßt uns das Göttliche unseren uneingeschränkten freien Willen, andererseits haben wir aber die **Folgen davon ganz alleine zu tragen**. So nach der Regel: *Herr, bewahre uns davor, daß alle unsere Wünsche in Erfüllung gehen.* Aber leider gehen davon tatsächlich viel zu viele in Erfüllung und meistens ist dann in der Folge das Klagen und Zähneknirschen groß. Hat das Göttliche hiermit einen Planungsfehler begangen? Niemals nicht, aber es verlagert eben die ganze Verantwortung unserer menschlichen Willensentscheidungen auf uns selbst - und zwar gnadenlos konsequent - ob wir *mit* oder *ohne* dem Göttlichen leben wollen oder ob wir *weg* aus der Einheit oder *zurück* zum Eins-sein möchten. Beides hat seine Konsequenzen und die dürfen wir dann 'ausleben'. Wer A sagt, muß auch B erleben. **Würde das Göttliche stets eingreifen, wenn wir es nach den Folgen unserer mißbrauchten Willensfreiheiten erflehen, beginge es einen Gesetzesbruch.** Ein typisches Beispiel: Wir Menschen leben andauernd im 'Krieg' mit uns selbst und mit unseren Mitmenschen und diese von uns erzeugten Od-Kräfte stehen jenen zur Verfügung, die es tatsächlich in Gemetzel umsetzen und so immer an irgend einer Stelle unseres Planeten Kriege führen können. Und wenn wir dann solches direkt oder im Detail erfahren, dann klagen wir ganz schnell unseren Herrgott an, wie er solches zulassen könne. *Das kann doch kein Gott sein, wenn er so was Furchtbares zuläßt!!!* Oder man sieht gar den Beweis darin, *daß es ja deshalb gar keinen Gott geben könne.* So einfach kann ein Standpunkt sein, ob wohl <u>wir selbst</u> 'so Furchtbares' zulassen. Auch solange es im Kino und Fernsehen und unserem Alltag geschieht, weil wir es in diesen Fällen mitfinanzieren und unsere eigenen Od-Energien damit belasten.

Das Gesetz des freien Willens hilft uns auch an anderer Stelle. Es erleichtert uns, ähnlich wie die Regel ...*an den Früchten werdet ihr sie erkennen,* die Möglichkeit, das Gute vom Bösen zu unterscheiden. Denn wenn uns irgend ein

> Wer einen Menschen um seiner Seele willen *liebt,*
> *liebt* auch dessen Körper,
> weil dieser die Ausprägung der *geliebten* Seele ist.
> *Mellie Uyldert*, niederländische Astrologin

System, ein esoterisches, kirchliches, schulisches, wirtschaftliches oder politisches *einschränkt* und uns nicht erlaubt, unser Leben *frei* gestalten zu können, dann ist es niemals göttlich, sondern es handelt sich dann um ein rein menschliches oder gar dämonisches System.

**Wir müßten öfters *frei-willig* unsere Willensfreiheit einschränken.** Das schöpferische Prinzip gewährt uns absolute Freiheit, wie wir bereits gesehen haben. Doch wir Wesen in der Raumzeitgebundenheit haben allein dadurch schon weniger Möglichkeiten, unseren Willen frei 'wollen' zu lassen. Was unser Wille alles wollen würde - wie gesagt: der Herr bewahre uns davor. Ich wiederhole hier nochmals die generelle Formel:

> **Angelegt ist das *Prinzip*** (der Freiheit), **was der Mensch** (mit seinem freien Willen) **daraus macht, wird für ihn zum *Gesetz*** (mit allen daraus abzuleitenden Folgen).

Und so sieht es auch in der Praxis aus. Wer sich zu tief in die Materie verpflichtet, schafft darauf bezogene Gesetzmäßigkeiten, die seinen ehemals 'freien Willen' diesbezüglich mit größter Wahrscheinlichkeit einschränken werden.

Und dann gibt es noch das Problem mit der Erkenntnis, ob unser freier Wille überhaupt noch *frei* ist. Kann der Wille *frei* sein bei einem Fanatiker oder Fundamentalisten, bei einem Schwerkranken, einem Uniformierten, bei Menschen mit extrem hochgesteckten Zielen im Beruf, im Sport, im Hobby oder Politik, bei einem konfessionellen Gläubigen - um nur einige wenige Beispiele aufzuführen? Ist unser Wille noch frei, wenn es um Nationalität oder Hautfarbe geht? Oder um unseren Geldbeutel? Wie tauglich sind die Informationen, die wir haben, um 'freie' Entscheidungen treffen zu können? Wieviel Mühe machen wir uns, uns 'richtig' zu informieren? **Denn Wissen macht frei!**

Zuletzt haben wir noch ein zusätzliches Hindernis: *Fremd-Willen* mit seinen Einflüssen hat es schon immer gegeben, aber heute wird er besonders perfekt verpackt angeboten, ja geradezu vermarktet. Von hochbezahlten Spezialisten und wir merken es zu wenig und/oder zu spät. Dagegen hilft nur eines: **Eigene Intuition statt Fremd-Willen.** Und mit der Intuition befassen wir uns später.


**Das Prinzip des Dienens oder das Gesetz des Opfers**

Ein weiteres wichtiges *kosmisches Prinzip* hat uns *Jesus* als eine Strategie für sein neues Zeitalter immer wieder demonstriert: *Das Prinzip des Dienens*.

Über die Demut oder die Freudigkeit im Dienen steht im N.T.: *In der Welt gilt das Herrschenwollen, unter Kindern Gottes aber gilt das gegenteilige Prinzip: Dienen wollen und klein sein. Wer der Größte sein will, soll sich zum Diener aller hergeben.* Im Esoterischen heißt es: Der Höhere diene dem Niederen. Im Exoterischen das Gegenteil: Der Niedere diene dem Höheren. Hierbei stand *Jesus* im totalen Gegensatz zu den Machtprinzipien des A.T. Heute steht er noch genau so konsequent mit seiner Lehre *gegen* Establishments aller Größenordnungen, auch der kirchlichen.

Derweil ginge es auch anders, denn als im achtzehnten Jahrhundert der Preuße *Friedrich der Große* als Gegner des moralosen *Machiavelli*-Staatsprinzips der absoluten Monarchie den Grundsatz aufstellte: *Ich bin der erste Diener meines Staates,* zeigte er ganz deutlich, daß man mit solchen, der Lehre *Jesu* entnommenen Prinzipien, sehr wohl ein ganzes Volk regieren kann.

Wie *Jesus* allen diente, so sollen auch wir *allen* Wesen - Menschen und Tieren - brüderlich Dienende sein, auf daß sich die universelle oder Christuskraft in uns entwickeln kann. Jede Regung *dienender Liebe* und williger Hingabe durchwärmt und entflammt unsere Herzen, jedes gute Wort, jede hilfreiche Tat macht die Seele lichter, den Gang beschwingter und den *Weg nach oben* leichter. Im Thomas-Evangelium[25] spricht *Jesus: Liebe deinen Bruder wie deine Seele. Gib auf ihn acht wie auf deinen Augapfel.* Hierbei ist besonders gemeint, das Dienen des Reiferen, *älteren* Bruders gegenüber seinen jüngeren Brüdern und Schwestern und gegenüber denen, deren Seelenreifung noch nicht so weit entwickelt ist. Dazu zählen auch die Tiere, vor allem die, die in menschlichen Behausungen angesiedelt sind. Hierauf weist *Jesu* Wort, das die *Petrus-Akten*[38] zitieren:

> *Mensch, was schlägst du dein Tier! Wehe euch, daß ihr nicht hört, wie es zum Schöpfer im Himmel klagt und um Erbarmen schreit! Dreimal wehe aber über den, über welchen es in seinem Schmerze schreit! Habe Erbarmen mit ihm, auf daß auch du Erbarmen findest.*

**Ein Diener aller sein!**

Ein wichtiger Faktor *des Dienens* ist die Forderung Jesu: *...ein Diener aller* zu sein. Wir prüfen zu oft, *wem* wir dienen, was gefährlich sein kann, weil man dabei automatisch ins 'richten' geraten kann. Es ist die Aufgabe eines 'Dieners', alles daran zu setzen, anderen das Leben oder sonstetwas zu erleichtern und

> Die Sünder hassen,
> den Sünder *lieben.*
> Sant. Kirpal Singh (1894 - 1974)
> (langjähriger Präsident der Weltgemeinschaft der Religionen)

ihnen die Möglichkeit zu geben, sich zu ver-wirklichen. Dies empfiehlt auch *Paulus* (in seinem Brief an die Epheser): *...andere zum Dienst auszurüsten und Menschen zu helfen, zu mündigen Christen heranzureifen.* Was seltsamerweise die alten mächtigen Theologen der großen christlichen Kirchen seit Jahrhunderten anders auslegten - eben nicht als Diener-sein. *"Ihr wißt, die als Herrscher gelten, halten ihre Völker nieder ...Aber so ist es unter euch nicht."* Der mündige Christ braucht nicht zu **dienern**, schon gar nicht nach oben.

Das sind natürlich Sätze, die uns fast betroffen machen, die uns schon fast fremd sind und wo die beinahe zweitausend Jahre dazwischen spürbar werden. *Dienen ist hierzulande kein Thema,* bedauerte *Klaus Steilmann,* der größte Konfektionär Europas in einer Pressekonferenz 1995 und drückte damit das seelische Dilemma unserer Region aus, zu einem Zeitpunkt, als andernseits die Friedensnobelpreisträgerin und Ordensfrau im weißen Sari, *Mutter Teresa von Kalkutta,* ihr 85.Lebensjahr *im totalen Dienste dem Nächsten* erlebte.

Die kleinen ländlichen Gemeinschaften, die jahrhundertelang im *gegenseitigen Dienst* Leben erhielten, werden heute zu Mega-Städten, in denen sich keiner mehr kennt, zu wuchernden Geschwüren mit Menschenansammlungen in zahlenmäßigen Größenordnungen, die in anderen Regionen unseres Planeten für ganze Völker ausreichen. Und dabei wie oft in einer entvölkerten Umgebung, mit einer verlassenen und sterbenden Natur. Die *lebendige* Natur kennt nur das Gegenteil obiger Entwicklung, die vernetzte *Gemeinschaft* der geordneten Zellsysteme, deren Lebens-Prinzip *das Dienen* ist - ein Verhalten, das alle gesunden Zellen grundsätzlich aufweisen.

In den großen Industrienationen der ersten Welt mit permanent steigenden Arbeitslosenzahlen taucht ein neues Wort mit vielen Zukunftsversprechungen auf, die *Dienstleistungen.* Dies ist zwar kein ethisch bedingtes freiwilliges Dienen im urchristlichen Sinne, aber ein kommerziell veranlaßtes Be-dienen von Mitmenschen. Langfristigen Erfolg wird dabei allerdings nur der haben, der seine Dienst-leistung persönlich und besonders kundenbezogen gestaltet, der sich sozusagen *selbst* in das Leisten mit einbringt. Somit entsteht mit diesem 'Dienen' plötzlich ein neues Verständnis in unserer kommerziellen Welt und zeigt, daß innerhalb von wenigen Jahren das Pendel zurückschwingen kann vom nummerierten Massenproduzenten zum individuellen Service-Anbieter mit menschlicher Nähe.

Wozu das Mikro/Makro-System eines anderen biologischen Wesens, wie zum Beispiel einer hundertjährigen Buche, fähig ist *im Dienste* der Gleichgewichtserhaltung eines gesunden Lebensraumes, erläutert *Prof.K.E.Lotz* mit folgendem Beispiel (nach *A. Bernatzky*)[273]:

*Eine 25 Meter hohe Buche, die mit ihrer Krone eine Fläche von 160 qm überdeckte, besitzt eine äußere Blattfläche von 1600 qm, während für ihre 'innere'*

*Blattfläche (Summe der Interzellularwände des Blattinneren) 160.000 qm = 16 ha festgestellt wurden. Erst daraus ergibt sich das Ausmaß ihrer Funktion... Das Gewicht des Baumes wird auf rund 12 Tonnen geschätzt, wovon die Hälfte reiner Kohlenstoff ist, gebunden in fester Materie. Da in jedem Kubikmeter Luft 0,15g Kohlenstoff oder 0,5g Kohlendioxid enthalten sind, stammt der im Baum festgelegte Kohlenstoff von dem Kohlendioxid aus 40 Millionen Kubikmeter Luft, das heißt, aus dem Inhalt von 80.000 Einfamilienhäusern mit je 500 Kubikmetern umbauten Raumes. In den einhundert Jahren hat er demnach mindestens 20 Tonnen Sauerstoff zur Verfügung gestellt.*

Auch wenn diese Zahlen leistungsmäßig überraschen und sehr erstaunlich sind, leuchtet es wahrscheinlich nicht so leicht ein, was der Baum mit Jesus zu tun haben soll. Ich erlaube mir aber den Hinweis, daß die Evangelien den 'Baum' öfters in Gleichnissen anführen. *Das Königreich des Himmels ist wie ein Korn der Senfsaat; ausgewachsen wird es zum größten der Bäume, sodaß alle Vögel kommen und in seinen Zweigen nisten können* (Matt.13,31). *Der Same ist das Wort Gottes...und wenn es von einem mit einem edlen und guten Herzen gehört wird, behält er es und bringt mit Geduld Frucht hervor... einige tragen hundertfältig, etliche sechzigfältig und andere dreißigfältig* (Luk. 8,11-15, Matt. 13,23) und *...pflegt einen Baum gut, so wird seine Frucht gut sein... denn an seiner Frucht erkennt man einen guten Baum... Der gute Mensch bringt Gutes hervor aus dem Guten, das in ihm ist* (Matth.12,33-35).

Die Analogie des Baumes mit dem Menschen wird heute viel verständlicher. Durch Messungen, die der Elektrobiloge *Harold Saxton Burr* von der Yale-University dreiundzwanzig Jahre lang durchgeführt hat, konnte er beweisen, daß Bäume ein bioelektrisches Feld wie wir Menschen besitzen. Naturgemäß haben Bäume Tageszyklen wie auch Reaktionen auf Luftelektrizität oder Veränderungen im Erdmagnetfeld - mit gemessenen Baumpotentialen von 0 bis 500 Millivolt. Der indische Philosoph und Literatur-Nobelpreisträger *Rabindranath Tagore* (1861-1941) erkannte schon früher:

*Wer den Baum nur als Brennholz wertet,
hat keine Ahnung, was der Baum insgesamt ist.*

*Nichts ist heiliger, nichts ist vorbildlicher als ein schöner, starker Baum,* erkennt *Hermann Hesse* und erinnert uns daran, daß der Starke - Mensch oder Baum - seine Schönheit wie auch seine herausragende Stellung erst im Dienste der Lebensgemeinschaft ent-wickeln kann - etwas, was uns auch Jesus vorlebte.

> Die einzige Kraft, die imstande wäre, die ganze Natur des Menschen wie mit einem Zauberstabe zu ändern, ist die *Liebe*.
> *Meister Beinsa Duno*

*Nur das Leben im Dienste anderer ist ein lebenswertes Leben,* resümierte *Dr. Albert Einstein.*

**Das Gesetz des Opfers**

Das *Prinzip des Dienens* wird ergänzt durch das *Gesetz des Opfers*, demzufolge auch Christus zu der menschlichen Wesenheit *Christus in Jesus* wurde, auf daß der Mensch seine Göttlichkeit zu verwirklichen lerne. Das besagt, daß auch hier das Höhere dem Niederen liebend diene, um es zu sich emporzuziehen (*K. O. Schmidt* ).

Aber verstehen wir den Begriff *Opfer* immer richtig? Bringen wir die Opfer, zu denen wir hin und wieder bereit sind, meist nicht nur für uns selbst? Opfern wir uns nicht am laufenden Band und überwiegend nur für ich-bezogene und vordergründige Dinge: *Unserer* Familie, *unserem* Verein, *unserem* Chef, *unser* Image, *unser* Seelenheil? Kurios ist die Situation schon. Ein wirkliches Opfer ist es für uns eigentlich nur, wenn wir es mit 'kaltem Herzen' tun. Denn opfern wir mit echter Bereitschaft, dann fällt uns das Opfer leicht und in dem Moment ist es dann kein echtes Opfer mehr für uns. *Lernen Sie, einerlei wo, einmal wirklich zu dienen, wirklich sich hinzugeben, wirklich an die Sache zu denken statt an sich selber. Das ist der einzige Weg aus Ihrer Einöde heraus,* schrieb *Hermann Hesse* an einen Freund.

Dieses Opfer mit dem 'kalten Herzen' werden wir uns noch etwas näher betrachten und wie wir später noch sehen werden, ist die Gesinnung und das Empfinden beim 'Opfern' von größter Bedeutung.

Wenn wir uns in diesem Buche mit Jesus befassen, steht sein Opfer natürlich - unerreichbar - an oberster Stelle. Opfer als Einzelschicksale, auch wenn sie trotz größten Leidens nie solche Dimensionen erreichen können und müssen, sind in diesem Kapitel auch nicht gemeint. Man könnte ihm mit Kurztexten niemals gerecht werden, höchstens mit Romanen und Bibliografien.

Nachdenken können wir über 'Opfer', die mit Geld und Spenden zu tun haben und so betrachten wir uns einmal verschiedene Formen, was man unter Opfern alles verstehen kann und versuchen, sie in einer Wertigkeit einzustufen.

\* Ohne bewußtes Spenden oder Opfern leben viele Menschen dahin. Vermutlich können sie nicht loslassen oder glauben, dadurch Schwäche zu zeigen,

\* Kirchensteuerzahlern wird zwar ihr Schärflein amtlicherseits abgezogen - muß aber als *passiv* angesehen werden und verbleibt wohl meistens auf dem Niveau eines Verwaltungsaktes ohne Opfereffekt,

\* Spenden aufgrund von Sammelaktionen fällt wohl auch noch stark in den *passiven* Bereich, weil es meist sehr unpersönlich abläuft,

\* freiwilliges Spenden ist bereits ein *aktiver* Akt, hierbei sind dann aber die Wertigkeiten zu beachten, ob wir mit der Spende etwas erzielen wollen oder ob reine Ethik und ein bißchen Opfer dahintersteht,

\* freiwillige Spenden, die wir zuvor segnen, mit einem geistigen Dankeschön und unserer Liebe verbinden, sind wahre Hilfeleistungen,

\* das Spenden des Zehnten aus allen Einnahmen und Gewinnen kann manchmal zum Opfer werden, wenn er ohne 'Berechnung' gegeben wird und

\* ein schmerzhaftes Opfer, also das mit 'kaltem Herzen', ist dann wohl das wahre Opfer. Viele solcher Opfer sind aber auch un-freiwillig, nämlich dann, wenn sie als Ausgleich für irgendwelche Versäumnisse auf uns zu-kommen - monetäre wie persönliche Verluste.

Picken wir uns noch zwei praktische Formen des Opferns heraus, eine geistige und eine materielle, die Geistiges auslösen kann. Als ein 'geistiges Opfer' sehe ich das *Sich-Zeit-Nehmen* an und das Erbringen frei-williger Zeitopfer. Wenn wir einen Teil unserer Zeit dem Göttlichen weihen, indem wir *in die Stille gehen,* der inneren Stimme lauschen und unsere Intuitionen pflegen, sehen Materialisten dies sicher als Zeit-Verlust an, während der Metaphysiker oder religiöse Mensch daraus ein bewußtes 'Opfer' machen könnte, das mit oder ohne Formulierung einer Bitte, *Segen* bringt - in Form von Harmonie, Ausgeglichenheit oder Eingebungen. Meditation und Kirchgang zählen natürlich genauso dazu.

Ein 'materielles' Opfer fällt in das *Prinzip des Zehnten,* das von alters her darin besteht, vom jeweiligen Einkommen oder Gewinn den zehnten Teil zu verschenken. Der Zweck heiligt die Mittel. Wenn wir diese Beträge *dem Guten weihen* und *ohne Belohnungssucht* einem idealen Zwecke zuführen, werden sie zu einem ebenso einfachen wie weittragenden Erfolgsmittel.

K. O. Schmid [6] erklärt dazu noch folgende Spielregel:

*Ob wir viel oder wenig geben, ist von geringer Bedeutung - entscheidend ist die <u>Gesinnung</u>, in der wir geben: die Freudigkeit unserer Anteilnahme am Umlauf der Fülle. Daß wir materielle Dinge geben, ist nicht viel - wichtiger ist, daß wir zugleich unsere hingebende Liebe schenken, unser Wohlwollen, unsere Mitfreude, unsere Hilfsbereitschaft und unser All-Vertrauen. Indem wir in dieser Gesinnung opfern, stellen wir unser inneres und äußeres Wohl unter den Schutz des Geistes des Lebens und machen es von äußeren Bedingungen unabhängig. Darüber hinaus macht das Opfern uns frei vom Haften an Vergänglichem, erzieht uns zum*

Ein Sünder, der *liebt*, ist Gott näher als ein Heiliger, der zürnt.
K.O.Schmidt, *Thomas*-Evangelium

*Lassen und Gelassenwerden - und damit zum Höchsten, was wir als Seelen- und Schicksals-Schmiede gewinnen können.*

In der bildreichen Sprache des Orients, aus dem 'Tandschur' [182] klingt dies poetischer:

> *Die Hand des Freigebigen gleicht den Wolken am Himmel,*
> *die auf die dürstende Erde, auf Gräser und Blumen herabregnen;*
> *aber das Herz des Undankbaren gleicht der Wüste,*
> *die gierig den herabfallenden Regen verschlingt und unter sich begräbt,*
> *ohne selbst das Geringste hervorzubringen.*

**Das Prinzip des Gegensatzes oder das Gesetz der Polaritäten**

Unter polaren Gegensätzen versteht man das Verhältnis zweier entgegengesetzter, aber *zusammengehöriger* Pole oder Teile oder Aspekte. Polare Kräfte sind die Struktur aller Materie, der physischen und der metaphysischen, allen Geschehens in uns und um uns herum und allen irdischen und kosmischen Lebens in der Zeit und im Raum. Für uns gibt es nichts, aber auch gar nichts, das uns nicht polar beeinflußt oder erscheint. Das heißt aber auch, daß alles, was ist, zwei Pole hat, aber in Wirklichkeit *eins,* also eine Einheit ist. Das Thema finden Sie schon ausführlich behandelt im Kapitel *Jesus im 'dualen System',* muß aber im Rahmen der 'kosmischen Prinzipien' noch weiter ergänzt werden.

Die zusammengehörigen, aber gegensätzlichen Pole, meist Paarlinge genannt, können in unserer Betrachtung in drei Gesetzmäßigkeiten und Gemeinsamkeiten unterteilt werden:

1. Die beiden Pole sind die Enden einer Skala, dazwischen spielt sich das Leben ab,
2. der Ausgleich der Pole erschafft Neues durch das Ver-einen der Duale und
3. die Entweder/Oder-Polaritäten, die keinen Ausgleich erlauben.


**Die beiden Pole sind die entgegengesetzt liegenden Enden einer Werteskala und dazwischen spielt sich das Leben ab.**

Nehmen wir zur Veranschaulichung den simplen Paarling heiß<>kalt. Wir nennen diese Werteskala Thermometer. Und die 'Be-wertung' der verschiedenen, exakt meßbaren Werte, nämlich der Temperaturgrade, kann trotzdem völlig widersprüchlich sein. Nehmen wir an, draußen sind zwanzig Grad. Für uns angenehm, für einen Zentralafrikaner kalt, für einen Eskimo heiß. Und doch ist es weder das eine noch das andere.

Eine wichtige Regel hierbei stellt die **Harmonie** dar. Bekannt aus dem chinesischen Kulturkreis sind uns die beiden Weltprinzipien *Yin und Yang* als Polaritäten mit der lebenslangen Forderung, dazwischen in der *Mitte*, in der Harmonie zu sein. *Seine Mitte finden* kann man heute oft hören, die Esoterikwelle bietet dafür reichlich Literatur, Kassetten und Seminare an.

Der permanente Kampf-mit-uns-selbst steht als Lebensschule zwischen den Paarlingen selbstsüchtig<>selbstlos und Egoismus<>Altruismus[152], es ist der Sinn unseres Lebens. Der Sinn der Lehre Jesu ist es, uns dafür Spielregeln zu geben. Symbolisch können wir für unsere Lebenspolarität auch das Pendel einer Uhr nehmen, von einem Extrem ins andere schwingend. Und wenn das Pendel zur Ruhe kommt, steht die Zeit still. Wie zwischen Liebe und Haß - der Ausgleich in der Mitte davon hätte der Welt viel Leid erspart. Der Ausspruch *'wo viel Licht ist, ist auch viel Schatten'*, zeigt ebenfalls polare Gesetzmäßigkeiten auf, die uns blühen, wenn wir zu weit aus der für uns so wichtigen Harmonie der Mitte hinausgehen, beziehungsweise uns hinaustreiben lassen. Wir wissen aber auch, daß das Spiel zwischen den Polaritäten jeweils bis an eines der Extreme gehen kann - möglicherweise sogar gehen muß - worauf erst dann eine Reaktion erfolgt, die den Ausgleich und damit die Harmonie wieder einleitet.

Wie wir zu Anfang feststellten, sagt das Gesetz, daß die beiden Gegensätze in Wirklichkeit zusammengehören und *eins sind*. Wenn man die Worte *Einsicht* und *Einklang* näher bedenkt, erkennen wir auch hierbei Wegweiser für eine positive Lebensweise in unserer total polaren Welt der Materie und Stofflichkeit.

**Der Ausgleich der Pole erschafft Neues durch das Ver-einen der Duale**

Nehmen wir zur Erläuterung einfach das physikalische Gesetz *Plus und Minus ziehen sich an*. Plus- und minusgepolte Moleküle ziehen sich ebenso an wie Mann und Frau und bei letzterem erkennen wir sofort, wie daraus Neues entstehen kann, hierbei zum Beispiel Leben. Die Pole 'Vergangenheit und Zukunft' erschaffen an ihren Berührungspunkten die Illusion des *Heute,* das wir mit unserer Lebensschule zeitlich ausfüllen. Das 'Leben' selbst kann sich in

> Selig sind die, die den Herrn in allen Wesen erkennen und *lieben*;
> sie werden Licht und Güte und Freude ausstrahlen.
> *Karmelitenkloster Bamberg*

seiner Vielfalt austoben zwischen dem Paarling *Geburt und Tod,* das agierende und handelnde Lebewesen darf dabei in der irdischen Materie die in ihm wohnende Christuskraft erwecken, entwickeln, üben und verstärken. Hierher paßt das Wort Jesu (Matth.18,19 f): *Wo zwei unter euch <u>eins werden</u> auf Erden, worum es ist, daß sie bitten werden, das soll ihnen widerfahren von meinem Vater im Himmel.* Hier wird uns zugesagt, daß die *Kosmische oder Christuskraft* unmittelbar lebendig und wirksam werden könnte im Ausgleich konträrer Polaritäten.

**Die Entweder-Oder-Polaritäten, die keinen Ausgleich erlauben.**

Jetzt müssen wir zuerst trennen zwischen *natürlichen* Polaritäten wie Nord/Süd oder links/rechts, die kein Dazwischen haben und *unnatürlichen* Polaritäten, die *Ron Smothermon*[26] 'Definitions-Polaritäten' nennt. Darunter verstehen wir Krieg und Frieden, Kosmos und Chaos, diesseitiges und jenseitiges Leben, Christ und Antichrist und andere mehr. Zu solchen Polaritäten sagt Jesus: *Eure Rede aber sei: Ja, ja; nein, nein. Was darüber ist, ist von Übel* (Matth. 5,37).

Wenn wir hier sehen, daß Jesus in einigen Bereichen klare und eindeutige Antworten und Stellungnahmen fordert, dann werden wir dabei auf ein modernes Zeitproblem gestoßen, das sich um derartige 'Bekenntnisse' in unserem Verhalten drückt. In unseren Verhaltensgewohnheiten ist es 'in' geworden, und im Bereich des mittleren Managements wird man darin geschult, sich möglichst immer alle Optionen offen zu halten. Von den Machern der obersten Etage erwartet man klare Entscheidungen wie Ja oder Nein - so wie Jesus es meinte, um aus uns 'Entscheider' zu machen. Selbst-bewußte Seelen im irdischen Körper, den Gott-in-uns mit sich tragend und den Gottesfunken in uns weckend. Da kann es nur klare Verhältnisse geben: *Ja* oder *Nein*. Und das elegante und diplomatische Alle-Optionen-offen-halten unserer Zeit ist ein äußerlicher Weg, ein oberflächliches Ausweichen, eine gefährliche Illusion unserer modernen Unkultur und ein wirkungsvolles Mittel unseres Ego's, von einem entscheidungsträchtigen *Weg nach Innen* abzulenken. Auf dieser Schiene kann sich unser Bewußtsein nicht entwickeln und entfalten. Auch das N.T. hat dazu eine klare Stellungnahme und warnt uns vor solchem Verhalten:
*Weil du aber lau bist, weder heiß noch kalt, will ich dich aus meinem Mund speien (Offb.3,16).*

## Selbstbeteiligung an unserer Polarisierung

Nun haben wir uns dieses 'kosmische Prinzip des Gegensatzes' und 'kosmische Gesetz der Polarität' ganz kurz angesehen und dürfen erkennen, daß wir Tag für Tag im gesamten Lebensbereich derartigen Polaritäten ausgesetzt sind - bewußt und/oder unbewußt.

Es kommt noch dazu, daß wir sehr oft nur allzu gerne bereit sind, auch noch *eigene Polaritäten* zu schaffen - Polaritäten unseres Verstandes. Letzterer ist nämlich bereitwilligster Partner unseres meist aufgeblasenen Egos und diese beiden werden stets versuchen, über 'künstliche' Polaritäten eigene Schwächen, Versäumnisse, Bequemlichkeiten und so weiter anderen Personen oder äußeren Anlässen zuzuschieben. Solche Polaritäten sind das Zeug, aus dem Urteile und Vorurteile, Meinungen und Haltungen gemacht sind und ein solcher *Prozeß der Polarisierung* ist auch die Grundlage derartiger Übel. Polarisierungen blockieren Wege der Kommunikation und des Mitgefühls füreinander und spielen sich allzuoft auf der unbewußten und von uns unkontrollierten Ebene ab. Ein alltägliches Beispiel dazu: Wann immer wir jemandem *wegen irgend etwas* Unrecht geben, erschaffen wir einen Gegenpol, der natürlich ebenso danach trachtet, *uns* unrecht zu geben. **So werden wir zum Verursacher unserer eigenen Verfolgung.**

Wie können wir nun aus diesem Elend irdischer Polaritäten, bewußter oder unbewußter, gesetzmäßiger oder selbstverursachter, herauskommen? Da es sich bei den von uns betrachteten Gegensätzlichkeiten jeweils um zusammengehörige Paarlinge handelt, die ihrer wahren Natur nach *eins sind,* ist es uns - so wir dessen inzwischen bewußt geworden sind - möglich, sie (jederzeit?) in ihr Gegenteil umzuwandeln. Haß kann so in Liebe umgewandelt werden. *Und das ist der Weg Jesu.* Die Regel heißt:

**Ändern wir unseren Standpunkt, so ändern sich auch die Dinge**.

Probieren wir's einfach, es funktioniert! Wenn wir uns dabei von den beiden Polen für den positiven entscheiden, entsteht dadurch eine Schwingungserhöhung unseres Bewußtseins, denn positive Pole schwingen stets höher. Lebensberater *Kurt Tepperwein* [23] formuliert dies so:

> Das Gesetz der Erleuchtung ist demjenigen des Wunders vorangegangen.
> Dieses Gesetz der Erleuchtung ist das höhere Gesetz der *Liebe*,
> und *Liebe* ist die universelle Bruderschaft.
> *Baird Spalding* [203]

*Indem wir die Schwingung unseres Bewußtseins erhöhen, verändern wir aber auch die Menschen, denen wir begegnen. Denn nach dem Gesetz der Resonanz stoßen wir auch in ihnen neue Bereiche an, die dadurch aktiviert werden. Wir wecken dadurch in ihnen Kräfte und Fähigkeiten, von deren Existenz sie bisher nichts wußten. Wir 'wecken' so im wahrsten Sinne des Wortes das Gute im Menschen. Wir werden so selber zum 'Medikament' für den anderen - und ein Segen für die Welt.*

Das ist echtes Tatchristentum, wie Jesus es forderte. Wer hier noch eine Stufe weiter gehen will - also seinen *Standpunkt oder seine Perspektive* noch mehr verändert, nämlich nach innen - der könnte darüber meditieren, daß ja eigentlich nicht die Welt polar ist, **sondern nur unser Bewußtsein.**

Sehen wir uns deshalb noch einen weiteren Aspekt der Polarität oder Dualität näher an. In den meisten fernöstlichen Philosophien und Religionen ist der *Ausgleich* der Polaritäten und Dualismen *der Weg zur Meisterschaft.* Aus entweder-oder wird **sowohl-als-auch**. In unserem abendländischen Kulturkreis steht mehr das *Leben und Erleben* zwischen polaren Gegensätzen wie zum Beispiel Gut und Böse im Vordergrund und nicht so sehr deren Ausgleich. Jesus lehrte aber, daß die Liebe gerade diesen Paarling völlig harmonisieren könne, doch die 'Technik' dazu wurde kaum formuliert.

Nach der christlichen Kirchenlehre muß das Böse *überwunden* werden, das Böse in uns und das Böse außerhalb von uns. In der gehobenen Esoterik heißt es dagegen: Das Böse, das es zu überwinden gilt, ist die Dualität an sich (*Ronald Zürrer*).[42] Und wenn wir das Böse mit *Sünde* gleichsetzen und es abermals aus gehobener Perspektive betrachten, bedeutet das, daß *Sünde die Polarität an sich ist*. Der Wortstamm verbindet 'Sünde' mit 'Sonderung', beziehungsweise mit 'sondern und absondern'. Sobald wir unser Verstandes-Ego pflegen und aufblähen, sondern wir uns aus der irdischen Gemeinschaft und der kosmisch-göttlichen Einheit ab - nicht nur einstmals vor Äonen, sondern Tag für Tag auch heute noch.

**Das Prinzip von Ursache und Wirkung oder das Gesetz der Kausalität**

Wir haben hier ein Prinzip, das als das *älteste Gesetz dieser Welt* bezeichnet wird, auch *Gesetz der Wechselwirkungen, Gesetz des Ausgleichs* oder *Karma* (Sanskrit: Tat, Handlung). Kausalität enthält den lateinischen Wortstamm *causa*, die Ursache, und aus jener Epoche kennen wir zwei Regeln: *causa aequat effectum* (die Ursache gleicht der Folge) und *causa praecedit effectum* (die Ursache geht der Wirkung voraus).

Im N.T. ist es *Paulus*, der uns für dieses 'Prinzip von Ursache und Wirkung' die prägnante und berühmte Formel gibt (Galater 6,7): *Irret euch nicht. Gott*

*läßt sich nicht spotten. **Was immer ihr sät, das werdet ihr auch ernten.**[204] Wie will man Weizen ernten, wenn man Unkraut gesät hat? Dieses Gesetz ist hart und grausam und gerecht. *Matthäus* (7,1-2) schreibt:
> Richtet nicht, damit ihr nicht gerichtet werdet! Denn wie ihr richtet, so werdet ihr gerichtet werden und **nach dem Maß, mit dem ihr meßt und zuteilt, wird euch zugeteilt werden.**

Immerhin gibt es einen Zusammenhang zwischen dem, was war, und dem, was darauf folgt. *Wie man in den Wald hineinruft, so hallt es zurück*
oder auch: *Von nichts kommt nichts*
oder wie der Volksmund sagt: *Das Leben gleicht einem Sparschwein, man holt nur heraus, was man hineingetan hat.*

Somit heißt es aber schon wieder ganz klar: **Wir sind die Schöpfer unseres eigenen Schicksals**. Der Mensch - der Einzelne wie auch die Gruppe oder die Nation oder die gesamte Menschheit - schaffen Glück wie auch Leid selbst. Gedanken, Gefühle, Worte und Taten sind wie eine Saat, die garantiert eines Tages aufgehen wird. Wer diese Gesetzmäßigkeit erst einmal begriffen hat, kann sie wie einen Leitfaden sehen, der uns sofort darauf hinweist, wie weit wir selbst vernetzt sind mit dem Geschehen um uns herum. Wie bereits schon vorher festgestellt, könnten wir scherzeshalber anstelle des Wortes *Schick-sal* besser *Mach-sal* sagen. Von dem Passauer Aphoristiker *Hellmut Walters* stammt das Wortspiel: *Das Schicksal schickt grundsätzlich per Nachnahme.* Wir müssen in diesem Falle unser Geschick annehmen und bezahlen - außer wir verstehen es als 'Sendung', als Sendungsauftrag, mit der Gewißheit, bei unserem Geschick Absender und Empfänger zugleich zu sein.

Einfacher ausgedrückt, heißt das: wenn wir nun wissen, daß wenn man Roggen sät, auch Roggen ernten wird, wir uns Gedanken machen müssen, was man während des Lebens oder an dessen Ende ernten möchte, und fängt an, gezielt dieses im Leben zu säen.


**Es gibt keinen Zufall!**

Außer wir verstehen diese Bezeichnung wörtlich: Es *fällt* etwas auf uns zu, kommt also von *oben* und hängt uns an als Re-aktion aufgrund einer vorausgegangenen Aktion. Im positiven wie im negativen Sinne. Zufall ist das,

> Wie weit ist der Weg zur Gottheit?
> So weit wie von dir bis zu deinem geringsten Feinde.
> indisch [182]

was uns aufgrund unseres So-seins zu-fällt. Auch Glück und Unglück sind nur Bezeichnungen für einen nicht erkennbaren Zusammenhang. Da *jedem nach seinem Glauben geschieht,* bekommen wir, was wir an Gedanken und Gefühlen verursachen. Es liegt folglich an uns, was wir denken und fühlen, denn es wird sich früher oder später als Wirkung in unserem Leben manifestieren. Somit ist Zufall weiter nichts als nicht erkannte Kausalität. *Prof. D. Franz Moser* erklärte dazu[238]:

> *Meine eigene Konsequenz aus den Ergebnissen der Quantentheorie war eben, daß es <u>den Zufall nicht gibt</u>. Das ist der große Scheideweg. Bei Jacques Monot und in der klassischen Wissenschaft finden wir, daß alles auf dem Zufall basiert, das Leben sei ein Zufall, wir seien zufällig in die Welt getreten, zufällig gingen wir aus der Unermeßlichkeit des Universums hervor und daher ist es an uns zu entscheiden, was zu tun ist.*

## Das Prinzip der Entsprechung oder das Gesetz der impliziten Ordnung

*Wie oben, so unten,* heißt die Kurzformel dieses geistigen, universellen Prinzips, auch *hermetisches Axiom* genannt. *Hermes Trismegistos*[107], *Hermes, der Dreimal-Große,* ist die griechische Bezeichnung des ägyptischen Gottes der Weisheit, *Thot,* der in den Schriften der *Hermetik* die 'gnostische' Weltentstehungs- und Erlösungslehre offenbarte. Nicht ganz so alt findet sich die gleiche Formel in den indischen Veden: *Wie das Atom ist, ist das Universum. Wie der Mikrokosmos, ist der Makrokosmos. Wie der menschliche Körper ist, ist der kosmische Körper.* Der urchristliche Kirchenlehrer *Klemens von Alexandria* (2.Jhd.) zitierte trotz seiner Gegnerschaft zum damaligen gnostischen Weltbild aus dem 'Ägypter-Evangelium': *Wenn ihr nicht das Rechte wie das Linke macht und das Obere wie das Untere, werdet ihr das Königreich nicht erkennen.* Der deutsche Universalgelehrte *Gottfried W. Leibniz* (1646-1716) stellte in seinem *Monismus* die unteilbare Welt dar, die als *Mikrokosmos* und Spiegel des Universums aufzufassen sei (Gott sei die höchste Monade und erhalte in der erschaffenen Welt eine prästabilisierte Harmonie). Unser heutiges *'Wie im Himmel, so auf Erden'* ist wohl eine Redensart, die ihre geistige Aussage und den hier beschriebenen Sinn verloren zu haben scheint.

## Wie im Makrokosmos, so im Mikrokosmos

Welche Gesetzmäßigkeit ist in dieser Formel gemeint? Ist dies die Formel der Schöpfung? Wieviele Analogien (Verhältnisse, die in gewisser Hinsicht übereinstimmen) zwischen dem makrokosmischen Universum und den mikrokosmischen Organismen unseres Planeten sind schon erkannt worden?

Vergleichen wir als Beispiel einige Zahlenbilder aus dem Universum mit denen von Atomen und Körperzellen. Zur besseren Vorstellung dazu verkleinern wir unser Sonnensystem im Maßstab 1:10 Milliarden, wodurch unsere Sonne zu einem Ball mit 14 Zentimetern Durchmesser wird. Dann hätten die Planeten, die die Sonne umkreisen, folgende Abstände: Merkur 6 Meter, Venus 10 Meter, Erde 15 Meter und der Mars 23 Meter. Die vier größeren Planeten Jupiter, Saturn, Uranus, Neptun und der kleine Pluto würden in den enormen Abständen von 78, 143, 287, 450 und 592 Metern um diesen 14-zentimetrigen Sonnen-Ball in unserem verkleinerten Beispiel aus dem **Makrokosmos** kreisen.

Für den **Mikrokosmos** vergleichen wir nun ein Atom. Dieses hat den Durchmesser von einem 10millionstel Millimeter. In diesem Atom befindet sich ein Atomkern, der von einer verschieden großen Zahl noch winzigerer Teilchen, unter anderem den Elektronen, umkreist wird - wie eine Sonne von ihren Planeten. Vergrößern wir diesen Atomkern als Vergleich zu unserem obigen Beispiel auf das gleiche Maß von 14 Zentimetern Durchmesser, dann hätte das gesamte Außenmaß dieses Atoms einen Durchmesser von 14 Kilometern. Und seine Elektronen hätten bei diesem Modell die winzige Größe von einem zehntel Millimeter. Die Vielzahl der umkreisenden Elektronen tun dies in geordneten Umlaufbahnen und angeordneten Abständen, Schalen genannt, und bilden die 'harte' Atomhülle. Die innerste Elektronen-Schale hätte in unserem Modell 140 Meter zum Atomkern und die anderen lägen in Abständen bis zu 7000 Metern davon[158].

Einige interessante Analogien möchte ich noch aufführen, die in Verbindung stehen mit der *Präzession* und unserem Sonnensystem, das wir ja schon zum Thema hatten.

*Dr. Lazzari hat zwischen dem Leben des Kosmos und dem des Menschen merkwürdige Analogien festgestellt: Der Puls eines gesunden Menschen schlägt 72mal in der Minute; die Präzession bewirkt, daß der Frühlingspunkt der Sonne in 72 Jahren um 1° vorrückt. Im allgemeinen atmet der Mensch 18mal in der Minute; die Nutationsperiode (Schwanken der Erdachse) beträgt 18 Jahre. Das Herz schägt also 4mal, wenn wir einmal atmen. In 24 Stunden atmen wir 18 x 60 x 24, d.h. 25920mal; diese Zahl entspricht dem Präzessionszyklus. Der Autor*

Und so ihr die Wehen des Werkes auf euch nehmt, *liebt* ihr das Leben  wahrhaftig. Und das Leben *lieben*, inmitten der Wehen, heißt vertraut sein mit des Lebens innerstem Geheimnis.
  Khalil Gibran [200]

*schließt daraus, daß dieselben Kräfte, die das Sonnensystem gebildet haben, auch den Menschen geformt haben, der ein kleines Universum ist.*[154]

Wie dimensioniert unser mikrokosmisches Universum zum makrokosmischen ist, zeigen andere Zahlenreihen aus der Biologie. So vereint unser Körper zum Beispiel in sich geschätzte einhundert Billionen Zellen, von denen jede ungefähr einhunderttausend unterschiedliche Gene besitzt. Man geht davon aus, daß *jede* dieser winzigen Zellen den *gesamten* Körper-Bauplan in sich trägt und somit die schöpferische Information oder das Leben, das mit dem Kosmos in Verbindung steht. Jede Zelle ist Teil einer lebendigen Seins-Kette.

**Univercoelum** nannte der schwäbische Arzt, Naturforscher und Philosoph *Paracelsus* (1493-1541) seine Weltenformel, eine 'innigste' Verbindung zwischen Sonnen und Atomen. Dieser 'Zusammenhang des Größten mit dem Kleinsten' kannte er auch als *goldene homerische Kette.*[160]

Mit diesen wenigen aufgezeigten Analogien möchte ich anregen zur Erkenntnis, daß der Mensch eine lebendige Zelle im großen Körper des Universums ist und analog auch der menschliche Geist ein Teil des Geistes des Universums ist - *wie der Vater, so der Sohn*. Und wie jede Zelle, so ist auch das Universum ein ganzheitlicher, lebendiger, evolvierender Organismus. Dehnen wir das auch auf die Ebene des Bewußtseins aus, dann hat nach diesem Prinzip der Entsprechung wie jede Zelle auch jedes Sonnensystem *Bewußtsein*. **Denn alles was ist, hat seine Entsprechung auf allen Ebenen des Seins.** So endet auch die Formulierung des *hermetischen Axioms* mit der Erkenntnis: *...um zu vollbringen das Wunderwerk eines Einzigen*. Oder als moderne Kurzformel: *Der Mikrokosmos* **im** *Makrokosmos*.

**Ein implizites Holoversum**

Von einem Gesetz der impliziten Ordnung spreche ich in dieser Abhandlung, obwohl es in der Wissenschaftswelt in dieser Formulierung noch nicht anerkannt ist. Drei große Vor- oder Querdenker unserer Gegenwart aus drei verschiedenen Wissenschaftsdisziplinen sind kennzeichnend dafür, daß das, was bislang als 'Gesetz der Analogie' bekannt war, in neue Erkenntnisdimensionen gebracht wurde.

Der Physiker *Dr. David Bohm* von der Universität London behauptet, daß wir Teil eines dynamischen, holistischen Prozesses sind, der sich über das physikalische Raumzeituniversum hinaus erstreckt und mit uns durch implizites (lat. stillschweigend, mitenthaltend) und intuitives Wissen sowie durch Kreativität verbunden sein könnte. Kurz: Eine *implizite Ordnung oder universelle Ganzheit,* sein sogenanntes **Holoversum**.

*Letztlich ist,* so erklärt *Bohm, das ganze Universum, von Protonen und Quasaren bis zu lebenden, atmenden Menschenwesen, ein einziges einheitliches System, das nicht zerlegt und getrennt analysiert werden kann, ohne seine essentielle Ganzheit und dynamische Qualität zu verlieren.*

Der belgische Chemiker *Dr. Ilya Prigogine,* Nobelpreisträger 1977, bringt das großartige Modell eines lebenden, dynamisch evolvierenden Universums und bewies, daß sogar Systeme sogenannter inerter Materie in einer Wechselbeziehung mit ihrer lokalen natürlichen Umgebung stehen, genau wie ein lebender Organismus. *Dr. Chet B. Snow*[46] schreibt dazu weiter:

*Des weiteren demonstrierte Prigogine, daß eine solche positive Veränderung nicht das Ergebnis langsamen, stetigen Wachstums ist, sondern eben in jenem Augenblick plötzlich stattfindet, in dem das Chaos die alte Ordnung zu überwältigen droht. Das ursprüngliche System muß sich zu einer effektiveren Struktur reorganisieren, um zu überleben... Sie hilft uns zu begreifen, daß das holographische Gehirn mehr tut, als lediglich vergangene Erfahrungen zu katalogisieren und zu ordnen. Tatsächlich erzeugt es in Verbindung mit unserem Geist und in Zusammenarbeit mit der gesamten Natur den Fortschritt.*

Der britische Biologe *Dr. Rupert Sheldrake* stellt eine Komplementärtheorie auf und bietet eine nichtmaterielle Erklärung von Vererbung, Evolution und Gedächtnis in organischen wie anorganischen Systemen. Seine 'morphogenetischen Felder' (M-Felder) durchdringen unser Universum. Er ist inzwischen als Autor mehrerer diesbezüglicher Werke bekannt.

*Dr. Snow* stellt diese mikro-makrokosmische Vernetzung in seinem Buch[46] im Kapitel 'Ist die Zukunft bereits Vergangenheit? - das holistische Universum' ausführlich und übersichtlich dar. Als kurzer Überblick sei folgendes dazu gesagt: **Holismus** ist die Lehre, daß das Ganze mehr als die Summe seiner Teile ist und Holismus immer mehr der grundlegende Sammelbegriff allen modernen ganzheitlichen Denkens und Handelns wurde und wird. Dieser New-Age-Wandel im Veränderungsbedarf unserer Zeitenwende **löst das kartesianische Weltbild ab** - erinnern Sie sich bitte an *Descartes,* seitdem die Wissenschaft das Teilen und Zerteilen als oberstes Ziel ansieht. Dagegen ist für den Holismus die 'Welt' ein *dynamisches Gewebe von Beziehungen*, in dem kein Teil fundamentaler als der andere Teil ist und unser ganzes Sein aus einem Netzwerk von Beziehungen und Abhängigkeiten besteht. So wie Sie das in diesem Buch Kapitel für Kapitel herauslesen können.

Aber eine wichtige Frage bleibt dabei noch offen. Alles bisher Beschriebene, und wenn es die phantastischsten Zahlen und Formeln sind, gilt für unsere

---

Positiv im Buch des Lebens steht verzeichnet nur das *Lieben*.
*Wilhelm Busch*

Raumzeitgebundenheit und sichtbare Materie. Gelten die Erkenntnisse auch in den metaphysischen und transzendenten Sphären oberhalb von Raum und Zeit? Dazu schreibt *Jan van Helsing* in seinem 'Buch 3' [4]:

*Vom holistischen Weltbild ausgehend trägt jedes Atom im Universum alle Informationen des gesamten Universums. Je nach dem Standort des Betrachters lassen sich so die Ereignisse allen Seins in den nebeneinander existierenden Parallelwelten betrachten. Dort gibt es keine Zeit, alles existiert parallel. Unsere Wirklichkeit also, die Wirklichkeit, die wir erleben, weil wir sie von unserem Standpunkt, mit unserem Denken, durch unsere Objektive betrachten, ist nur eine der vorhandenen Realitäten. Variieren wir nur leicht den Blickwinkel, so sehen wir eine andere Realität. Man kann beispielsweise von einem Hologramm eine Ecke abreißen, damit in einen anderen Raum gehen und dort durch die abgerissene Ecke sehen, und würden wieder das ganze Hologramm erblicken.*

Vom Prinzip her ist dies entsprechend angelegt - Geist, Bewußtsein und Spiritualität sind genauso 'vernetzt' wie in der Stofflichkeit. Bloß mit der Qualität und Wertigkeit dieser Begriffe hapert es. Ethik, Liebe, Reife und Weisheit sind im Irdischen sicher nur ein Abklatsch dessen, was sie im höher schwingenden Seinsbereich, in der Transzendenz, darstellen. Wenn wir bedenken, daß das menschliche Hirn von uns bisher kaum mehr als bis zu zwanzig Prozent 'belegt' ist und unser 'göttlicher Funke' ein Kümmerling in der Kommunikation mit dem Göttlichen ist, dann können wir nur *ahnen*, was *das Axiom 'wie oben, so unten'* auch noch bedeuten könnte.

### Das Prinzip der Schwingung oder das Gesetz des Rhythmus'

*Alles ist Schwingung und Frequenz.*
*Alles bewegt sich, nichts steht still.*

Eine mutige Behauptung, werden die LeserInnen denken, wenn diese beiden Formeln so isoliert dastehen. Aber sie stimmen ausnahmslos, auch die Atomphysik weiß es seit Anfang dieses Jahrhunderts. So wie es im Altertum schon längst erkannt und formuliert war, auch in den altindischen *Veden* und noch östlicheren Religions- und Erkenntnislehren. Wer dies einfach nicht 'glauben' kann, möge sich die Kurzfassung einer allgemeinphysikalischen Abhandlung vornehmen oder einen Abend mit einer guten Flasche Wein bei einem Physiker investieren. Es ist Fakt! Auch der schwere Batzen Gold ist nur teuere, schwingende Energie - eben in der Gold-Frequenz seiner Moleküle.

*Nichts schwingt nicht.*
*Nichts schwingt nur in einer Schwingung.*
*Schwingung ist Leben oder Leben ist Schwingung.*

Die Erscheinungsformen der schwingenden Energien sind abhängig von der 'Wellenlänge' (Quantität) und der 'Frequenz' (Qualität) - in der festen Materie wie auch bei Tönen und Licht und den darüber gelagerten 'unsichtbaren' Energieformen.

*Alles ist Schwingung und Bewußtsein.*
Der Wissenschafter spricht von *Energie,* der Metaphysiker von *Geist* und der Gläubige von *Gott.* Schwingung hat nicht nur abertausende *Erscheinungsformen,* sondern ist auch *erkenntnis-abhängig.*

*Schwingung ist Bewegung.*
*Bewegung kommt in der Natur nur als Wirbel vor.*
Es ist die hyperbolische Wirbelform, sagt die moderne Physik, deren Wissenschaftler zwischenzeitlich mehrdimensional denken. Der Metaphysiker dagegen kennt schon lange die Analogien zwischen den galaktischen Wirbeln im Kosmos, den Wirbeln in magnetischen und gravitätischen Kraftfeldern, den Energiewirbeln unserer Chakras, die unsere drei oder gar sieben geistig-materiellen Körperformen zusammenhalten, denen bei der DNS, den Wirbeln bei der Spiralbewegung von Luft und Wasser bis zum Wirbel als materielle Lebensform in der Natur, wo beispielsweise die ästhetische Spiralform eines Schneckenhauses mit dem fortschreitenden Leben mitwächst - schon immer, schon bei den Ammoniten. Wir nennen die Wirbelform von außen nach innen schwingend *zentripedal* und die gegenteilige Form, nach außen wirbelnd *zentrifugal.* Beide Richtungen finden wir in der Natur konstruktiv und destruktiv, konzentrierend oder verschlingend, sich öffnen oder explodierend.

*Hohe Schwingung ist immer energiereicher als die niedrigeren*
*Frequenzen.*
Dieser Satz ist ein Teil der Schöpfungs-Formel. Aus dem Universum strömen permanent Od-Kräfte zu uns in die Materie 'herunter' und für den Christgläubigen ist es die göttliche Liebe und/oder die Christuskraft. Leben in Form von Sonnenlicht hatte schon im Altertum göttlichen Charakter. Auch der Metaphysiker von heute sucht Erkenntnis bei den (göttlich) erhabenen solaren Schwingungen und Frequenzen - ob ursächlich oder reflektorisch kann

> Wie Jesus und Buddha gesagt haben, soll man seine Feinde *lieben.*
> Denn seinen Feind zu *lieben* ist wirkliche Macht,
> nicht jemanden durch Angst zu kontrollieren.
> *Jan van Helsing* , 'Geheimgesellschaften 2'

diskutiert werden. Dies gilt auch umgekehrt. Je mehr man die Schwingung eines Körpers erhöht, umso höher schwingen die Elektronen im Atom und umso empfänglicher werden wir selbst für höhere Schwingungen. Wir können uns auf diesem Wege immer mehr in Resonanz bringen mit dem, was vollkommen ist. Und diese evolutive Empfehlung kennen wir ja schon: *Ich bin der Weg.*
*Alles Sein hat seinen individuellen Rhythmus.*

Schwingungen haben nicht nur Frequenzen, Wellenlängen und Energiepotentiale, sondern auch Rhythmen. Vom atomaren Periodensystem in der Chemie über vegetative Rhythmen der Verdauung, Atmung und des Herzschlages, über Lebensrhythmen wie Geburt, Schwangerschaft und erneuter Geburt, über globale wie die Tag- und Nacht-, beziehungsweise die Jahreszeiten-Rhythmen bis zu den Mond-Rhythmen und solchen im Kosmos, von einem deren längsten wir im elliptischen Umlauf unseres Sonnensystems mit 25.920 Erdenjahren kennengelernt haben.

So wie ein Pendel seinen individuellen Rhythmus schwingt, so hat alles Leben und alles Sein einen eigenen Rhythmus, hat ein Steigen und Fallen und hat 'Gezeiten'. Wer solche erkennt und versucht, sie in sein Leben zu integrieren, wird manchen 'Schwung' leichter mitmachen und dann wieder loslassen können, wenn der Rhythmus von Aktivität oder Passivität übernommen wird. Wir überzivilisierten Menschen haben uns frei-willig oder unbewußt aus vielen natürlichen Rhythmen bringen lassen, in wenigen Fällen zu unserem Vorteil, wir sind auch diesbezüglich welt-fremd geworden und krank. Und es krankt uns an vielem. *Satya Sai Baba* erklärt uns:

*Emotionen kommen und gehen. Leiden ist der Platz zwischen zwei Vergnügungen. Vergnügen ist der Platz zwischen zwei Leiden - vorübergehend und immer wandelbar. Das kommt und geht wie die Wellen im Meer, wie ein Wind, und man soll nicht zu viel Aufmerksamkeit darauf verwenden.*

Einen anderen gigantischen Rhythmus findet man in der überwiegend esoterischen Literatur auch immer wieder aufgezählt, der uns an unsere ewige Existenz erinnern soll: Er bewegt sich zwischen Geburt, Tod und Wiedergeburt. Speziell in diesem Buche muß man aber davon Abstriche machen. Denn zumindest seit *Jesus* uns 'erlöst' hat von einem diesbezüglichen Zwangsrhythmus - dem Rad der Wiedergeburten - könnten wir selbst hier bestimmend eingreifen und unterbrechen. Sein 'Weg' und seine Lehre zeigen diese Möglichkeit auf, durch unser persönliches Bewußtseins-Konzept in jeden systematischen Zwang eingreifen zu können

**Das Prinzip der Anziehung der Gleichart oder das Gesetz der Affinität**

Das kosmische Prinzip heißt *Gleiches zieht Gleiches an.* Das bedeutet, daß Kräfte wiederum gleiche Kräfte anziehen, daß Schwingungen gleiche

Schwingungen anziehen und daß sie sich verbinden und sogar verstärken können. Infolgedessen hat alles sein Kommunikationsfeld. Sogar Plus und Minus ziehen sich an. Das bedeutet, daß viel polar Erscheinendes aus unserer materiellen Natur auf dieser Anziehung der Gleichart basiert.

Das **Gesetz der Affinität** (vom lateinischen *affinitas*, Nachbarschaft, Verwandtschaft) ist in der Chemie und Physik auch als 'Kohäsionsgesetz', bekannt, im Kosmos als Gravitation und im Bereich des Lebendigen als Magnetismus, Sympathie und Antipathie. In diesem Sinne ziehen sich auch geistige Strukturen und Kräfte gleichermaßen an. Außerdem kann Affinität auch als Zuneigung und/oder Liebe erkannt werden, als eine überlebenswichtige Beziehung zwischen Mensch und Mensch.

Die wichtigste und bedeutendste Affinität in unserem geistig-seelischen Bereich wird durch unsere Gedanken erzeugt. Dies sowohl im Tagesbewußtsein, aber durch unsere Emotionen auch im Unter- oder Unbewußten. Normalerweise sprechen wir von Gedanken-Strömen, aber auch hier im Metaphysischen gilt das gleiche wir im Physischen: Gedankenkräfte fließen nicht, sondern schwingen. Allerdings mit einem noch nicht erklärlichen Phänomen: Weltweit wie kosmisch ohne Zeitverzögerung. Schwingungen des Schalls und des Lichtes benötigen Lauf-Zeiten, die Schallgeschwindigkeit in der Luft beträgt 331 Meter in der Sekunde und die Lichtgeschwindigkeit im Vacuum 299.792.458 Meter in der Sekunde. Gedankenschwingungen dagegen haben keine Geschwindigkeit, sie sind einfach da, auch global. Belegt haben dies unter anderem Versuche bei den amerikanischen Mondflügen, wobei zwei Telepathen während der Zeitabschnitte experimentierten, in denen sich die Raumkapseln hinter unserem Erdtrabanten befanden und kein Funkkontakt zwischen Kapsel und Erdstation hergestellt werden konnte. Die dabei aufgenommenen Gedankentransmissionen zwischen Erde und Raumkapsel vollzogen sich ohne jegliche Zeitverzögerungen. Damit, daß Informationen schneller als 300.000 Kilometer pro Sekunde in der Raumzeit übermittelt werden können, fangen die meisten Wissenschaftler noch nichts an und klassifizieren sie als 'außersinnliche Wahrnehmungen' (ASW). *Dr. Snow* belegt in 'Zukunftsvisionen der Menschheit'[46]:

> *Der Physiker Dr. Russell Targ führte am 'Stanford Research Institute SRI' mehr als ein Jahrzehnt lang derartige parapsychische Experimente im Distanz-sehen durch. Seine überaus positiven Ergebnisse, die von anderen Forschungsteams an*

---

Ein Mensch, der nicht aus *Liebe* zu Gott und fröhlichen Herzens
die ihm zufallende Verantwortung erfüllt, wird das Leben
äußerst schwierig finden und niemals fähig sein, etwas zu erreichen.
*Anandamayi Ma*

*der Princeton-Universität und der 'Mind Science Foundation' sowie in der Sowjetunion wiederholt wurden, erbrachten den Beweis, daß außersinnliche Wahrnehmung über große Entfernungen ein 'echtes, wiederholbares' Phänomen ist. Der Geist von Menschen kann parapsychisch in der Raumzeit Informationen austauschen, was in klarem Widerspruch zu Einsteins Theorien steht. Dr. Targs Distanzexperimente beweisen tatsächlich schlüssig, daß 'Gedankenwellen' qualitativ verschieden sind von elektromagnetischen Wellen, aus denen die physikalische Welt besteht... In dieser Hinsicht scheinen 'Gedankenwellen' den Quantenwellenfunktionen zu ähneln, die Wissen über ein 'System' darstellen und nicht über spezifische physikalische Prozesse wie Licht oder Ton.*

Gedankenschwingungen gehen ununterbrochen von uns aus und werden auch ununterbrochen von uns aufgenommen, ob wir das bewußt wahrnehmen oder nicht. Allerdings ist das wie bei Funk und Fernsehen, wir müssen für spezielle Schwingungen *empfänglich* sein. Es muß eine Gedankenverwandtschaft vorhanden sein oder ein Thema berühren, mit dem wir gerade zu tun haben. Wenn all das nicht der Fall ist, nehmen wir solche Schwingungen auch nicht auf, denn *Ungleiches stößt einander ab*. Jeder Mensch zieht also nur die Menschen an, deren Eigenfrequenz er entspricht. Hierher gehört auch das ansonsten nur schwer zu verstehende Beispiel von *Opfer und Täter*. Nach diesen Erkenntnissen wäre es töricht, Feinde zu bekämpfen, denn **eine Änderung der gedanklichen Affinität wäre die christliche Lösung. Und das ist ein entscheidender Grundsatz der Lehre Jesu.** Wenn wir vor einem Spiegel unser Abbild beschimpfen, wird das Spiegelbild kräftig mitschimpfen und je mehr wir uns erregen, wird dies auch unser Spiegelbild tun. Aus dieser Sicht sind die esoterischen Regeln gemeint:

*Unsere Umwelt ist der Spiegel unseres Entwicklungszustandes* und
*unser Körper ist das Spiegelbild unserer Seele.*

Noch zwei weitere Gesetzmäßigkeiten sind mit der Affinität verbunden und für unser Verhalten ganz wichtig: **Die Gebundenheit**, denn Affinität zieht nicht nur an, sondern läßt auch nicht los, und **der Folgezwang**, der uns gedanklich zwar anziehen läßt, was wir wollen, wonach wir uns aber *den Folgen unseres Denkens nicht entziehen können*.

## Das Gesetz der Resonanz

In der esoterischen Literatur gehört zum 'Prinzip der Anziehung der Gleichart' noch eine weitere kosmische Gesetzmäßigkeit, *das Gesetz der Resonanz* (lat. resonare, zurückklingen). Es ist auch das Gesetz der Übertragung von Energie. Denn jede Schwingung überträgt die in ihr wirkende Energie auf jeden gleichschwingenden Körper. Dadurch verstärken gleich-gestimmte Menschen gegenseitig ihre eigenen Schwingungen und genießen vielfach die dadurch erzielte Erlebnisintensität, vom Opernchor bis zum Rock-Spektakel, vom Protestmarsch bis zum Fußballtor. Alle Massenbewegungen beruhen auf der Wirkung des Resonanzgesetzes.

Ein wichtiger Faktor, um mit diesem Gesetz umgehen zu können, ist unsere *Resonanz-Fähigkeit*. Wir Menschen schwingen nicht mit einer Dauerfrequenz, die immer konstant ist, sondern wir schwanken in unseren Intensitäten je nach Stimmungslage. Jeder Therapeut weiß, daß die Angaben aus kinesiologischen Tests und Bioresonanzabfragen Momentaufnahmen sind, im körperlichen wie im seelischen Bereich. So entstehen natürlich scheinbare *Zufälle*, die oft nicht zu erklären sind, da unsere 'Anziehungskraft', unsere Affinität oder Resonanz-Stärke recht verschieden ausfallen kann. *Sie kann mauern oder powern.*

Nichts kommt zu uns, was nicht vorher von unserem Innersten ausgestrahlt oder herbeigerufen worden ist. Und das Spektrum dieser Eigenschwingungen wirkt auch auf unserer Gesundheit. Affinität und Resonanz sind die Basis jeder Therapie, von der Bachblüte bis zum Skalpell. Über die immense Bedeutung dieses kosmischen Prinzips mit seinen Gesetzmäßigkeiten für unser gesamtes Leben mit seinen Qualitäten, schreibt *K.O.Schmidt* [6]:

*Unser Gedankenkraftfeld ist ein Schicksalskatalysator:* **es bringt zur Auslösung, was unserem Wesen gemäß ist, und läßt unberührt, was unserem Charakter fremd ist.** *Wenn wir seine Kraft in den Dienst der Vollkommenheit unserer selbst und unseres Lebens stellen, halten wir Mißerfolge fern... Um das 'Gesetz der Anziehung' in Richtung auf unsere Vervollkommnung hin in Tätigkeit zu setzen, halten wir uns von negativen Gedanken, Gewohnheiten und Haltungen frei. Denn solange wir negative Gewohnheiten, etwa der Haltung der Furcht oder Sorge, zuneigen, lassen sich Fehlschläge nicht ausschalten... Wenn wir durch bestimmte negative Einstellungen und Gedanken den oder jenen Menschen in unseren Lebenskreis hineingezogen haben, werden wir ihn nur wieder los, wenn wir unser Denken ändern.*

---

Wähle! Ist es nicht größer, zu *lieben* als zu hassen?
Ist es nicht größer, zu vergeben anstatt sich zu bekriegen?
Es ist alles eine Frage der Wahl.
aus "Der letzte Walzer der Tyrannen" [246]

## Das Prinzip der Evolution oder das Gesetz der Wiederverkörperung

Mit diesem Prinzip stoßen wir auf das heißeste Thema unter den Universellen Gesetzmäßigkeiten. Es ist nicht möglich, im Rahmen dieses Buches mehr als Hinweise auf Bedeutung und Logik dieses Prinzips zu geben, Lesestoff zum Auf- und Durcharbeiten dieses Themas gibt es für den Interessierten inzwischen im Übermaß.

Mit dem Wort *Evolution* ist die 'Entwicklung der Seele' gemeint (lat. von *evolvere*, herauswickeln). Wenn wir voraussetzen, daß unsere Seele unsterblich ist und damit fähig, zur göttlich-kosmisch-universellen Einheit wieder zurückzukehren, dann muß man ihr schon Zeit lassen, ihr das ethisch-geistige Fortschreiten auch zu ermöglichen. Eine Seele mit einer derartigen 'Zukunft' muß auch eine 'Vergangenheit', eine *Präexistenz*, haben, denn würden alle Seelen erst vor der Geburt des Körperchens neu 'erschaffen' - und das seit Millionen von Jahren - dann könnte man lediglich von 'Chancen zur Entwicklung' sprechen, die aber fast kein Wesen in *nur einem* irdischen Leben meistern könnte. Und wäre das im Sinne eines liebenden und allwissenden Schöpfers, permanent und endlos neue Seelen zu erschaffen mit unzureichenden Chancen, sich 'ent-wickeln' zu können? Warum sollte er überhaupt laufend neue Seelen schöpfen, wenn ehemals genügend davon in die Materie gestürzt sind - wenn wir uns dabei an den 'Engelsturz' der Kirchenlehre erinnern? Bis es zu diesem 'Sturz' kam, war es sicherlich ein äonenlanges Sich-weg-entwickeln von Gott und den Rückweg sollen wir auf dem chancen-ungleichen Weg nur eines einzigen Erdenlebens schaffen?

Evolution bedeutet auch *Veränderung*, nämlich das Gegenteil von Stillstand. *Panta rhei*, sagten die Griechen: Alles fließt. Ewiges Sein im Stillstand wäre als Wunschtraum eines Diktators denkbar, aber nicht als der eines liebenden Schöpfers. Das Evolutions-Prinzip wurde auch schon als **Prinzip des Reifens** bezeichnet. Reifen ist ein unerschütterlicher Vorgang jeglichen biologischen Lebens in der Natur und gilt genauso im *Geistig-Seelischen*, dem wertvollsten und unsterblichen Teil der gesamten Schöpfung.

Für diesen *Reifeprozeß unserer Seele oder unseres Bewußtseins* (ich bleibe im weiteren Text bei der althergebrachten Bezeichnung *Seele*) gibt es den Weg der **Wiederverkörperung**, der für viele nur eine *Theorie* oder gar *Hypothese* ist, aber für immer mehr wieder die einzige *Logik* eines Welt- und Gottesverständnisses, wie die vielen Buchneuerscheinungen, Seminare und internationalen Kongresse der letzten Jahrzehnte aufzeigen. Auch bei der *Definition* gibt es schon Schwierigkeiten. *Re-in-carne*, 'zurück ins Fleisch', lautet die Übersetzung aus dem Lateinischen und meint die **Re-inkarnation** oder *Palingenesie*, die Lehre von der Wiederkehr in die Materie und den wiederholten Erdenleben *als Mensch*. Dagegen ist man bei der *Seelenwanderung* (Metempsychosis) der Ansicht, daß das menschliche 'Ich' nach dem Tode auch in einen Tier- oder Pflanzenkörper übergehen könne. Letzteres wird gerne den westlichen Anhängern der Reinkarnation zu deren Lächerlichmachung mit aufs Auge gedrückt, hat aber mit der Reinheit der ursprünglich gnostischen Lehre nichts zu tun und ist als buddhistischer Weg im Gegensatz zu unserem christlichen Seelen-Reife-Prozeß bei den jeweiligen Anhängern ausreichend klar definiert.

Nicht mit der Reinkarnation zu verwechseln ist die *geistige Wiedergeburt*. Darunter versteht man die 'Wiedergeburt des Geistes aus Gott im Menschenherzen' (*Lorber*) und somit eigentlich das höchste Ziel aller *geistigen* Bemühungen.

## ...es wird auferweckt ein geistiger Leib

Nun können die kritischen LeserInnen hier schon einwenden, was hat die Reinkarnation mit einem *christlichen* Seelen-Reife-Prozeß zu tun? Über den historischen Stand der Lehre zur Zeit Jesu und des Urchristentums habe ich unter dem Kapitel 'Der Christusgeist und die veränderte Lehre' ausführlich berichtet. Ergänzend werfen wir noch einen Blick auf die erhaltengebliebenen Aussagen zweier großer Römer jener Epoche. Der Dichter *Ovid* (43 vor -18 n.Chr.) schrieb:
> *Nichts geht zugrunde, obschon sich hier auf Erden alles verändert. Unaufhörlich kommen und gehen die Seelen in sichtbaren Formen. Die Tiere, die das Gutsein erlangt haben, werden menschliche Gestalt annehmen.*

Und der Dichter *Vergil* (70-19 v.Chr.) erklärte:
> *Nach dem Tod kommen die Seelen in die eleusinischen Gefilde oder zu Tartarus in die Unterwelt, und dort ernten sie die Belohnung oder Strafe für die in ihrem Leben begangenen Taten. Später kehren sie zur Erde zurück, nachdem sie von den Wassern des Lethe getrunken haben, das alle Erinnerungen an die Vergangenheit auslöscht.*

Der Wissenschaftsjournalist *Harald Stöber* berichtet[202] über die altägyptische Kultur:
> *So bedurfte also die Unsterblichkeit - das reale Leben nach dem Tode - für den damaligen Menschen keines Hinweises, weil das Bewußtsein von vor-irdischen*

---

Wir sind Freunde von Jesus.
Wir wollen: helfen, *lieben*, trösten, teilen, heilen, stärken, beten.
Kindergebet [183]

*Leben noch vorhanden war, das heißt, die Kenntnis vom Zyklus des Wiedergeborenwerdens gehörte schlichtweg zum allgemeinen Wissen.*

Im Altertum wurde weitgehend an ein Weiterleben nach dem irdischen Tode geglaubt, was überwiegend mit einer *Unterwelt* dargestellt worden ist. Bei den Griechen war es der *Hades* und seine tiefste Tiefe, der *Tartaros* und bei den Hebräern heißt die Unterwelt *Scheol*. Solange die Reinkarnationslehre Verbreitung fand, war mit dem *Fegefeuer*, der späteren *Astral-Ebene*, das benötigte Vorstellungskonzept auch urchristlich erfüllt. Im späteren Christentum kam es aber zu einem zwangsläufigen Umsturz der Auffassungen vom nachtodlichen Leben, denn die Christen lehrten nun die *Auferstehung* der Toten. In christlicher Einfalt wurde wohl angenommen, es handele sich um eine 'Auferstehung des Fleisches', was später sogar Bestandteil des Glaubensbekenntnisses wurde. Das Wort des Apostels *Paulus* (1.Kor.15,44): *Es wird gesät ein natürlicher Leib, es wird auferweckt ein **geistiger** Leib...* blieb unbeachtet. Ebenso die klare Aussage Jesu im 22. Kapitel des *Matthäus: ...denn nach der Auferstehung werden die Menschen...sein wie die Engel im Himmel* und bezüglich Gott *...Er ist doch nicht der Gott der Toten, sondern der Gott der Lebenden.* Die simplifizierte Art des Auferstehungsglaubens ist aber weder ursprünglich noch ist er mit der Vernunft vereinbar. Es bleibt keine andere Folgerung als die Annahme, daß es sich hierbei um eine falsch ausgelegte Restaussage über das unmittelbare Weiterleben nach dem Tode handelt, im Sinne der Art, wie es Jesus mit seinem Auferstehen und Weiterleben demonstriert hat. Wären die Evangelisten damals nicht auch anderer Meinung gewesen, hätten Sie Jesus niemals zu seinem mitgekreuzigten Leidensgenossen sagen lassen können: *...**Heute noch** wirst du mit mir im Paradiese sein.*

## Die Präexistenz der Seele im Urchristlichen

Wir sollten uns deshalb noch einen Text ansehen, wie er diesbezüglich von den *Urchristen* verstanden worden ist. Der alexandrinische Kirchenvater *Origenes* (185-254) lehrte die *Präexistenz der Seelen*, daß also die Seelen der Menschen schon vor der Entstehung der Welt vorhanden waren. Für ihn bestand der Sinn allen Lebens in der materiellen Welt darin, daß sich alle Seelen durch viele Inkarnationen hindurch 'läutern und veredeln', bis alle, durch Befolgen der Gebote Jesu *'das ist mein Weg'* und durch ihre Tatliebe und die Hingabe zum Göttlichen (*...folgt mir nach*), wieder zurück in die Arme unseres Schöpfers gelangen. Und zwar alle Seelen, nicht nur jene, die an Jesus glauben. *Origenes* lehrte:

*Diese Rückkehr zu Gott muß man sich aber nicht als ein plötzliches Geschehen vorstellen, sondern als ein allmähliches, stufenweise im Laufe von unzähligen und unendlich langen Zeiträumen (Peri Achon III,6,6).*

In unseren Tagen nahm auch *Mutter Maria* zu diesem Thema Stellung, was ich aus dem Buche 'Marias Botschaft an die Welt' [19] entnehme:

*Du bist ein geistiges Wesen, das dabei ist, viele Dinge zu lernen, um Vollkommenheit zu erlernen. Diese Vervollkommnung erfordert viel Lernen und Übung. Nun laß mich erklären, daß ihr viele Leben lebt, immer eins nach dem anderen und manchmal auch zwei und mehrere gleichzeitig. Dein Geist ist viel größer, als es dir bewußt ist. Tief in deinem Inneren bist du mit deinem wahren Ich, das Geist ist, verbunden.*

*Wie könnt ihr mehr als nur ein Leben leben? Ihr könnt auch mehr als nur eine Sache auf einmal lernen, oder nicht? Ein fortgeschrittener Geist kann mehr als ein Leben auf einmal leben. Dein geistiges Selbst kann sich in verschiedenen Kulturen, verschiedenen Geschlechtern und verschiedenen Teilen der Welt inkarnieren. Dadurch praktiziert dein wahres Selbst viele Lektionen, die du bereits gelernt hast. Lernen ist das Schlüsselwort. Das ganze Leben ist zum Lernen da. Indem ihr euch durch jede Erfahrung durcharbeitet, lernt ihr sehr viel. Das geistige Selbst hat viele Namen: höheres Selbst, Überbewußtsein und auch, in vielen Religionen, Seele. Die Seele ist das Gefäß, das den Geist enthält. Der Geist ist die Essenz, der göttliche Teil von euch. Er ist im Innern der Seele enthalten. Die Seele ist dein geistiger Körper. Der physische Körper enthält die Seele, die wiederum dein geistiges Selbst enthält. Durch die Seele kommst du immer wieder und immer wieder in den physischen Körper hinein.*

*Diese Idee ist vielen Menschen in diesem Teil der Welt vielleicht sehr fremd, aber es ist die Wahrheit. Es gibt nichts, was ihr auf der Erde tun könnt, um euch das* **ewige Leben** *zu sichern, das alle leben. Denn Gott schenkt uns das ewige Leben völlig umsonst, völlig frei, genau wie die Luft, die Freiheit der Entscheidung und viele andere Dinge. Das ewige Leben ist ein Geschenk Gottes. Ihr braucht nichts zu tun oder zu glauben, um dieses Leben zu verdienen. Ihr habt es schon. Ihr lebt seid Äonen schon in dem einen Körper und dann in einem anderen; ihr lebt als Mann, dann als Frau oder umgekehrt in der einen Kultur, dann in der nächsten. Das Leben ist ohne Ende und währt ewig.*

Dem habe ich wenig hinzuzufügen, mit diesem Bild kann das Grundsätzliche der Reinkarnationslehre in Kurzform verstanden werden. Ergänzen sollte man lediglich an dieser Stelle, daß dieses Prinzip der vielfachen Inkarnationen nur bis zum Erreichen einer gewissen ethischen Entwicklungs- und Bewußtseins-

> Denn Gott hat uns nicht einen Geist der Verzagtheit gegeben,
> sondern der Kraft und der *Liebe* und der Selbstzucht.
> 2. Timotheus, 1,7

höhe wirksam ist und danach seinen Zwangs-Charakter verliert. *Diese letzte Stufe durch Selbst-erkenntnis, Selbst-veredelung und Selbst-arbeit im Sinne der Lehre Jesu* in einem *Erdenleben zu erreichen, sollte durchaus möglich sein.*

Es gibt dazu inzwischen auch im deutschen Sprachraum Regale voll ernsthafter Fachliteratur. Lassen Sie sich bei einer Auswahl daraus durch Ihre Intuition führen. Wer zu dieser Lehre als innere Gewißheit oder gar **Logik** findet, wird es erheblich leichter haben, sein Menschheitsbild, sein Weltbild, sein Gottesbild und sein Bild vom Sinn seines Lebens zu begreifen und mitzugestalten. Logisch klingt auch die Argumentation des deutsch-amerikanischen Raketenforschers *Wernher Freiherr von Braun:*

*Die Wissenschaft hat herausgefunden, daß nichts spurlos verschwinden kann. Wenn nun Gott dieses fundamentale Prinzip gebraucht, wenn es um den kleinsten und unbedeutendsten Teil des Universums geht – ist es dann nicht logisch, damit zu rechnen, daß er dieses Prinzip auch anwendet, wenn es um das Meisterwerk seiner Schöpfung geht, um den Menschen?*

Einige Argumente zur Wiederverkörperungs-Lehre wollen wir noch ansehen, speziell in Hinblick auf die Vernetztheit mit anderen 'Universellen Prinzipien' und 'geistigen Gesetzmäßigkeiten' - zusammen gesehen als *ethische Ursachenketten.*

### Die Unterschiedlichkeit der Schicksale

Einer der einleuchtenden Gründe, darüber nachzudenken, was geschehen sein kann, daß wir uns so verschieden entwickelt haben, seit wir vor Urzeiten als 'Gedanke Gottes' in den Schöpfungsplan eingegangen sind, ist die Unterschiedlichkeit menschlicher Schicksale. Ein *liebender* Gott hat die furchtbaren Schicksale, die allein schon bei der Geburt durch Rasse, Epoche, Region oder Erbanlage 'mitgeliefert' werden, **niemals** festgelegt. Auch nicht die gegenteiligen, begnadeten Karrieren - warum auch! Das Kosmisch-Göttliche ist absolut gerecht **ohne jegliche Bevorzugung**. Solches können wir sicherlich voraussetzen, auch ohne menschliche Verstandesfähigkeit transzendenter Dimensionen. Aber wir Menschen haben ja den *freien Willen.* Und damit geraten wir in die Gesetzmäßigkeit von 'Ursache und Wirkung', auf dessen gnadenlose Folgewirkungen und Zwang zum Ausgleich (Gesetz der Kausalität) ich schon hingewiesen habe. Speziell auf die Reinkarnationslehre bezogen, wird dafür das indische Sanskritwort **Karma** (Handlung, Tat, aber auch Frucht oder Folge der Tat) verwendet.

Der Mensch muß mit verschiedenen Formen von Karma leben. Es gibt *vorgeburtliches Karma,* darunter versteht man die Altlasten aus früheren

Erdenleben; es gibt das sich bereits auswirkende *Ernte-Karma,* mit dem das aufgeht, was wir schon in diesem Erdenleben wieder gesät haben und es gibt das *Saat-Karma,* das sich als Folge gegenwärtigen Denkens und Handelns als 'neues Schicksals-Gut' aufbaut und sich in *Zukunft* auswirken wird - im Jenseits oder im erneuten Diesseits. Neben dem persönlichen, individuellen Karma wirkt logischerweise auch ein solches der Familie, der Sippe, eines Volkes, einer Rasse und der gesamten Menschheit. Derartiges *Gruppen-Karma* setzt sich aus gemeinsamem Schicksalsgut zusammen, das uns mit der jeweiligen Gruppe verbindet. Der Reinkarnationsforscher *Rudolf Passian* schreibt in seinem lesenswerten Buch 'Wiedergeburt - Ein Leben oder viele?' (Knauer-Verlag) zu den **Reinkarnations-Gründen**:

> *Nach Auffassung der Befürworter dieser Lehre können die Gründe zur Wiederverkörperung sehr verschiedenartig sein, aber immer dienen sie der persönlichen Reifung der Seele.* ***Jeder habe seinen Reifungsprozeß selber zu vollziehen,*** *um im Zuge der Vollendung seiner individuellen Wesenheit Fortschritte zu erzielen. Die Wege hierzu würden bei jedem Menschen anders verlaufen, einheitlich sei nur das Ziel, gleichgültig, ob dieses erkannt werde oder nicht. Für den Wissenden heißt dieses Ziel Gott, und die Reinkarnation sei ihm ein Hilfsmittel, es zu erreichen.*

Noch eine weitere Begründung ist zum Verständnis dieser Lehre wichtig. Wir hatten schon das Argument, daß es bei der Geburt des Menschen keine Ungerechtigkeit in verschiedenen Schicksalswegen geben könne und wir somit von 'alten' Seelen ausgehen müssen, die Karma aufzuarbeiten haben, sonst kämen sie nicht noch einmal in ein irdisches Erfahrungsleben. Da diese Erkenntnis aber aus der christlichen Kirchenlehre gestrichen worden ist, muß man wohl davon ausgehen, daß das Göttliche - oder wer sonst? - täglich Millionen von **neuen** Seelen auf unserem Planeten zu erschaffen hätte, die dann mehr oder weniger chancenarm ein mehr oder weniger kurzes Leben haben, um *vollkommen* zu werden. Denn der biblische Auftrag heißt ja: *Ihr sollt vollkommen sein, wie der Vater im Himmel vollkommen ist.*

Etwas realer drückte sich der Automobilhersteller *Henry Ford* (1863-1947) aus:

> *Was einige für eine besondere Gabe oder ein Talent zu halten scheinen, das ist nach meiner Ansicht die Frucht langer, in vielen Leben erworbener Erfahrungen. Wir alle werden viele Male wiedergeboren, leben viele Leben und speichern reiche Erfahrung auf... Die scheinbar intuitive 'Gabe' ist in Wirklichkeit schwer erworbene Erfahrung.*

> Pure Wahrheit tut weh - ohne zu helfen.
> Pure Wahrheit verwundet - ohne zu heilen.
> Wahrheit braucht als Schildgenossen die *Liebe*.
> Sonst fehlt dem Donnerwetter der erlösende Regen.
> *Kyrilla Spieker* [182]

## Es gibt Gerechtigkeit

Wie die oben erwähnte 'Ungerechtigkeit' bei der Geburt bleibt auch eine solche bei unserem Tode. Jeder von uns kennt genügend Beispiele von bösen, kampfsüchtigen Menschen, die mit Härte, Egoismus, Betrug und Schwindel durchs Leben kamen, ohne 'erwischt' und zur Rechenschaft gezogen worden zu sein. Denn das kirchliche Drohsystem mit Hölle, ewiger Verdammnis und Jüngstem Gericht scheint ja in den letzten eineinhalbtausend Jahren nicht gegriffen zu haben. Auch hier fehlt die logische Folge von zwangsweiser Wiedergutmachung oder freiwilligen Ab-leidens, wenn die unsterbliche Seele nach der Befreiung vom materiellen Körper erkennt, wieviel Unrechtes sie im vergangenen Erdenleben aufgehäuft hat.

Nur durch ein *System*, wie dem der Reinkarnationsfolgen, funktioniert die zu erwartende *Gerechtigkeit* beim Ein- und Aus-Checken ins Erdenleben - bei täglich Millionen von Seelen. Im Makro- wie Mikrokosmos haben wir Ordnung und Perfektion erkannt, von anderen 'Universellen Prinzipien' wie die selbstordnende Kybernetik werden wir noch hören. Das hat alles System!

Aber man kann es natürlich auch einfacher haben, indem man eine Seele samt ihren Schöpfer wegdiskutiert und sich als ein Zufalls-Produkt ansieht, so wie andere vergängliche Formen in der Natur ebenfalls existieren. Und dann gibt es ja zwischen diesem *entweder/oder* noch das riesige Feld der *Gedankenlosigkeit, in dem es sich besonders leicht leben läßt.* Denn der Glaube an Zufall oder Fatum (Schicksal) reicht dem oberflächlichen Materialisten aus.

Aber bleiben wir bei unserer unsterblichen Seele in einer schöpferischen Ordnung und einem seit Jahrhunderttausenden funktionierenden System. **Himmel und Erde** stehen uns zur Verfügung, um den Seelen-Reife-Prozeß zu ermöglichen. Ein Leitsatz dazu heißt: *Die Seele eines Menschen wird als Individualität nur dort existieren, wo sie Reifung erfahren kann. Kann sie solches nur in der Materie, so kehrt sie dorthin zurück.*

Zu den himmlischen Dimensionen habe ich schon früher kurze Ausführungen gemacht, denn dort greift ja zusätzlich das 'Gesetz der Affinität'. Als unerläßlich möchte ich aber betonen, daß wir bei dieser Betrachtungsweise von den Begriffen 'Strafen und Belohnungen' weggehen und dafür von *Konsequenzen* sprechen sollten.


## Selbstverantwortung und Selbsterlösung

**Der langsame Weg** ist einer der beiden Pfade, auf denen die immer wieder inkarnierenden Seelen der Menschheit ihrem Ziel entgegenreisen. Der langsame, breite Weg, auf dem die Mehrzahl dahinwandert, ist sicher und relativ leicht zu gehen. Er nimmt hunderte von Erfahrungsleben in Anspruch, die Bewußtseinsentwicklungen gehen langsam und es gibt viel Freude auf ihm, da die karmischen Ratenzahlungen nur langsam eingefordert werden. Aber dies ist auch der Weg der längeren Leiden, denn durch die damit hingezogene Unwissenheit werden immer wieder neue Fehler und Leiden hervorgebracht.

*Der andere Weg* dagegen ist der berühmte 'steile Pfad', unter dem wir heute den bewußten Willensakt verstehen, den oben beschriebenen Evolutionsprozeß zu beschleunigen. Hier werden Schuld-Ableistungen nicht vertagt, sondern abgetragen und in einem solchen Leben häufen sich bittere Erfahrungen, damit man umso rascher lernen kann. Doch die Hilfe, deren man auf diesem Weg teilhaftig wird, wächst proportional zum Intensitätsgrad der persönlichen Anstrengungen. Wer diesen Weg *mit Jesus* geht, hat es leichter, denn Jesus kennt ihn und hat ihn wärmstens empfohlen: *...dies ist mein Weg.* Bei den Metaphysikern gibt es noch eine andere Aufteilung:

*Der Massenmensch*, Nihilist und Materialist, schwimmt **mit** dem Strom,
*der Herdenmensch*, der einen Führer, Guru oder Hirten braucht, geht eine 'Einbahnstraße' und
*der Einzelmensch* oder Individualist geht eigene Wege oder schwimmt gar **gegen** den Strom, um sein Ziel zu erreichen.

Bleiben wir noch etwas beim N.T. Die Evangelien sagen auch: *Mit welcherlei Maß ihr messet, wird euch gemessen werden* und *was der Mensch sät, das wird er ernten*. Noch klarer heißt es bei *Matthäus, ...daß alles getilgt werden muß bis zum letzten Heller.* Während im Buddhismus das karmische Wirken höherer Gerechtigkeit in einem *unpersönlichen* und damit gnadenunfähigen Vergeltungsprinzip besteht, das sich im 'Rad der Wiedergeburten' als erbarmungslos-mechanistische Realität offenbart, darf man aus christlicher Sicht gerade an der Wiederholbarkeit irdischer Erfahrungen und den damit verbundenen Fortschrittsmöglichkeiten einen **Gnadenerweis** erblicken; ein Zeichen umfassender Liebe, die, *anstatt zu verdammen,* niemanden verloren sein läßt und jedem jederzeit die Willens-Umkehr ermöglicht. *Gnade* aus dieser

> Für die *Liebe* gibt's keinen Makel, keine Gemeinheit, keine Schmach.
> Sie ist ein Licht, das alles strahlend verklärt,
> eine Wärme, die jedes Eis schmilzt,
> eine Süßigkeit, die jede Bitterkeit vernichtet.
> P. Mantegazza [182]

Sicht definiert, wäre *Vergebung plus Wiedergutmachung*. Und somit geht es auch ohne die 'ewige Verdammnis' (*Rudolf Passian*).

Mit unserem irdischen Menschenleben müssen wir uns abfinden wie mit den raumzeitgebundenen Natur- und den universellen Geistesgesetzen, in die wir eingebettet und eingebunden sind.

*Die Weisen aller Zeiten haben uns Ziel, Zweck und* **Sinn unseres Lebens** *aufgezeigt und Wege gewiesen zur fast mühelosen Schaffung menschenwürdiger Zustände auf unserem Planeten. Aber die Narren aller Zeiten als erdrückende Mehrheit taten immer das Gegenteil (Schopenhauer).*

*Prof. Walther Hinz* zitiert in seinem Buch 'Geborgenheit' den Pfarrer *Johannes Greber*[122], der von einer hohen Wesenheit dazu folgenden Aufschluß erhielt:

*Euer Leben hat den einzigen Zweck, daß euer Geist auf dem ihm vorgezeichneten Wege höher kommt - näher zu Gott. Euer Lebensweg ist ein Examensweg... Schicksalsstationen an diesem Weg sind Zwischenprüfungen. Der irdische Tod bildet den Abschluß. Ob ihr nun auf dem vorgezeichneten Weg eure Pflicht tut oder nicht, das hängt alles <u>von eurem freien Willen</u> ab. Wer das Examen besteht, dessen Geist wird im Jenseits weiter fortschreiten bis zum letzten Ziele, der Vereinigung mit Gott. Wer durchfällt, hat das Examen so oft von neuem zu machen, bis er es besteht. Dieses Bestehen und Durchfallen ist <u>nicht Schicksal, sondern eigener Verdienst oder eigene Schuld.</u>*

Aus dieser Sicht sind auch Krankheiten, Leid und Verluste Zeichen, daß wir von unserem Lebensweg abgekommen sind und die 'karmischen Zwänge' holen uns wieder zurück. Erst dann können sich Krankheiten, Leid und Verluste positiv ändern.

Leider bleibt ein rein menschlicher, aber wichtiger Hinderungsgrund für dieses 'Prinzip der absoluten Gerechtigkeit': **Wenn wir an die Reinkarnationslehre glauben würden, wüßten wir ja, daß wir nochmals zurück kommen müßten und wir <u>daher eine Verantwortung für unser jetziges Leben hätten.</u>** Und eine solche wollen die meisten von uns möglichst vermeiden.

So war es zumindest bisher. Doch unter den heutigen Menschen steigt die Bereitschaft zu Selbstverantwortung und diese scheint sich auch auf diesen Bereich auszudehnen. Denn in der Presse (Aug.96) fand ich den Hinweis, daß schon vierzig Prozent der Deutschen an die Möglichkeit einer wiederholten Einverleibung glaubten. Diese Zahl nannte der 'Beauftragte für Weltanschauungsfragen' der evangelischen Kirche in Hessen-Nassau, *Fritz Huth*. Er bringt diese erstaunliche Verbreitung des Reinkarnationsglaubens in Verbindung mit der Beliebtheit des Buddhismus unter Intellektuellen - aufgrund dessen **strenger Logik.** Nun, gerade dieses Argument benötigt keinen buddhistischen Hintergrund, denn Logisches erkennen wir Abendländer mit am allerschnellsten.

An früherer Stelle haben wir schon gesehen, daß die *Bewußtseins-zustände* der Menschen um uns herum immens verschieden sind. Wie sehr dies der Fall ist und welche Erkenntnis wir daraus ziehen können, behandeln wir später ganz ausführlich. Den Grund aber finden wir an dieser Stelle: Der Reinkarnationslehre zufolge ist unser Bewußtseinsstand selbst-erworbenes Gut unserer eigenen geistig-seelischen Evolution oder Entwicklungsarbeit im Laufe der Zeiten. Die unermeßliche Vielfalt und Verschiedenheit der Menschen in ihrer Persönlichkeitsprägung und ihrem Bewußtseinszustand zeugt von der naturgemäßen Vielfalt verschieden langer und verschieden hoher Reifegrade.

Schließen wir dieses 'Universelle Prinzip der seelischen Evolution' mit dem Hinweis, daß ab dem achtzehnten Jahrhundert dieser Geist des freien menschlichen Willens und der sinnvollen Zielsuche unseres Lebens fast alle deutschen Philosophen wieder erfaßt hatte. Auch ein großer Feldherr jener Zeit, König *Friedrich der Große* (1712-1786) gestand:

*...zwar werde ich wohl im zukünftigen Leben nicht König sein, aber desto besser! Ich werde ein tätiges Leben führen und noch dazu ein mit weniger Undank verknüpftes.*

Zu gutem Schluß wähle ich als diesbezügliche Zierde den größten deutschen Klassiker *J. W. v. Goethe* (1749-1832), der ein oft zitierter Anhänger der Reinkarnationslehre war:

*Des Menschen Seele gleicht dem Wasser. Vom Himmel kommt es, zum Himmel steigt es, und wieder zur Erde muß es, ewig wechselnd.*

## Das Prinzip des Ausgleichs oder das Gesetz der Fülle

Hierbei haben wir es wieder mit einem der großen, wichtigen, universellen Grundprinzipien zu tun, mit dem mehrere andere Prinzipien vernetzt sind. Die drei, dabei am stärksten betroffenen, sind

das Prinzip von Ursache und Wirkung,
das Prinzip des Gegensatzes und der Polaritäten und
das Prinzip der Evolution.

> Ich aber sage euch: Ehrfürchtig soll der Mensch vor Gott sein,
> indem er gewissenhaft Gottes Gebote erfüllt.
> Der wahre ewige Eine ist *Liebe*. Er straft und züchtigt nicht.
> 'Christusstaat' 13/94

Jede von uns 'in die Welt gerufene' Ursache wird *irgendwann und irgendwie* von der dadurch ausgelösten *Wirkung* **ausgeglichen** werden. Es ist hauptsächlich karmischer Ausgleich, der unmittelbar, im Laufe dieses Erdenlebens oder in einem der nächsten, von uns freiwillig oder zwangs-weise *ausgeglichen* wird. Das wäre zum Beispiel der *passive,* meist langwierigere und leidvolle Weg, der durch gesetzmäßige Automatismen Ausgleich findet. Den *aktiven* Ausgleich könnten wir selbst und frei-willig einschlagen und abkürzen durch *Verzeihen, Ver-mitteln und Lieben* oder *als den Weg Jesu* oder *den königlichen Weg der Erkenntnis* (*Tepperwein*).

Beim *Prinzip der gegensätzlichen Polaritäten* werden die Polaritäten außer Kraft gesetzt, eben wieder durch diesen *aktiven* Ausgleich mittels *Verzeihen, Ver-mitteln und Lieben.* Am Beispiel des 'Liebens' können wir wieder das *hermetische Axiom* ansetzen, in dem es heißt: *wie oben, so unten; wie innen, so außen.* Innen, also geistig, gleichen wir aus im Sinne der christlichen selbstlosen Liebe und äußerlich, zum Beispiel bei der geschlechtlichen Polarität, gleichen wir durch die körperliche Liebe aus. Ausgleich bedeutet Glück und Harmonie in unserem Leben und unserer Umgebung und folglich auch in unserer Zukunft.

Beim *Prinzip der Evolution* ist es auch wieder das bekannte Karma als ausgleichende Voraussetzung dafür, daß wir uns überhaupt ent-wickeln können. Erst muß zum Beispiel 'Schlechtes' durch 'Gutes' ausgeglichen und harmonisiert werden, damit es danach zu einer Fort- und Höherentwicklung kommen kann. Wir wissen, daß *alles* Energie und Schwingung ist. Solcher Schwingung eine geistig höhere Frequenz zu geben, bedarf es der unbedingten Harmonie und des völligen Ausgleichs. Neben den schon erwähnten Ausgleichskräften des *Verzeihens, Vermittelns und Liebens* gibt es nach der indischen Lehre noch zusätzlich die zentrale, aus-gleichende Kraft des *Dharma*[165], die wir aus heutiger und abendländischer Sicht der *Christuskraft* gleichsetzen können. Es heißt, daß man in sein Erdenleben auf jeden Fall soviel Dharma mitbekomme, um selbst das härteste Karma meistern und ausgleichen zu können.

Überhaupt ist eine der Hauptlehren in den asiatischen Religionen und Philosophien der stetige *Ausgleich* aller, unser Erdenleben betreffenden Kräfte, dargestellt in dem Symbol des *Yin und Yang-Kreises,* als **harmonisierte Polarität** und **sowohl - als auch**, dem sogenannten *Weg des Himmels* (Taoismus). Wenn wir Jesu Worte *...ich bin der Weg* daneben setzen, erkennen wir die Universalität dieser Prinzipien und Gesetzmäßigkeiten.

Nun haben wir Christen als einen weiteren Ausgleichsfaktor die **Gnade**. Sie steht uns zur Verfügung als *Universelle Liebeskraft* oder *all-umfassende Liebe Gottes* oder *Christuskraft,* wenn wir uns ihr zuwenden und öffnen - nur dadurch kann sie für uns wirksam werden. Gnade ist es auch, daß ich darum beten darf, den Weg des Ausgleichs mit geistiger und jenseitiger Hilfe gehen zu dürfen.

Und Gnade ist, daß es dieses Ausgleichsprinzip für uns Irdische prinzipiell gibt und es Rückführung in die Harmonie und 'in unsere Mitte' ermöglicht und zuläßt.

In diesen Bereich des universellen Grundprinzips des Ausgleichs fallen noch ein paar Begriffe aus der Kirchenlehre, die neu überdacht gehören: der *Richter-Engel,* der *Tag des Gerichts* und das *Jüngste Gericht.* Durch die kosmisch-universellen Mechanismen des Ausgleichs aller von uns in unserem Erdenleben geschaffenen 'Polaritäten' *vollziehen* sich alle 'Berichtigungen' weitgehendst *ohne* Richter und Gericht - man könnte fast von 'automatisch' sprechen, was allerdings den Protest der Anhänger unserer geistigen Engel-Sphären hervorrufen würde. Mit Recht! Denn dieses 'Abrechnungs- und Ausgleichssystem' ist kein Automatismus menschlicher Verstandestechnik, sondern ein Ausgleichssystem der Liebe und wenn wir uns dem richtig öffnen können, dann auch der Gnade. Vergessen wir also erst einmal die Bedrohung mit dem Gericht in der Art menschlicher Rechtsprechung, die nie ohne das Wort Strafe auskommt, sondern sehen die vor-gesehenen Möglichkeiten der wiederholbaren Ausgleichs-Chancen, wie sie uns das universelle Prinzip bietet, als einen gnadenvollen Weg an, der Gotteskindern, wenn nicht gar 'gefallenen Göttern', im Sinne der Liebe für *einen heimkehrenden Sohn* angeboten werden.

**Geben ist seliger als Nehmen**

Das **Gesetz der Fülle** wird heute sehr oft zitiert und gelehrt im Rahmen des positiven Denkens und Handelns. Erfolg, Gesundheit und Wohlstand sollen uns zur Verfügung stehen, wenn wir uns *öffnen.* Überall sei Fülle und der Überfluß des Lebens warte darauf, von oder durch uns manifestiert zu werden. Durch Meditation, Visualisierung und Willensprojektionen stünden uns Techniken dazu zur Verfügung.

Dieses Gesetz selbst ist richtig und die Anwendung funktioniert sicher auch sehr oft. Aber meistens wird dabei nur die menschliche Verstandesseite trainiert und im Zentrum steht dabei wieder einmal unser *Ego.* Sicherlich ist es ein ganz großer Fortschritt, daß wir lernen, mit solchen Gesetzmäßigkeiten umzugehen. Aber zu unserer *seelischen* Fort- und Höherentwicklung brauchen wir statt des Verstandes das *Herzzentrum.*

> Nur der ist etwas, der etwas *liebt.*
> Nichts sein und nichts *Lieben* ist identisch.
> *Ludwig Feuerbach*, deutscher Philosoph (1804-1872)

Die Basisformel dieses Gesetzes heißt *Geben ist seliger als Nehmen*. Da hinter diesem Gesetz das 'Prinzip des Ausgleichs' steht, müssen wir erst loslassen, um Neues zu erhalten oder durch das Geben eine 'Lücke' verursachen, die sich danach wieder auffüllen kann. Vorstellen können wir uns das, wenn wir uns in Erinnerung bringen, daß alle diese Gesetzmäßigkeiten *energetische* Bewirkungen verursachen und auslösen. Und Energie ist Bewegung und Schwingung. Dadurch, daß wir *geben*, - materiell oder immateriell - lassen wir ein *Energie-Vacuum* entstehen, das sich durch das 'Prinzip des Ausgleichs' eigentlich automatisch wieder auf-füllt. Wenn wir das alles 'in bestem Sinne', mit 'gutem Willen' und 'mit dem Herzen' *tun*, führt das Auf-füllen zu der oben gewünschten *Fülle*. Dadurch, daß wir etwas *altes* geben, kann etwas *neues* zu uns kommen. Dadurch, daß wir loslassen und geben oder gar ver-geben, kann der not-wendige Fluß entstehen, der uns das für uns Richtige zutreibt. Es gibt ja noch das 'Gesetz der Affinität'. In ihrem Artikel 'Geben statt Nehmen' schreibt *Ursula Seiler-Spielmann* (Zeiten*Schrift* 7/95):

*Panta rhei - alles fließt! Alle Energie fließt durch uns. Was, wenn wir sie in uns stauen und ängstlich festhalten? Wir beginnen zu faulen, genau wie Wasser, wenn es steht und nicht mehr fließt, faulig wird. Wir werden krank. Und überdies verunmöglichen wir, daß neuerliche Energie uns zufließen kann. Das Faß ist ja schon voll, bis zum Überfließen. Wo sollte denn neue Energie hin? In Tat und Wahrheit müssen wir zu Fässern ohne Boden werden (und es ist bezeichnend für das falsche Denken der Menschen, daß dieser Ausdruck zu einem Schimpfwort wurde), die alles, was in sie hineinfließt, ungehindert wieder ausströmen lassen: Liebe, Verständnis, Hilfe, Mitgefühl und so weiter, aber auch Geld.*

Wenn wir den Weg zu neuem Bewußtsein, Denken und Handeln gehen wollen, müssen wir hinter diesen geistigen Gesetzmäßigkeiten immer den *inneren Weg* und unsere 'Herzenskräfte' zu erkennen versuchen. Zu der von Jesus erneuerten Forderung ...*liebe deinen Nächsten wie dich selbst* heißt es in 'Lichtpunkt E': [277]

*Die neue Erde möchte Menschen, die sich selbst lieben, in sich selbst ruhen, damit sie die Liebe nach außen geben können, die sie für sich empfinden.* **Ich kann nur geben, was ich habe. Und ich erhalte, was ich gebe. Das ist ein Wechselspiel.** *Je mehr ich mich selbst liebe, desto mehr kann ich nach außen geben, desto mehr spüren die Menschen diese Liebe und können sie* **zurückgeben.** *Öffnet euch dieser Liebe zu euch selbst und nehmt euch an in eurem Sein wie ihr seid. So gestaltet ihr die Zukunft.*

Es gibt ein Gebet, das dem *Hl. Franziskus* zugeschrieben wird, in dem seine hohe Erkenntnisstufe im Verhaltensbereich des Gebens und Nehmens sichtbar wird und begriffen werden kann:

*Oh Göttlicher Meister, laß mich trachten -*
*Nicht daß ich getröstet werde, sondern daß ich tröste,*
*Nicht daß ich verstanden werde, sondern daß ich verstehe,*
*Nicht daß ich geliebt werde, sondern daß ich liebe.*
*Denn wer da hingibt, der empfängt,*
*Wer sich selbst vergißt, der findet,*
*Wer verzeiht, dem wird verziehen,*
*Und wer da stirbt - der erwacht zum ewigen Leben.*

## Das Prinzip der Auslese oder das Gesetz der Selbstregulierung

Der Begriff der evolutiven Auslese ist in der Naturwissenschaft allgemein bekannt durch die Selektionstheorie *Darwins,* daß alles irdische Leben rein aus der 'Natur' und nicht durch einen Schöpfer entstand und sich zum *homo sapiens* selbst entwickelt habe (Die Entstehung der Arten durch natürliche Zuchtwahl, 1859). Diese 'äußere', materielle Anwendung des *Prinzips der Auslese* ist bei unserem kosmischen Gesetz nicht gemeint, sondern die 'innere' Umsetzung im Sinne des *Vollkommen-Werdens im Geistig-Seelischen.*

Aus der EDV kennen wir Steuermechanismen, die dort in immer mehr Bereichen Selbstregulierung und bestmögliche Zielerreichung gewährleisten. Wenn menschliches Verstandesdenken solche Lösungen *programmieren* kann, müssen wir da - auf den Makrokosmos übertragen - nicht erst recht folgern, daß das unserem Schöpfer nicht genauso möglich war? Daß die Schöpfungsgesetze durch das 'Prinzip der Auslese' für uns, das sich zum Schöpfer wieder zurückentwickelnde Geist-Seele-Bewußtsein, das *Bestmögliche* vorsehen?

**Nur das Beste ist das Höchsterreichbare und daher Vollkommene**, schreibt der Wiener Forscher *Dr. Steinpach*[167]. Zu dem 'Prinzip der Auslese' gehören auch die Gesetzmäßigkeiten aller Evolutionssysteme im Mikro- wie auch Makrokosmos, in den Raum-Zeit-Dimensionen wie auch den darüber angeordneten transzendenten Sphären. In diesem Prinzip zeigt sich die Vollkommenheit des Göttlichen. Dadurch erklärt sich auch seine Unverrückbarkeit, denn das Vollkommene ist nicht mehr verbesserungsfähig. Schon Jesus forderte daher: *Ihr sollt vollkommen sein, gleich wie euer Vater im Himmel vollkommen ist*

---

Denn sobald man die reine Lehre und *Liebe* Christi, wie sie ist,
wird begriffen und in sich eingelebt haben, so wird man sich als Mensch
groß und frei fühlen und auf ein bißchen so und so
äußerlichen Kultus nicht mehr sonderlichen Wert legen.
J.W.v. Goethe

## Das Gesetz der Selbstregulierung

Durch dieses Gesetz hat sich die kosmisch-göttliche Ordnung das logischste und gerechteste System geschaffen, allen Geschöpfen den *Lebens-weg des freien Willens* gehen zu lassen, indem die *selbständige Steuerung* diesen Weg zugleich zu einem Lern- und Erfahrungsprozeß in unserer geistig-seelischen Entwicklung macht. Der amerikanische Mathematiker *Norbert Wiener* hat als erster die technische Nutzung dieses Prinzips der 'selbständigen Steuerung oder Selbstregulierung' ermöglicht und prägte dafür die Bezeichnung **Kybernetik**, vom griechischen *kybernetes* = Steuermann. Heute wissen wir, daß diese selbsttätigen Steuervorgänge überall anzutreffen sind, und zwar nicht nur im gesamten Haushalt der Natur, sondern auch zwangsläufig den menschlichen Einrichtungen innewohnen, ja sogar geschichtliche und wirtschaftliche Abläufe, gesellschaftliche Strukturen, das Spiel, die Sprache, die Rechtsordnung und die zwischenmenschlichen Beziehungen bestimmen (*Dr. Steinpach*). Wir haben damit ein *Grundgesetz des ganzen Schöpfungs-Getriebes* vor uns. In den modernen EDV-Programmen haben wir auch schon Entwicklungen, daß **alle den Programmablauf störenden Einflüsse eine selbständige Rückwirkung auslösen, die die Störung wieder beseitigt.** Genau das spielt sich tausendmal in unserem Erdenleben ab. Immer wieder und immer wieder greift hier das Gesetz *für uns* ein.

Nicht Gott oder ein Richterengel oder ein Zufall oder das Schicksal 'schicken' uns Prüfungen, Verluste oder Leiden, sondern das *schöpfungs-weite Grundgesetz der selbsttätigen Steuerung* trachtet wieder **jede Störung zu beheben,** die uns auf unserem Evolutionsweg durch mögliche neue Belastungen anstelle von karmischen Ent-lastungen entstehen würde. Die Theologen nennen es *Gnade Gottes*. Es ist eine kosmische Gesetzmäßigkeit mehr, die uns Menschen im Bereich von Ursache/Wirkung oder Saat/Ernte zur 'Verfügung' steht.

Schicksal wird auch oft als vorherbestimmt oder prädestiniert angesehen. Die *Lehre von der Prädestination* beziehungsweise des *Prädeterminismus*[168] hat in der Entwicklung der christlichen Kirchenlehre immer wieder eine Rolle gespielt. Schon *Augustinus* (354-430) sah eine göttliche Vorherbestimmung zur Seligkeit oder Verdammnis des einzelnen Menschen durch 'Gottes Gnadenwahl'. Der große Kirchenlehrer *Thomas von Aquin* (1225-1274) baute sie noch tiefer aus, wogegen der Reformator *Calvin* (1509-1564) sie als 'unbegreiflich' ablehnte. Der Grazer Professor *Dr. Franz Moser* schreibt dazu in 'raum&zeit' 74/95:

> *Heute wissen wir, eben aufgrund der Erkenntnisse der Theorie der Selbstorganisation, die auf die Naturwissenschaftler Manfred Eigen, Ilya*

*Prigogine, Umberto Maturana u.a.m. zurückgeht, daß wir einem Naturgesetz der Selbstorganisation unterworfen sind, und daß daher nicht ein Willkür-Gott, sondern wir selbst unser Schicksal schaffen. Die 'Prädestination' unseres Schicksals kommt also nicht von 'außen', sondern von 'innen', **aus uns selbst.***

## Kybernetik

Dieser Begriff ist der Vorläufer der heutigen *Informatik*. In unserem Sinne jedoch sollten wir bei der Kybernetik bleiben. In Verbindung mit dem Religiösen und Metaphysischen bekommt es nämlich einen viel höheren Stellenwert. Wenn wir uns intensiv mit dieser Selbstregulierungsmechanik befassen, erkennen wir auch bald die **Schöpfungsmechanik**, die hierbei selbst für den Naturwissenschaftler akzeptabel wird - ohne an etwas Göttliches 'glauben' zu müssen. Alle jene, die sich mit der Vorstellung eines 'Gottes' schwer tun, haben hiermit *ihr* Schöpfungssystem. Wir können dies sogar ausdehnen auf unsere Ur-Lehre Jesu, denn er lehrte ja: *Gott-ist-in-uns*. Heute wissen wir, daß nur ein oft kümmerlicher Restfunken verblieben ist, *aber er ist in uns*. Und genau das könnten wir wiederfinden im kybernetischen Selbstregulierungs- oder Selbstorganisierungsmodell, sofern wir die Präsenz des Gottesfunkens akzeptieren. Funktionieren tut es natürlich auch ohne unsere Akzeptanz und ohne unseren Glauben daran. Das ist ja das Gerechte dabei, niemand hat dafür einen Bonus oder Vorzug, keiner sitzt in der ersten Reihe. Wir können uns lediglich durch andere Begriffsmodelle aus den Kirchenlehren wie aus den Naturwissenschaften ein leichteres Allgemeinverständnis dafür aneignen - Jesus versuchte es mit Gleichnissen - um eine Vorstellung zu finden, die durch *Vertrauen* allmählich unsere *Ängste* verdrängt.

Das Göttliche nicht nur als Schöpfer oder Designer, sondern jetzt auch noch als Kybernetiker? Aber da wir durch unsere Gottesfunken-on-line-connection sowieso ein Teil des Göttlichen sind, können wir auch unsere ganze schöpferische Phantasie sprühen lassen, uns eigene Verständnismodelle zu erschaffen.

## Das Prinzip der Einheit und das Gesetz der Harmonie

*Nichts besteht ohne Sinn, alles ist Bestandteil der Ein-heit (U. Mohr).*[53] Das ist eine der Formeln holistischen Denkens, aber zugleich auch Ausdruck

> Wo immer uns große Gefühle leiten,
> wirken wir mit den spendenden Händen Gottes mit.
> *Max Mell*

religiösen Bewußtseins. In der stofflichen Beschränkung unseres irdischen Lebens erfahren wir *in allem* nur Teile und Ge-teiltes, oft sogar als Polaritäten. Die Zwei-heit, das Polare, existiert, um *Ein-heit* erfahrbar zu machen. Auch der *unsterbliche Teil* in uns ist nur ein Teil Gottes, ein Funken. Vieles unseres Geteilt-seins haben wir in diesem Buche schon angesprochen und alles zieht es in irgend einer Form wieder zu *Ein-heit* und *Eins-sein*. Es wandelt seine Form, seinen Ausdruck und ist doch un-wandelbar. *Alles, was ist, ist aus dem 'Einen' gemacht, und das 'Eine' ist in allem.* **Alles ist ein Teil des 'Einen' und ist doch stets ein Ganzes.** (*Kurt Tepperwein*).[23] Was hier der Therapeut erkannt hat, bestätigt inzwischen der Physiker in seiner Sprache. Nach *David Bohm*, Mitarbeiter von *Einstein* und *Oppenheimer*, ist das physikalische Universum ein *gigantisches Hologramm, bei dem **jeder Teil im Ganzen und das Ganze in jedem seiner Teile enthalten ist.** Hieraus entwickelte sich ein holographisches Weltbild, das davon ausgeht, daß das Gehirn das holographische Universum wahrnimmt und gleichzeitig als Hologramm an ihm teilnimmt. Im sichtbaren Raum sind zwar alle Dinge nach Raum und Zeit getrennt, aber unter der Oberfläche sind sie eins und ungeteilt*[60]. Einzelheiten werden zur Ein-heit und das Erkennen der **Einheit in der Zweiheit** ist das Ziel.

Das ist es, was ich mit diesem letzten meiner Universellen Prinzipien aussagen möchte. Bei all unseren Sehnsüchten, Einsamkeiten und Ängsten vergessen wir immer wieder und wieder und wieder, daß wir 'Teil' eines kosmischen Ganzen sind. *Jesus* sagte dazu ...*der Vater und ich sind eins*. Und das gilt für uns Gottestöchter und -söhne ebenso. Oder genauer ausgedrückt: es *könnte* für uns ebenso gelten, wenn wir uns im Leben entsprechend aufführen würden - viel harmonischer (das Wort *christlicher* vermeide ich vorsichtshalber).

**Durch Harmonie wird Zweiheit zu Einheit**

Das Geistige Gesetz der Harmonie lehrte der hinduistische Gott *Krishna* lange vor der Zeit *Jesu* in der Bhagavad-Gita, auch die indische Bibel genannt. Der Theosoph *A.Kennedy Winner* zitiert daraus[38]:
*Das durch Yoga **harmonisierte** Ich erblickt das in allen Wesen weilende Selbst und alle Wesen im Selbst - überall sieht er das gleiche. Wer Mich in allen Dingen sieht und alle Dinge in Mir, den werde ich niemals loslassen und er wird niemals seinen Halt in mir verlieren.*

Angeblich das berühmteste Fragment *Heraklits*, des schwer begreiflichen griechischen Philosophen (550-480 v.Chr.) lautet:

*Die verborgene Harmonie ist mächtiger,*
*als die offensichtliche...*
*Die Menschen sehen nicht,*
*daß alles, was sich widerspricht,*
*dadurch mit sich in Einklang kommt.*

Denn das Gesetz der Harmonie ist in der ganzen Schöpfung wirksam und ermöglicht allen Wesenheiten, nach ihrer *Harmonisierung* in die Ein-heit oder das Eins-sein überzugehen. Ohne den vorherigen Ausgleich hin zur Harmonie ist diese letzte Bewußtwerdung nicht möglich - Dis-harmonisches hat nicht die nötige geistige Schwingung oder Frequenz. **Harmonie ist ein geistiges Grundgesetz wie die *Liebe*.** Und doch unterscheidet sie sich davon, daß sie mechanisch-physikalisch wie auch metaphysisch wirkt, während Liebe stets durch Lebewesen umgesetzte metaphysisch-spirituelle Kraft bleibt. Das Gesetz der Harmonie sorgt nämlich dafür, daß das Wirksamwerden vieler der anderen 'Geistigen Gesetze' durch entsprechenden Ausgleich wieder zur Harmonie führt. **Denn ohne diese Harmonie - der inneren wie der äußeren - gibt es keine Höchst-entwicklung von Seele/Geist/Bewußtsein.** Der Lebensberater *Kurt Tepperwein* schreibt dazu[23]:

*Dieses Gesetz zeigt sich nicht nur in Form von Naturereignissen, sondern ebenso in unserem täglichen Leben, in allem, was uns begegnet und widerfährt: in der Partnerschaft, im Beruf, in Krankheit und Leid ebenso wie in Gesundheit und Glück. Wo immer ein Mensch die Harmonie eigenwillig stört, führt das Gesetz unweigerlich wieder den Ausgleich herbei.*

Dieser Ausgleich kann natürlich schmerzhaft sein. Kann..., denn wer das Gesetz kennt und be-achtet, kann viele Disharmonien meiden und vermeiden.

**Resumé**

Wir befassen uns in diesem Buche damit, wie wir durch *neues Denken* endlich zu *neuem Handeln* kommen, was dringend nötig ist in der bereits anlaufenden *Zeitenwende*. Durch unser Verändern von Denken und Handeln kommt der menschlich-irdische Anteil zustande, der nötig ist, daß auch die **geistig-kosmischen Kräfte** verstärkt wirksam werden können. Und bei dieser Veränderung bedarf es einer solchen nur und hauptsächlich bei unserem *Ego*,

Dank und *Liebe* bleiben die großen Mächte,
die mehr Siege gewinnen als alle Heere der Welt.
*Friedrich von Bodelschwingh*

unserem Verstandes-Ich, das zu einem Herzens-Du werden muß. Das ist die Kurzformel aller Heilslehren, besonders ausgeprägt natürlich in der Lehre Jesu.

Wenn wir noch einen kurzen Rückblick auf diese **zwölf universellen Prinzipien** werfen, dann ist herauszulesen, daß diese alle schon seit Jahrtausenden in unserem Kulturkreis bekannt waren, allerdings oft als sogenanntes 'esoterisches' Geheimwissen. Immer mehr davon werden heute neu erkannt, bestätigt und terminiert und dadurch - endlich - auch verständlicher. Obwohl sie nichts Neues sind. Wir können auch sehen, daß, wer diesbezüglich mit falschen *Vorstellungen* durchs Leben geht, schnell von 'seinem Weg' abkommen kann und wer gleichermaßen 'unaufgeklärt' weiter durch unsere materialistische Welt geht, sich geradezu verirren muß. Wir und die vergangenen Generationen vor uns haben sich mit der Ansicht von einer mechanistischen Welt *verirrt*. Nur diese alten und jetzt wieder neuen Ansichten, die uns bei all diesen Prinzipien nicht nur das Äußere, sondern jeweils auch die **innere und geistige** 'Mechanik' haben erkennen lassen, werden uns aus dem derzeitigen Chaos führen können.

Warum ist das Erkennen dieser Gesetzmäßigkeiten so wichtig? Weil sie uns deutlich machen, **daß wir für jeden unserer Gedanken, Gefühle und Aktionen voll verantwortlich sind und zur Rechenschaft gezogen werden.** Und dazu ergänzend hat einst *St.Germain* erklärt: *Jeder Mensch ist sein eigener Richter und seine Fähigkeiten sind seine Geschworenen.* Noch anders ausgedrückt, ergänzte *Erich Frankhauser*[259]:

*Abgesehen von der Verantwortung, die jeder Mensch seiner Umgebung gegenüber wahrnehmen muß, steht es dem einzelnen frei, mit den Gesetzen zu arbeiten. Wenn er wünscht, auf diese Weise immer mehr Harmonie und Vollkommenheit in seiner Welt und in der Welt um ihn herum zu schaffen, muß er sich darum bemühen. Nur durch ein **vollständiges Zusammenwirken mit den universellen Gesetzen** kann diesem Planeten Friede und Harmonie gegeben werden.*

Ob wir es Gottes Gnade oder Gottes Gerechtigkeit nennen - die Universellen Prinzipien stehen uns zur Verfügung, beziehungsweise sind wir in sie 'gesetzmäßig' eingebunden - ob wir das wissen oder nicht. Aber diese 'freie Wahl' hängt wieder ganz von uns ab. Die geistigen Gesetze **brauchen den Menschen,** der sie **als Einziger** in die stoffliche Welt in 'Wirkung' umsetzen kann. Nur er kann es. Aber die Elite der negativen Kräfte beherrschen diese Techniken schon länger zu ihrem Vorteil als die weitgehend unwissend gehaltene Christenheit und in den anderen Religionen wird es nicht viel besser sein.

Ein Grundproblem unserer Zeit ist der 'Glaube' an unser Wissen der letzten zwei Jahrhunderte, das aber zum großen Teil ignorantes und desinteressiertes *Nichtwissen* ist oder *Unwissenheit (Prof. Moser)* über diese geistigen Prinzi-

pien und Gesetze und die daraus resultierende *Angst*. Wer diese geistigen Gesetze nicht kennt oder kennen-lernen will oder nicht akzeptiert, daß jeder selbst sein Schicksal bestimmt, der lebt in Angst - Angst vor dem Nächsten, vor Verlust, vor Krankheiten, vor dem Tode. Wenn wir keine Ängste mehr hätten, könnten wir ohne Schuldgefühle und ohne Minderwertigkeitskomplexe, dafür aber *voll Vertrauen* leben. Wir könnten es mit *All-Vertrauen* in das Göttliche oder in die oben kennengelernten 'Naturgesetze' erleben. Neues Vertrauen entsteht auch dadurch, daß wir uns als Teil *im großen Ganzen* fühlen dürfen.
**Und die geistigen Gesetze unterstützen uns dabei.**

Die *Liebe* gleicht dem Wein, der von den Bräuten
der Morgendämmerung kredenzt wird, er macht starke Seelen
noch stärker und befähigt sie, zu den Sternen emporzusteigen.
*Khalil Gibran* [200]

# 14. Kapitel

# Geist in Materie und Energie

Materie im philosophischen und neuplatonischen Sinne ist die unterste oder niederste Stufe der *Emanation* (das Entstehen aller Dinge aus dem höchsten Einen) oder des *Geistes*. Im New-Age-Denken wird die belebte Materie (lat.: *mater,* die Mutter) als *Mutter-Erde* angesehen. In den hergebrachten Ansichten allerdings wird Materie und Materialismus weiterhin als Gegenpol zum *Geistigen* definiert, als das 'Urprinzip des Bösen', angeblich die 666. Esoterisch gilt aber die Erkenntnis, daß es vom Bewußtseinsstand des Einzelnen abhängt, ob er in der Materie ausschließlich dieses Negative und Böse sieht oder auch die 'durch-geistigte' Schönheit der erschaffenen Formen der Natur - vom Edelstein bis zum mächtigen Bergriesen, von der Schönheit einer Rose bis zu der des menschlichen Körpers, von der ergreifenden Schönheit vieler geschaffener materieller Formen, die das Herz schneller schlagen lassen wie die eines Domes oder eines Sportwagens.

Von dem alten Dualismus, wie oben beschrieben, scheint sich überhaupt der 'Zeitgeist' wegzuentwickeln. *James Jeans* schreibt:

*Er verschwindet nicht dadurch, daß die Materie irgendwie schattenhafter oder unkörperlicher wird als bisher oder daß der Geist zu einer Funktion der Tätigkeit der Materie wird, sondern dadurch, daß körperliche Materie zu einer Schöpfung und Offenbarung des Geistes wird.*

Materie im physikalischen Sinn ist heute mehr mathematisch als rein physikalisch zu verstehen und Masse und Energie sind längst als verschiedene Aspekte <u>einer</u> *materiellen Wirklichkeit* erkannt. Auch die ursprüngliche Vorstellung, daß der räumliche Hauptanteil der makrophysikalischen, kosmischen Materie leer sei, hat sich dahingehend gewandelt, daß sie heute als 'erfüllt von intensiven Kraftwirkungen und Feldern' [137] angesehen wird. *Prof. Max Planck* formuliert so:

*Es gibt keine Materie an sich. Alle Materie entsteht und besteht nur durch eine Kraft, welche die Atomteilchen in Schwingungen bringt und sie zu dem winzigen Sonnensystem des Atoms zusammenhält.*

Nicht Materie ist also die eigentliche 'Realität', sondern Schwingung und Energie (griech. *energeia*: wirkende Kraft). Somit ist Energie das Primäre, das Unvergängliche, und Materie das Vergängliche - was man ja schon lange weiß, sich dessen aber im Alltagsgeschehen nie bewußt ist. Materie wird aus Energie geschaffen, wenn diese eine entsprechend niedere, das heißt ver-dichtete oder ver-stofflichte Schwingung aufweist. Die verschiedenen Schwingungen, auch im Bereich der Materie, kennen wir als Frequenzen, die tausendfache Abstufungen haben und grundsätzlich - geistig wie materiell - morphogen und vernetzt sind.

Wie weit sichtbare und somit 'reale' Materie durch Energiezufuhr ihre Schwingungs-Frequenz erhöht und sich dadurch den Zustand seines 'Körpers' verändert, zeigt als einfaches Beispiel die Physik des Wassers. Ein Eisklumpen plus Energie ergibt Wasser plus weitere Energie ergibt Wasserdampf - und obwohl dieser für unser Auge unsichtbar geworden ist, ist er ja nicht verschwunden. *René Egli* [33] schreibt:

*Es handelt sich hier um Physik. Und was für Eis und Wasser gilt, das gilt folglich auch für den Menschen. Wenn es einem Menschen gelingt, seine Schwingung beträchtlich zu erhöhen, dann kommt logischerweise der Moment, wo er unsichtbar wird. Das hat nichts mit Mystik oder Magie zu tun, sondern mit Physik. Wenn ein solcher Mensch unsichtbar ist, dann heißt das nichts anderes, als daß er seinen grobstofflichen Körper in einen feinstofflichen verwandelt hat und daß es keinen Tod gibt. Die Idee des Todes ist eine total begrenzte 'materialistische' Sichtweise, die wir uns selbst eingebrockt haben, und mit deren Folgen wir jetzt leben müssen. Vor 2000 Jahren hat Jesus zu zeigen versucht, daß es keinen Tod gibt. 'Tod, wo ist dein Schrecken?' Nur wenige haben aber begriffen, worum es geht.*

So sind auch wir Menschen primär nicht physikalisch-chemischer Struktur, sondern Wesen aus Energie.

Jetzt müssen wir aber diese Materie und Energie noch 'lebendig' machen, beleben, und dazu brauchen wir den *Geist*. Das Lexikon[137] definiert 'Geist' als philosophischen Begriff, der Denken, Vernunft und Bewußtsein als das über das Sinnliche Hinausgehende des menschlichen Seins bezeichnet und der zumeist in der Metaphysik und der Theologie eingebettet ist.

## Spiritismus und Spiritualismus

Bleiben wir zuerst im metaphysischen oder parapsychologischen Bereich. Hier unterscheiden wir den *Spiritismus* und den *Spiritualismus*, beides aus dem lateinischen Wortstamm *spiritus* gleich Geist, Atem, Hauch und Leben, aber auch 'göttlicher Impuls, der be-lebend und *inspirierend* wirkt'.

*Spiritismus* ist die Bezeichnung für Lehre und Praxis, mit 'Geistern' Verstorbener und deren Astralleib in Verbindung zu treten. Spiritismus ist

> Bist denn du es, die *liebt*? Weißt du nicht um den einen *Liebenden*?
> Eine Zelle bist du, eine leuchtende Zelle, in seinem Körper –
> Er ist die *Liebe*!
> *Marlise Häfner* in Sufi-Botschaft

weitgehend bezogen auf Kontakte durch Medien mit den 'unteren Ebenen' der jenseitigen Welt - mit dem Überbegriff der 'Astralwelt', insgesamt als *Nekromantie* bezeichnet. Derartige mediale Botschaften sind meist nur familien- und personenbezogen und bestehen überwiegend in der Orakelerteilung über zukünftige 'irdische' Ereignisse. Die meisten Formen von Spukerscheinungen gehören auch hierher.

Mit *Spiritualismus* bezeichnen wir in der Philosophie drei Grundrichtungen[137]:

den *metaphysischen Spiritualismus* als die Summe der Lehren, in der alles Wirkliche Geist beziehungsweise Erscheinungform des Geistes ist,

den *psychologischen Spiritualismus* als die Lehre von der *geistigen* Beschaffenheit der Seele und

den *religiösen Spiritualismus* als Bezeichnung für verschiedene Bewegungen in der Geschichte der Christenheit (Pietismus, Erweckungsbewegung, u.a.), die die irdische Wirklichkeit des Christen und sein innerweltliches Handeln zugunsten des Heilswirkens Gottes durch dessen Geist zurückdrängen.

In den Bereich des modernen metaphysischen Spiritualismus fallen aber auch alle *geistigen Botschaften* aus höchsten transzendenten Sphären, *Inspirationen* und *Visionen*, die uns begleiten, solange wir zurückdenken können. Im Kirchlich-Religiösen beginnt dies bei den Propheten des A.T., bei den Urchristen finden wir den übersinnlichen 'Empfang' der vielen Evangelien - kanonisiert und apokryph - und es setzt sich fort über die *Visionen* der frühmittelalterlichen Mystikerin und Äbtissin, der *Hl. Hildegard von Bingen* (1098-1179).[170] Als viertes Beispiel von hunderten in dieser gigantischen Zeitspanne verweise ich auf das Buch 'Die Prophezeiungen von Papst Johannes XXIII.'[172].

Außerkirchlich finden wir ab dem achtzehnten Jahrhundert in Europa verstärkt christliche 'Empfänger' mit der Bezeichnung *Medium* als Überbegriff. Universelle Gottes- und Christusbilder erhalten der schwedische Naturforscher *Emanuel Swedenborg* (1688-1772), der österreichische Mystiker *Jakob Lorber*[123] (1800-1864), der deutsch-österreichische Anthroposoph *Rudolf Steiner* (1861-1925) und die Schweizerin *Silvia Wallimann,* um wiederum nur vier herausragende von hunderten beispielhaft aufzuzählen.

*Spirituelle Botschaften und gechannelte Aufträge* erhalten wir außerdem von *Mutter Maria,* von *Jesus* selbst, von hohen 'aufgestiegenen' Meistern, Engeln und Erzengeln und ethisch fortgeschrittenen Außerirdischen. Tausend Zeichen

deuten heute auf dieses weltweite geistige Erwachen, in dem die Verheißung Wirklichkeit werden wird:
*Ich werde meinen Geist über <u>alles Fleisch</u> ausgießen, und ihre Söhne und Töchter werden frohlocken* **und sich neuen Wahrheiten eröffnen.**

## Ohne Geist kein Leben

Schon im N.T. wird von 'lebendigem Geist' geschrieben. Was wollte man damit sagen? Geist als die universelle oder göttliche Kraft ist das *Leben oder Lebendige* in allem Erschaffenen. Wir kennen schon die Formulierung des *hermetischen Axioms*: *Wie oben, so unten, wie innen, so außen.* Diese totale Vernetzung der gesamten Schöpfung, der sichtbaren wie unsichtbaren, ist die All-Einheit des Lebens. Leben ist die **geistige** Kraft in Form von Schwingung in der Materie.

Denken wir einmal an 'Leben', das in die unterste oder niederste Stofflichkeit eingebunden ist und als Lebens-Sinn einem Prinzip der Ethik unterliegt. Gestein erscheint uns völlig leb-los, doch auf dem Weg zu Höherem bewirkt das Prinzip den Wandel zum Edel-Stein. Im *Kristallisieren* finden wir das unterste spirituelle Leben wieder. Die geistigen Kräfte der Ethik und Kybernetik (der selbstorganisierenden Auslese) führen hier in diesem 'härtesten' Lebensbereich zu höchster Schönheit, Reinheit und Wertigkeit, zum Beispiel im Diamanten. Das ist Evolution par excellence. Die Parallele zum menschlichen Evolutionsweg, der Ver-edelung des menschlichen Bewußtseins trotz härtesten Umfeldes, wird erkennbar. Und solches Erkennen wird dann zur Erkenntnis.

Dieser Lebens-Evolutionsweg aus der tiefsten Materie heraus wird als Vollendungsweg des Geistigen oder des Lebens immer kürzer und schneller, je höher die Lebensformen werden - in den aufgestuften Reichen der Erde, Pflanze, Tier und Mensch. Schnellere Schwingung und Frequenz bedeutet höhere Schwingung und damit ein immer Beweglicherwerden des in die Materie eingebundenen Lebensgeistes. *Totale* Gebundenheit im Erdreich wandelt sich in *lokale* Gebundenheit im Pflanzenreich (ein Leben lang an den Platz gebunden und dem Leben dienend - als Radieschen oder als hundertjährige Buche). Leben im Tierreich bringt dann schon *weltweite Mobilität* (Fische, Vögel), die sich in der Krönung der Schöpfung, dem Menschen,

> In der *Liebe* versinken und verlieren sich alle Widersprüche des Lebens.
> Nur in der *Liebe* sind Einheit und Zweiheit nicht im Widerstreit.
> *Rabindranath Tagore*, Literatur-Nobelpreisträger (1861-1941)

offenbart durch den *freien Willen* mit der Last der Selbstverantwortlichkeit und dem Ziel der Selbsterlösung, die wir im obigen Sinne auch als die **Selbst-Befreiung des Geistes aus der Materie** erkennen können.

**Geist ist auch 'informierte Energie'** (*S.u.C.Grof*)

Denn der lebendige Geist hat eine 'Stimme'. Viele Menschen haben das erleben dürfen, daß in der Phase einer Krise eine 'Antwort' auf das aktuelle Problem zu 'hören' war. Als Erklärung dafür können wir bis heute nur folgendes annehmen: Über unsere normalen Sinnesorgane hinaus besitzt jeder von uns auch sogenannte *paranormale* und sensitive Wahrnehmungs-'Organe', deren Empfangsbereitschaft je nach Bewußtseinsgrad noch nicht oder verschieden stark entwickelt ist. Dazu stehen uns die *Epiphyse*, auch Zirbeldrüse genannt, die fast in unserer Kopfmitte und in Ohrenhöhe liegt, der *Thalamus* mit dem *Hypothalamus* (im Althirn), das Sonnengeflecht (*solar plexus*) im oberen Bauchbereich und/oder unser Herzzentrum zur Verfügung. In den meisten Fällen sind diese 'empfindsamen' Strukturen *sprachlos*, aber *spürbar* als Gespür oder als feine bis dumpfe Regung in fast unzähligen Abstufungen zwischen Angst- und Glücksempfindung.

Sprechen wir doch dabei einfach von **Intuition** und Inspiration, die wir auf einem der beschriebenen Wege erahnen, empfangen, fühlen oder in uns hören können. Unser 'Höheres Selbst', auf das wir im nächsten Kapitel näher eingehen, hilft uns in entscheidenden Situationen oder Momenten weiter, wenn wir uns dafür öffnen. Es ist wohl in den allerseltensten Fällen das Göttliche selbst, das bei uns 'eingreift'. In 'Zeit-Zeichen' 32/96 fand ich eine Zusammenstellung von Menschen, die wir als Genies bezeichnen, und die später gestanden, daß geistig-seelische Kräfte mitwirkten bei dem, was sie berühmt werden ließ. *Raffael* malte sein unsterblich gewordenes Gemälde der Sixtinischen Madonna, nachdem er sein Werk, noch bevor er mit dem ersten Pinselstrich begann, in einer blitzartigen Vision von ungeheurer Eindringlichkeit vor Augen gehabt habe. *Friedrich Schiller* wunderte sich, ...*woher die Gedanken auf einmal kamen*. Ebenso erklärte *Goethe, daß er seine Sachen als Nachtwandler geschrieben habe. Die Geschichten machten mich, nicht ich sie. Mozart* bemerkte über seine Eingebungen: *Ich höre in meiner Phantasie die Teile nicht nacheinander, sondern alles auf einmal. Was für eine Freude das ist, kann ich gar nicht sagen. Wenn es mir gut geht, wenn ich einen Wagen fahre oder spazieren gehe oder des nachts nicht schlafen kann, beginnen die Gedanken mir zuzufließen. Von woher oder wie, ist mehr, als ich sagen kann.* Der Komponist *Tschaikowsky* beschrieb sein schöpferisches Erlebnis ebenso:

*Gewöhnlich kommt die Idee einer Komposition ganz plötzlich und unerwartet. Dieses unermeßliche Gefühl der Wonne, das mich überkommt, sobald eine neue Idee in mir entsteht und beginnt, eine feste Gestalt anzunehmen, läßt sich in Worten nicht ausdrücken...*

Nicht nur im Bereich der Musen spielen sich solche 'Empfindungen' ab, auch 'coole' Wissenschaftler der Physik und Mathematik hatten ihre PSI-Erlebnisse. So *Dr. Albert Einstein*, dessen Relativitätstheorie ihm im Krankenzustand 'gekommen' sei und er dafür *keinen logischen Weg* sehe und gleichfalls *Karl Friedrich Gauß,* der ob eines mathematischen Problems schrieb: *Alles Brüten und alles Suchen ist umsonst gewesen. Endlich, vor ein paar Tagen, ist es mir gelungen - aber nur durch die Gnade Gottes, möchte ich sagen. Wie wenn der Blitz einschlägt, hat sich das Rätsel gelöst.*

Sind solche Geständnisse nicht aufmunternd für uns, auch unsere Intuitionen zu trainieren und unseren Eingebungen mehr *Gehör* zu schenken? Ergänzend schreibt der Schweizer Gründer und Leiter des 'Instituts für Erfolgsimpulse', *René Egli* [33] dazu:

> *Ich staune immer wieder über die Weisheit, die in der Sprache steckt. Ein Mensch wird bekanntlich auch als Person bezeichnet. Im Wort Person steckt das lateinische Wort personare. Sonare heißt tönen, per sonare bedeutet somit hindurchtönen. Der Mensch ist somit das Hindurchtönende. Auch hier haben wir wieder den 'Ton', die Schwingung.*

Diese 'geistige' Form des Tones, die auch in dem griechischen Wort *logos* zu finden ist, führt uns in die gleiche Richtung und zurück zu Jesus. Wir können erkennen, daß hier **eine wohl unvorstellbare Vernetzung von universellem Geist und Leben in seiner vergänglichen wie unvergänglichen Form mit hörbaren und unhörbaren Tönen, Gefühlen und Schwingungen vorhanden ist**. Dies ist für uns erkennbar und auch anwendbar, je nach unserer Stimmung und Erlebnisfähigkeit, was unbewußt oder für uns bewußt ablaufen kann. Wenn wir diese Begriffseinheit von *Geist-Ton-Wort-Leben* erweitern, im Sinne der biblischen Formulierung *...das Wort ist Fleisch geworden,* das heißt, daß es *Form* angenommen hat, Lebensformen, dann haben wir in unserer individuellen 'Person' und Persönlichkeit die Verbindung mittels *informierter Geist- oder Lebensenergie* in der Gesamtheit unseres universellen Vernetztseins.

Geist ist in der Ethik die 'treibende' Kraft. Im Prinzip der Auslese oder dem Gesetz der Selbstregulierung oder Kybernetik haben wir eine Kraft kennengelernt, die eben diesen lebendigen Geist oder All-Geist oder das Göttliche darstellt. Einige Autoren nennen den lebendigen Geist auch 'Dynamische Kraft',

> Wo die *Liebe* beginnt, hört die Gewalt auf. *Liebe* siegt über alles.
> *Leonardo da Vinci*

denn durch die *Eigendynamik* kommt es zur Selbstregulierung und -organisation. Materie ist ein *organisiertes* Muster von Schwingungen, sogenannte eingefangene Energie mit dem Geistigen als spirituelle, treibende Kraft. Der Heilpraktiker *Armin Bauer*[142] findet als Erklärung:

*Das Bio-Feld-Muster der Energie wächst vom subtilen elektromagnetischen Feld zum elektrischen Potential, das sich in den verschiedenen Elementen manifestiert, wobei die Charakteristik der Energie zuerst elektromagnetisch, dann elektrisch und zuletzt molekular ist.*

Alles ist Schwingung! War es das, was Heraklit, der griechische Philosoph aus Ephesus, um 500 v.Chr. ausdrückte mit der These: *Alles fließt?*

## Geist als göttlicher Geist

Für diejenigen LeserInnen, die an einen biblischen Gott glauben, kann das bisher Gesagte entsprechend 'übersetzt' werden mit der Jesus-Formel *Gott-ist-in-uns*. Der **Gottesgeist**, der dabei gemeint ist,

>ist der *Heilige Geist* und, als Teil dessen, der *Gottesfunke*, der in jedem von uns 'schlummert' und ähnlich einem Transistor die hohe göttliche Schwingung in unsere stoffliche Welt umsetzt,

>ist unser *göttliches Erbe*, das wir annehmen und erwecken müssen, um unser Bewußt-sein zu entwickeln und

>sind die *Pfunde*, mit denen wir wuchern sollen.

*Der Geist selbst gibt Zeugnis unserem Geiste, daß wir Kinder Gottes sind* (Römer,8,16).

Da wir heute wissen, daß selbst die härteste Materie auch nur Schwingung ist, fällt es uns leichter zu verstehen, daß das Geist/Körper-Verhältnis zweiteilig ist und zwar so, wie es im N.T. heißt: *Der Geist wohnt im Tempel des Körpers.* Aber anders ausgedrückt: **Wir sind nicht körperliche Wesen mit Geist, sondern geistige Wesen mit Körper.**

## Geist als Christusgeist

Der russische Schriftsteller *Leo Graf Tolstoj* (1828-1910) erkannte: *Es gibt viele Glaubensbekenntnisse, aber der Geist ist in allen Menschen der gleiche.*

Manche Autoren wie auch Lehren bezeichnen diesen schöpferischen *Gott-in-uns-Geist* auch als *Christusgeist*. Diese Aussage halte ich aber für zu wenig differenziert. Wie alle Schwingungen, gleich welcher Frequenz, ist der göttliche Geist Teil eines Ganzen und insgesamt kosmisch vernetzt. Im Falle des *Christusgeistes* aber handelt es sich um die **Licht/Liebes-Schwingung** (von alters her als 'Strahl' bezeichnet), die zwar auch jedem Lebewesen zur Verfügung steht, aber die genau dazu passende Resonanz im menschlichen Körper benötigt. Das ist eine ganz wichtige Voraussetzung, die viel zu wenig gelehrt wird und bekannt ist. Der *universelle* oder *göttliche Geist* ist in allen Lebensformen verankert, verstärkt als Gottesfunke im menschlichen Herzen. Der *Christusgeist* aber muß zuerst einströmen können, bevor er auch wirksam werden kann. Die Schwingungsfrequenz unseres Körpers muß durch eine ethische Lebensweise erst einmal so 'high' sein, so edel und liebe-voll, daß er dann als 'Tempel', als Gral oder irdisches Instrument aufnahme- und resonanzfähig geworden ist für den ebenfalls höherfrequenten Christusgeist. Natürlich beginnt ein solcher 'Zustand' zuerst momentweise, denn wäre er gleich permanent, bekämen wir prompt einen Heiligenschein. Medial veranlagte Mitmenschen, die die Aura unserer Seelenkörper sehen können, berichten allerdings immer wieder von Lichtwesen, also Menschen mit schon höherem Bewußtsein, die dieses starke Leuchten wie einen Heiligenschein am Haupte haben - aber doch wahrscheinlich auch nur zeitweilig. Haben wir mal solche 'lichte' Momente, dann ziehen wir nach dem Gesetz der Affinität den Christusgeist förmlich an. Also sind in jedem Falle wieder wir selbst es, die hierbei **aktiv werden** müssen - so wie Jesus es uns vorgelebt hat: *...dies ist mein Weg.*

**Das Geist-Körper-System**

Dieses System mit mehreren Funktions-Stufen wird in der Kirchenlehre vereinfacht und in der Metaphysik detailliert dargestellt und allgemein als **Seele** bezeichnet. Am geläufigsten ist die Körper-Dreiheit *Körper-Seele-Geist,* mit der man den größten Teil ganzheitlichen Erklärens und Handelns darstellen kann, wie schon der Apostel *Paulus* zwischen Geist, Seele und Leib des Menschen unterschieden hat - im Gegensatz zur katholischen Kirche, die nur von Leib und Seele spricht. *Kurt Eggenstein* schreibt dazu [55]:

> Ist nicht für den, dessen Fuß im Schuh steckt, das Erdreich rings
> wie mit Leder geglättet? Und ist nicht dem, dessen Herz voll *Liebe* ist,
> das ganze Leben heller und sanfter.
> *Hitopadesa* [182]

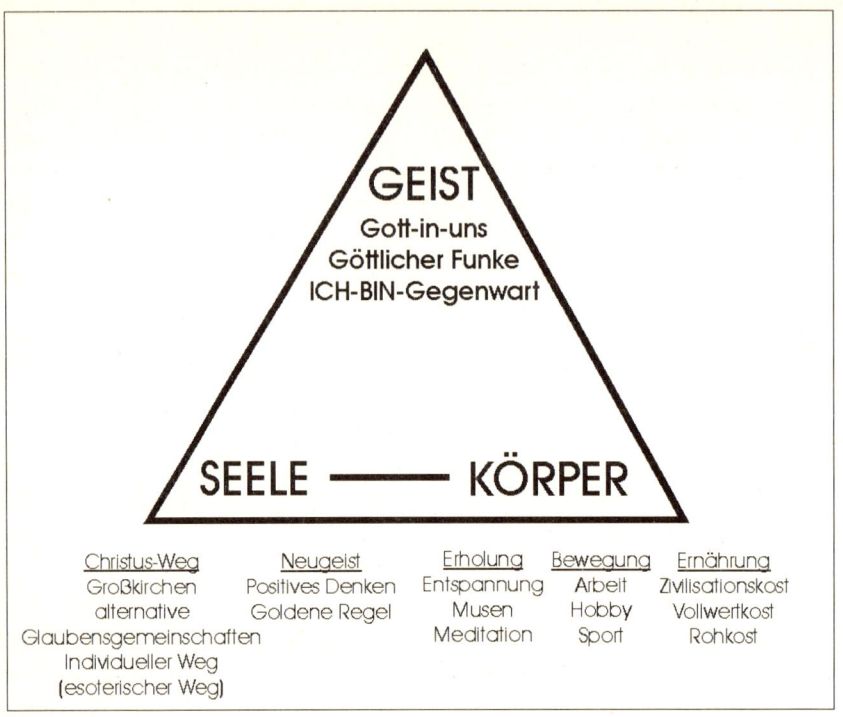

Abb. 2: Ganzheitliches, aber multi-dimensionales System des Menschen

*Für die Mehrheit der früheren Kirchenlehrer besteht der Mensch aus Leib, Seele und Geist. Seit Paulus und Augustinus haben sämtliche Mystiker und auch alle augustinisch inspirierten Theologen des Mittelalters den Unterschied zwischen Geist (spiritus) und Seele (anima) immer wieder hervorgehoben, ohne mit der Inquisition in Konflikt zu geraten. Der kath. Theologe, Prof. Alois Mager OSB, weist darauf hin, daß nicht... die* **Dreiteilung** *auf dem Konzil von Konstantinopel im Jahre 869 beseitigt worden ist, sondern erst Papst Pius IX. sich im Jahre 1856 gegen eine Unterscheidung von Seele und Geist ausgesprochen hat.*

In der Anthroposophie finden wir die Abstufung auf **sieben** menschliche Seelenkörper-Ebenen am genauesten differenziert und definiert. All diese 'Ebenen' sind eigentlich dreidimensional körperlich ineinandersteckend, einige davon können allerdings, je nach geistiger 'Ausstrahlung' der Persönlichkeit, den physischen Körper leicht (Astralkörper) oder meterweit (Energiekörper) umhüllen. Alle diese Sieben-in-einem-Körper besitzen verschieden hohe Schwingungsfrequenzen, sodaß sie sich gegenseitig nicht stören. Ein vereinfachtes Erklärungsmodell dafür aus dem Bereich unserer Stofflichkeit könnte folgendes sein: In ein großes Glas voll Kieselsteine paßt als feineres Material noch allerhand Sand in die Zwischenräume. Und in das nun voll 'erscheinende' Glas paßt aber noch viel Wasser, das die letzten Luftzwischenräume auffüllt - also drei physische Medien mit verschiedener Dichte räumlich in einem. Ähnlich sieht es auch aus im metaphysischen, subatomaren Bereich unserer Seelenkörper. Weiterhin vereinfachend übernehme ich das Erklärungsmodell des Resonanzenergie-Forschers und Autoren *Dipl. Ing. Paul Schmidt*[159] (1922-1992), der folgende, in der Frequenz absteigende Stufungen bei seiner Rayonex-Technik erkannt und in der Praxis erfolgreich vermarktet hat:

Die drei hohen Geistkörper:          Spiritueller Körper
                                              Mentalkörper
                                              Kausalkörper
die drei niederen Geistkörper (Seele):    Magnetkörper
                                              Äther- oder Energiekörper
                                              Astralkörper
Unser physischer und materieller Lebenskörper

    Auf die Beschreibung dieser einzelnen, ineinander verhafteten, aber frequentiell verschiedenen Seelenkörper und dem multi-dimensionalen System der Energiekommunikation und -übertragung innerhalb dieser Seelenkörper (Chakras) können wir hier nicht eingehen, weil dies der Umfang dieses Buches nicht erlaubt. Literaturempfehlungen finden Sie unter[159].
    Abschließend möchte ich bei diesem Thema *'Geist'* zwei Wege aufzeigen, wie in der Neuzeit dieses Prinzip erfolgreich und neu verstanden umgesetzt wird. Im religiösen Sinne ist es beispielsweise die **Pfingstbewegung** und im freigeistigen die **Neugeistbewegung**. Der Pfingstbewegung gemeinsam ist (nach Apostelgeschichte 2) der Ausgangspunkt von einer realen Gegenwart des *Geistes* und der Anspruch auf den Besitz der urchristlichen Gnadengaben, der Charismata[137]. Die Tatsache, daß ihnen die *religiöse Erfahrung* über alles geht, zeigt ihr Verhältnis zu dem, was sie als höchste Stufe christlichen Lebens halten: Geist-Empfang, der mit Zungenreden, Prophetie und Krankenheilung verbunden ist. Seit Anfang dieses Jahrhunderts hat sich die *Pfingstbewegung* wie ein Lauffeuer rund um den Erdball verbreitet und wird (1995) weltweit auf

> Die *Liebe* allein versteht das Geheimnis,
> andere zu beschenken und dabei selbst reich zu werden.
> *Clemens v. Brentano*[182]

vierhundertfünfzig Millionen Gläubige veranschlagt (*David Barrett*).

Die *Neugeistbewegung* oder *New Thought Movement*, wie sie ebenfalls Anfang des letzten Jahrhunderts in den USA begann, basiert auch auf Geist-Erleben, wie es der Geistheiler *P.P.Quimby* (1802-1866) mit seiner Lehre *von der Macht und der Unbegrenztheit des Geistes* begründete. Weltweit verbreitet und bekannt unter 'Christian Science', wurden bei uns die 'Neugeist-Gedanken' durch die Bücher von *K.O.Schmidt* (1904-1977) am bekanntesten. Näheres dazu finden Sie im Glossarium[155]. *Prof. Harvey Cox* von der Harvard University und einer der kreativsten Köpfe der protestantische Theologie schreibt zu diesen beiden Geist-Bewegungen:

*Hier wie dort begegnen wir einer verwandten Psychologie, einem Zurück zu ursprünglicher Spiritualität. Auf beiden Seiten wird versucht, über Visionen, Heilungen, Träume und Trance einen Zustand von Ehrfurcht und Verwunderung herbeizuführen, und hier wie dort wird man immer wieder zu persönlichen Erfahrungen ermutigt und dazu, vor anderen zu sprechen - eben Zeugnis abzulegen (Don Lattin, 'Spuren').*

Doch bei all den wundervollen Erkenntnissen, die wir heute haben und immer noch zu wenig für uns selbst und unsere Mitmenschen nützen, erstaunt es, daß schon Altmeister *Seneca* klagte:

**Es gibt zu denken, daß viele den Körper üben, wenige dagegen den Geist.**

## 15. Kapitel

## Der Weg nach Innen

Wir sind nun hier bei dem zweiten, elementaren Schwerpunkt der Lehre Jesu angekommen: **Das Göttliche ist in uns.** Der erste ist die *selbstlose Liebe*, die Jesus in der mosaischen Form aus der jüdischen Gesetzeslehre als top-aktuell und allgültig übernahm, über die man sich aber bereits im zweiten christlichen Jahrhundert zu streiten begann, also schon im Zeitabschnitt, den wir noch urchristlich nennen. Nach dessen Beendigung, dem Übergang in die konstantinische Staatskirche, wurde diese 'christliche Liebe' unter den christlichen Brüdern und Schwestern meist zu Makkulatur und wohlklingenden Worthülsen und von 'Schriftgelehrten' verwaltet.

Fast genau so ging es der zweiten, für Jesus typischen Lehraussage: *Das Göttliche-ist-in-uns*. Mit dem Verschwinden des hellenistisch-alexandrinischen Flügels der westlich-urchristlichen Bewegung erlahmte auch diese Erkenntnis und das Göttliche wurde wieder zu einem 'persönlichen' Wesen, das man in 'seinen' Himmel zurückdrängte, noch ehe es eine Chance hatte, in größerem Maße **in uns** wirksam zu werden. Wenn wir an den damaligen Mittelmeerraum zurückdenken, waren es nur die buddhistischen Missionen und die verbliebenen gnostischen Gemeinschaften überwiegend östlicherseits, die wie die Urchristen in ihren Lehren das <u>unpersönliche Göttliche-in-uns</u> kannten. Alle anderen etablierten Religionen, der Judaismus, der Hellenismus und der Mithraismus hatten 'vermenschlichte' Gottesbilder, wie sie in die christliche Kirche Roms alsbald ebenfalls einzogen.

'Das Göttliche-in-uns' ist eine zu fantastische Erkenntnis, die zu jener Zeit wohl nicht zu begreifen war, auch nicht in den Jahrhunderten danach. Denn damit gleitet der Begriff 'Gott' jeglicher Verwaltung aus den Händen und sein theologisch definiertes 'Gesicht' bekommt völlig individuelle Züge in milliarden Variationen. Und hierfür sind keine Spezialisten zuständig, <u>sondern jeder von uns selbst</u>. Scheinbar ist das eben so gewaltig anders und abgefahren, daß es in den bisherigen Jahrhunderten nur von den wenigsten begriffen und gelebt

> Es gibt nur eine Religion, die Religion der *Liebe*.
> Es gibt nur eine Kaste, die Kaste der Menschheit.
> Es gibt nur eine Sprache, die Sprache des Herzens.
> Es gibt nur einen Gott - Er ist allgegenwärtig.
> *Sathya Sai Baba*

wurde.

Aber die Sehnsucht nach dieser individuellen und im Inneren er-lebbaren und ge-lebten Geistigkeit und Religiosität ist über die ganze Erde verteilt. In den verschiedenen Religionen haben sich **Wege der Mystik** entwickelt. Allerdings sind dies Wege kleiner und kleinster Gruppen und Gemeinschaften, 'Sekten', Klöster und Orden, die nur für Individualisten gangbar waren. Natürlich galt dies auch für Esoteriker und Mystiker, die durch jahrhundertelanger Kirchenmacht in Geheimgesellschaften verdrängt wurden und generell für hochentwickelte 'alte' Seelen.

**Der innere Weg**

Sehen wir uns doch einmal einige wenige Zitate an, die das globale und zeitlose Vorhandensein dieser Erkenntnis belegen.

Der pazifistische Pharao *Echnaton* (13??-1348 v.Chr.) verkündete: *Gott wohnt in jedem Menschen.* In den altindischen Veden (1500-500 v.Chr.) heißt es: *Indem sie sich im Innern sammelt, wird die Seele bereichert und erleuchtet.* Der chinesische Philosoph *Laotse* (4.-3.Jhd.v.Chr.) lehrte: *Der Reisende in das Außen hängt von den äußeren Dingen ab; Der Reisende ins Innere findet alles, was er sucht, in sich selbst. Dies ist die höchste Form des Reisens; Armselig aber ist jene, die von den äußeren Dingen abhängen.* Der römische Philosoph *Seneca* (4v.Chr.-65n.Chr.): *Wenn du deinen eigenen Wert bestimmen willst, dann laß dein Geld, dein Haus und deinen Rang beiseite. Schau nur auf deinen inneren Menschen.* Und sein griechischer Kollege *Plutarch* (46-120) erkannte: *Ein angenehmes und heiteres Leben kommt nicht von äußeren Dingen, der Mensch bringt aus seinem Inneren wie aus einer Quelle Lust und Freude in sein Leben.*

Im N. T. finden wir folgendes:
... *daß sein Geist in euch wohnt* (Römer 8, 10)
... *denn siehe, das Reich Gottes ist inwendig in euch.* (Lukas 17, 21)
... *daran erkennen wir, daß wir in ihm bleiben und er in uns, daß er uns von seinem Geist gegeben hat* (1. Joh. 4, 13).
*Paulus* schreibt über Christus, *der nicht fern von einem jeglichen unter uns ist* (Ap.Gesch. 17, 27), sondern *in uns lebt* (Gal.2, 20).

Der römische Kaiser *Marc Aurel* (121-181) erkannte: *Blicke in dich. In deinem Inneren ist eine Quelle, die nie versiegt, wenn du nur zu graben verstehst.* Der schlesische Barockdichter *Angelus Silesius* (1624-1677) schrieb: *Wird Christus tausendmal zu Bethlehem geboren und nicht in dir, du bleibst verloren.* Der preußische Staatsmann *Wilhelm Freiherr von Humboldt* (1767-

1835) sagte: *Unabsehbar ist der Gewinn an Größe und Schönheit, welchen der Mensch einerntet, wenn er unaufhörlich dahin strebt, daß sein inneres Dasein immer den ersten Platz behaupte, daß es immer der erste Quell und das letzte Ziel alles Wirkens sei und alles Körperliche und Äußere nur Hülle und Werkzeug desselben sein.* Der frühromantische Lyriker *Novalis* (1772-1801): *Nach Innen geht der geheimnisvolle Weg. In uns, oder nirgends, ist die Ewigkeit.*

Der Lyriker *Christian Morgenstern* (1871-1914) erkannte: *Alles Vorwärts der Menschheit geht auf Kosten ihres Einwärts.* Und der Nobelpreisträger *Hermann Hesse* (1877-1962) schreibt: *Ziel eines sinnvollen Lebens ist, den Ruf der inneren Stimme zu hören und ihm möglichst zu folgen. Der Weg wäre also: sich selbst erkennen.*

Schließen wir diese Aufzählung mit einem Hinweis *Sutakar S. Dikshit's* auf einen anderen Kulturkreis:

*Indien ist in vieler Beziehung ein merkwürdiges Land; vielleicht aber überrascht am meisten die schier unendliche Folge von Menschen, die sich auf eine <u>innere Reise</u> des Abenteuers und der Entdeckungen begeben und freiwillig und entschlossen alle äußerlich günstigen Umstände und Aussichten aufgeben, seien sie materieller, sozialer oder intellektueller Natur, um einen neuen Seinszustand zu erreichen, den sie zunächst nur vom Hörensagen kennen und auf Treu und Glauben hinnehmen* [175].

Der Begriff *'Göttliches-ist-in-uns'* hängt ganz eng mit *Bewußtseins-erhöhung* zusammen. Wem klar ist, daß diese Kraft in ihm ist, führt ab diesem Moment ein anderes Leben. Aus einem *exoterisch* Orientierten wandelt sich allmählich oder plötzlich ein *esoterischer*. Ich erinnere daran, daß diese beiden griechischen Worte *nach innen*, beziehungsweise *nach außen* bezogen bedeuten und klar unser Problem in der Stofflichkeit und unser Leben in der Polarität ausdrücken. In meinem Kapitel über die Bewußtseinsebenen gehe ich weiter darauf ein.

Dieses Göttliche-in-uns-Erkennen oder der *Innere Weg* erhält im Rahmen des neuen Denkens und Lebens im neuen Zeitalter - New age - seinen neuen Stellenwert. Erst die letzten Jahrhunderte haben uns das erhöhende Gefühl für Freiheit gebracht - zuerst die verstandesmäßig-wissenschaftliche, danach die nationale-wirtschaftliche Freiheit und in der Neuzeit die geistig-seelische. Alle drei zusammen werden im Laufe der Zeitenwende für eine möglicherweise verkleinerte Menschheit das 'Goldene Zeitalter' bedeuten und/oder werden. Der

> Man braucht zum Frieden *Liebe,* natürlich auch Verstand,
> und so es was zu heilen gibt: jede Hand.
> *Eva Rechlin,* deutsche Jugendbuchautorin

Weg zu diesem Ziel, das geistig fortgeschrittene und damit freie Wesen aller Epochen und aller Regionen erträumt haben, ist der *Weg nach Innen*. Natürlich aber der schmale und schwierige Weg. Je höher und reiner wir dieses Ziel stecken, umso steiler und schwieriger wird auch der Weg dorthin. Dieses Freisein als Voraussetzung des Beschreitens *neuer* Wege bedeutet Befreiung durch Befreiung, Selbstbefreiung durch Selbstbefreiung. So wie die Verkettung und Verstrickung in Äußerlichem, in Materie und Materialismus uns als *Teufelskreis* immer mehr bindet, so führt die Be-freiung und Ent-wicklung unseres unsterblichen Bewußtseins als *Lichtkreis* zu unserer seelischen Öffnung. Ein Naturgesetz im Materiellen wie im Geistigen, in dem **wir** bestimmen, welche dieser Bewegungen - das Wort kommt von 'Weg' - wir gehen wollen. In unserer Lebenspolarität, der Lebensschule, sicherlich ein 'laufendes' Auf und Ab. Absolut wichtig dabei muß aber der erkennbare Trend, die Tendenz sein, insgesamt *höher* zu kommen. Jesus wußte das, wenn er sagte:

*Aber das Tor, das zum Leben führt, ist eng und **der Weg dahin ist schmal**, und nur wenige finden ihn (Matth.7,14).*

## Unser Höheres Selbst

*...Ich sende meinen **Boten** vor dir her; er soll den Weg für dich bahnen,* heißt es bei *Matthäus* 11,10. Meistens wird hier auf Engel verwiesen, was auch sicherlich oft zutrifft. Andere erklären dazu, daß Göttliches selbst gemeint ist, das durch den in uns vererbten Gottesfunken wirkt, oder der Heilige Geist oder Jesus Christus oder ein hoher Meister oder unser Geistführer oder andere mehr. In Einzelfällen ist das alles möglich und auch tatsächlich zutreffend. Aber meiner Meinung nach als ein generelles Prinzip für abermilliarden Lebender auf unserer Mutter Erde viel zu weit hergeholt. Wir müssen auch hier ein System erkennen, das durch seine Einfachheit und Logik jahrtausendelang und milliardenfach wirksam sein kann.

In den meisten östlichen Religionen und bei uns im Abendland bei den metaphysisch Orientierten herrscht die Reinkarnationslehre vor und dort finden wir eine solche Erklärung für den 'Boten' auf unserem *Inneren Weg*, den 'Lotsen' in unseren irdischen Gewässern, den 'Steuermechanismus' in unseren bipolaren Spannungsfeldern: *Unser ewiges Bewußtsein oder unsere unsterbliche Seele oder **unser höheres Selbst**.* Wir, die einstmaligen 'Geschöpfe' eines göttlichen Schöpfers, sind unsterbliche Wesenheiten, deren übernatürlicher Geist selten in seiner Gänze in einem menschlichen Körper inkarniert. Es sind meistens nur 'Teile', sogenannte *Aspekte*, unseres Höheren Selbstes, die noch lern- und erfahrungsbedürftig oder unter-entwickelt sind und die die irdische

Lebensschule durchzumachen haben und zur Zeit als Hannes, Luise oder Isabel die Erde unsicher machen. Dieses Höhere Selbst ist natürlich durch seine höhere Frequenz für uns unsichtbar. Wir sind aber mit ihm durch die sogenannte *Silberschnur*[221] verbunden. Sie ist ein 'höchstelastisches' Energieband, das Hellsichtige aller Zeiten gekannt haben. Es 'reißt' bei unserem irdischen Tod, was bedeutet, daß es verschwunden ist, nachdem der ehemals inkarnierte Aspekt wieder in die Einheit des Höheren Selbstes zurückgekehrt ist.

Auch für das Höhere Selbst ist es jedesmal, wenn einer seiner schulungsbedürftigen Aspekte in der Materie inkarniert ist, ein gewaltiger Lernprozeß, diesen vermenschlichten Teil zu 'führen'. Der Aspekt in seinem stofflichen Körper soll natürlich im Laufe seines Lebens sein Lernprogramm, das er sich vorgenommen hat, erledigen, das heißt, er soll seine Lebensaufgabe und sein Lebensziel wirklich erreichen und er-zielen. Und wie gerne wir inkarnierten Seelenaspekte immer wieder vom Lebensweg abweichen und lieber den äußerlichen, anstatt den Inneren Weg zielstrebig gehen, wissen und kennen wir selbst am allerbesten. Und dadurch hat unser Höheres Selbst seine Plage mit uns in der Stofflichkeit, indem es zum Beispiel jahrzehntelang Geduld und Liebe mit uns zu üben hat.

Dieses **Miteinander** unseres Höheren Selbstes in der Transzendenz und unserem Niederen Selbst in der Materie, oder anders ausgedrückt, das Miteinander der unsterblichen Seele mit den Seelensplittern, Gottesfunken oder Aspekten im irdischen Tempel unserer Körper - dieses Miteinander ist der Heilsweg zurück zu unserem Schöpfer, so wie wir ja einstmals auch miteinander unseren freien Willen mißbraucht und uns aus seinem göttlichen System herausgemogelt haben (Engelsturz).

In diesem Miteinander greifen gleich mehrere 'Universelle Prinzipien' mit ihren geistigen Gesetzen, die wir kennengelernt haben. Das dabei Herausragendste dürfte sicher das Gesetz der Selbstregulierung sein, das sowohl unser Höheres wie auch das Niedere Selbst vollverantwortlich in diese 'Aufgabe' der gemeinsamen Rückentwicklung einbindet und begleitet. Das alles kann und muß weitgehend 'automatisch' funktionieren bei uns Milliarden von Wesenheiten, die diesen Weg gehen. Darüber hinaus dürfen und können wir natürlich geistigen Beistand erbitten - bei den jenseitigen Seelen verstorbener Familienangehöriger, bei unserem Schutzengel, bei Geistführern und jenseitigen

---

Ein Weiser wurde gefragt: "Wen *liebst* du mehr, deinen Bruder oder deinen Freund?"
Der Weise antwortete: "Ich *liebe* meinen Bruder, wenn er mein Freund geworden ist." *Jüdisches Sprichwort*

Meistern, bei den Erzengeln, bei *Jesus Christus*, der himmlischen *Mutter Maria* oder hilfreichen Heiligen oder dem höchsten Chef direkt - der in uns oder der im Universum. Ob und wie das 'funktionieren' kann, sehen wir uns im Kapitel 'Das Gebet' an. Unsere derzeitige Menschheit ist insgesamt schon so weit entwickelt, daß wir **allesamt** diesen weitgehend selbstständigen und individuellen Weg gehen könnten. Und um das ganze zu beschleunigen und erfolgreicher zu gestalten, gibt es für uns irdische Wesenheiten *den Weg nach Innen*. Es ist die direkteste Möglichkeit, mit unserem Höheren Selbst zu kommunizieren. Schaffen wir es gar, über unsere on-line-Möglichkeit uns immer wieder einmal mit dem Allgeist oder der göttlichen Einheit zu vernetzen - auch wenn es nur für Augenblicke geschieht - dann können wir bereits vom **Mystischen Weg** sprechen.

Wer dieses Niveau mit seiner irdischen, erhöhten Seelenschwingung streckenweise oder gar für länger erreicht, kann davon ausgehen, daß es wohl sein letztes Leben in der Materie sein könnte, er dabei ist, sich vom 'Rad der Wiedergeburt' zu lösen und er die Reststrecke seiner Seelenentwicklung in den transzendenten und himmlischen Spären zurücklegen darf und wird. Aus unserer Sicht richtig paradiesisch! Diese *Wege nach Innen*, diese schwierigen Lebenswege zu unserer Erlösung aus dem Reinkarnationszwang, ist der Weg Jesu - **Ich bin der Weg.**

Das Angebot dieses Rück-wegs steht uns allen zur Verfügung, sofern es ein *Weg nach Innen* ist. Den Gläubigen der großen Kirchenlehren, wenn sie das Gesetz der Tatliebe umzusetzen verstehen; den Anhängern individueller Glaubenswege, wenn sie in ihrer selbstverantwortungsvolleren Art das gleiche Gesetz erfüllen; auch den Gläubigen der Naturreligionen, die die mächtigen Gesetze der Mutter-Erde 'liebevoll' in ihre Lebensweise umzusetzen gelernt haben.

Es ist ein wundervolles 'System', das uns zur Verfügung steht. Es stellt wahre göttliche Gnade dar, die sich uns anbietet. Für diesen Weg hat sich Jesus um sein Leben gepredigt. Er war davon 'fanatisch' überzeugt und wollte es der Menschheit beibringen - aber sie hat ihn nicht begriffen. Und heute haben er und wir noch das gleiche Problem. Aber er lebt ja. *Und wenn wir wollen, mitten unter uns - nämlich seine Christuskraft.* Doch können wir diese nur einsetzen und umsetzen, wenn wir den *Weg nach Innen* gehen. Das Göttliche-ist-in-uns. Nur dort werden wir es wirklich finden. Das 'äußere' Suchen bringt uns kaum vorwärts, denn meist sind es Umwege, oft gar Irrwege. Sicherlich sind es bequemere Wege, als die oben beschriebenen, aber im Gedrängel der Massen, die sich dort durch das Leben schieben und schupsen, geht dies unheimlich langsam und mühevoll - entwicklungsmäßig gesehen.

## Einheit von Lehre und Leben

Wenn wir das auf unseren christlichen Kulturkreis beziehen, haben wir folgendes zu unterscheiden, was *K.O.Schmidt* trefflich im gleichnamigen Buch 'Thomas-Evangelium' formuliert hat [5]: Als exoterisch gelten alle religiösen und ethischen Weisungen für die breite Masse, die also das äußere Christentum betreffen, das bei den meisten Menschen neben dem Leben herläuft und es nur wenig bestimmt, weil deren Denken vorwiegend auf äußere Werte und Ziele gerichtet ist und für innere Werte und Zielsetzungen erst in Zeiten der Not ansprechbar wird...

*Das innere (esoterische) Christentum hingegen ist dort lebendig, wo der letzte Grund des Verhaltens eines Menschen im Bewußtsein seines innigen Verbunden- und Einsseins mit dem Übermenschlichen, dem Ewig-Göttlichen liegt, wo also geistig-religiöse Beweggründe **vor** äußeren Interessen und Motiven entscheidend sind, wo das Denken und Trachten über den engen Umkreis des Alltags hinausgeht...*

*War das äußere Christentum des Fische-Zeitalters durch den **Gegensatz von Lehre und Leben**, Glaube und Tat gekennzeichnet, so ist das Siegel des inneren Christentums des neuen Zeitalters die **Einheit von Lehre und Leben**. Denn heute beginnen in den Menschen neue Sinne zu erwachen, die sie hellsichtig machen für die kosmischen Heilswahrheiten des inneren Christentums. Die Unruhe der Übergangszeit, in der wir leben, die wachsende Unsicherheit des äußeren Daseins und die Ungewißheit darüber, was kommt, hat die Tiefen der Seele aufgerissen und macht immer mehr Menschen hellhörig für die Stimmen der Wahrheit, die durch die Zeiten und über alle Zeitlichkeit hinweg aus der Ewigkeit heraftönen.*

Nur auf einem *Weg nach Innen* können wir die christliche Anforderung der Bergpredigt begreifen und umzusetzen versuchen. Und wenn wir auf diesem Wege schon fort-geschritten sind, dann werden wir immer öfter fähig, uns führen zu lassen. Zum Beispiel würden wir unseren Intuitionen und Inspirationen mehr Bedeutung beizumessen. Durch welche dann unser Höheres Selbst zu uns 'spricht' oder gar der Schöpfer selbst via Höherem Selbst. Nochmals zitiere ich das *Thomas-Evangelium*:

*Es gibt ein Prinzip, das die Basis aller Dinge ist, eine einfache, stille, unbeschreibliche Gegenwart in uns - eine Macht, die schweigend in uns weilt, weil sie unser eigentlicher Herr ist, unser ureigenes **innerstes Selbst**, von dem ein Gefühl uns sagt: Unser ist es nicht, zu **tun**, sondern **tun zu lassen**, nicht zu wirken, sondern die Macht in uns wirken zu lassen. Mit diesem Gottes-Dienst sind alle denkenden und wahrhaften Menschen aller Zeiten einverstanden.*

Nicht mitzuhassen, mitzu*lieben* bin ich da.
*Sophokles,* griechischer Tragiker (496-406)

Und um einen Zeitgenossen dazu zu Wort kommen zu lassen, zitiere ich den Amerikaner *Eli Jaxon-Bear* in seinem Buch[177]:

*Das Ewige ist immer in Dir als Dein **eigenes Selbst**. Dies ist die unveränderliche Grundlage, auf der sich Deine Hoffnungen und Wünsche wider-spiegeln. Es sind eben diese Hoffnungen und Wünsche, die das ewig-reine Bewußtsein verdecken. Das Selbst wird sich selbst in einem Augenblick offenbaren, sobald Du alle Hoffnungen und Wünsche, diese uralte Krankheit des Minds, aufgibst. Bleibe still.*

## 16. Kapitel

### Unser Gebet

25 Prozent der Deutschen beten täglich, 27 Prozent beten nie. Das stellte FOCUS in seiner Umfrage für Heft 15/1996 fest. Ein Bericht der 'Vertraulichen Mitteilungen' [179] vom 3.11.1992 sagt dagegen:
> In den USA sind aktuell (1992) rd. 2000 Buchtitel auf dem Markt, die sich mit Gebet und Meditation befassen. Das sind dreimal mehr als beispielsweise Titel, die sexuelle Themen betreffen. Laut Gallup-Institut bekennen sich 91 Prozent der Frauen und 85 Prozent der Männer in den USA dazu, daß sie beten.

Beten heißt, in Verbindung mit seinem göttlichen Ursprung zu treten. Noch bis vor einem Jahrhundert konnte man definieren: Beten ist die mit Worten und begleitenden Handlungen - Gebärden wie Niederknien und Händefalten - verbundene Anrede einer als Person gedachten Gottheit. Heute erlaubt die höhere Vorstellungskraft einer immer weitgehenderen und kirchenbefreiteren Christenheit und Menschheit den Glauben an eine **höhere Kraft** in einer unvorstellbaren Vielfalt von Verständnismodellen, wie ich einige davon in diesem Buche versuche darzustellen.

**Gebet ist nicht gleich Gebet.** Ich zähle hier einmal die gängigsten Begriffe auf, in einer gedachten Reihenfolge, die von ethischer Seite her immer wertvoller und aus metaphysischer Sicht immer höher schwingend wird: Bittgebet, Stoßgebet, Fürbitt-Gebet, Dankgebet, Anbetung oder Lobgebet und Mystische Stille. Sehen wir uns dies einmal genauer an.

Die Mehrzahl unserer Gebete sind **Bittgebete**, wobei meistens unser Ego um Hilfe schreit oder fleht. Wir erlauben uns, um die vordergründigsten Dinge zu bitten, die unserem Schöpfer oft gar nicht zuzumuten sind. Wir bitten oft um Dinge, von denen wir irgendwann danach froh sind, daß sie - wohl in der großen Weisheit der geistigen Führung - nicht in Erfüllung gegangen sind. In der Unternehmensstrategie gibt es aus guter Erfahrung heraus kurz-, mittel und langfristige Planungen. Unsere Bittgebete sollten genauso aufgebaut sein, aber wenn wir gerade so zu planen fähig wären, bräuchten wir seltener Bittgebete gen Himmel auszusenden, weil wir dann wohl kaum so oft in Krisensituationen geraten würden. *Karlheinz Binder* schreibt in 'Geschäftsmann und Christ' [180]:

> Denn das höchste Glück auf Erden
> ist das Glück, *geliebt* zu werden.
> *Herder*

*Wir setzen, wenn wir mit unserem Latein am Ende sind, als Ultima Ratio ein* ***Stoßgebet*** *ab und degradieren Gott zum Feuermelder und zum Automaten, der gegen ein paar fromme Worte Lösungen liefern solle, und zwar prompt.*

Vom Ego weg, also vom Ich zum Du, gehen wir beim sogenannten **Fürbittgebet**. Hierbei zielen wir endlich in den Bereich der christlichen *Nächsten*-Liebe, weil wir es damit schon gelernt zu haben scheinen, mehr an einen anderen zu denken als an uns selbst. Bravo! Hiermit haben wir schon die nächst höhere Stufe der Ethik erreicht.

In eine noch gehobenere Phase des Zwiegesprächs mit dem 'Allmächtigen Herrn in uns und im Universum' - dem **Dankgebet** - kommen wir, wenn wir es immer öfter verstehen, zu danken *für das, was wir schon haben,* anstatt darum zu bitten, was wir - also unsere Egos - gerne anders hätten. Nun endlich hat uns Fordern und Un-zufriedensein verlassen und Zufriedenheit und innerer Frieden hält stattdessen Einzug bei uns. *Der Friede sei mit euch...* gilt jetzt für den, der in der Schwingung der Dankbarkeit steht. Und selbst in großen Krisen hilft uns das Danken weiter und damit das Darüber-nach-*denken*, über das, was wir 'haben'. Wenn wir dabei das Zukünftige, das, was wir noch nicht haben, in die 'Hände' des Göttlichen zu legen fähig sind, brauchen wir uns auch nur weiter zu 'bedanken' für das, was für uns noch vorgesehen ist und auf uns zukommen wird. Das ist edelstes Christentum genauso wie praktiziertes *Positives Denken*. Hierbei wirkt für uns das geistige Gesetz der Affinität oder Anziehung wie auch das der Resonanz und weil wir losgelassen haben von unseren Wünschen, diese quasi auf dem Altar unseres Ego's geopfert haben für eine Öffnung unseres Bewußtseins, kann sich dann diese geöffnete 'Lücke' wieder auffüllen nach dem 'Geistigen Gesetz der Fülle'. Dem außenstehenden Beobachter fällt dann vielleicht nichts besseres ein als *...den Seinen gibts der Herr im Schlaf* zu sagen, aber wer die geistigen Spielregeln kennt und sie immer öfter auch anzuwenden versucht und deren Beibehaltung allmählich immer länger durchzuhalten versteht, der ist auf dem richtigen Weg, dem Weg Jesu, der da gelehrt hat *...danket dem Herrn!* Das süddeutsche *Vergelts'-Gott* deutet die Vernetzung solcher Gesetzmäßigkeiten auch schon von alters her an.

Noch eine Bewußtseinsstufe höher schwingt das **Lobgebet** mit seinen Preisungen und Anbetungen. Nun ist unser Ego, weder bittend noch dankend, noch weiter in den verstandesmäßigen Hintergrund gedrängt worden, beziehungsweise haben wir von ihm loslassen können und unser Konzentrieren gilt *nur noch* dem Göttlichen, dem Schöpfer. Lobpreisen, Ehren und Beweihräuchern kann zwischen Kult und Demut schwanken, kann sich dabei aber so von unserer Person mit all ihrer irdischen Menschlichkeit lösen und 'abheben', daß dies schon zu Stigmatisierungen, Visionen und Wunderheilungen geführt hat. *Lobet den Herrn...* ist eines der Geheimrezepte des N.T. Die Klöster aller

Religionen mit ihren Nonnen und Mönchen, die ein Leben lang lobpreisen im Namen des Restes der Menscheit außerhalb der Gemäuer, sind ganz sicher kein unwesentlicher Teil der allmählichen menschheitlichen Bewußtseins-Entwicklung.

Wenn wir bisher die ethische Aufwertung unserer Gebete erkannt haben als ein entsprechendes Loslassen von unserem Ego, so können wir uns vorstellen, was nun noch folgen könnte als die absolute Krönung unserer Kommunikationsmöglichkeiten mit unserem Schöpfer. Der Wunsch nach absolutem Einssein von Geschöpf und Schöpfer bedarf auch *keiner Worte* mehr - das Schweigen herrscht nun vor und dieses völlig egofreie Eins-werden, welches das höchste Ziel in den meisten Religionen ist, wird teilweise als **Mystisches Gebet** bezeichnet. Das Wort Mystik kommt aus dem Griechischen und heißt 'Augen und Mund schließen' und ist von alters her die Bezeichnung für das Streben nach unmittelbarer Vereinigung mit dem Göttlichen - jedoch erstrebt ohne aktive Einflußnahme. Die klassische Bezeichnung für diesen Höhepunkt ist *unio mystica,* in der modernen Esoterik ist die Mystik *transpersonal*, das heißt sie überschreitet unseren persönlichen Verstand samt Ego. Dieses transpersonale Ziel unserer Seelenentwicklung spiegelt sich, wie wir gesehen haben, auch in den verschiedenen Formen unserer Gebete wider und kann uns zeigen - je nach dem, was der Anlaß unseres Betens ist - in welchem Zustand von Seelenreife wir uns gerade befinden.

Bleiben wir noch einen Moment bei diesem Schweigen oder der Stille mystischer Reinheit. Wer schon hin und wieder zu diesem hohen Seelenreifezustand fähig ist, hat oder braucht noch zwei wichtige Partner: Den 'inneren Frieden', den wir schon als ein Maß höchsten Christentums kennengelernt haben, und die *Liebe.* Und zwar die Art von Liebe, von der es heißt *...du sollst den Herrn, deinen Gott, aus deinem ganzen Herzen, aus deiner ganzen Seele und aus allen deinen Kräften* **lieben.**

**Diese unvorstellbare Harmonie von *mystischer Stille*, innerem Frieden und *göttlicher Liebe* ist der höchste Zustand, den zu erleben eine Seele in einem irdischen Körper fähig sein kann.**

---

Alle Religionen lehren die gleichen Werte: Das Prinzip der Bruderschaft der Menschen und der Vaterschaft Gottes, sowie die *Liebe* zu allen Kreaturen.
Helft, so viel ihr könnt, so wirksam ihr könnt,
so lautlos und *liebe*voll ihr könnt.
*Sathya Sai Baba*

Und wenn wir nun, bewußtseinsmäßig hier angelangt, nach diesem Göttlichen fragen, mit dem wir uns ver-einen möchten, dann liegt eben nichts 'näher' als die urchristliche Erklärung aus dem N.T.: *Gott-ist-in-uns*. Aus dieser Sicht paßt jetzt alles zusammen. Wenn wir Gott irgendwo zwischen den Sternen suchen müssen, entstehen fast unüberwindliche Barrieren, suchen wir das Göttliche *in uns* - und dafür gibt es den Weg nach Innen - haben wir eine reelle Chance, dieses hohe Ziel zu erreichen. Und wenn wir es gar fertigbringen, einen Großteil der urchristlichen Lebensweise, der Forderungen der Bergpredigt und der Techniken der Universellen Prinzipien und geistigen Gesetze zu **leben**, dann reicht uns ein einziges Erdenleben, um uns von der Schwere dieser niedersten Stofflichkeit für immer zu erlösen und unsere weitere Seelenreifung in den transzendenten Sphären zu vollenden. Dann heißt es: Reinkarnations-Zwänge ade!

### Gibt es ein richtiges oder falsches Beten?

Verblüffend ist eine Durchgabe[19] der *Mutter Maria*, die noch auf eine weitere Gebetsform hinweist, das **automatische Beten**.

*Die Menschen beten auf sehr verschiedene Weisen. Sie beten selbst dann, wenn sie sich dessen garnicht bewußt sind. Alle Menschen sprechen mit sich selbst. Das Geplapper in eurem Kopf und in eurem Herzen ist Beten, es ist das automatische Beten. Es bringt genau das in euer Leben, worum es ständig kreist. Was ihr erwartet, wessen ihr euch für würdig erachtet, das ist euer automatisches Gebet.*
***Beten ist so natürlich wie Atmen.***
*Hört den Gedanken in eurem Kopf einmal genau zu, dann bekommt ihr eine Vorstellung davon, wie ihr betet. Wenn ihr auf die Gedanken achtet, die in euerem Kopf herumgehen, dann wißt ihr, warum euer Leben so ist, wie es ist. Ihr verändert euer Leben, wenn ihr das Geplapper in eurem Kopf ändert.*

Ich behaupte, daß es für richtiges oder falsches Beten keine festen Regeln gibt, auch wenn dies manche Religionen, Sekten und Geheimorganisationen verlangen. Kult und Ritus ist etwas Äußeres und daher leben und erleben wir dabei auch nur äußeres Christentum. Nur der Weg nach Innen, für viele der Weg Jesu, kann dies ändern und ein inneres Christentum kann und darf auch seinen eigenen Stil zu Beten pflegen. Nur das Erreichen des Zieles zählt oder *die Früchte, die wir dabei ernten werden*. So sollten wir uns wenigstens einige Voraussetzungen und Erkenntnisse betrachten, die unser Beten vielleicht erleichtern oder effizienter machen könnten.

Von der *schweigenden Stille* haben wir schon gelesen. Gleichwertig ist sicherlich auch die **Meditation** (lat.: Nachsinnen, Denken) und die *Kontemplation*, ebenfalls ein Wort aus dem Lateinischen, das 'Beschauung' bedeutet. In einigen Religionen des Ostens ist damit die 'Versenkung in einen unterschiedslosen Bewußtseins- und Empfindungszustand' gemeint[137] und in der Mystik die 'unmittelbare Vereinigung mit dem Göttlichen'.

Wichtig ist sicher auch, daß unsere Gebetsgedanken *beseelt* sind. Nur wenn sie 'von ganzem Herzen' kommen und von einer Verwirklichung durch uns erfüllt sind, können sie sich ver-wirklichen. Das heißt aber auch, daß wir das, worum wir beten, aktiv in unserem Leben *ver-wirklichen* und umsetzen. *Ora et labora* heißt *Bete und arbeite*. Und es gibt ein weiteres sehr bedeutendes Beispiel, das leider kaum beachtet wird. Im berühmtesten aller christlichen Gebete murmeln wir: ...*vergib uns unsere Schuld, wie auch wir vergeben unseren Schuldigern.* Und wie oft haben wir schon vergeben? Dieses *Versprechen* nehmen sicherlich viele gar nicht wahr und schon gar nicht ernst. Aber es muß ernsthaft eingehalten und umgesetzt werden. Noch konkreter formuliert ist es in der griechisch-deutschen Übersetzung des N.T.[181]: ...*wie auch wir sie unseren Schuldnern erlassen haben.* Also muß zuerst das Erlassen und Vergeben vollzogen werden, bevor eine Gebetserhörung erwartet werden darf.

Wichtig ist, was schon zu anfang des Kapitels steht, daß wir möglichst nicht 'unsere Vorstellung' beharrlich einbringen, wenn wir zum Göttlichen-in-uns beten. Es sollte auch kein diesbezügliches Bitten und Betteln sein, sondern ein Abgeben und Loslassen und In-die-Hände-Gottes-legen sein. Wir sollten darauf vertrauen, daß alles gut ist, so wie es ist. Und wir sollten möglichst um Erkenntnis bitten, daß wir aus der 'Lektion' das lernen, was gut für uns sei.

Auch im deutschsprachigen Raum gibt es eine Vielzahl von Büchern über das Beten und davon sind die Mehrzahl Neuerscheinungen der letzten zehn Jahre. Von den wenigen, die ich genauer gelesen habe, kann ich sagen, daß keines ist wie das andere und damit die Vielfalt der Möglichkeiten aufzeigen, wie Kommunikation zwischen uns Geschöpfen mit unserem Schöpfer aussehen kann. Dieses 'Kommunizieren' via Gebet ist das wichtigste Element im Dialog Mensch-Gott oder Kinder-Vater oder Geschöpf-Schöpfer oder Entwurf-Designer oder Physis-Metaphysis oder peripheres Wesen-Zentraleinheit. Es ist die entscheidende Aktion von-unten-nach-oben oder von-außen-nach-innen, jenachdem, wo wir das Göttliche angesiedelt wähnen - *im Himmel* oder *in uns*. Beten oder meditieren oder in Kontemplation versinken (ich bleibe der Einfachheit halber bei dem Überbegriff *beten*) ist das wahre *religio*, die vom Göttlichen 'erwartete' und aktive Rückkopplung oder das bewußte Wiederauf-

> Wenn du *liebst*, so sage nicht: "Gott ist in meinem Herzen",
> sag' lieber: "Ich bin in Gottes Herzen."
> *Khalil Gibran* [200]

nehmen-von-Verhandlungen unseres Verstandesegos mit der Christuskraft-in-uns oder dem Allgeist im Kosmos. Dieses Beten ist etwas so Wundervolles und Phantastisches und Individuelles, das wir uns keinesfalls durch Kulte oder äußere Formen einengen oder reglementieren lassen sollten. Ins Gebet können wir alle unsere Ängste, Sorgen, Freuden, Träume, Glück, Dank und Frust reinpacken und wir wissen, daß einer zuhört und mitfühlt und sicher hilft, wenn wir uns auf seine Art helfen lassen.

Wenn in diesem Kapitel mehrfach getrennt wird zwischen 'dem Vater im Himmel' und 'dem Göttlichen in uns', so ist dies trotzdem ein und derselbe Allgeist oder Gott oder Vater, mit dem alles Lebendige in allen Universen vernetzt und verbunden ist. Hier holt uns lediglich die Tatsache ein, daß das *neue* Gottesbild, das uns Jesus im Gegensatz zum A.T. gebracht hat, von den Theologen der christlichen Kirchen nicht ernsthaft 'belebt' worden ist. Die christliche Weltmacht Kirche konnte besser und länger mit dem Gottesbild des A.T. erhalten werden, als mit dem *barmherzigen* Gott, wie ihn Jesus lehrte, der gar bei jedem von uns *in uns* schlummert und **erweckt werden will**. Hier und heute nun holt uns diese Unterlassung ein - uns als Kirchengläubige in den immer leerer werdenden Kirchen und uns als gottesähnliche Geschöpfe, die durch einen erschwerten Zugang zu unserem Schöpfer die Verbindung zu ihm haben einschlafen oder ganz abbrechen lassen. Belastet wurde unsere ursprüngliche Verbindung bewußt durch Sündenlast, Fegefeuer, Hölle und anderen Drohmitteln, die im totalen Gegensatz zur Liebeslehre Jesu stehen. Inzwischen haben wir nun unsere Probleme mit unserem falsch ausgelegten und verstandenen Gottesbild und die Welt wird immer gott-loser. Ich wiederhole noch einmal etwas verändert: Das steinerne wie das symbolische Gotteshaus hat zwei Eingänge, ein prächtiges und *äußerlich* kunstvolles Portal, wo man sieht und gesehen wird. Und einen engeren, direkten Zugang in Altarnähe und dem Allerheiligsten, der meist der Priesterschaft vorbehalten bleibt und wo das geschieht, was wir Kommunion nennen - das Eins-werden durch Kommunikation mit dem Göttlichen, der Gottes-Dienst.

In diesem Sinne - übertragen auf unser Thema *Beten* - möchte ich dem Anwender auf seinem Gebetsweg nach Innen empfehlen: Versuchen Sie den Umweg über den 'Vater im Himmel' im Sinne der Kirchentraditionen auszusparen, denn bei intensivem 'Anwenden' landen Sie als möglicher erneuerter oder kritischer Christ schließlich doch beim 'Göttlichen-in-uns'. Jesus hat sich doch klar ausgedrückt: *Gott ist Geist und die ihn anbeten, die müssen ihn im Geist und in der Wahrheit anbeten.*

Dazu sollten wir uns einmal den wörtlichen Text durchlesen, den uns Jesus bei Matth.6,5-9 für die Technik des Betens empfahl und womit er in wenige Sätze komprimiert, wozu ich ein ganzes Kapitel benötige:

*Und wenn ihr betet, sollt ihr nicht sein wie die Heuchler; denn sie beten gern in den Kirchen und wenn sie an den Ecken der Straßen stehen, um sich von den Leuten sehen zu lassen. Wahrlich ich sage euch: Sie haben ihren Lohn bereits erhalten. Du aber geh in deine Kammer, wenn du betest und schließ die Türe zu; dann bete zu deinem Vater, der im Verborgenen ist. Dein Vater, der auch das Verborgene sieht, wird es dir vergelten.* **Wenn ihr betet, sollt ihr nicht plappern wie die Heiden, die meinen, sie werden nur erhört, wenn sie viele Worte machen. Macht es nicht wie sie, denn euer Vater weiß, was ihr braucht, noch ehe ihr ihn bittet.**

Wenn wir für die 'Kammer mit verschlossener Tür' und dem Vater 'im Verborgenen' **unser Inneres** und das 'Göttliche-in-uns' annehmen - und Jesu Lehre war sehr gleichnisreich - dann sind wir auf dem richtigen Weg, den Weg nach Innen, von dem Jesus sagte ...*Ich bin der Weg.* Und wenn wir anfangs lasen, die Bitterei und Bettelei möglichst wegzulassen und höchstens eine Fürbitte für unseren Nächsten vorzubringen, dann wird dies oben klar bestätigt, 'da der Vater unser Problem ja doch schon vorher mitgekriegt hat'. Und wenn wir uns den Vater, das Göttliche, wiederum *in uns* vorstellen, dann paßt das 'Wissen, noch ehe wir darum bitten' viel besser dazu und ist logischer als das 'Bereits-Kennen' eines Vaters im unendlichen Kosmos - auch wenn wir allesamt holistisch und total miteinander vernetzt sind. ...*Der Vater und ich sind eins...* kann sehr wohl auch als eine Bestätigung für das Göttliche-in-uns ausgelegt werden.

Hören wir dazu noch eine andere kompetente Aussage. In 'Marias Botschaft an die Welt'[19] heißt es:

*Wir müssen die Menschen daran erinnern, zu Gott zurückzukehren und* **in ihrem Herzen und Geiste** *Gott zu suchen. Das ist der einzige Ort, wo Gott zu finden ist, nicht in Ritualen, in Religionen oder bestimmten Verhaltensweisen. Strebt danach, Gott in eurem Innern zu finden. Verlaßt euch nicht auf Priester oder Prediger, die euch den Weg zeigen. Gott ist nicht mit Geld zu finden. Er hat keine Verwendung für wilde Predigten an den Straßenecken, und er braucht keine lauten Gebete in der Kirche. Gott kümmert sich nicht um Kleidung. Alle diese Dinge sind menschlich und nicht göttlich.*
***Gott sucht nur ein ehrliches Herz und den Eifer eines gläubigen Geistes, um eins mit euch zu sein.*** *Verlaßt euch auf Gott; er beantwortet eure Gebete und gibt euch Seine guten Gaben. Verlaßt euch auf Gott und vertraut auf Ihn, um die Wahrheit zu erfahren. Nichts ist mysteriös an Gott, nichts ist ungewöhnlich. Gott hat dieses Universum geschaffen, die Naturgesetze, die Physik, die Gesetze der Aerodynamik und der Relativität. Sie sind Ihm nicht neu. Es gibt noch mehr*

---

**Du mußt alles *lieben*, was Gott geschaffen hat.**
*Hl. Franz von Assisi*

*Gesetze, von denen ihr nichts wißt. Es gibt noch mehr im Universum und in der Welt, was euer Leben verbessern könnte, wenn ihr nur überall nach der Wahrheit suchen würdet.*

Und haben wir nun endlich begriffen, daß das Göttliche in uns ist, dann verstehen wir auch die treffliche Formulierung unseres Klassikers *J. W. v. Goethe*:

## "Gebet ist das Atemholen der Seele"

Der italienische Kapuzinermönch *Pater Pio* (1887-1968) ist der erste stigmatisierte Priester der katholischen Kirche. Er war hochmedial und hat den Menschen (beim Beichten) und der Menschheit insgesamt viel Wahres hinterlassen. Als er am 20.9.1918 im Chor seiner Kirche die Wundmale Jesu erhielt, wurde er über Nacht bekannt. In Bibliographien über ihn wird er als 'Gottesmann der Neuzeit' erkannt, war ein Heiler und hatte die Gabe der Bilokation, das gleichzeitige Erscheinen an zwei Plätzen[222], ein Phänomen, das aus dem Leben vieler Heiliger berichtet wird. *Pater Pio*, der zu den größten Mystikern unserer Zeitenwende zählt und inzwischen im christlich-esoterischen Bereich mit Jenseits-Botschaften aufwartet, empfahl:

*Man muß Gott, der anklopft, hereinlassen. Wenn man ihm aber die Herzenstür nicht großzügig auftut... geht er vorüber..., wird er nicht Wohnung nehmen. Man muß Bereitschaft zeigen! Das ist Pflicht! Alles übrige tut er, und er tut es gut. Die Seele aber, die von Gott heimgesucht werden will, muß sich vom Lärm der Welt zurückziehen. Der liebe Gott hat mich gefunden... in der Einsamkeit und im Gebet. Er hat an meiner Herzenstür geklopft, und ich habe ihn aufgenommen, überzeugt, daß es meine Pflicht sei, Gott, der mich erschaffen hat, zu empfangen (aus 'Zeit-Zeichen' 15/89)*[193].

Wenn wir nun zum ersten Male wieder versuchen, mit dem in uns 'verborgenen' Göttlichen zu kommunizieren, zu sprechen oder zu beten, dann sollten wir uns den Gottes-Funken-in-uns vorstellen und das scheue Glimmen in unserem Herzzentrum visualisieren. Im Laufe der Zeit können wir uns dann schon ein immer helleres Strahlen vorstellen, zu dem wir uns bei unserem Meditieren geradezu hingezogen fühlen. Learning by doing. Probieren wir es, es ist einfach, unverbindlich, sehr sehr beruhigend und be-friedigend. Denn wir wissen ja, der 'Vater' weiß, was wir brauchen, noch ehe wir ihn darum bitten.

Im 'Ave-Kurier' 3/4 1996[195] heißt es, daß die Friedensnobelpreisträgerin und Kontemplative Schwester (die nach ihrem Orden dazu berufen ist, den größten Teil des Tages zu beten), *Mutter Theresa*, folgendes empfiehlt:

*Wenn du nach Gott suchst und nicht weißt, wo du anfangen sollst, lerne zu beten und mache dir die Mühe, jeden Tag zu beten. Man kann jederzeit beten, überall. Man braucht dazu nicht in einer Kapelle oder Kirche zu sein... Sprich einfach.*

*Sage ihm alles, rede mit ihm. Er ist unser Vater, unser aller Vater, welcher Religion wir auch immer angehören mögen. Wir alle sind von Gott geschaffen, wir sind seine Kinder... Und wenn wir beten, werden wir alle Antworten bekommen, die wir brauchen.*

*Mutter Maria* empfliehlt[19]

*...Wenn es euch hilft, zum Beten und Meditieren in eine Kirche zu gehen, dann tut es. Wenn ihr besser auf den Knien beten könnt, dann kniet. Benutzt jede Haltung, jeden Ort, alle Worte, die euch helfen zu beten. Nicht die Orte oder die Worte, die Rosenkränze oder die Kirchen sind wichtig, sondern eure Fähigkeit, mit Gott zu sprechen.*

*Don Camillo* hat es sich damit noch einfacher und seinen Autor berühmt gemacht. Doch möchte ich noch zwei weitere Aspekte bezüglich des Betens kurz anschneiden, die in den Sachbüchern sicherlich breiter dargestellt sind. Es gilt die Frage: *Sind die 'Wünsche des Ichs' überhaupt so wichtig, daß sie das Göttliche erreichen?* Jaein, denn einerseits ist das Göttliche in uns und braucht nicht 'erreicht' zu werden und andernseits werden sie dann möglichst nicht 'erhört', wenn sie uns zuweit von unserem Lebensziel und -weg ver-führen. Ist das Ego allerdings hartnäckig genug, werden sich auch diese Wünsche nach dem 'Gesetz des freien Willens' realisieren, jedoch mit allen dazugehörigen Konsequenzen. Etwa im Sinne der sarkastischen Bemerkung: *Der Herr verschone mich vor der Erfüllung meiner Gebete.*

Zuende gedacht verstehen wir, was beispielsweise *Buddha* gnadenlos formulierte: *Alle Dinge haben eine Ursache. Darum belästige mich nicht mit deinen Gebeten. Übe Tugend, dann wirst du gute Früchte ernten* (aus 'The Theosophist'). Und *Mutter Maria* setzt dem noch etwas ober darauf, indem sie klarstellt[19]:

*Gott braucht eure Gebete nicht. Durch eure Gebete fügt ihr zu Gottes Größe oder Güte nicht das Geringste hinzu.* **Für euch** *als einzelne und als kollektive Menschheit betet ihr. Die Menschheit ist es, der diese Gebete gelten. Es ist euer eigenes Erwachen, um das ihr betet.*

Eine weitere, oft gestellte Frage lautet: *Kann Beten auch gesund machen?* Es kann sehr wohl. Geistheilerischer Beistand (mittels Gebeten) in der schulmedizinischen Therapie hat in Großbritannien schon fast Tradition. Aber auch aus den USA hört man solches und ich zitiere nochmals aus dem Bericht[179] von 1992:

*An der Stanford Universität, wo Beten noch vor einigen Jahren kein offizielles Thema war, nehmen jetzt ständig 300 bis 500 Studenten an Gebetstreffen teil. Der Kardiologe Herbert Benson von der renomierten Harvard-Universität verschreibt*

> Wer in der *Liebe* bleibt, der bleibt in Gott
> (1. Joh. 4,16)

*seinen Patienten regelmäßiges Beten, weil es zum Heilungsprozeß beitrage.* Der Psychiater *Arthur Kornhaber* aus Lake Placid vertritt den Standpunkt: 'Wer Gott bei einem Patientengespräch ausklammert, vernachlässigt seine ärztliche Sorgfaltspflicht'. Am 'General Hospital' von San Francisco fand ein Experiment statt, bei dem Außenstehende beauftragt wurden, regelmäßig für eine Gruppe Herzkranker zu beten. Bei dieser Gruppe sollen sich schnellere Genesungserfolge ergeben haben als bei den nicht mit Gebeten bedachten Vergleichspatienten.

Solches bestätigt auch der seit langem praktizierende christliche Geistheiler *Rolf Drevermann*, wenn er das Gebet als *eines der besten Medikamente* empfiehlt: *...und obendrein ohne Nebenwirkungen.* Ähnliches bewirken auch unsere Dank- und Segensgebete vor der Mahlzeit - bezüglich deren Verträglich- und Bekömmlichkeit wie auch einer eventuellen Entgiftung. *Dr.C.B.Snow* [46] berichtet über einen weiteren Ernährungsaspekt:

*Hatten schon Experimente in der Sowjetunion ergeben, daß Getreide bei Musikberieselung besser gedieh, so demonstrieren wissenschaftliche Experimente mit Pflanzen in den Delawarr Laboratories in England unter anderem, daß Samen, die in den Mittelpunkt positiven* **Betens** *gerückt wurden, nach der Aussaat einen Wachstumsvorteil von bis zu 52 Prozent zeigten - je nachdem, wer die Gebete verrichtete.*

**Es gibt nichts Sinnvolleres als zu Beten!** Für alles und jeden - zwischen uns und der gesamten Menschheit. Allerdings möglichst in einer der beschriebenen, gehobeneren Gebetsformen. Abschließend möchte ich dazu nochmal *Erhard F.Freitag* zitieren[50]:

*Esoterik und Theologie sehen den entwickelten, erleuchteten Menschen als ein immer aktives Gebet, dessen Sinn in dieser Welt im Vorbildlichen liegt. Es gibt nichts Schöneres als zu beten, versuche es einmal, versuche ein Gespräch anzubahnen mit dieser Welt, ihrem Geist, mit dem Universum und dem, der es erschuf. Du kannst es, es gehört zu deinen Aufgaben, und es hilft dir, zu dem zu werden, der du sein möchtest.*

## 17. Kapitel

## Der Friede sei mit Euch

Krieg und Frieden sagt man, nicht Frieden und Krieg. Im historischen Rückblick steht immer der Krieg im Vordergrund. Aus den Geschichtsbüchern unserer Schulen haben wir meistens berühmte Kriege zu lernen, wer wen wo und wann... Gehört der Krieg derartig zum menschlichen Leben? Benötigen wir in unserer menschlichen Anhäufung immer wieder ein solches Ventil? Müssen sich hierbei Ur-Polaritäten ausgleichen? Alle Menschen sehnen sich nach Frieden und doch nehmen die Kriege kein Ende. Manchmal ist es der Hunger ganzer Völker, meistens aber der Macht-hunger Einzelner, die es (meist gut geplant) fertigbringen, die Massen aufeinander zu hetzen. Unser hart erkämpftes (schon wieder ein Kriegs-Wort) Europa sieht ja so friedlich aus und vermittelt uns (unter-schwellig?), eigentlich in einem ganz tollen Zeitalter zu leben - dank modernsten Medienzaubers sind wir doch total informiert. Wirklich? Was nehmen wir davon überhaupt noch auf?

Warum lernen wir in den Schulen nicht etwas über die Nationen, die uns durch ihr friedvolles Leben Vorbild waren? Die Kelten, Katharer, Arier, Guanchen... Lernen wir etwas über deren Glauben, Politik und Regierungsformen? Diese Völker haben auch ohne 'Demokratie' in Frieden gelebt, auch ohne UNO und NATO - wodurch?

Ein amerikanisches Forschungsinstitut hat festgestellt, daß 1993 das Jahr mit den meisten bekanntgewordenen Konflikten gewesen sei. Die Arbeitsgemeinschaft für Kriegsursachenforschung an der Universität Hamburg hat für 1994 fünfundvierzig Kriege aufgelistet, die weltweit Not und Leid hervorbrachten - und ich bemerke dazu: für profitable Umsätze einer gigantischen internationalen Waffenindustrie und anderer Multis. 1996 sollten nach seriöser Schätzung weltweit etwa 250.000 Kinder und Jugendliche (Kindersoldaten) an dreiunddreißig Schauplätzen kriegerischer Auseinandersetzungen unter Waffen stehen[279].

Doch bleiben wir in Europa. Seit fünf Jahrzehnten kein Krieg mehr? Aber auch kein Frieden! Die erwähnte profitgierige Waffenindustrie sorgte durch einen *kalten Krieg* zu einem wertmäßig unvorstellbaren Wettrüsten und brachte es fertig, dies den ach so intelligenten und ach so aufgeklärten kritischen

> Tue das Gute vor Dich hin
> und bekümmre Dich nicht, was daraus werden wird.
> deutscher Dichter *Matthias Claudius* (1740-1815)

Europäern überzeugend zu verkaufen. Jahrzehntelang.

Wie sieht es mit unserer Beherrschtheit in großen Konfliktsituationen aus? Wie kam es zu dem 'friedvollen' Zusammenschluß von West- und Ostdeutschland 1990, nach Jahrzehnten (künstlicher) Feindschaft? Auch das sind aussagekräftige Verhaltensfragen. Die gegenteilige Variante menschlicher Reaktion zeigt uns der Balkan. Nach Jahrzehnten 'friedvoller' Touristengeschäfte, gekrönt vom alteuropäischen Olympiageist, ein Rücksturz in mittelalterliche Bestialitäten. Offensichtlich spielen aber internationale Mächte die menschlichen Emotionen aus und nach fast zwei Jahrtausenden der 'Friedenslehre der Evangelien' tobt zum wiederholten Male ein Glaubenskrieg in Europa: orthodoxe Serben[205] gegen katholische Kroaten und islamische Bosnier. Erinnern möchte ich an dieser Stelle nochmals an den furchtbarsten Glaubenskrieg zwischen christlichen Brüdern, dem Dreißigjährigen Krieg, und dem möglicherweise zuende gehenden Glaubenskrieg zwischen irischen Katholiken und anglikanischen Protestanten - auch schon über fünfundzwanzig Jahre lang in unserer 'kriegslosen' Nachkriegszeit.

Diese kleinen Beispiele zeigen uns, daß entgegen aller Friedenslehren, Religionsgründer und Propheten, das menschliche Verstandesego, Einzelner wie auch der Massen, keinen Frieden geben kann - auch nicht aufgrund der Friedenslehre schlechthin, der Lehre Jesu. Das Wort 'Friede' und 'friedfertig' kommt im N.T. achtzigmal vor, beginnend so ungefähr mit der Weihnachtsgeschichte und der Verheißung für die Welt: *Friede auf Erden*. Wäre da nicht die Frage angebracht, ob Jesus es eventuell ganz anders gemeint haben könnte? Ich bin sicher, daß wir auch hierbei unterscheiden müssen zwischen *äußerem Frieden und innerem*. 'Der Friede sei mit euch!' ist zwar eine echte Frohbotschaft in Zeiten von irgendeinem äußeren Kriegszustand - wie damals unter römischer Besatzung - und wird stets dankbar und gläubig von allen Parteien aufgenommen, aber das alles bleibt sicherlich rein *äußerlich*.

**Meinte Jesus den inneren Frieden?**

Klares Ja! Aber auch auf dem Weg zum *inneren Frieden* wird von 'Kämpfen' gesprochen. Selbst jener Mensch, der durch seine Reife oder Erkenntnis bestimmten Emotionen in seinem Leben wie auch in seinem Alltag 'den Krieg angesagt' hat, bedient sich solchen Wortschatzes. Wir finden in der Geschichte immer wieder große Persönlichkeiten, die den äußeren Frieden in bestimmten Bereichen vorbildlich realisieren konnten. Wir belohnen sie in der Neuzeit zum Beispiel mit dem *Friedensnobelpreis*. In Universitäten einiger Länder dieser Erde wird 'wissenschaftliche' Friedensforschung betrieben. Alles sehr positive

Ansätze, aber doch nur ein kleiner Ausgleich gegen die Vielzahl von Militärschulen und Waffenindustrien auf unserem Globus. Wer korrigiert die Schulbücher, wo Schlachten und Generäle auswendig zu lernen sind? Der dabei erwähnte 'Frieden' wäre meist durch die Begriffe Eroberung, Besetzung oder Sieg zu ersetzen und führt auch nicht weiter zu einem Frieden im echten Sinne und so wie Jesus ihn zu lehren versuchte.

Ich wiederhole: *Alle Menschen sehnen sich nach Frieden und die Kriege nehmen kein Ende.* Wir hochzivilisierten Völker - wir bilden uns wenigstens ein, es zu sein - sind imstande, Raketen und Menschen in den Weltraum zu schicken, aber wir sind unfähig, Frieden in unsere Herzen und unser Leben zu bekommen. Warum sind all diese technischen Fortschritte möglich und 'Frieden auf Erden' unmöglich? Man findet keine überzeugende Antwort. Daher betone ich nochmals: Konfliktsuche im Äußeren führt uns nicht weiter. Das sagt auch Jesus bei Joh.14,27:

*Meinen Frieden gebe ich euch - nicht einen Frieden, wie die* **Welt** *ihn gibt...*

Verlassen wir daher die Formulierung: *...der Friede sei mit* **Euch**, der anonymen Mehrzahl und eher als äußerlich zu verstehen. Ich sehe hierbei das entscheidende Wort in der Formulierung:*...der Friede sei mit* **Dir**. Man stellt mit Recht fest, daß wir im Zeitalter der Vermassung leben. Durch die Flut und Macht der weltweiten Medien werden wir Menschen immer mehr egalisiert und gleichgestimmt, mit der Gefahr natürlich, auch gleich-gemacht zu werden. Die Brüsseler Eurokraten nennen es harmonisieren. Gegen dieses immer potentieller werdende 'Wir' bekommt womöglich das uralt-göttliche ICH BIN auf unserer menschlichen und materiellen Ebene eine neue Wertigkeit: nämlich das 'Ich' als Ausdruck von Selbständigkeit mit Betonung von 'Stand' und 'Standpunkt'. Masse zu *befrieden* kann nur wieder Äußerlichkeit sein, sich selbst zu befrieden bedeutet *innere* Kämpfe. Die Massen zu be-frieden, versuchen die Menschen seit Angedenken vergeblich, sich selbst zu befrieden ist eine tägliche Aufgabe - und zwar täglich aufs Neue.

*Der Friede sei mit dir* ist dabei eine individuelle Aufforderung und klingt nach **innerem Frieden**. Aber wir müssen noch weiter differenzieren. Diese Aufforderung ist klar formuliert für den Einzelnen, für das Individuum, für den Selb-ständigen. Aber auch für einen, *der Ohren hat zu hören,* der in seiner Reife

> Ein kleines Korn, gesät ins Feld, bringt mit der Zeit dir tausend Ähren.
> Ein Körnlein *Liebe*, gut bestellt, kann tausend Herzen Freud gewähren
> *Scherer* [182]

oder trotz seines Frustes dafür auch aufnahmefähig ist. *Der Friede sei mit euch...* hört sich viel einfacher an, eben anonymer, ziemlich gießkannenhaft. *Der Friede sei mit dir...* kann dagegen unter die Haut gehen, ist frontale Ansprache und wir können sicher sein, daß es für viele von uns auch eine Herausforderung sein soll. **Jesus war ein gekonnter und lustvoller Herausforderer,** da gab es geradezu Rundumschläge. Die Theologen (Schriftgelehrten), die Finanzbeamten (Zöllner), die Reichen, die Propheten, das damalige Establishment, andernseits aber auch die Gegenseite, Kranke (auch die falschen), Aussätzige, Ehebrecherinnen und so weiter. Herausfordernd war auch seine Art gegen alle gängigen Auffassungen und orthodoxen Gesetzmäßigkeiten zu verstoßen, *wenn es zu helfen und Liebe in die Tat umzusetzen galt.* Ein typisches Beispiel dafür finden wir bei Joh. 9,39-41, wo ausführlich darüber berichtet wird, wie Jesus am strengreglementierten und *hochheiligen Sabbat* einen blindgeborenen Tempelbettler heilt und den darauf folgenden Angriff der Theologen mit Gegenangriffen pariert. Selbst, wenn die Evangelien viele dieser Beispiele wohl nur symbolisch zitieren, zeigen sie uns Jesus als einen Herausforderer mit untrüglicher Treffsicherheit, menschliches Fehlverhalten aufzudecken und meist Gesetzmäßigkeiten und Prinzipien zu formulieren, für deren Kennenlernen man heute das Studium der Psychologie samt Verhaltensforschung anbietet.

Aber all diese Beispiele im N.T. sollen keine historische Aufarbeitung eines Lebensabschnittes Jesu sein, sondern Schwerpunkte und *Lektionen* seiner Lehre für den Einzelnen (*...der Ohren hat zu hören*), für den nach Problemlösungen Suchenden oder für den, der dem Lauf der heutigen Entwicklung einfach nicht mehr tatenlos zusehen kann. Jesu provokatorische Herausforderungen haben ihn zwar ans Kreuz gebracht, aber sie werden heute noch studiert, sind nach rund zweitausend Jahren immer noch beispielhaft aktuell, unerreicht treffend präzisiert (*...Splitter im Auge*) und könnte dem Einzelnen durch ein neues Verständnis **tatsächlich** *Frieden* **bringen** - wenn er es will.

Aber auch dieser Einzelne hat da meistens ein Problem: ***Aller Frieden Feind ist unser Ego.*** Wie soll ich Frieden bei mir und um mich herum oder gar *in-mir-selbst* finden, wenn mein wohlgehätscheltes Ego laufend Selbstbewußtsein signalisiert und Selbsterhaltung mobilisiert. Dieser tägliche Wettstreit in unserem äußeren Umfeld zwischen einer gewissen Selbstlosigkeit und einer für nötig gehaltenen Selbstbehauptung ist echte Herausforderung an das Ego, ein proofen seines Stellenwertes, ein Abklopfen seiner Dimension in uns. Und da kommt uns Jesus mit seiner kurzen und schlichten Formulierung *...der Friede sei mit dir.* Wir können sicher sein, dieser Friede bedeutet Krieg mit unserem Ego. Und da sind wir schließlich beim *Sinn* des irdischen Lebens oder unter anderem auch bei dem dazugehörigen *Loslassen.* Das Loslassen von allen möglichen Zwängen bedeutet fast immer das Loslassen vom Ego und seinen Gewohnheiten und Verbindlichkeiten.

**Loslassen** zählt heute zu den wichtigsten Seminarthemen, weil damit unter anderem auch Ent-faltung, Ent-wicklung und Ent-stressung verbunden sind und immer mehr Menschen inzwischen klar wird, daß derartige Zustände mit dem Ego als zentrale Kraft unsere Persönlichkeit und unser unsterbliches Bewußtsein allmählich versklaven und zuletzt natürlich auch unserer Gesundheit schaden. Über den Schaden, den unsere Seele dabei erleidet, denken wir, wenn überhaupt, dann wohl zuletzt nach.

Dieses Frieden-Schaffen und Frieden-Halten *in uns* und *um uns herum*, ist auch keinesfalls leichter als Frieden zu stiften zwischen den Völkern. Vor allem, weil wir dabei in aktiver Form bei uns selbst tätig werden müssen, während man es im globalen Bereich den anderen passiv überlassen kann. Dafür gibt es ja Diplomaten und andere Spezialisten. *...und die taugen sowieso alle nichts,* ist da unser schnelles Urteilen und Aburteilen. Ganz schön kleinlaut werden wir dann, wenn es um uns selbst geht und Jesu Beispiele (...der Splitter im Auge) könnten uns schnell wieder zurechtrücken - wenn wir dazu bereit wären. Auch *Satya Sai Baba* behauptet:

*Wenn Gedanken und Ideen vernünftig, gesund, friedlich, liebevoll, moralisch und harmonisch sind, **dann ist der Friede nahe.***

Das neue Denken aus ganzheitlicher Sicht führt auch hier zu einem neuen Blickwinkel. Ich sehe dabei einen erfolgreichen, dreistufigen Weg zum Frieden schlechthin:

> den Frieden *um uns herum*
> den Frieden *mit uns* und
> den Frieden *in uns.*

Es ist sofort zu erkennen, daß es hier um Friedensformen geht, die uns niemand von außen beschert, kein Politiker, keine Partei, kein Wissenschaftler und kein General. Den Frieden in unserem Umfeld, mit uns selbst und tief in unserem Inneren **müssen wir ganz alleine** erschaffen und stiften, vor allem aber immer wieder erhalten. Es ist der Frieden des Individuums, des Einzelnen und auch der Frieden, der in (meist kleineren) Glaubensgemeinschaften zustan-

> Man hört über *Liebe* sprechen und man lacht,
> man spielt mit der *Liebe,*
> anstatt sie als das wirksamste Mittel des Heils anzuwenden.
> *Omraam Mikhael Aivanhov* [182]

de gebracht und dort erhalten werden kann. Neuzeitlichen christlichen Pazifismus größeren Umfangs findet man bei den Mennoniten, Quäkern, Baptisten, Anthroposophen, Urchristen und einige wenige mehr. Die härteste Prüfstelle des Friedens ist immer die Gemeinschaft. Frömmigkeit, die nicht auch anderen nützt, ist nur beweihräucherter Egoismus. Im Islam gibt es einen Denkspruch:
*Wißt ihr, was noch besser ist als Fasten, Beten und Almosen geben?*
*Es ist: Frieden stiften.*


**Der Friede um uns herum**

Wollten wir dabei eine Strategie entwickeln, so hieße es eigentlich: Fangen wir die Planung erst mal im Kleinen an. Tests von Produkten oder Markennamen beginnen in Labors oder in regional begrenzten Gebieten. Dies wäre eine gute Parallele, das Thema Frieden erst einmal *in uns und unserer Familie* zu erproben. Aber genau da zeigen sich die allergrößten Probleme. Frieden *geben* heißt meistens auch nach-geben. Und genau dem gegenüber steht unser mächtiges Ego. Wir müssen auch dabei wieder zurückkommen zu unserer Meßlatte mit den Polaritäten
*selbst-süchtig <> selbst-los.*
Je weiter wir tägliche Ausschläge zur rechten Seite dieses Paarlings schaffen, umso näher kommen wir dem Frieden *um uns* - die Art von Frieden, die Jesus in der sogenannten Bergpredigt forderte.

Wenn wir uns die drei oben erwähnten Friedensstufen näher ansehen, dann wird die am leichtesten zu erreichen und eine zeitlang auch zu erhaltende sein, die im Aktionsbereich um uns herum liegt. Das wäre zum Beispiel in der Familie, in der Verwandtschaft, am Arbeitsplatz, im Verein. Erste Ungereimtheiten zeigen aber hier schon die Verhaltensweisen Einzelner (ich traue mich fast nicht zu vermuten: die der Mehrheit), indem man *außer Haus* oft äußerst liebenswürdig sein kann, anpassungsfähig, zuvorkommend und zumindest 'taktisch' friedvoll, aber dann *zuhause* oder im privaten Bereich alles andere als friedlich auftritt und der Haussegen dann schief hängt. Übrigens ist das viel mehr bei Männern als bei Frauen anzutreffen. Teils sind dies sowieso 'falsche Fufziger' und dann ist gar keine echte Friedenslust vorhanden, teils aber begreift derjenige eine Friedensnotwendigkeit in der kleinen Gemeinschaft von Beruf und Freizeit leichter, als in der familiären, wo man sich ja (fast) total kennt. Wobei aber auch unser Ego möglicherweise Positionen aufgeben müßte, die dann schließlich für immer vertan sein könnten. Den Arbeitsplatz oder Verein kann man ja zur Not noch wechseln. Hierher gehört die Erkenntnis, daß Friedens-erhalt eben doch ein Kampf mit dem Ego ist, solcher Kampf aber ermüdet und man schließlich die dringend benötigte Kampfpause am einfachsten zuhause einlegt - wodurch das nun nicht mehr bekämpfte, selbstsüchtige Ich loslassen und wieder 'unfriedlich' sein darf. Ich will derartige Beispiele nicht weiter ausbauen, weil sie eigentlich jedem von uns geläufig sind. Das Spiel haben wir ja alle schon so oft ge-spielt und ver-spielt, mußten wie oft um Entschuldigung bitten, wieder einrenken und wieder gutmachen. Das liebe Ego mußte dann womöglich mehr in die Knie gehen, als zuvor nach errungenem Siege der Ichsucht das damit verbundene Hochgefühl hergegeben hat.

Abschließend möchte ich aber noch auf die Erkenntnis ganzheitlicher Sicht in Bezug auf Krankwerden hinweisen. *Ganzheitlichkeit* steht hier für Körper-Seele-Einheit. Darauf bezog sich Jesus mannigfaltig im N.T. und heute wieder immer mehr Mediziner und alternative Behandler und Heiler. Nehmen wir als schrecklichstes Beispiel, das moderne Selbstzerstörungsleiden Krebs. Entweder wurde das Ich jahrelang gedemütigt und zerstört sich dann selbst oder unsere Ichsucht läßt uns laufend die Grenzen der vorgegebenen Ordnung übertreten und wuchern. Ungebremste Ego-zentrik, andauerndes Durchsetzen eigener Ichbezogenheit, oft verbunden mit maßlosem Erfolgshunger, erhält sich stets auf Kosten anderer, wie oft gerade zu Lasten der Friedvollen. Menschen, die sich uneingeschränkt in diese Richtung gehen lassen, können so zum Geschwür der menschlichen Gemeinschaft werden.

## Der Friede mit uns

So wie der Gegenpol zum äußeren Frieden der Krieg ist, so ist es zum inneren Frieden die **Aggression**. Unser Verhalten in der Gemeinschaft wird immer mehr geprägt davon, wie wir mit unseren eigenen Aggressionen und die der Umgebung umgehen können. Dieses Thema ist vor allem in unserer westlichen Welt verstärkt entstanden, weil wir nie gelernt haben, damit umzugehen. Anpassungszwänge werden immer stärker gefordert, ideologische wie soziale. Und ist die Anpassung nur gespielt und zwangsweise vollzogen, erzeugt sie automatisch Aggressionen - meist gegen andere als Ausbruch, zuletzt oft auch gegen sich selbst. Meistens müssen aber beide Formen *verdrängt* werden und dann fangen die Probleme an. Die beiden Therapeuten *Dethlefsen* und *Dr. Dahlke* schreiben dazu[187]:

> Wollt ihr Glücklich sein? Verlangt nicht danach, ge*liebt* zu werden, sondern *liebt* selbst, Tag und Nacht, und ihr werdet ständig glücklich sein.
> *Omraam Mikhael Aivanhov* [182]

*All diese verdrängten Aggressionen unserer lieben und friedlichen, sozial so gut angepaßten Mitbürger treten als 'Krankheiten' wieder ans Tageslicht und setzen letztlich der sozialen Gemeinschaft in dieser pervertierten Form genauso zu wie in ihrer Urform. Die Kliniken sind daher die modernen Schlachtfelder unserer Gesellschaft. Hier 'kämpfen' die verdrängten Aggressionen gegen ihre Inhaber erbarmungslose Schlachten. Hier leiden die Menschen unter ihren eigenen Bosheiten, die sie ein Leben lang nicht wagten, in sich zu entdecken und bewußt zu bearbeiten.*

Dieses 'Bearbeiten' ist inzwischen ein ganz gutes Geschäft für Kliniken und Arztpraxen, solange die Leiden nicht als verdrängte Aggressionen erkannt sind. Im Anschluß daran gilt dies auch für Psychiater und alternative Therapeuten, für Seminarplätze, Autoren, Verlage und einer Branche, die all diese 'Rezepte' anbietet. Und trotzdem müssen wir dankbar sein, daß die Erkenntnis darüber **endlich auf breiter Basis** erwacht. Aber warum das alles so spät? Weil die Theologie versagt hat, weil viele der religiösen Gemeinschaften selbst gegen sich und andere äußerst aggressiv sein können und dies dem Rest der Welt schon lange genug vormachen. Und da sich jene alle *christlich* nennen, können wir wieder nur den Schluß daraus ziehen, daß Jesus mit seiner urchristlichen Lehre großräumig einfach *noch nicht* verstanden und die Lösung nur individuell 'gemeistert' werden kann. Und hier werden aufmerksame LeserInnen erkennen, daß das ja eigentlich die 'Schule des Lebens' darstellt und daß die 'Aufarbeitung' dieser Probleme - Optimisten sagen dazu Herausforderungen - zur Meisterschaft, zur Reifung und Ent-wicklung unseres Bewußtseins und unserer Persönlichkeit führt. Also ist es vielleicht doch nicht ganz so schlimm, daß die Herren Bischöfe jahrhundertelang versagt haben? Wir wollen nicht urteilen und ab-urteilen, sondern uns um uns selbst kümmern und 'mutig' versuchen, unseren eigenen Schulungs- und Lebensweg zu gehen und zu meistern.

Mutig deswegen, weil Aggressionen auch stets ein Defizit erkennen lassen: *Mangelnde innere Sicherheit,* die zu Angst und Un-sicherheit führt. Aggression als innere Bereitschaft zu Angriffen kommt weit seltener vor als wir spontan annehmen würden und stammt heute in der Zeit der geplanten Vermassung oft aus einem gesunden Selbsterhaltungstrieb. Aber **Aggression als ein zentrales Problem unserer Zeit** spiegelt die Ängste, die Verunsicherungen, die innere Leere und die innere Gottlosigkeit unserer Zeit und ihrer Menschen wider. Die Lehre Jesu hält mit ihren Spielregeln dagegen: **Sicherheit und Ausgeglichenheit durch Inneren Frieden und Tatliebe.** Sowie wir dies ein paarmal erlebt haben - durch Gebete, Meditation, Gemeinschaft mit Gleichgesinnten, Gespräche mit Fortgeschrittenen, Beichtvätern oder Therapeuten - spüren wir ganz deutlich, welche Kraft wir auf einmal zur Verfügung haben, um alle aggressiven Gefühle, ausgelebte wie geschluckte, wegstecken zu können. So können wir den Alltag mit seinen Herausforderungen 'meistern' und uns ganz einfach *stark* fühlen. Und wenn es auch anfangs nur ein paar Tage anhält.

Sehen wir uns nun weiter den zweiten Bereich des inneren Friedens an, den **Frieden mit uns**. Damit meine ich, außer dem schon oben Gesagten, den Frieden mit unseren Veranlagungen, vielleicht auch mit unseren 'Sünden', mit unseren Schwächen und Leiden, mit unseren Wünschen und Zielen, aber auch mit dem bis dato Erreichten. Schon in mythologischen Bereichen stoßen wir auf die gleichen, fast als elementar zu bezeichnenden menschlichen Triebkräfte, die die Ich-heit der Erdenbewohner als besonders ausgeprägt erkennen lassen. Gemeint sind die Triebkräfte, die in ihrer Anwendung innerhalb der menschlichen Gemeinschaft als destruktiv zu bewerten sind und darum von jeher dem Volke als 'Sünden' vorgesetzt wurden. Im biblischen Bereich finden wir sie weniger bei den mehr äußerlichen 'Untaten' der mosaischen zehn Gebote, sondern verstärkt in der Bergpredigt mit der verfeinerten Verhaltensethik, mit der Jesus zugleich die Abgrenzung *alttestamentarisch-äußerlicher Religion <> christlich-innerer Lehre* als seine Hauptidee aufzeigen wollte.

**Die sieben Ursünden**

Unter dem Begriff der sieben Ursünden - auch Hauptsünden oder Todsünden genannt - finden wir diese Negativkräfte menschlicher Ich-bezogenheit:

1. Hochmut, Stolz und Eitelkeit
2. Trägheit
3. Neid und Eifersucht
4. Zorn und Jähzorn
5. Wollust
6. Gier und
7. Geiz

Diese sieben Triebkräfte kann man verschieden stark ausgeprägt bei jedem Menschen unterscheiden, schlimmer noch: Wir Menschen ordnen uns stets selbst bei mindestens einer dieser Ur- oder Ich-sünden schwerpunktmäßig ein, wobei jede einzelne davon schon ein großes Hindernis auf dem 'Weg nach Innen' darstellt. Solange unser Ego diese Charaktereigenschaften unserer

> Nur die *Liebe* zur Wahrheit schafft Wunder.
> *Johannes Kepler*, deutscher Astronom (1571-1630)

äußeren Persönlichkeit pflegt, sich darin wohlfühlt und daran festhält, kann sich unser innerer Gottesfunke und die Christus-kraft einfach nicht entwickeln und wir bleiben im Bereich dieser niederen Schwingungen verhaften. Sehen wir uns einmal diese sieben 'Todsünden' einzeln an.

**Der Stolz**

Stolz ist getarnte Eigenliebe. Aus dieser nichts schonenden, vor nichts zurückschreckenden Eigenliebe ist das Chaos in der Welt, in der Gemeinschaft und auf allen Ebenen von Lebensoffenbarungen entstanden. Der stolze Mensch ruft: *Ich bin es, ich!* So wie auch jede stolze Religion sagt: *Wir sind es, wir!* Stolz erhält diktatorische Herrschaft und das autoritäre Recht von Elitemenschen. Auf Stolz basiert die Position vieler 'Meister', religiöser wie profaner Würdenträger, die zu leicht irgendwann der Macht dieses Lasters erliegen. Dem Stolz erliegen besonders die Einzelgänger, deren eigentlich positive Stärken dadurch irgendwann entwertet werden - denn positiv Herausragendes zieht Polar-Negatives magisch an. Der Blick eines stolzen Menschen bleibt immer von sich selbst erfüllt und sein Denken dreht sich bevorzugt um das eigene Ego, auch wenn er mit anderen in Kontakt ist.

Leider sind auch kirchliche Hierarchien oft drastische Beispiele für diese Ursünde. Vom allein-seligmachenden-Anspruch bis hin zur Gottes-Vertreterschaft finden wir die Spektren von Stolz und Eitelkeit. Auch in der Macht von Gesetzesvorschriften, wie sie überwiegend vergreiste Priesterschaften schon vor zweitausend Jahren pflegten und die von Jesus, dem Lehrer der Demut, gegeißelt wurde. Stolz ist schon schlimm, wenn er zur Selbsterhöhung des Egos führt, weil man dann bereits das Verhaltensmaß verliert. Schlimmer ist noch die negative Energie, die beim meist damit verbundenen *Abwerten* der anderen entsteht. Der österreichische Dichter *Franz Grillparzer* (1791-1872) hat das prägnant formuliert:

*Das ist der im Leben schädlichste Stolz, der nicht aus eigener Wertschätzung, sondern aus fremder Geringschätzung hervorgeht.*

Die Steigerung des Stolzes ist der **Hochmut**, eine Fehlhaltung, der besonders herausragende Persönlichkeiten erliegen können - solche zum Beispiel, die Talente (Dharma) mit auf ihren Lebensweg bekommen haben und sie irgendwann miß-brauchen, anstatt sie für sich und die anderen zur (karmischen) Selbsterlösung ein- und umzusetzen. Unsere Sprache hat hierfür viele ausformulierte Begriffe, die zwischen dem menschlichen Stolz und dem Hochmut angesiedelt sind: Überheblichkeit, Dünkel, Eingebildetsein, Aufgeblasenheit, Arroganz und Vermessenheit, bei den Griechen die *Hybris*. Wir spüren schon beim Lesen dieser Begriffe, wie schädigend derartige Verhaltensweisen für die Mitmenschen um einen solchen Ego-Typen herum sind und für den Betroffenen selbst keinerlei Chancen für eine Bewußtseinserhöhung bestehen lassen.

Auch die Sünde der **Eitelkeit** ist eine Form des Stolzes und der behaftete Mensch pflegt und schmückt damit nur sein Ego. *Eitelkeit der Eitelkeiten, alles ist Eitelkeit*, heißt es im Prediger. Dieser Ausspruch ist tiefsinniger als wir denken und bezieht sich sowohl auf die innere, geistige und seelische Leere wie auch auf äußere Prunksucht.

**Die Trägheit**

Der stolze und der träge Mensch stehen einander diametral gegenüber. Es ist also nahezu unmöglich, diesen beiden Ursünden zugleich zu unterliegen. Die menschliche Trägheit finden wir in zwei Formen: der *äußeren* und der *inneren* Trägheit. Normal fällt uns Trägheit in der heutigen Gesellschaft störend auf. Das Ego des Trägen ist so mit sich selbst beschäftigt, daß dieser un-mobil wird. Er fühlt sich nur wohl in seiner Statik und oft auch in seiner Leibesfülle, denn auch hierbei sorgt sein Ego besser für sich selbst als für andere.

Dagegen spricht man, wenn dieses Ego nicht so ausgeprägt ist, von einer *inneren* Trägheit. Typischer wird dies, wenn in der inneren Trägheit das Ego selbst gleichgültig und zu träge wird, irgendetwas mitzumachen. Es kann zu träge werden, sich zu wehren, selbstständig zu denken, zu fühlen und zu wollen.

Passivität ist von alters her das Prinzip, durch das große Organisationen ihre Massen zusammenhalten. Und heute haben die modernen Medien diese Ursünde als verbreitete menschliche Verhaltensweise entdeckt und vermarkten sie für sich, für vorprogrammierten Zeitgeist und für zahlende Kunden der Werbeabteilungen. Diese *innere Trägheit* ist hauptsächlich eine **Entscheidungsträgheit**. Ethisch wie kommerziell.

Beobachten wir als ein mögliches Beispiel die Entwicklung des *Einkaufsverhaltens* der Menschen in unserem Teil der Welt. In der ersten Hälfte dieses Jahrhunderts herrschte das sogenannte Einzelhandelsgeschäft vor, wo von

> Wenn ihr Frieden finden wollt, müßt ihr nicht nach materiellen Gütern streben. Alle Gerechtigkeit und Größe und alles Licht, das die Menschheit sich wünschen kann für ihre geistige Entwicklung, ist zusammengefaßt in Meinem Gebot: *Liebet einander!*
> 
> aus 'Die Dritte Zeit'

Mensch zu Mensch kommuniziert, beraten und Klatsch ausgetauscht werden konnte. Die heute verbliebenen Fachgeschäfte pflegen auf immer verlorenerem Posten wenigstens die Individualität, Beratung und persönliche Verbindung. Dagegen haben inzwischen die Handelsmultis den absoluten Zulauf, die ihre jetzt vollindustrialisierten, verkaufspsychologisch verpackten Produkte anonym im Regal präsentieren und mit immensen Summen in Presse und Fernsehen bewerben. Diese hohen Summen bezahlt der 'träge' Verbraucher natürlich beim Kauf des Produktes mit. Die noch trägere Form des Einkaufes hat inzwischen noch höhere Zuwachsraten bekommen: Der Katalog- und Versandhandel. Total unpersönlich, total darstellungsabhängig, total passiv und träge. Und ginge das noch zu steigern? Natürlich, demnächst am Bildschirm mit der Fernbedienung in der Hand. *Electronic Commerce* klingt etwas professioneller.

Marketingstrategen und Verhaltensanalytiker nützen weiter nichts als vorhandene und erkannte Potentiale und wäre dabei die breite Mehrheit der heutigen Menschheit kritischer, würden die ständig unter dem Zwang von Zuwachs stehenden internationalen Handelsmultis ganz schnell *andere* Strategien anwenden. Also ein klares Anzeichen unserer 'noch nicht erwachten' Zeit - ein Zeichen in der alten Ursünde geistiger Trägheit.


**Der Neid - die Eifersucht**

Auf unserem Lebensweg zu einer Bewußtseinserhöhung können uns diese Ursünden massiv behindern, wenn wir sie ungehindert schalten und walten lassen. Der *stolze* Mensch läßt sich behindern aus Eigendünkel, der *Träge* aus Liebe zu Bequemlichkeit in seinem Inneren wie Äußeren und die dritte Ursünde, der *Neid* oder die *Eifersucht,* ist eine Art innerer Kampf, ein Ringen zwischen dem eigenen Ich und dem Ich unseres Nächsten, aber auch zwischen unserem *Ego* und unserer *Seele.*

Der Rosenkreuzer *Henk Leene* schreibt dazu in seinem Buch 'Die sieben Ursünden' [12]:

*Eifersucht äußert sich in mancherlei Formen und verbirgt sich hinter den verschiedensten, <u>scheinbar edlen Handlungen.</u> Keiner möchte als 'eifersüchtig' bezeichnet werden, weil überall in der universellen Sprache die Eifersucht als eine der schlimmsten Sünden bekannt ist. Eifersucht ist immer zugegen, wenn sich ein wahrhaft 'königlicher' Mensch über die Masse erhebt.*

*So wie in der materiellen Welt ein Mensch auf den Besitz eines anderen neidisch sein kann, so ist in der spirituellen Welt Eifersucht vorhanden, wenn das göttliche Licht angenommen wird und in diesen Menschen eintaucht. Materielle Eifersucht ist selbstverständlich die 'grobe' Äußerung der 'spirituellen' Eifersucht. Alle Ursünden entstanden aus dem Gegensatz: Gott und gefallener Gott. Ein eifersüchtiger Mensch findet nicht nur Befriedigung in Selbstverherrlichung, in egozentrischen Zielen - das ist ihm nicht genug; er findet vor allem Genugtuung in der Vernichtung anderer, die normale Äußerung eines teuflisch gewordenen göttlichen Feuers. In der Eifersucht erkennt man den mitleidlosen Kampf des Lichtsohnes gegen seinen Schöpfer...*

Wir sehen uns hier diese Ursünde im Rahmen des Kapitels *...der Friede sei mit euch* an. Und *Neid* hat als Polarität ganz eindeutig die *Zu-friedenheit*. Immer sind wir Menschen unzu-*frieden*, wenn wir neiden, beneiden, mißgönnen oder scheel auf andere sehen. Solcher Neid kann zwar in unserem Alltag oft nur ganz kurz als Gefühlsmoment in uns auftauchen, was wir wirklich meist sofort als unseres unwürdig abtun. Aber jenachdem, um was und welche Dimension es sich handelt, kann sich solcher Neid, noch dazu bei einer egozentrischen und unbeherrschten Person, zu einer fast selbsttötenden Kraft aufschaukeln: Vor Neid kann man Grün und Gelb werden, vor Neid kann man platzen. Ist es nicht toll, was unsere eigene Sprache uns dazu alles sagen kann? Einer der bedeutendsten französischen Moralisten, der Herzog von *La Rochefoucauld* (1613-1680), stellte fest, *daß der Neid unversöhnlicher sei als der Haß*.

Der strenge frühchristliche Kirchenlehrer, Patriarch von Konstantinopel und heilig gesprochene *Johannes I. Chrysostomos*, klagte:

*Der Neid ist ein häßliches, verabscheuenswürdiges Laster, das der Nächstenliebe direkt widerspricht. Diese freut sich an dem Glück des Nächsten, sucht dasselbe zu erhalten und zu vermehren. Der Neid aber betrachtet dieses Glück des anderen als ein Übel für sich und wird darüber traurig.*

> Stolz *sucht* Diener,
> Trägheit *sucht* Gefährten und
> Eifersucht *sucht* Opfer.

*Suchen* nun auch im entgegengesetzen Sinne: Nur der seelenbewußte und entwickelte Mensch *sucht* niemand anderen als seinen Schöpfer, nichts als das Geistige, nichts als Harmonie, Liebe und Frieden - eben in all jenen 'Zuständen', in denen keine *Süchte* und Ursünden gedeihen können.

---

Verwechsle wahre, unpersönliche Nächsten*liebe* nicht mit Schwäche! Wahre *Liebe* ist fest und hart. Wenn wir unter den Menschen eine Säule sein wollen, die den Schwachen und Schwankenden Sicherheit und Halt geben kann, dann müssen wir hart sein wie Stein.
                                                               Elisabeth Haich

## Der Zorn und Jähzorn

Hier haben wir eine der Ego-Kräfte, die besonders schnell und hell auflodern. Eine vernichtende Kraft - für andere und für sich selbst - von der Magenübersäuerung bis zum Herzinfarkt. Zorn kennt kein Hindernis, duldet weder Widerspruch noch Diskussion, sondern das eigene Ego setzt sich auf Kosten des oder der anderen durch. Ist das aber auf Dauer möglich? Keine der den *inneren Frieden* verhindernden Ursünden schadet anderen und/oder sich selbst so *prompt* wie Zorn, Raserei, Außer-sich-geraten und Über-Leichen-gehen - die Selbstschädigung kann sich steigern, wenn das Ego seinen Zorn nicht loslassen kann und ein langschwelender und tiefsitzender *Grimm* daraus werden muß.

Schon von *Publilius Syrus* stammt die Erkenntnis ...*mit Wut beginnt, mit Reue schließt der Zorn* und im N.T. warnt *Paulus* in seinen Briefen an die Epheser:...*laßt euch durch den Zorn nicht zur Sünde hinreißen* und gibt eine ganz wichtige Empfehlung, sowohl aus christlicher wie auch psychotherapeutischer Sicht: ...*die Sonne soll über eurem Zorn nicht untergehen* (Eph. 4,26). Der **Ärger** ist der 'kleine Zorn'. Dazu schreibt *Shivapuri Baba* [182]:

*Die ethische Disziplin findet ausschließlich im Gemüte statt. Es genügt nicht, bloß ärgerliche Worte aus Angst oder Zweckmäßigkeit zu stoppen. Das ist bloß äußerliche Disziplin. Man muß den* **Ärger** *als solchen verneinen und bezwingen, ihn als unheilsame Herzensverfassung durchschauen. Nur dann löst er sich auf. So nur wandelt sich die niedere Natur.*

## Die Wollust

Jede der geschilderten Ursünden verbindet uns Menschen mit einem *Verlangen* unseres Egos. Die fünfte jedoch mischt in dieses egoistische Verlangen noch *seelisches* Verlangen. In beiden dieser Bereiche sucht die Wollust ihre direkte *Befriedigung* (der Wortstamm verweist wieder auf unser Hauptthema *Frieden*), so wie ein Hungernder alles ißt, was er findet. *Seelenlust* kann mit *Sinnenlust* verbunden sein. In einer wundervollen Liebe zwischen zwei Menschen zum Beispiel, aber auch unter Drogen bei einem Vereinsamten - letzteres sicher nicht im Sinne einer christlichen Bewußtseinsentwicklung. Aber gerade diese Bewußtseinserhöhung können wir bewältigen, wenn wir aus niederer *Sinnenlust* höhere *Seelenlust* erzielen. Sinnenlust<>Seelenlust sind wieder einmal zwei Äußerungen einer natürlichen Gespaltenheit oder Polarität. Sie können in der *Exaltation* - von übertriebener Begeisterung bis hin zur Verzückung - gipfeln und sich begegnen.

Dafür zeigt uns die Kirchengeschichte genügend Beispiele, aber auch religiöse Fanatiker und moderne Massenidole fallen unter diese 'gespaltene' Ursünde. Und es verwundert kaum, daß in unserer heutigen Zeit, in der immer mehr Mitmenschen burned out, verzweifelt und voller Angst sind, Sinnenlust als Ablenkung und **Liebesersatz** immer erfolgreicher vermarktet wird. So wird auch Wollust verfeinert und kultiviert, um schließlich zum Selbst- und Nächstenbetrug zu werden.

Wer sich auf seinem Lebensweg immer stärker das Öffnen für den Christusgeist vorgenommen hat, benötigt, quasi als Basistechnik, **Gedankendisziplin.** Was viele bereits von Übungen beim Autogenen Training, Meditation, Alpha-Training, Yogaübungen und anderem her kennen, muß hierbei als Gedankenkonzentration und/oder Gedanken-Leere und schließlich als Gedankendisziplin in den Alltag gebracht und geduldig geübt werden. Dafür ist die Ursünde der Wollust mit ihren tausend Schattierungen und Anzeichen ein klassisches Übungsfeld. Nicht umsonst hat hierbei fast jede Religionsrichtung mehr oder weniger strenge Vorstellungen und Anforderungen an ihre Anhänger.

## Die Gier

Nun müssen wir zuerst fragen, kann denn Gier eine Ursünde sein? Gier entspringt einem Verlangen, einer Sehnsucht, einem Begehren. Verlangen aber ist meist ungreifbar. Wo fängt die Sehn-sucht an, wo endet die Gier? Dabei ist die Sucht wahrscheinlich die Variante unserer Zeit. Die Sünde der Gier wird seit Jahrtausenden erkannt und definiert, aber sie hat auch ihre zeitgemäßen Gesichter, ihren eigenen Zeit-Geist. Wir sind heute eine Generation, die auf der *Suche* ist - die sucht. Süchtig! Gierig! Nach Idolen, nach Erfolgen, nach Wissen, nach Reichtum, nach Macht. Was so ein richtiger Gierhals ist, kann nicht genug davon raffen. Durch Habsucht und Konsumsucht boomt heute ein schamlos und be-gierig forcierter riesiger Businessbereich. Und natürlich steckt schon wieder das verflixte Ego dahinter. Die *Verbissenheit*, die häufig mit der Gier einhergeht, findet sich dabei als unterstützendes 'Talent'.

Aber über dieser sehr niedrigen Schwingung eines süchtigen Suchens liegt die Form höherer Frequenzen - **die Suche im Religiösen**. *Religio* heißt Rückbindung zum Urgrund, zur Schöpfung, zum Vater. Der göttliche Funke *in uns*,

> Die vordringlichsten Äußerungsformen von *Liebe* in der Erziehung sind: Vorbild, Geduld und Zeit.
> *Nossrat Peseschkian* [182]

die *in uns* verbliebene Resteinheit ehemaliger Göttlichkeit (Ebenbild Gottes), sucht und sehnt sich zurück. Ins Paradies? In frühere Himmelssphären? In einen Zustand ohne Polarität? So ein christlich-hohes Ziel ist natürlich eine Herausforderung an diese Ursünde, weil das Verhältnis Menschensohn - Schöpfer dann intensiver werden kann. Es wäre die Krönung unseres Suchens und Begehrens.

Aus dieser höheren Sicht heraus muß man aber feststellen, daß die Gier eben nur ein **nach unten gerichtetes Suchen** ist. *Henk Leene* schreibt dazu[12]:
*Intelligente Menschen, die die Lügenhaftigkeit dieser Welt durchschaut haben, sind häufig gierige Menschen. Sie spüren nach der Wahrheit; ihre Gier nach Wissen spornt sie unaufhörlich an. Meist sind sie nicht in einer geschlossenen Bewegung zu fangen: sie suchen weiter um des Suchens willen. Sie haben nie genug Nahrung, weil sie die Nährwerte ihrer Nahrung nicht ausschöpfen...*
*Gier ist die Unausgeglichenheit des egozentrischen Suchers, des sehr scharfsinnigen Beobachters, des Philosophen, der sein eignes Grab schaufelt. Viele Wissenschaftler sind ebenso gierig wie viele esoterische Forscher und Okkultisten.*

In der 'Zweiten Wahrheit Buddhas' wird festgestellt, daß die Ursache des Leidens *Trishna* sei, der Durst, die Gier nach Haben und Sein und die Ursache sei das **Begehren**, ein Begriff, in dem der Wortstamm' Gier' steckt. So sprechen Zeitkritiker bereits von einer *Gier-Gesellschaft* mit einer Ideologie des 'Immermehr'. *Manfred Folkers* schreibt in DAO 2/95[214]:
*Die Menschheit lebt innen wie außen im Zustand des absoluten Vorrangs der Gier bzw. des Gewinnstrebens. Die Menschen haben sich in den vergangenen Jahrzehnten ein gesellschaftliches System geschaffen, <u>das ihrer inneren Natur entspricht</u>. Das individuelle, zur Sucht entwickelte Be-gehren, alles besitzen und das Dasein ergreifen und festhalten zu wollen, geht Hand in Hand mit einem sozialen Umfeld, das möglichst vielen Menschen helfen möchte, diesen Durst nach Haben und Sein möglichst kräftig und vorbehaltlos auszuleben. Der <u>innerlich giersüchtig</u> strebende Mensch lebt <u>äußerlich</u> in einer zwanghaften profitgierigen Gesellschaft, sozusagen in einer Gier-wirtschaft.*
*Satya Sai Baba* erklärt aus seinem östlichen Erfahrungswissen:
*Zufriedenheit ist der Schatz, den der Weise gewonnen hat; der Unwissende kann ihn nicht erwerben, denn er hat einen Wunsch nach dem anderen, schmiedet einen Plan nach dem anderen, hetzt sich ab, sorgt sich und entzündet die Flamme der Gier in seinem Herzen.*


## Der Geiz

Auf den ersten Blick hat Geiz natürlich mit Geld zu tun. Und mit Besitz, also etwas, das wir be-sitzen. Und warum 'sitzen' wir auf etwas herum? Weil wir Angst haben, es ansonsten zu verlieren. Also: Geiz entwickelt sich aus Besitztrieb und dieser wiederum aus Angst. Geiz macht einsam. Im Materiellen wie auch im Geistig-Seelischen. Oft will der Geizig-isolierte nicht verstanden werden, jede Annäherung betrachtet er als einen Angriff. Als mißtrauisch Wachender, der niemanden einläßt, weil er seine eigene 'Position' nicht preisgeben will, sein Amt vielleicht, seine vorteilhafte Stellung im Beruf, seinen Vorsprung, sein Wissen - alles kostbare Schätze für einen Geizigen. Dabei kann es sein, daß sie nur für ihn selbst kostbar sind. 'Konservative' Menschen können somit in ihrem tiefsten Wesen geizig sein. Wehe, wenn sie vor Geiz erstarren, dann 'versteinert' das Ich. In unseren Märchen wird unserem Nachwuchs das Bild des Geizhalses meist 'mit der hohen Mauer' gezeigt, die er um seinen Besitz gezogen hat. Durch seine hohe Mauer wird er blind für die Probleme seiner Umgebung, aber auch für 'Ereignisse', die ansonsten als Weiterentwicklung empfunden werden könnten.

*Geiz versteckt die Angst*, haben wir anfangs festgestellt. Früher stand die Angst ums Leben, die vor Krankheit und vor Hunger im Vordergrund. Heute sind es fast durchweg *veränderte Ängste*, die uns plagen, das heißt genau besehen: unser Unterbewußtes und unsere Psyche plagen uns, denn sie wollen etwas bei uns verändern. Und die Psychotherapie hat noch niemals so geblüht wie heute. Der Mensch aber hat sich auch noch nie so an die Materie ketten lassen, wie in unserer Zeit. Äußere Medieneinflüsse 'verschlimmern' diesen Zustand noch, indem sie allerorts präsent sind und das Materielle, das, was man be-sitzen kann oder *könnte*, völlig in den Vordergrund stellen. Natürlich in zeitgemäßeren Formen: Kapitalbildung als ein Beispiel, eine edlere Form des Geizes - nach dem modernen Erfolgsprinzip *Macht durch Geld und Geld durch Macht*.


**Resumé**

Unser Streifzug durch das Reich der sieben Ursünden ist ein wahrer Powertrip - doch alles nur Ego-power, der nackte Gegenpol zu Christ-power, zur Nächstenliebe und zu den Tugenden der Bergpredigt. Wenn wir heute in der Zeitenwende über Schwingungserhöhung - also Bewußtseinserhöhung - sprechen, dann sind unsere Ursünden, also unsere Verhaltensschemata oder besser die unseres Ego's, *der* Hinderungsgrund schlechthin. Diese 'Sünden' sind

> Mit Gottes *Liebe* ist es wie mit der Phosphoreszenz,
> sie leuchtet am hellsten, wenn es dunkel ist.
> *Murali*

so alltäglich und so weltweit verbreitet und im Fernsehen bewußt und unterbewußt gepflegt, daß sie einfach **in** sind. Armer Planet, der Du dringend eine Schwingungserhöhung bräuchtest!

Schon in mittelalterlichen Texten wird von der *teuflischen Siebenheit* geschrieben, wohl zurückgehend auf die Übersetzung im Eph. 4,27, wo *Paulus* seinen Brieftext über den Zorn unterstreicht mit der Aufforderung:...*gebt dem Teufel keinen Raum.* Nach unserem heutigen Wissen gibt es Teufel nur für die, die daran glauben. Aber ganz sicher handelt es sich bei all den sieben Ursünden mit all ihren verschiedensten Variationen, Abstufungen und Querverbindungen untereinander um *diabolische Kräfte.*

Die Bezeichnung Ursünden sagt uns zugleich, daß sie schon seit Urzeiten zur Menschwerdung zählen, zum Leben in der Stofflichkeit. Diese gibt es nicht ohne Polaritäten und jede dieser sieben Ego-Negativ-Kräfte hat eine *Tugend* als Gegenpol. Wer Jesu Nachfolge antreten und den von ihm geforderten Weg-nach-Innen gehen will, muß diese Ursünden bewältigen. Er kann diesen nicht entkommen und auch ein Verdrängen in das Unterbewußtsein und das Schattenreich hilft nicht weiter. Durch Leugnen neutralisieren wir ihre Wirkung nicht, sondern nur durch Erkennen und Nicht-Reagieren könnten wir ihrer Gewalt entgehen.

Inwieweit diese dargestellten Laster uns *Leiden schaffen,* wenn wir sie sich steigern und steigern lassen, sagt uns das Wort **Leidenschaft**, das als Steigerung tunlichst zu vermeiden ist. Eine sogenannte 'östliche Weisheit'[182] will uns trösten:

*Wenn ungeachtet aller deiner Bemühungen die Leidenschaft den Sieg davonträgt über dich, so glaube nicht, du seiest außerstande, deiner Leidenschaft Herr zu werden. Das beweist nur, daß du dieses Mal dazu nicht im Stande warst. Der Wagenlenker läßt nicht die Zügel locker, um die Pferde anzuhalten, sondern er fährt fort, die Pferde zu zügeln, bis sie stehen bleiben. So auch du. Bist du unterlegen, so beginne von neuem den Kampf, und sicherlich wirst zuletzt du der Sieger sein und nicht die Leidenschaft.*

Nehmen wir dazu ein altes Bild aus unserem Kulturraum: Der mythische Drache hat immer sieben Köpfe und jeder 'Held' muß mit <u>allen</u> sieben Köpfen fertig werden. Auf den Kampffeldern dieser Welt begegnet der Jesus-Nachfolger, das Lichtwesen, den sieben Köpfen des Drachens überall - in seiner Umgebung wie auch tief verborgen in seinem eigenen Inneren. Wenn er aber aus dieser eigenen Erfahrung die Methoden und Angriffstechniken des siebenköpfigen Drachens kennt, kann er ihn auch in seinen Mitmenschen auffinden und ihnen bei der 'Erschlagung' helfen - vorausgesetzt, daß seine Mitmenschen dies bei ihren recht beliebten Ego-kräften auch wollen und zulassen. *Jean Paul*, der deutsche Dichter und Humorist *Johann Paul Friedrich Richter* (1763-1825) empfiehlt:

*Jätet der Mensch nur jeden Monat einen Fehler aus, so braucht er nicht viele Jahre, um ein Mensch zu werden, und noch ein paar dazu, um ein Engel zu werden.*

**Loslassen** ist ein Wort unserer Zeitenwende geworden und für Psychotherapeuten fast ein Hauptwort. Ein Teil unseres übermäßigen Dys-Streß, unserer Zivilisationskrankheiten und unseres Materialismus' ist das *Festhalten*. Erst durch Loslassen kann es Ent-wicklung geben. Aber auch das Loslassen hat wieder zwei polare Seiten. **Hemmungen** sind eine altbewährte innere Bremse, ein seelischer Widerstand, ein Umsetzen ethischer Bewußtseinsimpulse und zumindest eine motorische Aktivitätsminderung physischer und metaphysischer Kräfte und Verhaltensweisen. Ein Loslassen unserer Hemmungen dagegen, die **Hemmungs-losigkeit** und Zügellosigkeit, kann unsere sündigen Ego-kräfte noch potenzieren:

*Stolz ist hemmungslose Überheblichkeit,*
*Trägheit ist hemmungslose Unbewegtheit,*
*Neid ist hemmungslose Isoliertheit,*
*Zorn ist hemmungslose Aktivität,*
*Wollust ist hemmungslose Begierde,*
*Gier ist hemmungsloses Wissen und*
*Geiz ist hemmungsloses Festhalten* [12].

Loslassen auf der positiven Seite dieser Polarität heißt Loslassen von der Ich-bezogenheit. Lassen wir wirk-lich alles los, dann verläßt uns auch die Kernkraft der Ursünden. Keine von ihnen kann durch irgend einen Befehl vernichtet werden, doch alle fallen in sich zusammen, wenn ihnen ihre Kraft entzogen und genommen wird. Das *äußere* Loslassen muß verbunden sein mit *innerem* und die Stille - Meditation oder Konzentration oder Gebet - ist das Reich-in-uns, das uns zur schrittweisen Entkräftigung der sieben Übel gereicht - zum Köpfen der sieben Drachenhäupter.

Neben einer hierbei dringend benötigten Wende und Rückbesinnung gibt es aber eine ganz besondere Tugend, mit der wir die Kräfte der Ursünden endgültig beherrschen können, **die auf-richtige Reue**. Jede dieser in uns schlummernden Teufelskräfte kann durch bewußte, spirituelle Reue ausgelöscht werden. Ein reuefähiger Mensch kann sie bewältigen und hat sein Ego soweit entmachtet,

> Wenn ich wirklich lebe, dann geschieht *Liebe* durch mich.
> *Liebe* ist unser eigentliches Sein.
> Deshalb brauchen und können wir sie gar nicht lernen,
> wir brauchen sie nur zuzulassen. *Kurt Tepperwein* [23]

daß die entscheidenden Anknüpfungspunkte für die Kräfte der Ursünden fehlen. *Aufrichtige Reue* führt uns direkt zu *innerer Ruhe* und zu *innerem Frieden*.

Jesus wünscht uns *...der Friede sei mit euch* und wir wissen jetzt, daß es tatsächlich wörtlich gemeint ist: *...der Friede sei mit <u>uns</u>.* **Wir müssen diesen Frieden <u>selbst</u> erringen**. Durch die geistigen Gesetze der Resonanz und Affinität müssen <u>wir</u> ihn 'anziehen' - denn Jesus kann ihn uns nicht schenken. Sein Weg-nach-Innen muß *friedvoll* und damit auch ohne Polaritäten sein. Jesus wußte und weiß das und *seine* Kräfte könnten uns auch hierbei *erlösen* - wenn wir immer wieder und unnächlässig uns bemühen, den Kampf mit den aufmüpfigen Ego-kräften unseres Verstandes und in unserem Inneren

*Tag für Tag aufs Neue und*
*im Laufe der Jahre immer erfolgreicher*

aufzunehmen und auszufechten. Dann kann sich der Friede-sei-mit-<u>uns</u> zur nächst höheren Dimension ent-wickeln. Und dann kann es dazu kommen, daß wir ehrlich sagen können: *...Frieden auf Erden und den Menschen ein Wohlgefallen.*

## 18. Kapitel

## Der Friede sei mit mir

Wir haben gesehen, daß der Frieden-mit-uns-selbst ein ganz gewaltiges Problem ist - nachdem wir bei unserer eigenen Art zu denken, zu sprechen und zu handeln aus der kritischen Sicht erkennen müssen, wie hier einerseits unser Ego und andernseits das Göttliche-in-uns als polare Kräfte im Alltag allgegenwärtig sind und bewältigt werden müssen. Schaffen wir diesen Prozeß mit uns selbst nicht, brauchen wir nicht mit dem schulmeisterlichen Finger auf die anderen Menschen zu deuten - auch nicht auf Politiker und Militärs - eben wie Jesus so treffend formulierte: *Warum kümmerst du dich um den Splitter im Auge deines Bruders und bemerkst nicht den Balken in deinem eigenen?*

Nun gehen wir aber noch eine Stufe tiefer in das Thema 'Frieden' - den *inneren Frieden* - oder den **Seelenfrieden**. Eigentlich ist die Richtungsweisung mit dem Wort 'tiefer' falsch, der Friede, den ich meine, hat eine 'höhere' Schwingung und stellt auch noch höhere Ansprüche an unser 'christliches' Alltagsleben, als die bisher betrachtete Ebene des Friedens mit unserem Ego. In der Bergpredigt lehrt Jesus: *Selig sind die Friedfertigen, denn sie werden Kinder Gottes heißen.* **Emmet Fox** schreibt dazu:

*Dieser wahre innere Frieden der Seele war den Mystikern als Seelenruhe, Seelenfrieden, Heiterkeit bekannt, und sie werden nie müde, uns zu sagen, daß diese Seelenruhe der große Reise-Paß zur Gegenwart Gottes ist - das Meer so glatt wie Glas, das den großen weißen Thron umgibt. Dies bedeutet nun nicht, daß man nicht ernsthafte Schwierigkeiten durch Gebet überwinden kann, ohne Seelenruhe zu besitzen, denn selbstverständlich ist dies möglich. Die Tatsache ist eben die, daß wir im allgemeinen, je tiefer wir uns im Unglück befinden, desto weniger Seelenruhe aufbringen können; Seelenruhe kann man nur durch Gebet erreichen und dadurch, daß man anderen und sich selbst vergibt. Aber du mußt diese innere Ruhe haben, ehe du wirklich geistige Fortschritte machen kannst; und Seelenruhe ist es, diese grundsätzliche Beruhigung der Seele, die Jesus im Sinn hat, wenn er das Wort "Friede" benutzt; es ist der Friede, welcher höher ist denn alle (menschliche) Vernunft.*

> In Goethes "Gartenhaus" in Weimar hing ein Rätselbild,
> dessen Lösung lautete: "Ich bin, der Ich bin, weil Ich *liebe*!",
> womit als göttliche Lebensmitte die *Liebe* bezeugt wird.
> Lorber [123]

**Friedfertige** sollten Frieden mit anderen und mit sich selbst halten. Jesus erklärt uns diesen Frieden im Sinne der Harmonie, wie sie die östlichen Lehren verstehen. Der **innere Friede** ist wie inneres Gleichgewicht - ohne Polaritäten, ohne innere Kämpfe und ohne inneres Ringen mit den uns bekannten Kräften. Diese innere Harmonie oder innere Seelenruhe halte ich für **die höchste Form des Christusweges**. Solch Friedfertige, wie sie Jesus in seiner Seligpreisung meint, sind jene unter uns, die diesen wahren Frieden oder wahre Seelenruhe in ihrer eigenen Seele erreichen. Es sind diejenigen, die die Ego-Beschränkungen überwinden und die dadurch Kinder Gottes werden können. Und nach dem bisher Erkannten könnte das jeder Mensch. Wie sagt es schon so schön unsere Sprache: *Keinem ein Haar krümmen oder keiner Fliege etwas zuleide tun.* Das ist herausfordernd, zeigt aber auch die Höhe des Schwierigkeitsgrades - wobei wir es wohl meistens äußerlich verstehen. Da ist es nämlich leichter, als wenn dies auch auf die innere Seelenruhe zu übertragen ist. Aber diese Geistesverfassung ist das Lebensspiel, auf welches Jesus in seinen Lehren immer wieder hinweist, am prägnantesten formuliert in seiner Bergpredigt: *...den Frieden lasse ich euch, meinen Frieden gebe ich euch.*

Den *inneren Frieden* sehe ich als den Maßstab unserer Christlichkeit: **Mit Gott und der Welt in Frieden sein.** Wenn wir das erzielen würden, hätten wir himmlische Zustände, *den Himmel in uns*, wie es im N.T. heißt oder 'den Himmel auf Erden'.

Was macht es so schwer in unserem Alltag? Bewußt mit besten Vorsätzen gehen wir morgens zur Arbeit (ich glaube, von solchen Leuten gibt es nur zehn auf hundert Werktätige) und es geht auch wirklich alles gut, alle Angriffe, alle Spitzfindigkeiten, alle ausdruckslosen oder unfreundlichen Gesichter hat man mit Gelassenheit und sogar mit einem kurzen Aufflackern von 'ich liebe dich trotzdem' weggesteckt, alles mit innerem Frieden. Und dann kam doch etwas, ein Fax, eine Bemerkung oder sonst irgendeine alltägliche Herausforderung und unsere innere Ruhe ist im Eimer.

Wir können nun sagen: Was soll der Quatsch, das alles ist sowieso realitätsfremd, nie durchführbar, blanke Theorie! Aber Jesus meinte es tatsächlich so mit den *Friedfertigen* in seiner Bergpredigt. Das war vor zweitausend Jahren. Buddha lehrte das Gleiche fünfhundert Jahre früher, im gleichen Jahrhundert ebenso *Konfuzius* in China und nochmal fast fünfhundert Jahre davor *Zaratustra* in Persien.

Aber was haben alle diese Aufrufe zum *inneren Frieden* geholfen? Vielleicht waren die Voraussetzungen dafür tatsächlich aussichtslos, auf breiter Basis verwirklicht zu werden. Denn das Kali-Yuga, das Fische-Zeitalter, ist immer ein finsteres Zeitalter mit gewaltigen lichtlosen Energien, die die Entwicklung all dieser göttlichen Lehren erfolgreich verhindern konnten.

Vielleicht stimmt es tatsächlich, daß Außerirdische uns zu Beginn des Platonischen Jahres oder noch früher zehn von unseren ehemals zwölf DNS-Strängen - DNS ist die erbgenetische Struktur - abgeschaltet haben und wir als Gen-Kastrierte äonenlang einfach nicht entwicklungsfähig waren.

Aber auch das soll uns nicht resignieren lassen. Im ersten Falle kommen wir jetzt in das nächste Millennium mit dem angekündigten 'Friedensreich' mit dem neuen, lang ersehnten Christusverständnis. Und im zweiten Falle wollen uns angeblich die ethisch hochentwickelten Helfer vom Sirius[65] und ebensolche von den Plejaden und Aledebaran (und anderen Gestirnen?) unsere abgeschalteten DNS-Stränge wieder zurückverändern, wonach unsere heute großteils brachliegende Hirnmasse wieder voll belegbar werde (*...ihr müßt eure DNS durch bewußte Absicht entwickeln*) und uns dies ebenfalls in das angekündigte 'Friedensreich' führen würde - in Erinnerung an ehemalige paradiesische Urzustände möglicherweise auf dem untergegangenen Lemurien (dem innerirdischen Agarthi) oder einem möglichen kosmischen Heimatplaneten.

> Gott ist reine *Liebe*, und als reine *Liebe* ist Er in jeder Zelle und in jeder chemischen Reaktion im ganzen Universum anwesend, und doch ist Gott auch sehr persönlich. Er *liebt* Seine Schöpfung so sehr, daß Er euch in Seiner *Liebe* geschaffen hat.
> *Mutter Maria* [19]

# 19. Kapitel

## Carpe diem - nutze den Tag

Bleiben wir beim Latein und zitieren weiter den Altmeister *Seneca*, Zeitgenosse Jesu, der schon empfahl:

*Nutze den Tag. Fang jetzt an zu leben,
und zähle jeden Tag als ein Leben für sich.*

Warum wirft dieser große Philosoph und Staatsmann zwei so extreme Zeitbegriffe wie Tag und Leben zusammen? Sicher, weil er sich über die Relativität der Zeit im klaren war und relativ heißt hier personenbezogen und vom individuellen Bewußtsein ausgefüllt. Denn nichts beherrscht unser Leben stärker als die **Zeit** - ob es nun Einheiten sind wie Augenblick, Stunde, Tag, Lebenszeit oder Ewigkeit. Dies sind alles Zeitspannen oder Zeiteinheiten, die man hat oder nicht hat - je nachdem, was wir Menschen daraus machen. *Seneca* erkannte ebenfalls schon:

*Es ist nicht wenig Zeit, die wir haben, sondern es ist viel Zeit, die wir nicht nützen.*

Zeit - eine der wertvollsten Gaben, über die wir *verfügen* dürfen? In unserer polaren Welt der Raum-Zeit-Materie ist Zeit für uns ein nicht umkehrbares und nicht wiederholbares Nacheinander. Man kann Zeit verschenken, vertreiben und totschlagen, aber auch nützen, sich nehmen, ausfüllen, gewinnen und muß darauf achten, daß sie einem reicht, nicht davonläuft, verfließt oder gar gestohlen wird. Die Zeit kann aus den Fugen geraten, vergehen, heilen, reifen, altern, wenn der Zahn der Zeit nagt, aber sie ist kostbar, ist Geld wert, man sollte sie nicht verlieren und sie hat Geist. Und schließlich wünscht man sich ja nur gute oder schöne Zeit und hofft nach immer weniger Arbeitszeit auf immer mehr Freizeit. Natürlich kann man sich dabei Zeit lassen, aber bitte zum richtigen Zeitpunkt.

Obwohl wir soviele treffende und geflügelte Worte dafür haben, gibt es wohl kaum ein anderes Phänomen unseres Alltags, über das wir sicherlich weniger nachdenken als über unsere Zeit. Trotzdem ist sie in unserem Dasein so mächtig und bestimmend, weil wir in ihren Lauf nicht eingreifen, nichts verändern oder rückgängig machen können. *Ronald Zürrer* befaßt sich tiefschürfend in seinem Buch 'Weg nach Innen' [42] mit der '*Zeit zur Ewigkeit*' und schreibt:

*Hier liegt das Paradoxon: Zwar haben wir gelernt, wie man die Zeit berechnet, wie man sie mißt und wie man sie in allerlei Maßeinheiten auf-teilt. Zwar glauben wir auch zu wissen, wie man sie richtig und zweckmäßig ein-teilt und wie man sie am lohnenswertesten an andere ver-teilt. Aber wir sind uns bei alledem nicht darüber bewußt, was die Zeit eigentlich ist. Und vor allem sind wir uns nicht* darüber bewußt, wofür sie ist und warum und wofür wir in ihr sind und was wir von ihr lernen sollen.

Vielmehr nehmen wir sie ohne Nachzudenken als selbstverständlich hin. Stolz nennen wir sie "meine Zeit", als sei sie unser Eigentum, als hätten wir sie selbst geschaffen, als unterstünde sie unserer Herrschaft und nicht wir der ihren. Oft gehen wir daher allzu verschwenderisch mit ihr um, geradeso, als stünde uns unendlich viel Zeit zur Verfügung.

Eigenmächtig nehmen wir uns die Zeit, wann immer wir sie brauchen. Wir schrecken auch nicht davor zurück, die Zeit der anderen zu beanspruchen, ja sogar sie anderen zu stehlen, wenn wir es für nötig erachten. Und wenn wir nichts besseres mit ihr zu tun wissen, dann vertreiben wir sie uns und schlagen sie tot.

Wenn wir nun hiermit den Einstieg in die ungeheure Bedeutung der uns zur Verfügung stehenden, aber vergänglichen Zeit, gefunden haben, möchte ich sie in die drei wichtigsten Zeitabschnitte, die wir zu gestalten haben und für die wir verantwortlich sind, aufteilen:

>    den Augenblick,
>    das Heute oder den Tag und
>    das Leben.

## Das Geschenk des Augenblicks

Wir sollten uns stets bewußt sein: Jeder Augenblick des Lebens ist *einzigartig*, ist ein Unikat der Schöpfung. *Dr. E. Schrott* schreibt in 'Naturarzt' 4/96:
> *Ein Augenblick kommt so nicht mehr wieder. Leben ist ein ewiger Fluß von Veränderung vor dem Hintergrund des ewigen Unveränderlichen. Nützen wir den Augenblick, entspannen wir uns für den Moment, der wirklich und einzig Leben ist, dieses Jetzt... Nützen wir die Zeit.*

Zeit ist flüchtig. Daher hat der Augenblick in seiner kurzen Version seine entsprechende Bedeutung. Darauf weist der österreichische Schriftsteller *Franz Werfel* (1890-1945) hin: *Zwischen zu früh und zu spät liegt immer nur ein Augenblick.*

Wie oft haben wir solche 'entscheidende' Augenblicke verstreichen lassen? Zu aktiv zu früh entschieden oder zu passiv zu spät? **Im richtigen Augenblick**

> Gott ist Wille, Weisheit und *Liebe*.
> Die *Liebe*, der dritte Aspekt, ist seine Schöpfung.
> *Ursula Seiler-Spielmann* [207]

zu agieren ist eine hohe Kunst. Wie oft schon im Leben haben wir ihn nicht abwarten können in unserer Ungeduld, die natürlich wieder von unserem Ego verursacht worden ist. Aber andersherum haben wir oft genug die richtigen Augenblicke verstreichen lassen durch Ängstlichkeit, Bequemlichkeit oder Nachlässigkeit. Dabei können unsere Geduld wie auch Ungeduld uns vor Unheil bewahren oder unser Leben zerstören. Auf die hohe Kunst bei solchen Entscheidungen weist uns der große russische Dichter *Leo Graf Tolstoi* (1828-1910) hin:
*Denke immer daran, daß es nur eine allerwichtigste Zeit gibt, nämlich 'sofort'. Der Augenblick ist jetzt!*

Was heute die Verhaltensforscher als Autoren oder Seminarleiter einem hochinteressierten und gestreßten Publikum bieten, versuchten in den zurückliegenden Jahrhunderten die Mönche, Priester oder Dichter dem Volke zu erklären. So kennen wir eine Textstelle des persischen Dichters *Saadi* (1215-1292), der das gleiche seinem Volke beibringen wollte:
*Das Gestern schwand, wer kennt das Morgen?*
*Das Jetzt zu nützen, laßt uns sorgen!*


**"HEUTE: das ist dein Leben"**

*Kurt Tucholsky* hat diesen Satz geprägt, sonst als Satiriker bekannt, und sagt wörtlich das gleiche wie fast zweitausend Jahre vor ihm *Seneca*. Das *Heute* kann aber noch aus einer anderen Perspektive betrachtet werden und steht in unserer Abhandlung mehr im Vordergrund: Wenn wir uns eine lineare Zeitachse vorstellen, an deren einer polaren Seite die *Vergangenheit* und auf der anderen Seite die *Zukunft* dargestellt wird, dann heißt der Punkt in der Mitte, wo sich die beiden Pole ausgleichen, *heute*. Und da stehen wir, der Mensch, in seiner bipolaren Welt. Hier zwischen Vergangenem und Zukünftigem, zwischen Nicht-mehr und Noch-nicht - beides für uns unerreichbar. Von der langen Zeit, die unser Leben ausmacht, ist uns **immer nur ein winziger Bruchteil verfügbar**: das *Jetzt*, so wie wir seine hohe Bedeutung schon im obigen Abschnitt erfahren haben. **Das Jetzt, das Heute, der Tag, die Gegenwart - das ist der wichtigste Teil unseres Lebens**. Wichtig deshalb, weil <u>nur hier</u> 'Entscheidendes' geschehen kann.

*Das Gestern*, die Vergangenheit, ist Erinnerung an Worte und Taten und
    das, was wir hinter-lassen haben (Gebäude, Kunstwerke, Texte,
        aber auch Tränen oder Ruinen),

*das Morgen*, die Zukunft, sind unsere Wünsche, Träume und Pläne sowie Karma aus der Vergangenheit und
*das Heute*, unser Tag, ist die Schnittstelle in Aktion, wo wir 'machen' oder geschehen lassen - die Verwirklichung aus dem Morgen und das Zurücklassen ins Gestern.

Sehen wir uns einmal einen negativen Fall an. Ein Mensch kommt daher mit der Last seiner Vergangenheit, die ihn be-drückt und in seinem Gedärm nagt die Angst vor der Zukunft. Er kennt die Bedeutung des *Heute*: Entweder durch ein starkes Verstandesego oder durch Gebet und Gottvertrauen oder einem treuen Partner oder durch Flucht in den Alkohol wird er seinen Tag, sein Heute, bewältigen. Von diesen 'Hilfen' interessiert uns hier nur das Thema Gebet/Gottvertrauen, wobei wir das nicht als Einschränkung sehen sollten, denn 'Positives Denken' und ein gesundes Selbst-bewußtsein ließen uns diesen Tag ebenfalls 'meistern', das heißt, so optimal abschließen, <u>daß keine neue seelische oder karmische Last dazugebürdet und verursacht wird</u>.

Und von diesem Standpunkt aus wollen wir uns noch einige elementar wichtige Erkenntnisse ansehen, die alle nur aus einem aktiven und erfolgreichen Heute entstehen können. Zum Beispiel schreibt *Rosmarie Klaka-Lampert* in ihrem Buch 'Liebesgeflüster mit deiner Seele' [31], daß fast jede Krankheit, Leiden und Unfall ein Ergebnis gehemmten Seelenlebens sei und nur durch ein *Freimachen* der Seele geheilt werden könne. Und dieses Freimachen der Seele kann <u>immer nur im Heute</u> geschehen - weder rückwirkend noch vorbeugend - nur im *Jetzt* mit unseren Gedanken, Worten und Taten. Und dazu finden wir im erwähnten Buch eine geistige Botschaft[188]:

*Der Mensch ist so beschaffen, daß er das Gewicht von vierundzwanzig Stunden zu tragen vermag - nicht mehr. Sobald er sich von den vergangenen Jahren und den bevorstehenden Tagen niederdrücken läßt, bricht sein Rücken. Ich hab' euch versprochen, euch nur mit der Last des heutigen Tages behilflich zu sein; die Vergangenheit hab' ich von euch genommen, und wenn es euch, törichte Herzen, beliebt, diese Last nochmals aufzunehmen, dann spottet ihr meiner in der Tat, wenn ihr erwartet, daß ich sie mittrage. Auf Wohl oder Wehe ist jeder Tag zu Ende. Was noch zu leben ist, die nächsten vierundzwanzig Stunden, denen müßt ihr beim Aufwachen entgegensehen.*

*Wer eine Wanderung macht, trägt nur das bei sich, was er für den Marsch braucht. Hättet ihr Mitleid mit ihm, wenn ihr sähet, wie er auch noch das*

---

*Liebe* ist die Freude, ein *liebenswertes* und *liebendes* Wesen
mit allen Sinnen und in nächster Nähe zu sehen, zu berühren und zu fühlen.
*M.Henri Stendhal*, französischer Schriftsteller (1783-1842)

*erdrückende Gewicht der abgetragenen Stiefel und Kleider vergangener Wanderungen und Jahre trägt? Und dennoch, im mentalen und spirituellen Leben tun die Menschen so etwas. Kein Wunder, daß meine arme Welt betrübt und erschöpft ist. So dürft ihr nicht handeln!*

Jeder von uns kennt es aus seinem Leben und findet sich trotz dieser 'Kenntnis' stets aufs neue bestätigt, was auch der amerikanische Schriftsteller und Humorist *Mark Twain* (1835-1910) erkannte:

*Ich habe mir eine Menge Sorgen gemacht,
aber die wenigsten waren gerechtfertigt.*

Die Bestätigung dessen, was uns Jesus längst schon auf unseren Lebensweg mitgegeben hat:

*...darum sorget nicht für morgen, denn der morgige Tag wird für das Seine sorgen. Es ist genug, daß jeder Tag seine eigene Plage hat.*

Wir können unser Zeit- und Geschichtsbewußtsein nicht einfach ausschalten, aber wir können ihm einen anderen Stellenwert geben, indem wir an unserem *Heute* arbeiten und den *Tag* bewußter leben und er-leben. Was uns schnell weiterhelfen könnte, hat der Literat *Jean de la Bruyère* im siebzehnten Jahrhundert formuliert: *Die Kinder kennen weder Vergangenheit noch Zukunft - sie genießen die Gegenwart.* Und hat da nicht einer vor fast zweitausend Jahren schon gefordert: *...wenn ihr nicht werdet wie die Kinder?* In 'Der weiße Lotos' (51, Nr. 58) wird ein tägliches Mantram[194] aus 'Gesang des Lebens' empfohlen:

*Ich danke dir, daß ich den heutigen Tag erleben darf. Ich begrüße ihn und werde ihn zur Hilfe und zum Fortschritt der Menschen um mich benutzen.*

Natürlich nützt der Tag auch dazu, ganz andere Dimensionen zu erreichen. Die zeitgenössische Journalistin und Pulitzerpreisträgerin *Ellen Goodman* verweist darauf, *...daß der Geist der Zeit das Resultat Tag für Tag getroffener persönlicher Entscheidungen sei,* denn selten ist eine persönliche Entscheidung reine Privatsache. Unsere geschätzten LeserInnen wissen bereits, daß wir und die anderen stets Teile des Ganzen sind - der Sippe, des Volkes, der Menschheit und des Universums. *Dipl. Ing. Horst Obereder* schreibt in seinem Buch 'Christsein 2000'[192]:

*Wir leben immer im Augenblick und nicht in der Zeit. Die Zeit liegt zwischen den Augenblicken, die aufeinander folgen. Ich definiere daher in meinem Weltmodell das 'Leben' als eine Abfolge von zeitlosen Augenblicken, die durch 'Zeitelemente' oder 'Zeitquanten' miteinander verbunden sind.*

**Wir sehen: der 'Tag' hat es in sich!**

Das Zeit-*Erleben* ist noch ein wichtiger Faktor in unserer Betrachtung. Wir kennen das alle, wie verschieden wir den Ablauf der Zeit erleben können. Ein

Tag mit Schmerzen will kein Ende nehmen und der Tag, an dem wir uns eine wichtige Aufgabe vornehmen, verfliegt im Nu. Zeit ist grundsätzlich *relativ* in unserer Wahrnehmung und durch unser Empfinden und Erleben, natürlich auch durch unsere Beeinflussung und Selbst-Beinflussung. Soweit kennt jeder das Zeit-Erleben.

Schwieriger wird es, wenn wir uns den Gegenpol zur Zeit, die *Zeitlosigkeit*, mit ansehen. Gemeint ist nicht der Begriff *ewig*, denn er gehört zu den Zeitphasen, nämlich der, daß diese Zeit für unser Verständnis 'ohne Ende' ist. Gemeint ist auch nicht die Zeitlosigkeit der höheren transzendenten Dimensionen. Auf unserer Raum-Zeit-Ebene etwas als *zeitlos* zu empfinden heißt, andernseits den *Fluß der Zeit* gefühlsmäßig in Vergleich zu setzen mit *zeitlosen Gefühlen*. Wenn uns, zum Beispiel, etwas völlig fesselt, verlieren wir das Gefühl für den Fluß der Zeit, aber wie wir uns alle kennen, war auch so etwas, was wir diesbezüglich schon erlebt haben, zeitbegrenzt und irgendwann zuende. 'Zeitloses' Empfinden entsteht auch nachts, wenn wir tief schlafen. Zwar 'rinnt' diese Zeit auch dahin, doch wir spüren davon nichts, weil während dieses Zeitabschnittes kein Platz für unser Verstandes-ego bleibt. Zeit-frei ist auch zeit-los, wenn die Zeit keine Rolle mehr spielt.

Das einzige Gefühl völliger Zeitlosigkeit aber könnte entstehen in der *Liebe*, in der bedingungslosen Liebe. Möglicherweise nicht, wenn sie an Personen, Sachen oder Ideologien gebunden ist, denn jede Liebe, auch die bedingungslose, braucht 'etwas', das geliebt wird. Es könnte also eigentlich nur die spirituelle, die mystische oder die Liebe zu Gott sein, die absolut zeitlos existiert und wohl nur hin und wieder von uns als solche empfunden und gefühlt werden kann.

Eine viel leichter zu verstehende Polarität, aber auch überaus wichtig, stellt jener Paarling dar, der ganz von unserer Entscheidung und Beeinflussung abhängt: *Aktiv<>passiv*. Der Friedensnobelpreisträger und Baptistenpfarrer *Martin Luther King* (1929-1968) hat es vorgemacht:
*Kein Konflikt wird gelöst, wenn wir träge darauf warten, bis Gott ihn löst.*
Und der große deutsche Philosoph *Immanuel Kant* (1724-1804) meinte wohl dazu ironisch:
*Es ist zuweilen nicht unnütz, ein gewisses Vertrauen in seine eigenen Kräfte zu setzen.*

Der Mensch lebt in einem Meer von göttlicher *Liebe* und bemerkt es nicht.
Der Ozean der *Liebe*, der alle Schöpfung umgibt und durchtränkt,
ist so immens, daß der menschliche Verstand sich ihn nicht vorstellen kann.
*Ursula Seiler-Spielmann*[207]

Er meint das nötige Selbst-vertrauen, das wir tagtäglich be-nötigen, um die Herausforderungen - Pessimisten sagen meistens 'Probleme' dazu - anzugehen, ohne sie zu ver-tagen. Wie auch der Volksmund schon lange sagt: *...hilf dir selbst, so hilft dir Gott.* Nur durch unser *tägliches* aktives Zu-tun und Zu-packen mit den davor liegenden Entscheidungen, die wiederum im sinnvollen Miteinander von Verstand und Intuition entstehen sollten, werden wir Gestalter unseres Tagesablaufs, Designer unserer Zukunft und Meister unseres Lebens.

Die Verhaltensforscher wissen, daß zwischen Aktivem und Passivem unseres Alltags noch einige interessante wie auch gefährliche Abstufungen vorherrschen können. Workaholics, die durch ihre Hyperaktivität vergessen, das Leben zu leben und sich möglicherweise damit krankmachen können, und Faulenzer und Tag-diebe, die in (bewußter?) Trägheit und Passivität zu den geistigen 'Todsünden' zählen - sie sind die extremen Polaritäten. Dazwischen tummeln sich aber alle Varianten unseres täglichen Umfelds, aus denen wir uns noch zwei Begriffe näher ansehen sollten: die berühmte *schöpferische Pause* und den *Tagtraum*.

**Mach mal Pause...** kann ein wichtiger Hinweis für unseren Alltag sein. Pause, um mal tief Luft zu holen (und damit das Gehirn mit Sauerstoff zu versorgen), um sich zu be-sinnen, zu entspannen und kurz loszulassen. Pause und Ruhetag, der zur rechten Zeit in den Rhythmus unseres Lebens - am siebten Tag - gehört und den wir sicherlich nicht straflos (Sünde wider unsere Natur, wohl kaum gegen das Göttliche) durch berufliche oder freizeitliche Überaktivitäten vernachlässigen dürfen. **Ruhe durch Pause** müssen wir uns wohl heute in der Zeit des Hetzens und des Gehetztwerdens bewußt vornehmen, planen und notfalls in den Terminkalender einschreiben. Wie diese Pause und die Ruhe gestaltet werden soll, ist sicher jedermanns eigene Sache, wenn er nur selbstkritisch genug urteilen kann, <u>was</u> ihm tatsächlich in der jeweiligen körperlichen und seelischen Verfassung gut-tun kann. Das *Freimachen der Seele* haben wir weiter oben als eine aktive Entscheidung kennengelernt, das uns unseren Tag, den Alltag und die Gesundheit be-leben und natürlich auch regenerieren läßt. *Mach mal Pause... zur rechten Zeit!*

Die ganz großen Meister, Dichter und Denker sagen uns *...das ganze Leben ist ein Traum.* Damit kann man im Alltag nicht viel anfangen, so richtig und wichtig diese Erkenntnis wohl sein wird, denn es heißt genauso erkenntnisreich *.:..träume nicht dein Leben, sondern lebe deinen Traum.* Der **Tagtraum**, auch Wachtraum genannt, ist oft eine Flucht vor der Härte des Alltags, könnte aber - im richtigen Maße gehandhabt - das *Freimachen der Seele* ganz erheblich unterstützen. Wie oft fließen Meditation, Wachtraum und Wunschdenken ineinander? Wie oft öffnet der kurze, eingelegte Tagtraum unser Inneres der Intuition, dem 'guten' Gedanken und der Ein-sicht und Ein-gebung? Solche

Träume sollten keine Schäume werden, denn wer seine Träume ver-wirklichen will, muß rechtzeitig aus ihnen erwachen. Durch Tagträume im richtigen Maße werden aber nach dem 'geistigen Gesetz der Affinität' oft genug die Dinge angezogen, die zum Ver-wirklichen der Träume noch gefehlt haben - der *Tagtraum* als ein Instrument unseres Unbewußten in der *Schöpferischen Pause*.

## Erfolg hat drei Buchstaben: TUN

*Meister Eckhart*[189] hatte schon lange vor unseren modernen Verhaltensforschern behauptet:
*Die wichtigste Stunde ist immer die Gegenwart. Der bedeutendste Mensch ist immer der, der mir gerade gegenübersteht.*
Erfolg kommt von er-folgen und folgen kann aber nur dasjenige, was vorher auf den Weg gebracht worden ist. Und das wird meistens noch nicht ausreichen, denn außer der Hilfe transzendenter Energiefelder - von den negativen stehen uns heute unheimliche Potentiale zur Verfügung, von den positiven spricht man normalerweise als 'Segen' - gehört nach aller Erfahrung die *Beharrlichkeit* dazu. In 'I Ging', dem Buch der Wandlungen [31], fand ich folgenden Vergleich:
*Wenn die Quelle hervorbricht, so weiß sie freilich zunächst nicht, wohin. Aber sie füllt durch ihr <u>stetiges</u> Fließen die tiefe Stelle, die sie am Fort-schritt hindert, aus - und dann ist der Erfolg da.*
Um bei diesem Vergleich weiter zu bleiben, können wir feststellen, daß sich Bächlein wie Fluß 'ihren Weg suchen'. Sie haben offensichtlich Erfolg durch Aktivität und Beharrlichkeit. Ein Prinzip, das auch uneingeschränkt für uns Menschen und unseren Alltag gilt.
**Tat kommt von 'tun' und Macht kommt von 'machen'.**
Zum Tat-Christentum hat der sogenannte 'Schlafende Prophet' *Edgar Cayce* (1877-1945) in Tieftrance mitgeteilt:
*In allem deinem Tun trachte nach Erkenntnis daraus und dann nach der Fähigkeit, das Erkannte anzuwenden.*
Auch in anderen Religionen scheinen die gleichen Probleme mit der Umsetzung von inneren Erkenntnissen zu herrschen, denn von *Lu Chiu-yüan* fand ich das Zitat:

> "Gibt es ein Wort", wurde Konfuzius gefragt, "nach dem man das ganze Leben hindurch handeln kann?" "*Nächstenliebe*", antwortete Konfuzius. "Was du dir selbst nicht wünschst, tue nicht anderen an."
> Der *Weiße Lotos* Nr. 60

*Es hat keinen Wert, über Dinge zu reden, wenn man nicht auch beabsichtigt, dem Reden die Taten folgen zu lassen.*

Weil das absolut logisch ist, fassen wir ja auch recht schnell derartige 'Vorsätze', doch das Problem steckt meist im *wann* wir sie umsetzen. Das ist der Grund, weshalb wir aus allen Zeiten und allen Richtungen, religiösen und profanen, diese Aufforderungen hören: *Tu es heute, mache es gleich, lebe den Augenblick.* So kann man sicher auch das Jesus-Wort auslegen: *...wirket, solange es Tag ist. Denn es kommt die Nacht, wo niemand mehr wirken kann.*

Bei unserem täglichen Tun sollten wir uns *führen lassen*, denn viele Entscheidungen können allein vom Verstand her nicht optimal ausfallen. Um den Tag erfolgreich - auch in dem Sinne, daß wir uns dabei keine neuen karmischen Lasten zusätzlich aufbürden - managen zu können, brauchen wir außer *Ratio* mit einem gut geführten Terminkalender, auch *Emotio*, das Gefühl für den richtigen Moment, das sogenannte '**gute Gefühl**', und die Pausen, um zur Ruhe zu kommen und in sich hineinhören zu können. Unsere innere Quelle sollte täglich unser Zufluchtsort sein - die Geburtsstätte, in der Glück, Frieden und Harmonie gelagert sind und uns zum schnellen Nachtanken zur Verfügung stehen.

Diesbezüglich möchte ich daran erinnern, daß es neben, über und/oder innerhalb unserer materiellen Ebene und irdischen Dimension (meistens als dritte Dimension bezeichnet) mit ihrer sogenannten Raum-Zeit-Abhängigkeit die höherschwingenden Dimensionen und Sphären gibt (ab vierter Dimension aufwärts), die dort *zeitlos* sind. Den Begriff 'zeitlos' müssen wir uns wohl als **immerwährende Gegenwart** vorstellen, in der alles zugleich sein müßte: Vergangenheit, Gegenwart und Zukunft - diese Begriffe oder Zeitphasen dort also gleich-gültig sind. Dazu schreibt der Arzt *Dr. Ulrich Mohr* in seinem Buch 'Die menschliche "Schule"' [53]:

*Vergangenheit ist das, was im Bezug zum gegenwärtigen Moment vorher erlebt* **wurde**. *Die Zukunft ist das, was aus dem vorhandenen 'unendlichen Informations-Pool', analog zur Definition der Vergangenheit, noch alles betrachtet und erlebt* **werden wird**. *So formuliert wird erkennbar, daß* **alles vorhanden ist**. *Der lineare Zeitverlauf entsteht für den Betrachter durch die Ausrichtung seiner Sinneswahrnehmungen auf* **bestehende Strukturen**. **Vierdimensional** *existiert hingegen nur absolute Gegenwart, auf die allein unsere Wahrnehmung zugreifen kann, was unter Umständen das beschriebene 'gute Gefühl' für eine anstehende Entscheidung vermittelt. Zukunft und Vergangenheit sind Sinnestäuschungen, denn unser Gefühl greift lediglich auf die* **allgegenwärtige Präsenz jeder Information** *zurück!*

In diesen Bereich müssen wir auch alle Erklärungen und Versuche mit Vorsehung, einen Teil unserer Träume, Intuition, Hellsehen, medialer Botschaften,

Channeling und Zeitreisen ansiedeln. In den zeitlosen Dimensionen **existiert alles zugleich**. Blicken wir dabei nochmals kurz auf diesen Begriff *dimensionale Ebenen*, von denen die sogenannte *vierte* in der zurückliegenden Parapsychologie eingeführt worden ist, um Phänomene erklären zu können, die auf eine Durchdringung oder Penetration von Materie beruhen. Wenn man nämlich annimmt, daß der Raum, den wir heute als dreidimensional auffassen, noch eine vierte und höhere habe, so kann man einen 'Körper' in jeden beliebigen verschlossenen Raum bringen, ihn durch die 'vierte' Dimension schleußen und wieder im anderen Raum dreidimensionale Realität werden lassen. Ohne die physikalischen Naturgesetze zu verletzen, kann hierbei mit veränderten Raum- und Zeitrealitäten gearbeitet werden.

Um die Bedeutung des Tages oder des Heute nochmals herauszustellen, erinnere ich an die Zeitschiene, auf der wir uns diesmal unser Leben und seine drei wichtigsten Abschnitte linear nebeneinander aufreihen: Der lange Abschnitt des Vergangenen, der lange Abschnitt des Zukünftigen und dazwischen der kleine des Heute, unseren Tag. Das Phantastische daran ist, daß dieser Tag **jeden Tag neu** ist. **Das ist die ganz besondere Bedeutung dieses ganz besonderen Zeitabschnittes.** Denn jeder neue Tag ist auch ein neuer Gnadenakt. In einem Wandkalender fand ich diese wichtige Erkenntnis ohne religiösen Touch von *P. Redlich*:

> *Es ist traurig, daß wir so oft anfangen müssen;*
> *es ist tröstlich, daß wir so oft anfangen dürfen.*

Jeder neue Tag ist ein neuer Anfang, ganz egal worum es geht. Garantiert jeder von uns hat das schon oft genug erleben dürfen und weiß, daß diese Regel stimmt. Aber wie schnell vergessen wir es wieder unter der Last der schweren Sorgen, die sie auch oft nur dadurch werden, weil wir sie in tägliche Einheiten zu teilen vergessen, um sie dann mit dem neuen Tag wieder neu anzupacken. Lassen wir uns also nicht verdrießen und nützen diese Möglichkeit des *neuen Tages*. In 'Der weiße Lotos', Zeitschrift für geistige Entfaltung[51], fand ich folgendes Gedicht:

> *Fluche keinem Deiner Tage,*
> *was Du ertragen mußt, ertrage.*
> *Was auch immer Dir begegnet,*
> *Segne, und Du bist gesegnet.*

„Wenn Sie mit den Mächtigen dieser Erde reden, sprechen Sie da die Menschenrechte an?" – „Ich rede von der *Liebe*. Wenn sie die Menschen *lieben*, werden sie sich auch um sie sorgen."
Interview mit *Mutter Theresa* (Der Gefährte)

Hier sollten wir uns noch einen weiteren wichtigen Aspekt der Bedeutung des Heute, des Tages oder der Gegenwart besehen. Als wir das 'geistige Gesetz von Ursache und Wirkung' behandelt haben, ging es um Karma, dem 'Verrechnungskonto' mit den von uns (in der Vergangenheit) gedachten, gesprochenen und/oder ausgeführten Ursachen, die in der Zukunft als 'Wirkung' **auf den Zeitpunkt der Reife warten**, unser ganz persönliches 'geistiges Konto' wieder auszugleichen. Fast alle Religionen sprechen hierbei ja generell von Schuld, was sicherlich niemals im Sinne unseres Schöpfers sein kann, der uns durch das karmische Prinzip die spätere Aufarbeitung und den Ausgleich unseres Fehlverhaltens ermöglicht. So wird dieser ganze Vorgang zu einem **Lernprozeß in der Lebensschule**, der zur Ent-wicklung und Ent-faltung unseres Bewußtseins oder unserer Seelenqualität hier in der polaren Stofflichkeit oder der 3D-Realität gereicht. Dazu schreibt *Dr. Mohr*[53]:

*Die 4D-Realität kennt keine Variablen. Absolute Zeitachsen existieren nicht, dem Menschen geschieht das, was 'energetisch' im Sinne der Resonanz zu ihm paßt. Dieser Umstand bedeutet lediglich den Vollzug von Lernschritten gleicher Wertigkeit - frei von jedem Schuldprinzip. Alle Polaritäten, zu denen auch die Bewertung von Gut-Böse und Richtig-Falsch gehören, sind Illusionen der dreidimensionalen Wirklichkeit.*

Der Zeitabschnitt nun, in den diese 'Verrechnung' von Ursache und Wirkung fällt, **ist stets die Gegenwart**, das Heute, unser Tag, oft der Augenblick. Somit präsentiert uns das sogenannte Schicksal an *irgend einem passenden Tag* in Form einer Situation oder Person das Thema, das es aufzuarbeiten gilt - wo wir einstmals falsch oder gar nicht reagiert haben oder für unsere Lebensschul-Aufgabe die Note 'mangelhaft' bekamen oder die Lebensschul-Hausaufgaben gar nicht gemacht haben. Der Tag ist somit für uns die Chance - die Kirchen würden sagen: die Gnade - die entscheidenden 'Ausgleiche' zu schaffen. Nicht umsonst sprechen alle großen Dichter und Denker, Philosophen und Propheten, **von der ungeheuren Bedeutung des Tages**. Jeder Tag bringt jedem Menschen das, was **heute** zur Bereinigung oder zur Erfüllung ansteht. *Gabriele von Würzburg* schreibt in ihrem Buch 'Lebe den Augenblick - und Du siehst und erkennst Dich'[54]:

*Die Tage zeigen sich in einzelnen Situationen, in Geschehnissen, in Gesprächen, über Empfindungen und Gedanken, in Worten, Reaktionen und Handlungen. Der Tag zeigt sich auch durch unsere Mitmenschen, Kollegen, Verwandten, Bekannten, durch unsere Familienmitglieder. Der wache Mensch, **der den Augenblick lebt**, kann daraus vieles ablesen und für sein weiteres Leben die Weichen richtig stellen.*

## Die Stunde und die Minute

Zur anderen Seite, wie wir das Heute und den Tag bedeutungsvoll 'nützen' sollten - also nicht im Bezug zu unserer Vergangenheit, sondern zu unserer Zukunft - schrieb der große Meister der deutschen Neugeistbewegung, *K. O. Schmidt*, mit der Überschrift 'In dieser Minute' [52]:

*Genau besehen gehört uns nur die* **gegenwärtige** *Minute - und davon, wie wir sie auswerten, wird unser Schicksal weit in die Zukunft hinaus gefärbt und bestimmt. Es gilt also, den Wert der Minute zu bejahen und das Mögliche aus ihr herauszuholen. Denn*

> *ihrer sechzig hat die Stunde,*
> *mehr als tausend hat der Tag;*
> *Söhnchen, werde dir die Kunde,*
> *was man alles leisten mag.*

*wie Goethe seinen Enkel mahnte. Ein anderer Weiser fügt hinzu: 'Die Minute und der Tag sind verloren, sind ausgebrochen aus der Kette deines Lebens, die du in Trübsinn und* **tatenloser** *Verzweiflung hinstarrst'. Darum heißt das oberste Gebot: Freude! Freue dich - auch wenn es dir schwer fällt. Mit jeder bewußt durchsonnten Minute wird es leichter. Wer sich in dieser Minute von einem Ungemach nicht niederdrücken läßt, sondern es trägt und erträgt, der weckt bereits die Kraft in sich, es in der Zukunft unter sich zu bringen und es zu meistern.* **Nütze darum die Minute!** *Oder mit einem chinesischen Sprichwort: Freue dich des Augenblicks, freue dich des Lebens! Denn es ist schon später als du denkst.*

Hören wir abschließend zu diesem Thema die tägliche Aufforderung des persischen Gebetsrufers bei Tagesanbruch[190]:

> *Die Stunden hinter Dir sind Gottes Stunden.*
> *Die Stunden vor Dir sind sein Geheimnis.*
> *Dein ist allein die gegenwärtige Stunde.*
> *Verschwende Deine Stunde nicht!*

---

Ist die *Liebe* voll entfaltet,
dann bringt man seinem Freunde Zuneigung,
seinem Feinde Vergebung,
dem Fremden Wohlwollen entgegen.
*Haznat Inayat Khan*

Die häufigste Aufforderung
des Neuen Testaments,
„FREUET EUCH",
ist wohlbegründet.
Wenn wir den Geist der Freude
und Bejahung Tag für Tag
in unsere Arbeit und unser Leben
einströmen lassen,
erblüht daraus in wachsendem Maße
Segen und Fortschritt..

**Teil III**

## 20. Kapitel

## Unsere Bewußtseins-Stufen

Im ersten Teil dieses Buches haben wir uns mit vielen Entwicklungen und Zuständen befaßt, die der großen Menschheitslehre Jesu keinesfalls gerecht geworden sind. Wenn wir den Maßstab, der in den Evangelien empfohlen wird, anlegen und die dazwischenliegenden Jahrhunderte nach den erbrachten Früchten beurteilen, dann haben wir, die wir uns Christen nennen, jämmerlich versagt. Statt Nächstenliebe haben wir viel Leid gebracht, denn nur wenige Jahrhunderte nach dem christlichen Start rund ums Mittelmeer wurde Jesu Lehre schon nicht mehr richtig verstanden - bewußt, wie ich darzulegen versuchte. Daher empfahl ich eingangs des Buches erst einmal verschiedene alte Zöpfe abzuschneiden, denn bei meinem erneuten Versuch eines neuen Verständnisses der Urlehre sollten wir keinen neuen Wein in alte Schläuche füllen, was ebenfalls als biblische Empfehlung ernst zu nehmen ist.

Im zweiten Teil des Buches haben wir die wichtigsten geistigen und universellen Gesetze kennengelernt, die größtenteils in unserem abendländischen Raum seit alters her bekannt waren, aber viel zu lange als Geheimwissen und Esoterik im klassischen Sinne Minderheiten vorbehalten blieben und sich im Großen kaum durchsetzen konnten. Heute dagegen ist Verständnis wie auch Anwendungsbedarf reichlich vorhanden und wird auf immer breiterer Basis dem immer mehr dafür Interessierten dargeboten und verstanden - vielfach neu formuliert und anwenderfreundlich serviert. Das Fragen und Suchen boomt und das neu-geistige Verlangen nach Veränderung gehört sicherlich zu unserer derzeitigen Zeitenwende - innerlich wie äußerlich.

Im dritten Teil des Buches nun komme ich nochmals konzentriert auf die absoluten Schwerpunkte der urchristlichen Lehre Jesu, die ich in drei entscheidenden Fundamenten sehe, um neues Denken und Handeln für die Zeitenwende zu ermöglichen:

1. das Göttliche ist reine Liebe und nichts als Liebe,
2. das Göttliche ist in jedem von uns und
3. Jesus ist bei uns alle Tage...

> Das Böse entsteht immer da, wo die *Liebe* nicht ausreicht.
> *Hermann Hesse*

Nach dem urchristlichen Verständnis steht uns die Liebe unseres Vaters oder Schöpfers oder Gottes - ein Gott der Liebe im Gegensatz zu den meisten Gottheiten seiner Zeit - permanent zur Verfügung und wir haben diese Liebe auf unserem Lebensweg als ebenfalls permanenten Lernprozeß hier auf der Ebene der Stofflichkeit umzusetzen, so wie Jesus dies verstanden haben wollte - als Nächsten- und Tatliebe. Dieses Umsetzen kann und soll so individuell gehandhabt werden, wie es jeder einzelne auf-fassen kann, an seinem jeweiligen Platz im Leben einsetzen sollte und nach seinen Talenten und in sich erkannten Berufung verwirklichen muß. Die täglichen Schritte dazu sind so individuell wie es milliardenfach menschliche Individuen und entsprechende Situationen gibt und ich habe zur 'Bearbeitung' dieses Themas möglichst viele individuelle Aussagen kompetenter Akteure in Sachen Liebe zitiert - Seite für Seite. Nichts wäre schlimmer, als hierbei festgefahrene Regeln zu *studieren*, anstatt unserem *freien Willen* und unseren *inneren Gefühlen* bezüglich selbstloser Liebe, Verständnis, Verzeihen und Friedfertigkeit - alles im urchristlichen Sinn - *freien Lauf zu lassen*. Ich hoffe, daß mein Darstellungsversuch mittels gesammelter Zitate und Aphorismen diese Individualität auffordernd und anregend rüberbringt.

All unsere hilflosen und gedankenarmen Ausflüchte, Gott habe uns Schicksals-Schläge, Leid, Prüfungen und ähnliche menschliche Druckmittel geschickt, nur weil wir die jeweilige Situation, in die wir uns selbst manövriert haben, nicht 'verstehen', ist für uns 'denkende' Gläubige beschämend, wenn nicht gar schon eine Gotteslästerung. Aber unsere geschätzten LeserInnen wissen inzwischen zu trennen zwischen dem Gott-der-Liebe einerseits und selbstverursachter Schicksals-Verbindlichkeiten andernseits. Nie, nie, nie tut unser Schöpfer uns etwas zuleide, selbst die 'Prüfungen', die wir ihm zu gerne anhängen, sind einzig und allein unser Problem und sind die Ernten unserer Saaten (Ursache und Wirkung). Das, und nur das, hat Jesus gelehrt.

Das *Göttliche-in-uns* ist die *zweite* gewaltige Reform, die Jesus für das menschliche Verhältnis zu seinem Schöpfer brachte oder wie wir nachträglich leider feststellen müssen: bringen wollte. Was für die Gläubigen Israels die Sonderstellung 'auserwähltes Volk' mit dem Bündnis mit ihrem Gott brachte, **gab Jesus für *alle Menschen dieser Welt* frei: das Göttliche ist in jedem von uns**. Erst die heutige Menschheit scheint fähig zu werden, dieses gewaltige göttliche Vermächtnis in vollem Umfang zu begreifen. **Das muß uns aber noch viel mehr bewußt werden**. Es muß sich zu einem Bewußtsein (sich bewußt-sein) entwickeln und das sehen wir uns gleich in diesem besonders wichtigen Kapitel meines Buches genauer an.

Das *dritte* Fundament eines neuen und modernen Jesus-Verständnisses ist sein Versprechen: *...ich werde bei euch sein...* Ein spezielles 'Testament' im N.T., in das wir aufgenommen worden sind mit dem festgeschriebenen Angebot einer Globalversicherung oder gar eines Beistandpaktes mit Jesus, sofern wir seine vor zweitausend Jahren veröffentlichten Vertragsbedingungen bereit sind, einzugehen. Mehr noch: Da er aus einer überirdischen und zeitlosen Position unser Mühen auf der irdischen Ebene betrachten und begleiten kann, ist er die optimale Verbindung und Beziehungsebene für unsere geistig-seelischen Fortschritte und Erfolge. Natürlich ist dieser dritte Punkt der oben erwähnten Jesus-Urlehre am schwierigsten zu verstehen. Daß in den beiden anderen Bereichen des Gottes-der-Liebe und des Göttlichen-in-uns die Christuskraft, oder auch anders bezeichnet, die universellen oder kosmischen Lebens- oder Liebeskräfte durch uns wirksam gemacht werden können, leuchtet irgendwie ein und ist vorstellbar aufgrund jeglichen religiösen oder kirchlichen Wissens, vermutlich gleichgültig, woher es auch kommt. Aber die Person Jesus, vor knapp zweitausend Jahren von der irdischen Dimension verabschiedet, soll heute noch für uns und Milliarden anderer Christen und gar Nichtchristen *...alle Tage bei uns sein?* Erheblich schwerer vorstellbar, aber auch das werde ich noch vernünftig zu erklären versuchen.

## Das Modewort 'Bewußt-sein' [223]

In der Psychologie und der Philosophie kennen wir diesen Begriff schon länger, im Marxismus wird sogar von einem 'gesellschaftlichen Bewußtsein' gesprochen. Gemeint sind mal die Seele, mal der Geist, beides in der klassischen Anwendung, *sich einer Sache bewußt-zu-sein*. Durch die Trennung dieser Bereiche oder Zustände vom Körperlichen kam die erste Teilung schon im achtzehnten Jahrhundert im Falle des Unterbewußtseins oder dem Unbewußten, später systematisch untersucht in der analytischen Psychologie und heute in immer neue Dimensionen vorstoßend - aber in jedem Falle immer tiefer *nach innen* gerichtet. Unbestreitbarer Verdienst der heutigen Psychologie bleibt jedoch der von ihr erbrachte Nachweis, daß das *Seelische* genauso Wirklichkeit ist wie das *Physische*. Trotzdem beklagt *Prof. Manfred P.Kage*
 *...daß wir im Bezug auf die Erforschung des menschlichen Bewußtseins ganz am*

> Mensch, was du *liebst*, in das wirst du verwandelt werden.
> Gott wirst du, *liebst* du Gott, und Erde, *liebst* du Erde.
> *Angelus Silesius* (*Johannes Scheffler* aus Schlesien)

*Anfang stehen. Wir wissen wenig darüber, wie unser Denken, die Bildung von Glaubens- und Wertesystemen, unsere Wahrnehmung und unsere Wirklichkeit funktionieren.*
*So, wie früher mutige Pionierleistungen bei der Entdeckung und Erforschung von Kontinenten und neuen Horizonten in der Wissenschaft* **im Außen** *erfolgten, so liegt die große Herausforderung an der Schwelle des Dritten Jahrtausends in der Erforschung der* **Innenräume**, *des menschlichen Bewußtseins. Dies ist bitter nötig, dafür ist es höchste Zeit.*

Daß solches Forschen heute keinen Fakultäten mehr alleine überlassen wird, zeigt als ein Beispiel der Themenkreis der *13. Basler PSI-Tage* im November 1995, einem 'Internationalen Kongreß für Veränderte Bewußtseins-Zustände'. Die Themen der drei Veranstaltungstage lauteten: - *Veränderte Bewußtseinszustände*: Fenster zu einer 'höheren' Wirklichkeit?; - *Techniken zur Bewußtseinsveränderung*: Möglichkeiten, Grenzen und Gefahren; - *Bewußtsein als Entwicklungsziel,* mit den damit verbundenen Fragen, ob dies zu höherer Erkenntnis, reiferen Menschen und einer besseren Welt führe. Wozu ist unser Geist wirklich imstande, wenn er den festen Boden des logischen Verstandes verläßt? Welche Erkenntnis- und Entwicklungschancen liegen tatsächlich in *außergewöhnlichen Bewußtseinszuständen*, in denen die Grenzen von Raum und Zeit, von Ich und Außenwelt, von Diesseits und Jenseits anscheinend fließend werden? Parapsychologie und Metaphysik wollen beweisen, daß es Bewußtsein als *drei* Wirklichkeiten gibt: die physische, die seelische und die *geistige*, die zugleich ein Aspekt der *spirituellen* oder *göttlichen* ist. Versuchen wir, etwas begriffliche Ordnung in dieses Zeitgeist-Thema zu bringen. Für den Bereich der Zeitenwende haben wir den Begriff

**Bewußt-werden**, zum einen im Sinne des Erwachens breiten menschlichen *Interesses* überhaupt für ein neues, ganzheitliches Umdenken, für eine Sensibilisierung im Sinne humanerer, natürlicherer und ökologischerer Orientierung, für ein verändertes Gottesverständnis und vieles, vieles Gleichgerichtetes mehr. Zum anderen das *Erwachen* selbst für die, welche schon mitten in diesem Umbruch stecken und auf dem 'Wege nach Innen' und/oder auf dem 'Wege zum Lichtwesen' sind und/oder bereits erkannt haben, daß jede Veränderung im Außen erst eintreten kann, wenn der Mensch selbst sein eigenes Bewußtsein und somit sich selbst verändert hat.

**Bewußtseins-wandel** ist die auf das Bewußtwerden folgende Steigerung, die das *Umdenken* mit seiner bereits damit verbundenen Schwingsungserhöhung in allen Lebensbereichen im Sinne unserer Zeitenwende vielfältig bringen wird: Ökologie vor Ökonomie, liebe-voll vor lieb-los, Spiritualität vor Glauben.

**Bewußtseins-erweiterung** ist die Bezeichnung für jede Veränderung, auch des Wach- oder Tagesbewußtseins, das unseren Normalzustand darstellt. Das Ziel ist ein neues oder spirituelles Bewußtsein, das zugleich die Voraussetzung zu der nötigen Schwingungs-Transformation und der damit verbundenen ethischeren Denk-, Lebens- und Gesellschaftsstruktur der Menschen ist - alles in Richtung des angekündigten *Friedensreiches*.

Das Wort **Bewußtsein** hat aber eine generelle Aufwertung auch bekommen, wenn es als Ersatz für die Worte Gott, Schöpfer und Göttliches im seelisch/geistigen und jenseitig/transzendenten Bereich dient. Durch ein *höheres* und *unsterbliches* oder *spirituelles Bewußtsein* fanden jene eine neue Definition, die diese kirchlichen Termini von ihrem vielfach veränderten religiösen Verständnis abkoppeln und neu formulieren wollen. Ebenso wird der unsterblich und göttliche *Geist* dabei als *Bewußtsein* definiert, auch im holistischen Sinne und dem der ICH-BIN-Kraft.

In unserem Buche aber stellen wir einen weiteren Bereich besonders heraus und das sind die **Bewußtseinsstufen**. Stufen führen nach oben und abgestufte Höherentwicklung unseres Bewußtseins geht demnach schrittweise vor sich. Das wiederum hat auch hierbei zu vielen Parallelbewegungen und -erkenntnissen mit entsprechender Definitionsvielfalt geführt. Die wichtigsten sind, jeweils evolutiv aufsteigend,

Verstandesmensch → Vernunftmensch → Gefühlsmensch → Geistmensch oder

Körper-Seelenbewußtsein → Ich-Seelenbewußtsein → Du-Seelenbewußtsein → Geist-Seelenbewußtsein oder

Unterbewußtsein → (Tages)Bewußtsein → Überbewußtsein → spirituelles oder Christusbewußtsein → ICH-BIN-Bewußtsein.

Wenn ich als Beispiele nur drei dieser Bewußtseins-Entwicklungs-Stufungen aufführe, soll dies keine Wertung sein für viele andere oder ähnliche Modelle, die als Weg nach innen oder nach oben gesucht, geführt und gefunden wurden und noch werden. Altbekannt und nicht neugeistig sind die Bewußtseinsentwicklungen im mystischen Bereich, dem christlichen wie dem der anderen Religionen. Wohl gleichzusetzen sind dabei auch Formulierungen wie Bewußt-

> Beginne den Tag mit *Liebe*, lebe den Tag mit *Liebe*,
> fülle den Tag mit *Liebe*, verbringe den Tag in *Liebe*,
> beende den Tag mit *Liebe*. Das ist der Weg zu Gott.
> *Sathya Sai Baba*

seins-erhöhung, -öffnung und -erweiterung. Sie führen uns schließlich alle in die gleiche Richtung: **Selbstveränderung**, und zwar an der zentralsten Stelle unserer Persönlichkeit - unserem Selbst und unserem Bewußtsein. Wenn ich an dieser Stelle nochmals spaßeshalber das Fußballspiel einblenden darf, das ich in der spirituellen Liga Christus<>Antichrist verwendet habe, dann heißt es hierbei: Der Ball liegt noch im eigenen Feld oder noch genauer: *Sie* haben den Ball. Denn wenn es ums Bewußtsein geht, ist jeder selbst der Spieler und dabei gibt es natürlich auch Stürmer, Ballakrobaten, Maurer und Foulspieler. Wir werden es noch sehen.

### Jeder Mensch hat eine andere Bewußtseins-stufe

Schon am Anfang des Buches habe ich darauf hingewiesen, daß wir unsere Mitmenschen nach allen möglichen bewährten Kriterien beurteilen können: Körpermaße, Körpergewicht, Schönheit, Intelligenzquotient, Erfahrung und so weiter. Daß seine Persönlichkeit, ob Kind oder Greis, von seinem Bewußtsein geprägt wird, ist im christlichen Kulturkreis nur gering verbreitet und eine diesbezügliche Änderung begann erst in diesem Jahrhundert einzutreten. Sowohl die angewandten Kirchenlehren, als auch unser darwinistisch-materialistisches Denken haben verhindert, sich mit der Ent-wicklung im Seelisch-Geistigen in Verbindung mit einem **persönlichen und individuellen Bewußtsein** intensiv zu befassen. Durch die diesbezügliche allgemeine Unwissenheit fehlt auch weitgehend das Verständnis für den jeweiligen Bewußtseins-Zustand der Mitmenschen und damit auch die Basis, das Geistige Gesetz der Liebe, das Jesus 'liebe deinen Nächsten wie dich selbst' nannte, auf breiter menschlicher Ebene umzusetzen. Wir Menschen haben es in der Rationalisierung unseres äußeren Daseins weit gebracht. Innerlich aber sind wir im gleichen Maße ärmer und glücks-unfähiger geworden, weil wir dabei versäumt haben, das *Leben aus den Sinnen* durch das *höhere Leben aus dem Geiste* zu ergänzen, zu vertiefen und zu verwesentlichen. Und dies gilt auch ebenso für eine Reihe der früher geschilderten anderen 'Universellen Lebensprinzipien' und 'Geistigen Gesetzmäßigkeiten'. Das kann es also nicht sein.

Was sind Bewußtseinsstufen? Das Leben auf der Erde ist eine große Schule für den unsterblichen Menschengeist, den wir auch *Bewußtsein* nennen. Dabei muß er sich zu jener hohen Bewußtseinsstufe - allgemein spricht man von Seelenreife - entwickeln, die ihn von weiterem Erdenzwang endgültig befreien soll. Danach sollte unser unsterbliches Bewußtsein einen andauernden Aufstieg in immer noch lichtere und raum-zeit-lose Höhen und Transzendenz bewältigen, bis es als sich-selbst-bewußter Menschengeist in das kosmisch-göttliche

Einssein eingehen kann. Das ist kurz gefaßt der Bewußtseins-Entwicklungsweg, wie er eingangs als dritte Variante aufgeführt ist.

Das in vielen Stufen vor sich gehende Sich-bewußt-werden des Menschengeistes nannten wir bislang Lebensschule und wie schon mehrfach vorausgesetzt, kann solches nicht in nur einem Menschenleben ent-wickelt werden. Mehrmals muß der Menschengeist in die Materie, bei uns die Erde, wiederkehren und in inkarnierten Menschenkörpern zur nötigen Geistesreife oder Bewußtseinsstufe gelangen. Nun hat diese Lebensschule aber kein eingeschränktes Klassensystem wie unsere bildenden Schulen. Prinzipiell stehen uns unendlich-unterschiedlich viele persönliche Stufen zur Verfügung - am Ende der Klasse, unserem jeweiligen Lebensende, muß aber trotzdem der geplante oder vorgesehene (Vorsehung!) Reifegrad oder die Bewußtseinsstufe erreicht worden sein.

## Bewußtseins-Qualität

*Dr. Ulrich Mohr* bringt in seinem Buch 'Die menschliche "Schule" – Handeln im Nichthandeln' [53] zusätzlich die Wertigkeit *Bewußtseins-Qualität* in unsere Betrachtungsweise. Denn auch in unserem täglichen Umfeld achten wir zunehmend auf mehr Qualität - das betrifft Produkt-Qualität genauso wie Lebensqualität. Und einer der Qualitätsmaßstäbe ist Qualitäts-Wachstum, was im geistig-seelischen oder spirituellen Persönlichkeitsbereich sicherlich als unerkanntes Bedürfnis in uns schlummert - zum Beispiel in unserem 'Gottesfunken' bei demjenigen, der sich auf einem religiösen Bewußtseinsweg befindet. Denn jede menschliche **Absicht** hat im *Unbewußten* des Betroffenen seine vorhandene Bereitschaft, manchmal sogar das innere Ziel, das dann im Äußeren als Qualitätsmerkmal wirk-sam werden kann.

Doch auch menschliches Bewußtsein im Diesseits und spirituelles Bewußtsein im Jenseits sind zugleich vernetzte Teile eines gigantischen diesseitigen wie auch **kosmischen Bewußtseins**. Und wenn wir uns hierbei nicht der uns geläufigen kirchlichen Bezeichnungen 'Gott' und 'Seele' bedienen, wird es leichter vorstellbar, daß diese Bewußtseinsebenen nicht nur ein Teil eines Ganzen, sondern eigentlich Felder pulsierender Energie sind. Die Physik sagt uns, daß unsere materielle Wirklichkeit nichts als Schwingung ist - sicherlich

> "Sphären ineinander lenkt die *Liebe*,
> Weltsysteme dauern nur durch sie."
> *Friedrich Schiller*

ein perfektes Zusammenspiel verschiedener Schwingungsformen - und analog der materiellen physischen Gesetzmäßigkeiten auch im feinstofflichen und spirituellen Bereich unseres Über-Bewußtseins, energetisch und qualitativ zunehmend. Was sind *Felder*? In der Physik versteht man darunter die Gesamtheit der allen Punkten des leeren oder stofferfüllten Raumes zugeordneten Werte, auch nichtmaterieller Einflußzonen, einer physikalischen Größe (Feldgröße genannt). Sie sind das Medium von Fernwirkungen; über Felder können Dinge aufeinander einwirken, ohne in direktem materiellem Kontakt miteinander zu stehen. Ein Feld liegt dann vor, wenn der Zustand eines Systems an einer beliebigen Stelle bestimmend ist für den Zustand eines Systems an einer anderen Stelle (*Dr. Johann Lechner*)[198].

Dazu zieht *Dr. Mohr* eine Parallele materieller physikalischer Vorgänge und Aggregatzustände (wie schon bei einem früheren Beispiel dargestellt: vom Eis über Wasser zum Wasserdampf) mit einer Beschreibung menschlicher Bewußtseins-Entfaltung auf dem Weg einer qualitativ immer höherwertigeren Bewußt-Werdung[53]:

*Am Beispiel des Menschen ist die Zuordnung bestimmter Frequenzen zum materiellen Aspekt besonders leicht nachvollziehbar. Zu Beginn des Weges ist das Bewußtsein sehr kompakt und hat, gemessen an den übrigen Entwicklungszuständen des Menschen, die niedrigste Eigenschwingung. Sie beträgt lediglich wenige Hertz. Als Folge der hohen Verdichtung geht man im physikalischen Vorstellungsmodell von einer 'begrenzten Ausdehnungsmöglichkeit der Persönlichkeit' aus. Der Aktivitätszustand des Bewußtseins ist niedrig, was die Eigenbewegung einschränkt. Die Situation ist von 'Gefühlskälte' gekennzeichnet.*
*Je mehr das Bewußtsein erwacht, sich selbst zu entdecken beginnt, dehnt es sich aus, wird beweglicher und weicher. Die 'Flexibilität/Bereitschaft zur Wandlung' der Psyche nimmt zu, wobei die Kraftentfaltung wächst. Eine weitere Verstärkung ist bei zunehmender Erwärmung in der 'gelebten Erkenntnis: "Ich bin reine Energie!"' zu beobachten. Vom Unterbewußtsein über viele Zwischenstufen bis zur inneren Ablösung von der materiellen Inkarnation nimmt die nutzbare Kraft zu. Die 'hochgradige Bewußtseins-Entfaltung' ermöglicht, mehr als qualitativ untergeordnete Zustände, die Freisetzung bzw. 'Nutzung' von Liebe. Beim Übergang zum hochfrequenten Zustand vollzieht sich zudem die Aufhebung der Bewußtseins-Einbindung in die Inkarnation!*


## Der drei-stufige Bewußtseinsweg

Versuchen wir nun, mit dem uns bis hierher angeeigneten Einblick in Gesetzmäßigkeiten menschlicher Bewußtseinszustände extrem vereinfachte Gruppierungen zusammenzufassen. Drei Bewußtseinsbilder herrschen in dieser Szene vor: *K.O.Schmidt* spricht von *Unter-*, *Mittel-* und *Oberstufen*, sein amerikanischer Vorgänger, der Theologe *Emerson* von *drei Klassen von Menschen*, die sich je nach Grad der erreichten geistigen Wachheit und Lebensreife unterscheiden. Dieses vereinfachte Schema läßt natürlich die beiden Extreme im untersten und obersten Bereich weg: Den 'Tiermensch' (Lebensinhalt Fressen, Saufen und Bumsen) und andernseits die Ordensleute in den Klöstern, die weltweit in allen Regionen zu finden sind - zwischen den eisigen Gipfeln in Lhasa und den sonnigen Gestaden bei Athos gelegen.

Auf der **Unterstufe** der drei mittleren Bewußtseinsebenen regiert der seelisch noch unerwachte, überwiegend nach außen gerichtete Verstandesmensch. Materialismus, Gesundheit und Wohlstand, Recht- und Machthaben gelten als hinreichendes Lebensziel. Sein Intellekt und sein (niederes) Verstandes-Ego stehen im Vordergrund und der 'gesunde Menschenverstand' sagt ihm, wo es lang gehen soll. Sein Denken, Fühlen, Streben und Handeln ist weitgehend von seinem Umfeld mitbestimmt, wobei Einspurigkeit meistens ausreicht und es der tieferen Einsichten mangelt. Von seinem Woher, vom Sinn seines Daseins und einem Wohin weiß er nichts oder wenig. 'Zufälle' reichen als Erklärung für vieles und Lebensfreude wie auch Leid werden voll ausgelebt. *K.O.Schmidt* schreibt dazu [6]:

*Sowie Unerwartetes, Ungewohntes eintritt, unbegreifliche Tendenzen spürbar werden, ist der Verstand am Ende seiner Weisheit, erschrickt ob der Rätselhaftigkeit des Daseins, verzweifelt oder klammert sich an den Aber- oder Wunderglauben, der noch weniger aus der erkannten Unfreiheit herausführt, weil er wie der Unglaube der Oberfläche der Dinge und Geschicke verhaftet bleibt und nicht wie der echte Glaube in die Tiefe, geschweige denn zur Wesensmitte und Lebensganzheit hinführt.*

Auf der **Mittelstufe** beginnt der Mensch tiefer zu blicken und nimmt damit einen höheren Standpunkt ein: *Vernunft* steht bei ihm im Vordergrund. Zu dieser Gruppe gehören die meisten Menschen unserer Zeit. Sie erleben den Kampf mit dem niederen Ego, kennen das höhere Bewußtsein schon bruchstückweise und sind sich dieser Zweiheit ihrer Natur bereits bewußt geworden. Es ist auch eine Vernunft der Ideale und der Ganzheitlichkeit, Herzdenken ersetzt immer öfter das Hirn-denken, Dichter, Denker und Künstler bestimmen auf dieser Bewußtseinsebene mit. Das *Du* und das *Wir* verdrängen immer wieder das *Ich*. Der Zuwachs an Individualität und Erkenntnissen, der

---

Nicht *Liebe* macht blind, sondern Besitzgier.
Die Menschen werden durch sinnliche Begierden geblendet.
Wahre *Liebe* macht sehend und befreit von jeglicher Besitzgier.
*Ramakrishna*

für diese Stufe kennzeichnend ist, wird immer öfter erfahrbar und erfüllt damit heute die Forderung des Schweizer Pädagogen und Sozialreformers *J.H.Pestalozzi* (1746-1827) nach *allgemeiner Emporbildung der schöpferischen Innenkräfte der Menschennatur zu reiner Menschenweisheit*.

Auf der **Oberstufe** begegnen wir nun genau diesen *weisen* Menschen, die ihr *niederes Ich* inzwischen 'gemeistert' haben. Dadurch sind sie frei geworden für geistige Wahrnehmungsfähigkeit und Intuition und die zunehmende Partnerschaft mit ihrem Höheren Selbst oder *inneren Helfern* - sie sind zum 'Lichtwesen' geworden. Sie kennen die Gesetze von Ursache und Wirkung und wissen um die Tatsache, daß keine ihrer Handlungen ihrem Ausgleich entgeht, weil *man selbst* in seine Tat übergeht und das Wesen seines Tuns annimmt und dann die entsprechenden Früchte tragen muß. Auch bisheriges willentliches Bemühen zu höherer Bewußt-werdung wird mehr und mehr zum gelassenen Wirken-lassen der inneren Führung. Dazu wieder *K.O.Schmidt*:

> *Es ist dann, als würden alle Dinge und Bedingungen des Lebens von innen her so umgewandelt und umgestellt, daß sie zu Helfern werden bei der Erreichung der beiden höchsten Daseinsziele: der Selbstverwirklichung und der Sinnerfüllung des Lebens. Das ist weit mehr, als Verstand und Vernunft je zu bewirken imstande sind. Es ist das, was der religiöse Mensch göttliche Hilfe oder das Wirken Gottes nennt.*

Bei diesem extrem komprimierten und gerafften Drei-Stufen-Weg unserer Bewußtseins-entwicklung und -entfaltung zu einem voll-bewußten Lichtwesen, lesen wir heraus, daß wieder unser Ego einen besonderen Stellenwert hat. Dieses Erklimmen der Bewußtseins-Stufen ist zugleich der stetige Wandel weg vom ICH, hin zum DU und dann zum WIR, um schließlich im globalen Bewußtsein unserer Mutter Erde und/oder dem kosmischen und spirituellen Bewußtsein frei zu werden von Raum und Zeit.

Ist das Utopie? Für jemanden, der schon erwacht ist und erkannt hat, daß die immer mächtiger werdenden Äußerlichkeiten uns nicht weiterbringen, kann ich mit drei Erlebnismöglichkeiten dienen, die ich schon selbst ausgekostet habe und die mich ahnen ließen, was man versäumt, wenn man von Teilen seines Ich's noch nicht gänzlich loslassen kann. Ich kenne drei Situationen, in der man diese Schiene vom Ego bis zur totalen Entpersönlichung für kurze Zeit üben und genießen kann, ohne Meditationsmeister oder Mystiker zu sein - und zwar völlig im Äußeren unserer materiellen Welt.

Im Reiche *Poseidons* haben wir eine ideale Möglichkeit zu üben. Wenn Sie in einem ruhigen Badewinkel bei ruhiger Wasseroberfläche ohne jegliche Bekleidung Ihre Persönlichkeit und Ihr Bewußtsein 'zerfließen' lassen und sich völlig mit dem Fluidum Meer vernetzen, dann erlebt man Momente des umfassenden Eins-seins mit etwas unendlich Mächtigem, das sicher Ähnlichkeit haben muß mit unserem späteren spirituellen Einssein im Paradies. Wenn wir uns vorstellen und visualisieren, wie sich unser Bewußtsein ausdehnt zusammen mit der endlosen Fläche der Weltenmeere, dann haben wir unser ICH geopfert auf einem globalen Altar - wenigstens für Momente.

Im *Hochgebirge* ist es möglich, gleiche Momente zu erleben, wenn wir alleine in absoluter Stille und völlig entspannt auf den Rücken liegen und uns einbringen in den grenzenlosen Himmel und die globale Atmosphäre. Der Odem unseres Schöpfers ist das Leben allen Lebens, der Mutter Erde und alles Irdischen - eingehüllt in den lebenspendenden Mantel aus Luft, mit dem wir für herrliche Momente einswerden können. Und wenn wir uns hinein visualisieren in das pulsierende Energiefeld unseres Erdballs, können wir auch hier die völlige Loslösung von Persönlichkeit und Bewußtsein genießen oder wie ein Bekannter sich bei dieser Gelegenheit ausdrückte: das Bewußtsein explodieren lassen in die Unendlichkeit des Raumes weit über die irdische Felsenwelt hinaus. 'Mystischer Tod' könnte das kurzfristige Opfer unseres Ego's heißen.

Die *Wüste* ist schon seit biblischen Zeiten ein Platz der völligen Kontemplation und der Entäußerung der jeweiligen Persönlichkeiten. Ich meine keine dünenreiche Sandwüste, sondern zum Beispiel den Sinai, der bei einem Urlaub am Roten Meer besucht werden kann. Die wildromantischen Felsformationen, die tagsüber Schatten spenden und dabei die befreiende scheinbare Leblosigkeit und totale Stille offenbaren, versetzen uns ebenfalls in einen völlig gelösten Bewußtseinszustand, der uns einswerden läßt mit einer übermächtigen und schrecklich-schönen Ur-Natur.

Solche Plätze des völligen Loslassens unserer Persönlichkeit und *grenzenlosen Ausdehnens* unseres Bewußtseins gibt es sicher noch erheblich mehr und die Experimentierfreudigkeit der verehrten LeserInnen sollte selbst auch grenzenlos sein.


**Hoch und weniger hoch**

Diese drei anfangs beschriebenen vereinfachten Grundmodelle von Bewußtseinsebenen, Unter-, Mittel- und Oberstufe, haben nun millionenfache Abstufungen und Varianten je nach Individuum und seelischer Reife. Dazu kommt noch, daß niemand von uns eine permanent festgeschriebene Entwicklungsstufe beibehalten kann, sondern Bewußtsein als energetisches Feld

> Ein neues Gebot gebe ich euch, daß ihr einander *liebet*,
> wie ich euch ge*liebt* habe, auf daß auch ihr einander *lieb*habet.
> *Johannes*, 13, 34

'schwingt' und pulsiert und als solches wiederum von unseren Emotionen abhängig ist. Sicherlich hat jeder von uns einen bestimmten Level und ein Maß an Erkenntnissen und somit Bewußtsein fest erreicht, das niemals mehr verloren geht. Aber darüber hinaus haben wir in unserem emotional-seelischen Bereich immer wieder ausgeprägte Hochs und Tiefs, die uns in unserem irdischen Leben keinen Bewußtseins-Dauerparkplatz erlauben. Alles schwingt! Panta rhei!

Wie aber kommt man zu seelischer Reife? Mit einem einzigen Menschenleben in der irdischen Stofflichkeit ganz sicher nicht. Je ethischer eine Persönlichkeit denkt und je spiritueller ein Bewußtsein wirkt, umso mehr Erdenleben haben diese Reifung bereits be-wirkt. Die Summe vieler Erkenntnisse, Erlebnisse und Erfahrungen führten zu Reifung und zu Meisterschaft. Die in den früheren oder unteren Bewußtseinsstufen erworbenen Erfahrungen leben als besonderer Besitz der Persönlichkeit im aufsteigenden Menschen weiter.

Altmeister *von Goethe* sprach diesbezüglich, sicherlich locker aufgerundet, von eintausend Leben, die er wohl schon hinter sich habe. Die wiederholten Verkörperungen und Inkarnationen unseres Bewußtseins in hunderten von Erfahrungsbereichen oder irdischen Lebens-Schulklassen lassen dieses in Jahrtausenden sich ent-wickeln, ent-falten und reifen. Bewußtseins-Stufe um Stufe erzielen wir dabei die höhere Schwingung, die uns bis zum Über-Bewußtsein eines Lichtwesens bringen kann, schon mit Einwirkungen des *spirituellen* Bewußtseins. Hier angelangt, endet wohl der Zwang weiterer Inkarnationen in der Stofflichkeit. Danach geht unser unsterblicher Geist in der zeit- und raumlosen 5D-Realität höchster und allerhöchster Bewußtseins-Schwingungen die *Jakobsleiter* höher und höher in die universelle oder göttliche Einheit ein.

**Richten und Rechten**

Haben wir nun erkannt, daß wir von tausenden von Menschen mit verschieden hoch entwickelten Bewußtseinszuständen und -ebenen umgeben sind, dann **muß unser Verständnis für viele ihrer Reaktionen, Talente und Schicksale erheblich erweitert sein.** Um wieder das vereinfachte Beispiel der Lebensschule zu verwenden, erleben wir um uns herum ein Bewußtseins-getümmel wie bei einem Schulfest der (pluralistische) Schülerhaufen von der ersten Klasse bis zur Reifeprüfung. Was beispielsweise bei unserem anderen Symbolbeispiel, dem Fußball, undenkbar wäre. Dort würde man nie eine Kreisliga mit einer Bundesliga zusammenspielen lassen können und doch passiert genau dieses in unserem Lebensspielplatz Tag für Tag. Erinnern möchte ich an dieser Stelle an die Aufforderung Jesu, *...daß der Höhere dem Niederen diene.* Jetzt können wir diese Forderung leichter begreifen und annehmen, wenn wir wissen, daß der mit der bereits 'höheren' Bewußtseinsstufe dem mit einer noch-nicht-so-hohen Stufe Beistand leisten soll - und Nachhilfeunterricht. Und das, so fordert Jesus, *...mit Liebe* und an anderer Stelle *...nicht zu richten, auf daß nicht wir gleichermaßen gerichtet werden.* Denn wie wir wissen, haben wir auf dem äonenlangen Entwicklungsweg - erst zu einem Bewußtsein überhaupt und dann zu einem immer höheren - **alle Stufen ebenfalls durchgemacht, erfahren und ersteigen müssen** und haben kein Recht, auf jene 'herabzusehen', die noch nicht soweit sind.

Zumal es für ein bewußtseinsmäßig immer fortgeschritteneres Lichtwesen auch eine **Last der Bewußtseinshöhe** gibt - sofern es dies als solche empfindet. Wenn sich nämlich ein Menschengeist schon recht weit hochgedient hat, dann sieht er mit seiner entsprechenden Ethik im heutigen Lebenskampf weniger Beteiligungsmöglichkeiten. In seinem Verhalten, seinen Interessen, seinem Wortschatz, seiner Ernährung, seiner höheren Sensibilität für Umweltbelastungen und vielen anderen Einschränkungen mehr, wird er bei vielen Dingen in seinem Lebensumfeld unweigerlich anstoßen. Anfänglich wird man viele Zusammenhänge nicht begreifen, später wird man sagen: Gott-sei-Dank. Auf eine weitere innere Last muß ich noch hinweisen, die nicht im Stofflichen, sondern im Spirituellen liegt: Die Gefahr, sich *wider den Geist zu versündigen*. Denn die schon höher Bewußtseins- oder Geistesgereiften tragen für sich und die anderen auch eine höhere Verantwortung in ihren Entscheidungen, ihren Gedanken, Worten und Handlungen.

Im Buddhismus nennt man diese Fortgeschrittenen *Erwachte* und *Ehrwürdige*. Und eine Verhaltensvorschrift für solche lautet[182]:

> *Immer sich gleich bleibt der Ehrwürdige,*
> *ob er allein weilt oder unter den Jüngern,*
> *ob mit hochsinnigen oder üblen Gesellen,*
> *wie man sie antrifft als Häupter von Schulen,*
> *ob Weltgenießer, ob Weltüberwinder:*
> *nicht behandelt dieser Ehrwürdige irgendeinen geringer.*

---

Nur der durch *Liebe* wissend geworden ist, wird befreit vom Kreuz der Ursache und Wirkung, an das ihn Unwissenheit schlug. Nur die *Liebe* endet den Reigen der Wiedergeburten.
Hans Sterneder

## Bewußtseins-Zeitalter

In der Vielfalt der New-Age-Begriffe ist auch dieser von *Peter Russel*, einem der großen Querdenker seiner Zeit, geprägt worden. Er entwickelte die These, unser jetziges *Informationszeitalter* werde von einem *Bewußtseinszeitalter* abgelöst, in dem sich immer mehr Menschen mit alternativen, holistischen und spirituellen Verhaltensänderungen befassen und diese auch durchsetzen werden. Er liegt nicht verkehrt damit, doch die zeitliche Dimension scheint etwas zu hoch gegriffen zu sein. Dieser richtig erkannte Wechsel und Übergang ist nur eine Frage von wenigen Generationen, bis das noch höher schwingende *neue Zeitalter, das Friedensreich*, endgültig durchgebrochen sein wird. Richtig ist ganz sicher, daß der zur Zeit noch voll im Gange befindliche Prozeß nur diesen einen Weg gehen kann, denn die grenzenlose Fülle des Informationszeitalters ist ja die eigentliche Voraussetzung dafür, daß Entwicklung und Ent-faltung unserer Bewußtseine möglich wurde und wird. Unrichtig ist lediglich die erahnte, viel zu lange Zeitspanne, die eben auch wieder anthropozentrisch ausgefallen ist, indem wir uns, als den *jetzt* lebenden Menschen, weiterhin im Mittelpunkt stehen lassen. Dabei wissen wir heute, daß Rhythmen und Zyklen unser Leben bestimmen - nicht nur die kleinen, historisch überschau- und erkennbaren, sondern auch die großen kosmischen. Und ich erinnere an einen der größten Rhythmen, den der Laufbahn unseres Sonnensystems, dem Platonischen Jahr, der uns die heutige Zeitenwende mit einer kosmischen Schwingungserhöhung beschert.

In der johanneischen Offenbarung wird dieser Wechsel der Zeitalter auch recht klar formuliert und weist auf die großen Zeiträume hin - tausend Jahre (20,6) - mit einer möglichen Zwischenabrechnung, damals als 'Gericht' bezeichnet, die zwangsläufig durch die Schwingungserhöhung 'bereinigend' bereits abläuft und noch weiter ablaufen wird. Dazu schreibt auch *Abd-ru-shin* (1875-1941) in seiner Gralsbotschaft 'Im Lichte der Wahrheit' [209]:

*Bei der Entwicklung des Erdenmenschen zur Geistesreife ist jedoch zu bedenken, daß sie nicht beliebig lang sein und nicht beliebig oft unterbrochen und wieder fortgesetzt werden kann. Eine Pflanze unterbricht auch nicht immer wieder ihr Wachstum, um dann weiter zu wachsen, sondern sie entwickelt sich stetig der Reife entgegen in der Zeitspanne, die ihr dafür vom Schöpfer gesetzt ist.*

*Dies Naturgesetz gilt auch für das geistige Wachstum des Menschen, der ebenso wie die Pflanze ein Produkt der Schöpfung ist. In der großen Menschheitsschule ist auch ihm eine Zeitspanne gegeben, in der er den Höhepunkt seiner geistigen Entwicklung erreicht haben muß.* **Dieser Höhepunkt ist jetzt da!** *Er ist bedingt durch die große Weltenwende, die mit der Schöpfungsreife zusammenhängt.*

Andere sprechen an dieser Stelle von einem *gewaltigen Gnadenakt* mit entsprechend karmischen Auflösungen, der zusammen mit der Erhöhung der

Schwingungsfrequenzen des Geistig-Seelischen einhergeht. Wer wird die neue Schwingungshöhe ertragen können? Dabei kann es nur ein entweder/oder geben - kein sowohl/als auch. Und wo finden wir dabei das Gnädige? Im Zeitfaktor. Das göttliche und zyklische Gesetz läßt uns Zeit, uns zu verändern, uns zu entfalten und uns dem Wandel anzupassen. Seit Ende des letzten Jahrhunderts bereits - etwa mit *Lorber*[123] beginnend - setzt diese 'Dämmerung' ein und das Licht des neuen 'Tages', dem aufgehenden Zeitalter (zu dem die einen Wassermannzeitalter sagen und die anderen 'tausendjähriges Friedensreich' und wieder andere 'das neue Jerusalem'), wurde und wird heller und heller und wird den neuen Zyklus einleiten. Und seitdem erhalten wir Botschaften um Botschaften, oft besonders spektakulär solche der *Mutter Maria,* die uns *eindringlichst* auffordern, durch eine neue Ethik oder Gläubigkeit oder sonstwie aus der Masse der materialistisch denkenden und lebenden Menschheit *auszuscheren,* uns anders *zu be-sinnen* und unser geistig-göttliches Bewußtsein, den Gottesfunken in uns, *zu be-leben.* Es heißt sogar, daß wegen dieses zu erwartenden Gnadenaktes, bei dem *Spreu vom Weizen* geschieden werden wird, so viele Seelen die Möglichkeit der Inkarnation in die irdische Stofflichkeit genützt haben, daß die heutige Menschheit zu dieser unvorstellbaren Größe von fast sieben Milliarden oder mehr Erdenbewohnern angewachsen sei.

**Die Lernzyklen oder die Lebensuhr**

Der sogenannte hochzivilisierte Mensch unserer 'ersten Welt' hat sein Verhältnis zu vielen der natürlichen Rhythmen und Zyklen weitgehend verloren oder sie sind fast ganz in Vergessenheit geraten. Durch unser Düsen um den Globus können wir den Winter verdrängen, durch unsere Freizeitaktivitäten können wir die Ruhephasen der Wochenenden überspielen, durch Antibiotika die Körperreinigungsphasen des Fiebers unterdrücken und durch Überdüngung und chemischen Pestizideinsatz minderwertige Nahrungsmittel im Überfluß 'produzieren', wodurch wir die körperreinigenden Hungerphasen ebenfalls aus unserer Welt geschafft haben. Da unsere Mutter Erde aber schon viel länger mit dem menschlichen Gekreuche und Gefleuche an ihrer Oberfläche fertig geworden ist, wird sie wohl auch jetzt zur großen Zeitenwende ihre 'natürlichen'

> Und wenn ich weissagen könnte und wüßte alle Geheimnisse und alle Erkenntnisse und hätte allen Glauben, also daß ich Berge versetzte, und hätte der *Liebe* nicht, so wäre ich nichts!
> 1. Kor. 13,2

Rhythmen wieder durchsetzen. Und darüber gibt es tatsächlich sehr viele Prognosen und Prophezeiungen [4].

Lassen Sie mich auf einen ganz besonders ausgeprägt in der Stofflichkeit wirksamen zyklisch-rhythmischen Lauf hinweisen, der mit der **Zahl sieben** in Verbindung steht, welche im Altertum die Zahl des Universums, des Makrokosmos und der Vollständigkeit genannt wurde. Man spricht von sieben kosmischen Ebenen (zwischen Himmel und Hölle, im Buddhismus sind es die sieben 'Schritte' nach oben), von sieben berühmten Rishi-Städte Indiens und es gibt sieben Tage der Woche, sieben Noten der Tonleiter, sieben Weltwunder, die sieben Weisen im *Apollo*-Tempel von Delphi, ein Buch mit sieben Siegeln, sieben Chakras mit den sieben Hauptdrüsen und so weiter. Die Zahl sieben ist ganz stark in der Mythologie Ägyptens und der Mayas (siebenköpfige Schlange) verankert und auch in unserem kirchlichen Rahmen wiederzufinden: Die sieben fetten und mageren Jahre, die sieben Schöpfungstage, die sieben Sakramente, die sieben Tugenden, die sieben Todsünden, die sieben Köpfe der Hydra (Drache), die sieben apokalyptischen Reiter der Endzeit, den siebenarmigen Leuchter und bei der wundersamen Speisung sieben Brote und gleichviele Körbe.

Eine hohe Bedeutung scheint diese Zahl auch in den Märchen zu haben und ich erinnere an die sieben Raben, die sieben Schwaben, die Siebenmeilenstiefel, die sieben Schwäne, die sieben Geislein, die sieben Zwerge und den, der Sieben auf einen Streich erledigte. Wer einen Spiegel zerbricht, hat sieben Jahr Pech und kann seine sieben Sachen packen. Unseren LeserInnen fallen sicherlich noch mehr Beispiele ein.

Wir sehen die irdischen Leben vergleichsweise immer wieder als Schulklassen an und erkennen darin sich steigernde Lernphasen, die der Entfaltung unseres Bewußtseins dienen. Und diese wurden schon von alters her, immer wieder neu erkannt, in siebener und dreimal sieben gleich einundzwanziger Einheiten gesehen. Vorstellen und darstellen kann man das leichter in einem **Lebenskreis** oder einer 'Lebensuhr', wie Abb.4. Dieser Lebenskreis als 'Uhr' dargestellt, zeigt die Analogie des Tagesgeschehens zu dem des Entwicklungsweges eines Bewußtseins oder einer Persönlichkeit während eines Erdenlebens.

Der **erste Lernzyklus**, das Basis-Lernen und die erste Ich-Entwicklung, läuft bis zum einundzwanzigsten Lebensjahr ab und stuft sich mit jeweils rund sieben Lebensjahren in körperliche, intellektuelle und schließlich der *Entfaltung* von Gefühl und Gemüt zur (ehemals üblichen) Volljährigkeit, dem Start zur äußeren menschlichen Persönlichkeit

Weitgehend unkompliziert und überschaubar ist auch der **zweite Lernzyklus**, in dem weiterhin das 'Ich' im Vordergrund steht und 'Ego-Aufbau' genannt werden

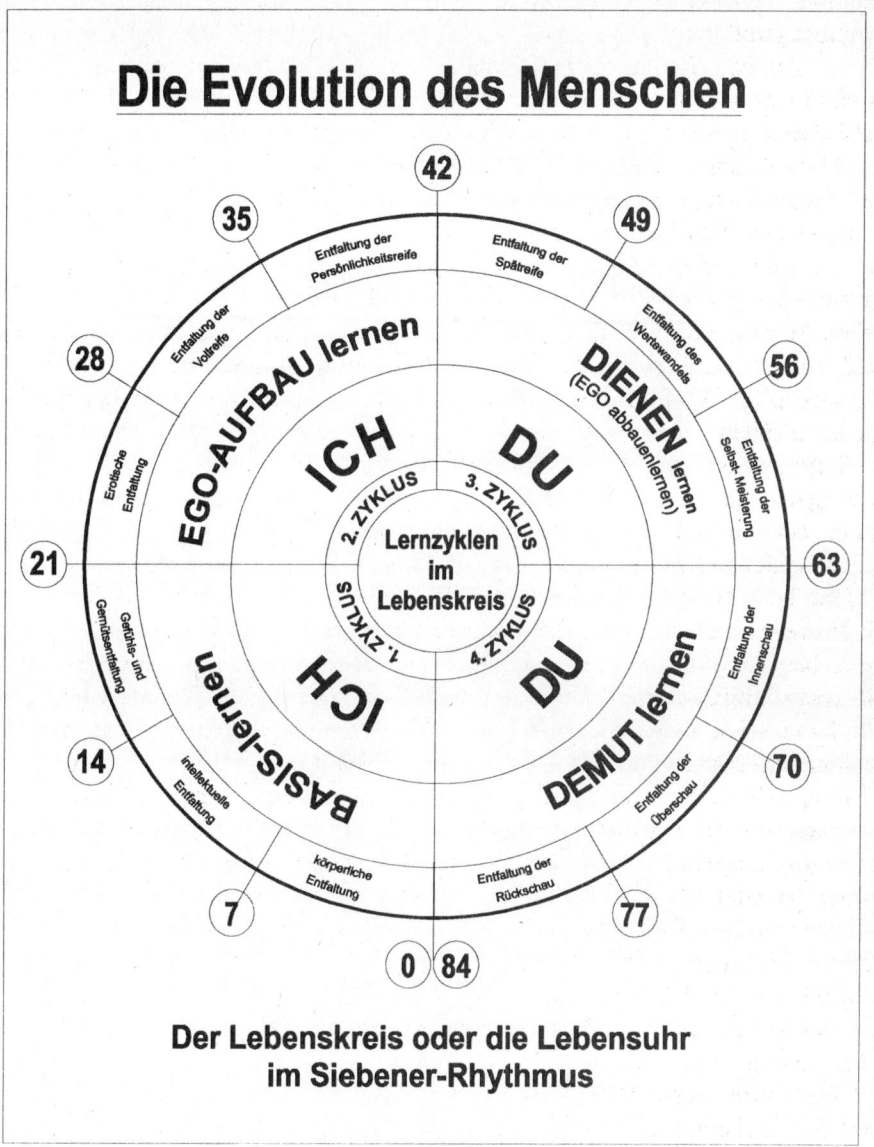

Abb. 4: Die Lern-Zyklen des Lebens im Siebener-Rhythmus

kann. Die Siebenerstufen dieser Persönlichkeitsentfaltung heißen nacheinander Erotische Entfaltung - Entfaltung der Vollreife - Entfaltung der Persönlichkeitsreife und stellen das Leistungsalter dar.

Danach sind wir mit rund zweiundvierzig Jahren in unserer Lebensmitte angelangt, da, wo nicht nur die Schwaben 'gescheid' werden. Es ist der Höhepunkt der äußeren Persönlichkeits-Entwicklung, die Krönung unseres Egos. Und ab jetzt setzt eine entscheidende Trennung unserer Weiterentwicklung ein, welche die einen die *Ich-Du-Umstellung* nennen und andere als den *äußeren und inneren Lebensweg* bezeichnen. Ab jetzt *begrenzt* uns unser mit viel Leistung, Willenskraft, Tränen und Krisen aufgebautes ICH in unserer Bewußtseinsentfaltung, denn für den Rest des Lebensweges muß nun immer stärker das DU in den Lebensvordergrund kommen. In dieser Midlifetime beginnt die Suche nach neuen Persönlichkeits-Merkmalen und immer öfter heißen jetzt unsere Fragen: Wer bin ich? Was mache ich? Oder warum lebe ich? Ab hier schon kann unseren Ego-Trip die berühmte Midlifecrisis erwischen, die uns eigentlich aufrütteln und zu Ent-scheidungen zwingen will. **Das Lernen ist im irdischen Leben nie zuende, nur der Themenkreis ändert sich.**

So heißt der **dritte Lernzyklus** im Leben *Dienen-Lernen*, was gleichbedeutend ist mit *Ego-abbauen-lernen*. Und das geht nur über den schon so oft erwähnten *inneren Weg* oder den *Weg nach Innen*, der für den Rest des Lebens immer ausgeprägter zu gehen ist, wenn wir unser Bewußtsein - im freigeistigen wie im religiösen Sinne - ausweiten wollen zu einem neuen Denken und Handeln in unserem restlichen Leben. Diese Forderung ist nicht nur als uraltes, aber vergessenes Wissen vorhanden oder wird nun im Rahmen des New-Age und der Zeitenwende in den Vordergrund gestellt, sondern *Franz Alt*[30] verweist auf den großen Schweizer Psychoanalytiker *C.G.Jung* (1875-1961), wenn er schreibt:

*Die religiöse Frage ist spätestens ab der Lebensmitte die entscheidende in jedem Leben. Jung hat 1932 geschrieben: 'Unter allen meinen Patienten jenseits der Lebensmitte ist nicht ein einziger, dessen endgültiges Problem nicht das der religiösen Einstellung wäre..., und keiner ist wirklich geheilt, der seine religiöse Einstellung nicht wieder erreicht.*

**Jetzt scheiden sich die Geister**

Ab unserer Lebensmitte müssen wir also mit diesem Problem der Trennung vom 'Ich' zum 'Du' leben und ich versuche mit zwei solchen Gruppierungen die Bewußtseinsentwicklung in der zweiten Lebenshälfte in die erwähnten Siebenjahresabschnitte einzuteilen und darzustellen. Der Rahmen dieses Buches erlaubt dafür nur zwei Schubladen, in die wir die Milliarden von Menschen packen, die die Zweiundvierzig überschritten haben: Die fortschrittliche DU-Gruppe (**1.**) und die stagnierende ICH-Gruppe (**2.**).

In dem überaus wichtigen, dritten einundzwanzigjährigen Lernzyklus, der das *Dienen-lernen* als Überschrift trägt, können wir folgendermaßen differenzieren:

43 - 49 Jahre: **1.** Entfaltung des Geistigen, Ausrichtung des Lebenssinnes und Entwicklung von Bewußtseins-empfinden.
**2.** weiteres Festhalten an äußeren Werten und Erfolgen

50 - 56 Jahre: Die Lebens-Chemie ändert sich und fordert erneut Entscheidungen ein: die Wechseljahre kommen.
**1.** Der 'innere Weg' erhält Bedeutung und beginnt zu reifen, die Selbstfindung durch Wertewandel wird immer erfolgreicher
**2.** Langeweile und Unruhe 'wechseln' sich ab, Krankheiten verweisen auf den falschen äußeren Weg

57 - 63 Jahre: Das Ende der zuletzt eingefahrenen Berufstätigkeit naht, wodurch das Äußere abermals eine markante Abschwächung erhält
**1.** Unser ganzheitliches Lebenssystem (Körper - Seele - Geist) wird ausgeprägter, das Ahnen und später das Sehnen nach Freiheit vom Berufszwang verstärkt sich und der dabei entstehende Abstand und inneres Loslassen führen in Richtung beginnender Selbstmeisterung
**2.** Hier haben wir das Gegenteil von Loslassen: zwischen Gewohnheiten und Erstarren kann es zu einem Spektrum dieses Lebensabschnittes kommen, den man überwiegend als 'Routinen' bezeichnen könnt.

Der nun folgende und letzte große Lernzyklus in der zweiten Lebenshälfte, der DU-Hälfte, heißt für uns Menschen *Demut-lernen*. Losgelöst von beruflichen Zwängen, ermöglicht dieser Lebensabschnitt endlich völliges Loslassen, Freisein und Freiheit. Man braucht den Beifall der Welt nicht mehr. Und das sind Voraussetzungen für Demut, Weisheit und Intuitionen. Die Selbstmeisterung kann somit vollendet werden oder erneuernde Arbeiten fördern gar weiteres Wachstum unseres Bewußtseins. Leider ist das volle Gegenteil in der

Echte Toleranz ist nicht möglich ohne *Liebe*.
*Albert Schweitzer*

ICH-Gruppe der Fall: Das immer noch nicht Loslassen-können vom herrischen ICH bremst jegliche Entfaltung, was zu Langeweile, Krankheiten und entsprechendem Altern führt.

Irgendwann schließt sich der *Lebenskreis*, unsere *Lebensuhr* bleibt stehen. Und wie bei unserem materiellen Zeitmesser ist es auch hierbei nie möglich, die Zeit anzuhalten oder zurückzustellen, sie läuft und läuft und läuft. Wir sollten *vorher* planen und dazu wurde als Über-blick dieser extrem vereinfachte und wenig bekannte 'Lebenskreis' entworfen. Wenn wir seine Rhythmen erspüren, seine Lebenserfahrungen durchmachen und seine seelisch/geistig/spirituellen Ent-faltungen aufnehmen, dann relativiert sich allmählich das jeweilige Selbstverständnis und das entsprechende Weltbild. Es wird weiter und könnte immer mehr Anteile unseres Umfeldes beeinflussen, bis es - zumindest hin und wieder - im Zustand der Vollkommenheit immer umfassender wird. Auf diese irdische Vollkommenheit weist uns das N.T. hin und dieser höchste Zustand unserer Umfeld-Umfassung ist die Tatliebe.

## 21. Kapitel

## Lichtwesen - vom Ego zum Licht

Der Begriff *Licht* taucht in allen Religionen, Philosophien und New-Age-Konzepten immer als eine elitäre Besonderheit auf und hat stets höchste Bedeutung, wobei Licht überwiegend als Manifestation des Göttlichen erkannt wird. Nach der Verkündigung *Zarathustras* ist der Lichtkranz eine Manifestation seines Gottes, im A.T. ist die Erschaffung des Lichtes der erste Schöpfungsakt. Allah ist im Koran 'das Licht des Himmmels und der Erde' und bei den Germanen war Baldur ein Gott des Lichtes. Die Manifestation erscheint in einigen Religionen bipolar wie im Christentum: mit Christus und dem Antichristen (Luziferus, lat. heißt *Träger des Lichtes*).

Wie stets in allen Bereichen, die wir uns bisher gemeinsam besehen haben, müssen wir hierbei (weitere) zwei Aspekte beachten: einen äußeren und einen inneren. Diesmal nicht als Polaritäten, sondern als zwei Schwingungsbereiche der gleichen Energie - einem physischen und einem metaphysischen. Es gilt das Universelle Prinzip der Entsprechung *wie innen, so außen*. Einfachheitshalber spreche ich deshalb vom *äußeren* und *inneren Licht* und stelle die beiden entscheidenden Begriffe nebeneinander:

*Be-leuchtung <> Er-leuchtung*

Vom zartesten Kerzenschimmer bis zur gewaltigen Sonnenglut haben wir meßbare physikalische Lichtschwingungen als äußeres *sichtbares* Licht, das innere Licht dagegen muß und kann nur *erfahren* werden - als Erleuchtung. Stellen wir einmal einige energetische Wirkungen des 'Lichtes' nebeneinander:

| Sonnenlicht | Inneres Licht |
|---|---|
| Be-leuchtung | Er-leuchtung |
| Licht ist sichtbar | 'Licht' muß erfahren werden |
| äußere Wärme spendend | innere Wärme empfindend |
| irdisches Leben ermöglichend | Leben erhaltend (Photonen) |
| Photonen | Gottesfunken |

> Weißt, wo es keinen Herrn und keinen Diener gibt?
> Wo eins dem andern dient, weil eins das andre *liebt*.
> *Rückert* [182]

Diese Analogien sind hierbei allerdings sehr vereinfacht und die Wirklichkeit der Licht-ein-wirkungen auf unseren Dreifachkörper - Körper, Seele, Geist - ist fließend, emotional und individuell. Es sind verschiedene irdisch-menschliche Ebenen, auf die das Licht wirkt und zu denen das Licht besondere Beziehungen hat. Als geläufiges Beispiel dafür sehen wir uns den Begriff *Kerzenlicht* an.

Selbst in einem stockdunklen Raum können wir mit einer einzigen Kerze bewirken, *daß die Dunkelheit weicht*. Der Lichtschein einer Kerze, selbst der kleinsten, kann von der Dunkelheit niemals erstickt werden, denn diese muß stets dem Lichte *weichen*, das Tag für Tag die Dunkelheit aufs neue *besiegt*. Das ist ein schwer erklärbares Naturgesetz und wurde früher als Magie angesehen. Daß Licht die Dunkelheit 'besiegt', ist üblicher Sprachgebrauch, aber ist diese Aussage wirklich richtig? Wenn jemand siegt, braucht er vorher Streit oder Krieg. Ich glaube, hierbei wurde schon wieder einmal zu viel Menschliches in das Thema projeziert, denn Dunkelheit ist zuerst weiter nichts als fehlendes oder nicht vorhandenes Licht, beziehungsweise Energie. Allerdings füllen sich solche Felder schnell mit Ersatzenergien, die wir Menschen als Od-kräfte[224] dank unserer charakterlichen Schwächen und überzogenen Ego-kräfte reichlich zur Verfügung stellen. Dies geschieht auf der irdisch-materiellen Ebene genauso wie auf der seelisch-astralen und das vermutlich seit gut dreizehntausend Jahren - der Hälfte des *Platonischen Jahres* - seit dem letzten Polsprung.

## Licht ist Leben

Kehren wir zurück zur Kerze als einem alten Sinnbild *für das Leben, wie es brennend sich verzehrt. Wenn schon eine Kerze Licht bringt, wieviel mehr vermag das ein Mensch...* stellt der österreichische Schriftsteller *Peter Feichtinger* fest[211]. Denn soweit wir zurückdenken können, haben Menschen anderen *Licht* in die Dunkelheit ihrer Verzweiflung und Not gebracht, *daß es ihnen ganz warm ums Herz werde*. Wie bei der Kerze ist dies auch uns nicht möglich, ohne Hin-gabe und ohne ein Stückchen-von-sich-selbst einzubringen. Wie sich die Kerze als Spender von Licht und Wärme *verzehrt*, so könnten und können wir uns gleicherart 'in Liebe verzehren'. Unsere Sprache kennt diese Analogie und wir sehen bei dieser Betrachtung, wie wenig wir physische und metaphysische Licht-Liebe-Kräfte und ihre Wirkungen trennen können, sodaß der esoterische Lehrsatz *Licht ist der sichtbare Teil der göttlichen Liebe* wohl seine Berechtigung zu haben scheint. Brennt eine Kerze nicht, ist sie nur ein Stück Wachs - möglicherweise kunstvoll verziert oder geweiht, jedoch ohne

Leben. Erst Licht bringt Leben. Erinnern wir Deutsche uns an einen 'magischen' Auftritt von Kerzenlicht contra Dunkelheit: Vor dem Fall der Mauer am 9.11.1989 gab es bei den Montags-Demonstrationen in Leipzig und anderen Städten der DDR tausende von Menschen, *die gleichzeitig ihr Licht in die Hand nahmen* und auf die Straße gingen. Es war sicher der spirituelle Teil des Lichtes, nicht die Magie, die mitschwingende Liebe und die Potenzierung durch die Gemeinschaft, die als Kraft 'siegte'.

## "Ich bin das (innere) Licht der Welt"

Zu Beginn dieses Kapitels behauptete ich, daß *Licht* als göttliche Kraft in fast allen Religionen dieser Welt herausgestellt wird. Auch *Johannes* schreibt (1,5) ...*Gott ist Licht.* Sehen wir uns das einmal historisch etwas näher an. Es ist vor allem die *Sonne,* die als Sinnbild des Göttlichen fungiert und wir haben im Schulunterricht gelernt, daß im alten Ägypten *Ammun Re* als Sonnengott verehrt worden war und später der Gott *Aton*. Ergänzt werden müssen die weiteren zeitlich noch davorliegenden Sonnen-Gottheiten *Surja* der Inder, *Utu* der Sumerer und *Schamasch* der Babylonier.

Aber viel interessanter ist die historische Situation in der Zeit um Jesu Erscheinen auf unserem Planeten, also in der Übergangsphase vom Widder- zum Fische-Zeitalter. In der Epoche von rund fünf Jahrhunderten (eines vor und vier nach der Zeitrechnung) finden wir im Mittelmeerraum drei Religionsformen, in denen das *göttliche Licht* zentraler Lehrinhalt ist:

der *Mithraismus*, in dem der Retter *Mithras* des Sonnengottes *Helios* die Menschheit belehrt - als damalige Weltreligion mit dem Höhepunkt im vierten Jahrhundert und dem gewaltsamen Untergang im darauffolgenden,

das *Christentum*, auf den Sonnensymbolismus der *Essäer* zurückgehend und von den Imperatoren Roms zu einer Staatsreligion umgewandelt, mit dem Höhepunkt im Mittelalter und dem möglichen Zusammenbruch als Großkirchen in der derzeitigen Zeitenwende und

der *Gnostizismus,* ebenfalls auf die *Essäer* zurückgehend, blieb später jahrhundertelang im Untergrund und im Geheimen, bewahrte daher einen Großteil des urchristlichen Charakters der Lehre Jesu und könnte seinenHöhepunkt durch ein neues Christus-verständnis im neuen 'Friedensreich'

> Wir brauchen diese Welt nicht zu ändern, bevor wir sie *lieben* können.
> Wenn wir die Welt *lieben*, kommt die Veränderung von selbst.
> *J. Sig Paulson*

des nächsten Millenniums erreichen.

Zum besseren Verständnis der damaligen Situation sollten wir kurz einen Blick auf das *Imperium Romanum* zurückwerfen. Es hatte in den Jahrhunderten nach Christus, also in der ur-christlichen Zeit, den Charakter einer Weltmacht und ging zeitweilig von Spanien (Oceanus Atlanticus) bis ans Kaspische Meer (Mare Caspium) und von Britannia bis Aegyptus und unsere heutige EU mit ihren uneinigen Staatsführern erscheint demgegenüber als eine *Bonsai-Form* eines europäischen Staatsgebildes. Neben der großen politischen und wirtschaftlichen Macht entwickelte sich das Caesarentum zu einem religiösen Kult, in dem alle Kaiser auch das Amt des höchsten Priesters (Pontifex Maximus) innehatten. Anfänglich erst nach ihrem Tod vergöttlicht, wurde der Kaiser etwa ab dem dritten Jahrhundert schon zu Lebzeiten als Gott verehrt.

In der Breite der riesigen Völkervereinigung jedoch waren viele regionale Glaubensbereiche wirksam, die dann von den beiden neuen Erlöser-Religionen immer stärker vereinnahmt wurden: von der *Mithras'* und der *Jesu Christi*. Bis das Christentum 325 zur römischen Staatsreligion erklärt worden war, galt die Lehre des *Mithras* als die im damaligen Europa verbreitetste Religion. Wenn wir nach deren Herkunft suchen, stoßen wir auf die persische Gottheit *Mitra* oder *Mithra* und gerade die Juden standen lange unter der Herrschaft der Perser. Doch es waren später die gewaltigen Heere Roms, die diese Religion schließlich im gesamten römischen Europa in der räumlichen Ausdehnung wie oben beschrieben, verbreiteten und die Sonne *Helios* und *Mithras*, der das Licht den Menschen bringt, als Sohn, Freund oder Abgesandten verehrten.

*Mithras* selbst wird meist dargestellt mit einem Dolch in der einen Hand und einer Fackel in der anderen, was symbolisiert, daß das Alte vernichtet und das Neue beleuchtet werden muß. Seine Geburt wurde am 25. Dezember (Mithrakana) gefeiert und er trug die Sonnenkraft auf die Erde für die Dauer bis zur nächsten Wintersonnenwende. Ziel des ganzen *Mithras*-kultes war, den göttlichen Funken im Menschen allmählich in seine Seele eindringen und diese beherrschen zu lassen. Körper, Seele und Geist sollten so vereint werden. Wer als *Mithras*-Diener aufgenommen werden wollte, mußte in Siebenjahresphasen, im Sinne von Einweihungen, in die Lehre eingewiesen werden. Dies ähnelt im Jugendbereich stark den christlichen Stufen von Taufe, Erstkommunion und Firmung/Konfirmation. Der Dualismus, der auch diese Religion prägt, wird in zwei Nebengestalten symbolisiert - *Cautes* im ersten Halbjahr mit der erhobenen Lebensfackel und *Cautopates*, dem Leidenden, mit der gesenkten Fackel für die zweite Jahreshälfte. Darüber hinaus stellen die beiden mit Mithras zusammen die Dreiheit dar, die im Menschen zu finden ist: Das Wollen, Denken und Fühlen. Zuerst ist da der Wille, das Niedere zu überwinden

(*Cautes*), dann kommt die Weisheit, es zu tun (Mithras, der den symbolischen Stier tötet), und schließlich *Cautopates*, der durch diese Tat der Weisheit die Liebe *Helios'* in der nach oben gerichteten Fackel empfängt.

Die Niederländerin *Mellie Uyldert* stellt dies in ihrem Buch 'Kosmische Zusammenhänge' [62] ausführlich dar und zeigt die Entwicklung des *Heliodromus* auf, des 'Sonnenläufers', der allmählich von seiner eigenen *inneren* Sonne lebt als den zum Vater zurückkehrenden Sohn. In den manichäischen 'Fragmenten von Turfan' heißt es dazu: *Mithras, großer Götterbote, Vermittler der **Religion der Auserwählten**...* und *M. Uyldert* weist auf folgendes hin:

*Das Heilige Mahl in der Höhle, bei dem der Stier getötet und vom Vater und dem Sonnenläufer verzehrt wurde, bestand aus Brot und Wein als dem Fleisch und Blut des Stieres, der die kosmische Schöpfungskraft verkörperte. Dasselbe heilige Mahl findet man schon bei den alten Israeliten, den Inkas und später auch bei den Christen. Es wurde bereits von Melchisedech eingesetzt, der vielleicht von einem anderen Planeten zur Erde kam, um es die Menschen zu lehren. Der gereinigte Mensch nimmt unaufhörlich die kosmische Lebenskraft in sich auf und lebt aus ihr, sich unaufhörlich erneuernd... So gehören die Mithras-Mysterien zu den vorzüglichsten Darstellungen der Wachstumsphasen der Menschheitsseele im Gang der Zeiten, aus der Ewigkeit geführt.*

Nach dem Konzil von Nicäa mit der Akzeptanz des Christentums als neue Staatsreligion (die meisten kaiserlichen Vorgänger von *Constantius* waren hohe Eingeweihte *Mithras'*, er aber nicht), wurde der Mithrasdienst nur noch geduldet und später verboten. 356 wurden ihre Tempel geschlossen und die Ausübung des Kultes unter Todesstrafe gestellt und 377 die Mithrasheiligtümer in Rom zerstört. Der Pöpel plünderte die Tempel und im Laufe weniger Jahrzehnte war der Mithraskult zerschlagen worden (*Ursula Seiler-Spielmann*).

## Christlicher Sonnen-Symbolismus

Da das Denken und Leben der urchristlichen Gemeinden stark von den Traditionen der Essäer beeinflußt war, sollten wir kurz hören, was der Historiker *Hugh Schonfield* dazu schreibt[17]:

*Josephus schildert den Sonnensymbolismus der Essener: "Vor Aufgang der Sonne reden sie nämlich kein unheiliges Wort, sondern sie richten an dieses Gestirn*

> Ich habe angefangen zu verstehen, wie nah wir in unserem Alltag dem Tod sind. Mehr denn je achte ich deshalb darauf, jeden Menschen, den ich *liebe*, dies spüren zu lassen.
> Raymond Moody [182]

*einige von den Alten überlieferte Gebete, als flehten sie darum, die Sonne möge aufgehen." Von den Essenern her identifizierten die frühen Christen Jesus als die Inkarnation des Messias von Oben, der ein Wesen aus Licht war, der 'König der Sonne', der die Welt vom Bösen befreien würde.*

*Plinius der Jüngere schrieb an den Herrscher Trajan über die* **Christen** *(ca.112 n.Chr.), daß "sie sich an bestimmten Tagen trafen, bevor es hell war und einen Wechselgesang auf Christus wie zu einem Gott anstimmten." Sehr wahrscheinlich war dies der Wechselgesang, mit dem das Johannes-Evangelium öffnet, wo der Logos als das wahre Licht gepriesen wurde, das alles, was in die Welt eintritt, beleuchtet. So konnte der messianische Sohn Davids wie Salomo, der Sohn Davids (der Sohn Gottes), als Sonnenkönig gepriesen werden.*

Diese Basis von Licht und Sonnenlicht finden wir also auch in den beiden frühchristlichen Religionsentwicklungen - der kanonisch-urchristlichen und der gnostisch-urchristlichen. Bei Gnosis (griech. *Erkenntnis, Wissen*) findet man im Lexikon[137]: *Mensch und Kosmos enthalten Teile einer jenseitigen (guten) Lichtwelt, die aus der gottfeindlichen (bösen) Materie erlöst werden müssen. Diese Erlösung geschieht durch Gesandte des Lichts, vor allem durch Christus.* Viele Gnostiker dieser Richtung erhoben den Anspruch, *die einzig wahren Christen zu sein* und wie schon vorher erwähnt, findet man ein der Gnosis nahestehendes Bild Jesu auch im Evangelium der *Johannes*. Allerdings steht die gnostische Lichtlehre im Gegensatz zu einem der wichtigsten Lehrsätze Jesu, der verkündete, daß *Gott Licht ist.* Die meisten Gnostiker von damals sahen im Göttlichen dualistisch *die Zweiheit* - als Geist des Lichtes und - in seinem Gegenpol - als Licht der Finsternis.

Die späteren kanonisch orientierten Bischöfe bezeichneten die Gnostiker mit ihren apokryphen Evangelien (unter anderem das Hebräer-Evgl., das Eboniten-Evgl., das Ägypter-Evgl., das Petrus-Evgl., das Jakobus-Evgl., das Thomas-Evgl., das Bartholomäus-Evgl., das Matthias-Evgl. und viele andere Schriften) als *Häretiker* im Sinne des griechischen Wortes *Häresie*, das 'philosophisch-religiöse Denkweise' heißt - wohl um sich von der 'kirchlich-religiösen' zu unterscheiden. Später wurde der Begriff zu einem höchst intoleranten Schimpfwort. Zum bedeutendsten Häresiologen jener Zeit wurde bereits der Lyoner Bischof *Irenäus* (202 n.Chr. gestorben), der die Lehren und Ansichten anderer Glaubensgemeinschaften, besonders der frühchristlichen Gnostiker, verwarf. Allerdings gerieten einige gnostische Schulen vom ursprünglichen Wege der reinen Mystik mehr und mehr auf die Nebenpfade der Magie und aus der primären Licht-Lehre wurde zum Teil ein Gewirr von zwielichtigen gnostischen Spekulationen.

Zu der aber nur teilweise berechtigten Häresie schreibt *Otto Wille* in 'Die verfolgten Nachfolger Christi'[8]:

*Der evangelische Dogmenhistoriker Martin Werner hat zu diesem frühen theologischen Kampf um Macht und Ansehen geschrieben: "In Wahrheit ist die neu werdende Großkirche, gemessen an dem nämlichen Maßstab, nach welchem sie andere Gruppen und Richtungen als herätisch verurteilt, selber nichts anderes als eine Häresie, aber nun eben die erfolgreichste, die schließlich die anderen erfolgreich aus dem Felde schlägt... In dieser kirchlichen Auseinandersetzung hatte nicht das Christentum gesiegt; gesiegt hatte eine Kirche, die mit der staatlichen Anerkennung im 4. Jahrhundert unter Kaiser Konstantin politisch-wirtschaftliche Privilegien für sich beanspruchte und die Schranke zwischen dem 'Reich Gottes' und dem 'Reich dieser Welt' gründlich mißachtete.*

Eine der ältesten Glaubensgemeinschaften im Zeitabschnitt um Jesus mit gnostischem Einfluß dürften die **Mandäer** gewesen sein, deren Lehre durch die Annahme eines Widerstreites zwischen der Lichtwelt und dem stofflichen Bereich der Finsternis geprägt ist. Der Autor *Hans Bernd Altinger* befaßt sich in profunder Weise mit den historischen Vorgängen im essenischen Raum und beschreibt in seinem sehr empfehlenswerten Buch 'Johannes der Täufer - sein wahres Leben und Wirken' [59] auch das Wirken der aus dem Irak stammenden Mandäer am unteren Jordan. Diese sollen sich ursprünglich *Nazoräer* genannt haben und sind Nachkommen einer Täufersekte, die sich mit größter Wahrscheinlichkeit direkt auf *Johannes den Täufer* bezieht und auf die essenische geistige Nähe der beiden Freunde *Jesus* und *Johannes* hinweist.

Das gnostische Gedankengut erlebte wohl seine größte Ausweitung im **Manichäismus**. Ihr Prophet *Mani* (216-277), aus einem babylonischen Fürstengeschlecht stammend, wächst in einer mandäischen Täufergemeinde auf und nennt sich später 'Apostel Jesu Christi'. *Mani* gibt zu verstehen, daß seine Offenbarungen aus der gleichen Quelle ewiger Weisheit stammen, aus der alle **Lichtgesandten** der Menschheit geschöpft haben: *Hermes Trismegistos, Noah, Abraham, Krishna, Buddha, Zarathustra* und andere. Durch alle diese Menschheitslehrer hätte der 'große Christos' gewirkt, bis zu seinem Erscheinen im Leibe Jesu. In seiner Beschreibung dieser gnostischen Erlösungslehre fährt *Otto Wille* [8] fort:

*Die Erlösertat Christi hat in manichäischer Sicht einen doppelten Aspekt. Der Erlöser wirkt einerseits als 'schaffendes Licht' (Christos demiurgos), indem er die finster gewordene Schöpfung reinigt und umwandelt. Er wirkt aber auch als 'leidendes Licht' (Jesus patibilis), indem er seine Lichtseele in den dunklen*

---

In dem Maße, wie wir keine *Liebe* haben, sind wir in der Einsamkeit unseres individuellen Daseins eingemauert. Nur die *Liebe* befreit uns.
Louis Lavelle [182]

*Erdenleib hineinopfert, in Stein, Pflanze, Tier und Mensch, um die Erde schließlich zum* **Lichtkreuz** *umzugestalten.*

Der Manichäismus hatte bald nach dem Tod *Manis* die Verbreitung einer Weltreligion erlangt und besaß in der Spätantike große Anhängerschaft im gesamten Mittelmeerraum. Auf seine Blütezeit im vierten Jahrhundert folgte im Westen ein rascher Verfall. Im Osten wurde er 763 Staatsreligion des zentralen asiatischen Riesenreiches der Uiguren,[274] das Träger einer hohen künstlerischen und Schriftkultur war. Um 1275, tausend Jahre nach *Manis* Tod, stieß *Marco Polo* in China noch auf intakte manichäische Gemeinden.

Andere gnostisch-christliche Glaubensgemeinschaften und Religionen gibt es bis heute und vieles dieser Lehren erhielten sich auch in Geheimbünden, Orden und Sekten. Der Kürze wegen können hier nur Namen aufgezählt werden: Ebioniten, Markioniten, Paulikaner oder Christianer, Priszillianisten, Bugomilen, Katharer, Waldenser, Prädestinations-Baptisten und die verschiedenen Täufergemeinden. Mystische Vertreter des Gnostizismus sind vor allem *Hildegard von Bingen*[170], Meister *Eckhart*[189], *Jakob Böhme, Emanuel Swedenborg* und andere mehr. Zur heutigen Situation schreibt der Professor für Fundamentaltheologie *Joseph Schumacher*[61]:

*Die Aktualität der Gnosis im Christentum und in der Kirche kann heute nicht eindrucksvoller demonstriert werden als durch die Darstellung der Grundideen des französischen Jesuiten Teilhard de Chardin (1881-1955). Sein System muß als eine Form des Gnostizismus verstanden werden, die in gewisser Weise von exemplarischer Bedeutung ist. Nicht zu Unrecht wird er als der Ahnherr der New-Age-Bewegung betrachtet.*

*Otto Wille*[8] weist noch auf folgendes hin:

*Es berührt seltsam, wenn heute hochkarätige Wissenschaftler, hervorgegangen aus Kreisen von Physikern und Astronomen, eine* **neue Weisheitslehre** *verkünden, nach der das dritte Jahrtausend ein Zeitalter des Geistes, des Gewissens und des Göttlichen sein wird. Noch seltsamer berührt es, daß diese Wissenschaftler sich als 'Gnostiker' verstehen, als 'Gnostiker von Princeton'.*

Princeton ist die Universität in den USA, an der *Einstein* zuletzt lehrte. Ausführlich geht darauf der belgische Neugeist-Autor *Robert Linnsen* in seinem Buch 'Vom Ego zum Licht'[63] ein. Ein weiterer Autor wiederum, *E.H.Schmitt*, bezeichnet in seinem zweibändigen Werk 'Gnosis - Grundlagen der Weltanschauung einer edleren Kultur', *Philon von Alexandria ...als die wichtigste und vollendetste Stufe der Gnosis* und verwies auf *...sein denkbar hohes Niveau.* Dieser lebte (10v.-50n.Chr.) ziemlich genau zweitausend Jahre vor seinen Kollegen von Princeton als ein bedeutender jüdisch-hellenistischer Theologe und Religionsphilosoph. Damit schließt sich der Kreis, denn nach *Philons*

Aussage *...lehrte Jesus Christus die Gnosis in ihrer Vollkommenheit, indem er uns allen zeigte:* **Ich bin das Licht der Welt.**

Kehren wir daher wieder zurück in die Zeit, die den Beginn des Fische-Äons prägte. Zuerst erinnere ich an das 'Platonische Jahr' (auf das ich immer wieder in diesem Buch Bezug nehme), in dem unser Sonnensystem seit Jahrtausenden auf der sich von Gott entfernenden Seite der elliptischen Laufbahn dahinrast, zu der großen Wende, die sich jetzt mit dem Übergang vom Fische- ins Wassermann-Äon vollzieht. Erinnern wir uns auch daran, daß dieser letzte Zeitabschnitt vor der Wende der Sonnenlaufbahn von alters her als der *finsterste der über zwölftausend* Erdenjahre währenden Bewegung unseres Zentralgestirns bezeichnet und vorausgesagt war. Was Wunder, daß gerade zu diesem letzten großen Anlaß, zum Start in den Äon mit dem *Nachlassen des inneren Lichtes*, die dargestellten *Lehren vom Licht* das erkennbare äußere Zeichen dafür sind, daß die geistig-göttliche Welt damit unserer irdischen Menschheit helfen wollte. Massiv hat sie uns damals **Erleuchtete,** Meister, Lehrer und Propheten angeboten. Massiv sind deren Lehren zuerst auch angenommen und umgesetzt worden, wie wir rückblickend feststellen können. Aber menschliche Machtgelüste und tiefgründige Ego-zentrik verfinsterten das 'innere Licht', das diese Religionen uns bringen sollten, von Jahrhundert zu Jahrhundert.

Wenn wir uns wieder einmal einen 'global view' aus räumlicher und zeitlicher Distanz erlauben und auf den vergangenen Äon mit seinem zweitausendjährigen Zeitabschnitt zurückblicken, können wir folgendes zusammenfassen:

<u>Zu Beginn</u> wurde das **Licht** als *äußerer Sonnenkult* und für den Gläubigen mit entwickeltem Bewußtsein als *inneres Licht* vielfältig dargeboten und angenommen,

<u>danach</u> erhielt es sich während rund dreizehn Jahrhunderten im Unter- und Hintergrund verschiedener christlicher Glaubensrichtungen mit ihren Erleuchteten, Mystikern und Heiligen, um

<u>heute</u> in die 'Zeitenwende mit neuem Denken und Handeln' eingebracht zu werden. Dies begann im vergangenen Jahrhundert, als gesplittete und 'erneuerte' Glaubenswege, wie sie auch zusätzlich von der Esoterik, den Neugeist-Philosophien und allgemein dem New-Age-Empfinden umgesetzt werden. Daß

> Wir haben alle einen Liebes- und einen Haßmagneten in uns.
> Der Liebesmagnet zieht alles an, was *Liebe* enthält.
> Wenn wir es zu kontrollieren verstehen,
> kann die *Liebe* den Haß wie eine Kapsel umgeben.
> *Flavio,*[282]

sich damit heute durch einen globalen 'neuen *äußeren* Sonnen- und Badekult' der Kreis unserer Betrachtungen wieder schließt, werde ich ausführlicher darstellen und auf die *neue Bedeutung* des Sonnen-Einflusses im Sinne von Einfließen hinweisen.

**Wir sind allesamt Licht-Sucher**

*Auch wenn der Mensch bisweilen versagt, wird er doch Schritt für Schritt auf das Licht zugehen...* prophezeite *Edgar Cayce*, (1877-1945), der amerikanische Seher und Heiler, der auch als der 'schlafende Prophet' bekannt ist, zur christlichen Entwicklung. Dazu sollten wir uns den Begriff *Licht* noch differenzierter ansehen. In unserem Sinne sind es drei Bereiche,

>das physikalische Licht,
>das innere Licht und
>das geistige oder spirituelle Licht.

Licht im Physikalischen sind elektromagnetische Strahlungen in Wellenform, die für unser Auge in einem bestimmten Frequenzbereich sichtbar sind, nämlich zwischen dem Ultraviolett und dem Infrarot. Der originäre Lichtspender unseres Lebenssystems ist die Sonne, deren Ausstrahlungen, Schwingungen und Einflüsse aber noch weit über das des sichtbaren Sonnenlichtes hinausgehen. Denn wenn wir Licht ganzheitlich sehen, dann bedeutet es Leben, Lebenskraft und Vitalität in seinen vielfältigsten Formen, energetisch zugleich Ernährung und Gesundheit und schließlich äußere wie innere Wärme und Wohlbefinden. Das Spektrum der Sonnenstrahlen umfaßt alle natürliche Strahlung, die es gibt, und diese Strahlung ist dem Leben dienlich und förderlich. Sie schadet unserer Gesundheit[212] nur in der Maßlosigkeit. Was uns heute an innerem Licht und Wärme fehlt, suchen viele im Äußeren und aus dem Suchen nach diesen inneren Werten wird eine Sucht nach den Temperaturen und der Atmosphäre südlicher Länder.

Ein Mann des sonnigen Südens hat uns in seinem *Sonnengesang* einige wundervolle Texte hinterlassen. Der *Hl. Franz von Assisi* betete:

>*Gelobt seist Du, mein Herr, mit allen Deinen Geschöpfen,*
>*vornehmlich mit der edlen Herrin, Schwester Sonne,*
>*die uns den Tag schenkt durch ihr Licht.*
>*Und schön ist sie und strahlend im großen Glanze:*
>*Dein Sinnbild, Höchster!*

Sehen wir uns einmal zwei weniger bekannte Lebens-Segmente aus dem Bereich des Lichtes an - wieder nach dem Gesetz des Analogie ...*wie innen, so außen*..., nämlich im Äußeren die zur Zeit immer höher schwingenden Lichtfrequenzen und im Inneren die Biophotonen.

**Beginn des Reinigungsprozesses**

Der amerikanische Forscher *F. W. Sumner* schrieb in seinem Buch 'Das kommende Goldene Zeitalter'[275]:

> *Unser gesamtes Sonnensystem rückt in eine neue kosmische Region vor, welches unseren ganzen Planeten und alles Leben auf ihm umwandeln wird. Wir sind eben jetzt in eine der wichtigsten Perioden dieses kosmischen Zyklus' eingetreten und es stehen große Veränderungen bevor.*

Zu dem Wechsel vom Fische- ins Wassermann-Zeitalter mit seinen Veränderungen schreibt *Hans Bernd Altinger* [276]:

> *Das Fischezeitalter wird von den niedrigsten Schwingungen beherrscht. Sie sollen denen vom Infrarot mit 15 Trillionen pro Sekunde entsprechen, während die Schwingungen des kommenden Wassermannzeitalters denen von Ultraviolett mit 75 Trillionen Schwingungen pro Sekunde entsprechen. Begreifen wir die esoterische wie auch naturwissenschaftliche Bedeutung der Grundzüge dieser Vorgänge, so verstehen wir auch die negativen Geschehnisse im Fischezeitalter besser... Die Erde war gleichsam von einem reduzierten Licht, einem Nebel, umgeben, die das Gedeihen niederer Elemente begünstigt haben... Die **um ein Fünffaches höhere Lichtschwingung des kommenden Wassermannzeitalters** bewirkt hingegen ein Freiwerden und Entstehen von lichten, reinen Kräften... Der Übergang von einem Zeitalter in das andere erfolgt natürlich nicht abrupt. Er ist vielmehr fließend, so wie auch unsere Jahreszeiten in der Natur fließend ineinander übergehen. Erst im Jahre 2030 soll diese zodiakale Übergangsperiode abgeschlossen sein.*

Beispielsweise sind die Gammastrahlen unserer Sonne für die Evolution allen Lebens notwendig, denn ohne diese *natürliche* Radioaktivität gäbe es keine Evolution. Und das wird in der Zukunft für den Menschen verstärkt gelten, denn je höher er sich ethisch und bewußtseinsmäßig ent-wickelt, desto mehr natürliche Radioaktivität wird er vertragen. *Ursula Seiler-Spielmann* schreibt dazu[207]:

> *Da alles Schwingung und Bewußtsein ist, entscheidet allein die Bewußtseins-**stufe** darüber, wie dicht materiell oder wie feinstofflich etwas ist. Unsere Erde hat auf ihrem Evolutionsweg die tiefste Talsohle unserer Materie soeben durchschritten*

> Ihr müßt die Menschen *lieben*, wenn ihr sie ändern wollt.
> Euer Einfluß reicht nur so weit wie eure *Liebe*.
> *Braun* [182]

*und geht nun einer Wiedervergeistigung entgegen. Wir alle, die zu dieser Zeit verkörpert sind, sind aufgerufen, dasselbe zu tun:* **Licht und lichter zu werden** - *Lichtträger für alles Leben um uns herum.*

Die Diskussion um die immer dünner werdende Ozonschicht ist sicher ein Teil dieses bereits einsetzenden Wandels, ohne seine wahre Bedeutung und Entstehung zu erkennen. Denen, die den **inneren Wandel** der Zeitenwende in Gedanken, Worten und Werken nicht mitmachen und somit nicht evolvieren, werden immer größere Probleme mit dem höherschwingenden UV-Licht bekommen. Da werden auch die neu entwickelten uv-licht-undurchlässigen Bekleidungsstücke nur bedingten Schutz bringen. Denn geschützt wird ja nur das materialistische und meist antichristliche Ego, das nicht loslassen und sich ent-wickeln will. Das angehende *Lichtwesen* wird damit keine ernsthaften Probleme bekommen und die Mutter Erde wird allein dadurch peu à peu von vielem Bösen, Negativen und Selbstsüchtigen **gereinigt** werden. In Folge dieser allmählichen Schwingungserhöhung des Sonnenlichtes wird eine positive Veränderung der geistigen und seelischen Kräfte erwartet. Das *Neue Friedensreich* wird ja nicht nur das *Goldene Zeitalter* genannt, sondern auch das *Zeitalter des Lichtes.*

Zu dieser 'Reinigung' zählen auch Veränderungen in unserer Lebensweise und darin, wie wir den 'Tempel' unserer Seele und unseres Bewußtseins versorgen. Durch deren Höherentwicklungen zählt auch *reinere* Ernährung und *reinere* Flüssigkeiten als Getränke. In der Nahrungsaufnahme ist es erstaunlich, welche Entwicklung sich in unsrem Lebensumfeld beobachten läßt und wie Fleischreduzierung und Natürlichkeit in Ursprung und Zubereitung unserer Lebens-mittel unweigerlich und für viele unerklärlich kritisch und praktisch fortschreiten. Die Schwingungserhöhung auch in unserem körperlich-zellularen Bereich benötigt dabei eine Reinigung durch Ausspülungen. Je intensiver wir auf dem Lichtweg vorankommen, umso mehr werden wir an Durst 'leiden'. Dieser darf aber nicht mit alkoholischen oder übersüßten Getränken gestillt werden. Gleich schädlich anstatt nützlich wäre der Kaffee. Dagegen ist reines Wasser, als der höchste Bestandteil unserer Körperzellen, das geeignete Transport- und Lösungsmittel innerhalb unseres Stoffwechsels. Quellwässer sind dem Leitungswasser vorzuziehen, da sich Deutschland durch besonders tolerante Schadstoffmindestwerte an strengeren europäischen Trinkwassernormen vorbeimogelt. Kohlensäurearme oder gar stille Wässer sind geradezu ideal und gute zwei Liter davon täglich mindestens angeraten.

Zurück zu unseren Licht-Schwingungen. Während ich diese Zeilen tippe (Okt.96), flattert mir folgendes Telefax mit einer themengerechten sogenannten Botschaft ins Haus:

*Durchgabe von Soltec, dem technischen Berater des Ashtar-Kommandos: Seid gegrüßt im Licht des EINEN Allmächtigen Schöpfers von allem WAS IST - ich bin euer Lichtbruder Soltec.*
*Euer Himmel ist bereits voll von Lichtschiffen, um den Übertritt eurer Erde in die fünfte Dimension mitzuverfolgen und dabei mitzuhelfen. Es handelt sich dabei um ein kosmisches Ereignis größten Ausmaßes. Die Erde beginnt sich bereits äußerst schnell auf den* **Photonengürtel** *zuzubewegen, sodaß die nächste Zeit viele 'unerklärliche' Phänomene für euch bereithält. Wisset, daß ihr absolut nichts zu befürchten habt und dies lediglich Begleiterscheinungen des* **eintretenden Lichtes** *sind. Der Planet Erde erhöht seine Schwingung und tritt somit in hohe Frequenzen ein, welche große Veränderungen bringen werden...* [216].

Auch *Mutter Maria* diktierte in 'Marias Botschaft an die Welt' [19]: ...*In dem Maße, wie die Welle magnetischer Energie, die durch den Weltraum rollt, sich der Erde nähert, werden am Himmel ungewöhnliche Dinge zu sehen sein.*

**Photonen** (von grch. *phos, photos*, das Licht) sind Licht-Partikel oder -Quanten, die durch den Zusammenstoß von Elektronen und Antielektronen (Positronen) entstehen, wobei sie sich gegenseitig zerstören. Die daraus resultierende Masse wird zu der Energie, die man Photon nennt. 1928 von *Paul Dirac*, einem englischen Physiker, postuliert, entdeckte 1932 der spätere Nobelpreisträger *Dr. Carl David Anderson* in der Höhenstrahlung das erste dieser Anti-Teilchen, das Positron. Diese auf unserem Planeten neue Energie aus dem Zusammenstoß von Antiteilchen mit Teilchen wird zur Photonenenergie und soll einmal die Hauptquelle unseres Energiebedarfs der Zukunft werden - sagen diese Außerirdischen.

Die US-Autoren *Virginia Essene* und *Sheldon Nidle* befassen sich näher mit obigem kosmischen Photonengürtel oder -ring in ihrem gleichnamigen Buch [65], auf den wir auch von Seiten einer Gruppe Außerirdischer vom Planeten Sirius hingewiesen werden. Nach Aussage der Autoren gerät unser Planet nun wieder in den Einflußbereich derjenigen, die zu Beginn unseres Platonischen Jahres und ursprünglich diese Erdenzivilisation mit geschaffen haben sollen. Dieser Einfluß würde für uns Irdische bedeuten, daß wir uns unserer ursprünglichen Aufgabe wieder bewußt werden: Hüter unseres Planeten und Teil der 'galaktischen Menschheit' zu sein. Es heißt:

*Ein Ereignis von unabsehbaren Folgen wird der Auslöser sein: Der Eintritt unseres gesamten Sonnensystems in den sogenannten 'Photonenring'. Das findet zyklisch alle 25.000 bis 26.000 Jahre statt, und - laut Sirius - stehen wir wieder*

> Nimm du die klare *Liebe* hin vom Freunde,
> und das, was trübe ist, das laß nicht gelten.
> *Al Ghasali* [182]

*kurz vor dieser totalen Umwälzung allen Lebens auf der Erde. Das bedeutet, daß*
* *sich unsere Atmosphäre völlig verändert,*
* *wir statt Elektrotechnik Photonentechnik haben werden,*
* *wir unsere ursprünglich sechsfache Doppelhelix der DNS wiedererlangen und vollbewußte Menschen werden wie unsere Sternenbrüder es sind und*
* *unsere Chakren und unser ganzer physisch-geistiger Aufbau sich ändert: Lichtkörper und physischer Körper werden nicht mehr getrennt sein, sodaß uns andere Dimensionen, die wir bislang nur in unseren Lichtkörpern bereisen konnten, ganz selbstverständlich zugänglich sind.*

Der Eintritt in diesen Photonengürtel - unser Sonnensystem und der Gürtel oder Ring sollen sich aufeinander zu bewegen - soll 'gefahrlos' erfolgen und das Buch beschreibt dabei auch das Zusammenwirken der Sirianer mit zwei vorhandenen Hütern unseres Planeten, den Walen und Delphinen sowie den Hierarchien der Engel und hohen Meister.

## Das Lebenslicht

Der Biophysiker *Prof. Dr. Fritz-Albert Popp* ist heute der bekannteste westliche 'Licht'-Forscher, dessen Team es 1975 gelang, das Licht in den lebenden Zellen mit modernsten Forschungsmeßmethoden exakt zu messen. Lebende Zellen strahlen ein Licht aus, die **Biophotonen**, die inzwischen per Computer bildlich dargestellt werden können. Damit ist endgültig belegt, daß 'Leben' nicht durch chemische Reaktionen in der Zelle abläuft, sondern durch Licht gesteuert wird. Weltweite Forschungen seit 1922 und besonders forciert von der medizinischen Hochschule in Novosibirsk (*Prof.A.Gurwitsch*) zeigten, daß Zellen durch Photonen - Licht im UV-Bereich - biologische Informationen weitergeben. Denn in allen Zellen ist Licht, das von ihnen ausgestrahlt wird und sehr stabile Frequenzen aufweist. Es ist ein 'kohärentes' Licht mit einer hohen Ordnung, das sich, ähnlich einem biologischen Laserstrahl, optimal zur Informationsübertragung eignet. Dabei erzeugt es ein zusammenhängendes kommunizierendes Feld, das für zahlreiche biologische Prozesse verantwortlich ist. In dem Buch 'Biophotonen - Das Licht in unseren Zellen' [67] (Bestseller, der mit dem renommierten 'Net Work Book Prize' ausgezeichnet wurde) stellt der Schweizer Wissenschaftsautor *Marco Bischof* den heutigen Wissensstand umfassend dar und erklärt uns:

*Pro Sekunde muß der Körper etwa zehn Millionen Zellen, die in unserem Organismus absterben, in der richtigen Weise wieder nachliefern. Die dazu nötigen Informationen bedürfen der Geschwindigkeit des Lichtes. Das Laserlicht in unseren Körperzellen scheint einer Art Funkverkehr zu dienen, dessen Signale schneller sind, als dies über biochemische Kanäle möglich ist.*

   *Christian Opitz* verweist in seinem Buch 'Fit und Gesund - mit lebenden Makromolekülen' [66] auf die Umsetzung dieser Erkenntnisse in Verbindung mit Rohkost, wobei er die Biophotonen *lebende Makromoleküle* (LM) nennt. Besonders wichtig ist 'Licht' in unserer Ernährung, denn der Gehalt an Informationen eines Lebensmittels bietet der Gesundheit mehr als der Gehalt an Kalorien. Im Grunde genommen essen wir nämlich Sonnenlicht, das in unserer Nahrung eingespeichert ist - umso lebendiger, je frischer und unverfälschter und roher der Zustand ist. *Licht ist die wirkliche Nahrung* sagte *Sri Chinmoy* aus der tropischen Region. Nahrung in Form von photonenreichen *Lebens*-mitteln stabilisiert unsere 'innere Ordnung', einschließlich der Dynamik und der Rhythmik (*Erwin Schrödinger*). Ordnung heißt auf griechisch 'Kosmos' und die Wissenschaft stößt hier auf physikalische Prinzipien, die abermals auf einen ordnenden Logos hinweisen, der bis in die Schöpfungsgeschichte zurückzuverfolgen wäre. Eben doch das Gegenteil von Chaos und Urknall. Zu der Frage *Was ist Leben?* schreibt *Benjamin Seiler* [207],

*...daß Nobelpreisträger Erwin Schrödinger das Leben ein 'ständiges Aufsaugen von Ordnung' nannte. Diesen ordnenden Impuls erhalten wir vom Sonnenlicht. Wenn es auf die Erde trifft, wird es nicht sofort in Wärme umgewandelt, sondern das Licht baut zuerst Strukturen auf und stabilisiert sie. Einem wissenschaftlichen Theorem zufolge hat das Sonnenlicht eine sogenannte Kohärenzfläche von 0,019 mm². Innerhalb dieser Fläche kann es geordnete Strukturen aufbauen. Es ist sicherlich kein Zufall, daß dies genau der Oberfläche einer einzelnen Zelle entspricht. Das Sonnenlicht steuert somit jede Zelle und dadurch alle Lebewesen... Im Lichte der modernen Biophotonen-Forschung wird auch der tiefere Sinn des biblischen Schöpfungsaktes deutlich 'Am Anfang war das Wort. Und das Wort war bei Gott'. Das Wort ist Klang, ist Schwingung. Auch die Materie ist aus Schwingungen aufgebaut. Heute haben wir Beweise, daß sogar hochkomplexe Materie wie Zellen allein durch elektromagnetische Muster gesteuert und aufrecht erhalten werden. Das Materieteilchen ist nur der sichtbare Ausdruck eines bestimmten Schwingungsfeldes -* **die Materie ist nur eine Manifestation des Geistes.**

---

Die begrenzte *Liebe* sucht den Besitz des anderen,
doch die grenzenlose *Liebe* verlangt nichts anderes als zu lieben.
*Khalil Gibran*[200]

## ...damit ihr Kinder des Lichts werdet...

Wenn wir nun vom äußeren Bereich des Lichtes die Analogien und Entsprechungen im Inneren suchen, finden wir eine Bestätigung schon in den Evangelien:
*Ich bin das Licht der Welt. Ich bin die Lichtquelle göttlichen Lebens und Seins. Was ich wirke, ist Offenbarung des Lichts und Weisung zum Licht. Folge mir, daß auch in dir und um dich keine Finsternis sei.*
Damit sagte Jesus zu Beginn unseres Äons genau das, was wir an seinem Ende endlich erkannt haben und verbindet es zugleich mit der Qualität des **inneren Lichtes**. Denn wie schon aufgezeigt, braucht auch unsere 'Seele' Sonnenschein, Freude, Licht-blicke und Wärme. Aber inneres Licht ist noch tiefgründiger zu verstehen. Wir alle waren einst strahlende Lichtträger in der ursprünglichen Schöpfung und tragen auch heute noch in der Stofflichkeit unserer derzeitigen Lebens-und Körperform das *Erbgut Licht* in uns - bei einem vielleicht nur als der bekannte Funken, beim andern bereits als strahlendes, *aufgegangenes* Licht. Davon sprach auch unser Klassiker *von Goethe*, als er bekannte:
*Ich glaube, daß wir einen Funken jenes ewigen Lichtes in uns tragen, das im Grunde des Seins leuchten muß und das unsere schwachen Sinne nur von ferne ahnen können. Diesen Funken in uns zur Flamme wecken zu lassen und das Göttliche in uns zu verwirklichen, ist unsere höchste Pflicht.*
Diesen ver-pflichtenden Auftrag, den wir aus unserem ehemaligen göttlich-lichten Ursprung in unsere derzeitige Stofflichkeit heruntergerettet haben und der zu einer **Lichtwerdung von innen** für uns und unser mitmenschliches Umfeld führen soll, bestätigte auch schon der 1. Brief an die Thessalonicher (5,5): *...denn ihr alle seid Kinder des Lichtes und Kinder des Tages*, mit letzterem sicherlich das Sonnenlicht meinend. Und Jesus selbst, der die damals wie heute krisen- und kriegsgeschüttelte Erdenzivilisation mit der Lehre der selbstlosen Liebe vertraut machen wollte, bekannte nicht nur *...Ich bin das Licht der Welt,* sondern verpflichtete damit alle Menschen dieser Welt und besonders seine christlichen Anhänger in der Bergpredigt: *...ihr seid das Licht der Welt.*
Das ging schon damals weit über unser heute ach so notwendiges positives Denken hinaus. Einfach Licht sein! Mit 'hellen' Köpfen und 'strahlenden' Herzen. Durch dieses positive Agieren und Aktivsein wird alles Negative, Dunkle und gar Finstere *überstrahlt*. Eigentlich so simpel wie in den Dracula-Filmen, in denen der mächtige Unhold beim ersten morgendlichen Studio-Sonnenstrahl kraftlos dahinschwindet. Warum stellen wir so oft eben dieses innere Licht unter den Scheffel? Warum sind wir viel zu selten Licht für die anderen um uns herum? Wir haben es in uns - kostenlos, umweltfreundlich und

unerschöpflich! Der evangelische Theologe *Fritz von Bodelschwingh* (1902-1977) wußte *...da wird es hell in einem Menschenleben, wo man für das Kleinste danken lernt.* Und *White Eagle* lehrt:
> Das oberste Ziel der Menschheit ist es, daß das innere Licht so stark und strahlend wird, daß sogar die Zellen des Körpers verwandelt werden in feinere Substanzen, die in der Lage sind, die Sterblichkeit zu überwinden. Dies ist bekannt als die Christwerdung des Menschen [215].

An anderer Stelle schwärmt er:
> Sei glücklich, sei erfüllt mit Freude und blicke vorwärts ins Licht. Lebe und bewege dich in diesem goldenen, ewig strahlenden Licht und wisse, daß dich nichts verletzen kann. Die einzige Realität ist Licht, ist Gott, ist Liebe.

*Jakob Lorber*[123] erfährt im 'Das Große Evangelium Johannes' über Jesus folgende Durchgaben:
> ...denn solange sich der Mensch nicht aus eigenem Antrieb ans Licht drängt, bleibt er Sklave im Geiste... Zur Besiegung eines gar zu großen Hindernisses auf dem Lebensweg werde Ich jedem Licht und Kraft geben. Aber vor allem muß jeder Mensch selbst so viel tun, wie in seinen Kräften steht.

'Ex oriente lux' wußten schon die alten Römer und darüber habe ich schon geschrieben: Aus dem Osten kommt das Licht. Jetzt meine ich es aber noch östlicher, denn schon in der historisch noch weiter zurückliegenden Bhagavad Gita, der 'Bibel' der Hindus, heißt es:
> Das rechte Tun ist Handeln, wie es das Gesetz gebietet, das begierdenlos, selbstlos und nicht aus Neigung oder Haß geübt wird: Licht ist sein lichter Quell.

Ebenso forderte der adelige persische Prophet *Zarathustra*, Begründer des Parsismus, zwischen 1000 und 600 v.Chr.: *Wir möchten diejenigen sein, die die Welt lichtglänzend machen.*

Und zu einem 'global view' führe ich Sie mit dem Hinweis auf *Rhea Powers* in den USA, Therapeutin, mediale Heilerin und Autorin des Buches 'Aufruf an die Lichtarbeiter' [64]. Es wurde ihr von *Sanat Kumara* diktiert und dieser spricht im Namen der Venusier, Intelligenzen einer subtileren und verfeinerteren

---

> Die *Liebe* setzt die Fähigkeit voraus, ein Gefühlsleben bei anderen Wesen wiederzuerkennen. Sie erstreckt sich so weit, wie es uns möglich ist, uns an die Stelle anderer zu versetzen.
> *Höffding* [182]

Lebensform als der unsrigen, die voll teilnehmender Liebe auf den Planeten Erde blicken, wo das Experiment der Dualität von Gut und Böse ein kritisches Stadium erreicht habe. Am Umschlag des Buches findet sich folgender Text:

*Wenn du deine Wahrnehmung dessen, wer du bist, erweiterst, bringst du Licht auf den Planeten. Wenn du die Wolke von Gut versus Böse aus deinem eigenen Bewußtsein entläßt, leuchtet dein Licht heller.* **Dein Licht wird anderen Licht bringen.** *Wenn du dich aus deinem eigenen Festhalten am Übel entläßt, wird die Wahrheit dessen, was du bist, in die Herzen der Menschen um dich her scheinen, und sie werden sich selbst entdecken. Du bist ein Lichtarbeiter. Wir, von jenseits der Erde, grüßen dich.*

## Die Erfahrung des inneren Lichts

Der griechische Arzt, Heilige und Evangelist *Lukas* meint (12,49) mit dem *Feuer* sicherlich die Glut des Heiligen Geistes, die uns das Innen-Licht *erfahren* läßt, in dessen 'Glanz' wir uns unserer Gotteskindschaft bewußt werden könnten. *K.O.Schmidt* schreibt [5] dazu:

*Dieses Feuer glutet verborgen im Herzen jedes Wesens und kann in keinem erlöschen, sondern wartet, daß es zur Flamme und zur alles Niedere verzehrenden göttlichen Glut entfacht werde.*

*Alle Erwachten und Weltenlehrer haben seit Jahrtausenden auf dieses* **innere Licht** *hingewiesen: von Krishna und Thot-Hermes, Luo-Tse und Pythagoras bis Buddha, Zarathustra und Sokrates. Seitdem Jesus über die Erde schritt, flammt es heller denn je - und Christus-in-uns hütet es, bis es, in unserem Selbst-Erwachen, himmelwärts lodert und uns mit dem Urfeuer im Herzen Gottes vereint.*

Erleuchtete und Leuchtende können solches erfahren und umsetzen. Auf dem Wege dahin aber finden wir schon Mitmenschen, die **Hell-sehen und Hellhören**, ein klarer Hinweis darauf, daß inneres Licht mit im Spiele sein muß. Die Er-leuchtung verleiht übernatürliche Kräfte und Seher und Propheten aller Zeiten stellten stets eine der höchsten Stufen menschlicher Einweihungen dar. Solches stellt sich wohl ein, wenn das innere Licht jede Zelle des Eingeweihten so sehr durch-strahlt, daß sich um das Kronenchakra am Scheitel das Leuchten einstellt. Es ist das Licht, das wir von Bildern mit einem Heiligenschein kennen. Näher erklärt das *André Castella* [243]:

*Gott nimmt einen Menschen - einen Propheten oder einen von Ihm Inspirierten, sicher aber von Ihm für diesen Zweck Auserwählten - und den geistigen Augen und Ohren dieses Menschen* **erhellt** *Er und erzählt Er vergangene Ereignisse, von denen sich die Wahrheit verändert hat, entweder... oder durch unabsichtliche Veränderung... Oder aber Er beleuchtet und ent-hüllt zukünftige Fakten, die nur Er in seiner ewigen Gegenwart kennt.* **Und diese sehen, und diese hören, als würde ihnen ein Tonfilm gezeigt.**

**Je stärker die Dunkelheit, umso heller die Sterne** (Joh.12,36)

Das Überlicht, auch geistiges und mentales und spirituelles Licht genannt, können wir Christen auch Christuslicht nennen oder wie die Mystiker sagen: **das kosmische Licht des Christus.** Diese höchste aller Lichtfrequenzen setzt für viele der Lichtwesen oder die auf dem Wege dahin sind, eine Entwicklung voraus, die erst durch den Gegenpol, die Dunkelheit oder Finsternis gehen muß - oft dabei sehr, sehr schmerzlich. Die 'Geburt' des Christus **in uns** ist gleichzusetzen mit der *Lichtgeburt im Menschen*, die sich aber nur ereignen kann, wenn es im Leben 'dunkel' geworden ist. *Thorwald Dethlefsen* erklärt uns, daß damit die Abödung der Außenwelt gemeint sein kann - jener Prozeß, in dem die äußeren Werte ihren Reiz verlieren.

*Erst wenn der Mensch bereit geworden ist, in das tiefste Dunkel hinabzusteigen, wenn er bereit geworden ist, das Urgrauen des eigenen Schattens zu konfrontieren, seine Dunkelheit zu durchleben, erst dann und frühestens dann kann das Licht in der Dunkelheit gefunden werden.*

Der Kosmos ist auferstanden aus der Dunkelheit ins Licht - wohl so, wie *Johannes* es ausdrückte: *...denn das Licht kam in der Dunkelheit.* Salopp in den Alltag übertragen, sagt der Volksmund: *...uns ist ein Licht aufgegangen.* Auch der berühmte Dichter der Antike, *Quintus Horatius Flaccus, Horaz* genannt (65-8 v.Chr.) erklärte: *Gott vermag das Tiefste ins Höchste zu verwandeln und läßt das, was im Dunkeln ist, Licht werden.*

Die heutige Menschheit scheint insgesamt genau das ebenfalls durchmachen zu müssen oder zu dürfen, was wir für den Einzelnen und seine Er-leuchtung erkannt haben. Das 'Platonische Jahr' unseres Sonnensystems führte zuletzt durch den dunkelsten Abschnitt, den wir zur Zeit noch brutal miterleben dürfen, um demnächst auch an der Licht-geburt mit beteiligt zu sein. Wie uns Außerirdische erklärt haben, wird dies im derzeitigen Orbit (Umrundung) forciert durch den Eintritt in den Photonenring - Photonen, die nach unserer Lehre Lichtquanten sind. Die irdische und menschheitliche Evolution ruft genauso nach einer Erhöhung aller Schwingungsfrequenzen, wie die oben aufgezeigte Evolution des einzelnen Bewußtseins hin zum Überlicht. Diese sollte im neuen Äon in allem irdischen Sein zu einem Bewußtseins-Sprung führen.

Der hier erkannte <u>geistige</u> Entwicklungsweg in immer höhere Transzendenz

> Wie schützt man, andere schützend, sich selbst?
> Durch Geduld und Gewaltlosigkeit, durch *Liebe* und Teilnahme.
> Der Erwachte [182]

und Lichtfülle, die für unseren Verstand sicher nicht annähernd begriffen und formuliert werden kann, muß wie mehrfach erwähnt, *erfahren* werden. Er ist ab irgendeiner Erkenntnisebene der mystische Weg aller Religionen.

Wir, die wir noch nicht so weit sind, trösten uns lieber mit *Timotheus*, welchem *Paulus* in seinem ersten Brief (6,16) geschrieben hat: *Gott wohnt in einem Lichte, zu dem niemand kommen kann.*

**Lasset euer Licht leuchten**

Betrachten wir zum Abschluß unseres Licht-Themas einen Auszug aus dem Buch 'Erwache in Gott' [41] von *Silvia Wallimann*, in dem sie beschreibt, wie sie plötzlich gleißende Helligkeit umgab und viele wunderbar leuchtende Lichtwesen sie begrüßten. Eine Stelle in dem danach entstandenen Buche ist besonders wichtig für unsere gemeinschaftliche *Umpolung* während unserer Zeitenwende und enthält folgende Empfehlung:

*Bitte erzeuge in deinem Bewußtsein die Gedankenenergie*
   *ICH BIN Licht in allen Zellen meiner Körper.*
   *ICH BIN aufgehendes Licht in allen Bereichen meines Seins, in*
        *denen die Helligkeit fehlt.*
   *ICH BIN Wissen in allen Zellen meines Gehirns.*
   *ICH BIN ein fließender Strom von Liebe in allen meinen Gedanken.*
   *ICH BIN der Ausdruck von Liebe in allen meinen Handlungen.*
     *Aus allen Poren meines Körpers fließt Liebe.*
     *Aus meinen physischen Augen fließt das Licht meines*
     *inneren göttlichen Seins.*
   *ICH BIN ein lichtausströmendes, ruhendes Pendel im Universum.*
   *ICH BIN Licht im Universum, und das Universum ist als Licht in mir.*

## 22. Kapitel

## Christus-Universalis

*Unter Christus-Universalis verstehe ich Christus als das organische Zentrum des ganzen Universums...* schrieb der französische Jesuite und *Prof. Pierre Teilhard de Chardin* (1881-1955) in Paris 1920. Er wird als der moderne Mystiker und als geistiger Vater des New-age-Gedankens von seiten der Theologie angesehen, nicht immer zur Freude seiner Kirche. Christus wird erkannt als die göttliche Kraft im 'organischen' und damit physischen Zentrum, an dem darum die gesamte, auch natürliche und materielle Entwicklung hängt. Dazu aber 'universell', das heißt nicht nur die Entwickelten unseres Sonnensystems und der Menschheit, sondern genauso des Sirius und all der Gestirne des Alls. Das gilt auch auf den für uns unsichtbaren und übersinnlichen Ebenen der Engelwesen und so weiter. Christus wird zum *Kosmischen Christus*, der damit als göttliche Kraft auch universell über allen menschlichen Formen verschiedener Religionen steht. Diese Ausweitung eines Christus-Verständnisses wurde <u>auf breiterer Basis</u> erst 'denkbar' mit unseren Bewußtseinserweiterungen und Globalisierungen fast aller menschheitlichen Entwicklung und dem allmählich neu initiierten Bewußtsein der Zeitenwende. Erstaunlich ist aber, daß die Christenheit des Ostens mit ihren Christusdarstellungen als *Kosmokrator*, als Weltenherrscher, in den Kuppeln ihrer Kirchen daran erinnert, daß das urchristliche Verständnis des 'Christos' schon einmal *universeller* gewesen sein muß.

Für uns Christen ist das Bild, das wir uns von *Christus in Jesus* machen, nicht einheitlich und unterscheidet sich innerhalb der verschiedenen Glaubensrichtungen in gewissen Maßen. Kritische und von der Kirchenlehre nicht so abhängige Gläubige und all jene, die wieder zur urchristlichen Reinheit tendieren, trennen verschieden stark zwischen dem irdischen Jesus und dem göttlichen Christus. Und ein Teil der Gläubigen quer durch alle Lager trennen beides klar voneinander, um eigene oder effizientere 'Wege' zu finden im Verständnis der Lehre, des Lebens und der Rückkehr ins universelle Göttliche.

> Der Mensch kann nicht aus sich heraus *lieben*. Dies ist so unmöglich, wie er nur noch ausatmen könnte. Mit der *Liebe* ist es wie mit dem Atem: Erst wenn er die göttliche *Liebe* in sich einströmen läßt... kann er sie vom Herzen aus... fließen lassen.
> *Ursula Seiler-Spielmann*[207]

Und da bringt uns der Vorstellungsversuch eines *kosmischen Christus* oder *Christus universalis* erheblich weiter und zu einer Er-weiterung, die Voraussetzung ist für die Aufnahme höherer kosmischer Schwingungen in unserer Gegenwart.

**Wie Christus wirkt**

Christus empfinden wir in unserer Stofflichkeit als Kraft oder Schwingung. Und diese trifft in vielfältigster Form auf uns individuelle Wesenheiten, wovon wir uns sechs Schwerpunkte davon etwas näher ansehen sollten. Zum einen ist es ein wesentlicher Unterschied, ob wir diese Kräfte über unser *Verstandesdenken* oder unser *Liebesempfinden* aufzunehmen versuchen. Eine zweite Betrachtungsweise ist wichtig in der Unterscheidung der wirk-samen Christuskräfte als *göttliches Licht* und als *göttliches Wort* und nicht zuletzt auch in der Trennung von *maskulin* und *feminin*, denn in unserer stofflichen Welt ist dies eine der elementarsten Polaritäten.

Wenn wir Christus **mit unserem Verstand** begreifen wollen, müssen wir den Weg einschlagen, den die Überschrift dieses Kapitels weist: Christus als organisches Zentrum des ganzen Universums zu verstehen. Das ist der Weg holistischer Wissenschaftler und ganzheitlicher Denker und wird es auch sein, wenn tatsächlich außerirdische Zivilisationen erneut Einfluß nehmen sollten im Umbruch unserer Zeitenwende. In diesem Falle kann ich mit meinem Buche wenig dazu beitragen und denen, deren Bewußtseinsentwicklung in diese Richtung führt, kommen demnächst immer mehr Quer- und Universaldenker wegweisend entgegen.

Im Bereich der Umsetzung der Christuskräfte **als Liebesempfinden** schreibe ich nun schon viele Kapitel samt der Aphorismen in den Feldern und ich bin sicher, daß diese Hinweise dazu ausreichen werden.

Christuskraft **als Licht**, als 'unerschaffenes, ewiges Licht', wie es im N.T. heißt, und mit all seinen Variationen und Differenzierungen haben wir im vorausgegangenen Kapitel beleuchtet.

Die Christuskraft **als Vater** erläutert uns Jesus, indem er sehr häufig von sich aus sagt, *...Ich und der Vater sind eins, ...der Vater ist in mir und Ich bin im Vater, ...wer mich sieht, der sieht den Vater*. Danach bedeutet der Begriff Vater *alles in allem* und ist der Christusgeist, der allgegenwärtig das Weltall durchdringt (*P.O.Hesse*).

Der fünfte wichtige Schwerpunkt, wie die Christuskraft aus dem Kosmos auch auf alles Leben aller Zivilisationen und deren Religionen einwirkt, ist **das Wort**. Zumindest wird es so in den meisten klassischen Religionen definiert.

Der Evangelist *Johannes* wußte *...alles ist durch das Wort geworden, und ohne das Wort wurde nichts, was geworden ist*. Heute, zweitausend Jahre später, sprechen wir von **Information**. Wir wissen inzwischen, daß alle Vorgänge in der Natur nach einem eingeprägten Plan ablaufen, entsprechend untereinander informativ vernetzt sind und mittels informativer Bezüge selbstordnende und kybernetische Systeme bilden können. Für uns Christen sind das alles *Christuskräfte* oder *-schwingungen*, die sich heute mehr denn je als *Stimme* oder *Botschaft* bemerkbar machen und eine weitere, von alters her als Gottesgabe bezeichnete Kraftform des Kosmischen Christus darstellen. Der große Vordenker der Neuzeit-Veränderungen, der Philosoph *David Spangler,* wies schon 1978 darauf in seinem Buch 'New Age - die Geburt eines Neuen Zeitalters' [68] hin:

> *Der Christus* **ruft** *als Grenzenlose Liebe und Wahrheit aus dem Menschen diese Liebe, dieses Licht, diese Weisheit und Wahrheit hervor, die ihn befähigen, die neue Welt* **in seinem Inneren und seiner Umgebung** *zu errichten. Diese Ordnung, dieser erzieherische Stimulus wird von seiner Quelle, dem Kosmischen Christus, repräsentiert. Grenzenlose Liebe und Wahrheit sind gewiß seine Eigenschaften, wenn er kommt, um der Erde neue Energien, neue Lehren, eine neue Entfaltung, neue Offenbarung, neue Visionen, ein neues Verständnis und ein neues Leben zu schenken, das dem erweiterten Bewußtsein des Erden-Logos entspricht.*

Der Christus-Universalis wirkt tief in unsere Stofflichkeit herein - wenn wir es zulassen. Und diese irdische Stofflichkeit hat eine gewaltige Polarität: **Das Prinzip des Geschlechts**. Zum siebten hermetischen Prinzip hat es *Hermes Trismegistos* schon vor Jahrtausenden erklärt und definierte dabei, daß das Männliche die ausströmende und ausgehende Kraft und das Weibliche die Kraft aufnehmend zur Vollkommenheit hochzieht. *C.G. Jung* hat in jedem Menschen die Anlage zur Zweigeschlechtlichkeit in seiner Animus-Anima-Konzeption erkannt, die von uns entsprechend gelebt werden muß. Weiblichkeit wird neuerdings auch immer wieder als Mutter-Erde-Kraft dargestellt, nimmt als irdischer Gegenpol die männlich-göttlichen Kräfte auf und wird sie dann zur Vollendung führen. Leider haben viele New-Age-Lichtwesen dieses Mutter-Erde-Bild und seine Weiblichkeit viel zu sehr mit Materie (lat. *mater* heißt Mutter) verhaftet, führen damit die altbewährte Schiene patriarchalischen Denkens weiter und finden dadurch keinen echten Entwicklungsweg. Christus

> Es wäre absurd zu behaupten, daß es keine *Liebe* gibt, bloß weil ich sie nicht nachweisen kann.
> Jemand, der die *Liebe* erfahren hat, *weiß*, daß sie existiert und benötigt keinen *wissenschaftlichen* Beweis.
> *Jan van Helsing* [2]

ist eine geschlechtslose oder androgyne Wesenheit und seine Kräfte und Schwingungen wirken, wenn sie in der Tiefe der Stofflichkeit geschlechtlich getrennt zu Adam und Eva werden, absolut gleichwertig. Christus forciert nicht die Männerherrschaft - im Gegenteil, je mächtiger sich irdische Patriarchate aufbauen, umso mehr werden weibliche Christuskräfte einfließen. Dafür sorgt das geistige Gesetz des Ausgleichs. *Maria Kornelia von der Mehr* stellt in ihrer Zeitschrift 'Licht-Zeichen' [69] zurecht fest, *...daß die meisten neuen Schwingungen aus dem Kosmos weiblicher Natur sind.* **Dieses Erwachen und Anwachsen einer neuen und selbstbewußteren Weiblichkeit und Femininität ist eines der Merkmale der Zeitenwende.**

Das absolut Besondere der christlichen Religionen ist die Manifestation der Christuskräfte zu Beginn des Fischezeitalters durch Jesus, der damit zu Jesus Christus oder Christus in Jesus wurde. Dazu nötig war aber auch der Part eines weiblichen Wesens, in unserem Falle der Mutter. Wenn wir als not-wendig annehmen, daß in Jesum ein Höchstmaß an menschlicher 'Reinheit' und edelster Voraussetzungen das Aufnehmen des Christus in die irdische Wesenheit Jesus bedurfte, so gilt dieses 'Maß' auch für die 'Qualität' der Mutter. Die innerliche Gotteskindschaft ist gepaart mit Edelstem im Körperlichen, dem Tempel dieser höchsten Geisteskräfte. Erinnern wir uns dazu des Textes, den wir in der Personenbeschreibung unseres Jesus finden, die *Publius Lentulus* damals nach Rom meldete: *...wo er auch auftritt, ist er der schönste Mann, den man sehen oder auch nur sich vorstellen kann; er ähnelt* **seiner Mutter, die der schönste junge Mensch ist, den man je in dieser Gegend gesehen hat.** André Castella schreibt in seinem Buch 'Das Morgenrot einer neuen Zeit' [243]:

*In der Milde des Sohnes ist die von der Mutter geerbte Milde offenbar, und dies trifft auch zu für die Demut, den Gehorsam und die Reinheit. Alle erhabenen Tugenden der Mutter sind auch im Sohn. Jesus offenbart uns den Vater, das ist wahr, aber Er macht uns auch die Mutter offenbar. Und mit Recht könnte man sagen, daß, wer Maria kennen lernen will, die von den Evangelisten und in der Apostelgeschichte zu wenig geoffenbart wurde, auf ihren Sohn blicken muß, der von ihr, und* <u>nur von ihr allein</u>, *alles übernommen hat, ausgenommen seine göttliche Natur... >Es geschehe Gottes Wille< sagt Maria im ersten Kapitel des Lukas, Vers 38. >Dein Wille geschehe< sagt Jesus in Lk 22,42.*

Im gleichen Buche diktiert Jesus der bettlägerigen *Maria Valtorta* am 7.8.1943:

*...Die ganze Menschheit ist sündig. Nur ein Geschöpf hat nicht gekostet. Ich sage nicht den bitteren Geschmack, sondern ich sage auch: den bitteren Geruch der Sünde. Es war Maria, meine süße Mutter, die, die mich nicht um das Paradies weinen ließ, das ich gelassen hatte, um Fleisch zu werden unter euch und euer Fleisch zu erlösen, denn in Maria fand ich die ewige Reinheit und die glänzende Liebe, die im Himmel sind.*

In all dem sehe auch ich eine klare Partnerschaft höchster geistiger Kräfte, die in der Bipolarität der menschlichen Verstofflichung auftraten. Sie lösten 'zweipolig', und damit auf umfassender Breite menschlicher Materie, den geistigen Wandel aus, den wir Erlösung nennen, und die uns, der irdischen Menschheit, die mächtigste und verbreitetste Religion brachte, das Christentum. Dies gelang trotz der anhaltenden, antichristlichen 'Beschwernisse' durch die Jahrhunderte im finstersten Äon und gott-fernsten Zeitabschnitt des 'Platonischen Jahres' unseres Sonnensystems. Und nun, am Ende dieses Äons, während des Wechsels in das Wassermann-Zeitalter und der Geburt dieses neuen Zeitalters, finden wir sie beide wieder, wie sie intensiv durch Erscheinungen und Botschaften der Menschheit in ihrer Bewußtseinsentwicklung mithelfen wollen.

## Ave Maria

Das N.T. gibt nicht viel her an Information, schon etwas mehr die apokryphen Evangelien, darunter das des Jakobus aus dem zweiten Jahrhundert. Entsprechende bildliche Darstellungen gehen auch zurück in diese Zeit (Katakomben). Ein früher Anhänger dieser Art soll der griechische Arzt und Evangelist *Lukas* gewesen sein, der auch Madonnenbilder gemalt hat. Diese Entwicklung setzt sich im östlichen Christentum verstärkt fort, wo ernsthaft untersucht wurde, ob man die 'historische Inkarnation der göttlichen Sophia oder Weisheit' mehr in *Jesus Christus* oder *Mutter Maria* sehen könne. *Dr. Günther Schiwy*[21] erkannte: *Die mariologische Interpretation der sophianischen Weltwerdung unterstreicht den 'weiblichen', sanften Charakter des Kosmischen Christus, wie es für patriarchalische Gesellschaften wie die unsrigen nötig scheint.*

Wenn wir davon ausgehen, daß das Göttliche weder weiblich noch männlich ist (es gibt keinen Vater-Gott und keinen Mutter-Gott, dies sind alles schwächliche menschliche Erklärungsversuche), dann muß aber trotzdem der göttliche Geist, sowie er in unsere polare Stofflichkeit wirksam werden will, in eine Zweipoligkeit aufgespalten werden wie alle Wirkkräfte in unserer Materie. Die christlichen Kirchen des Ostens haben das schon frühzeitig erkannt, indem sie den altgriechischen Begriff 'Sophia', Heilige Weisheit, über die *Hl. Sophia* mit der ihr geweihten Kirche Hagia Sophia in Konstantinopel in das christliche Leben und Denken herüberretteten.

Wer niemanden *liebt*, mache sich darauf gefaßt,
von niemandem *geliebt* zu werden.
Griechischer Philosoph *Epiktet* (50-138)

Die in unsere niederen Dimensionen vordringende göttliche Liebe stellt sich nun hier dar als männliche Christuskraft, manifestiert durch *Jesus Christus*, und als weibliche Sophia, manifestiert durch *Mutter Maria*. **Sie müssen endlich als Einheit erkannt werden.**

Dieses weibliche Prinzip im Göttlichen findet sich in einigen anderen Religionen ausgeprägter als in den christlichen. In der jüdisch-talmudischen Tradition wurde es im Mystischen gesucht und heißt *Schechina*. Auch in den hebräischen Texten des A.T. ist die Weiblichkeit des Geistes Gottes noch deutlich erkennbar. Diese ursprüngliche Weiblichkeit, schreibt *Schiwy* [21],

*...verliert dann im Laufe der weiteren Übersetzungs- und Interpretationsgeschichte des patriarchalischen Juden- und Christentums immer mehr an Bedeutung, zuerst in der griechischen Septuaginta-Übersetzung des Alten Testaments: >Bei der sprachlichen Umsetzung der <u>weiblichen</u> 'ruah' zum griechischen <u>neutralen</u> 'pneuma' wurde zum ersten Mal der Hintergrund verändert - zu ungunsten des weiblichen Erfahrungszusammenhangs. Erst recht geschah eine Gewichtsverlagerung bei der Übersetzung von pneuma in das lateinische <u>männliche</u> 'spiritus', das durch das ganze Mittelalter hindurch die Rede vom Heiligen Geist bestimmt hat und letztlich auch bis heute bestimmt.<*

Dieser Geist des Herrn, in den alten Texten als *Geistin des Herrn* bezeichnet (*Geistin des Herrn, die den Erdkreis erfüllt und alles zusammenhält und jeden Laut kennt...* Weisheit 1,7), ist eine alttestamentarische Ausdrucksweise für die transzendenten Schwingungen, die wir heute Christuskraft und in unserer heutigen erweiterten Vorstellungsfähigkeit Kosmischen Christus oder Christus-Universalis nennen.

Am ausgeprägtesten ist die gleichwertige Aufteilung des göttlichen Geistes in ein männliches und ein weibliches Prinzip im chinesischen Taoismus, der dem chinesischen Philosophen *Laotse* zugeschrieben wird, und in dessen zentraler Aussage das weibliche Yin und das männliche Yang als <u>eine sich ergänzende</u> universelle Lebenskraft dargestellt wird - unsere Christuskraft.

Für den Psychotherapeuten *Thorwald Dethlefsen*[213] finden sich hinter dem weiblichen Prinzip der *Mutter Maria* Parallelen im Altertum, bei denen die meisten Gottessöhne von jungfräulichen Müttern geboren wurden und selbst die Namen der Mütter sprachlich miteinander verwandt sind. *Die Mutter des Bacchus hieß Myrrham, die Mutter des Hermes hieß Myrrha oder Maya und die Mutter von Buddha hieß Maya... Mit dieser Wortkette verwandt sind die Worte mare, das Meer, mater, die Mutter, materia, die Materie.*

Hier ist das *'Ewig-Weibliche'* in seiner kosmischen Dimension angesprochen, in der die Liebe auch der Christuskraft am stärksten in Erscheinung tritt - in unserem Falle personifiziert in *Mutter Maria* und der Kirche, aber auch in jeder Frau, die der Liebe des Kosmischen Christus Raum gibt (*Teilhard*). Im urchristlichen Zeitabschnitt wurden die beiden Prinzipien der Christuskräfte -

männlich und weiblich - bewußt gelebt. Denn in dieser Phase gab es das völlig neue 'christliche' Recht der Gleichberechtigung der Frauen, eine gewaltige Aufwertung des weiblichen Prinzips und eine Befreiung desselben, das der Menschheitsentwicklung in unserem Äon eine völlig andere Richtung hätte geben können. Ansätze gab es nochmals ab dem siebzehnten Jahrhundert, als der *Heilige Johannes Eudes* die 'Verehrung des Herzens Jesu und Mariä' bekanntmachte[241].

Doch der aktuelle Zeitabschnitt fällt in den gott-fernsten Äon, das Kali Yuga, und das Männersystem setzte sich alsbald wieder durch, wie wir bis heute erleben dürfen. Unsere derzeitigen Religionen basieren alle auf einer kontrollierenden, kaltherzigen und patriarchalischen Bewegung und **die Vernachlässigung der Sophia, des weiblichen Prinzips des Christusgeistes durch die Männerherrschaft hat alle die Macho-Probleme sich frei entwickeln lassen: Kämpfe, Kriege und Egozentrik.** Aber New Age und die Zeitenwende in einem neuen Äon verlangen ein neues Denken auf allen Ebenen der Menschheitsentwicklung.

Die urchristliche Hingabe zur Sophia findet somit eine Renaissance in der Neuzeit: beginnend mit der russischen Schule der 'Sophiologie' (die Lehre der Sophia im späten 19.Jhd.), in der Anthropo-sophie, bei Autoren unserer Zeitenwende wie *Pierre Teilhard de Chardin, David Spangler, Günther Schiwy, Susanne Schaup* und *Thomas Schipflinger*[124] und als wichtigster und qualifiziertester Pionier einer wiedererwachten Sophiabewegung, vor allem in den USA, der britische Wissenschaftshistoriker *Robert Powell*. Er sieht die Öffnung von immer mehr Menschen für den Sophia-Effekt, die Ergänzung des Christusgeistes um die weiblich-mütterliche Weisheit, als das an, was seit langer Zeit als das 'neue Erscheinen Christi' erwartet wird.[125] *Eines Tages wird nur noch >das Ewig Weibliche< bleiben,* **der einende Zauber** *des totalen Christus (Teilhard de Chardin).*

**Christus in *Maria* und *Jesus***

Auf das Ende unseres Äons oder des Fische-Zeitalters zugehend, offenbart sich plötzlich wieder verstärkt der Christus-Universalis mit seinen männlich-weiblichen Prinzipien in unserer stofflichen Welt. Der Christusgeist *im Namen*

> Führet alle mit euch in *Liebe* und Pflicht!
> Lasset keinen zurück auf dem Wege zum Licht.
> *Peter Rosegger*

*Jesu* meldet sich bei uns Menschen seit dem letzten Jahrhundert - etwa mit *Lorber*[123] beginnend - in verstärktem Maße. Und ebenso *im Namen der Mutter Maria* an den französischen Orten La Salette (am 19.9.1846) und Lourdes beginnend, im portugiesischen Fatima, in Amsterdam, im spanischen Garabandal, in Marienfried, im ruandischen Kibého, im jugoslawischen Medjugorje und einer enormen Dunkelziffer von Plätzen, die die Kirche nicht anerkennt. *...Ich werde an vielen Orten erscheinen, aber ihr werdet vermutlich nichts davon hören,* sagt *Mutter Maria* selbst[19]. *Maria* hat *Renato Baron von Schio* in Italien enthüllt, daß sie gegenwärtig (1993?) an mehr als zweihundert Orten in der Welt erscheint (*Paul Bouchard*).[258]

Der Kosmische Christus meldet sich außerdem aus dem Kosmos über beide Kanäle, den männlichen *Jesus* und den weiblichen *Maria* - in Verbindung mit galaktischen Rettern, die die Menschheit seit Jahrzehnten aufzufordern versuchen, durch eine Bewußtseinserweiterung und einen ethischeren Lebenswandel unsererseits mitzuwirken, daß die zukünftige geistige und materielle Frequenzerhöhung unseres Sonnensystems 'gemeistert' werden kann. Meistern heißt hierbei auch, daß wir die neuen und höheren Schwingungen ertragen können. Und die damit verbundene 'Reinigung der Mutter Erde' wird dabei als das zu Beginn unseres Äons angekündigte 'letzte Gericht' gedeutet.

Wer für solche Heils- und Liebesschwingungen sensitiv ist, könnte den fränkischen Marien-Erscheinungsort Heroldsbach[233] besuchen, der von der Kirche allerdings nicht anerkannt ist. Im Saal trifft man auf die weibliche Christusschwingung der *Mutter Maria*, die hier zwischen 1949 und 1952 fünf Mädchen erschienen ist, und auf die männliche Christusschwingung in Jesus, der als lebensgroßes Bildnis mit seinen Ausstrahlungen ebenfalls präsent ist. Es handelt sich um den segnenden Heiland, wie er 1934 der polnischen Ordensschwester *Faustine* erschienen und, wie auch das dortige Bild *Mariens*, im Anhang dieses Buches zum Meditieren abgebildet ist.

Zu den vielen Botschaften selbst, die die Christuskraft in diesem Jahrhundert über *Christus Jesus* und *Mutter Maria* auf uns zukommen läßt, möchte ich mir keine besonderen Wertungen erlauben. Eine Auswertung der 'glaubhaftesten' von ihnen wäre ein eigenes größeres Werk. Und wer könnte sich zutrauen zu be-werten, ob der Ursprung wirklich *christlich* oder gut täuschend *antichristlich* ist? *'Es werden sich viele falsche Propheten melden und werden viele verführen'* wird schon bei *Matthäus* gewarnt. Daraus aber eine generelle Ablehnung abzuleiten oder sich in Passivität zu flüchten, wäre die gleich-falsche Reaktion wie unkritische Gut- oder Blindgläubigkeit. Erinnern wir uns an das gewaltige Vermächtnis Jesu *...Ich werde bei euch sein...* Doch wohl aber nicht nur als stiller Betrachter des Erntens der bescheidenen Früchte, die wir im Laufe der zweitausend Jahre gesammelt haben?

***Prüfet genau...*** heißt für uns die Aufforderung der Evangelisten und dieses gründliche Prüfen ist die ideale Paarung unserer menschlichen Willensfreiheit mit der dringenden Notwendigkeit einer schnelleren und aktiveren *ethischen* Höherentwicklung. Dieses Prüfen darf nicht wieder in 'passiver Gläubigkeit' einer der wohlklingenden Varianten münden, sondern muß zu **aktiven Entscheidungen** eines *veränderten christlicheren Lebensweges* führen. Aus Vorsicht aber, dabei eventuell auf einen der vielen Irrwege zu geraten, und deshalb das ganze Thema möglichst zu vertagen oder gar ungeprüft abzulehnen, besteht die große Gefahr, eine *Sünde wider den Geist* zu begehen. Damit würden wir Menschen das Gegenteil erreichen von dem, was uns die Zeitenwende mit ihrer Schwingungserhöhung auch bringen wird: Einen generösen göttlichen Gnadenakt mit entsprechenden karmischen Auflösungen. Bei einem unvoreingenommenen, aber kritischen Prüfen mehrerer solcher zeitgemäßen Botschaften würden wir bald selbst feststellen können, wie leer unsere hauptsächlich materialistisch orientierte Welt oder wie teilweise festgefahren und ankettend der blinde Buchstabenglaube für uns geworden ist. **Wir** müssen uns befreien und diese Leere schnellstens auffüllen. **Wir** müssen Entscheidungen bei uns treffen, sonst kann sich die Menschheit oder die Welt nicht zum besseren ändern und zur natürlichen Ordnung zurückfinden. Bei solchem gründlichen Prüfen der vielen geistigen Botschaften - sicherlich zuerst derer in Schriftform - werden wir aus der geistigen Welt 'geführt' werden. Auch hier wird Jesus bei uns sein oder uns über Engelwesen Beistand leisten, denn: **Der Mensch denkt und Gott lenkt.** Aber **wir** müssen den ersten Schritt in eine mögliche Richtungsänderung unseres Denkens und Handelns tun. *André Castella* schreibt in seinem Vorwort zu dem Buche 'Die Menschheit an der Schwelle ihrer Befreiung'[242]:

*Alle Christen, die die Ursachen für die tragische Situation der heutigen Menschheit zu ergründen suchen und sich dafür einsetzen, eine Welt aufzubauen, die den Absichten ihres Schöpfers, ihres Erlösers und des lebensspendenden Heiligen Geistes mehr entspricht, werden die Lektüre... als geistige Verpflichtung erkennen, da nach... Paulus **jede von Gott eingegebene Schrift nützlich ist zur Belehrung, zur Widerlegung, zur Besserung, zur Erziehung in der Gerechtigkeit** (2 Tim 3,16).*

Kehren wir noch einmal zur *Mutter Maria* zurück. Für den überwiegenden Teil der männlichen Leser und der nicht katholischen und orthodoxen Leserinnen steht sie in einem Winkel einer ganz spezifischen Gläubigkeit. Eine

> Die *Liebe* ist etwas Unerklärliches.
> Daher spricht man von einer *Liebeserklärung*
> *Hanns-Hermann Kersten*

jahrhundertelange Männerherrschaft hat ihr nur ein 'erlaubtes' Segment christlichen Glaubens freigegeben und zugestanden, welches der durch sie verkörperten Christuskraft nicht annähernd gerecht wird.

Nun mache ich eine Ausnahme zu dem weiter oben Geschriebenen und spreche doch zwei Buchempfehlungen aus. Denn in dem 1991 in den USA erschienen Buch 'Marias Botschaft an die Welt' können wir eine 'andere' *Mutter Maria* kennenlernen, die nicht nur zu reinen und unprogrammierten Kindern 'spricht'. Mit ihrer Aussage ...*ich bin Jüdin* stellt sie sich grundsätzlich über konfessionelles Denken und Glauben und eröffnet eine globale Stellung mit aktuellen Stellung-nahmen des weiblichen Prinzips der Christuskraft zu unserer Zeitenwende. Trotzdem haben die Bitten, Tränen und Liebesgedanken einer millionengroßen weiblichen Anhängerschaft in den vergangenen Jahrhunderten ein gigantisches Kraft- und Liebesfeld rund um *Mutter Maria* aufgebaut, dessen spirituelles Energiepotential höchstens dem von *Jesus Christus* nachsteht. Keine weibliche Wesenheit irgend einer anderen Weltreligion oder personifizierten weiblichen Prinzips des göttlichen Geistes oder unseres Christusgeistes kann auf solche Gläubigkeit zurückgreifen. Zumal männliche Gläubigkeit überwiegend mit dem etwas 'cooleren' *Verstand* und die weibliche überwiegend mit tieferen *Gefühlen* zu tun hat und letztere somit sicherlich potentieller wirksam werden. Dieses riesige Schwingungs- und Energiefeld nun steht uns allen 'zur Verfügung'. Was Wunder, daß hierbei Gebetserhörungen, Heilungen, Visionen, Erscheinungen und 'unerklärliche' Wunder geschahen und immer wieder geschehen. Und *Mutter Maria* versichert unermüdlich: *Betet, betet und betet und ich kann euch weitgehend hilfreich zur Seite stehen.* Dieses weiblich schwingende Prinzip des Christusgeistes wurde von alters her als ein Killer antichristlicher Kräfte erkannt und - entgegengesetzt zur *Eva* im Paradies - als das reine weibliche Wesen dargestellt, das der 'Schlange' den Kopf zertritt.

In einer weiteren Veröffentlichung finden wir klare Hinweise auf das gemeinsame 'Auftreten' *Jesu* und *Maria*: Der kanadische, katholische Journalist *Paul Bouchard* berichtet in seinem Buch 'Das Reich Gottes auf Erden' [71] von zwei italienischen, katholischen Priestern, die entsprechende Botschaften erhielten. *Msgr. Ottavio Michelini*, Anstaltsgeistlicher einer Vereinigung von physisch Behinderten, bekam in der Zeit seines Ruhestandes von 1975 bis 1979 Durchgaben diktiert, die in seinem Werk 'Die Menschheit an der Schwelle ihrer Befreiung', Offenbarungen Jesu an Priester und Gläubige[242], veröffentlicht wurden. Daraus zitiere ich:

*...Mein Sohn, Ich bestätige dir noch einmal die Stunde der Läuterung, in der die Erde gereinigt und Meine Kirche erneuert wird; allen wird der entscheidende Eingriff meiner Mutter, der Königin des Sieges, offenbar werden, ebenso meine Macht und Herrlichkeit... Eine neue Epoche in der Geschichte der Menschheit wird ihren Anfang nehmen.*

*Don Stefano Gobbi* gründete 1972 in Como die 'Marianische Priesterbewegung' und diese Bewegung ohne Strukturen und Regeln hat in einigen Jahren die ganze katholische Welt erobert. Nicht weniger als sechzigtausend Priester und Bischöfe stehen im Register der Vereinigung. Durch ihre bislang nur in Französisch veröffentlichen Botschaften möchte die *Mutter Maria* die Marianische Priesterbewegung nähren und sich eine 'Armee' von Priestern heranbilden, mit der sie in der geistigen Schlacht der letzten Zeiten kämpfen will (bezogen auf das Kapitel 12 der Apokalypse).

## 'Baue meine Kirche neu'

In dem neuen Erwachen femininer Empfindungen in unserer Zeitenwende, die sich in Bereichen äußert wie Mutter-Erde, Innerer Weg, Harmonie und Ausgleich, Farb- und Edelstein-Therapien, Öffnung der rechten emotionalen Hirnhemisphäre, und vielen anderen Trends aus der Welt der Gefühle und Mitgefühle, können wir die gewaltigen Wogen des weiblichen Prinzips - vielfach staunend - erkennen. Die Zeiten, in denen ein hoher Intelligenzquotient allein dominiert, werden sich ändern und die Charaktereigenschaften wie Einfühlungsvermögen und Selbstwertgefühl im Sinne von **emotionaler Intelligenz** werden ebenso wichtig werden. *Mutter Maria* bietet sich der ganzen Welt und der ganzen Menschheit an, *ihre Liebesschwingung* ergänzend zu der *Liebesschwingung Jesu* einzubringen und zur Verfügung zu stellen - dem, der aufnahmebereit ist oder es sein wird. Jeder von uns, vor allem wir Männer, müssen auch diesen femininen Teil der Christuskraft endlich 'anerkennen' und uns ihm öffnen. Die schon eingetretene allmähliche Schwingungserhöhung in unserer stofflichen Dimension, unserer 3D-Welt, **be-nötigt** dieses ergänzende und ausgleichende Schwingungsprinzip. Und um wirk-sam werden zu können, bedarf es unserer Bereitschaft dazu wie auch eines neuen Verständnisses, das nicht nur auf einen konfessionellen Bereich beschränkt bleiben darf. Probieren wir's einfach in der Meditation, baden wir dabei unsere Seele in *Mariens* liebevollen Schwingungen und bringen dieser schönen, reinen und weisen 'Mutter' auch unsere Liebesgefühle entgegen. Damit helfen wir uns und unserer Menschheit.

> 'Nichts kann der Kraft einer uneingeschränkten *Liebe* widerstehen.
> Auch keine Krankheit, die der Mensch nicht wirklich haben möchte.
> Manitou läßt in seiner großen *Liebe* für jedes Leiden ein Kräutlein wachsen.'
> Die Cree-Schamanin *'Weiße Schwalbe'* [207]

In den Evangelien wird das *Neue Friedensreich* angekündigt, in dem die Menschheit endlich *äußeren* wie *inneren* Frieden finden wird und damit meinte Jesus *...meinen Frieden gebe ich euch.* **Und dieser Friede ist mit der ergänzenden Schwingung der *Mutter Maria* erst richtig vorstellbar und erfüllt.** Erlauben wir uns den *Luxus*, den Christusgeist in Zukunft in einer *neuen Fülle* aufnehmen zu können. Es ist auch eine der heute so allgemein geforderten *neuen Lebensqualitäten.* Zuerst geistig-seelisch und spirituell, danach aber immer stärker in unseren stofflichen Lebensbereich eingehend. Solche Momente sind 'traumschön' - glauben Sie es einem Marien-Fan. Wir erweitern damit unsere Gefühlswelt und unsere Weltgefühle. Und bei all dem Bedrücktsein durch Angst, Not und Schmerz, das leider allzu oft der Auslöser unserer Rufe nach der 'Mutter' sind, können wir dabei auch **Glück** empfinden. ***Ave Maria!*** Gegrüßet seist Du, *Maria.*

**Teil IV**

# 23. Kapitel

## Das Friedensreich Jesu

Ein altes Lied des Schweizers *Hilti* drückt eine noch ältere Menschheits-Sehnsucht aus:

> *Es wird noch einmal werden,*
> *bevor die Welt vergeht,*
> *daß doch auf dieser Erden*
> *ein **Friedensreich** entsteht.*
> *Ein Reich der Edlen, Freien,*
> *auch von sich selber frei,*
> *ein Bund der Wahren, Treuen,*
> *dem Geist des Guten treu.*

Milliardenfach haben die Christen aller Konfessionen und Bekenntnisse seit nahezu zweitausend Jahren gebetet ***...Dein Reich komme* und *... Dein Wille geschehe*.** Die Erwartung eines Gottesreiches, eines Friedensreiches, eines Goldenen Zeitalters, eines Neuen Jerusalems, des Kommenden Pfingstens, des Tausendjährigen Reichs oder des New-Age, des Neuen Zeitalters und des Wassermann-Zeitalters sind also ganz real. Ist es nun Utopie oder Vision? Die Crux liegt in der menschlichen Vorstellung, wann, wo und wie es wohl entstehen könne.

Alttestamentler finden in den 'Prophetischen Büchern' die Weissagungen von sechzehn Propheten, die bereits ein Friedensreich ankündigen. Im N.T. berichten die Evangelisten, nicht nur die vier des Kirchenkanons, vom großen Friedensreich, am ausführlichsten *Johannes*. Kritiker belegen aber teilweise, daß dieses Gottesreich vom Volk des A.T. bereits zum Erscheinen Jesu erwartet worden sei. Nicht nur viele der urchristlichen Gläubigen waren von der baldigen Wiederkunft des Herrn überzeugt, sondern man erwartete die Auferstehung, das Jüngste Gericht und die Neuschöpfung von Himmel und Erde zu ihren Lebzeiten. Die diesbezüglichen Beschreibungen zeitgenössischer Schlechtigkeiten paßten damals wie heute, einige besonders delikate scheinen allerdings gerade unserem Jahrhundert vorbehalten zu bleiben.

Auf das griechische Wort *eschata*, letzte Dinge, geht die **Eschatalogie**, die

> Alles mit und aus *Liebe* zu tun, das ist gelebter Glaube.
> Tu alles, was du bisher getan hast, außer der Sünde, aber tu es in *Liebe*!
> *Therese von Lisieux* (1873-1897)

Lehre von den letzten Dingen, zurück. Daß nach einem Weltgericht eine *bessere* Welt komme, ist schon im persischen Parsismus begründet und kommt über das Judentum in das Christentum und den Islam. In der christlichen Eschatalogie begann nun das Warten seit Jesu 'Erlösungstat' und das dadurch entstandene Spannungsfeld zwischen 'Schon' und 'Noch-nicht' verfolgt die Christen bis heute.

Verstärkt taucht der Glaube an eine tausendjährige Herrschaft Christi auf Erden, der *Millennarismus,* wieder im Mittelalter auf. Der adelige Mönch und Abt *Joachim von Fiore* prägte die prophetische Lehre des Chiliasmus (vom griechischen Wort *chílioi,* tausend), die eine umfassende Geschichtstheologie, die Drei-Zeiten-Lehre, darstellte: Auf das Zeitalter des Vaters (Zeitalter des A.T.) folge die Zeit des Sohnes (des N.T.), deren Ende er für das Jahr 1260 erwartete. Danach sollte das tausendjährige Zeitalter des Geistes anbrechen. Diesen Chiliasmus übernahmen im sechzehnten Jahrhundert der radikale Flügel der Reformation (*T.Müntzer, Täufer*), im Jahrhundert darauf verschiedene amerikanische und europäische protestantische Erweckungsbewegungen und danach bis heute unter anderem die Adventisten, Mormonen, Zeugen Jehovas sowie religiöse Bewegungen vor allem in der dritten Welt[137]. Es ist schade, wenn wir hier wieder herauslesen können, daß wortgetreue Auslegungen der Bibel wieder und wieder nur zu Leid und Streit geführt haben. 'Tausend Jahre' war sicherlich für die Urchristen der Begriff einer wahnsinnig langen Zeit mit gleichnishafter Bedeutung wie so vieles im N.T., aber sicher keine rechenbare Zeitangabe, wie uns die Zwischenzeit gelehrt hat.

Mit der *Säkularisierung* im neunzehnten Jahrhundert und dem damit verbundenen Freiwerden von manchem kirchlichen Dogmatismus begann auch das Freiwerden von religiöser Ethik hin zu der verstandesmäßigen. In dieses not-wendige Sich-Öffnen stürzte aber allmählich zuviel des ethisch bereits Erreichten ab und mit der zunehmenden Gottlosigkeit entstand ein spirituelles Vacuum in der schwindenden Christenheit. Nach dem Universellen Prinzip des Ausgleichs trat dann das ein, was wir als das *Neue Prophetentum* bezeichnen. Der *Paraklet* oder *Heilige Geist* oder *Christusgeist* oder *Allgeist* floß und fließt verstärkt in eine immer antichristlicher werdende Menschheit ein. Der medial veranlagte Pastor *Johannes Bolte* schrieb zu den vielen Neuoffenbarungen:

*Es kommt ja sowieso ein Zeitalter des Geistes, in dem Gott durch sehr viele Seher und Propheten und auch Medien sprechen und die Verbindung zwischen Himmel und Erde herstellen wird. Ohne diese Verbindung käme nie ein solches Gottesreich zustande, wenn das Ganze nur auf ein paar neue Dogmen und Prinzipien aufgebaut wäre. Das wichtigste Prinzip der kommenden Reichsgottes-zeit ist doch das,* ***daß Christus in uns ist und in unserem Herzen zu uns sprechen kann: 'Sie werden alle von Gott gelehrt sein'*** *- Johannes 6,45.*

Über diesen letzten Zeitabschnitt bis heute, mit den erwähnten Prophezeiungen aus christlichen 'Himmeln', übersinnlichen Dimensionen und transzendenten Sphären, habe ich im vorausgegangenen Kapitel über *Christus-Universalis* berichtet. Drei Doppelschritte *Marduks* währt die Umformungs-Phase vom alten in das neue Zeitalter, nämlich 168 Jahre. Nach dieser alten mesopotamischen Weisheit um jenseitig-diesseitige Bewegungen beim Wechsel astrologischer Zeitabschnitte wird von 'Schritten *Marduks*' geschrieben, die 28 Jahre währen. Tatsächlich würde diese Zeitangabe auf den derzeitigen Abschnitt seit der Säkularisierung bis heute passen.

### Die zweite Wiederkunft Christi

Davon haben wir nun schon oft gehört, basierend auf dem N.T. Und seit man darüber diskutiert, hat man auch darüber gestritten. Über Person und Zeitpunkt. Denn wird nun Christus oder Jesus oder Jesus Christus 'tatsächlich' wieder *im Fleische* zu uns Menschen kommen oder *im Geiste*? Die waghalsigsten Prognosen und Behauptungen darüber hat es schon gegeben - jahrhundertelang und auch aus höchsten klerikalen Etagen. Aber unsere geschätzten LeserInnen kennen wohl schon die Antwort, die in diesem Buche zu erwarten ist: Der **Geist Christi** wird es sein, der wiederkommt oder ergänzend ausgedrückt, der im Neuen Zeitalter endlich be-griffen, verstanden und gelebt werden wird. ...*Bei meiner zweiten Wiederkunft werde Ich nicht mehr von einem Weibe als Kind geboren werden, denn dieser >Mein Leib< bleibt verklärt, so wie Ich als Geist in Ewigkeit...* heißt es in den Texten, die *Lorber* empfangen hat. Und im gleichen letzten Jahrhundert bekommt auch *Roque Rojas*[244] bereits erklärt, daß in der nun anbrechenden Dritten Zeit

*...Ich, der Heilige Geist, gekommen bin, um zu bestätigen, was Jesus euch gelehrt hat und um viele Geheimnisse zu erklären... Heute täuschen sich die Theologen wiederum um Mein neues Kommen, denn die Prophezeiungen und Hinweise dafür wurden nicht richtig erfaßt... Heute sind meine Kundgaben der Dritten Zeit dem sterblichen Auge unsichtbar,* **denn Ich trete in euren Geist ein.** *Nur der Geist mit seinen überlegenen Sinnen kann Mich sehen und Meine Offenbarungen begreifen. Der geistige Sinn, den ich jetzt in euch zu entwickeln versuche, wird euch*

---

Edel ist nur, was aus dem Reiche der *Liebe* kommt;
der Zorn aber kommt aus dem Reiche, wo der Puter kollert
und der Stier brüllt und die Katzen fauchen.
*Friedrich Wilhelm Foerster*[182]

*befähigen, alles, was euch von Anbeginn des Lebens offenbart worden ist, zu begreifen und zu schauen. Dies wird alle falschen Theorien, die die Menschen bis jetzt vom Göttlichen aufgestellt haben, zerstören. Nach und nach wird das Licht die Herzen Meiner Kinder durchdringen.*

Die erwähnte Zeitgliederung geht davon aus, daß Gott-Vater in der Ersten Zeit wirkte, Gott-Sohn in der Zweiten Zeit (*Himmel und Erde werden vergehen Meine Worte aber werden nimmermehr vergehen*) und Gott-Geist in der Dritten Zeit (*Siehe, Ich mache alles neu*).

Konkretes sagen uns die Evangelien über das zweite Erscheinen Jesu oder Christi wenig. *Lukas* schreibt (21,27), daß *...man den Menschensohn mit großer Macht und Herrlichkeit auf einer Wolke kommen sehen wird*. Was wollte er damit ausdrücken? Soll das Symbol der Wolke eben das darstellen, wie wir es heute verstehen, daß das Erscheinen von *Christus in Jesus* nicht materiell geschieht, sondern metaphysisch und geistig, als himmlische Kraft, als Christuskraft oder als Paraklet, der griechischen Bezeichnung für den Heiligen Geist? Oder soll es das ausdrücken, was die Anhänger der UFO-Theorien frohlocken läßt, die eine Reihe von Botschaften veröffentlicht haben, daß Jesu Heerscharen riesige Rettungsflotten seien, die von intergalaktischen Zivilisationen mit einer höheren Ethik als der heutigen menschlichen zusammengestellt worden sind?

Im Parsismus, der Religion *Zarathustras*, wird ein endzeitlicher Retter (*Sauschjant*) erwartet, der 3000 Jahre nach *Zarathustra* zum Jüngsten Gericht erscheinen solle. Nachdem der Gott *Ahura-Mazda* (Prinzip des Guten) *Ahriman*, den Vertreter des Bösen, überwunden habe, werde eine Zeit ewigen Friedens ohne Tod, Krankheit und Not anbrechen. Vorher aber müssen sich die Menschen für eine dieser Mächte entscheiden.[60] Nach der buddhistischen Lehre soll 2500 Jahre nach Buddhas Geburt der nächste, der Buddha der Zukunft oder des goldenen Zeitalters, *Maitreya*, körperlich erscheinen und die Menschheit erlösen. Die Zeiterfüllung wäre in beiden Fällen da.

Im tibetanisch-mongolischen Buddhismus war schon lange das Ende der Herrschaft der Dalai-Lamas nach dem dreizehnten Dalai-Lama vorausgesagt und dies ist inzwischen auch eingetreten. Es gibt Historiker, die auch den jüdischen Messianismus hier mit einfügen und davon sprechen, daß von *Mitra* und *Metatron* zum *Messias* und *Maitreya* die Hoffnung weitergegeben wird. **Wir können heute dies alles unter der Obhut des *Christus-Universalis*, eben der Christus-Kraft, annehmen, ohne kleinlich zu differenzieren**. Denn auch die edelste und höchste aller 'göttlichen' Kräfte benötigt zur Umsetzung ihrer hochfrequenten Schwingungen entsprechende Bewußtseine in Körpern, wie nur wir Menschen sie haben. Und darin solche hohe Bewußtseinsqualitäten - jetzt endlich - zu ent-wickeln, sollte unsere *heiligste* Aufgabe sein. Jetzt und im Neuen Zeitalter.

Eine für uns Erdlinge schwierig erfaßbare Wesenheit ist *Ramtha*. In 'Der letzte Walzer der Tyrannen' [246] diktiert er im Kapitel '**Er kehrt zurück**' folgenden beeindruckenden Text:

*In dieser Heerschar, die hierher zurückkehrt, lebte und lebt noch Yeshua ben Joseph, Jesus, manifestierter Christus. Denn diese Wesenheit, gesegnete Wesenheit, manifestierte Gott... Es hat jede Menge Glaubenvorstellungen über diesen großen Christen gegeben. Und über ihn gibt es nichts zu argumentieren, als **daß er immer noch lebt**. Und diese Wesenheit bemüht sich, euch zu lehren, **daß das, was in ihm ist, auch in euch ist**. Und er versprach, daß er zurückkehren würde. Er wird zurückkommen - in der Armada. Die Wesenheit, Yeshua ben Joseph, ist ein manifestierter Gott, der die Engel auf seiner Seite hatte, und ich spreche da von sichtbaren und unsichtbaren Wesenheiten. Denn er hatte das erweiterte Allwissen, sie wahrzunehmen. Er sah und sieht, was ihr nicht sehen könnt.*

*Die Auferstehung Christi, Gott/Mann tatsächlich und Gott/Frau verwirklicht, bedeutet, daß Christus zurückkehrt, um, was man den Teufel nannte, oder was man das 'Veränderte Ego' nannte, loszusprechen; um es freizusprechen und mit dem göttlichen Plan des Menschen voranzuschreiten: Daß er erschaffe, wähle, lebe und das Fortbestehen stärke. **Das zweite Kommen geschieht nicht außerhalb von euch. Es ist nicht dort draußen. Es ist innen.** Die Schlacht von Armageddon spielt sich im Innern ab. Es ist die Schlacht eures Christseins... Auf diese Weise wird das Veränderte Ego des Menschen besiegt. Euer Verändertes Ego ist der Antichrist. Der Antichrist ist nicht außerhalb von euch...*

## Die Apokatastasis

Schon der urchristliche Kirchenlehrer *Origines* sprach von der endzeitlichen Beseitigung alles Bösen und der damit verbundenen vollkommenen Wiederherstellung der Schöpfung im ehemals paradiesischen Zustand, nämlich im nur noch Bestehen der himmlischen Welten. *Wie im Himmel, so auf Erden.* Er schloß die 'Beseelung' der Verdammten, des Teufels und seiner 'Engel' mit ein, was die vollkommene Harmonie aller Dinge am 'Ende der Zeit' bedeuten würde. Diese sogenannte **Wiederherstellung aller Dinge** nannte die griechische Kirchenlehre Apokatastasis. Dem gegenüber stehen gegenteilig erscheinende Aussagen, in der Offenbarung des *Johannes* beginnend: *...und ich sah einen neuen Himmel...* Erinnern wir uns dabei des mehrfach geschilderten Entwicklungs-Sprunges unseres Bewußtseins mitsamt unserer materiellen Welt

> Ein *liebe*volles Herz ist der Anfang allen Verstehens
> *Thomas Carlyle*

von unserer derzeitigen dritten Dimension in die vierte oder gar fünfte. Ein Sprung aufgrund gewaltiger Schwingungserhöhungen in unserer Galaxis. Dadurch würde sich uns tatsächlich ein neuer, zuvor nie gesehener 'Himmel' *eröffnen*, zumal wir durch die Schwingungserhöhung insgesamt *ätherischer* und vergeistigter werden würden. Denn durch die in diesen Dimensionen nicht mehr vorherrschenden Polaritäten werden alle Geistschwingungen wieder 'paradiesisch' und harmonisch-unpolar wie einst im Himmel, sodaß zurecht auch die urchristliche Vorstellung der Apokatastasis sich zu erfüllen scheint. Diese endzeitliche Synergie stelle ich später noch ausführlicher dar.

**Der gesuchte Frieden**

Der bedeutende französische Dichter, Mitglied der Académie francaise, *Victor Hugo* (1802-1885), befaßte sich auch mit der Entwicklung und Läuterung der Menschheit und hat erkannt: *Nichts auf der Welt ist so stark, wie eine Idee, deren Zeit gekommen ist.*

Und das könnte endlich auch der lang ersehnte Frieden sein. Über die Vielfältigkeit, die mit diesem Begriff einhergeht, haben wir schon ausführlich nachgedacht - vom globalen Frieden im Äußerlichen bis zum tiefen Frieden in uns selbst. Jesus fand hierfür wieder eine traumhafte Formel, er nannte sie allesamt **die Friedfertigen**. Wir sind schon heute, im Übergang zum Neuen Friedensreich, immer ausgeprägter zu Individualisten geworden oder zumindest auf dem Weg dahin. Und dieses gewaltige Spektrum von Milliarden von Bewußtseinsformen, die alle irgendeine Form von Frieden wollen und ersehnen, diese alle packt er, Jesus, gekonnt in die gewaltige Formel der 'Friedfertigen'. Darüber kann man nicht einmal streiten, denn sonst ist man nicht friedfertig. Und das alles vor zweitausend Jahren! Nicht umsonst war er damals schon ein 'Meister'. Das Gemeine dabei ist bloß, <u>was</u> wir 'Nachfolger' wieder einmal daraus gemacht haben. In all den Jahrhunderten!

Wenn wir nun schnell in den schon mehrfach geübten 'Global View' starten, könnten wir erkennen, daß all die falsch verstandenen und angewandten Programme, die Jesus initiiert hatte, Übungen waren - Übungen für Milliarden, Übungen für unsere Bewußtseins-Entwicklung, Übungen, um den Christusgeist-in-uns zu üben. Oder im Sinne der Lebensschule: Zu lernen, zu lernen und immer wieder zu lernen.

**Und wofür?** Um die nötige Reife zu erlangen, die erforderlich ist, den Durchbruch zu schaffen - wenn die Zeit reif ist für Friedfertigkeit. Und nun, am Ende des Fische-Zeitalters, scheint sie reif geworden zu sein. 1846 offenbarte *Mutter Maria* in La Salette: *Dann wird Friede, die Versöhnung Gottes mit den*

*Menschen werden. Man wird Jesus Christus dienen, ihn anbeten und verherrlichen.* Und sechzehn Jahre später offenbart sie der *Agnes Steiner* über die Gläubigen der Neuzeit: *...sie waren, kurz gesagt, wie die Christen der Urkirche.*[249]

Viele Menschen spüren heute die begonnenen Veränderungen bereits unbewußt. Doch nur wenige scheinen bereit zu sein, bewußt für echten Frieden und Freiheit ihre Gedanken und ihr Handeln so beherrschen zu lernen, daß sie dadurch ihr persönliches Umfeld verändern könnten. Es wird eine ungeheuere, jahrelange Prüfung sein, uns diesen kosmischen Veränderungen anzupassen. Denn es zählt mit zu den schwierigsten Lernprozessen unseres Lebens, **loszulassen**. Erst danach sind Veränderungen möglich. Und loslassen heißt friedfertig werden.

## Der Wassermann steht über den Fischen

Wir sehen immerzu wie gebannt auf die Probleme unseres Kulturraumes. 'Der Spiegel' berichtet in seiner Ausgabe 26/1996 unter der Überschrift 'Goldenes Zeitalter' aber, daß sich auch die japanischen Wirtschafts-Wunderkinder nach frommem Zuspruch sehnen. Sekten blühen und Scharlatane hätten massenhaft Zulauf. Schätzungsweise zwanzig Prozent der einhundertfünfundzwanzig Millionen Japaner seien praktizierende Gläubige, wobei 180.000 staatlich anerkannte Religionsgemeinschaften auf dem Inselstaat aktiv seien. Eine beachtliche Parallele zu unserem Westeuropa, letzteres wohl etwas verkleinert.

Was ändert sich, daß solche globale Veränderungen möglich sind? Es ist die Schwingung, die zuerst geistige und danach materielle Schwingungsveränderung, wie sie schon weiter vorne mehrfach beschrieben wurde. Da dies aber eben auch im materiellen Bereich geschieht, wird dadurch Gewaltiges ausgelöst. Denn alles Materielle ist polar aufgebaut und so wird wohl auch die Reaktion auf diese neue Entwicklung sehr gegensätzlich und bipolar sein. Die Einen, gebunden in ihren Verhaltensmustern, von denen sie nicht loslassen können, werden mit der 'Wirkung' ihres Ver-haltens, möglicherweise schmerzlich, konfrontiert werden. Und den Anderen, inzwischen bewußt-

> Jedes Werk ist leer, worin keine *Liebe* ist.
> Doch schaffet ihr mit *Liebe*, so bindet ihr euch an euch selber,
> und aneinander, und an Gott.
> *Khalil Gibran* [200]

seinsmäßig fähig, sich durch Loslassen weiter zu entwickeln und zu entfalten, werden die kosmisch-göttlichen Kräfte, die uns nun immer stärker zur Verfügung stehen werden, die Chance zu einem menschheitlichen Paradigmenwechsel sein, zu einer zeitlich bedingten Änderung einer Grundauffassung.
Dr. Walter A. Frank schreibt[245] dazu:
> *Wir sind also längst mitten in einer neuen wissenschaftlichen Revolution, auch wenn das akademische und gesellschaftliche Establishment noch - fast - alle Zügel in den Händen hält... Um die Öffentlichkeit darauf vorzubereiten, bedarf es jedoch einer neuen Aufklärung, die bekannt macht, was in Laboratorien und Studierstuben, bei Forschungsreisen zu Schamanen und 'Wunderheilern' längst geschieht und auf internationalen Kongressen seit vielen Jahren diskutiert wird.* **Gleichzeitig von Oben und Unten, von der Spitzenforschung und von der Basis her, strömen die Kräfte der Erneuerung,** *denen die massive* **Trägheit des Mittelmaßes** *auf die Dauer nicht wird standhalten kann. Fast über die ganze entwickelte Welt ist dieser Prozeß zu beobachten.*

Und *Paul Bouchard* drückt in seinem Buch 'Das Reich Gottes auf Erden' [71] noch einmal das aus, was durch den größten Teil dieses Buches bereits dargestellt wurde:
> *...denn die Menschheit ist in ihrer Entwicklung an einer Schwelle angelangt. Ihr Weg des Wachstums geht pflichtgemäß durch die Entwicklung auf eine* **neuere qualitativere Ebene** *zu als die ist, auf der sie zur Zeit steht.*

In diesem Sinne verstehe ich auch die immer wieder falsch ausgelegte Stelle des Apostels *Paulus* über die Auferstehung des Fleisches im 1. Korinther 15,51, wo er uns *...ein Geheimnis verrät: ...wir werden aber alle verwandelt werden.* Das ist die inzwischen längst erkannte Erhöhung der äußeren Schwingungen und der inneren Bewußtseine oder einfach **der neue Geist des Wassermann-Zeitalters** oder des **Christusgeistes**, des Christus-Universalis. Ich erinnere an eine bereits berichtete Stelle zur astrologischen Bedeutung des Wassermanns: der Wasserausgießer, die Ausgießung des Geistes. Seine Prinzipien sind Friedfertigkeit, Menschenliebe, Versöhnlichkeit, Gelehrsamkeit, Philosophie, Weitsichtigkeit, Unabhängigkeit, Wissensdurst, Vernunft, Großzügigkeit, Güte, Kunstsinn und Fortschritt (*Peter Andreas*). Das sind Begriffe, die uns zeigen, daß wir bereits mitten in der geistigen Umwandlung stecken (*...wir werden aber alle verwandelt werden*) und die das derzeitige Dämmerlicht bestätigen - jetzt, wenn der Neue Tag anbricht oder das Neue Zeitalter geboren wird.

Dieses morgentliche Dämmerlicht, dieses erwachende Licht oder das Morgenrot des Neuen Zeitalters ist der Überbegriff einer Entwicklung, die natürlich auch wieder zwei Seiten hat - eine äußere und eine innere. Die Kräfte der **äußeren Veränderung** bekommen wir alle zur Zeit voll ab. So gut wie alle Lebens-Äußerungen beschleunigen sie sich in Quantität und Qualität. Immer mehr Streß, immer mehr Zivilisationskrankheiten und immer mehr wirtschaftliche, politische, kulturelle und geistige Konflikte, aber auch immer mehr Wissen, immer schnellere Kommunikation, immer effektiver werdendes Umsetzen von New-Age-Impulsen. *Margit Hoffmann* verweist in ihrer Zeitschrift 'Sonnen*wind*' auf zwei kaum veröffentlichte Veränderungen im Äußeren: Auf die Schumann-Frequenz, die angeblich einzige Konstante der Erde, die nicht mehr konstant ist und auf die Atomuhr, die in den letzten vierzig Jahren um zwölf Stunden nachgestellt werden mußte, welche auf eine Erdmagnetfeldschwächung hinweist.[267]

Die Kräfte der **inneren Veränderung** sind die des Bewußtseins - individuell wie auch kollektiv. Und dies ist der eigentliche Inhalt dieses Buches. Wer *Augen hat, zu sehen* und *Ohren hat, zu hören*, dem entgeht nicht, wieviel sich schon bewußtseinsmäßig verändert hat und dabei ist, sich erkennbar zu verändern. Wobei vor allem in unseren Erste-Welt-Zivilisationen damit Rückentwicklungen und Rückbesinnungen erkennbar werden zu Natürlichkeit in allen nur denkbaren Bereichen, zu Purismus im Sinne von Reinheit und Unverfälschtheit und 'poorism' im Sinne von Schlichtheit und 'geistiger' Armut (*...selig sind die Armen im Geiste*). *Peter Andreas*[112] spricht von einer Mutation des Bewußtseins, einer plötzlichen und sprunghaften Veränderung. Und die geschätzten LeserInnen wissen dabei bereits genau: ein Bewußtseins-Sprung ist zuerst nur bei uns selbst zu vollziehen und ist eigentlich etwas absolut Persönliches, das immer mit *religio* verbunden ist, der seelischen und religiösen Höher- und Rückentwicklung zur göttlichen und damit paradiesischen Einheit. Das Gleiche in kollektivem Rahmen würde kaum einer von uns im derzeitigen Zustand unserer Welt auch nur wagen zu denken und zu erwarten.

Und doch bin ich auf immer mehr denkbare Hinweise gestoßen, daß durch die außerordentliche Konstellation in unserem Platonischen Sonnenjahr eine kollektive Bewußtseins-Mutation auf uns zukommt - angeblich nicht nur gesamtmenschheitlich und global, sondern sogar galaktisch.

## Der Mensch als Lichtwesen

Dem britischen Historiker *Sir George Trevelyan* sagt man nach, er würde das New-Age-Evangelium verkünden. In seinem Buch 'Unternehmen Erlösung - Hoffnung für die Menschheit'[247] schreibt er:

> Es ist unmöglich, daß die *Liebe* sich damit begnügt,
> auf der Stelle zu treten.
> *Hl. Teresa von Avila*

*Die Verehrung des* **Geistes des Lichtes** *und der Wahrheit ist allen großen Religionen gemeinsam, die sein Herabkommen auf die Erde zur Erlösung der Menschheit anerkannt haben, mag es auch ob Zeit und Art dieses Geschehens zu Unstimmigkeiten gekommen sein. Für die Christen ist er Christus, aber gewiß würde uns sein heutiges Bild weit über die sektiererischen Konflikte hinausheben, die im Lauf der Geschichte im Namen der christlichen Religionen zu soviel Blutvergießen geführt haben. Es geht um Konzepte, die das Christentum so erneuern und erweitern würden, daß man wirklich wahrnehmen könnte, daß das Neue Zeitalter den Christus-Impuls für die ganze Menschheit umfaßt und ausdrückt.*

Wir haben uns in vorausgegangenen Kapiteln mit Christus-Universalis ausführlich befaßt, wie auch über das *göttliche Licht,* wie es wohl Jesus gemeint haben könnte, wenn er sagt *...Ich bin das Licht der Welt* - und dazu mit der Erscheinung und Vernetztheit all dieser Kräfte. Wir haben erkannt, daß dieses Christuslicht oder Göttliche Licht stets ein **inneres Licht** ist, das bei entsprechendem Lebenswandel in unserem Äußeren allmählich zur inneren Erleuchtung führen kann. Was wohl die edelste Variante dessen sein dürfte, was Jesus uns mit seiner Aufforderung *...lasset euer Licht leuchten* hinterließ.

Nun gibt es aber in der sogenannten Endzeit-Literatur klare Hinweise darauf, daß sich **diesmal** mit dem rhythmisch-zyklischen Wechsel in das neue astrologische Zeitalter noch etwas gewaltig anderes verändere: nicht nur unsere Bewußtseine machen einen Mutationssprung und erscheinen in einem neuen inneren Licht, sondern auch unsere Materie mit samt ihren elektromagnetischen, grob- und feinstofflichen energetischen Feldern sollen einen wahren Quantensprung mitmachen. Man schildert uns, wie bereits in früheren Kapiteln erklärt, eine Verfeinstofflichung auch der menschlichen Körper und einen davon abhängigen Aufstieg nicht nur unserer Bewußtseine, sondern auch unserer Körper in die nächste, wenn nicht gar übernächste höhere Dimension der für uns bis heute als 'geistig' bekannten Welten.

Daß sich tatsächlich in uns und um uns herum unwahrscheinlich viel verändert, auch Bereiche, die noch vor kurzem unvorstellbar gewesen wären, daß für den kritischen Beobachter und Analytiker unerwartete Veränderungs- dimensionen in Bewegung gekommen sind, ist Fakt. Aber alles darüber hinaus, die Richtung, wohin es gehen könnte, das Ausmaß, das die beobachteten Veränderungen annehmen könnten, der Zeitpunkt eines zu erwartenden und aus den verschiedensten Lagern angekündigten Crashs (es muß ja nicht gleich ein over-kill sein) und die Wahrscheinlichkeit, daß überhaupt diesmal das eintreten soll, was schon mehrfach von sicherlich absolut wohlmeinenden, aber wohl recht egozentrischen Propheten, Strategen und Schlaubergern propagiert worden ist, **ist Spekulation und Hypothese.** Hoffnung, Sehnsucht, Wunschtraum und Angst, Angst und nochmals Angst, sind kraftvolle Motoren und unterschwellige

Archetypen, um Lebensinhalte und -zielsetzungen einerseits und Vergessen und Verdrängen andernseits jeweils in manchmal phantastischsten Vorstellungsdimensionen zu rechtfertigen.

Nichtsdestotrotz kann ich dieses Buch nicht abschließen, ohne Sie mit den 'brauchbarsten' Prophezeiungen und aktuellsten Hypothesen darüber zu informieren. Ich verweise hier auf fünf Bücher, die unter der wahrlich reichhaltigen Flut von Endzeit-Literatur ein gemeinsames Thema erwähnen oder entscheidend als ihre 'Botschaft' in ihren Mittelpunkt stellen: der **lichtbedingte** oder -verursachte Dimensionssprung, der **diesmal** nicht nur global, sondern das ganze Sonnensystem oder die ganze Galaxis betreffend, zu einem kosmisch-göttlichen Gnaden- und Erlösungsakt führen soll.

Alle fünf Botschaften sind gechannelt, drei davon von geistigen Wesenheiten aus dem transzendenten und übersinnlichen Bereich unseres Planeten und zwei als Bestseller grassierende Versionen aus dem extraterrestrischen Raum.

*St. Germain* war der erste, der bereits 1930 dem amerikanischen Sensitiven *Guy W. Ballard* von den gewaltigen Veränderungen durch bisher unvorstellbare Licht-Dimensionen berichtete und die Menschheit darauf vorbereiten wollte, diese Christuskräfte in bislang ungeahnter Mächtigkeit göttlichen Lichtes für das Neue Zeitalter mitzuentwickeln und einzusetzen. In dem Buch 'Enthüllte Geheimnisse' [73] heißt es dazu:

*Dieses Flammende Licht, diese höchste Strahlung überflutet die Erde und ihre Bewohner, durchdringt alles und bietet einen Vorgang **gewaltiger Erhöhung**, der dem Wachstum der gesamten Erde sowohl als der Menschheit starke Antriebe verleiht... Wir nähern uns einer solchen neuen Zeit, und **diesmal** wird die Freisetzung der Großen Kosmischen Liebe, Weisheit und Energie, der Mächtigen Lichtstrahlen, nicht nur die Geister der Menschen beschwingen, sondern auch das atomare Gefüge der Erde beleben, **damit es in unserem Sonnensystem** größere Leuchtkraft bekommt. In keiner Zeit noch... konnte eine solche Kosmische Lichtfülle ausgelöst werden, **wie es bald geschehen wird**. Viele, die bisher durch ihr Tun ganz verhärtet schienen, werden aufwachen, fast über Nacht, und die Nähe der 'Großen Gegenwart Gottes' in ihrem Herzen spüren. Viele, die demütig und anspruchslos stets fest zu der 'Inneren Gegenwart' hielten, werden plötzlich vorbrechen zu ihrem eigenen Staunen wie zu dem der anderen - Höchstes Licht wird sich durch sie gestalten... Das Verlangen, statt seiner selbst andere zu segnen, wird fast unwillkürlich in die Herzen der Menschen eindringen und ein 'Licht' ausstrahlen, das den Rest des 'Pfades zur Vollkommenheit' hell erleuchten wird.*

> Tugend ist, die Menschen zu *lieben*,
> Weisheit, sie zu verstehen
> *Konfuzius*

*Es ist die Selbstsucht, die die Kinder dieser Sphäre in der Knechtschaft und dem Elend, die über die Erde Gewalt gewonnen haben, gefangen hält. Doch wenn in naher Zukunft das* **Licht des Christus** *die Liebe im Herzen ausweitet, so wird alle Selbstsucht fliehen und ins Meer des Vergessenseins zurückkehren.*

Noch konkreter geht der sensitive *Paul Otto Hesse*, der um 1949 durch die innere Stimme Texte für sein Buch 'Der Jüngste Tag' [70] vernahm, auf Details dieser zu erwartenden Licht-Kräfte ein. Er beschreibt einen von der Zentralsonne ausgehenden **geschlossenen Ring** aus allerfeinster 'manasischer' Materie, durch den unser Sonnensystem im Laufe des Platonischen Jahres (zweimal) durchgehen muß. Die 'manasische' Vibration innerhalb des feinstofflichen und fluoreszierenden Lichtringes wirkt auf Geist und Materie wie ein reinigendes Lichtbad, das allerdings nur ebenfalls hochschwingende Lebewesen annehmen können. Unser Sonnensystem durchrast (29 km/sec) diese Lichtsphäre innerhalb eines Äons mit seinen 2160 Erdenjahren, wobei dieser Abschnitt - das Friedensreich - auf die verbleibende Menschheit paradiesisch zeitlos wirkt. Beim Eintritt unseres Sonnensystems in diese Urlicht-Sphäre entsteht ein Reinigungs- und Trennungseffekt, ein kosmisches Großereignis, das *Hesse* den Jüngsten Tag nennt, und den Austritt aus dem Ring am Ende des Äons in die dahinterliegende Finsternis erkennt er als erneuten Sündenfall. Durch die Veränderung des bisherigen sonnenbedingten Lichtdrucks werden die Gleichgewichtskräfte unseres Planeten verändert, was dazu führen kann, daß

*...das künftige geografische Bild unseres Planeten umgestaltet wird... Es ergeben sich nach diesem Geschehen für das weitere Dasein vollständig neue, von den bisherigen Lebensbedingungen andersartig abweichende Naturzustände, die auch dem überlebenden Teil der Menschheit, wie auch der Tier- und Pflanzenwelt, ein neues Gepräge geben.*
*Da aber auch die beseelte Materie bei Menschen und Tieren diese Eigenschaft des Leuchtens in sehr verschiedenen Vibrationen annimmt, werden hierdurch die verschiedensten Effekte ermöglicht. Wir wissen durch die Liebeslehre Jesu überzeugend, daß nur die Menschen zu bewußten Lichterscheinungen erleuchtet werden, die in seiner Liebesschwingung, die hier Manasische Vibration genannt wird, sind. Gottvater offenbart sich in dieser Strahlung und da Jesus mit dem Vater eins ist, wird auch alles seelische Leben, das mit Jesus und dem Vater eins geworden ist, von diesem Licht angenommen und offenbar.*

Das dritte erwähnte Buch, das über die neue zu erwartende Licht-Situation berichtet, ist 'Marias Botschaft an die Welt'. Dieses Buch[19] basiert auf Gesprächen, die *Mutter Maria* 1987 bis 1991 mit der Amerikanerin *Annie Kirkwood*, einer sehr gläubigen, jedoch nicht konfessionell gebundenen Krankenschwester und Mutter dreier Kinder, geführt hat. Aus diesem Buch habe ich schon oft zitiert, doch diesmal geht es um Formulierungen, die erst richtig verstanden werden können im Zusammenhang mit der inzwischen eingetretenen Entwicklung und den entsprechenden Informationen. Ich raffe hier einige Zitate aus dem Buche zusammen, die 'die Zeit danach' - nach dem Eintritt in den Lichtring - beschreiben:

*Es ist Zeit, daß auf der Erde eine **neue** Evolutionsstufe beginnt... Die Atmosphäre wird sich aus anderen Bestandteilen zusammensetzen. Das Sonnensystem wird anders sein... Ihr werdet einen Teil eurer Nahrung aus den Sonnenstrahlen erhalten. Der Mensch wird sich zu einem geistigen Wesen entwickeln.... Die Menschen werden lernen, in Frieden zu leben... Liebe wird die Lösung für alle Schwierigkeiten sein. Gleiches zieht Gleiches an. Liebe und Vergebung ziehen immer mehr Liebe und Vergebung an. Aufgrund seiner größeren mentalen Fähigkeiten wird sich der Mensch selbst heilen können.*

*Gottes Licht wird in jeden Menschen und in jede Situation hineinscheinen... und dieser wird die Natur besser verstehen können. Er wird den Planeten lieben und gut für ihn sorgen...*

*Ihr werdet neue Fortbewegungsmittel erfinden und neue Heiztechniken. Es werden neue Elemente entdeckt werden. Man wird neue Kommunikationswege zu anderen Planeten einrichten. Die Wesen von anderen Planeten werden euch lehren, die Technologie... zu verbessern. Sie werden euch helfen, **neue Formen der Energie** zur Fortbewegung, zur Beleuchtung, zur Kommunikation und zum Heilen zu finden... Ihr werdet Talente und Fähigkeiten entwickeln, die in euch verborgen liegen. Ihr werdet tun können, was Jesus tat, als er auf der Erde weilte. Denkt daran, er sagte: Was ich tue, werdet ihr auch tun.*

**Nachdem die Erde ihre Position im Weltraum verändert und die neue Sonne ihren Platz eingenommen hat, kommt die Zeit des Friedens, die vorausgesagt wurde...** *In dieser Zeit wird der Mensch ein anderer sein als heute und der Planet Erde wird Mitglied des Universums sein und seinen Platz in der Gemeinschaft des Universums einnehmen.*

Seit 1988 spricht eine Gruppe von Plejadiern durch die Amerikanerin *Barbara Marciniak*, einem international bekannten Trance-Medium und die 1992 erschienen Werke gelten bereits als Kultbücher[248]. Das Sternbild der Plejaden wird in der spirituellen Überlieferung vieler Völker als Heimat göttlicher Wesen angesehen. Hier kommt zu all den bereits beschriebenen Botschaften der ersten drei Bücher, die weitgehend übereinstimmend bestätigt, beziehungsweise weiter vertieft werden, zwei entscheidende Kriterien dazu. Das eine ist das Kennen- und Begreifenlernen der menschlich-planetarischen Entwicklungsgeschichte, galaktisch und irdisch (soweit sie glaubhaft ist) und als anderes die Aussage, daß wir einst schon höher entwickelten Menschen des größten Teils unserer DNS-Stränge beraubt worden seinen. Das war natürlich

*Liebe gibt nichts als sich selber
und nimmt nichts als aus sich selbst heraus.
Khalil Gibran*[200]

total entwicklungs-hemmend und so gewollt und würde passen, wenn wir hören, daß auch hierbei von den Kräften der Finsternis gesprochen wird.

Im letzten Buch, das ich diesbezüglich anführen möchte, 'Der Photonen-Ring' [65], melden sich seit 1993 die Sirianer und channeln uns noch weitere Einzelheiten zur Vergangenheit und Zukunft unseres Planeten. Einige grundsätzliche Erklärungen dazu habe ich schon unter dem Thema 'Lichtwesen - vom Ego zum Licht' gebracht. Ergänzen möchte ich hier:

> *Euer Planet befindet sich jetzt an der Schwelle eines neuen Goldenen Zeitalters, das zu einer Verjüngung und Heimkehr der Erdenmenschen führen wird. Es kommt, damit ihr die galaktische Schöpfung sein könnt, die Gott vorhatte... Ihr werdet dabei auch Hand in Hand mit der leuchtenden Gruppe von Engeln und aufgestiegenen Meistern arbeiten, die die Spirituelle Hierarchie Gottes genannt wird...*[250] *Wir sind jetzt bereit... die Menschen auf eurem Planeten zum vollen Bewußtsein zurückzubringen - zurück in die Galaktische Föderation und zurück zu eurer wahren Bestimmung als* **Beispielplanet**. *Ihr und euer Planet werdet dieser ganzen Galaxis ein großes Licht bringen.*
>
> *Haltet euch immer im Licht der großen Quelle,* **im Christuslicht** *des hohen Bewußtseins, das die Seelen aller Menschen umgibt.*[251]

Na, wenn das nicht optimale Perspektiven sind. Wohl zu schön um wahr zu sein? Diese kurzen Hinweise und Auszüge aus den Büchern, welche einen kosmischen Lichtkreis oder -ring ankündigen, sollen Sie anregen, auch solche Überlegungen in die eigene Zukunftsvision aufzunehmen - sicherlich erst nach gründlichem Verarbeiten. Denn da gibt es ja noch einige hundert andere Bücher der Endzeit-Literatur, die voll der fürchterlichsten Prophezeiungen sind, die aus der Zeit des Altertums bis zum heutigen Tage stammen, zusammengetragen wurden. Neben solchen offenen Fragen kommt dann noch eine ganz wichtige: wann und wie entwickeln sich diese 'paradiesischen' Zeiten?

## Die Frohbotschaft 'Maranatha'!

Dies soll ein Grußwort der Christen der ersten Jahrhunderte gewesen sein[252] und soviel wie 'Der Herr kommt bald' bedeuten. Das mag von mir nicht ironisch gemeint sein, sondern uns abermals daran erinnern, wie problematisch Zeitvorstellungen in unserer polaren D3-Dimension sind, wenn wir Informationen, Offenbarungen und Visionen aus den <u>höher schwingenden und daher zeitlosen</u> Dimensionen und Sphären viel zu unkritisch in unsere Lebensbereiche übernehmen. Das *'...kommt bald'* währte nun zweitausend Jahre als frommer Wunsch! Sollten wir uns da nicht zuerst fragen, ob wir es denn schon verdient hätten, das ersehnte Friedensreich?

Dem schon reichlich vorhandenen Buchmarkt über Endzeit-Prophezeiungen will ich nichts hinzufügen, sondern lediglich auf ein paar Schwerpunkte daraus hinweisen. Einer davon ist der **Botschafts-Ursprung**. Und da finden wir die Bereiche der esoterischen Literatur, der biblischen mit der Apokalypse, der Marianischen, der von neuen Glaubensgemeinschaften, die oft als Sekten abgetan werden und derjenigen, die von außerirdischen Zivilisationen stammen. Überraschend dabei ist, daß aus allen fünf Themenkreisen Botschaften kommen, die auf den oder einen (künftigen) Christusgeist hinweisen. Außerhalb unseres Kulturkreises muß man allerdings danach suchen, weil der Ruf des Christentums auf unserem Erdball nicht der beste ist und für den Begriff Christusgeist auch anders bezeichnete göttliche Geistkräfte angekündigt werden. Nur wenige Religionen erwarten einen persönlichen Avatar oder Erlöser.

Ein zweiter, ganz wichtiger Themenschwerpunkt ist das zu erwartende **Geschehnis** selbst. Dabei konzentriert sich das Gros der Prophezeiungen auf einen Dritten Weltkrieg, auf drei Tage und Nächte der totalen Finsternis und auf einen Polsprung mit entsprechenden kontinentalen und klimatischen Veränderungen. Dieses ganze Szenarium läuft unter dem Oberbegriff der 'Reinigungsphase' oder Ausgleich der negativen Kräfte.

Und der dritte wichtige Schwerpunkt dieser Endzeit-Informationen ist der **Zeitpunkt** selbst. Hierzu heißt es in allen Botschaften, daß der Count Down bereits laufe und der Krisengipfel zwischen 1998 und 2001 läge. Erstere Angabe finden wir unter den namhaftesten Medien, Propheten und Sehern wie *Nostradamus* oder *Cayce*, letztere Zeitangabe aus einer Deutung, die in der Cheopspyramide hinterlegt sei. Die Jahreszahl 1999 taucht am häufigsten auf. Einen neueren zeitlichen Spielraum lassen uns die Aussagen und Deutungen rund um den Maya-Kalender[253], der mit dem Jahre 2013 endet[225].

Gemeinsam ist als der entscheidende und vierte Schwerpunkt all diesen Aufrufen an die derzeitige Menschheit die **dringende Aufforderung**, uns ganz gewaltig zu ändern, eine neue Ethik untereinander anzustreben und einen geistig-spirituellen oder religiösen Lebensweg mit Verantwortung für alles Erschaffene (Geschöpfe) auf unserem Planeten einzuschlagen - die Geisteswende in der Zeitenwende.

> Abhängigkeiten?
> Ja! Durch *Liebe*, aber nicht durch Furcht
> *Gerhart Hauptmann*

Wer den Mut und die Neugier besitzt, sich in die Literatur dieser Katastropen- und Kataklysmen-Welt einlesen zu wollen, dem empfehle ich zwei Werke: Übersichtlich und aktuell zusammengefaßt im 'Buch 3', (Der Dritte Planet, Der Dritte Weltkrieg, Das Dritte Millennium) von *Jan van Helsing* [4] und wer noch mehr Zitatenfülle dazu sucht, 'Zukunftsvisionen der Europäer' von *Stephan Berndt* [249].

**Gibt es eine Galgenfrist?**

Da rückblickend nur etwa ein Drittel der terminlich definierten Voraussagen eintreffen (*Stephan Berndt*), müßte man auch bei obigen Jahreszahlen sehr vorsichtig sein. Allerdings ist die überwältigende Konzentration der überwiegenden Angaben auf die **Zeitspanne des nächsten Jahrzehnts** mehr als herausfordernd und hebt sich auffallend von den Prophezeiungen früherer Jahrhunderte ab. Somit kommen diesmal einige entscheidende 'Wege' zusammen, deren Schnittstelle eine gigantische und wichtige 'Kreuzung' für die Menschheitsentwicklung darzustellen scheint:

--sowohl alternative wie 'abhängige' Zeitkritiker erkennen immer klarer, daß sogenannter Fortschritt, Wirtschaft, Politik, Technologie, Umweltverschmutzung, Naturausbeutung, Krankheiten und Gottlosigkeit auf einen 'point of no return' zueilen,

--der galaktische und astrologische Zeitpunkt einer solchen Wende in der elliptischen Kurve der Laufbahn unseres Sonnensystems, dem Platonischen Jahr, nur alle rund 13.000 Jahre vorkommt,

--Ankündigungen von 'tausendjährigen' Zeitabschnitten wie das Friedensreich, welche herausragende Entwicklungssegmente sind,

-- kosmisch-göttliche Kräfte nicht vor sich hinschlummernd energetisch präsent sind, sondern die zyklisch-rhythgänge von Zeitaltern (wie die der Fische in den Wassermann) nützen, der jeweiligen Menschheit als Gnadenakt oder Erlösung zur Verfügung zu stehen. Damit könnte eine neue Geistige Dimension (D4 und D5) auf uns zukommen und

-- die extrem erweiterten Formen von Verstand und Bewußtsein in einem Teil der Menschheit bereits soweit fortgeschritten sind, daß die Kommunikation mit außerirdischen Zivilisationen denkbar wird und damit auch eine neue Kosmische Dimension für uns offenbart.

Nun wurden wir von Medialen, Propheten und Sehern fast zwei jahrhundertelang auf diesen global-galaktischen Höhepunkt 'vorbereitet'. Das heißt gewarnt, aufgefordert, aufgerüttelt und sicherlich 'bedroht' von Prophezeiungen von zu erwartenden furchtbarsten Kataklysmen. Denn die geistige, metaphysische Welt mit ihren geistigen Prinzipien und Gesetzen hält aus ihrer zeitlosen Sphäre heraus für die stofflichen, physischen Ebenen mit ihren Zeitabläufen 'Programme' bereit. Alle Zeitabläufe in unserer 3D-Ebene haben Zyklen und Rhythmen und ich erinnere daran, was wir im entsprechenden Kapitel über die Zeit gelesen haben. Leben gibt es nicht ohne Energie und es gibt keine Energie ohne Information. **Und an zyklisch-rhythmischen Schnittstellen der Zeitabläufe ist unserere Stofflichkeit offener und transparenter für Info-Energien jeglicher Art.** Gleichgültig, woher die Energie einströmt und entsprechende Informationsfelder mitbringt. Diese zeitlichen Schnittstellen seien auch die 'Schleusen', durch die die Avatare, die Messiasse, Sosioshes und Christusse in die Stofflichkeit eintreten, schreibt die Theosophin *H. P. Blavatsky*.[254] Es sind die zeitlichen Schnittstellen mit möglichen Gnadenakten, karmischen Erlösungen, Bewußtseinssprüngen und ähnlichen Entwicklungsschüben, wenn es die Völker und Religionen 'nützen'. Aber wie alle solche kollektiven oder persönlichen 'Einweihungen', das heißt Höher-Entwicklungs-Schübe oder spirituelle Schwingungserhöhungen, sind diese verbunden mit vorausgegangenen Leistungen, Prüfungen und Auslesen (...*Spreu vom Weizen trennen*), die manchmal auch zu Gerichten und Jüngsten Tagen werden können. Das alles gibt den Propheten, Sehern und Medien der göttliche Geist ein und diese haben damit ihren Auftrag und ihre Berufung auf Erden zu erfüllen.

Und nun noch einmal zurück zu der herausragenden Konzentration von Voraussagen zum Wechsel Fische-Wassermann-Zeitalter, zum zu erwartenden New-Age. Wie schon kurz aufgezählt, tönen in unsere Zivilisation seit etwa eineinhalb Jahrhunderten hunderte von Stimmen geistiger und jenseitiger Wesenheiten bis hin zum Höchsten, dem Heiligen Geist des Göttlichen. Und wenn wir uns nun einmal umsehen in unserer heutigen Welt mit ihrer Gottlosigkeit, ihren Unmenschlichkeiten und Boshaftigkeiten, den Kriegen bis hin zum möglichen overkill und so weiter, wenn wir das kritisch betrachten, gibt es zwei Antworten, die zu unserem Thema wichtig sind:

> Und, mein lieber Freund, wenn du nur genug *Liebe* hättest,
> würdest du auch den Himmel da haben, wo du bist.
> *W. Stead* [182]

Erstens ist es logisch, daß von der geistigen Welt aus eine unerwartete Vielzahl von Medien, Propheten und Sehern aktiviert werden, um den positiven Ausgleich zu dieser Eskalation des Destruktiven zu ermöglichen. Denken wir bitte zurück an die Universellen Prinzipien und Geistigen Gesetze, worunter es das mächtige Gesetz des Ausgleichs gibt und auch das der Harmonie. Beide werden wirksam, wenn wir Menschen uns öffnen und diese Kräfte wirken lassen. Also: je mehr Destruktives wir auf unserem Planeten zulassen, umso mehr konstruktive Kräfte stehen uns zur Verfügung, das negative Potential ausgleichen zu können. Dazu gehören auch die intensiven Mahnungen und Aufklärungen aus der geistigen Welt durch begnadete Mitmenschen.

Und zweitens fragen wir uns - wenn man erkennt, daß von den oben erwähnten Gesetzmäßigkeiten viel zu wenige bekannt sind und wenn man sieht, daß fast alle die geistigen Offenbarungen noch viel zu wenig zu fruchten scheinen: Gibt es noch eine Gnadenfrist? Müssen die Katastophen eintreten? Gibt uns das Göttliche eine andere Chance? Ist die Menschheit auf der Erde ein schöpferisches Experiment, wie uns Außerirdische erklären, und haben wir dadurch einen zusätzlichen Bonus, ein Übermaß an ungenutzten Gnaden und ein uneigennütziges Interesse bei unseren extraterrestrischen Brüdern und Schwestern, den Raumbrüdern?

**Eine harmonische Wandlung?**

Bei *Bob Frissell* mit seinem Buch 'Zurück in unsere Zukunft' [1] stieß ich zum ersten Mal auf eine geistige Verbindung mit dem Stern Sirius. Er ist der Hauptstern des Sternbildes Großer Hund und hellster Stern des Nachthimmels. In dem Buche heißt es,

*...daß es für die Erde zwei kritische Bewegungen gibt: Zum einen das seit Jahrtausenden bekannte Vorrücken der Tagundnachtgleiche; zum andern eine Schlingerbewegung, die erst kürzlich entdeckt wurde. Wir, das heißt das ganze Sonnensystem, bewegen uns derart auf einer* **Spirale** *durch den Weltraum, daß es den Anschein hat, wir seien mit etwas verbunden. Astronomen, welche diesen Vorgang ebenfalls beobachten konnten, suchten natürlich nach dem anderen Körper... Vor ungefähr vier oder fünf Jahren war es dann möglich, einen einzigen Stern anzupeilen: es handelt sich um Sirius A. Wir bewegen uns also zusammen mit Sirius A auf einer Spirale durch das All, die der Helix des DNS-Moleküls entspricht.* **Wir teilen unser Schicksal mit Sirius.** *Auf unserem gemeinsamen Weg entfaltet sich ein Bewußtsein, so wie die Gene und Chromosomen des DNS-Moleküls ihre Information von ganz bestimmten Plätzen aus freigeben. Es sind Schlüsselzeiten, zu denen bestimmte Dinge geschehen können, Zeiten, zu denen 'genetisch' kritische Ausrichtungen zwischen Sirius, der Erde und dem restlichen*

*Kosmos bestehen.* ***Eine solche ganz besondere Verbindung findet gerade jetzt statt...*** *Als Thot die Erde verließ, sagte er Drunvalo, daß er glaube, die Erde werde wahrscheinlich keine derartige kurzfristige und drastische Polverschiebung erfahren, wie es sonst bei planetaren Bewußtseinsveränderungen vorkommt. Dank der Aufgestiegenen Meister, die versuchen, diesen Wechsel kontrolliert stattfinden zu lassen, werden wir wohl mit offenen Augen eine schrittweise und dabei sehr* **harmonische Wandlung** *erleben.*

*Drunvalo hält* **alle bisherigen Voraussagen, welche die Zukunft der Erde betreffen, in der Zwischenzeit für überholt und irrelevant,** *denn das sirianische Experiment des Jahres 1972 hat völlig neue Voraussetzungen geschaffen... Thot ist überzeugt, daß wir die wirklich einzigartigste Erfahrung machen werden, die das Leben jemals zu bieten hatte:* **Noch vor der Jahrtausendwende werden die letzten Menschen dieser Erde gemeinsam in die nächst höhere Bewußtseinsebene aufsteigen.**

*Natürlich werden viele Menschen sterben müssen und erst durch ihren Tod und die Wiedergeburt ins Christus-Bewußtsein eingehen können. Wir werden als bewußter Planet diesem Wandel begegnen, als wären wir unserer Entwicklung eine Million Jahre voraus. Zahlreiche höhere Lebensformen gäben viel dafür, könnten sie jetzt auf der Erde wiedergeboren werden oder als sogenannte Einsteiger (Walk-ins) zu uns stoßen, um an dieser außergewöhnlichen Erfahrung teilzuhaben. Es scheint, als hätten wir das Große Los gezogen, denn wir werden uns nicht nur sehr bald auf höheren Obertönen der vierten Dimension wiederfinden, was eine erste Stufe darstellt, sondern sogar noch weit jenseits dieser Ebenen. Ab einem gewissen Punkt, wahrscheinlich im Jahre 2012, werden wir universale Oktaven überspringen können, was als ein weiteres, nie dagewesenes Phänomen in die Geschichte unseres Universums eingehen wird. Wohin uns das schließlich bringen wird, vermag noch niemand zu sagen.*

Es würde hier zu weit führen, dieses Thema stärker zu vertiefen. Es soll hiermit nur aufgezeigt werden, daß uns auch eine außerirdische Variante ermöglicht, in das ersehnte Christusbewußtsein zu kommen. Wie und was unsere Brüder und Schwestern vom Sirius zusammen mit den Hohen Meistern unseres Planeten veranstaltet haben (Hollywoods Science fiction Phantasien reichen dazu nicht aus), einen kollektiven Bewußtseinssprung, nämlich eine Bewußtseins-Mutation, zu ermöglichen, muß in diesen Büchern[1+65+80] nachgelesen werden. Nur Mut, falls Ihr Verstandes-Ego wieder einmal bremst und nicht loslassen will vom bequemen Status gewohnter Geo-Zentrik. Neue Wege,

> **Nimm die *Liebe* aus dem menschlichen Verkehr,**
> **und du hast die Sonne aus der Welt genommen.**
> *Hl. Ambrosius*, deutsch-italienischer Kirchenvater (340-397)

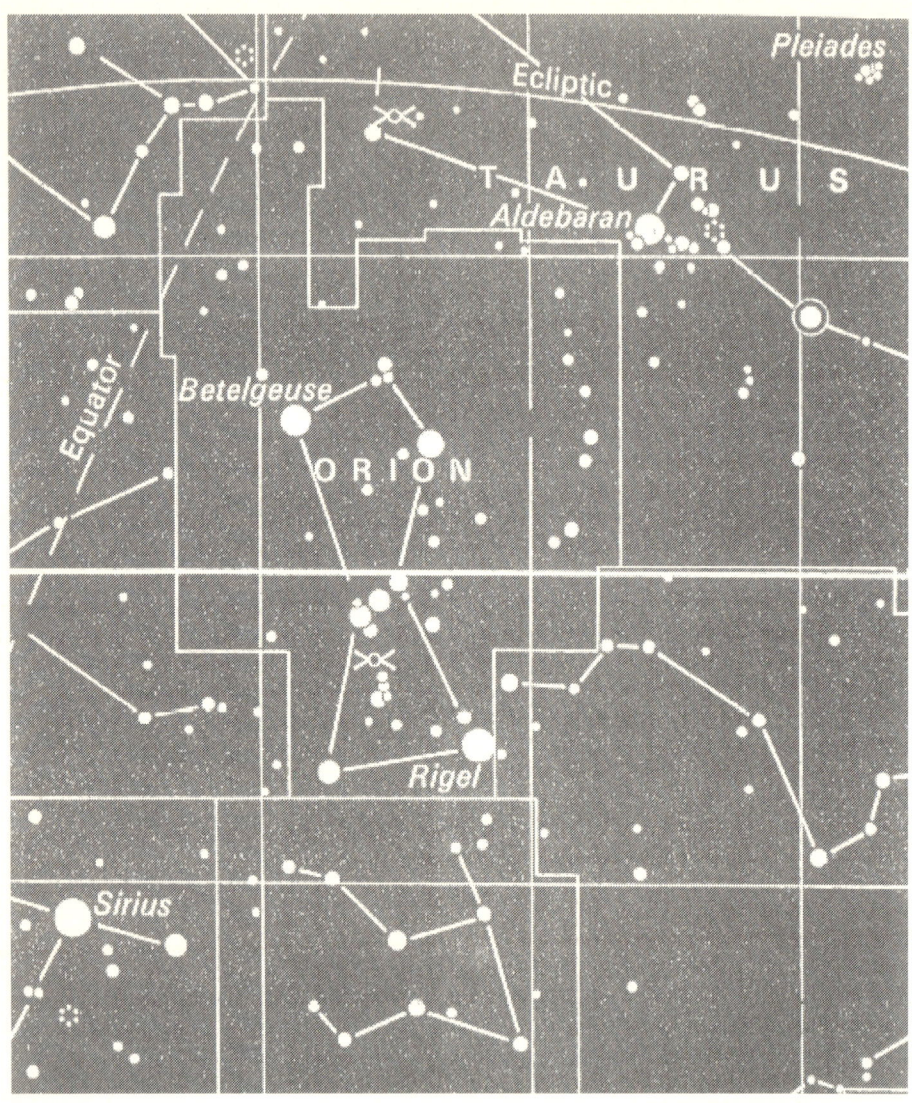

Abb.5: Ausschnitt des nördlichen Sternenhimmels um den Orion mit Sirius, Aldebaran und den Plejaden

oder besser gesagt, eine neue Dimensionierung zu einem auch räumlich erweiterten **Christus-Universalis**, können zu Herausforderungen werden, möglicherweise zu ungeahnt schönen und erweiternden. Denn sollte dies Ihr Lebensweg sein, den Sie auf dieser Suche entdecken werden, dann schwingen wir alle zusammen umso schneller im lang ersehnten Christusbewußtsein.

*Stern der Willenskraft und der Liebe* wird Sirius auch genannt. Darüber gibt es ein wundervolles Buch 'Ich komm' aus der Sonne'[81], in dem uns unter anderem ein top-aktuelles und spirituelles Gottesbild für unsere Zeitenwende aus medialem Kindermunde dargestellt wird. Ein sehr empfehlenswertes Buch auch für eine (spirituelle) Kindererziehung.

Sind die Botschaften der Sirianer und der Plejadier die einzigen, die behaupten, daß die älteren Prophezeiungen nicht stimmen würden? Welcher Teil der Endzeit-Katastrophen oder der Apokalypse, wie es im N.T. heißt, könnte der schlimmste sein? Ich glaube, der Dritte Weltkrieg, zumindest so wie er vorhergesagt ist, würde das Fürchterlichste bei uns in Europa darstellen. Und dazu hat *Stephan Berndt* in seinem Buch[255] einige Aussagen von irdischen Sehern zusammengetragen, die Zweifel an einem derartigen Krieg aufkommen lassen. Dabei sind auch zwei klare Absagen für einen solchen Krieg: Zum einen sagt *Mutter Maria* in ihrem Buch 'Marias Botschaft an die Welt': *Es wird keinen Dritten Weltkrieg geben. Die Länder der Erde werden zu sehr damit beschäftigt sein, sich gegen die Naturelemente zu behaupten...* Und noch jemand steht im totalen Gegensatz zu zig-fachen Weltkriegs-Propheten: *Satya Sai Baba*, der wohl größte Charismatiker außerhalb des Christentums, wohl ein Avatar unserer Zeiten-Schnittstelle, dessen sensitive Fähigkeiten mit zum Edelsten zählen, was mit einem irdischen Bewußtsein möglich ist: Geistheilungen, Hellsichtigkeit und die Fähigkeit, zu Materialisieren[126]. Er sieht *...keinen Grund, wegen der Zukunft besorgt zu sein. Das Goldene Zeitalter sei sicher und würde ab 1999 heranbrechen, um 2030 in voller Blüte zu erstrahlen... Trotzdem komme es mit Sicherheit zu einer großen Reinigung der Erde.*

Einen Hinweis darauf finden wir allerdings auch bei den Plejadiern[248], die uns mitteilen, daß die neue, beschleunigte Energie auf unserem Planeten Verwüstungen anrichten werde. In sehr kurzer Zeit wird es auf globaler Ebene ein Katapultieren von Energie geben, was wie die Zerstörung unseres Planeten aussehen werde. Diese gegenwärtige Epoche bringe den Niedergang der

> Erkenne also, daß Gott in seiner *Liebe* zu dir DU geworden ist.
> Du bist nichts anderes als die Ausdehnung Gottes;
> Dann werden deine *Liebe* und Vergebung dasselbe werden.
> *Jeshua*[281]

globalen Zivilisation und ein Wiedererwachen einer vollkommen **neuen Bewußtseinsform** mit sich. Auch hier heißt es, daß bis 1999 der Gipfel des Chaos erreicht werde. Für diese harte Zeit wird uns Erdenmenschen in jenem Buche manche Technik erklärt, die uns im körperlichen wie auch in geistig-spirituellen Bereichen aufzeigt, wie die höheren Schwingungen verkraftet, beziehungsweise für unser Überleben genützt werden können.

In 'Lichtpunkt E', Heft 22/96 wird aus der geistig-göttlichen Welt für uns nochmals klar herausgearbeitet, daß aber auch bei dieser globalen Problematik der 'Schwarze Peter' bei uns liegt:

*Ihr erschafft eure Wirklichkeit mit euren Gedanken. Wenn ihr euch auf die Apokalypse fixiert, so reduziert ihr eure Schwingung und ihr werdet sie erleben und nicht dabei sein bei dem Aufstieg. Fixiert ihr euch aber auf die Freude des Seins, auf die Liebe des Kosmos, auf die Zeit, die kommt, die Zeit der Freiheit, der Liebe, der Geborgenheit und der Alleinheit des Seins, so werdet ihr den Aufstieg mit Leichtigkeit vollziehen. Es ist angelegt in euch, welchen Weg ihr gehen wollt. Ihr könnt entscheiden über euren Schritt, über eure Art zu leben, über eure Art zu sein.*

*Wichtig ist, daß ihr alles annehmt in Liebe, was auf euch zukommt. Denn so lernt ihr am schnellsten. Ihr urteilt nicht, verurteilt nicht, beurteilt nicht und damit seid ihr in der Einheit und lernt so zu leben, wie es die Einheit gebietet.*


**Der Himmel auf Erden**

Aus altindischen Quellen wissen wir, daß der Traum von einem konfliktfreien Leben uralt ist und eine solche Zeit das *Goldene Zeitalter* genannt wurde. *Buddha* sagte dies der Welt vor zweieinhalbtausend Jahren voraus, wenn folgendes eintreten werde:

*Die Bewohner werden keine Verbrechen oder böse Taten ausüben, sondern werden Vergnügen am Guten haben. Die Erde wird sogar frei von Dornen und mit frischem grünen Gras bedeckt sein... Reiche Seide und andere Stoffe verschiedener Farben werden von den Bäumen wachsen. Die Bäume werden gleichzeitig Blätter, Blumen und Früchte tragen... Die menschlichen Wesen sind dann ohne Makel, moralische Verstöße werden unter ihnen unbekannt sein, und sie werden voller Eifer und Freude sein...*

Auf ähnlich betagte Texte des A.T. brauche ich nicht hinzuweisen, sondern ich wähle für die Zeit unseres Jesus als Menschensohn eine wichtige Stelle bei *Lukas* (21,28): *...wenn aber diese Dinge anfangen zu geschehen, so blicket auf und hebt eure Häupter empor, **weil sich eure Erlösung naht.***

Der Jesus von heute, der weiterlebt und mit seiner Christuskraft bei uns ist - Tag für Tag - erklärt uns zu seinem Friedensreich am Ende des Buches 'Der Photonenring'[65] unter anderem:

*...Diese außerordentliche Woge von Photonenbewußtsein bringt die heilige Kunde, daß **Gnade gewährt** wurde und daß die menschliche Familie wieder in einer friedvollen himmlischen Gemeinschaft vereint sein wird. Heißt also euren Augenblick der **Erlösung von früherer Negativität** willkommen und öffnet euer Herz und Sinnen, um die Photonenkrone des vollen Bewußtseins zu empfangen. **Dafür seid ihr auf den Planeten Erde gekommen.** Dies ist der Augenblick der Evolution, den ihr erleben wolltet, und sein süßer Jubel wird wahrlich eure leuchtende galaktische Wirklichkeit werden.*

*Ja, **das Potential des Friedens** nähert sich euch in diesem Gewand von Photonenlicht. Laßt diesen Mantel Körper und Seele zu einem kosmischen Flug der Hoffnung und immer weiteres Bewußtsein umfangen. Gottes Plan entfaltet sich! Und die Zeit ist jetzt. Bitte übernehmt euren Teil in voller Hingabe und Zusammenarbeit, denn auf diese Weise werden wir nie wieder voneinander oder von der Heiligkeit der Vision des Schöpfers getrennt sein.*

Pastor *Johannes Bolte* empfing eine andere Botschaft Jesu, die über den Charakter des Friedensreiches in wenigen Worten das sagt, worüber man Bücher schreiben könnte - eine Sprachgewalt, die für den Meister Jesus typisch ist: *...die Reichsgesetze des neuen Gottesreiches sind die Gesetze der Bergpredigt: **Seligsprechung ist die Liebesform der Rechtsprechung.***

Was sollen da noch menschliche Worte und mühevolle Beschreibungen: wenn wir den Blick zurück werfen auf die gotteserbärmlichen und hilflosen Bemühungen unserer vermenschlichten Kirchen mit ihren macht-besessenen Bischöfen, **wahrhaft christlich sein zu wollen**; wenn wir die (gotteslästerlichen?) Behauptungen hören, die acht geistigen Gesetze der Bergpredigt seien nicht in christliche Lebenspraxis umzusetzen; wenn wir nach fast zwei Jahrtausenden erkennen müssen, daß Form, Kult und der Buchstabe wichtiger waren als der Geist - ganz besonders der der Bergpredigt, dann können wir uns vorstellen, **wie paradiesisch ein Gottesstaat sein muß, in dem Seligsprechungen höchstes Recht sein werden. Geprießen sei der Herr, der uns das noch einmal erleben läßt.**

Das Schönste und Herrlichste und Größte dabei ist ja, daß uns Jesus versprochen hat, uns dort hinzuführen - *das ist mein Weg*. Und darauf haben damals schon die Urchristen, aus falschem Zeitverständnis, sehnsüchtig und vergeblich gewartet; Jahrhundert um Jahrhundert immer wieder Glaubensgemeinschaften, denen das menschlich ausgelegte Wort wichtiger war als der Geist und nun, erst heute, an der Schnittstelle mehrerer kosmischer, astrologischer und spiritueller Wege **wir** die Chance bekommen, die ersehnte Erlösung von der Polarität unserer stofflichen Ebene erleben zu können. Whow! Irgendwie müssen wir uns das verdient haben. Und das 'Irgendwie' brauche ich den geschätzen LeserInnen an dieser Stelle nicht mehr zu erklären, denn darüber schreibe ich nun schon kapitelweise.

Aber auch diese Erkenntnisse können nicht wieder - einer Formel gleich oder 'allein seligmachend' - für eine **ganze Menschheit im Aufbruch** Gültigkeit haben. Wir Erdenmenschen sind ein milliardengroßes Netz von verschieden hoch entwickelten Bewußtseinen, die unseren Planeten umspannen. *Lazaris*, angeblich Amerikas bekanntestes Geistwesen, das durch den Amerikaner *Jach Pursel* seine Botschaften sendet[72], empfiehlt uns:

*Seit Anbeginn der Menschheitsgeschichte sind die Menschen auf der Suche. Viele haben gefunden, was sie suchten. Inmitten eures Alten Zeitalters leben Menschen, die das Neue Zeitlater für sich selbst entdeckt haben. Es geschieht jedem auf* **individuelle Weise**. *Also wartet auf nichts und niemandem.*
*Der erleuchtete Metaphysiker 'erinnert' sich daran, daß das New Age in dem Moment beginnt, in dem er sich ganz leicht und elegant vom Alten Zeitalter löst. Es beginnt mit einem Menschen, dann dem nächsten und dem nächsten... Je mehr Leute* **suchen und finden**, *desto leichter, so meinen wir, wird es für diejenigen, die ebenfalls suchen.*

Ich will aber noch ein letztes Mal darauf hinweisen, daß es außer den Universellen Prinzipien, den Geistigen Gesetzen und den urchristlichen Seligsprechungen nichts, aber auch garnichts gibt, das uns in Formen, Lehren und Kulte zwingt. Jesus hat das nie gefordert. Das Göttliche hat uns den freien Willen gegeben – **allerdings, um ihn richtig anzuwenden**. Aber immerhin!

Wenn *Lazaris* von 'sich-lösen-vom-Alten' spricht und wir das Geistige Gesetz des freien Willens kennen, dann verweise ich zum Schluß des Buches nochmals auf eine ganz entscheidende Verheißung Jesu, einmal ausgesprochen von ihm selbst und einmal umgesetzt von einem vorbildlichen Tatchristen unseres Jahrhunderts. Der Evangelist *Johannes* berichtet uns das Jesuswort ***...dann werdet ihr die Wahrheit erkennen und die Wahrheit wird euch frei machen***.

Und genau das setzte der Friedensnobelpreisträger, Theologe, Musiker, Arzt und Philosoph *Dr. Albert Schweitzer* (1875-1965) als Lebenswerk um und bekannte:

*Ich will unter keinen Umständen*
*ein Allerweltsmensch sein. Ich habe*
*ein Recht darauf, aus dem Rahmen*
*zu fallen, wenn ich es kann.*
*Ich wünsche mir Chancen,*
*nicht Sicherheiten.*

*Ich will kein ausgehaltener Bürger
sein, gedemütigt und abgestumpft,
weil der Staat für mich sorgt. Ich will
dem Risiko begegnen, mich nach etwas
zu sehnen und es zu verwirklichen,
Schiffbruch zu erleiden und Erfolg zu haben.*


*Ich lehne es ab, mir den eigenen Antrieb
mit einem Trinkgeld abkaufen zu lassen.
Lieber will ich den Schwierigkeiten des
Lebens entgegentreten als ein gesichertes
Dasein zu führen, lieber die gespannte
Erregung des eignen Erfolgs
als die dumpfe Ruhe Utopiens.*


*Ich will weder **meine Freiheit**
gegen Wohltaten hergeben noch meine
Menschenwürde gegen milde Gaben.
Ich habe gelernt, **selbst für mich zu denken
und zu handeln**, der Welt gerade ins
Gesicht zu sehen und zu bekennen,
**dies ist mein Werk**.* [257]

# Nachwort

Wir haben längst kennen gelernt, daß alle Kräfte in unserer Stofflichkeit zweipolig, bipolar sind. Jede Kraft benötigt eine Gegenkraft. So müssen wir auch die beiden heren und höchsten Kräfte sehen: **Selbst-Bewußtsein** und **Christus-Bewußtsein**. Jedes benötigt das andere. Das Höchste in der körperlichen Form und das Höchste in der spirituellen - beides für sich allein schon schwer zu erreichen. Und könnte es möglich sein, daß beides gar zusammenfließt und zur Einheit wird?

Jesus lehrte es damals und tut es heute noch: *...gleichet aus durch Liebe!* Jeder Ausgleich, vor allem dieser der höchsten Werte, macht uns frei aus den polaren Zwängen unserer stofflichen Dimension und führt uns zu innerem Frieden. **Die beiden Bewußtseinsformen können sich in Harmonie vereinen zu einem Voll-Bewußtsein,** dem Bewußtsein eines Gottessohnes und einer Gottestochter - der Meisterschaft und der **Ebenbildlichkeit.**

**Nur dieses christliche Vollbewußtsein kann zu einer friedvollen Zukunft unserer Erdenmenschheit werden und zur Erfüllung aller dieser Träume.** Und diese Chance und diese Gnade gibt es nur jetzt so umfassend.

Aber dies kann und soll und muß jeder von uns Erdlingen selbst erringen und erleben. Dazu haben wir Beistände und Widerstände auf diesem Lebens-Schulungsweg. Es gibt tausend Wege dahin, einige habe ich in meinem Buche aufgezeigt. Im Sinne des irischen Sprichwortes[269]: *Gott hat uns das Gesicht gegeben, lächeln müssen wir selbst!* behaupte ich: Unser Schöpfer hat uns das Leben gegeben, unsere wunderschöne Mutter Erde, unseren Verstand und unsere Gefühle, die kosmischen Gesetze und ein entwicklungsfähiges Bewußtsein. Wenn wir das alles in ein **menschlich-spirituelles Energiefeld der Harmonie** im Laufe eines Lebens vereinen und er-zielen - und das in der Friedfertigkeit Jesu, der da lehrte und lehrt *...ich bin der Weg* und *...folget mir nach!* - dann gebe ich Ihnen auf diesen ihren restlichen Lebensweg den spanischen Liebesgruß mit: ***Vaya con dios - gehe mit Gott!***
Gott wird Sie segnen.

# Bibliographie

1. *Bob Frissell,* 'Zurück in unsere Zukunft... Die MER-KA-BA', E.T.Publishing Unlimited., Fichtenau 1994
2. *Jan van Helsing* 'Geheimgesellschaften 1', Ewertverlag GmbH, Rhede (Ems), 1993
3. dergl. 'Geheimgesellschaften 2', Ewertverlag GmbH, Rhede (Ems), 1995
4. dergl. 'Buch 3', Ewertverlag GmbH, Rhede (Ems), 1996
5. *Karl O. Schmidt,* 'Evangelium Thomae, die geheimen Herrenworte des Thomas-Evangeliums', Drei Eichen Verlag, 1977
6. dergl. 'Neue Lebensschule', Otto Reichl Verlag, St.Goar, 1989
7. dergl. 'Die goldene Regel', Drei Eichen Verlag, 1972
8. *Otto Wille* 'Die verfolgten Nachfolger Christi', Verlag Universelles Leben, Würzburg 1987
9. *Uwe Steffen* 'Jesus - heute', Breklumer Verlag, Breklum 1972
10. *Rudolf Steiner* 'Das Johannes-Evangelium', Rudolf Steiner Verlag, Dornach, 1985
11. *Franz Ferzak* 'Der Engel des Verwunderlichen', Verlag Franz Ferzak, München 1988
12. *Henk Leene* 'Die sieben Todsünden', Rosenkreuz-Verlag, Kassel 1973
13. *Gabriele* 'Der Dämonenstaat', Verlag Universelles Leben, Würzburg 1990
14. *M. Baigent* und *R. Leigh,* 'Verschlußsache Jesus', Droemer Knaur, München 1991
15. *Edmond Székley* 'Das Friedensevangelium der Essener', Verlag Bruno Martin, Südergellersen 1977

dergl. 'Die Lehren der Essener', Verlag siehe oben
16. dergl. 'Heliand - Evangelium des vollkommenenLebens', Drei Eichen Verlag, München 1972
17. *Hugh J. Schonfield,* 'Die Essener', Verlag Bruno Martin, Südergellersen 1985
18. *Dieter Rüggeberg,* 'Theosopie und Anthroposophie im Lichte der Hermetik', Verlag Dieter Rüggeberg, Wuppertal 1988
19. *Annie Kirkwood* 'Marias Botschaft an die Welt', ch. falk verlag, Seeon 1992
20. *Werner Keller* 'Und die Bibel hat doch recht', Econ-Verlag, Düsseldorf 1955
21. *Günther Schiwy* 'Der kosmische Christus', Kösel-Verlag, München 1990
22. *Hans Gretler* 'AUM - I AM - ICH BIN', Saint Germain Verlag, Höhr-Grenzhausen 1990
23. *Kurt Tepperwein* 'Die geistigen Gesetze', Goldmann Verlag, München, 1992
24. *Wulfing von Rohr* 'Was lehrte Jesus wirklich?, Goldmann Verlag, München, 1995
25. dergl. 'Es steht geschrieben... Ist unser Leben Schicksal oder Zufall?', Ariston Verlag, Genf, 1994
26. *Ron Smothermon* 'Drehbuch für Meisterschaft im Leben', Context Verlag, Bielefeld 1993
27. *Safi Nidiaye* 'Neues Wissen, neues Denken für eine bessere Zukunft',

Ariston Verlag, Genf 1993
28 *Daskalos* 'Esoterische Lehren', Droemer Knaur Verlag, München 1991
29 *Hermann Kissener,* 'Wer war Jesus?', Drei Eichen Verlag, München 1968
30 *Franz Alt* 'Jesus - der erste neue Mann', Piper, München 1989
32 *Johannes Dietl-Zeiner,* 'Das kastrierte Evangelium', Ariston-Verlag, Kreuzlingen/München 1996
31 *Rosmarie Klaka-Lampert,* 'Liebesgeflüster mit deiner Seele', Ambaji Verlag, Basel 1989
33 *René Egli* 'Das LOL$^2$A-Prinzip', Editions d'Olt, Oetwil 1994
34 *Flensburger Hefte,* 'Christus', Flensburger Hefte Verlag, Flensburg 1992
35 *Elia der Prophet* 'Die Legende von Atlantis', Luneas-Produktion, Kössen, 1995
36 *Gayle D. Erwin* 'Der Jesus-Stil: Ein Lebenskonzept', Brunnen Verlag, Gießen 1994
37 *Johannes von Buttlar* 'Adams Planet', Herbig Verlag, 1991
38 *A. Kennedy Winner* 'Esoterischer Wegweiser', Hirthammer Verlag, München, 1993
39 *James M. Pryse* 'Reinkarnation im Neuen Testament', Ansata-Verlag, Interlaken 1981
40 *David Ash & Peter Hewitt* 'Wissenschaft der Götter, zur Physik des Übernatürlichen', Zweitausendeins
41 *Silvia Wallimann* 'Erwache in Gott', Verlag Hermann Bauer, Freiburg, 1993
42 *Ronals Zürrer* 'Weg nach Innen', Govinda-Verlag, Zürich 1995
43 *Levi (H. Dowling)* 'Das Wassermann Evangelium von Jesus dem Christus', Hugendubel Verlag, München, 1980
44 *Georg M. Lamsa,* 'Die Evangelien in aramäischer Sicht', Neuer Johannes Verlag, Bern 1963,
'Ursprung des Neuen Testaments', gleicher Verlag
45 *W. & Th. Gauch-Keller* 'Aufruf an die Erdbewohner', Vertrieb Gauch-Keller 1992, CH-3072 Ostermundigen, Forelstr. 54
46 *Dr. Chet B. Snow* 'Zukunftsvisionen der Menschheit', Ariston Verlag, Genf, 1991
47 *Barbara Thiering* 'Jesus von Qumran', Gütersloher Verlagshaus, Gütersloh, 1993
48 *Soami Divyanand* 'Jesus überlebte die Kreuzigung', Divyanand Verlag, Herrischried 1987
49 *Dr. Karl H.Müller* 'Informationen aus dem Jenseits', Turm Verlag, Bietigheim, 1982
50 *Erhard Freitag* 'Erkenne Deine geistige Kraft', Goldmann Verlag, München, 1987
51 'DER WEISSE LOTOS', Zeitschrift für geistige Entfaltung, F.Hirthammer Verlag, 80807 München, Frankfurter Ring 247
52 'Neues Denken', Zeitschrift des CPS Zentrum für Persönlichkeitsentfaltung und Selbsthilfe e.V. (Murphy -Freundeskreis), 81677 München, Morgenrothstr. 13

53 *Dr. med. Ulrich Mohr*, 'Die menschliche "Schule", WU-WEI-Verlag, Hohenpeißenberg, 1994
54 *Gabriele*           'Lebe den Augenblick - und Du siehst und erkennst Dich', Universelles Leben, Würzburg 1990
55 *Kurt Eggenstein*     'Der unbekannte Prophet Jakob Lorber', Lorber-Verlag, Bietigheim 1990
56 *Emmet Fox*        'Die Bergpredigt', Frick Verlag, Pforzheim 1992
57 *Khalil Gibran*      'Worte wie die Morgenröte', Verlag Herder, Freiburg 1988
58 *Wolfgang Böhme*   'Das Segel ist die Liebe, Mystische Losungen für jeden Tag', Insel-Verlag, Ffm 1993
59 *Hans B. Altinger*    'Johannes der Täufer', Drei Ulmen Verlag, München 1996
60 *Marc Roberts*      'Das neue Lexikon der Esoterik', Szolneay Verlag, Wien 1993
61 *Joseph Schumacher*  'Esoterik - Die Religion des Übersinnlichen', Bonifatius Verlag, Paderborn 1994
62 *Mellie Uyldert*     'Kosmische Zusammenhänge', Hugendubel, München 1990
63 *Robert Linnsen*     'Vom Ego zum Licht', Verlag Die Silberschnur, Melsbach, 1976
64 *Rhea Powers*      'Aufruf an die Lichtarbeiter', Ch. Falk-Verlag, Planegg 1987
65 *Virginia Essene* und *Sheldon Nidle*, 'Der Photonenring, Nachricht vom Sirius', ch. falk verlag, Seeon 1996
66 *Christian Opitz*     'Fit und Gesund mit lebenden Makromulekülen', Verlag Bewußtes Dasein, Schlieren 1993
67 *Marco Bischoff*     'Biophotonen - Das Licht in unseren Zellen', ist die aktuelleste Zusammenfassung (1995) und nur bei Zweitausendeins, 60381 Frankfurt, Postfach zu beziehen.
68 *David Spangler*    'New Age - die Geburt eines Neuen Zeitalters', Fischer 1978
69                         'Licht-Zeichen', Zeitschrift für Neue Werte und Neue Welten Manfred Johannes Hartmann Verlag, Bielefeld
70 *Paul Otto Hesse*    'Der Jüngste Tag', Turm-Verlag, Bietigheim 1995
71 *Paul Bouchard*     'Das Reich Gottes auf Erden', Parvis-Verlag, CH-1648 Hauteville 1995
72                         'Die Lazaris-Botschaft', Goldmann Verlag, 1987
73 *St. Germaine*       'Enthüllte Geheimnisse', Saint Germain-Verlag, Höhr-Grenzhausen 1989
74                         'Die Dritte Zeit, Das Zeitalter des Heiligen Geistes', Otto Reichl Verlag, Buschhoven 1962
75 *G. G. Jampolsky*    'Lieben heißt die Angst verlieren', Goldmann 1991
76 *Paco Rabanne*      'Der Goldene Pfad', Herbig 1996
77 *Albert Buchwald*    'Alle Jesus-worte von A bis Z', Kreuz Verlag, Stuttgart 1996
78 *Robert Sträuli*      'Origenes - der Diamantene', ABZ Verlag, Zürich 1987
79 *James Churchward*  'MU, der versunkene Kontinent', Wildpferd Verlag, Aitrang 1990
80 *Jan van Helsing*    'Unternehmen Aldebaran', Ewert-Verlag, 1997
81 *Flavio M. Cabobianco* 'Ich komm' aus der Sonne', ch.falk-verlag, Seeon 1994

# Zeitschriften zur Zeitenwende

| | |
|---|---|
| Die Andere Realität | Wissenschaftliche Zeitung für Parapsychologie, esoterische Erkenntnisse und spirituelle Ökologie, 45966 Gladbeck, Voßstr. 218 |
| Sonnen*wind* | Positive Zeitschrift für ganzheitliches Bewußtsein Verlag 'Brennpunkt neue Erde', 65232 Taunusstein, Kleiststr. 31 |
| Das Weiße Pferd | Zeitung der Urchristen 97070 Würzburg, Marienstr. 1 |
| Zeiten*Schrift* | Ein Kompaß in bewegten Zeiten ZeitenSchrift-Verlag, CH-9442 Berneck, Postfach |
| JA | Zeitschrift für dynamische Lebensgestaltung Frick-Verlag GmbH, 75104 Pforzheim, Postfach 447 |
| esotera | Neues Denken und Handeln Verlag Hermann Bauer, 79001 Freiburg, Postfach 167 |
| Der Weiße Lotos | Zeitschrift für geistige Entfaltung Hirthammer Verlag, 80807 München, Frankf. Ring 247 |
| raum&zeit | Die neue Dimension der Wissenschaft Ehlers Verlag, 83623 Dietramszell, Poazlgasteig 5 |
| Galaktische Welle | Informationsblatt zur neuen Zeit Verlag Lebenspraxis, M.u.E.Trogisch, 87653 Eggenthal, Moosweg 15 |
| geschäftsmann und christ | Überkonfessionelle monatliche Zeitschrift der IVCG Verlag IVCG, CH-8034 Zürich, Postfach 29 |
| Vegetarier | Zeitschrift für ethische Lebensgestaltung Verlag Vegetarier-Bund, 30159 Hannover, Blumenstr. 3 |
| Licht-Zeichen | Zeitschrift für Neue Werte und Neue Welten M.J.Hartmann Verlag, 33605 Bielefeld, Lonnerbachstr. 13 |

| | |
|---|---|
| Flensburger Hefte | Anthroposophie im Gespräch<br>Flensburger Hefte Verlag, 24937 Flensburg, Holm 64 |
| Der Gefährte<br>Ave-Kurier | Organ für katholische Mystik<br>Zeitschrift im Dienste Mariens<br>beide im Mediatrix-Verlag,<br>A-1010 Wien, Seilerstätte 16 |
| Leben & Sein | Eine Schrift zur Zeit<br>Verlag 'Die Neue Erde', J.u.A.Kössner,<br>A-3860 Heidenreichstein |
| Zeit-Zeichen | Kirchliche Flugschrift<br>Wilhelm Adelmann Verlag,<br>57392 Schmallenberg, Auf der Hütte 5 |
| Der 3. Weg | Zeitschrift für die natürliche Wirtschaftsordnung<br>Freisoziale Union FSU, 20357 Hamburg, Feldtsr. 46 |
| Wege & Visionen | Selbstfindung - Esoterik - Spiritualität<br>Verleger Sandila GmbH,<br>79737 Herrischried, Sägestr. 37 |
| Neues Denken | Zeitschrift des CPS Centrum für Persönlichkeits-<br>entfaltung und Selbsthilfe<br>81677 München, Morgenrothstr. 13 |
| Divine Light | Offizielles Organ des Divine Light Zentrums<br>CH-8400 Winterthur |
| Die Quelle... | Lehre und Heil aus dem Christusbewußtsein<br>Verlag und Lebensschule<br>83026 Rosenheim, Pösling 16a |
| Lichtpunkt E | Zeitschrift für spirituelle Bewußtseinsbildung<br>Verlag Pegasos Light, 32699 Extertal, Rottstr. 26 |

# Quellenverzeichnis und Anmerkungen

100 aus ihrem Buch 'Als Frauen noch Priesterinnen waren' von *Karen J.Torjesen,* Verlag Zweitausendundeins, Ffm 1995. Neuerdings hat die altkatholische Kirche entschieden, wieder Priesterinnen zu weihen.
101 *kanonisch* bezeichnet man die von der Kirchenlehre anerkannten Evangelien, *apokryph* die anderen Evangelien und Texte des 1. bis 5. Jhd.
102 Wir können davon ausgehen, daß die durch das Pfingsterlebnis *vergeistigten* Apostel medial und hellsichtig waren, nicht nur mehrsprachig.
103 aus einem 1929 gehaltenen Vortrag im Harnack-Haus in Berlin.
104 'Jupiter-Journal' Jg. 3 Nr. 23/24, 1990
105 *Leopold Engel,* 'Mallona', Turm-Verlag 1987
106 *Johannes von Buttlar,* 'Adams Planet', Herbig-Verlag 1991
107 *Axiom* = grundlegender Lehrsatz, der ohne Beweis einleuchtet
*hermetisch* = von *Hermes Trismegistos,*
siehe auch im Glossarium unter *Hermes Trismegistos*
108 Auszüge aus 'Der Engel des Verwunderlichen' von *Franz Ferzak,* Verlag FFWASP, München 1988
109 Botschaft aus LICHT-ZEICHEN; Sonderheft S-2, 1994
110 Literatur:
*Rainer Patzlaff,* 'Medienmagie', Verlag Freies Geistesleben
*Neil Postman,* 'Wir amüsieren uns zu Tode', Fischer Verlag TB
*Gustav Sichelschmidt*, 'Deutschland verblödet, Fernsehen als Instrument verborgener Kräfte', Rosekruis Pers, Haarlem
111 *Veden,* sanskrit = Wissen. Sammelbezeichnung für die heiligen Schriften des Hinduismus, gesammelt zwischen 1500 und 500 v. Chr.
112 *Peter Andreas, '* Was morgen wahr sein kann', Econ-Verlag, 1981
113 aus 'esotera' 1/96
114 *Channeling* wird heute die Technik genannt, *Bewußtseins-Kanal zu sein.* Durch einen solchen 'Kanal' wird zwischen verschiedenhohen Bewußtseinsebenen oder -dimensionen kommuniziert. *Mutter Maria* erklärt in ihrem gechannelten Buch 'Marias Botschaft an die Welt': *Was heute als Channeling bezeichnet wird, ist keine neue Art der Kommunikation mit Gott. In allen Zeitaltern hat Er vor kommenden Katastrophen gewarnt. Er sprach durch Hesekiel, Jesaia und die anderen Propheten. Er tat es damals und kann es heute tun. Gott lebt, es geht Ihm gut, und Er erschafft noch immer.*
Näheres kann man sich erarbeiten mit dem Buch 'Ein Kurs im Channeln' von *Berry/Byers/Roux d.B.*
115 1. Joh.2; 18, 22 und 4; 2, 3
116 Bibliographie 2, 3 und 13.
117 *Thomas Cleary,* 'Der Mond scheint auf alle Türen', Barth-Verlag, München.
118 *Israel* ist hebr. und wird (teilweise) als 'Gott streitet' übersetzt.
119 Literatur: Die Werke 16, 19 und 37 in der Bibliographie

| | |
|---|---|
| 120 | *Goy*, Mehrzahl Goyim = Menschenrinder (Talmud), Schimpfwort für sämtliche Nichtjuden. *"Nur die Juden sind Menschen, die Nichtjuden sind keine Menschen, sondern Tiere."* (Kerithut 6 b) |
| 121 | * *Gruber und Kersten*, 'Der Ur-Jesus - Die budddhistischen Quellen des Christentums', Langen Müller, München 1994 |
| | * *Holger Karsten*, 'Jesus lebte in Indien', Verlag Langen Müller |
| 122 | 'Der Verkehr mit der Geisterwelt Gottes, seine Gesetze und sein Zweck' von *Johannes Greber*, Otto Reichel Verlag 1981 |
| 123 | siehe im Glossarium *Lorber-Verlag* |
| 124 | * *Günther Schiwy*, 'Der kosmische Christus', Kösel Verlag, München 1990 |
| | * *Susanne Schaup*, 'Sophia - Das Weibliche in Gott', Kösel Verlag München 1994 |
| | * *Thomas Schipflinger*, 'Sophia - Maria', Verlag Neue Stadt, München/Zürich 1988 |
| 125 | Ausführlich berichtet *Irene Dachilow* in der 'esotera' 3/97 Seite 22ff über den neuen Stand zum Thema 'Sophia' und verweist auf die Sophienstiftung, c/o *Robert Powell*, Herzogstr. 5a, 86981 Kinsau |
| 126 | siehe im Glossarium *Materialisation* |
| 127 | siehe im Glossarium *Levitation* |
| 128 | *James M. Pryse* schreibt in 'Reinkarnation im N.T.' (Ansata-Verlag, 1981): Im altindischen Sanskrit heißt Dreifaltigkeit *Trimurti*: nämlich *Brahma/Vishnu(Krishna)/Shiva,* in der nordischen Mythologie wird sie gebildet von *Odin/Wili/We,* bei den Germanen *Wotan/Donar/Loki,* in Ägypten *Osiris/Isis/Horus* oder *Amun/Mut/Chons* (Theben), in der jüdischen Kabbala *Kether/Binah/Chokhmah,* womit er nur eine kleine Auswahl der mythischen Dreiheiten aufzählt. |
| 129 | siehe im Glossarium *Akasha-Chronik* |
| 130 | *Hans Küng*, 'Das Christentum - Wesen und Geschichte', 1994 |
| 131 | Abschrift des Originalbriefes von *Publius Lentullus* in Rom im Besitz von *Lord Kelly* (aus *Heliand* von *Edmond Székely* [16]) |
| 132 | Die Befruchtung der Erde mit Blut ist eine extrem alte Magie. Im Mithra-Kult hatte das Baden in Blut einen 'erlösenden' Effekt (*Schonfield*). |
| 133 | *F.E. Eckard Strohm*, ' Die Engel von Atlantis', Licht-Verlag |
| 134 | siehe im Glossarium *Vegetarismus* |
| 135 | Im hebräischen Originaltext (Exodus 20:13) heißt dieses Gebot *lo tirtzach*. Laut Standartwörterbuch 'The complete Hebrew/English Dictionary' von *Dr. Reuben Alcalay* gilt die vorne zitierte Übersetzung. |
| 136 | eine andere östliche Lehre teilt die Ellipse der Tagundnachtgleichen in gleichlange Zeitsegmente, die sie *Yugas* nennen. |
| 137 | Meyers Großes Taschenlexikon, 1992 |
| 138 | *Johannes der Täufer* war wie Jesus bei den *Essenern* aufgewachsen und ausgebildet und wie dieser ein Zadok, ein essenischer Meister. |
| 139 | *Teufel* vom griechischen *diábolos* und *Satan* vom hebr. *Widersacher, Gegner* |
| 140 | 'Ich rufe Euch', Neuer Johannes Verlag, Lugano 1955/95 |

141 Flensburger Hefte, 'Schwarze und weiße Magie - von Satan zu Christus', Heft 12/1993
142 *Armin Bauer,* Heilpraktiker und medizinischer Betreuer der Selbsthilfegruppe und des Arbeitskreises 'Arbeit mit bio-aktiven Heil-Energien', Info-Brief Okt/94, Adresse: *Michaela Weikerstorfer,* Postfach 101020 in 93010 Regensburg
143 *Robin L. Fox,* 'Im Anfang war das Wort, Legende und Wahrheit in der Bibel', 1995
144 aus *Hieber,* 'Bücher haben ihre Schicksale'
145 *Schaddeim* = die Verworfenheit, *EL* = Erzengel
146 *Erich Fromm,* 'Die Kunst des Liebens', Ullstein 1990
Zu der zehnbändigen Ausgabe seiner Werke bei 'Zweitauseneins' schreibt die AZ: *Fromm war in vielem seiner Zeit weit voraus, wie er auch schon lange vor der New-Age-Bewegung die Ganzheitlichkeit des Menschen propagierte und unsere Tendenz, in der verlogenen Konsumwelt Sinn zu suchen, entlarvte.*
147 *Luther,* 'Tischreden', Reclam s. 29
148 'Neues großes Personenlexikon', 1990, Weltbildverlag
149 siehe im Glossarium *Mystik*
150 Mit diesem Satz beginnt das berühmte Jugendwerk *Schillers:* 'Theosophie des Julius'
151 'Spruchweisheiten', Otto Reichl Verlag, 1974
152 von lat. *alter* = der andere, Nächstenliebe, Selbstlosigkeit, Uneigennützigkeit, durch Rücksicht auf andere gekennzeichnete Denk- und Handlungsweise
153 Vortrag über "Aufgaben und Ziele des Arbeitskreises Urchristentum", Berlin 23.9.69
154 *Bernard Vaillant,* "Westliche Einweihungslehren', A. Hugendubel-Verlag, München 1986
155 siehe im Glossarium *Neugeistbeweung*
156 *Johannes Rothkranz,* "Wußten Sie schon ....' (Réflexions sur la grande guerre et l`avenier des peuples', Saloniki 1921
157 *Harold Cecil Robinson,* 'Verdammter Antisemitismus', Verlag Neue Visionen, 1995
158 Teilweise Auszüge aus dem Buch 'Die Einsatzmöglichkeiten ....' von *Lena Lieblich.*
159 Dipl.-Ing. *Paul Schmidt,* 'Symphonie der Lebenskräfte', Herausgeber RAYONEX GmbH, Lennestadt, 1989
Mit der Orgon-Technik und dem 'praktischen' Wissen über die verschiedenen Seelenkörper arbeitet und therapiert der HP *Armin Bauer,* siehe auch [142] Anthroposophische Literatur über unsere Seelenkörper finden Sie im Verlag *F.Hirthammer,* Frankfurter Ring 247 in 80807 München.
160 *Paracelsus,* 'Mikrokosmos und Makrokosmos', Diederichs, 1989
161 *Steven Weinberg,* Physiknobelpreis 1979, erklärt, daß bei seinen elektromagnetischen Versuchen mit Gehirn und Geist die fünfte Dimension die letzte sei, die in Raum und Zeit gemessen werden kann. Wer sich 'geistig'

konzentrieren und die elektromagnetischen Aktivitäten stabilisieren könne, habe die Möglichkeit, sich mit höheren 'Dimensionen der Realität' zu identifizieren, die der Physiker *Hyperraum* nennt. (Bibliographie 46, Seite 223)

162 Prof. *Walter Nigg*, 'Prophetische Denker', Verlag das Wort, und 'Die Lehre Martin Luthers - ein Mythos zerbricht', Selbstverlag (91287 Plech, Badstr. 28a)

163 *Ralph Waldo Emerson* (1803-1882), US-Theologe und einer der größten Philosophen des vergangenen Jahrhunderts. Die Ausgaben seiner Werke erschien 1903 in zwölf Bänden.

164 siehe im Glossarium *Sufismus*

165 siehe im Glossarium *Dharma*

166 In einer Fernsehsendung des Bayern 3 zu Ostern 1996 als 'christlichen' Sieg dargestellt

167 *Dr. Richard Steinpach,* 'Wieso wir nach dem Tode leben und welchen Sinn das Leben hat', Stiftung Gralsbotschaft, Stuttgart 1979

168 *Determinismus* ist die Lehre, daß der menschliche Wille von äußeren Ursachen bestimmt und daher nicht frei sei.

169 Näheres im Buch 1 auf den Seiten 173 ff

170 Die *Hl.Hildegard von Bingen* hatte schon in der Kindheit Visionen, die sie ab dem Jahre 1141 in lateinischer Sprache niederschrieb. Neben diesen mystischen Schriften entstanden homiletisch-exegetische und historische Abhandlungen, 70 selbstvertonte geistige Lieder und naturkundliche Bücher, die damals als wichtigste Quelle naturkundlicher Kenntnisse des frühmittelalterlichen Mitteleuropas galten und heute wieder in der Erfahrungsmedizin und ganzheitlichen Behandlung neue Bedeutung erhält [137]. Sie war eine der größten Frauen der Geschichte, Gesprächspartnerin und Beraterin von Gelehrten, Fürsten, Königen, Bischöfen und Päpsten und ihre Zeitgenossen gaben ihr voll Bewunderung den Ehrennamen 'Prophetissa teutonica' (größte deutsche Prophetin)[61]

171 *Jan van Helsing* [3] belegt durch Originalzitate aus dem 'Talmud von Babylon', daß ein politischer 'Gesalbter' erwartet worden war, der in unserer Zeit als 'Antichrist' oder 666 wirksam ist: *"Der Messias wird den Juden die Herrschaft über die ganze Welt geben. Und ihnen werden alle Völker unterworfen werden."*

172 *Pier Carpi,* 'Die Prophezeiungen von Papst Johannes XXIII.', twp-druck + verlag muggensturm, 1982

173 *Wilhelm Schmülling,* Redakteur der Zeitschrift 'Der 3. Weg', 5/96, 45219 Essen, Erftstr. 57

174 *Karl Marx,* 'Zur Judenfrage', Rowohlt, Berlin 1919

175 aus 'Buddhistischer Kalender', Verlag Wissen und Wandel, 95463 Bindlach-Benk, Katzeneichen 6; *Sutakar S. Dikshit,* 'Nationalism and Indian Education', Dehli 1966

176 Wie bei der griechisch- und russisch-orthodoxen Kirche ist die Priesterehe bei den Syrisch-Orthodoxen nicht nur zugelassen - bei den Gemeindepriestern es sogar Pflicht, verheiratet zu sein.

177 *H.W.L.Poonja,* 'Wache auf, Du bist frei', Context-Verlag.
178 Aus 'Zeiten*spiegel*' 11/96 zitiere ich dazu: Ein saurer Speichel (ph unter 7) hat im Gegensatz zu einem gesunden Speichel (ph 7-7,5) nicht die gleiche Fähigkeit, die aufgenommene Nahrung optimal aufzuspalten. Das saure Milieu erzeugt wiederum Saures. Obwohl basische Nahrung in einen solchen Fall sehr wichtig ist, kann sie die Übersäuerung oft nicht umwandeln, wenn nicht gleichzeitig eine Veränderung hin zu einer positiven Lebenseinstellung erfolgt. Säurepuffernde Mineralstoffe wie Basica, Relasit oder Alkala können bei Übersäuerung helfen. Schuld daran ist oft auch ein starker Konsum von Süßigkeiten, *denn der Zucker säuert enorm.* Das durch **Zuckerkonsum** kurzfristig erlangte Glücksgefühl flaut schnell wieder ab und macht leicht *zuckersüchtig.* Es wird dabei übersehen, daß Traurigkeit, Selbsthaß oder fehlende Zuneigung - eben das Fehlen eines Glücksgefühls - die Übersäuerung des Körpers provoziert. Zuckerkonsum aus Frust ist daher nur eine 'Symptombehandlung' und löst das eigentliche emotionale Säuerungs-Problem nicht. Umgekehrt wird die gesunde Verdauung eines glücklichen Menschen durch hin und wieder eingenommene saure Nahrung kaum aus dem Gleichgewicht gebracht. *Epiktet,* der griechische Philosoph, ergänzt: *Bei der Mahlzeit bewirtest du zwei Gäste; deinen Leib und deine Seele.*
179 'Vertrauliche' Mitteilungen, Verlag Arbeit und Wirtschaft GmbH, 78266 Büsingen
180 Überkonfessionelle monatliche Zeitschrift der Internationalen Vereinigung Christlicher Geschäftsleute IVCG, CH-8034 Zürich, Postfach 29
181 von *Nestle-Aland,* Deutsche Bibelgesellschaft, Stuttgart 1986
182 aus 'Buddhistischer Kalender', Verlag Wissen und Wandel, 95463 Bindlach-Benk, Katzeneichen 6
183 *Maria Wiesinger,* 'Der Weg führt zu dir', Verlag 'Kultur in der Familie', Linz
184 *Barbara Marciniak,* 'Boten des neuen Morgens', Lehren von den Plejaden, Bauer-Verlag 1994
185 *Sir James Goldsmith*, Bankier, Autor und Vorsitzender der von ihm gegründeten Partei 'Für ein anderes Europa', ist mit 13 Abgeordneten im Europäischen Parlament in Straßburg vertreten (raum&zeit, 82/96)
186 *Hans-Joachim Ehlers,* raum&zeit 82/96, Seite 50
187 *Thorwald Dethlefsen* und *Dr. Rüdiker Dahlke*, 'Krankheit als Weg', Bertelsmann 1989
188 aus 'God calling - by the two listeners', enthalten in *Georges Trevelyan,* 'Eine Vision des Wassermannzeitalters', GTP Verlag, Freiburg
189 siehe im Glossarium *Meister Eckhart*
190 *Angela Schäfermeyer,* 'Inana in Amenti', Andromeda, 90403 Nürnberg, Obere Schmiedgasse 50
191 *Dr. Adalbert Schönhammer,* 'PSI und der Dritte Weltkrieg', Rohm Verlag, Bietigheim, 1978
192 *Dipl. Ing. Horst Oberder,* 'Christsein 2000', Verlag Kultur in der Familie, Linz 1995

193 Neuere Forschungen habe ergeben, daß die 'ideale' Grundform in der Natur weder Kreis noch Ellipse, sondern die Ei-Form sei (*Schauberger* hat es bewiesen). Der Bestsellerautor *Charles Berlitz* legt außerdem die Jahreszahl des 'kosmischen Jahres' auf 25.827 Erdenjahre fest, entsprechend der Summe der gekreuzten Diagolalen der Pyramide von Gizeh, welche 25.827 Pyramidenzoll betragen.

194 *Mantra* oder *Mantram*, vedisch = das, was retten kann. *Gudula Blau* schreibt in 'Bio' 4/96: *Mantra ist eine Bezeichnung für eine bestimmte Klangform, für den Gesang, die Rezitation heiliger Worte oder einer Gebetesformel. Mantras helfen auf subtile Weise den Geist zu entspannen, Emotionen zu besänftigen, das Herz zu öffnen und inneren Frieden zu erlangen. Im Islam und in der katholischen Kirche ist das Gebet mit dem Rosenkranz im Schwingungsbereich der Mantras.*

195 'Ave-Kurier' Maria Mediatrix, Zweimonats-Zeitschrift im Dienste Mariens, Mediatrix-Verlag, 1010 Wien, Seilerstätte 16

196 lat.: Zeitraum von 1000 Jahren, auch 'das tausendjährige Reich Christi' genannt

197 aus 'Mit dem Netz auf Geisterjagd' in 'esotera' 8/96

198 *Dr.med.dent.Johann Lechner*, in 'Immunstress durch Zahnmetalle und Elektrosmog', raum & zeit 74/95

199 Die apokryphen Thomas-Akten wurden zu Beginn des 3. Jhd. in Syrien verfaßt und liegen auch in deutsch vor (Leipzig, 1823)[5]. Es ist die Bezeichnung für einen christlich-gnostischen Apostelroman, der von *Thomas* und seinen Wundertaten in Indien erzählt. Der Apostel erleidet am Ende den Märtyrertod.

200 *Khalil Gibran* (1883-1931), großer libanesischer Dichter und Weisheitslehrer, der arabische Mystik und den Geist der Bergpredigt vereint. Alle Zitate sind aus dem Büchlein 'Worte wie die Morgenröte' Herder Verlag, 1988

201 *A.Voldben*, 'Die großen Weissagungen über die Zukunft der Menschheit', Verlag Langen Müller, 1975

202 *Harald Stöber* beschreibt in seinem Buch 'Herr der Götter, Wissen und Weisheit aus dem Weltall' (Verlag Mehr Wissen, Düsseldorf 1987) den ägyptischen Totenkult und die Vorgeschichte der '10 Gebote Mose' (Seite 164ff).

203 *Baird Spalding*, 'Leben und Lehren der Meister im fernen Osten', Drei Eichen Verlag, 1972

204 Dieser berühmte Satz stammt nicht aus dem N.T., sondern von dem römischen Staatsmann, Redner und Philosophen *Cicero* (106-43 v.Chr.)

205 im 'Spiegel' 30/96 wird zitiert: *...alle Entscheidungen werden von uns getroffen.* Dabei sind abgebildet Serbiens Patriarch *Pavle* zusammen mit *Karadzic* und *Mladic*.

206 'Zeit-Zeichen', Zeitschrift im W. Adelmann Verlag, Schmallenberg

207 Verlag 'Zeiten*Schrift*', Postfach, CH-9442 Berneck

208 Interview in 'Zeiten*Schrift*' 12/96, S 62ff.

209 'Einführende Texte zu dem Werk >Im Lichte der Wahrheit<', Gralsbotschaft von Abd-Ru-Shin, Verlag Stiftung Gralsbotschaft, Stuttgart 1981

210 Zitat aus 'Die Weltformel der Unsterblichkeit' von *Michael Stelzner*, Verlag für außergewöhnliche Perspektiven VAP, Wiesbaden 1996
211 aus 'Leitspuch-Kalender', Bellaprint Verlag, A-2371 Hinterbrühl, 1996
212 * *Dr.Jakob Libermann,* 'Die heilende Kraft des Lichtes', Scherz-Verlag 1993
* *M.A.Magyarosy,* 'Surya Namaskar, das andere Fitneß-Rezept' (wie Sie Licht und Sonne in Ihren Körper holen), Laredo-Verlag, München 1992
213 Auszug aus 'Die esoterische Bedeutung von Weihnachten', Esoterik/New-age
214 DAO, das Magazin fernöstlicher Lebenskunst, Kolibri-Versand, 22083 Hamburg, Bartolomäusstr. 57b
215 nach *Coon*, 'Science of Everlasting Life'
216 Diese Botschaft geht folgendermaßen weiter: *Eure Sehkraft beginnt sich der fünften Dimension anzupassen, sodaß Ihr nun alle Vorhersagen bezüglich Eures Treffens mit Euren Lichtgeschwistern bestätigt bekommt. Auch die Natur wird sich verändern und alles abwerfen, was nicht ihrem Wohle förderlich ist. Das Bild der Erde gestaltet sich um und Ihr werdet sowohl mit dem Natur- wie auch mit dem Tierreich kommunizieren. Es wird keine Flugzeuge mehr geben und keine Verkehrsmittel in Euerem Sinne, da gänzlich andere Naturgesetze herrschen werden. Ihr werdet mit Eurer Gedankenkraft manifestieren und kommunizieren, da Ihr mit dieser alles meistern könnt. Die höheren Mentalenergien werden Euch erklärt werden und unter Supervision von sehr hohen bewußten Lehrern wird man Euch schulen, diese Energien durch Meisterung Eures Geistes und absoluter Gedankenkontrolle einzusetzen. Es findet eine sogenannte Grundausbildung für alle statt, die jeden befähigt, die notwendigsten Dinge wie Nahrung, Kleidung und Unterkunft selbst zu erschaffen, wodurch jeder unabhängig und frei ist und vor allem seine wahren Fähigkeiten und Talente schulen und weiterentfalten kann... Der bereits höher entwickelte Mensch wird sich für einen Pfad des Dienens entscheiden und in diesem ausgebildet werden in den ent-sprechenden Schulungszentren...*
Weiteres Material dazu kann gegen Portoersatz angefordert werden bei Frau *Karin-Maria Ponzer,* Prießnitzstr.23/4, A-2340 Mödling
217 *Der Anfang des Johannes-Evangeliums (Joh.1,1) wird aus dem griechischen Urtext meist wie folgt übersetzt*: >*Im Anfang war das Wort, und das Wort war bei Gott, und das Wort war Gott.*< *Mit dem 'Wort' ist Christus gemeint... Falsch jedoch ist die Übersetzung* >*und das Wort war Gott*<; *denn im griechischen Wortlaut steht hier lediglich* theos *ohne Artikel - 'Gott' jedoch heißt im strengen Sinn im Griechischen* ho theos,*mit Artikel. Infolgedessen heißt die richtige Übersetzung des letzte Satzteiles so:* >*und das Wort war göttlichen Wesens*< - *aber nicht Gott!* (*Robert Sträuli*, Geistige Welt, 1987)
218 * *Thomas Schweer:* 'Stichwort: Satanismus', Heyne Sachbuch, 1997
* 'Der Dämonenstaat', Verlag Universelles Leben, Würzburg 1990
* *G. und M. Grant:* 'Schwarzbuch Satanismus', Pattloch Verlag, Augsburg
* *Willem C. van Dam:* 'Satan existiert', ebenda
* *Emmanuel Milingo:* 'Gegen Satan',
* *René Laurentin*: 'Der Teufel', Parvis-Verlag, Hauteville 1996

| | |
|---|---|
| 219 | *Marko Pogácnik:* 'Elementarwesen - Die Gefühlsebene der Erde', KnaurVerlag |
| 220 | aus Zeiten*Schrift* 3/94 |
| 221 | siehe im Glossarium *Silberschnur* |
| 222 | *Bilokation,* lat.:'Zweiörtlichkeit', Bezeichnung in der Theologie und der Parapsychologie für das gleichzeitige körperliche Erscheinen eines Menschen an zwei verschiedenen Orten. Solches wird öfters bei Heiligen oder anderen in ekstatischem Zustand beschrieben. Man deutet die Bilokation als eine Aussendung des Atralkörpers, eine Materialisation oder ein Hologramm eines sehr hochentwickelten Bewußtseins. |
| 223 | siehe im Glossarium *Bewußtsein* |
| 224 | siehe im Glossarium *Od-Kräfte* |
| 225 | Bei amerikanischen Zeitreisen-Versuchen, wie sie in [271] beschrieben werden, gelangte man zwar in Jahre wie 6.000 oder 10.000 n.Chr., aber seltsamerweise nicht über das Jahr 2012 hinaus: *Es gab da eine sehr abrupte Wand mit nichts mehr auf der anderen Seite.* Solches würde *Hesse* bestätigen, der schrieb, daß nach Eintritt in den Photonenring (Jüngstes Gericht) einen Äon lang (rd. 2010 Erdenjahre) ein **zeitloser** paradiesischer Zustand herrsche bis zum Austritt aus demselben, einem erneuten 'Sündenfall'. |
| 226 | im Heft 6/96 berichtet die *esotera* über das Buch von *E. Meckelburg* 'Hyperwelt - Erfahrungen mit dem Jenseits', Langen Müller Verlag, 1995 |
| 227 | medial empfangene Durchgabe von meinem Vater *Alois Holey,* der in der geistigen Welt lebt |
| 228 | *Mutter Maria* prophezeit in 'Marias Botschaft an die Welt': *New York wird nicht wieder als das riesige Handelszentrum entstehen, das es jetzt ist. Es hat mit seiner Gier und mit seiner Anbetung von Macht und Geld die Welt am meisten vergiftet* |
| 229 | Die Bezeichnung 'das Ende' wird oftmals auch mit dem 'Ende der Welt' gleichgesetzt (vergl. Matth.13,39) und resultiert aus einem Übersetzungsfehler bei *Luther* und auch bei *King James.* Die korrekte Übersetzung des griechischen Textes lautet: *Ende des Zeitalters* |
| 230 | in 'Meyers Großes Taschenlexikon' 1992 heißt es unter 'Protestantismus': *Als Lehre des P. gelten die zentralen theolog. Aussagen der Reformatoren: Der Mensch ist Sünder. Seine Rechtfertigung geschieht allein durch Christus, allein durch Gnade und allein durch den Glauben. Abgewiesen wird die Mitwirkung des Menschen an seinem Heil, einer Vermittlung durch Maria und die Heiligen, der Wert der guten Werke für die ewige Seligkeit.* |
| 231 | In dem Buch 'Photonenring' [65] wird uns erklärt, daß der Planet Erde bis vor zirka 6000 Jahren ein künstliches Firmament aus Wasserkristallen besessen hat, das bei einem damaligen Weltkrieg zerstört worden ist und als *vierzig Tage Regen* in unsere mythologischen Erinnerungen einging |
| 232 | *Hans B. Altinger* schreibt in seinem Buch 'Johannes der Täufer' [59]: *Neben den Regeln von Reinheit und Unreinheit gab es zudem noch eine Vielzahl von Gesetzen und Vorschriften, die das israelische Volk zumindest teilweise entmündigten und zur Sünde zwangen. Erwähnt sei beispielhaft nur der* |

*Sabbatkult. So durfte man u.a. nach jüdischer Bestimmung höchstens 2000 Ellen (=880 m) zurücklegen (sh.Ex 16,29; Apg 1,12). Selbst die Verrichtung der Notdurft unterlag am Sabbat komplizierten Regelungen und war in bestimmten religiösen Parteien sogar ganz untersagt... Die Einhaltung der religiösen Gesetze und das Reinsein waren nicht nur beschwerlich, sondern auch teuer. Die Reinsprechung durch einen Priester setzte nicht nur den Kauf von Opfertieren voraus; der Priester verlangte auch ein entsprechendes Honorar für seine Tätigkeit. Auf diesem Hintergrund wird verständlich, daß die Händler für Opfertiere (Tauben, Ziegen, Lämmer usw.) ihren Geschäftssitz unmittelbar im Tempel hatten. Die Kundschaft der Unreinen und Sünder war ja nach religiösem Gesetz automatisch sehr groß...*

233  91336 Heroldsbach bei Forchheim
234  Auslegung des Begriffes *Antichrist* in der 'Bibel im heutigen Deutsch', Deutsche Bibelgesellschaft, Stuttgart 1982, Seite 606
235  Die Meinungen über das Geburtsjahr Jesu gehen weit auseinander. Das Jahr Null der Zeitrechnung wird allgemein nicht als richtig angesehen und Berechnungen basieren auf verschiedenen Annahmen. Da das Jahr 3 v.Chr. oft zitiert wird, habe ich mir erlaubt, dieses symbolisch dafür zu verwenden. Aus numerologischer Sicht hat das Geburtsdatum 9. 9. 7 v.Chr. die höchste Wahrscheinlichkeit, zuzutreffen. Siehe auch das 8. Kapitel.
236  *Dr.med.Adalbert Schönhammer* in seinem Buch 'PSI und der Dritte Weltkrieg', Rohm-Verlag, Bietigheim 1978
237  Die 'Unity-Schule des Christentums' wurde 1889 von *Charles* und *Myrtle Fillmore* in Kansas City, USA, gegründet. Sie ging aus einem Gebetskreis hervor, der sich nach der Glaubensheilung der todkranken *Myrtle Fillmore* rasch ausdehnte und aus dessen Mitte unzählige 'Wunder'-Heilungen gemeldet wurden - bis auf den heutigen Tag.
Info-Material unter Frick Verlag, Postfach 447 in 75104 Pforzheim
238  Interview in raum&zeit 65/93
239  aus 'Geschäftsmann und Christ', Ausgabe 1/97
240  siehe im Glossarium *Agape*
241  Text aus Buch 71 Seite 180
242  'Die Menschheit an der Schwelle der Befreiung', Offenbarungen Jesu an Priester und Gläubige, Parvis Verlag, Hauteville 1992
243  In dem Buch 'Das Morgenrot einer neuen Zeit', Parvis-Verlag, Hauteville 1992, wird der zweite Teil der Offenbarungen Jesu an *Maria Valtorta* veröffentlicht. *Maria Valtorta* (1897-1961) hat, ans Krankenbett gefesselt, auf beinahe 15.000 Manuskriptseiten zwischen 1943 und 1951 von Jesu Offenbarungen und Visionen festgehalten.
244  Der Mexikaner *Roque Rojas* (1812-1879) empfing vom HERRN innerhalb von acht Jahren Kundgaben und Offenbarungen, die in 12 Bänden von je rund 450 Seiten gesammelt worden sind. Es handelt sich nicht nur um eine Fülle göttlicher Bezeugungen, daß die Zeit der Wiederkunft Christi da ist, sondern auch um die klare Belehrung, daß Gott diese nicht mehr in menschlicher

Gestalt geschehen lassen wolle, sondern als Heiliger Geist. Auszüge daraus bringt der Otto Reichl Verlag, Buschhoven, in dem Buch 'Die Dritte Zeit, Wiederkunft des Herren', Buch 74

245    in der Zeitschrift 'Die Andere Realität', Oktober 94

246    *Ramtha*, 'Der letzte Walzer der Tyrannen', In der Tat Verlag, Burggen 1990. R. ist eine 35.000 Jahre alte männliche Wesenheit, welche seine Philosophie seit 1977 dem Medium *J.Z.Knight* channelte und in mittlerweile 12 Büchern veröffentlichte. R. erklärt, er wäre ein politischer und spiritueller Führer Lemuriens (der *Ram*) gewesen, den wir auch im Hinduismus finden.

247    Greuth Hof Verlag, Kimratshofen 1989, S.36f

248    *Barbara Marciniak*, 'Boten des neuen Morgens', Verlag Hermann Bauer, Freiburg 1995

249    Beide Zitate aus 'Zukunftsvisionen der Europäer' von *Stephan Berndt*, Verlag Die Blaue Eule, Essen 1993, S.210

250    Buch 65, S.214

251    Ebenda S.310

252    *Hal Lindsey,* 'Rettung oder Untergang?', Verlag Schulte + Gerth, Asslar 1977, S.62

253    siehe im Glossarium *Maya-Kalender*

254    aus 'Der Weiße Lotos' Nr. 52, S.10

255    wie 249, aber Seiten 28ff

256    Buch 17, S.175

257    aus 'Der Weiße Lotos' Nr. 60, S.32

258    siehe im Glossarium *Marienverehrung*

259    aus dem Vortrag 'Denken und Handeln im Neuen Zeitalter' beim Kongreß der Intern. Ost-West-Ges. in Riga/Lettland am 30.6.96 (Der Weiße Lotos Nr. 61 S.10)

260    Auszüge (S.10) aus 'Volk unter prophetischem Anruf', Marienerscheinungen für Kirche und Menschheit, von *A.M.Weigl* und *P.F.Branz,* St.Grignion-Verlag, Altötting 1995

261    Die Bibelstellen lauten: 'Heuchler' und 'Lügner' bei Mt 6,2,5; 15,7; 23,13-15; 23,29; Mk 7,6; Joh 8,44-47. Die weiteren Bezeichnungen finden Sie unter Mt 12,34; 23,33 wie auch 12,39 und 21,13; Mk 11,17; Lu 11,29 und 19,46.

262    Zeiten*Schrift* special 13/97 Seite 10

263    einige Buchtitel zum Thema *Engel*:
      * *M. u. G. Katz:* 'Die Hüter der Edelsteine', Aquamarin-Verlag
      * *Ferry Lackner*: 'Dem Schutzengel begegnen', Windpferd-Verlag
      * *Dr. Paola Giovetti*: 'Engel - die unsichtbaren Helfer der Menschen', Ariston
      * *Egon Wenberg*: 'Ein Plädoyer für Engel', Bauer-Verlag
      * *H. C. Moolenburgh:* 'Engel - Helfer auf leisen Sohlen', Bauer-Verlag
      * *Silvia Wallimann*: 'Mit Engeln beten', Bauer-Verlag
      * *Robert C. Smith*: 'Schutzengel und Heilengel', Aquamarin
      * *Terry L. Taylor*: 'Die Engel waren zur Stelle', Aquamarin

|     |     |
| --- | --- |
|     | \* *Alfons M. Weigl*: 'Sie sahen ihren Schutzengel', Mediatrix-Verlag |
|     | \* *Giovanni Siena*: 'Pater Pio: Das ist die Stunde der Engel', L'Arcangelo |
| 264 | raum & zeit 85/97 S.116 |
| 265 | Apg 2,14-21. *Paulus* geht im 1. Korinther auf die Geistesgaben ausführlich ein und empfiehlt sie: *Strebt nach den höheren Geistesgaben* (12,31). *Trachtet nach der Liebe, bemüht euch aber auch um die Geistesgaben, am meisten jedoch darum, daß ihr prophetisch zu reden vermöget* (14,1). Weitere Stellen unter 14: 5, 12, 24, 31 und 39 f. |
| 266 | Zeitschrift 'Leben und Sein' (siehe dort), Ausgabe [alpha], Seite 11 |
| 267 | siehe im Glossarium *Atomuhr* und *Schumann-Frequenz* |
| 268 | siehe im Glossarium *Theosophische Gesellschaft* |
| 269 | aus 'Lichtzeichen' S 2, Seite 6 |
| 270 | Folgendes kennen wir aus der Numerologie: Die 6 und die 9 sind polare Gegensätze, die wie die meisten Paarlinge 'harmonisiert' werden können. Schreibt man die 6 und die 9 genau aufeinander, dann entsteht eine 8. Die 6 mit dem Schwerpunkt 'unten' stellt die Materie dar und die 9 mit dem 'oberen' Akzent die Vergeistigung. Beide übereinander gemalt ergeben die 8, die numerologische Darstellung der Harmonie. Würde man in diese übereinandergelegte 6 und 9 und 8 noch ein Männchen malen, bekämen wir die Aussage, daß die drei unteren Chakras wiederum das Niedere und Materielle und die drei oberen das Geistige des Menschen darstellen. In der harmonischen Mitte zwischen den drei oberen und drei unteren Chakras liegt das Herzchakra, in dem der Gottesfunken deponiert ist. |
| 271 | Es existiert ein 18seitiges Flugblatt über 'ORION-basierte Technologie, Gedankenkontrolle und andere geheime Projekte', über die in einem neunstündigen Video-Interview geheimes Wissen aus Vorkriegszeiten bis zur heutigen Stealth-Technologie veröffentlicht wird. Es beginnt bei *Wilhelm Reich* und *Nicola Tesla*, schließt in den modernen USA und beinhaltet bei all dieses skrupellosen Versuchen die Informationen aus negativen außerirdischen Beteiligten - zur Erringung der absoluten Weltherrschaft.<br>Im letzten Absatz des Interviews finden sich die Sätze: *Wenn ein Block, der die Evolution ändern soll, aufgebaut wird, dann entfernt das Bewußtsein der intelligenten Matrix den Block. Das ist ein Aspekt der kommenden planetarischen Veränderungen. Das planetarische Bewußtsein wird sich um die Umwelt kümmern. Die Intelligenz-Matrix hinter allem Bewußtsein wird sich um die Orion-Gruppe kümmern, und ist jetzt gerade dabei, es zu tun. Dienst an den anderen, Liebe, Vergebung und Freiheit sind der Weg, auf dem die Realität am besten funktioniert...*<br>Diese Schrift ist gegen Voreinsendung von DM 5,- für Porto und Selbstkosten zu erhalten beim Ama deus Verlag, Postfach 63, 74576 Fichtenau |
| 272 | 'esotera' 3/97, Seite 5 |
| 273 | aus 'willst du gesund wohnen?' von *Prof.Karl-Ernst Lotz*, Eigenverlag Biberach 1977, Seite 157 |

| | |
|---|---|
| 274 | *James Churchward* beschreibt in Buch 79 Seiten 118ff, daß die Uighuren nach dem Untergang von Atlantis und Lemurien (Mu) vor 11.500 (?) Jahren die mächtigste hellhäutige Menschenrasse des Altertums war. |
| 275 | Buch 59, Seite 292 |
| 276 | Buch 59, Seite 293 |
| 277 | Heft 22/96 Seite 19. Eine Botschaft des Erzengels *Michael*, empfangen am 1.6.96 von *Dr.Dorit E. Becker*. |
| 278 | Buch 79, Seite 168ff |
| 279 | 'Vertrauliche Mitteilungen' vom 29.4.97 |
| 280 | aus der Buchbeschreibung 'Die Lehren der Essener' in raum&zeit 78/95 S.82 |
| 281 | Zitat aus ‚Eine Reise, die über Worte hinausgeht' von *Brent A.Haskell*, Oxalis-Verlag, Lübbecke 1997, S. 75. Die Texte von *Joshua* wurden seit 1990 in Hörform medial empfangen. |
| 282 | aus Buch 81 auf Seite 90<br>Dieses Buch ist sehr empfehlenswert für das Verständnis von Babies und Kleinkinder |
| 283 | Die Zahlenangaben sind dem Buche *Jack Bernsteins* "Das Leben eines amerikanischen Juden im rassistisch-marxistischen Israel" entnommen |

# Glossarium

Die Erwähnung im Text (*Marc Roberts*) weist auf Angaben oder Textübernahmen aus seinem 'Das neue Lexikon der Esoterik' hin (Zsolnay-Verlag Wien 1993), die Erwähnung (*Beatric Flemming*) auf das 'Kleines Lexikon & Register' des F. Hirthammer Verlages München 1976.

**Agape** ist das griechische Wort für brüderliche Liebe und bezeichnet im Urchristentum auch das brüderliche Mahl. Im 11. Kapitel des 1. Korintherbriefes erfahren wir noch die Verbindung von Mahl und Eucharistiefeier. Dieses brüderlich-festliche Mahl wurde abends gefeiert, jeder steuerte das Seine dazu bei nach Stand und Vermögen, aber so, daß dann alle alles mit allen teilten. Dieses Mahl war mehr als eine Sättigung, es sollte Ausdruck der brüderlichen Verbundenheit in Christus sein und war dadurch auch schon von seiner Gegenwart erfüllt.('Publik-Forum', 96/2, S.33).

**Akasha-Chronik**: Die Betonung liegt auf dem ersten A und das Sanskritwort bedeutet: die feinste, subtilste, alles durchdringende Äther-Form eines Sonnensystems, in welche alle Taten, Gefühle und Gedanken der Menschen unvergänglich eingeprägt werden. Wird auch das 'Gedächtnis des Logos' genannt (*Beatrice Fleming*). Dieses Weltengedächtnis ist ein rein energetischer Speicher, der sich auf einer mentalen Ebene befindet und nur wenigen Menschen zugänglich ist. Das energetische Muster eines Gedankens ist dort wie in einem Computer gespeichert. Dabei ist es egal, ob eine Naturkatastrophe, ein Tier oder ein Mensch eine solche Speicherung hervorgerufen hat. Da es Energie ist, kommt es auf die benötigte Menge der aktivierten Energie an, die darauf gespeichert wird. Das heißt, je stärker ein Gefühlsausbruch in Ihnen, umso stärker ist auch Ihr gespeichertes Muster in der AC. Da es in dieser Speicherebene weder Zeit noch Raum gibt, breiten sich die Schwingungen unter anderem auch nach hinten, das heißt in die Vergangenheit aus. Ein Ereignis in einer nicht näher definierten Zukunft kann also Schwingungen in die Gegenwart senden (*Peter Frankenberg*).

**Atomuhr**: Das Erdmagnetfeld hat bereits so stark abgenommen, daß sich die Drehgeschwindigkeit des Planeten geändert hat. Die Atomuhren in Boulder Colorado sind schon so oft nachgestellt worden, daß Mittag und Mitternacht mittlerweile vertauscht wären, würden die Uhren nicht seit 40 Jahren regelmäßig nachgestellt (ca. 3 Sekunden täglich). Dies ist ein Information, die der Öffentlichkeit verschwiegen wird. Denn eigentlich sollte eine Atomuhr über Jahrzehnte hinaus genau sein, ohne je nachgestellt werden zu müssen. Die Abnahme des Erdmagnetfeldes könnte auf einen nahenden Polsprung hindeuten... (Zeitschrift 'Der Sonnenwind', 2/96 S.23)

**Bewußtein**, eine besonders Form menschlichen Erlebens. Als Tätigkeit ist das B. die psychische Widerspiegelung der physischen Welt und als dessen Ergebnis der Gesamtinhalt der Phantasie-, Wahrnehmungs- und Denkfähigkeit des Menschen. Nach *Tart* ist es das 'Gesamtmuster des psychischen Funktionierens'. Psychische Inhalte, die vom Menschen nicht als solche empfunden werden, gehören zum Unterbewußten, das nach *Jung* eine ausgleichende (kompensatorische) Wirkung auf das B. hat. Die Grenzen zwischen beiden Bereichen ist die Bewußtseins-schwelle, an der ein unbewußter Vorgang zu einem bewußten wird. Das nicht bewußtseinsfähige Un-bewußte (kollektives Unbewußtes) erscheint in Träumen, Visionen und Wahnvorstellungen. Man unterscheidet zwischen B.-Zuständen und -ebenen, die mit den vier Hauptgruppen von Gehirnwellen verbunden sind (Alpha-, Beta-, Delta- und Tethawellen). Alphawellen sind die Grundlage aller höheren Bewußtseinszustände... Die Kombination der verschiedenen Gehirnwellen ergibt neun Bewußtseinszustände: 0. Tiefschlaf, 1. Traumschlaf, 2. hypnagoger Zustand (zwischen Wachen und Schlafen), 3. Wachzustand, 4. Meditation, 5. lichtes B. oder Erleuchtung (= völlige Trennung zwischen Körper und Seele, wie sie durch die Medetation des Zen erreicht wird), 6. aktive Kreativität, 7. Bewußtseinserweiterung oder Trance im Schamanismus (besonders durch psycho-aktive Drogen) und 8. kosmisches Bewußtsein (*Bob Frissell*).

**Dharma** ist ein Sanskritwort, das mit vielfältiger, historisch und religionsbezogenener Bedeutung verwendet wird. Seinen höchsten Stellenwert hat es im Hinduismus.
Unabhängig davon hat das Wort ein neues Verständnis in der modernen Esoterik. Hier wird es überwiegend als Gegenpol zum Karma gesehen. Ein inkarnierter Mensch bekommt ausreichend Dharma mit in die Stofflichkeit seines neuen Lebens, um die ebenfalls mitgebrachten karmischen Aufgaben abdienen zu können. Hierfür wäre die einfachste Übersetzung 'Talente', doch dies würde der Vielfalt irdischer Lebens- und Entwicklungswege nicht gerecht werden. Unsere EDV-Kenntnisse erlauben vielleicht ein neues Verständnis: D. ist eine auf unsere Person motifizierte Standart-Software, die uns nach schrittweiser Aktivierung zur Verfügung steht.

**Hermes Trismegistos**: Der Ursprung der hermetischen Lehren, wie auch der Person des HT, sind zeitlich nicht genau zu datieren. Die meisten Forscher legen den Ursprung in die Zeit der Entstehung der ersten großen ägytischen Dynastien, mit denen das geistige Zentrum der damaligen Welt, Ägypten, entstand. Unter den großen Meistern, Adepten und Hierophanten dieser Zeit wurde einer als der ganz große, der dreimal große, der 'Tris'-megisti, bezeichnet. HT war unbestritten der größte Denker der beginnenden Hochkultur in Ägypten, er war der Begründer der Astrologie und der Entdecker der Alchemie. Der wahrhaft dreimal Große. Nach jüdischen Überlieferungen soll er ein Zeitgenosse von Abraham gewesen sein und selbst 300 Jahre im Fleisch gelebt haben. Nach seinem Tode machten die Ägypter einen Gott aus ihm, den sie *Thot* nannten. Später machten die Griechen daraus ihren Gott *Hermes*, den Gott der Weisheit. *Thot* war in der ägyptischen Götterwelt der Gelehrte unter den Göttern, die Quelle der Weisheit.
Die Lehren des HT sind eingeflossen in die Lehren Indiens, Asiens, Chinas, Griechenlands und Roms; sie waren und sind bis heute Ursubstanz. In der Nachfolge des HT und seiner Lehren galt das Prinzip der Geheimhaltung. Wenn das Wort 'esoterisch' heute etwas mißbraucht wird, so trifft es in seiner vollen Bedeutung des nichtöffentlich, des Verschlossen-seins auf die hermetischen Lehren zu. Aus der

Geheimhaltung heraus hat sich der Begriff *'hermetisch verschlossen'* gebildet, der heute Sprachgebrauch ist. Die Hüter dieser Lehren gingen von dem Prinzip aus: 'Milch für Babys, Wein für starke Männer'. Sie sagten immer nur soviel, wie jemand, seinem geistigen Stand entsprechend, verkraften konnte. Die Lehren des HT sind zwar in viele Länder und Religionen eingeflossen, doch die Hüter dieser Urweisheiten des Menschengeschlechts haben immer darauf geachtet, daß die Lehren niemals mit einem Land oder einer Religion identifiziert wurden. Es war die Mahnung der alten hermetischen Meister, die Lehren nie zu einem Glaubensbekenntnis werden zu lassen, denn sie wußten auch, wie man dieses Gesetz neutralisiert. Hochkulturen sind gekommen und gegangen, Götterwelten sind entstanden und vergangen, Weltreiche entstanden und vergingen, nur die hermetischen Lehren, die über allem standen, sind geblieben. (*Galan*, ehem. Prof. für Psychologie und heute Präsident der *Akademie der Hermetischen Wissenschaften e.V.* in Chieming, entnommen der Zeitschrift Licht-Zeichen, S2/94)

Zeitangaben zu diesem Thema wagt *James Churchward*[79], indem er schreibt: *Als nämlich Thot die erste Kolonie Unter-Ägyptens in Sais errichtete, lehrte er, wie eine Reihe von Papyri beweist, bereits den Osiris-Kult – und dies geschah vor immerhin 16.000 Jahren. In zwei anderen Quellen habe ich den Hinweis gefunden, daß Osiris tatsächlich vor 18.000 bis 20.000 Jahren gelebt hat und ein Meister der Geheimlehren auf Atlantis war.*

**Levitation**, lat.: Schweben. Bezeichnung für das paranormale Phänomen des Schwebens und Emporgehobenwerdens von Gegenständen und Menschen, eine Fähigkeit, die in allen Kulturen Heiligen und spirituellen Meistern zugeschrieben wird.

**Lorber**: Die äußeren Ereignisse des *Jakob Lorber* (1800-1864) - der aus der Untersteiermark gebürtig, sich als Musiklehrer, ausübender Musiker und Komponist in der Landeshauptstadt Graz niedergelassen hatte - blieben bescheiden gegenüber seiner Berufung zum 'Schreibknecht Gottes', die er in seinem vierzigsten Lebensjahr durch das innere Wort empfing und der er dann bis an sein Lebensende in unerschütterlicher Treue gehorchte. Es entstand im Verlaufe von 24 Jahren ein einzigartiges Riesenwerk, das heute 25 fünfhundertseitige Bände füllt, die kleineren Schriften nicht mitgerechnet. Der Verleger schreibt, daß es für diesen stillen, unendlich bescheidenen und demütigen Mann L. durchaus kein Beispiel gebe, mögen wir ihn als Mystiker oder Seher oder, zeitgemäßer, als mediales Genie verstehen. Sicher sei, daß er ein erstaunlicher und unfaßbarer Menschengeist war, der alle großen Eingeweihten übertreffe, die wir kennen. Als Ergebnis dieser göttlichen Inspiration hinterließ L. ein mit nichts Ähnlichem vergleichbares Schrifttum von kosmischer Größe und Weite, das den Grundthemen allen Seins gewidmet ist: dem Wesen Gottes, des Weltalls und des Menschen und ihrer wechselseitigen Beziehungen. Damit empfing die Menschheit eine wirklich umfassende Antwort auf ihre jahrtausendealten Fragen nach den Woher, Wohin und Warum des Lebens. Im Zentrum dieses grandiosen Weltbildes vom Urbeginn der Schöpfung bis zu ihrer künftigen Vollendung steht das zehnbändige 'Große Evangelium Johannes', das, völlig auf dem Boden christlichen Glaubensgutes wurzelnd, uns in der eingehenden

Darstellung des Lebens und der Lehre Jesu eine ungeheuere Ausweitung und Vergeistigung des christlichen Offenbarungsschatzes schenkt, welcher vielfach erst jetzt in der Zeitenwende das nötige Verständnis finden wird.
Weiteres Material zu diesem Lebenswerk bietet der Lorber-Verlag F. *Zluhan*, 74308 Bietigheim, Postfach 1851 an.

**Marienverehrung**: Weitere Botschafterinnen von Offenbarungen *Mariens* sind: *Barbara Weigend; Anneliese Michel* (Klingenberg 1975); *Maria*, Äbtissin des Klosters von Areda (vier Bände); die *Hl. Britta* von Schweden; die *Luisa Piccareta*; *Anna Katharina Emmerich* (1774-1824) und die Erscheinungen über dem Ort Eisenberg. Auch diese Aufzählung dürfte noch nicht erschöpfend sein.

**Materialisation**, lat.: Einkleidung in die Materie. Umschreibung des metaphysischen Phänomens, daß medial veranlagte Menschen aus *feinstoffliche Substanzen* vorübergehend oder dauernd Gebilde neu erschaffen oder aus unserer Materie umformen können (Düfte, Blüten, Edelsteine, Asche, usw.). Für 'feinstoffliche Substanz' haben fast alle Kulturen ihre eigenen Bezeichnungen gefunden: Od, Ektoplasma, Bioplasma, Prana, Orenda, Mana (nach HUNA), Äther, Ki, Chi, Orgon (nach *Reich*), Fluidum, Astrallicht, A'kasha, Odem des Lebens, Vril, Biophotonen (nach *Popp*), Raumlebensintelligenz (nach *Lorber*), Materia prima, u.a.
*Präzipation* nennt sich die plötzliche Erschaffung einer gewünschten Sache aus dem göttlichen Urstoff durch dessen Verdichtung mittels geistiger Kräfte.
   Die *Reproduktion von Gedankenformen* ist in den USA gelungen. Laut ausführlicher Berichterstattung in dem Buch 'Das Montauk-Projekt' von *Preston Nichols* (E.T. Publishing Unlimited, Fichtenau) gelang es 1977 einer für die Navy im Geheimen arbeitenden Wissenschaftlergruppe, eine Materialisationstechnik zu entwickeln, mit der ein Medium im sog. Montauk-Chair sitzend, sich lediglich einen materiellen Gegenstand vorzustellen brauchte, um ihn irgendwo im Stützpunkt erscheinen zu lassen. Man bedenke, ein Mensch richtet sein Bewußtsein auf einen materiellen Gegenstand und dieser entsteht dann direkt aus dem Äther heraus.
   *Kosmische 'Substanz'* ist sicher auch Basis der Lebensweise der stigmatisierten *Therese Neumann* von Konnersreuth gewesen, die nachweislich fünfunddreißig Jahre lang ohne jegliche Speise und ohne jeglichen Trank gelebt hat. Die tägliche Hostie (hl.Kommunion) war ihre einzige 'Nahrung'. Auch sie erlebte Zustände der *Bilokation* (physisches Erscheinen an zwei verschiedenen Orten) und der *Levitation*, dem schwerelosen Schweben im Gebet (Lith.: *Johannes Steiner*, Theres Neumann, Verlag Schnell & Steiner, 1988).
Solche Nahrungslosigkeit (19 Jahre lang) ist auch anerkannt bei dem Schweizer Nationalheiligen *Bruder Klaus von der Flüe* (+1487) und 53 Jahre lang bei der stigmatisierten *Martha Robin* (+1981). Die Zeitschrift 'Erneuerung in Christus' 1/96 zitiert außerdem die Französin *Marie-Julie Jahenny* (+1941) und *Mirjam von Abellin*, die beide lange Zeit nur von der Hostie lebten.
Auch außerhalb der Kirche gibt es diese Phänomen. Die Australierin *Jasmuheen* berichtet in ihrem gleichnamigen Buch, daß sie seit zwei Jahren nicht mehr ißt und auch

nur gelegentlich trinkt. Der Mensch müsse sich nicht die Energie von Tieren und Pflanzen einverleiben, um zu existieren. Wer ihren 21-Tage-Prozess durchgemacht hat, kann sich durch die Energie im Äther ernähren.

**Maya-Kalender**: Der mexikanische Forscher *José Argüelles* hat den Maya-Code entziffert. So wußten die M. vor 1500 Jahren schon, daß im Jahre 2012 die Rückkehr der kosmisch-göttlichen Energien nach einem 'Reinigungsprozeß' des Planeten Erde abgeschlossen sein und in ein anders Zeitalter führen würden. Der unvorstellbar präzise MK basiert auf 13 Monate mit 28 Tagen (Mondrhythmus) und Tagesenergien wie auch vier Hauptfarben bieten ähnlich unserer Astrologie Lebenshilfen.
Infomaterial: *Johann Kössner*, A-3860 Heidenreichstein, Waidhofener Str. 1

**Meister Eckhart** (Eckart, Eckehart): *Johann Eckhart* entstammt dem Geschlecht der Ritter von Hochheim zu Gotha in Thüringen. Er wurde 1260 geboren und trat mit 17 Jahren in den Dominikanerorden ein. Sein umfassendes theologisches Wissen, sein Organisationstalent, seine weltmännische Klugheit und seine tiefe Liebe zu Gott in jedem Menschen ließen ihn bedeutende Ämter innehaben. 1300 wurde er Prior zu Erfurt, 1302 Magister (Meister), 1310 Ordensprovinzial der gesamten deutschen Dominikaner, 1311-1313 Professor an den Universitäten in Paris, Straßburg und Köln. Sein Eintreten für ein reines, unverfälschtes inneres Leben, die Verneinung der Autorität der Kirche und die Ablehnung jeden Dogmas brachten ihm immer mehr Schwierigkeiten. 1326 fand auf Betreiben des Franziskanerordens und eigener Mitbrüder ein Inquisitionsverfahren wegen Irrlehren gegen ihn statt. Ende Februar 1327, kurz vor Antritt seiner Reise zum Papst nach Avignon, entzog sich *Meister Eckhart* der Welt.
Aus seinen Schriften verurteilte Papst Johannes XXII. 28 Sätze, wogegen über 200 Handschriften von seinen herausragenden Predigten einen Einfluß auf das geistliche Leben des Spätmittelalters zeigten. Er verarbeitete unterschiedliche Denkstile mit gnostischem Einfluß (scholast., neuplaton., aristotel.), um das mystische Erlebnis der *Einung* mit Gott beschreibbar zu machen. **Er lehrte die Menschen, Gott in sich zu finden. Gott sei nicht begrifflich bestimmbar, sondern nur seelische erfahrbar**. Der Mensch müsse sich von allen äußeren Dingen freimachen, damit in der Abgeschiedenheit von der Welt die Einkehr Gottes in die Seele (*unio mystica*) stattfinden könne. Mit seinen Predigten wurde er zu einem der gewaltigsten deutschen Sprachschöpfer[137]. Aus asiatischer Sicht wird er oft mit höchsten Zen-Meistern verglichen und als 'Buddha des Westens' bezeichnet.

**Mystik**, griech.: 'Augen und Mund schließen'; Bezeichnung für das Streben nach unmittelbarer Vereinigung mit Gott. In der modernen Esoterik ist die M. transpersonal. Um sein Ziel zu erreichen, bedient sich der Mystiker der Intuition, der Kontemplation und der Ekstase. In der spätantiken und mittelalterlichen M. wird dieses Streben, sich mit der Gottheit zu vereinigen, als *Via contemplativa* bezeichnet. Der Gegensatz dazu ist *Via activa* (Weg des tätigen Lebens). Die Via contemplativa besteht aus drei Stufen: 1. *Via purgativa* = 'Reinigung', indem sich der Mensch von den Sünden und allen

Hinternissen befreit, die das Einströmen der göttlichen Gnade in seine Seele verhindern, 2. *Illumination* = 'Erleuchtung'; 3. *Unio mystica* = Vereinigung mit Gott, der sich der Seele unmittelbar mitteilt. Dies bedeutet jedoch nicht eine Identität von Gott und Mensch (*Marc Roberts*).

**Neugeistbewegung**: Die Entstehung der N. (engl.: 'New Thought Movement) geht auf amerikanische Wurzeln zurück wie auf den Geistheiler *Quimby* und seines von ihm Geheilten *Evans*. Jüngeren Datums ist die *Unity*-Kirche, typischerweise entstanden nach Gebetsheilungs-Erlebnissen; die *Science of Mind* geht auf den *Yogananda*-Schüler *Davis* zurück; in Japan rief *Masaharu Taniguchi* 1930 die Bewegung 'Seicho no Ie' ins Leben; *Ernest Homes, Mulford* und *Murphy* sind heute bekannte internationale Erfolgsautoren des 'Positiven Denkens'. In der deutschen Sprache ist es vor allen der begnadete und mediale Vielschreiber *K.O.Schmidt* (1904-1977), Generalsekretär des 1923 gegründeten 'Neugeistbundes' und Destriktpräsident der 'International New Thought Alliance' (INTA), der Christliche Wissenschaft einer kirchlichen Gläubigkeit gegenüberstellte. Einer der vielen Grundsätze vertritt, daß Krankheiten und Unglück reine menschliche Denkfehler seien, Gott sei vollkommen und wer in und mit Gott lebe, müsse gesunden.

**Od-Kräfte:** Der österreichische Chemiker *von Reichenbach* (1788-1859) prägte diese Bezeichnung für eine Energie, die vom Menschen wie von Gegenständen gleichsam wie von einem Magneten abstrahlen. Besonders sensitive, paranormal begabte Menschen können diese Odkraft leuchten sehen (Odlicht). In diesem Sinne werden die O. auch als Ausstrahlung der Aura definiert. Die Aura, das die menschlichen Körper umgebenden Energiefelder, wird von alters her (allerdings nur auf das Haupt bezogen) als Heiligenschein (Aureola, Gloria) dargestellt. Nach neuerem esoterischen und New-Age-Verständnis werden dem Überbegriff O. die meisten paranormalen und metaphysischen PSI-Kräfte zugeordnet

**Schumann-Frequenz**: Die SF, welche bis 1987 ca. 7,83 Hertz betrug, beträgt inzwischen nach Messungen vieler Wissenschaftler 9 Hertz. Das Seismologische Institut Caltech in Colorado soll sogar schon 11,2 Hertz gemessen haben. Die SF ist die Basis Frequenz (base resonant frequency) der Erde. Sie war auch bis 1958 allgemein bekannt und in Büchern nachlesbar, woraus sie seit damals allerdings verschwand. Da sie die einzige wirkliche Konstante der Erde ist, wollte das Militär sie für sich alleine nutzen, um so einen wissenschaftlichen Vorsprung vor allen unabhängigen Instituten zu erringen. An sich ist es eine Frequenz, die jeder nachmessen könnte. Einige Informationen findet man eventuell noch in Bibliotheken, in Lexika und Physikbüchern der 50er Jahre.
Die starke Erhöhung dieser Frequenz in den letzten Jahren hat natürlich auch Auswirkungen auf den menschlichen Körper und sein Bewußtsein. Wissenschaftler haben bereits völlig neue Elemente im Körper des Menschen gefunden. Noch ist völlig offen, was diese Erhöhung alles mit sich bringen wird. Für die geistige Welt ist klar, daß

es die Boten eines neuen Morgen mit erwachten Menschen sind. (aus 'Der Sonnenwind', 2/96, S.23)

**Silberschnur**: Zu diesem Lebens-Energieband fand ich im 'Der Weiße Lotos' Nr. 60 unter der Überschrift 'Geburt ins Licht' den Bericht des Arztes *Dr. R. B. Hout* darüber, was er beim Tod seiner Tante beobachtet hatte und den ich hier teilweise zitiere. Nachdem er geschildert hat, wie sich etwa mit einem Meter Abstand über dem physischen Körper der astrale Körper bildete und verstärkte, fährt er in seiner Schilderung fort: "Als ich den schwebenden Geistkörper weiter beobachtete, wurde meine Aufmerksamkeit auf eine silberähnliche Substanz gezogen, die vom Kopf des physischen Körpers zum Kopf des geistigen 'Doppels' strömte. Dann sah ich die Verbindungsschnur zwischen den beiden Körpern. Während ich beobachtete, ging mir immerzu der Gedanke *Die Silberschnur!* durch den Kopf. Ich wußte zum ersten Mal ihre Bedeutung. Diese Silberschnur war das Verbindungsglied zwischen dem physischen und dem geistigen Körper, ebenso wie die Nabelschnur das Kind mit der Mutter verbindet.
Die Schnur war an der Produberanz des Hinterkopfes, unmittelbar an der Schädelbasis, 'befestigt'. Genau da, wo sie auf den physischen Körper traf, breitete sie sich fächerartig aus, und zahlreiche kleine Stränge teilten sich voneinander und waren einzeln an der Schädelbasis befestigt. Aber außer an diesen Befestiungsstellen war die Schnur rund und hatte einen Durchmesser von zweieinhalb Zentimetern. Die Farbe war ein lichtdurchlässiger, leuchtender Silberglanz.
Die Schnur schien erfüllt von fibrierender Energie. Ich konnte die Lichtschwingungen ihren Verlauf entlang strömen sehen aus der Richtung des physischen Körpers zu dem geistigen 'Doppel' hin. Mit jedem Pulsieren wurde der Geistkörper lebendiger und dichter, während der physische Körper ruhiger und immer lebloser wurde. Inzwischen waren die Gesichtszüge sehr deutlich. Das Leben war ganz im astralen Körper: das Pulsieren der Schnur war zum Stillstand gekommen..."

**Sufismus:** abgel. von arab.: *sufi* = 'wollenes Kleid'; eine tiefmystische Bewegung im Islam. Vorbereitet durch Askese, steigt die Seele auf einer Stufenleiter empor, bis sie über alle Leidenschaften triumphiert und sich in einer Art Ekstase mit Gott vereinigt. Einzelne Richtungen des S. gehen so weit, zu behaupten, daß der Mensch von *Allah* abstamme und seiner Natur nach göttlich werden könne. Man unterscheidet folgende Stufen: Erkenntnis, Verweilen und Ruhen in Gott, Entwertung seiner Selbst und mystische Vereinigung mit Gott (unio mystica). Spätere Formen des S. betonen Ekstase, Musik und Tanz (der Derwische) (*Marc Roberts*). Der S. lehrt (ähnlich wie die Theosophie) einen universalen Gottesglauben mit toleranter Würdigung jeder Religion (*Beatrice Flemming*). Den größten Sufi-Orden gibt es auch in Europa und den USA.

**Theosophische Gesellschaft:** Die Theosophie, griechisch 'Gottesweisheit', ist eine Sammelbezeichnung für alle geistigen Bestrebungen, um zur Erkenntnis des Göttlichen, des Absoluten und Übersinnlichen zu kommen. Im Gegensatz zu den auf das logische Denken gegründeten Methoden der Philosophie oder der Theologie bedient sich die Theosophie der übernatürlichen Erkenntnisfähigkeit. Dazu gehören Erleuchtung, Offenbarungen, die innere Schauung und alle Formen von Bewußtseinserweiterung, die durch Meditation, Askese, Yoga, etc. erreicht werden können. Die Theosophen berufen sich häufig auf uralte Überlieferungen und Lehren, die ihnen von geheimen Meistern offenbart wurden (*Marc Roberts*).

Zum unserem Thema 'Zeitenwende' schreibt B.F. in 'Der Weiße Lotos' 50, S.3: *Um die Menschheit nicht ohne Beistand in dieser krisenreichen Zeit zu lassen, wurde 1875 durch Gründung der* **Theosophischen Bewegung** *ein Teil der esoterischen Urwahrheiten, die vorher wegen der menschlichen Unreife verhüllt waren, der Öffentlichkeit zugänglich gemacht. Die Erkenntnis dieser Wahrheiten hat die Macht, Menschen zu Überwindern des großen Chaos zu machen und zu Fakkelträgern, welche die tiefe Finsternis ihrer Umwelt durchlichten können. Denn durch die esoterischen Lehren - die Synthese wahrer Religion, Wissenschaft und Philosophie - erhalten sie das Wissen von den universalen Zusammenhängen und damit das Mittel, die quälenden Probleme zu lösen.*

**Vegetarismus:** Es kann hier nicht Aufgabe sein, den Inhalt von Büchern zusammenzuraffen, doch möchte ich hier auf einen besonders extremen Aspekt ergänzend hinweisen: *Tiere werden heute nicht mehr als Lebewesen behandelt, sondern als Fleischmaschinen. Das Leben eines gefangen gehaltenen Schlachttieres ist von Anfang bis Ende schöpfungswidrig. Eine Aufzucht, die dem Leben im Konzentrationslager vergleichbar ist, Kastration und Hormonbehandlungen, die Verfütterung künstlicher Nahrung zum Zwecke der Mästung bis hin zu den langen schmerzvollen Transporten in extremer Angst und schließlich das grausame Ende im Schlachthof, zeigt unsere Brutalität gegenüber Tieren. Tierschlachtungen sind alles andere als human. In Wahrheit machen die Schlachthäuser Höllenvisionen Konkurrenz. Schreiende Tiere werden durch Hammerschläge, Elektroschocks oder Bolzenschußwaffen betäubt. Mit einem Haken werden sie an den Hinterbeinen in die Luft gezogen und auf* **vollautomatischen** *Fließbandanlagen durch Fabriken des Todes befördert. Die Kehle wird ihnen bei lebendigem Leibe aufgeschnitten und ihr Fleisch schon verarbeitet, während sie noch zu Tode bluten. Diese Methode spart Zeit und erhöht die Gewinne. Genau wie für den Menschen ist auch für das Tier das Ermordetwerden eine Erfahrung von Schrecken und Panik,* **was im Körper schlagartig einen drastischen, biochemischen Wechsel auslöst, wodurch der ganze Kadaver mit Angsthormonen vergiftet wird.** *Schon bei den alten Römern war bekannt ‚daß man höchtes Gift produzieren könne, wenn man Sklaven zu Tode foltere. Mit dem Speichel dieser Toten konnte man andere vergiften.* **Die Todesangst geht also ins Gewebe ein und wird vom Menschen mitgegessen.** *Jährlich werden weltweit über zwei Milliarden Stalltiere und über zwanzig Milliarden Stück Geflügel getötet. Die Zahl der jährlich getöteten Fische geht in die Billionen.* (A.u.J.Kössner in MAYA-Grund-Info 1996/97, Seite 5)

Einige Wissenschaftler entdeckten, daß durch Angst und Todesangst hochgiftige organische Verbindungen, Nitrosamine, entstehen.

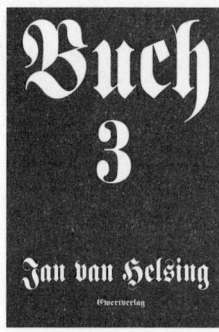

# BUCH 3 – Der Dritte Weltkrieg
ISBN 3-89478-069-X

## 100 verschiedene Seherschauungen und Prophezeiungen über die Jahrtausendwende im Vergleich

EWERTVERLAG
Mühlentannen 14
49762 Lathen (Ems)
Tel: 09533-92620, Fax: 09533-92621

## INHALTSVERZEICHNIS

**I. Die Basis:**
- Vorwort — S. 13
- Einleitung — S. 22
- Grundlagen zum besseren Verständnis — S. 27
- Was ist Prophetie? — S. 36
- Das dunkle Zeitalter - Kali Yuga — S. 61
- Verschiedene Voraussagen zur Jahrtausendwende — S. 64

**II. Das Geschehen:**
- Die wirtschaftliche Krise — S. 85
- Mehr zum Dritten Weltkrieg — S. 90
- Europäische Seherstimmen — S. 94
- Der Dritte Weltkrieg:
  - Allgemeine Vorzeichen — S. 117
  - Besondere Ereignisse — S. 125
  - Der Papst flieht aus Rom — S. 136
  - Der Krieg im Nahen Osten — S. 137
  - Funkenregen — S. 141
  - Der Ausbruch in Deutschland - Einmarsch des Angreifers aus dem Osten in drei Heersäulen — S. 144
  - B. Bouvier's Vergleich mit den heutigen NATO-Strategien — S. 153
  - Chemische Kriegsführung — S. 160
  - Das menschliche Verhalten während des Krieges — S. 162
  - Die ersten Niederlagen der Angreifer — S. 164
  - Der gelbe Strich — S. 168
  - Der Krieg in Skandinavien — S. 172
  - Angriff auf Amerika — S. 174
  - Einsatz von Atomwaffen — S. 175
  - Atombombenabwurf in die Nordsee — S. 179
  - Die östlichen Angreifer werden geschlagen — S. 181
  - Die Schlacht am Birkenbaum — S. 185
  - Der Planetoid — S. 193
  - Das Kippen der Erdachse (Polsprung) — S. 207
  - Drei Tage Finsternis — S. 214
  - Die Entrückung? — S. 223

**III. Die Chance:**
- Die Nachkriegszeit und das Goldene Zeitalter — S. 231
- Zur Datierung — S. 248
- Gibt es eine Gnadenfrist? — S. 253
- Die Über-Sicht — S. 255

Was lernen wir daraus? S. 301
Also S. 309
**Anhang:**
Chronologie des Dritten Weltkrieges von Bernhard Bouvier S. 311
Astrologische Betrachtungsweise von Elisabeth Schlittmeier S. 315
Verzeichnis der hier aufgeführten Seher S. 375
Literaturverzeichnis S. 379

# I. DIE BASIS

*"Denn wenn sie sagen werden: "Es ist Friede, es hat keine Gefahr", so wird sie das Verderben überfallen, gleich wie der Schmerz ein schwangeres Weib, und werden nicht entfliehen."*
1. Thessal. 5, Verse 3 und 4

**Vorwort:**
Fast jedes halbe Jahr erscheint irgendwo auf der Welt ein neues Buch über Prophezeiungen oder Weissagungen. Ein großer Teil dieser Bücher haben ihr Augenmerk auf die bevorstehende Jahrtausendwende gerichtet (etwa zehn Jahre vor und nach dem Jahr 2000), da den Sehern und Propheten in ihren Visionen anscheinend umwälzende und die Welt verändernde Ereignisse über diesen Teil der Geschichte gezeigt worden sind. Dies ist nicht allen unbekannt. Auch in der Offenbarung des Johannes im N.T. finden wir Beschreibungen für diesen Zeitraum, den manche als den *"Jüngsten Tag"*, das *"Strafgericht Gottes"* oder *"die Zeit, in der die Spreu vom Weizen getrennt wird"* bezeichnen. Eine Zeit der Naturkatastrophen, Kriege und Unruhen. Einer der in diesem Buch beschriebenen Seher nennt es gar *"das große Abräumen"*. Man hat davon gehört. Meistens nur mit einem Ohr. Wer hört schon gerne was von unruhigen Zeiten, gar einem "Dritten Weltkrieg", wo man doch gerade erst einen Bausparvertrag oder eine Lebensversicherung abgeschlossen hat. Es sind nur noch ein paar Jahre bis zur wohlverdienten Rente. Da kann doch jetzt kein Bürgerkrieg kommen oder eine Überschwemmung. Nein, man will einfach nicht daran glauben. *"So was haben schon viele vorausgesagt"*, sagt man, *"und nichts ist passiert"*. So, ist denn wirklich nichts passiert? (auf den Hinweis, daß die gleichen Seher auch den Ersten wie auch den Zweiten Weltkrieg treffsicher vorausgesehen hatten, tritt meist betretenes Schweigen ein. Hauptsache das Unangenehme erfolgreich verdrängt).

Warum schon wieder ein neues Buch zu dieser Thematik? Erneute Bestätigung für sogenannte 'Schwarzseher' oder 'Weltuntergangsapostel'? Ist es jetzt endlich soweit oder was?

Nun, daß es zahlreiche Bücher dieses Themas gibt, ist sicherlich nicht zu leugnen, vor allem an Zusammenfassungen und Auflistungen der verschiedenen Seher mangelt es nicht. Doch was wird durch diese beim Leser bisher ausgelöst? Ist es denn nicht in den meisten Fällen Angst, Unsicherheit und Panik vor der Zukunft? Dadurch entstandene Depressionen, Isolation, Opferverhalten und falsche Demut? Der Drang zum Auswandern und Nahrungsmittelhorten? Ist es der Sinn und Zweck der Visionen, dies beim Leser hervorzurufen? Sich vom Leben zurückzuziehen? Kann ich mir ehrlich gesagt kaum vorstellen. Dann würden die Seherschauungen alles nur verschlimmern. Was sollten denn diese Visionen ursprünglich beim Menschen bewirken? Eine Aussortierung? Eine Elitebildung von Auserlesenen? Was steckt dahinter?

Nun, ich selbst habe mich auch mit diesen Schauungen auseinandergesetzt und fand dadurch interessanterweise das Gegenteil - Hoffnung, Mut, Kraft und Risikobereitschaft. Komisch, nicht wahr? Auch fand ich Ruhe, Bestätigung und Übersicht. Wie kann das sein? Habe ich denn auch wirklich die gleichen Prophezeiungen gelesen wie die Anderen? Schon. Doch habe ich mir aufgrund der Visionen meine eigenen konfessionslosen Gedanken gemacht und kam dadurch auf völlig andere Schlüsse als die meisten anderen Autoren. Denn es kommt auf die Sichtweise an, aus welcher man die Geschehnisse auf der Erde betrachtet. Ein Zusammenbruch des gegenwärtigen Systems mit seinen extrem einseitig verteilten Machtverhältnissen hätte auf einen Milliardär, einen Großindustriellen, einen Computerfachmann, einen Börsenspekulanten oder einen materiell orientierten und von dieser Materie abhängigen Stadtbewohner eine andere Auswirkung, als auf einen Obdachlosen, einen naturverbundenen Bergbauern, einen autonom lebenden Selbstversorger, einen Erfinder unterdrückter neuer Energieformen oder einen politisch Verfolgten. Durch das Verständnis der Natur- wie auch der geistigen Gesetze wurde mir klar, daß es nicht das Thema ist oder die unbequemen Informationen, die schlußendlich Angst vor der Zukunft erzeugen, sondern es in den meisten Fällen die subjektive Sichtweise des jeweiligen Autors beziehungsweise des Lesers ist, in welcher er die gesammelten

Visionen darstellt und dementsprechend in sein eigenes Weltbild einsortiert. Nicht das Prophezeite ist das Problem, sondern das Weltbild, welches mit der Prophezeiung konfrontiert wird. Man stelle sich die Frage, ob der Autor ein gläubiger Mensch oder ein Atheist ist. Ein geistig-spirituell Orientierter oder ein Materialist. Bei einem Dritten Weltkrieg, einem Vulkanausbruch oder einem Erdbeben kann nur die physische Welt zerstört werden, jedoch nicht die geistige. Eine Angst wäre daher nur bei einem Materialisten verständlich. Dem Materialisten würde sein 'ein und alles' genommen werden, da er die geistige Welt negiert. Für einen geistig Orientierten verändert jedoch nur die physische Welt ihr Aussehen, aber das Leben, oder die persönliche Entwicklung - wenn nicht in dieser, dann in einer anderen Welt - geht trotzdem weiter. Der geistig Orientierte sieht sich (im Gegensatz zu dem Materialisten) möglicherweise noch von 'lästigen' materiellen Bindungen und Kontrollen 'befreit.' Unter diesem Gesichtspunkt ist es nun von großer Bedeutung zu wissen, wes' Geistes Kind der Autor eines solchen wichtigen Themas ist und aus welcher Sichtweise heraus (geistig oder materiell) er diese Szenarien behandelt und deren Bedeutung erklärt. Für viele Autoren handelt es sich bei dem Geschauten um 'Strafen Gottes' für die sündigen Menschleins (die kleinen Wichte) und die Rettung wäre der Beitritt in eine der Beamtenkirchen. Dort wird ihnen vor einem Satan, der ihnen angeblich das Leben schwer macht, Schutz geboten (wenn die kleinen Lemminge nur erkennen würden, daß sie sich dort ebenfalls in des 'Teufels Küche' befinden).

Welches Buch über Seherschauungen zeigt dem Leser nach der Präsentation der umwälzenden Ereignisse, die die Seher in ihren Visionen erblickt haben, auch einen Ausweg für den Einzelnen? Ich meine keine neue Leitfigur (Jesusersatz) oder Guru. Keine äußeren Hilfsmittel, wie Auswandern oder unterirdische Städte. Sondern einen die Ursache angehenden Aus-Weg. Und vor allem einen einfach verständlichen und gleichzeitig praktisch anwendbaren Weg. Oder brauchen wir überhaupt einen Ausweg? Gibt es überhaupt etwas, vor dem wir weglaufen müssen oder sollten wir nicht vielleicht das Gegenteil tun? Sollten wir es nicht vielleicht sogar forcieren und beschleunigen? Was sagen die Visionen über die Zeit 'danach'? Ist denn nicht vielleicht etwas vorausgesagt, wofür es sich zu hoffen, ja vielleicht auch zu kämpfen lohnt?

Ein kleiner Gedankengang vorweg:

Es leuchtet sicherlich jedem ein, daß die Ölmultis kein größeres Interesse an einem Auto haben, das mit reinem Wasser angetrieben wird oder gar einem Fahrzeug, welches nur einen bierkastengroßen Energiekonverter als Motor benötigt, der seine Energie aus rotierenden Magneten oder direkt aus dem Äther schöpft. Genauso verständlich scheint ein Desinteresse der Pharmaindustrie an Heilpraktikern, die durch Wiesenpflanzen einen Großteil der Krankheiten (Krebs und AIDS mit eingeschlossen) heilen können oder gar Geistheilern und Handauflegern, die nur durch geistige Energieübertragungen, die man nicht besteuern oder monopolisieren kann, ganzheitliche Genesung herbeiführen. Daß die mächtigste Industrie der Welt, die Waffenindustrie, durch einen Weltfrieden zugrunde geht ist auch logisch und daß ein zinsloses Geldsystem auch den Bankiers ihre Macht raubt, liegt ebenfalls nahe. Nun haben wir hier nur ein paar wenige Gründe als Beispiel genannt, die uns aufzeigen, daß es momentan eine ganze Menge Menschen gibt, die ein größeres Interesse daran haben, daß "die Dinge so bleiben wie sie sind".

Daß aber solche Entwicklungen und Alternativsysteme seit Jahrzehnten existieren, ist inzwischen durch verschiedene Veröffentlichungen bekannt geworden, doch sind Versuche der Erfinder, ihre Erfindungen auf den Markt zu bringen, und damit jedem Einzelnen dieser Welt zur Verfügung zu stellen, bisher immer erfolgreich unterdrückt worden. Oft durch die Entsorgung dieser Entwicklungen samt ihrer Erfinder.

Mit diesem Vorwissen wäre ein Zusammenbruch dieser monopolträchtigen Machtstrukturen, zum Beispiel durch eine weltweite Erdbebenwelle, nicht unbedingt "schlecht". Denn durch solch ein Chaos in der "Ordnung" (oder Ordnung im Chaos?), wächst die Chance, genannte Erfindungen und andere bereichernde Entwicklungen ohne Einwände irgendwelcher Großindustriellen und Multinationalen dem Weltbürger zugänglich zu machen und somit die Machtverhältnisse auf der Erde neu auszurichten. Natürlich stellt sich auch eine andere Frage, nämlich ob die Masse mit solchen Erfindungen heute überhaupt "bewußt" umgehen könnte? Ob denn die Masse schon reif genug wäre, mit solchen Entwicklungen konfrontiert zu werden? Würden diese denn nicht wieder genauso für Kriegszwecke verwendet werden? Zur Ausbeutung des Nächsten? Doch Maschinen hin oder her. Sind die Machtstrukturen solcher Multinationalen erst einmal gebrochen, kommen unterdrückte Bereicherungen aller Arten auf den Weltmarkt, neben Freie-Energiemaschinen auch neue Erziehungssysteme, Heilung für die Natur, ein liebevollerer Umgang mit den älteren Menschen, eine neue Architektur nach der heiligen Geometrie, nach dem goldenen Schnitt und entsprechend dem Erdmagnetismus ausgerichtet, Wissen über die wahre Vergangenheit unseres Planeten, offener Kontakt mit Außerirdischen und Innerirdischen, die offene Diskussion über das Leben nach dem Tod, die Reinkarnation, Kontakt mit der Geistwelt, und vieles mehr.

Sie sehen, so einfach ist dieses Thema "Prophezeiungen über kommende Erdveränderungen" auch wieder nicht. Es wirft ganz neue Lebensaspekte auf und kann nicht einfach als "Katastrophe", die unbedingt umgangen werden muß, abgetan werden. Manche behaupten sogar, daß diese Umwälzungen, die uns prophezeit werden, die große Chance der Menschheit seien, ihr altes Leid (die destruktiven Kräfte) abzuwerfen und wieder gereinigt neu anzufangen. Alle Seher sind sich auch in dem wichtigsten Punkte einig - es ist kein End-Punkt, der prophezeit ist, sondern ein Wende-Punkt.

Klingt das nicht nach einer spannenden Zeit, auf die es sich hoffen läßt? Ein Abenteuer für jeden einzelnen von uns?

Wodurch unterscheidet sich nun dieses Buch von den anderen Prophezeiungswerken? Und was veranlaßt einen Autoren, der bisher Artikel und Bücher über das Wesen von geheimen Politmachenschaften und verborgenen Technologien verfaßt hat, sich mit diesem Thema auseinanderzusetzen?

Es soll kein Geheimnis bleiben.

Durch meinen Freund Franz von Stein lernte ich Anfang 1995 Herrn Bernhard Bouvier kennen. Herr Bouvier hat sich (er war selbst Berufssoldat und Analytiker für Militärstäbe) über zwanzig Jahre nicht nur mit Nostradamus, sondern vielen anderen "ernst zu nehmenden" Sehern befaßt. Wie bei seiner beruflichen Tätigkeit kam es ihm auch hierbei zu Gute, daß er selbst intuitiv und visionär (seherisch) begabt ist. Seine hervorragende Kenntnis der französischen Sprache half ihm auch, Übersetzungen der Kopien der Nostradamus-Originale treffsicher neu darzustellen (ebenfalls im EWERTVERLAG erschienen).

Nun hatte sich Bernhard Bouvier die Mühe gemacht, die verschiedensten Seher Europas (u.a. Irlmaier, Mühlhiasl, Blinder Jüngling von Prag, Nostradamus u.v.a..) nach jahrelangem Studium aneinanderzureihen, um seinen Lesern ein klareres Bild über das zu vermitteln, was diese Seher visionär erfahren haben. Es ergab sich ein ziemlich deutliches Bild der Geschehnisse. Und zwar so deutlich, daß die Annahme berechtigt ist, daß diese Seher ein ähnliches oder möglicherweise sogar das gleiche Szenarium erblickt haben. Unterstützt wurde die ganze Sache noch dadurch, daß ein Bekannter Bouviers (Stephan Berndt - "Zukunftsvisionen der Europäer") alle Visionen aller ihm auffindbaren Seher in seinen Computer eingab und diesen die Daten auswerten ließ. Das Ergebnis war verblüffend. Fast 90 Prozent der Visionen dieser zahlreichen Schauungen verschiedenster Zeiten und Länder waren in den wichtigsten Punkten identisch und stimmten auch mit Bouviers Ergebnissen überein.

Doch ganz besonders hervorzuheben ist, daß Bouvier mit seiner Arbeit schon Mitte der 80er Jahre fertig war. So beschrieb er beispielsweise die deutsche Wiedervereinigung, den Golfkrieg, wie auch den Krieg im Ex-Jugoslawien - alles schon 1987. Im Verlagswesen unerfahren, geriet er 1988 an einen kleinen Verlag, der offenbar nicht sogleich die Brisanz des Themas erfaßt hatte, denn es dauerte bis ins Jahr 1991, daß das Buch dann endlich erschien. Da jedoch inzwischen ein Teil der Ereignisse, die in dem Buch beschrieben sind, auch genau so eingetroffen waren, mußte alles, was seit Mitte der 80er Jahre im Text stand, vom Futur in die Vergangenheit umgeschrieben werden. Quel malheur!

Bouvier hatte daraufhin seine Buchrechte zurückgenommen, und nach unserem Treffen entschieden, auf neue Weise vorzugehen. Sein Buch ist nun neu erschienen unter dem Titel "Die letzten Siegel" ebenfalls beim EWERTVERLAG. Der ursprüngliche Gedanke war eigentlich gewesen, daß Franz und ich Bernhards Text nochmals umschreiben, durch andere Schauungen ergänzen, den esoterischen Teil und die Lösung/Hoffnung hinzufügen und erneut herausgeben. Daß es nicht dazu kam, lag daran, daß Bouvier die Außerirdischen-Komponente, wie auch amerikanische Seherschauungen, die für Franz und mich sehr wichtig sind, und die einen elementaren Teil des vorliegenden Buches darstellen, nicht akzeptieren konnte und in dem wesentlichsten Punkt, nämlich, daß das vorhergesehene Geschehen absolut abwendbar ist (wenn auch schwierig), also den positiven Teil, die Hoffnung und die Chance für die Menschheit, anderer Meinung ist. So haben wir uns entschieden, auf getrennten Wegen vorzugehen, haben jedoch die Erlaubnis, Bernhards zum Teil hervorragenden Kommentare als Militärstratege zum Kriegsgeschehen passagenweise zu zitieren, da wir glauben, daß seine Auslegungen an manchen Stellen einfach treffender sind. Und so entstand ein komplett neues Buch mit teilweise ganz neuen Ansichten und Lösungsvorschlägen. Diese kompakte Aneinanderreihung an ausgewählten Seherschauungen zusammengestellt durch Franz von Stein und mich, ergänzt durch Zitate von Bernhard Bouvier als Militärexperten, und abgeschlossen durch die gewohnte "andere Sicht" des Metaphysikers am Ende, ergeben eine Kombination aus seherischer Begabung und militärischer Strategie, die sicherlich ihresgleichen sucht.

Um auf die Frage zurückzukommen, warum ein Schreiberling politisch-okkulter Werke nun dieses Thema für wichtig hält: Nun, bei den hier zusammengestellten Prophezeiungen handelt es sich in allen Fällen um Visionen, sogenannte "Seher-Schauungen". Also Ereignisse, bei denen Menschen verschiedenster Herkunft, Alters und Abstammung, ja sogar verschiedenster Zeiten, Dinge visionär oder intuitiv erfaßt haben, für die es an und für sich keine "schulwissenschaftliche" Erklärung, keine Recherchen, keine Quellenangaben und keine Beweise gibt. Visionen sind weder logisch, noch willentlich herbeizurufen. Im Regelfalle "geschieht" es mit der betroffenen Person. Man stelle sich im Falle des **blinden Jünglings von Prag**, einer der in diesem Buch erwähnten Seher, eben einen Menschen vor, der nicht sehen kann, jedoch Bilder vor seinen blinden Augen wahrnimmt und Dinge und Ereignisse beschreibt, die er eigentlich gar nicht sehen "dürfte". Und etwas, für das es keine Beweise und keine logischen und erklärbaren Schlüsse gibt, wird von der Mehrzahl der Bewohner der westlichen Welt nicht beachtet.

Um so interessanter werden diese Schauungen natürlich, wenn man erkennt, daß die Prophezeiungen dieser einfachen Seher mit Insiderprognosen aus Politik und Wirtschaft, wie auch aus dem Bereich der "Hintergrundpolitik" nicht nur einhergehen, sondern sogar im größten Teil mit diesen identisch sind.

Sprich, diese Themen ergänzen sich gegenseitig.

Dazu ein Beispiel: Wie man unter anderem dem katholischen Blatt "Zeitzeichen" entnehmen kann, hatten der Führer des "bayerischen Illuminatenordens" Mazzini und der "Souveräne Großmeister des Alten und Akzeptierten Schottischen Ritus der Freimaurer" Albert Pike (auch Gründer des Ku Klux Klan) im Jahre 1871 einen Plan erstellt, wie sie über drei Weltkriege, die Welt in ihre Gewalt bringen könnten. Auf dem Weg zur "Neuen Weltordnung" (Novus Ordo Seclorum), sollte der **Erste Weltkrieg** inszeniert werden, um das zaristische Rußland in die Hände der bayerischen Illuminatenordens zu bringen. Rußland sollte dann als "Buhmann" benutzt werden, um die Ziele der bayerischen Illuminaten weltweit zu fördern.

Der **Zweite Weltkrieg** sollte über die Manipulation der zwischen den deutschen Nationalisten und den politischen Zionisten herrschenden Meinungsverschiedenheiten fabriziert werden. Daraus sollte sich eine Ausdehnung des russischen Einflußbereiches und die Gründung des Staates Israel ergeben.

Der **Dritte Weltkrieg** sollte sich, diesem Plan zufolge, aus den Meinungsverschiedenheiten ergeben, die man zwischen den Zionisten und den Arabern hervorrufen würde. Es wurde die weltweite Ausdehnung des Konfliktes geplant. Teil des Dritten Weltkrieges sei es ebenfalls, Nihilisten und Atheisten aufeinander loszulassen, um einen sozialen Umsturz, der durch noch nie dagewesene Brutalität und Bestialität erreicht werden würde, zu provozieren. Nach der Zerstörung des Christentums und des Atheismus würde man jetzt die wahre Luziferische Doktrin entgegenbringen und damit zwei Fliegen mit einer Klappe schlagen. (125, Nr. 17, S. 1)

Die Erfüllung des Planes bezüglich der beiden ersten Kriege können wir nun im Nachhinein alle bestätigen. Was den Dritten Weltkrieg angeht, haben die in diesem Buch aufgeführten Seher diesen in ihren Voraussagen genau so beschrieben, wie im Plan von Mazzini und Pike aufgeführt. Zufall?

Das Szenarium, welches von den Sehern in diesem Buch beschrieben wird, ist nicht das, was uns unser Bundeskanzler für seine nächste Amtsperiode verspricht (Sicherheit und wirtschaftliches Wachstum). Mit anderen Worten, nach den Visionen dieser Seher wartet auf die Menschheit der Erde in den kommenden Jahren eine ziemlich harte und unruhige Zeit mit großen Veränderungen.

Wie ich aber schon erwähnt habe, berichten alle Seher auch von der Zeit "danach", also von der Zeit, in der auf der Erde die "Spreu vom Weizen getrennt ist", nämlich dem "Goldenen Zeitalter". Eine Zeit ohne Kontrolle, eine Zeit der Freiheit des Geistes und eine Zeit der Liebe.

Keine Vision, doch ein Witz mit Hintergrund formuliert es so: *"Treffen sich zwei Planeten. Sagt der eine: "Meine Güte, Du siehst aber gar nicht gut aus, was ist denn mit Dir passiert." "Ach", sagt der andere, "ich hab Homo Sapiens". Mit einer beruhigenden Geste meint der erste Planet daraufhin wieder: "Keine Sorge, das ist nicht so schlimm, das geht bald wieder vorbei."*

Wollen wir uns nun zusammen betrachten, was die Seher in ihren Visionen erblickt haben.

Und wie gewohnt ziehen wir am Ende ein Résumé und schauen, ob wir den kommenden Ereignissen ausweglos und fatalistisch gegenüberstehen müssen oder wir uns nicht durch neue Ursachensetzungen und vollkommeneres und bewußteres Handeln am eigenen Schopf aus der Misere ziehen können, oder das Geschehen, wenn es eintreffen sollte, als einzigartige Chance nutzen können, uns selbst nach vorne zu bringen, anstatt davor Angst zu haben.

Jan van Helsing

# UNTERNEHMEN ALDEBARAN

**Kontakte mit Menschen aus einem anderen Sonnensystem**

Die sensationellen Erlebnisse der Familie Feistle

## JAN VAN HELSING

EWERTVERLAG

# UNTERNEHMEN ALDEBARAN
## Jan van Helsing

**Wer fliegt tatsächlich die fliegenden Untertassen?**

Das allgäuer Ehepaar Karin und Reiner Feistle behauptet, schon seit seiner Kindheit von Außerirdischen besucht worden zu sein. Beide waren bis vor ein paar Jahren fest der Überzeugung, daß ihr „Fall" einer von vielen sei, wie sie nun langsam immer mehr an die Öffentlichkeit dringen, bei denen nachts Menschen von kleinen grauen Wesen mit großen Köpfen „entführt" werden und sich irgendwelchen „Untersuchungen" ausgesetzt finden.

Doch das änderte sich schlagartig, als Reiner Feistle zum ersten Mal den Kommandanten des Raumschiffes, auf das ihn die kleinen 'Grauen' gebracht hatten, zu Gesicht bekam – er war zwei Meter zwanzig groß, hatte blaue Augen, lange dunkle Haare und sprach deutsch (im Gegensatz zu den 'Grauen', die sich telephatisch mit ihm verständigten).

Das ganze Szenarium der 'Grauen' entpuppte sich als ein großes Tarnmanöver für die großen Besucher aus dem Sonnensystem Aldebaran, die der Menschheit auf der Erde in der kommenden schwierigen Zeit des Umbruchs hilfreich zur Seite stehen, jedoch noch nicht persönlich in Erscheinung treten wollen, da die Mehrzahl der Menschen momentan noch dazu neigen, sie zu 'Engeln' oder 'Göttern' zu erklären und dazu tendieren, diesen ihre Verantwortung zu übertragen.

Doch Karin und Reiner Feistle sind nicht die ersten Deutschen, mit denen die Aldebaraner Kontakt aufgenommen haben.

Unglaublich meinen Sie?
Nun, vielleicht sind Sie nach der Lektüre dieses Buches anderer Meinung.

**INHALTSVERZEICHNIS**
**WIDMUNG**
**DANKSAGUNG**
**MEIN ERSTER EINDRUCK**
**EINLEITUNG**
KAPITEL 1   Wie alles begann...
KAPITEL 2   Erste Schlüsse
KAPITEL 3   Unheimliche Begegnung
KAPITEL 4   Die entscheidende Wende
KAPITEL 5   Selbsterkenntnis
KAPITEL 6   Erinnerungen
KAPITEL 7   Schlafwandler
KAPITEL 8   Höhere Dimensionen
KAPITEL 9   Besuch in der Nacht
KAPITEL 10  Trancesitzung am 1. Dezember 1996
KAPITEL 11  Die VRIL-Gesellschaft

| | | |
|---|---|---|
| KAPITEL 12 | Reise nach Wien | |
| KAPITEL 13 | Die magische Macht der Frauen | |
| KAPITEL 14 | Welche Zeugnisse gibt es zum VRIL-Odin-Flug? | |
| KAPITEL 15 | Transmediale Protokolle | |
| KAPITEL 16 | Technische Erläuterungen zum Flug im Dimensionskanal | |
| KAPITEL 17 | Gibt es Mond- und Marsbasen von Außerirdischen? | |
| KAPITEL 18 | Sind die Aldebaraner unsere Vorfahren? | |
| KAPITEL 19 | Sandras erste Hypnose | |
| KAPITEL 20 | Welche Rolle spielen die 'Grauen'? | |
| KAPITEL 21 | Was ist das 'Unternehmen Aldebaran'? | |
| KAPITEL 22 | Wird die breite Öffentlichkeit schon auf einen Kontakt vorbereitet? | |
| KAPITEL 23 | Warum kam es bisher zu keiner offiziellen Landung? | |
| KAPITEL 24 | Wann werden die Aldebaraner offiziell in Erscheinung treten? | |
| KAPITEL 25 | Sind die Aldebaraner schon unter uns? | |
| KAPITEL 26 | Men in Black | |
| KAPITEL 27 | Die Macht der Massenmedien | |
| KAPITEL 28 | Die Realität des Jenseits | |
| KAPITEL 29 | Eine kleine Zusammenfassung | |
| KAPITEL 30 | Welche Möglichkeiten und Erkenntnisse können wir aus diesen Informationen ziehen? | |

SCHLUSSGEDANKEN
NACHWORT
AUFRUF
ANHANG-A:  Verursachten die „Entführungsberichte" ein komisches Gefühl oder gar Angst?
ANHANG-B:  Reflektion (Spiegelung) von Karin
ANHANG-C:  Zum Bildmaterial
QUELLENNACHWEIS

**ISBN 3-89478-220-X**
44,80 DM

---

**EWERTVERLAG GmbH**
**Mühlentannen 14**
**49762 Lathen (Ems)**
**Tel: 05933-92620, Fax: 05933-92621**

**ANDROMEDA-Versand+Buchhandlung**
**Obere Schmiedgasse 50-52**
**90403 Nürnberg**
**Tel: 0911-2447217, Fax: 0911-209008**
**Versand: 0911-221046**

Weil wir als unsere Aufgabe ansehen, möglichst vielschichtig zu arbeiten, hält die **ANDROMEDA-BUCHHANDLUNG** nicht nur über 2000 interessante, und ungewöhnliche Buchtitel für Sie bereit, sondern verfügt über ein breitgefächertes Sortiment an Tarot-Karten, ätherischen Ölen, Räucherstäbchen, CDs, MCs, Videos, Schmuck und Edelsteinen. Was wir gerade nicht im Laden haben (weil einfach kein Platz mehr ist), können wir für Sie bestellen. Unser Augenmerk richten wir dabei speziell auf ausgefallene Produkte, Raritäten, Kuriositäten, gewagte Veröffentlichungen, kleine (aber feine) Verlage, innovative Autoren und solche, die es werden wollen. Wer also gern schreibt und vielleicht sogar schon ein Manuskript aufgesetzt hat, der ist bei uns an der richtigen Adresse: Wir werden unser bestes tun, um Newcomern weiterzuhelfen. Weil wir möchten, daß sich unsere Kunden wohlfühlen und auch wirklich das Buch finden, das sie suchen, nehmen wir uns Zeit für Sie und Ihre Fragen. Im **ANDROMEDA** können Sie entspannen, in Ruhe lesen (zwei bequeme Sofas als Sitzgelegenheit stehen bereit), Musik hören oder sich unterhalten. Sollten Sie zu weit weg wohnen, als daß es Ihnen möglich wäre, einmal persönlich bei uns 'reinzuschauen, dann haben wir auch dafür DIE Lösung:
Der **ANDROMEDA-VERSAND** verschickt alles in alle Himmelsrichtungen! Rufen Sie uns an und lassen Sie sich unsere Buchlisten zusenden – so können Sie von zu Hause aus telefonisch, per Fax oder schriftlich bestellen. Sollten Sie den einen oder anderen Titel auf unserer Liste nicht entdecken, dann geben Sie bitte Bescheid. Möglicherweise ist das Buch vergriffen und nur noch als Kopie erhältlich. Wir werden auf jeden Fall versuchen, einen gleichwertigen Ersatz zu besorgen, eine Leseempfehlung für ein anderes Buch zu geben oder in unserem Kopienfundus für Sie zu stöbern. Wer weiß, ob sich nicht da etwas findet, was Sie möglicherweise schon lange gesucht haben...
Wir stellen für Sie auch gerne den Kontakt zu anderen Kunden und Autoren über den **internen ANDROMEDA-KONTAKTPOOL** her. Hier können Sie Menschen kennenlernen, die vielleicht die gleichen Interessen haben wie Sie, sich austauschen möchten oder Gleichgesinnte für neue Projekte suchen. Also genau das Richtige für die, die etwas auf die Beine stellen wollen. Mit unserem hauseigenen Pamphlet **INSIDE-ANDROMEDA** haben wir unseren Kunden zudem die Möglichkeit geschaffen, ihre eigene Meinung, brisante Artikel, Schriften, Dokumente, Veröffentlichungen – einfach alles – zu verbreiten. Jede **INSIDE-ANDROMEDA**-Ausgabe besteht aus einer Blattsammlung von ca. 180-190 Seiten, die wir extra nicht gebunden, sondern lose gelassen haben, damit sie jederzeit problemlos das eine oder andere Blatt wiederum kopieren und weiterreichen können. Fragen Sie nach **INSIDE-ANDROMEDA** und wenn es Ihnen gefällt, vermerken wir gerne in Ihrer Kundenkartei die automatische Zusendung der jeweils letzten Ausgabe. Wer regelmäßig pfiffige, informative, enthüllende und aufklärende Beiträge für **INSIDE-ANDROMEDA** liefert, erhält sein Belegexemplar natürlich kostenlos.
Im Rahmen der unter Mithilfe des **ANDROMEDA ORGANISIERTEN VORTRÄGE** und/oder Seminare können sich unsere Kunden gegenseitig kennenlernen, Autoren und Verleger treffen oder auch selbst einmal einen Vortrag über etwas Wissenswertes halten! Hier kann jeder seine ganz persönliche Meinung sagen, Mitstreiter für die Verwirklichung guter Ideen gewinnen, den Informationsfluß optimieren und dadurch echte Veränderung bewirken!
**ANDROMEDA – DIE KREUZUNG DER ZAUBERER** schafft Verbindungen und macht Unmögliches möglich!

Jasmuheen
**Lichtnahrung**
Die Nahrungsquelle
für das kommende Jahrtausend
ISBN 3-929512-26-2, DM 34,00

Seit 1993 ernährt sich die Australierin Jasmuheen ausschließlich von Licht. Sie beschreibt ihre Erfahrungen aus diesem sehr tiefgreifenden und heilenden Prozeß.
Schwerpunkt dieses Buches ist ein »21-Tages- Prozeß«. Wer ihn durchläuft, kann dadurch einen außergewöhnlichen Zustand des Seins erreichen, der bisher nur Heiligen vorbehalten war.
Dieses Buch zeigt uns einen revolutionären Ernährungs– und Lebensweg für das neue Jahrtausend.

Hrsg: Halbig / Schnellbach
***BABAJI —IN WAHRHEIT IST ES EINFACH LIEBE***
ISBN 3-929512-11-4, DM 27,00

Die zeitlosen Botschaften des Meisters vom Himalaya.
Babaji ist der große Avatar, der in der »Autobiographie eines Yogi« von Yogananda und in Bob Frisells »Zurück in unsere Zukunft« beschrieben wird. Zuletzt lebte er von 1970 bis 1984 in Indien, an einem Ort der »kraftvollster Platz des Universums« genannt wird.
Auf geheimnisvolle Weise tritt er auch heute mit Menschen in Kontakt.
Dieses Buch zeigt verschiedene Aspekte und Gesichter von Babaji.